CONSTITUCIONAL

PRÁTICA

OAB 2ª FASE

OAB 2ª FASE

Flavia Bahia

CONSTITUCIONAL

PRÁTICA

15ª edição revista, ampliada e atualizada

2021

EDITORA JusPODIVM

www.editorajuspodivm.com.br

EDITORA
*Jus*PODIVM
www.editorajuspodivm.com.br

Rua Canuto Saraiva, 131 – Mooca – CEP: 03113-010 – São Paulo – São Paulo
Tel: (11) 3582.5757
• Contato: https://www.editorajuspodivm.com.br/sac

Copyright: Edições *Jus*PODIVM

Diagramação: Equipe *Jus*PODIVM

Capa: Ana Caquetti

ISBN: 978-65-5680-378-4

15.ª ed., *2.ª tir.:* jun./2021.

APRESENTAÇÃO

Esta singela contribuição acadêmica nasceu do campo mais fértil que um professor – que encontrou seu destino profissional em sala de aula – poderia ter como fonte de inspiração: o diálogo com os alunos.

O livro prestigia com destaque as principais peças processuais que podem ser cobradas na segunda fase da prova do Exame de Ordem (com análise teórica e prática), não descuida das questões discursivas, dos simulados para treinamento, além de apresentar uma compilação das principais decisões recentes do Supremo Tribunal Federal sobre variados temas.

Com o advento do Código de Processo Civil de 2015, a obra foi completamente adaptada às novas regras processuais, com relação, por exemplo: à contagem de prazo, aos requisitos da petição inicial e às tutelas de urgência. Como o art. 1.046, § 2°, do CPC manteve em vigor as disposições especiais dos procedimentos regulados em outras leis, as normas que tratam das nossas principais petições iniciais (Mandado de Segurança, *Habeas Data*, Ação Popular, Ação Direta de Inconstitucionalidade, dentre outras) não sofreram modificações significativas pela nova legislação processual.

Tendo em vista a Lei 13.300/2016, o capítulo referente ao Mandado de Injunção também foi revisado e está em conformidade com a lei regulamentadora do remédio.

Apesar de despretensiosa, a obra foi elaborada com muito carinho e zelo, perfazendo uma conversa honesta entre professor e aluno, reconhecendo que todo professor continua também sendo aluno, ou seja, temos sempre algo a aprender.

Espero que o livro possa lhes servir para atingir seus objetivos profissionais!

SUMÁRIO

CAPÍTULO 17

CAPÍTULO 18

CAPÍTULO 19

CAPÍTULO 20

CAPÍTULO 21

CAPÍTULO 22

CAPÍTULO 1

CONSIDERAÇÕES INICIAIS

Neste Capítulo estudaremos as noções iniciais do processo, os elementos da ação, o pedido de gratuidade de justiça, as tutelas de urgência, a estrutura da petição inicial e da contestação.

▶ Processo X Procedimento

O processo é o meio utilizado para solucionar os litígios. O Direito Processual Civil prevê duas espécies de processo: o de conhecimento (ou de cognição) e o de execução.

No **Processo de conhecimento** as partes levam ao conhecimento do juiz, os fatos e fundamentos jurídicos, para que ele possa substituir por um ato seu a vontade de uma das partes.

O **Processo de execução** está regulamentado no Livro II do CPC, a partir do seu art. 771. É o meio pelo qual alguém é levado a juízo para solver uma obrigação que tenha sido imposta por lei ou por uma decisão judicial.

Enquanto o processo forma uma relação processual em busca da pretensão jurisdicional, o procedimento é o modo e a forma como os atos do processo se movimentam. Procedimento, segundo alguns autores, é expressão sinônima a rito.

▶ O Procedimento Comum no Processo de Conhecimento

O processo de conhecimento é o mais importante na segunda fase de Direito Constitucional, de acordo com o conteúdo programático apresentado pela banca. Nele, encontramos o procedimento comum, regulamentado no Título I do Livro I do CPC (art. 318 e seguintes).

De acordo com o art. 318 do CPC:

> "Art. 318. Aplica-se a todas as causas o procedimento comum, salvo disposição em contrário deste Código ou de lei.
>
> Parágrafo único. O procedimento comum aplica-se subsidiariamente aos demais procedimentos especiais e ao processo de execução."

► Procedimentos Especiais

Os procedimentos especiais estão previstos no CPC e em leis esparsas, conforme ocorre com o mandado de segurança e o habeas data. No CPC, podemos encontrar no Título III, as seguintes ações:

> DA AÇÃO DE CONSIGNAÇÃO EM PAGAMENTO, DA AÇÃO DE EXIGIR CONTAS, DAS AÇÕES POSSESSÓRIAS...

► Atividade Jurisdicional – Estrutura

A estrutura do Estado é estabelecida com base na forma federativa, que admite duas ordens de organização: Federal e Estadual. Portanto, coexistem a Justiça Federal, que tem as competências previstas expressamente na Constituição, e a Justiça Estadual, cabendo-lhe a competência residual.

Quanto à competência disposta na Constituição Federal, o Judiciário estrutura-se em 2 (dois) âmbitos: comum e especializado. Portanto, a Justiça Federal pode ser: comum ou especializada (Justiça do Trabalho, Eleitoral e Militar). Já na Justiça Estadual há somente a Justiça Militar especializada.

São órgãos do Poder Judiciário, na forma do art. 92, I a VII, da CRFB/88:

a) o Supremo Tribunal Federal;

b) o Conselho Nacional de Justiça;

c) o Superior Tribunal de Justiça;

d) o Tribunal Superior do Trabalho;

e) os Tribunais Regionais Federais e Juízes Federais;

f) os Tribunais e Juízes do Trabalho;

g) os Tribunais e Juízes Eleitorais;

h) os Tribunais e Juízes Militares;

i) os Tribunais e Juízes dos Estados e do Distrito Federal e Territórios.

O Supremo Tribunal Federal e os Tribunais Superiores têm sede na Capital Federal e jurisdição em todo o território nacional (art. 92, § 1º e § 2º). O Conselho Nacional de Justiça também tem sede em Brasília, mas é desprovido de atividade jurisdicional.

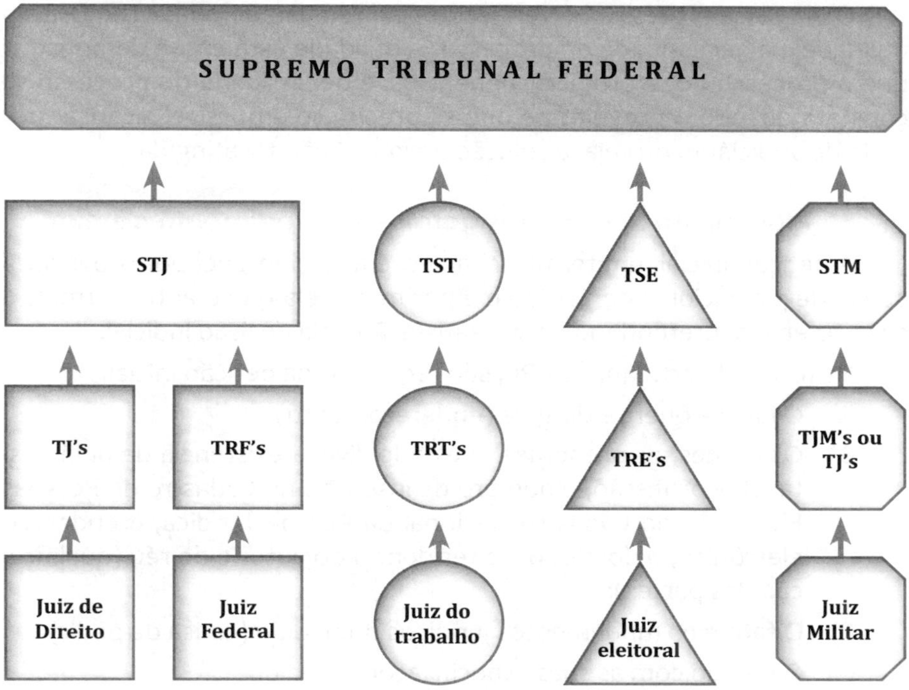

► Elementos da Ação

Os elementos da ação configuram os requisitos da ação exigidos pela lei para que seja viável a análise da pretensão apresentada na petição inicial. A ausência de um deles gera a extinção do processo sem resolução do mérito (art. 17 c/c art. 337, XI, do CPC). São eles:

- Legitimidade das Partes;
- Interesse Processual.

A *legitimidade das Partes* (*"ad causam"* ou legitimidade para agir) pode ser conceituada como o poder jurídico de conduzir validamente um processo em que se discute um determinado conflito. A legitimidade pode ser exclusiva (atribuída a um único sujeito), concorrente (atribuída a mais de um sujeito), ordinária (o legitimado discute direito próprio) e extraordinária (o legitimado, em nome próprio, discute direito alheio). Diz respeito ao polo ativo e passivo da demanda.

O *interesse processual* é verificado pela reunião de duas premissas: a utilidade e a necessidade do processo. A utilidade está em se demonstrar que o processo pode propiciar benefícios; a necessidade do processo se constata quando o proveito de que se precisa só é possível alcançar por meio do Judiciário, ou seja, a solução amigável não foi atingida.

► Petição inicial (elementos gerais – procedimento comum)

A petição inicial, em termos simples, é a responsável por provocar a atividade jurisdicional do Estado e é por meio dela que o autor formula a sua pretensão, pretendendo a sua satisfação pela decisão judicial.

Na forma do art. 319, do CPC, são requisitos da petição inicial:

A) O juízo a quem é dirigida (endereçamento);

B) Os nomes, os prenomes, o estado civil, a existência de união estável, a profissão, o número de inscrição no Cadastro de Pessoas Físicas ou no Cadastro Nacional da Pessoa Jurídica, o endereço eletrônico, o domicílio e a residência do autor e do réu (qualificação das partes);

C) O fato e os fundamentos jurídicos do pedido (causa de pedir);

D) O pedido com as suas especificações (pedido);

E) O valor da causa;

F) As provas com que o Autor pretende demonstrar a verdade dos fatos alegados (requerimento de provas);

G) A opção do autor pela realização ou não de audiência de conciliação ou de mediação.

► Análise dos principais requisitos da petição inicial

► O juízo a quem é dirigida (endereçamento)

- Qual é a justiça competente? Especializada (trabalhista, militar, eleitoral) ou Comum (residual)?
- A competência para julgamento é de Tribunal (de 2ª instância ou Superior) ou de juiz monocrático (federal ou estadual)?
- Se não for competente a Justiça Especializada, a competência será da Justiça Comum (estadual ou federal).

> **"Art. 109. Aos juízes federais compete processar e julgar: I – as causas em que a União, entidade autárquica ou empresa pública federal forem partes..." (CRFB/88)**

Cada Estado, na estrutura da Justiça Federal, recebe a denominação de seção judiciária, e cada seção judiciária compõe-se de diversas subseções, através das quais são distribuídas as varas pelo interior e capital. Em um paralelo com a Justiça Estadual, as subseções equivalem às comarcas, pois embora estabelecidas em municípios-sede, abrangem os municípios vizinhos, de forma a facilitar o deslocamento dos jurisdicionados. Atualmente, por exemplo, na Seção Judiciária do Rio Grande do Sul, existem 21 subseções, considerando-se a Capital do Estado. As subseções gaúchas estão sediadas nos municípios de Porto Alegre, Canoas, Novo Hamburgo, Caxias do Sul, Bento Gonçalves, Santa Cruz do Sul, Lajeado, Passo Fundo, Santa Maria, Cachoeira do Sul, Erechim, Carazinho, Cruz Alta, Santa Rosa, Santo Ângelo, Santana do Livramento, Uruguaiana, Bagé, Pelotas, Rio Grande e Santiago. Já na Seção Judiciária de Pernambuco, existem 11 subseções, sediadas nos municípios de Arcoverde, Caruaru, Garanhuns, Goiana, Jaboatão dos Guararapes, Ouricuri, Palmares, Petrolina, Recife, Salgueiro e Serra Talhada.

Assim dispõe o artigo 110, da CRFB/88:

> **"Cada Estado, bem como o Distrito Federal, constituirá uma seção judiciária que terá por sede a respectiva Capital, e varas localizadas segundo o estabelecido em lei".**

A justiça comum estadual é residual!

A Justiça estadual é dividida em Comarcas e Varas:

JUSTIÇA ESTADUAL	
Comarca	**Varas**
é uma divisão territorial e pode representar a área de um Município ou de vários Municípios	divisão especializada das Comarcas

OBS: Uma Comarca pode ter uma Vara Única ou ser dividida em Varas: Criminais, Fazenda Pública, Cíveis...

EXEMPLOS DE ENDEREÇAMENTO:

- EXMº. SR. MINISTRO PRESIDENTE DO SUPREMO TRIBUNAL FEDERAL.
- EXMº. SR. DR. JUIZ FEDERAL DA ... VARA FEDERAL DA SEÇÃO JUDICIÁRIA DO ESTADO...

- EXMº. SR. DR. JUIZ DE DIREITO DA ... VARA ... DA COMARCA DE ......

  Os nomes, os prenomes, o estado civil, a existência de união estável, a profissão, o número de inscrição no Cadastro de Pessoas Físicas ou no Cadastro Nacional da Pessoa Jurídica, o endereço eletrônico, o domicílio e a residência do autor e do réu

  – Acrescentamos também nacionalidade e RG.

  – Em todas as petições iniciais devemos indicar o art. 77, V, do CPC, informando o endereço residencial ou profissional onde o advogado receberá intimações.

Exemplos:

> Nome, nacionalidade..., estado civil (ou existência de união estável) ..., profissão..., portador do RG nº... e do CPF nº ... , residente e domiciliado ..., nesta cidade, por seu advogado infra-assinado (ou que esta subscreve), conforme procuração anexa, com escritório ..., nesta cidade, endereço que indica para os fins do art. 77, V, do CPC, com fundamento nos termos do art. ..., vem impetrar (MS, MI, HC, HD) ou ajuizar (AP, ACP)... em face de...
>
> Nome, pessoa jurídica de direito privado, inscrita no CNPJ sob o nº..., com sede..., por seu advogado infra-assinado (ou que esta subscreve), conforme procuração anexa, com escritório ..., nesta cidade, endereço que indica para os fins do art. 77, V, do CPC, com fundamento nos termos do art. ..., vem impetrar (MS, MI, HC, HD) ou ajuizar (AP, ACP)... em face de...

► O fato e os fundamentos jurídicos do pedido (causa de pedir)

A causa de pedir inclui os fatos apresentados pela banca e os fundamentos jurídicos do pedido que devem conter a base constitucional, infraconstitucional, súmulas, direito processual e material.

► O pedido com as suas especificações (pedido padrão)

Exemplo:

> Em face do Exposto, requer a V. Exª.:
>
> a) A citação do réu ou interessado[1] (arts. 238 e 239, caput, do CPC – o requerimento para a citação do réu ou do interessado);

1. Atenção com a legislação específica.

b) A procedência do pedido para... (art. 319, IV, do CPC – o pedido, com as suas especificações);

c) A condenação do réu no ônus da sucumbência (art. 85, caput, do CPC);

d) A produção de todos os meios de prova em direito admitidos (art. 319, VI, do CPC – as provas com que o autor pretende demonstrar a verdade dos fatos alegados);

e) A juntada dos documentos em anexo (art. 320, do CPC – A petição inicial será instruída com os documentos indispensáveis à propositura da ação).

► O valor da causa

Art. 291 do CPC: "A toda causa será atribuído valor certo, ainda que não tenha conteúdo econômico imediatamente aferível."

Art. 319, V do CPC: "A petição inicial indicará: V - o valor da causa;"

O valor da causa pode ser indicado na forma do art. 291 ou do art. 319, V, do CPC.

Na Ação Popular, nas Ações Ordinárias e na Ação Civil Pública – indicar normalmente o valor do contrato ou do dano apresentado pela banca, caso contrário, fundamentar com base no art. 291 ou no art. 319, V, do CPC.

► Tutela de urgência

A tutela de urgência (art. 300 e seguintes do CPC) é gênero que compreende duas espécies: tutela antecipada e tutela cautelar, que exigem urgência na concessão do Direito e reclamam o preenchimento dos mesmos requisitos.

Ambas independem de cognição exauriente, bastando a cognição sumária, que permite ao juiz a concessão de uma tutela de urgência baseando-se meramente em um juízo de probabilidade.

Vale ressaltar que com a concessão das tutelas de urgência não há a satisfação jurídica completa, pois no sistema processual brasileiro apenas os julgamentos de mérito com cognição exauriente tem essa aptidão (coisa julgada material), tornando indiscutível e imutável a decisão, entregando a satisfação jurídica à parte vencedora.

Em ambas caberá à parte convencer o juiz de que se não houver proteção imediata poderá haver o perecimento de seu direito.

▶ Tutela antecipada (arts. 303 e 304 do CPC)

A tutela antecipada se presta a satisfazer efetivamente o direito da parte e dependerá de requerimento expresso da parte interessada na petição inicial.

De acordo com o art. 300 do CPC, será concedida quando houver elementos que evidenciem a probabilidade do direito e o perigo de dano ou o risco ao resultado útil do processo.

Importante ressaltar que a tutela antecipada, concedida nos termos do art. 303, torna-se estável se da decisão que a conceder não for interposto o respectivo recurso, de acordo com o *caput* do art. 304 do CPC. Trata-se da chamada estabilização da tutela antecipada.

▶ Tutela cautelar (arts. 305 a 310 do CPC)

Trata-se de tutela de urgência com natureza cautelar. De acordo com o art. 305 do CPC: A petição inicial da ação que visa à prestação de tutela cautelar em caráter antecedente indicará a lide e seu fundamento, a exposição sumária do direito que se objetiva assegurar e o perigo de dano ou o risco ao resultado útil do processo.

Efetivada a tutela cautelar, o pedido principal deverá ser apresentado pelo autor nos mesmos autos em que deduzido o pedido de tutela cautelar, não dependendo do adiantamento de novas custas processuais.

Assim como na tutela antecipada, de acordo com o art. 300 do CPC, será concedida quando houver elementos que evidenciem a probabilidade do direito e o perigo de dano ou o risco ao resultado útil do processo.

▶ Tutela de evidência

A tutela de evidência, diferentemente da tutela de urgência, independe da demonstração de perigo de dano ou de risco ao resultado útil do processo, e será concedida, na forma do art. 311 do CPC, quando:

> "I – ficar caracterizado o abuso do direito de defesa ou o manifesto propósito protelatório da parte;

> II – as alegações de fato puderem ser comprovadas apenas documentalmente e houver tese firmada em julgamento de casos repetitivos ou em súmula vinculante;
>
> III – se tratar de pedido reipersecutório fundado em prova documental adequada do contrato de depósito, caso em que será decretada a ordem de entrega do objeto custodiado, sob cominação de multa;
>
> IV – a petição inicial for instruída com prova documental suficiente dos fatos constitutivos do direito do autor, a que o réu não oponha prova capaz de gerar dúvida razoável."

De acordo com o parágrafo único do citado dispositivo, nas hipóteses dos incisos II e III, o juiz poderá decidir liminarmente.

► Pedido de gratuidade de justiça

- Somente quando o enunciado da questão indicar que há hipossuficiência.
- Colocar antes dos "Fatos". Não precisa repetir nos Pedidos.

Não há um momento procedimental **específico** para o Autor ou Réu requererem o benefício da gratuidade de justiça. É dizer: **não há preclusão.** Nada obsta a apreciação de pedido de gratuidade de justiça em segunda instância ou na instância extraordinária, pois de acordo com o art. 99, *caput*, do CPC: "O pedido de gratuidade da justiça pode ser formulado na petição inicial, na contestação, na petição para ingresso de terceiro no processo ou em recurso."

Exemplo:

> Com base no art. 99, § 3º, do CPC e no art. 5º, LXXIV, da CRFB/88 o Autor requer a V. Exª. a concessão do benefício da gratuidade de justiça, tendo em vista que está desempregado e sem condições de arcar com as custas processuais sem prejuízo do sustento próprio e de sua família.

► Contagem de prazos no CPC

De acordo com o estabelecido no art. 219, do CPC, na contagem de prazo em dias, estabelecido por lei ou pelo juiz, computar-se-ão somente os dias úteis.

Importante destacar, ainda, o seguinte dispositivo:

> "Art. 224. Salvo disposição em contrário, os prazos serão contados excluindo o dia do começo e incluindo o dia do vencimento.
>
> § 1º Os dias do começo e do vencimento do prazo serão protraídos para o primeiro dia útil seguinte, se coincidirem com dia em que o expediente forense for encerrado antes ou iniciado depois da hora normal ou houver indisponibilidade da comunicação eletrônica.
>
> § 2º Considera-se como data de publicação o primeiro dia útil seguinte ao da disponibilização da informação no Diário da Justiça eletrônico.
>
> § 3º A contagem do prazo terá início no primeiro dia útil que seguir ao da publicação."

► Contestação

A contestação é o meio processual utilizado pelo réu para opor-se formal ou materialmente ao direito do autor ou formular pedido contraposto. Como regra geral, o autor terá deduzido uma pretensão em juízo e o réu irá defender-se, e essa defesa, normalmente, é a contestação.

O conteúdo da contestação, segundo o art. 336, do CPC: toda a matéria de defesa, razões de fato e de direito, impugnação das alegações do Autor, produção de provas específicas...

Os aspectos específicos sobre a Contestação serão estudados em capítulo próprio.

CAPÍTULO 2

MANDADO DE INJUNÇÃO

Art. 5°, CRFB/88. LXXI – conceder-se-á mandado de injunção sempre que a falta de norma regulamentadora torne inviável o exercício dos direitos e liberdades constitucionais e das prerrogativas inerentes à nacionalidade, à soberania e à cidadania.

► Histórico, natureza jurídica e conceito

O mandado de injunção foi uma grande aposta da constituinte de 1988 para curar a doença da inefetividade das normas constitucionais que contagiou toda a história do constitucionalismo brasileiro. As normas constitucionais de eficácia limitada dependentes de regulamentação sempre estiveram presentes nas Constituições anteriores, que foram sucessivamente revogadas sem que tivessem cumprido a promessa constitucional para a sociedade brasileira.

Conforme assevera José Afonso da Silva[1], o remédio está intimamente ligado à ideia de que as normas jurídicas escritas não podem prever tudo, mas, mesmo na falta de norma expressa, não pode o Poder Judiciário deixar de apreciar lesão ou ameaça de direito (art. 5°, XXXV); há de encontrar meio de solucionar o caso submetido à sua apreciação, aplicando o velho princípio de que na falta de normas escritas e princípios gerais de Direito que lhe possibilitem essa apreciação, cumpre-lhe dispor para o caso concreto como se legislador fosse, exercendo uma forma de juízo de equidade.

A sua fonte mais próxima no direito comparado é o *writ of injunction* do Direito norte-americano, onde tem sido cada vez mais utilizado para a defesa da proteção da pessoa humana, impedindo violações aos direitos fundamentais, num caráter mais proibitivo do que o nosso instituto.

À semelhança dos demais remédios constitucionais, possui igualmente natureza jurídica dúplice, sendo ao mesmo tempo ação constitucional e

1 AFONSO DA SILVA, José. *Comentário Contextual à Constituição*, São Paulo: Malheiros, 2005, p. 165.

ação cível. O mandado de injunção é um remédio constitucional sobre procedimento especial, dirigido à tutela de direitos subjetivos constitucionais, cujo exercício esteja impedido pela ausência de norma reguladora.

A Lei 13.300/16, publicada no dia 24 de junho de 2016, finalmente regulamentou o mandado de injunção, depois de quase 28 (vinte e oito) anos de omissão do Congresso Nacional.

► Modalidades

- **Mandado de injunção individual**: deverá ser impetrado por pessoa natural ou jurídica cujo direito fundamental esteja à míngua de uma norma que o regulamente;
- **Mandado de injunção coletivo:**

> Art. 12 da Lei 13.300/16: O mandado de injunção coletivo pode ser promovido:
>
> I – pelo Ministério Público, quando a tutela requerida for especialmente relevante para a defesa da ordem jurídica, do regime democrático ou dos interesses sociais ou individuais indisponíveis;
>
> II – por partido político com representação no Congresso Nacional, para assegurar o exercício de direitos, liberdades e prerrogativas de seus integrantes ou relacionados com a finalidade partidária;
>
> III – por organização sindical, entidade de classe ou associação legalmente constituída e em funcionamento há pelo menos 1 (um) ano, para assegurar o exercício de direitos, liberdades e prerrogativas em favor da totalidade ou de parte de seus membros ou associados, na forma de seus estatutos e desde que pertinentes a suas finalidades, dispensada, para tanto, autorização especial;
>
> IV – pela Defensoria Pública, quando a tutela requerida for especialmente relevante para a promoção dos direitos humanos e a defesa dos direitos individuais e coletivos dos necessitados, na forma do inciso LXXIV do art. 5o da Constituição Federal.
>
> Parágrafo único. Os direitos, as liberdades e as prerrogativas protegidos por mandado de injunção coletivo são os pertencentes, indistintamente, a uma coletividade indeterminada de pessoas ou determinada por grupo, classe ou categoria.

► Pressupostos do remédio

Para a propositura da ação em referência, na via individual ou coletiva, devem ser preenchidos, concomitantemente, os seguintes requisitos: a) inexistência da norma regulamentando o direito fundamental reconhecido constitucionalmente; e b) ser o impetrante beneficiário direto do direito. Não pode, por exemplo, quem não é servidor público pleitear em juízo a elaboração da lei de greve para o serviço público (art. 37, VII da CRFB/88).

► Da omissão normativa

A omissão normativa a ser combatida pelo mandado de injunção pode ser total ou parcial, de acordo com o que dispõe o art. 2°, da Lei 13.300/16: "Conceder-se-á mandado de injunção sempre que a falta total ou parcial de norma regulamentadora torne inviável o exercício dos direitos e liberdades constitucionais e das prerrogativas inerentes à nacionalidade, à soberania e à cidadania. Parágrafo único. Considera-se parcial a regulamentação quando forem insuficientes as normas editadas pelo órgão legislador competente."

► Intervenção do Ministério Público

A intervenção do Ministério Público é obrigatória, por conta da aplicação do art. 7°, da Lei 13.300/16. Portanto, pedimos na inicial do mandado de injunção a intimação do representante do Ministério Público.

► Polo passivo

O sujeito passivo da ação será a pessoa estatal que tenha o dever de elaborar a norma regulamentadora e está em mora, seja autoridade, órgão ou entidade responsável. Se a norma for de iniciativa privativa (atenção com o art. 61, § 1° da CRFB/88), a legitimidade passiva *ad causam* deverá ser preenchida por quem deveria ter oferecido o projeto de lei e não o fez.[2] O art. 4°, da Lei 13.300/16, ainda indica que a petição inicial deverá preencher os requisitos estabelecidos pela lei processual e indicará, além do órgão impetrado, a pessoa jurídica que ele integra ou aquela a que está vinculado.

---

2 "O mandado de injunção nem autoriza o Judiciário a suprir a omissão legislativa ou regulamentar, editando o ato normativo omitido, nem, menos ainda, lhe permite ordenar, de imediato, ato concreto de satisfação do direito reclamado: mas, no pedido, posto que de atendimento impossível, para que o Tribunal o faça, se contém o pedido de atendimento possível para a declaração de inconstitucionalidade da omissão normativa, com ciência ao órgão competente para que a supra" (STF, MI 168/RS; Plenário, Rel. Min. Sepúlveda Pertence, j. 21.03.1990, *DJ* 20.04.1990) e no mesmo sentido: "Tratando-se de mera faculdade conferida ao legislador, que ainda não a exercitou, não há direito constitucional já criado, e cujo exercício esteja dependendo de norma regulamentadora" (STF, MI 444-QO/MG, Plenário, Rel. Min. Sydney Sanches, j. 29.09.1994, *DJ* 04.11.1994).

► **Tutela de urgência**

A tutela de urgência não é admitida, até o momento, em sede de mandado de injunção.

► **Condenação em honorários advocatícios e em custas processuais**

Como o art. 14, da Lei 13.300/16, determina a aplicação subsidiária da lei do Mandado de Segurança, por força do art. 25 da Lei 12.016/09 não se pleiteia a condenação em honorários advocatícios, apenas em custas processuais.

► **Produção de provas**

Diante do seu procedimento especial, não se pede a produção de provas, apenas a juntada de documentos.

► **Efeitos do mandado de injunção**

Esse é, sem dúvidas, o aspecto mais polêmico que envolve o remédio ora analisado. Destacaremos as quatro correntes doutrinárias de maior relevância sobre o assunto:

a) posição não concretista: de acordo com esse posicionamento, em nome da harmonia e separação entre os poderes (art. 2º da CRFB/88), o Poder Judiciário não poderia suprir a omissão da norma faltante, tampouco determinar prazo para o legislador elaborar a lei, restando a sentença tendo efeito apenas de declarar a mora legislativa. Esta é a posição clássica do STF,[3] que durante muitos anos produziu um verdadeiro sentimento de "frustração constitucional" para a população brasileira;

b) posição concretista geral: segundo essa corrente, o Poder Judiciário poderia solucionar a omissão legislativa, regulamentando-a com produção de efeitos *erga omnes*. Este posicionamento atribui

---

3 "O mandado de injunção nem autoriza o Judiciário a suprir a omissão legislativa ou regulamentar, editando o ato normativo omitido, nem, menos ainda, lhe permite ordenar, de imediato, ato concreto de satisfação do direito reclamado: mas, no pedido, posto que de atendimento impossível, para que o Tribunal o faça, se contém o pedido de atendimento possível para a declaração de inconstitucionalidade da omissão normativa, com ciência ao órgão competente para que a supra" (STF, MI 168, Rel. Min. Sepúlveda Pertence, j. 21.03.1990, *DJ* 20.04.1990) e no mesmo sentido: "Tratando-se de mera faculdade conferida ao legislador, que ainda não a exercitou, não há direito constitucional já criado, e cujo exercício esteja dependendo de norma regulamentadora" (STF, MI 444-QO, Rel. Min. Sydney Sanches, j. 29.09.1994, *DJ* 04.11.1994).

ao Judiciário o papel de legislador positivo. Recentemente o plenário do STF aplicou essa teoria na questão relativa ao direito de greve do servidor público, do art. 37, VII da CRFB/88,[4] cuja regulamentação ainda não foi feita pelo legislador;

c) posição concretista individual direta: por meio dessa teoria, o Judiciário poderá aplicar por analogia lei já existente para resolver o caso específico, tendo a decisão efeito *inter partes*. O STF decidiu de acordo com essa teoria em caso sobre a ausência de lei complementar sobre a aposentadoria, anunciada pelo art. 40, § 4º da CRFB/88.[5]

d) posição concretista intermediária: de acordo com essa teoria, o Poder Judiciário além de comunicar a omissão ao órgão competente deverá fixar-lhe prazo para a edição da norma faltante. Em 2007, essa posição foi adotada em sede de ação direta de inconstitucionalidade por omissão,[6] que será analisada com detalhes em capítulo próprio.

---

4 "O Tribunal concluiu julgamento de três mandados de injunção impetrados, respectivamente, pelo Sindicato dos Servidores Policiais Civis do Espírito Santo – SINDIPOL, pelo Sindicato dos Trabalhadores em Educação do Município de João Pessoa – SINTEM, e pelo Sindicato dos Trabalhadores do Poder Judiciário do Estado do Pará – SINJEP, em que se pretendia fosse garantido aos seus associados o exercício do direito de greve previsto no art. 37, VII, da CF (...). O Tribunal, por maioria, conheceu dos mandados de injunção e propôs a solução para a omissão legislativa com a aplicação, no que couber, da Lei nº 7.783/1989, que dispõe sobre o exercício do direito de greve na iniciativa privada. (...) (STF, MI 712/PA, Plenário, *DJE* 31.10.2008, Rel. Min. Eros Grau, STF, MI 708/DF, Plenário, *DJE* 31.10.2008, Rel. Min. Gilmar Mendes, e STF, MI 670/ES; Min. Rel. Maurício Corrêa; Plenário; *DJE* 31.10.2008, Rel. p/ o ac. Min. Gilmar Mendes, j. 25.10.2007, *Informativo* nº 485).

5 "Na linha da nova orientação jurisprudencial fixada no julgamento do MI 721/DF (*DJ* 30.11.2007), o Tribunal julgou procedente pedido formulado em mandado de injunção para, de forma mandamental, assentar o direito do impetrante à contagem diferenciada do tempo de serviço em decorrência de atividade em trabalho insalubre, após a égide do regime estatutário, para fins de aposentadoria especial de que cogita o § 4º do art. 40 da CF. Tratava-se, na espécie, de *writ* impetrado por servidor público federal, lotado, na função de tecnologista, na Fundação Oswaldo Cruz, que pleiteava fosse suprida a lacuna normativa constante do aludido § 4º do art. 40, assentando-se o seu direito à aposentadoria especial, em razão do trabalho, por 25 anos, em atividade considerada insalubre, ante o contato com agentes nocivos, portadores de moléstias humanas e com materiais e objetos contaminados. Determinou-se, por fim, a comunicação ao Congresso Nacional para que supra a omissão legislativa" (STF, MI 758/DF, Plenário, *DJE* 26.09.2008, Rel. Min. Marco Aurélio, j. 1º.07.2008, *Informativo* nº 513).

6 "O Tribunal, por unanimidade, julgou procedente pedido formulado em ação direta de inconstitucionalidade por omissão ajuizada pela Assembleia Legislativa do Estado de

Apesar de todo o avanço jurisprudencial, a lei 13.300/16, no art. 8º, adotou uma posição mais conservadora (concretista intermediária) sobre a decisão do Mandado de Injunção. Senão vejamos:

> Art. 8º Reconhecido o estado de mora legislativa, será deferida a injunção para:
>
> I – determinar prazo razoável para que o impetrado promova a edição da norma regulamentadora;
>
> II – estabelecer as condições em que se dará o exercício dos direitos, das liberdades ou das prerrogativas reclamados ou, se for o caso, as condições em que poderá o interessado promover ação própria visando a exercê-los, caso não seja suprida a mora legislativa no prazo determinado.
>
> Parágrafo único. Será dispensada a determinação a que se refere o inciso I do *caput* quando comprovado que o impetrado deixou de atender, em mandado de injunção anterior, ao prazo estabelecido para a edição da norma.

► Competência

A competência para processo e julgamento do mandado de injunção será fixada de acordo com a autoridade, órgão ou entidade a que caiba a edição da norma regulamentadora.

A Constituição também trata da competência originária e recursal para processo e julgamento do remédio constitucional em sede do STF[7] e do STJ.[8]

Mato Grosso, para reconhecer a mora do Congresso Nacional em elaborar a lei complementar federal a que se refere o § 4º do art. 18 da CF, na redação dada pela EC nº 15/96, e, por maioria, estabeleceu o prazo de 18 meses para que este adote todas as providências legislativas ao cumprimento da referida norma constitucional" (STF, ADI 3.682/MT, Plenário, *DJE* 06.09.2007; Rel. Min. Gilmar Mendes, 09.05.2007, *Informativo* nº 466).

7 "Art. 102. Compete ao Supremo Tribunal Federal, precipuamente, a guarda da Constituição, cabendo-lhe:
I – processar e julgar, originariamente: (...)
q) o mandado de injunção, quando a elaboração da norma regulamentadora for atribuição do Presidente da República, do Congresso Nacional, da Câmara dos Deputados, do Senado Federal, das Mesas de uma dessas Casas Legislativas, do Tribunal de Contas da União, de um dos Tribunais Superiores, ou do próprio Supremo Tribunal Federal;
II – julgar, em recurso ordinário:
a) (...) o mandado de injunção decididos em única instância pelos Tribunais Superiores, se denegatória a decisão;"

8 "Art. 105. Compete ao Superior Tribunal de Justiça:
I – processar e julgar, originariamente: (...)

Responsável pela edição da norma	Fundamento legal	Competência
• Presidente da República • Congresso Nacional • Câmara dos Deputados • Senado Federal • Tribunal de Contas da União • Tribunais Superiores • STF	Art. 102, I 'q' CRFB	STF
Órgão ou entidade federal, da Administração direta ou indireta, exceto os casos de competência do STF, Justiça Militar, Justiça Eleitoral, Justiça do Trabalho e Justiça Federal*.	Art. 105, I, 'h' CRFB	STJ
Autoridades previstas nas Constituições Estaduais.	Art. 125 § 1° CRFB	• TJ • **G** – Governador • **P** – Prefeito de Capital • **S** – Secretário de Estado • Mesa da Assembleia Legislativa
Competência residual	Art. 125 § 1° CRFB	Juiz Estadual (Vara Cível)

Quadro comparativo do MI e da Ação Direta de Inconstitucionalidade por Omissão (ADO)

Para defender a Constituição da síndrome de inefetividade das normas constitucionais, além do mandado de injunção, o constituinte também importou, inspirado no Direito português, a ação direta de inconstitucionalidade por omissão. Para evitar dúvidas sobre as diferenças entre as duas ações, apresentamos abaixo quadro comparativo com os principais destaques sobre o tema.

PARÂMETRO	MI	ADO
Origem	Direito norte-americano	Direito português
Natureza jurídica	Remédio constitucional – processo subjetivo	Ação do controle concentrado de constitucionalidade – processo objetivo

h) o mandado de injunção, quando a elaboração da norma regulamentadora for atribuição de órgão, entidade ou autoridade federal, da administração direta ou indireta, excetuados os casos de competência do Supremo Tribunal Federal e dos órgãos da Justiça Militar, da Justiça Eleitoral, da Justiça do Trabalho e da Justiça Federal."

PARÂMETRO	MI	ADO
Base legal	Art. 5º, LXXI da CRFB/88 e Lei 13.300/16	Art. 103, § 2º da CRFB/88 e Lei nº 9.868/99
Legitimidade ativa	Depende da modalidade. MI individual e MI coletivo	Art. 103, I a IX da CRFB/88
Finalidade	Defesa de normas constitucionais relacionadas a direitos fundamentais, dependentes de regulamentação	Defesa de normas constitucionais dependentes de regulamentação
Efeitos da decisão	Via de regra, *inter partes*	*erga omnes*
Competência	STF, STJ, TJs dos Estados	STF
Tutela de Urgência	Não é admitida	É admitida

► Caso concreto e elaboração da peça

(OAB 2007.2)

Joana Augusta laborou, durante vinte e seis anos, como enfermeira do quadro do hospital universitário ligado a determinada universidade federal, mantendo, no desempenho de suas tarefas, em grande parte de sua carga horária de trabalho, contato com agentes nocivos causadores de moléstias humanas bem como com materiais e objetos contaminados. Em conversa com um colega, Joana obteve a informação de que, em razão das atividades que ela desempenhava, poderia requerer aposentadoria especial, com base no § 4º do art. 40 da Constituição Federal de 1988.[9] A enfermeira, então, requereu administrativamente sua aposentadoria especial, invocando como fundamento de seu direito o referido dispositivo constitucional. No dia 30 de novembro de 2008, Joana recebeu notificação de que seu pedido havia sido indeferido, tendo a administração pública justificado o indeferimento com base na ausência de lei que regulamente a contagem diferenciada do tempo de serviço dos servidores públicos para fins de aposentadoria especial, ou seja, sem uma lei que estabeleça os critérios para a contagem do

9. Prezado aluno: o enunciado foi elaborado antes da Emenda Constitucional nº 103/2019. Hoje o dispositivo correto seria o art. 40, § 4º-C da CRFB/88, que dispõe: "Poderão ser estabelecidos por lei complementar do respectivo ente federativo idade e tempo de contribuição diferenciados para aposentadoria de servidores cujas atividades sejam exercidas com efetiva exposição a agentes químicos, físicos e biológicos prejudiciais à saúde, ou associação desses agentes, vedada a caracterização por categoria profissional ou ocupação".

tempo de serviço em atividades que possam ser prejudiciais à saúde dos servidores públicos, a aposentadoria especial não poderia ser concedida. Nessa linha de entendimento, Joana deveria continuar em atividade até que completasse o tempo necessário para a aposentadoria por tempo de serviço. Inconformada, Joana procurou escritório de advocacia, objetivando ingressar com ação para obter sua aposentadoria especial. Em face dessa situação hipotética, na qualidade de advogado(a) contratado(a) por Joana, redija a petição inicial da ação cabível para a defesa dos interesses de sua cliente, atentando, necessariamente, para os seguintes aspectos:

a) competência do órgão julgador;

b) legitimidade ativa e passiva;

c) argumentos de mérito;

d) requisitos formais da peça judicial proposta.

Elaboração e identificação da peça:

Regra dos 5 passos:	
Passo 1	resumo do caso
Passo 2	legitimidade ativa
Passo 3	legitimidade passiva
Passo 4	escolha da ação
Passo 5	órgão competente

EXMº. SR. MINISTRO PRESIDENTE DO SUPREMO TRIBUNAL FEDERAL

(pular aproximadamente 5 linhas em todas as petições iniciais)

Joana Augusta, nacionalidade..., estado civil (ou existência de união estável)..., enfermeira, portadora do RG nº... e do CPF nº..., endereço eletrônico ..., residente e domiciliada..., nesta cidade, por seu advogado, conforme procuração anexa ...., com escritório ..., endereço que indica para os fins do art. 77, V, do CPC, com fundamento no art. 5º, LXXI da CRFB/88 e na Lei 13.300/16, vem impetrar MANDADO DE INJUNÇÃO em face de ato omissivo do Presidente da República, que poderá ser encontrado na sede funcional...

I - SÍNTESE DOS FATOS

A impetrante trabalhou durante vinte e seis anos como enfermeira do quadro do hospital universitário ligado a determinada universidade federal, mantendo, no desempenho de suas tarefas, contato com agentes nocivos causadores de moléstias humanas bem como com materiais e objetos contaminados, ou seja, trabalho considerado de risco.

Ao ser informada de que poderia obter a aposentadoria especial prevista no § 4º-C do art. 40 da CRFB/88, que dispõe que "Poderão ser estabelecidos por lei complementar do respectivo ente federativo idade e tempo de contribuição diferenciados para aposentadoria de servidores cujas atividades sejam exercidas com efetiva exposição a agentes químicos, físicos e biológicos prejudiciais à saúde, ou associação desses agentes, vedada a caracterização por categoria profissional ou ocupação", a impetrante requereu administrativamente sua aposentadoria, tendo a administração pública indeferido o pedido com base na ausência de lei complementar que regulamente a contagem diferenciada do tempo.

Joana Augusta, portanto, não pode exercer o direito fundamental à aposentadoria especial em razão da falta da lei que a regulamente, o que enseja a propositura do mandado de injunção ora apresentado.

II – FUNDAMENTAÇÃO JURÍDICA

Na forma do art. 5º, LXXI, da CRFB/88, o mandado de injunção é o remédio constitucional responsável pela defesa em juízo de direito fundamental previsto na Constituição ainda pendente de regulamentação.

De acordo com o art. 2º da Lei 13.300/16: "Conceder-se-á mandado de injunção sempre que a falta total ou parcial de norma regulamentadora torne inviável o exercício dos direitos e liberdades constitucionais e das prerrogativas inerentes à nacionalidade, à soberania e à cidadania. Parágrafo único. Considera-se parcial a regulamentação quando forem insuficientes as normas editadas pelo órgão legislador competente."

De acordo com o § 4º-C do art. 40 da CRFB/88, poderão ser estabelecidos por lei complementar do respectivo ente federativo idade e tempo de contribuição diferenciados para aposentadoria de servidores cujas atividades sejam exercidas com efetiva exposição a agentes químicos, físicos e biológicos prejudiciais à saúde, ou associação desses agentes, vedada a caracterização por categoria profissional ou ocupação, justamente a situação em que se encontra a impetrante, que é titular de um direito fundamental ainda pendente de regulamentação.

O remédio ora em análise foi impetrado em face de ato omissivo do Presidente da República, tendo em vista que a matéria relativa à aposentadoria de servidores é de sua iniciativa privativa, na forma do art. 61, § 1º, II, c, da CRFB/88.

Ademais, compete ao STF processar e julgar originariamente o mandado de injunção, quando a elaboração da norma regulamentadora for atribuição do Presidente da República, segundo dispõe o art. 102, I, q, da CRFB/88.

III – DA OMISSÃO INCONSTITUCIONAL

Até 2007 o STF adotava a posição não concretista geral e de acordo com esse entendimento, em nome da separação entre os poderes (art. 2º, da CRFB/88), o Poder Judiciário não poderia suprir a omissão da norma faltante, tampouco fixar prazo para o legislador elaborar a lei, restando a sentença produzindo efeito apenas para declarar a mora legislativa.

Desde 2007, entretanto, o Tribunal vem mudando de entendimento e tem adotado posições concretistas, aplicando por analogia leis já existentes para suprir a omissão normativa, ora atribuindo efeitos subjetivos *erga omnes*, ora *inter partes*.

No que tange especialmente à ausência da Lei Complementar anunciada pelo § 4º-C do art. 40 da CRFB/88, a Corte tem aplicado a Lei 8213/91, no que couber, até que seja suprida a referida omissão inconstitucional.

Apesar de todo o avanço jurisprudencial, a Lei 13.300/16, no art. 8º, adotou uma posição mais conservadora (concretista intermediária) sobre a decisão do Mandado de Injunção. Senão vejamos:

Art. 8º Reconhecido o estado de mora legislativa, será deferida a injunção para:

I – determinar prazo razoável para que o impetrado promova a edição da norma regulamentadora;

II – estabelecer as condições em que se dará o exercício dos direitos, das liberdades ou das prerrogativas reclamados ou, se for o caso, as condições em que poderá o interessado promover ação própria visando a exercê-los, caso não seja suprida a mora legislativa no prazo determinado.

Parágrafo único. Será dispensada a determinação a que se refere o inciso I do caput quando comprovado que o impetrado deixou de atender, em mandado de injunção anterior, ao prazo estabelecido para a edição da norma.

IV – DOS PEDIDOS

Ante todo o exposto, requer-se:

a) a notificação da autoridade omissa no endereço fornecido na inicial, para que, querendo, preste as informações que entender pertinentes do caso;

b) a ciência do ajuizamento da ação ao órgão de representação judicial da pessoa jurídica interessada;

c) a intimação do Representante do Ministério Público;

d) a condenação do Impetrado em custas processuais;

e) que o pedido seja ao final julgado procedente para que o Tribunal estabeleça o prazo razoável para que o impetrado promova a edição da norma regulamentadora;

f) a juntada de documentos.

Valor da causa de acordo com o art. 291 do CPC/15.

Ou:

Valor da causa de acordo com o art. 319, V do CPC/15.

Termos em que,

Pede deferimento.

Local... e data...

Advogado...

OAB nº...

▶ Peça Processual – XXII Exame de Ordem

Servidores públicos do Estado Beta, que trabalham no período da noite, procuram o Sindicato ao qual são filiados, inconformados por não receberem adicional noturno do Estado, que se recusa a pagar o referido benefício em razão da inexistência de lei estadual que regulamente as normas constitucionais que asseguram o seu pagamento. O Sindicato resolve, então, contratar escritório de advocacia para ingressar com o adequado remédio judicial, a fim de viabilizar o exercício em concreto, por seus filiados, da supramencionada prerrogativa constitucional, sabendo que há a previsão do valor de vinte por cento, a título de adicional noturno, no Art. 73 da Consolidação das Leis do Trabalho. Considerando os dados acima, na condição de advogado(a) contratado(a) pelo Sindicato, utilizando o instrumento constitucional adequado, elabore a medida judicial cabível. (Valor: 5,00) Obs.: a peça deve abranger todos os fundamentos de Direito que possam ser utilizados para dar respaldo à pretensão. A simples menção ou transcrição do dispositivo legal não confere pontuação.

Elaboração e identificação da peça:

Regra dos 5 passos:	
Passo 1	resumo do caso
Passo 2	legitimidade ativa
Passo 3	legitimidade passiva
Passo 4	escolha da ação
Passo 5	órgão competente

EXMº. SR. DESEMBARGADOR PRESIDENTE DO TRIBUNAL DE JUSTIÇA DO ESTADO BETA

(pular aproximadamente 5 linhas em todas as petições iniciais)

Sindicato..., pessoa jurídica de direito privado, inscrita no CNPJ sob o número..., com sede..., por seu advogado infra-assinado, conforme procuração anexa ...., com escritório ..., endereço que indica para os fins do art. 77, V, do CPC, com fundamento no art. 5º, LXXI da CRFB/88 e na Lei 13.300/16, vem impetrar MANDADO DE INJUNÇÃO COLETIVO em face de ato omissivo do Governador do Estado Beta, que poderá ser encontrado na sede funcional... e do Estado Beta.

I – SÍNTESE DOS FATOS

O impetrante foi procurado por associados que trabalham no período da noite, inconformados por não receberem adicional noturno do Estado, que se recusa a pagar o referido benefício em razão da inexistência de lei estadual que regulamente as normas constitucionais que asseguram o seu pagamento.

O Sindicato resolve, então, contratar escritório de advocacia para ingressar com o adequado remédio judicial, a fim de viabilizar o exercício em concreto, por seus filiados, da supramencionada prerrogativa constitucional, sabendo que há a previsão do valor de vinte por cento, a título de adicional noturno, no Art. 73 da Consolidação das Leis do Trabalho.

II – FUNDAMENTAÇÃO JURÍDICA

Na forma do art. 5º, LXXI, da CRFB/88 e do art. 2º, da Lei 13.300/16, o mandado de injunção é o remédio constitucional responsável pela defesa em juízo de direito fundamental previsto na Constituição ainda pendente de regulamentação.

O direito ao benefício de adicional noturno é concedido aos servidores públicos que exercem atividade laboral noturna e é garantido em razão de previsão constitucional contida no Art. 7º, inciso IX, e no Art. 39, § 3º, ambos da CRFB/88, devendo cada ente federativo regulamentar o referido benefício por meio de lei.

O remédio ora em análise foi impetrado em face de ato omissivo do Governador do Estado Beta, tendo em vista que é a parte legítima para integrar o polo passivo da presente ação constitucional, haja vista que, no processo legislativo estadual, é quem detém competência privativa para iniciar o processo legislativo no presente caso, vez que as regras constitucionais estaduais de competência devem observar, por simetria, o que determina a Constituição Federal, no caso, o art. 61, § 1º, II, alínea "a".

Ademais, compete ao Tribunal de Justiça processar e julgar originariamente o mandado de injunção, quando a elaboração da norma regulamentadora for atribuição do Governador do Estado, observando-se o princípio da simetria entre os entes federativos, na forma do art. Art. 125, § 1º, da CRFB/88.

III – DA OMISSÃO INCONSTITUCIONAL

Até 2007 o STF adotava a posição não concretista geral e de acordo com esse entendimento, em nome da separação entre os poderes (art. 2º, da CRFB/88), o Poder Judiciário não poderia suprir a omissão da norma faltante, tampouco fixar prazo para o legislador elaborar a lei, restando a sentença produzindo efeito apenas para declarar a mora legislativa.

Desde 2007, entretanto, o Tribunal vem mudando de entendimento e tem adotado posições concretistas, aplicando por analogia leis já existentes para suprir a omissão normativa, ora atribuindo efeitos subjetivos erga omnes, ora inter partes.

Apesar de todo o avanço jurisprudencial, a Lei 13.300/16, no art. 8º, adotou uma posição mais conservadora (concretista intermediária) sobre a decisão do Mandado de Injunção. Senão vejamos:

Art. 8º Reconhecido o estado de mora legislativa, será deferida a injunção para:

I – determinar prazo razoável para que o impetrado promova a edição da norma regulamentadora;

II – estabelecer as condições em que se dará o exercício dos direitos, das liberdades ou das prerrogativas reclamados ou, se for o caso, as condições em que poderá o interessado promover ação própria visando a exercê-los, caso não seja suprida a mora legislativa no prazo determinado.

Parágrafo único. Será dispensada a determinação a que se refere o inciso I do caput quando comprovado que o impetrado deixou de atender, em mandado de injunção anterior, ao prazo estabelecido para a edição da norma.

IV – DOS PEDIDOS

Ante todo o exposto, requer-se:

a) a notificação da autoridade omissa, o Governador do Estado, no endereço fornecido na inicial, para que, querendo, preste as informações que entender pertinentes do caso;

b) a ciência ao órgão de representação judicial da pessoa jurídica;

c) a intimação do Representante do Ministério Público;

d) a condenação do Impetrado em custas processuais;

e) que o pedido seja ao final julgado procedente para que o Tribunal estabeleça o prazo razoável para que o impetrado promova a edição da norma regulamentadora;

f) a juntada de documentos.

Valor da causa de acordo com o art. 291 do CPC/15.

Ou:

Valor da causa de acordo com o art. 319, V do CPC/15.

Termos em que,

Pede deferimento.

Local... e data...

Advogado...

OAB nº...

CAPÍTULO 3

HABEAS DATA

> Art. 5°, CRFB/88. LXXII – "conceder-se-á *habeas data*:
>
> a) para assegurar o conhecimento de informações relativas à pessoa do impetrante, constantes de registros ou bancos de dados de entidades governamentais ou de caráter público;
>
> b) para a retificação de dados, quando não se prefira fazê-lo por processo sigiloso, judicial ou administrativo".

► Histórico, natureza jurídica e conceito

A criação do *habeas data* pelo constituinte de 1988 tem estreita relação com os "anos de chumbo" vivenciados pelos brasileiros na época da ditadura militar. Como é fato notório, autoridades faziam uso da prática repugnável de colher informações sobre a vida das pessoas que se insurgiam contra o regime, numa completa violação ao direito fundamental à intimidade.

A influência do direito comparado sobre a criação do instituto é normalmente associada ao *Freedom of Information Act* americano de 1974, ainda que a ação também tenha previsão na Constituição de Portugal de 1976[1] e na Constituição da Espanha de 1978.

É uma ação constitucional e também de natureza cível, de procedimento especial, dirigida ao conhecimento ou retificação, como também, anotação, contestação ou explicação de dados pessoais constantes de bancos de dados ou, assentamentos de entidades governamentais ou

1 "Art. 35° 1. Todos os cidadãos têm o direito de acesso aos dados informatizados que lhes digam respeito, podendo exigir a sua retificação e atualização, e o direito de conhecer a finalidade a que se destinam, nos termos da lei". E ainda: "4. É proibido o acesso a dados pessoais de terceiros, salvo em casos excepcionais previstos na lei."

de caráter público. É gratuita para todas as pessoas, na forma do art. 5º, LXXVII, da CRFB/88 e ainda recebe tratamento infraconstitucional pela Lei nº 9.507/1997.

O *habeas data* não tem por finalidade permitir acesso a informações públicas – papel do mandado de segurança – mas sim, a dados pessoais (nome, filiação, saúde, escolaridade, trabalho etc.), sobre a pessoa do Impetrante, desde que não estejam protegidas pelo sigilo, em respeito ao disposto na parte final do art. 5º, XXXIII, da CRFB/88.

► Objeto

De acordo com a previsão constitucional, a ação é cabível para: "a) conhecimento de informações pessoais constantes de registros ou bancos de dados de entidades governamentais ou de **caráter público**; b) retificação de informações pessoais"; e, ainda, de acordo com o art. 7º, III, da Lei nº 9.507/97, para: "c) a anotação nos assentamentos do interessado, de contestação ou explicação sobre dado verdadeiro, mas justificável e que esteja sob pendência judicial ou amigável."

► Definição de "caráter público"

A pessoa jurídica de direito privado, desde que seja de caráter público, pode ser sujeito passivo de uma ação de *habeas data*. De acordo com o art. 1º, parágrafo único da Lei nº 9.507/1997, considera-se de caráter público: "... todo registro ou banco de dados contendo informações que sejam ou que possam ser transmitidas a terceiros ou que não sejam de uso privativo do órgão ou entidade produtora ou depositária das informações". Daí por que o Serviço de Proteção ao Crédito (SPC) e o SERASA podem eventualmente figurar no polo passivo da ação.

Como é possível se concluir, se a natureza dos dados armazenados for privada, ou seja, não voltada ao conhecimento público, não caberá o ajuizamento da ação (como exemplo, as informações constantes no setor de recursos humanos de empresas privadas).[2]

---

2 "*Habeas Data*. Ilegitimidade passiva do Banco do Brasil S.A. para a revelação, à ex-empregada, do conteúdo da ficha de pessoal, por não se tratar, no caso, de registro de caráter público, nem atuar o impetrado na condição de entidade Governamental (Constituição, art. 5º, LXXII, *a* e art. 173, § 1º, texto original)" (STF, RE 165.304/MG; Plenário, Rel. Min. Octavio Gallotti, j. 19.10.2000, *DJ* 15.12.2000).

► Legitimidade ativa

Em razão da natureza personalíssima da ação, somente o titular do dado pode ajuizar o *habeas data*, seja pessoa natural ou jurídica, nacional ou estrangeira. Ressalte-se que, para fins de preservação da memória do *de cujus*, a jurisprudência[3] admite a impetração da ação pelos seus herdeiros.

► Polo passivo

Podem figurar no polo passivo da ação, autoridade coatora da Administração Pública, direta ou indireta, ou qualquer dos poderes ou órgãos destes. Eventualmente, responsáveis por pessoas jurídicas de direito privado de caráter público também podem compor o polo passivo da demanda.

► Condenação em honorários advocatícios e em custas processuais

Diante da gratuidade da ação (art. 5º, LXXVII, da CRFB/88) não se pleiteia a condenação em honorários advocatícios, tampouco em custas processuais.

► Produção de provas

Não se pede a produção de provas, tendo em vista o procedimento especial, previsto no art. 19, da Lei 9.507/97.

► Intervenção do Ministério Público

A atuação do Ministério Público como fiscal da ordem jurídica é obrigatória, nos termos do art. 12 da Lei 9.507/97.

► Tutela de urgência

Não há previsão expressa na lei de tutela de urgência em *Habeas Data*. A doutrina, no entanto, admite a concessão de tutela antecipada com fundamento no art. 300 do CPC, determinando-se, assim, a comprovação dos requisitos: probabilidade do direito e o perigo de dano ou o risco ao resultado útil do processo.

---

3 TFR, HD 1-DF, DJU 02.05.1989, Seção I, p. 6.774.

▶ Comprovação de recusa por parte da autoridade administrativa

De acordo com a Súmula nº 2 do STJ: *Não cabe o habeas data se não houve recusa de informações por parte da autoridade administrativa.*

Nesse mesmo sentido, a Lei nº 9.507/1997, assim dispõe no parágrafo único do art. 8º: "A petição inicial deverá ser instruída com prova: I – da recusa ao acesso às informações ou do decurso de mais de dez dias sem decisão; II – da recusa em fazer-se a retificação ou do decurso de mais de quinze dias, sem decisão; ou III – da recusa em fazer-se a anotação a que se refere o § 2º do art. 4º ou do decurso de mais de quinze dias sem decisão".

Como a demonstração da tentativa de acesso à informação ou a sua retificação e complementação administrativa antes do ajuizamento da ação judicial é razoável e comprova o interesse de agir do impetrante, o STF entendeu que essa exigência não afronta a Constituição.[4]

▶ Hipóteses de não cabimento do HD

- Acesso a dados públicos;
- Acesso a dados sobre terceiros;
- Acesso à certidão denegada (a não ser que a banca informe que a única forma de acesso ao dado pessoal é por meio da certidão);
- Acesso a informações sobre os critérios utilizados na correção de provas de concurso/ acesso à prova/ revisão de prova;
- Acesso ao processo administrativo denegado;
- Acesso à autoria do denunciante.

▶ Decisão importante do STF sobre o *habeas data*

O "*habeas data*" é a garantia constitucional adequada para a obtenção, pelo próprio contribuinte, dos dados concernentes ao pagamento de tributos constantes de sistemas informatizados de apoio à arrecadação

---

4 "(...) O acesso ao *habeas data* pressupõe, dentre outras condições de admissibilidade, a existência do interesse de agir. Ausente o interesse legitimador da ação, torna-se inviável o exercício desse remédio constitucional. A prova do anterior indeferimento do pedido de informação de dados pessoais, ou da omissão em atendê-lo, constitui requisito indispensável para que se concretize o interesse de agir no *habeas data*. Sem que se configure situação prévia de pretensão resistida, há carência da ação constitucional do *habeas data*" (RHD 22/DF, Min. Rel. Marco Aurélio, Plenário, Rel. p/ o ac. Min. Celso de Mello, j. 19.09.1991, *DJ* 1º.09.1995).

dos órgãos da administração fazendária dos entes estatais. Essa a conclusão do Plenário, que proveu recurso extraordinário em que discutida a possibilidade de o contribuinte, por meio do aludido remédio constitucional, acessar todas as anotações incluídas nos arquivos da Receita Federal, com relação a todos os tributos de qualquer natureza por ele declarados e controlados pelo Sistema Integrado de Cobrança – Sincor, ou qualquer outro, além da relação de pagamentos efetuados para a liquidação desses débitos, mediante vinculação automática ou manual, bem como a relação dos pagamentos sem liame com débitos existentes. No caso, o recorrente, ao intentar obter informações relativas às anotações constantes dos arquivos da Receita Federal, tivera o pedido negado, tendo em vista esses dados não se enquadrarem, supostamente, na hipótese de cadastro público. O Colegiado afirmou que o "*habeas data*" seria ação constitucional voltada a garantir o acesso de uma pessoa a informações sobre ela, constantes de arquivos ou bancos de dados de entidades governamentais ou públicas (CF, art. 5°, LXXII, a). Estaria à disposição dos cidadãos para que pudessem implementar direitos subjetivos obstaculizados, alcançáveis por meio do acesso à informação e à transmissão de dados. A sua regulamentação legal (Lei 9.507/1997) demonstraria ser de caráter público todo registro ou banco de dados contendo informações que fossem ou que pudessem ser transmitidas a terceiros, ou que não fossem de uso privativo do órgão ou entidade produtora ou depositária dessas informações... "(STF, RE 673707/MG, rel. Min. Luiz Fux, 17.6.2015).

► *Habeas data* e pessoa jurídica

O STJ entendeu que a ação é cabível para atender a empresa que queira obter os extratos de depósitos de FGTS efetuados junto à Caixa Econômica Federal (CEF). O Tribunal Regional Federal da 2ª Região (TRF2) entendia que tais dados não eram pessoais e que os bancos de dados da CEF não eram públicos, já que usados apenas por si mesma.

A empresa alegava que os depósitos eram feitos em contas de sua titularidade, apenas vinculados individualmente aos empregados para garantir o eventual recebimento futuro. O ministro Castro Meira afirmou que o habeas data não seria cabível no caso de um extrato comum de conta bancária, que deveria ser tratado como matéria de consumidor, não interferindo nisso o fato de a empresa detentora do dado ser ou não pública.

Porém, no caso do FGTS, a Caixa assume função estatal de gestora do fundo, conforme definido em lei, justificando a concessão do *habeas data* (REsp 1.128.739).

O próprio STJ, porém, traz precedente (REsp 929.381) em que se concedeu habeas data contra a Caixa para que fornecesse extrato bancário comum. O ministro Francisco Falcão reconheceu como correta a decisão do Tribunal Regional Federal da 5ª Região (TRF5) que afirmou a legitimidade passiva da empresa pública para ação de habeas data, por exercer atividade do poder público.

▶ Competência

A competência para julgamento do *habeas data* será fixada de acordo com a autoridade coatora, e não em virtude da natureza do ato impugnado.

A Constituição prevê a competência originária e recursal para processo e julgamento do remédio constitucional em análise para o STF[5] e STJ.[6]

Responsável pelas Informações	Fundamento legal	Competência
– Presidente da República – Mesas da Câmara dos Deputados e do Senado Federal – Tribunal de Contas da União – PGR – STF	Art. 102, I, 'd' CRFB e art. 20, I, 'a', Lei 9.507/97.	STF
– Ministro de Estado – STJ	Art. 105, I, 'b' CRFB e art. 20, I, 'b', Lei 9.507/97.	STJ
– TRF – Juiz Federal	Art. 20, I, 'c', Lei 9.507/97.	TRF

5 "Art. 102. Compete ao Supremo Tribunal Federal, precipuamente, a guarda da Constituição, cabendo-lhe:

I – processar e julgar, originariamente: (...) d) (...) o *habeas data* contra atos do Presidente da República, das Mesas da Câmara dos Deputados e do Senado Federal, do Tribunal de Contas da União, do Procurador-Geral da República e do próprio Supremo Tribunal Federal;

II – julgar, em recurso ordinário: a) (...) o *habeas data* decidido em única instância pelos Tribunais Superiores, se denegatória a decisão;"

6 "Art. 105. Compete ao Superior Tribunal de Justiça:

I – processar e julgar, originariamente (...)

b) o *habeas data* contra ato de Ministro de Estado, dos Comandantes da Marinha, do Exército e da Aeronáutica ou do próprio Tribunal;"

Responsável pelas Informações	Fundamento legal	Competência
– Autoridade federal, exceto os casos de competência dos tribunais federais.	Art. 20, I, 'd', Lei 9.507/97.	Juiz Federal
Autoridades previstas nas Constituições Estaduais.	Art. 20, I, 'e', Lei 9.507/97.	– TJ – G – Governador – P – Prefeito de Capital – S – Secretário de Estado – Mesa da Assembleia Legislativa
Competência residual	Art. 20, I, 'f', Lei 9.507/97.	Juiz Estadual (Vara Cível)

Em resumo:

De acordo com a Lei 9507/97:

> *Art. 20. O julgamento do* habeas data *compete:*
>
> *I – originariamente:*
>
> *a) ao Supremo Tribunal Federal, contra atos do Presidente da República, das Mesas da Câmara dos Deputados e do Senado Federal, do Tribunal de Contas da União, do Procurador-Geral da República e do próprio Supremo Tribunal Federal;*
>
> *b) ao Superior Tribunal de Justiça, contra atos de Ministro de Estado ou do próprio Tribunal;*
>
> *c) aos Tribunais Regionais Federais contra atos do próprio Tribunal ou de juiz federal;*
>
> *d) a juiz federal, contra ato de autoridade federal, excetuados os casos de competência dos tribunais federais;*
>
> *e) a tribunais estaduais, segundo o disposto na Constituição do Estado;*
>
> *f) a juiz estadual, nos demais casos.*

► Caso concreto e elaboração da peça

(OAB 2010.3)

Tício, brasileiro, casado, engenheiro, na década de setenta, participou de movimentos políticos que faziam oposição ao Governo então instituído. Por força de tais atividades, foi vigiado pelos agentes estatais e, em diversas ocasiões, preso para averiguações. Seus movimentos foram monitorados pelos órgãos de inteligência vinculados aos órgãos de Segurança do Estado, organizados por agentes federais. Após longos anos, no ano de 2010, Tício requereu acesso à sua ficha de informações pessoais, tendo o seu pedido indeferido, em todas as instâncias administrativas. Esse foi o último ato praticado pelo Ministro de Estado da Defesa, que lastreou seu ato decisório, na necessidade de preservação do sigilo das atividades do Estado, uma vez que os arquivos públicos do período desejado estão indisponíveis para todos os cidadãos. Tício, inconformado, procura aconselhamentos com seu sobrinho Caio, advogado, que propõe apresentar ação judicial para acessar os dados do seu tio.

Na qualidade de advogado contratado por Tício, redija a peça cabível ao tema, observando:

a) competência do Juízo;

b) legitimidade ativa e passiva;

c) fundamentos de mérito constitucionais e legais vinculados;

d) os requisitos formais da peça inaugural.

Elaboração e identificação da peça:

Regra dos 5 passos:	
Passo 1	**resumo do caso**
Passo 2	**legitimidade ativa**
Passo 3	**legitimidade passiva**
Passo 4	**escolha da ação**
Passo 5	**órgão competente**

▶ Peça

EXMº. SR. MINISTRO PRESIDENTE DO SUPERIOR TRIBUNAL DE JUSTIÇA

(pular aproximadamente 5 linhas em todas as petições iniciais)

Tício, brasileiro, casado, engenheiro, portador do RG nº... e do CPF nº..., endereço eletrônico ..., residente e domiciliado..., nesta cidade, por seu advogado infra-assinado, conforme procuração anexa ...., com escritório ..., endereço que indica para os fins do art. 77, V, do CPC, com fundamento nos termos do art. 5º, LXXII da CRFB/88 e da Lei nº 9507/97 vem impetrar o presente *HABEAS DATA* em face do Ministro de Estado da Defesa, com sede funcional ..., aduzindo para tanto o que abaixo se segue.

I – SÍNTESE DOS FATOS

Na década de setenta o impetrante participou de movimentos políticos que faziam oposição ao Governo então instituído. Por força de tais atividades, foi vigiado pelos agentes estatais e, em diversas ocasiões, preso para averiguações. Seus movimentos foram monitorados pelos órgãos de inteligência vinculados aos órgãos de Segurança do Estado, organizados por agentes federais.

Em 2010, Tício requereu acesso à sua ficha de informações pessoais, tendo o seu pedido indeferido, em todas as instâncias administrativas. Esse foi o último ato praticado pelo Ministro de Estado da Defesa, que lastreou seu ato decisório, na necessidade de preservação do sigilo das atividades do Estado, o que claramente viola a intimidade e vida privada do impetrante e fundamenta a propositura do presente *HABEAS DATA*.

II – DA PROVA DA RECUSA À INFORMAÇÃO

Conforme já narrado, o impetrante teve o seu pedido indeferido, em todas as instâncias administrativas, conforme documentação anexa, comprovando o requisito essencial para a impetração do *HABEAS DATA*, de acordo com o art. 8º, I, da Lei 9507/97.

III – DOS FUNDAMENTOS

O art. 5º, LXXII, da CRFB/88 dispõe que o *HABEAS DATA* é o remédio constitucional responsável pela defesa em juízo dos dados pessoais que se pretenda conhecer ou retificar.

A referida ação também encontra fundamento na Lei 9507/97 que ampliou as hipóteses de cabimento do remédio, permitindo que também seja utilizado para a complementação de dados pessoais, de acordo com o art. 7º, III.

O direito à informação é um direito fundamental consagrado pelo texto constitucional no art. 5º, XXXIII.

Conforme previsto no art. 5º, X, da CRFB/88, são invioláveis a intimidade, a vida privada, a honra e a imagem das pessoas, assegurado, inclusive, o direito a indenização pelo dano material ou moral decorrente de sua violação.

A competência para julgamento do *HABEAS DATA* é fixada de acordo com a autoridade coatora. Sendo assim, por força do art. 105, I, b, da CRFB/88, tendo em vista que a autoridade coatora é o Ministro de Estado da Defesa, o foro competente para julgamento da ação é o STJ.

Também é importante ressaltar que o impetrante é o titular do dado pessoal que se pretende conhecer por meio desta, o que está em harmonia com a natureza personalíssima da ação.

IV – DOS PEDIDOS

Diante de todo o exposto, requer a V. Exª.:

a) que seja notificada a autoridade coatora dos termos da presente a fim de que preste demais informações que julgar necessárias;

b) a procedência do pedido de *habeas data*, para que seja assegurado ao Impetrante o acesso às informações de seu interesse;

c) a intimação do Representante do Ministério Público;

d) a juntada dos documentos.

Valor da causa de acordo com o art. 291 do CPC/15.

Ou:

Valor da causa de acordo com o art. 319, V do CPC/15.

Termos em que,

Pede deferimento.

Local... e data...

Advogado...

OAB nº ...

CAPÍTULO 4

AÇÃO POPULAR

> Art 5°, CRFB/88. LXXIII – qualquer cidadão é parte legítima para propor ação popular que vise a anular ato lesivo ao patrimônio público ou de entidade de que o Estado participe, à moralidade administrativa, ao meio ambiente e ao patrimônio histórico e cultural, ficando o autor, salvo comprovada má-fé, isento de custas judiciais e do ônus da sucumbência.

► Histórico, natureza jurídica e conceito

A origem da ação popular está ligada à história do direito romano. Os jurisconsultos romanos denominavam *actiones populares* a ação que amparava direito próprio do povo. Era utilizada à época para a defesa de mares, rios, praças públicas e sepulturas, por exemplo.[1] Durante a passagem pela sociedade feudal não houve evolução da referida ação genuína do povo, porque a simbiose cidadão-Estado não existia nesse momento da história. Já no período mais moderno ela foi acolhida pela Bélgica em 1836, pela França em 1837 e na Itália em 1859.

No Brasil, o primeiro texto constitucional que lhe deu guarida foi o de 1934, não sendo mantida em 1937 face ao autoritarismo do regime, retornando à história brasileira a partir de 1946, e a partir daí foi protegida pelas demais Constituições.

Ressalte-se que em 1988 o seu objeto foi ampliado, tendo em vista que pelos textos anteriores a proteção da ação popular era apenas dirigida ao patrimônio público das entidades federativas.

Hoje, pode-se dizer que é um remédio constitucional, de procedimento comum, colocado à disposição de qualquer cidadão para a invalidação de ato ou contrato administrativo, ilegal, ilegítimo ou ilícito e lesivo ao patrimônio público, cultural, histórico ou ambiental, com previsão constitucional e infraconstitucional de acordo com a Lei n° 4.717/1965. O ato impugnado pode ser comissivo ou omissivo.

---

1 AFONSO DA SILVA, José. *Ação Popular Constitucional, doutrina e processo*, 2ª ed., São Paulo: Malheiros, 2007, pp. 17 a 30.

A ação popular possui natureza jurídica híbrida, pois, além de remédio constitucional em defesa dos direitos difusos, é também uma importante manifestação de direito público subjetivo político, tendo em vista que só pode ser proposta pelo cidadão.

► Espécies

AÇÃO POPULAR PREVENTIVA:	AÇÃO POPULAR REPRESSIVA:
antes de consumada a lesão	após a consumação do dano, com prazo de 5 (cinco) anos para a sua propositura, na forma do art. 21 da Lei nº 4.717/65

► Legitimidade ativa

A propositura da ação é exclusiva do cidadão, que em regra geral é o brasileiro nato ou naturalizado devidamente alistado, em gozo de seus direitos políticos. Analfabetos, maiores de setenta anos e os que estão entre dezesseis a dezoito (segundo parte da doutrina, dispensada a assistência[2]), desde que devidamente alistados, também poderão ajuizar a ação popular. Os inalistáveis (estrangeiros e conscritos), os inalistados e as pessoas jurídicas,[3] por conseguinte, não podem ajuizar a ação. Os portugueses equiparados, desde que estejam devidamente alistados e se houver reciprocidade com os brasileiros equiparados em Portugal, poderão também apresentá-la.

Destaque-se que a prova da cidadania para ingresso em juízo será feita mediante o título de eleitor, na forma do art. 1º, § 3º, da Lei nº 4.717/65.

► Polo passivo

Os arts. 1º e 6º da Lei nº 4.717/1965 determinam que todas as pessoas jurídicas de direito público ou privado, bem como pessoas naturais, beneficiárias diretas ou indiretas da lesão ao direito de todos, deverão compor o polo passivo da ação popular, ou seja, há um verdadeiro litisconsórcio passivo necessário.

---

2 Nesse sentido, José Afonso da Silva, Ary Florêncio Guimarães e Nelson Carneiro, em AFONSO DA SILVA, José. *Ação Popular Constitucional, doutrina e processo*, 2ª ed., São Paulo: Malheiros, 2007, pp. 174/175. Em sentido contrário, Manoel Jorge e Silva Neto, *Curso de Direito Constitucional*, 3ª ed., Rio de Janeiro: Lumen juris, 2008, pp. 779/780.

3 *Pessoa jurídica não tem legitimidade para propor ação popular* (Súmula nº 365, STF).

Com isso, temos: a) pessoas públicas ou privadas e entidades mencionadas no artigo 1º da Lei de ação popular; b) autoridades, funcionários ou administradores que tiverem autorizado, aprovado, ratificado ou praticado o ato; c) aqueles que por omissão tiverem dado oportunidade à lesão e os beneficiários do ato.

Atenção!

- Todos os beneficiários do ato ou contrato impugnado são litisconsortes necessários e a falta de citação é causa de nulidade absoluta do processo;
- A pessoa jurídica de direito público ou privado que figurar no polo passivo poderá: (1) contestar a ação, se entender que o ato é lícito e que o pedido não tem fundamento; (2) silenciar e atuar ao lado do autor. Se assim optar, apesar de figurar no polo passivo irá atuar como espécie de assistente simples do autor.

► Condenação em honorários advocatícios e em custas processuais

Por força do art. 12, da Lei 4717/65, pede-se a condenação em honorários advocatícios e em custas processuais.

► Produção de provas

Pede-se a produção de provas, tendo em vista o rito ordinário da ação popular, previsto no art. 7º, da Lei 4717/65.

► Condições específicas

Hoje a ação popular existe para tutelar o patrimônio público, a moralidade administrativa, o meio ambiente e o patrimônio histórico e cultural, de forma bem aberta. A interpretação aqui deve ser a mais ampla possível, na medida em que o objetivo do constituinte foi o de ampliar esse instrumento e de fortalecer o controle da cidadania sobre a coisa pública. Com isso, em nossa opinião não há que se falar mais da necessária comprovação do binômio lesividade e ilegalidade do ato impugnado, sendo cada um dos fundamentos da ação popular tutelados de maneira autônoma. É possível então se afirmar que um ato legal, mas que tenha ferido a moralidade administrativa possa ser impugnado em sede do remédio constitucional.

Ressalte-se que atos de conteúdo jurisdicional não podem ser impugnados por meio de ação popular, existindo as vias recursais adequadas para seu combate.[4]

► O papel do Ministério Público

O Ministério Público participará de todas as ações populares na qualidade de fiscal da lei, entretanto, a Lei nº 4.717/65 ainda prevê duas outras hipóteses de participação: se o autor desistir da ação, serão publicados editais nos prazos e condições ficando assegurado a qualquer cidadão, bem como ao representante do Ministério Público, dentro do prazo de 90 (noventa) dias da última publicação feita, promover o prosseguimento da ação (art. 9º) e, ainda: caso decorridos 60 (sessenta) dias de publicação da sentença condenatória de segunda instância, sem que o autor ou terceiro promova a respectiva execução, o representante do Ministério Público a promoverá nos 30 (trinta) dias seguintes, sob pena de falta grave (art. 16).

► Tutela de urgência

A tutela de urgência é admitida na forma do art. 5º § 4º, da Lei 4717/65 e, possui natureza ora de cautelar, ora de tutela antecipada, daí se aplicar também o art. 300, do CPC. Com isso, é importante comprovar os requisitos: probabilidade do direito e o perigo de dano ou o risco ao resultado útil do processo.

No XVIII Exame de Ordem, a banca adotou a medida cautelar em sede de Ação Popular.

► A gratuidade

De acordo com a previsão constitucional, a ação popular será gratuita se proposta de boa-fé (independente do êxito ou não na ação), sendo determinada a sua condenação se tiver sido proposta de má-fé.

---

4 "Os atos de conteúdo jurisdicional – precisamente por não se revestirem de caráter administrativo – estão excluídos do âmbito de incidência da ação popular, notadamente porque se acham sujeitos a um sistema específico de impugnação, quer por via recursal, quer mediante utilização de ação rescisória. (...) Tratando-se de ato de índole jurisdicional, cumpre considerar que este, ou ainda não se tornou definitivo – podendo, em tal situação, ser contestado mediante utilização dos recursos previstos na legislação processual –, ou, então, já transitou em julgado, hipótese em que, havendo decisão sobre o mérito da causa, expor-se-á à possibilidade de rescisão (...)" (STF, Pet 2.018-AgR/SP, Segunda Turma, Rel. Min. Celso de Mello, j. 22.08.2000, *DJ* 16.02.2001).

► Enunciados da súmula do STF

► **Súmula 365:** "Pessoa jurídica não tem legitimidade para propor ação popular."

► **Súmula 101:** "O mandado de segurança não substitui a ação popular."

► Competência

A fixação da competência para julgamento da ação popular, na forma do art. 5°, *caput*, da Lei n° 4.717/65 levará em consideração o local de origem do ato ou omissão a serem impugnados. Normalmente, se o patrimônio lesado for da União, a competência será da Justiça Federal, se estadual ou municipal, será da Justiça Estadual.

Não há prerrogativa de foro funcional na Ação Popular!

O art. 109, I, da CRFB/88 dispõe que: compete à justiça federal julgar as ações em que esteja no polo ativo ou passivo a União, suas autarquias, suas fundações públicas e suas empresas públicas. As outras pessoas integrantes da administração pública não deslocam competência para a justiça federal. Então, nas ações contra estados, municípios e Sociedades de economia mista (mesmo que federal), a competência é da justiça estadual.

Exemplos:

União, Autarquia, Empresa Pública e Fundação Pública Federal	Estados, DF, Municípios, suas autarquias e fundações públicas	Sociedades de Economia Mista
Juiz Federal de 1° grau.	Juiz Estadual de 1° grau – Vara de Fazenda Pública, pois são pessoas jurídicas de direito público.	Juiz Estadual de 1° grau – Vara Cível (residual).

Importante ressaltar que em regra geral não há competência originária de órgão colegiado para apreciação de ação popular,[5] sendo esta do

5 "A competência para julgar ação popular contra ato de qualquer autoridade, até mesmo do Presidente da República, é, via de regra, do juízo competente de primeiro grau. Precedentes. Julgado o feito na primeira instância, se ficar configurado o impedimento de mais da metade dos desembargadores para apreciar o recurso voluntário ou a remessa obrigatória, ocorrerá a competência do Supremo Tribunal Federal, com

juiz de primeiro grau (federal ou estadual). Haverá, entretanto, competência originária do STF,[6] nos seguintes casos:

- a ação em que todos os membros da magistratura sejam direta ou indiretamente interessados, e aquela em que mais da metade dos membros do tribunal de origem estejam impedidos ou sejam direta ou indiretamente interessados (art. 102, I, "n" da CRFB/88);
- as causas e os conflitos entre a União e os Estados, a União e o Distrito Federal, ou entre uns e outros, inclusive as respectivas entidades da administração indireta (art. 102, I, "f" da CRFB/88).

---

base na letra *n* do inciso I, segunda parte, do art. 102 da Constituição Federal" (STF, AO 859-QO/AP; Min. Rel. Ellen Gracie; Plenário, Rel. p/ o ac. Min. Maurício Corrêa, j. 11.10.2001, *DJ* 1º.08.2003). Nesse sentido, "O Supremo Tribunal Federal – por ausência de previsão constitucional – não dispõe de competência originária para processar e julgar ação popular promovida contra qualquer órgão ou autoridade da República, mesmo que o ato cuja invalidação se pleiteie tenha emanado do Presidente da República, das Mesas da Câmara dos Deputados ou do Senado Federal, ou, ainda, de qualquer dos Tribunais Superiores da União" (STF, Pet 2.018-AgR/SP, Segunda Turma, Rel. Min. Celso de Mello, j. 22.08.2000, *DJ* 16.02.2001).

6 Competência originária do Supremo Tribunal para as ações contra o Conselho Nacional de Justiça e contra o Conselho Nacional do Ministério Público (CF, art. 102, I, *r*, com a redação da EC nº 45/2004): inteligência: não inclusão da ação popular, ainda quando nela se vise à declaração de nulidade do ato de qualquer um dos conselhos nela referidos. Tratando-se de ação popular, o Supremo Tribunal Federal – com as únicas ressalvas da incidência da alínea *n* do art. 102, I, da Constituição ou de a lide substantivar conflito entre a União e Estado-membro –, jamais admitiu a própria competência originária: ao contrário, a incompetência do Tribunal para processar e julgar a ação popular tem sido invariavelmente reafirmada, ainda quando se irrogue a responsabilidade pelo ato questionado a dignitário individual – a exemplo do Presidente da República – ou a membro ou membros de órgão colegiado de qualquer dos poderes do Estado cujos atos, na esfera cível – como sucede no mandado de segurança – ou na esfera penal – como ocorre na ação penal originária ou no *habeas corpus* – estejam sujeitos diretamente à sua jurisdição. Essa não é a hipótese dos integrantes do Conselho Nacional de Justiça ou do Conselho Nacional do Ministério Público: o que a Constituição, com a EC nº 45/04, inseriu na competência originária do Supremo Tribunal foram as ações contra os respectivos colegiados e não, aquelas em que se questione a responsabilidade pessoal de um ou mais dos conselheiros, como seria de dar-se na ação popular" (STF, Pet 3.674-QO/DF; Plenário, Rel. Min. Sepúlveda Pertence, j. 04.10.2006, *DJ* 19.12.2006).

▶ Caso concreto e elaboração da peça

(OAB – VI EXAME)

Esculápio da Silva, brasileiro, casado, engenheiro, domiciliado na capital do Estado de WYK, é comunicado por amigos que a Administração do Estado está providenciando um plano de obras custosas e pretendendo que elas sejam entregues, independentemente de licitação, a empresas com vínculos pessoais com dirigentes do seu partido político. Os valores correspondentes às obras são incluídos no orçamento, observado o devido processo legislativo. Quando da realização das obras, aduz a necessidade de urgência diante de evento artístico de grande repercussão a realizar-se em aproximadamente um ano, o que inviabilizaria a realização de procedimento licitatório e designa três empresas para repartir as verbas orçamentárias, cabendo a cada uma realizar parte da obra preconizada. As empresas Mastodonte S.A., Mamute S.A. e Dente de Sabre S.A. aceitam, de bom grado, o encargo e assinam os contratos com a Administração. O valor das obras corresponde a um bilhão de reais. Inconformado com esse fato, Esculápio da Silva, cidadão que gosta de participar ativamente da defesa da Administração Pública e está em dia com seus direitos políticos, procura orientação jurídica e, após, resolve ajuizar a competente ação.

Na qualidade de advogado, elabore a peça cabível, observando:

a) competência do juízo;

b) legitimidade ativa e passiva;

c) fundamentos de mérito constitucionais e legais vinculados;

d) os requisitos formais da peça;

e) tutela de urgência.

Elaboração e identificação da peça:

Regra dos 5 passos:	
Passo 1	resumo do caso
Passo 2	legitimidade ativa
Passo 3	legitimidade passiva
Passo 4	escolha da ação
Passo 5	órgão competente

► Peça processual

EXMº. SR. DR. JUIZ DE DIREITO DA... VARA DA FAZENDA PÚBLICA DA COMARCA DA CAPITAL DO ESTADO WYK

(pular aproximadamente 5 linhas em todas as petições iniciais)

Esculápio da Silva, brasileiro, casado, engenheiro, portador do RG nº... e do CPF nº ..., endereço eletrônico ..., **portador do título de eleitor nº ...**, residente e domiciliado..., nesta cidade, por seu advogado infra-assinado, conforme procuração anexa, com escritório ..., endereço que indica para os fins do art. 77, V, do CPC, com fundamento nos termos do art. 5º, LXXIII da CRFB/88 e da Lei nº 4717/65, vem ajuizar AÇÃO POPULAR em face do Governador do Estado WYK, do Estado WYK, Mastodonte S.A, Mamute S.A e Dente de Sabre S.A., com endereços...

I – SÍNTESE DOS FATOS

O autor foi comunicado por amigos que a Administração do Estado está providenciando um plano de obras custosas e pretendendo que elas sejam entregues, independentemente de licitação, a empresas com vínculos pessoais com dirigentes do seu partido político.

Quando da realização das obras, a Administração aduz a necessidade de urgência diante de evento artístico de grande repercussão a realizar-se em aproximadamente um ano, o que inviabilizaria a realização de procedimento licitatório e designa três empresas para repartir as verbas orçamentárias, cabendo a cada uma realizar parte da obra preconizada.

As empresas Mastodonte S.A., Mamute S.A. e Dente de Sabre S.A. aceitam o encargo e assinam os contratos irregulares com a Administração. O valor das obras corresponde a um bilhão de reais, numa clara violação ao erário, o que justifica a apresentação da presente ação popular.

II – PEDIDO DE TUTELA DE URGÊNCIA

A tutela de urgência na Ação Popular está presente no art. 5º, § 4º, da Lei 4717/65 e também no art. 300 do CPC e, para alguns autores possui natureza de medida cautelar.

Demonstrar a probabilidade do direito e o perigo de dano ou o risco ao resultado útil do processo.

III – LEGITIMIDADE ATIVA

O autor gosta de participar ativamente da defesa da Administração Pública e está em dia com seus direitos políticos, conforme documentação anexa, portanto, satisfaz plenamente o requisito da cidadania, presente no art. 1º, § 3º da lei 4717/65.

IV – LEGITIMIDADE PASSIVA

O polo passivo da Ação Popular é formado por um litisconsórcio passivo necessário, conforme estabelece os arts. 1º e 6º da lei 4717/65, daí porque todas as autoridades e empresas envolvidas e indicadas acima devem responder à presente ação.

V – FUNDAMENTOS JURÍDICOS

O Art. 5º, LXXIII, da CRFB/88 prevê que qualquer cidadão é parte legítima para propor ação popular que vise a anular ato lesivo ao patrimônio público ou de entidade de que o Estado participe, à moralidade administrativa, ao meio ambiente e ao patrimônio histórico e cultural.

A referida ação também se encontra regulamentada na Lei 4717/65 e é um importante instrumento em defesa dos direitos difusos.

A licitação é a regra da transparência administrativa e a sua obrigatoriedade está prevista no art. 37, XXI, da CRFB/88, que assim dispõe: "ressalvados os casos especificados na legislação, as obras, serviços, compras e alienações serão contratados mediante processo de licitação pública que assegure igualdade de condições a todos os concorrentes, com cláusulas que estabeleçam obrigações de pagamento, mantidas as condições efetivas da proposta, nos termos da lei, o qual somente permitirá as exigências de qualificação técnica e econômica indispensáveis à garantia do cumprimento das obrigações".

A necessidade de procedimento licitatório está em harmonia com os princípios da legalidade, moralidade e impessoalidade que devem nortear toda a Administração Pública, segundo dispõe o art. 37, *caput* da CRFB/88.

Além do que, os contratos ora impugnados são lesivos ao patrimônio do Estado e ilegais, tendo em vista que a Constituição e a Lei 8.666/93 determinam a obrigatoriedade da licitação, salvo nas hipóteses legais, que não se aplicam ao caso ora apresentado.

VI – DOS PEDIDOS

Diante de todo o exposto, requer-se:

a) a concessão da tutela de urgência para determinar a suspensão do contrato impugnado;

b) que seja julgado procedente o pedido para a invalidação do contrato irregular;

c) a citação dos réus nos endereços acima indicados;

d) a intimação do Representante do Ministério Público;

e) a condenação do Réu em custas e em honorários advocatícios;

f) a produção de todos os meios de provas em direito admitidas;

g) a juntada de documentos.

Em cumprimento ao art. 319, VII do CPC, o autor opta pela realização da audiência de conciliação ou mediação.

Dá-se à causa o valor de um bilhão de reais.

Termos em que,

Pede deferimento.

Local... e data...

Advogado

OAB nº ...

▶ Caso Concreto do XVIII Exame

Após receber "denúncia de irregularidades" em contratos administrativos celebrados pela Autarquia Federal A, que possui sede no Rio de Janeiro, o Ministério Público Federal determina a abertura de inquérito civil e penal para apurar os fatos. Neste âmbito, são colhidas provas robustas de superfaturamento e fraude nos quatro últimos contratos celebrados por esta Autarquia Federal, sendo certo que estes fatos e grande parte destas provas acabaram divulgados na imprensa. Assim é que o cidadão Pedro da Silva, indignado, procura se inteirar mais sobre o acontecido, e acaba ficando ciente de que estes contratos foram realizados nos últimos 2 (dois) anos com a multinacional M e ainda estão em fase de execução. Mas não só. Pedro obtém, também, documentos que comprovam, mais ainda, a fraude e a lesão, além de evidenciarem a participação do presidente da Autarquia A, de um Ministro de Estado e do presidente da comissão de licitação, bem como do diretor executivo da multinacional M. Diante deste quadro, Pedro, eleitor regular e ativo do Município do Rio de Janeiro/RJ, indignado com o descaso pela moralidade administrativa na gestão do dinheiro público, pretende mover ação judicial em face dos envolvidos nos escândalos citados, objetivando desfazer os atos ilegais, com a restituição à Administração dos gastos indevidos, bem como a sustação imediata dos atos lesivos ao patrimônio público.

Na condição de advogado (a) contratado (a) por Pedro, considerando os dados acima, elabore a medida judicial cabível, utilizando-se do instrumento constitucional adequado. (Valor: 5,00).

Obs.: a peça deve abranger todos os fundamentos de Direito que possam ser utilizados para dar respaldo à pretensão. A simples menção ou transcrição do dispositivo legal não será pontuada.

Elaboração e identificação da peça:

Regra dos 5 passos:	
Passo 1	resumo do caso
Passo 2	legitimidade ativa
Passo 3	legitimidade passiva
Passo 4	escolha da ação
Passo 5	órgão competente

► Peça processual

EXMº. SR. DR. JUIZ FEDERAL DA... VARA FEDERAL DA SEÇÃO JUDICIÁRIA DO ESTADO DO RIO DE JANEIRO

(pular aproximadamente 5 linhas em todas as petições iniciais)

Pedro da Silva, nacionalidade, estado civil (ou existência de união estável), profissão, portador do RG nº... e do CPF nº ..., endereço eletrônico ..., **portador do título de eleitor nº ...**, residente e domiciliado..., nesta cidade, por seu advogado infra-assinado, conforme procuração anexa, com escritório ..., endereço que indica para os fins do art. 77, V, do CPC, com fundamento nos termos do art. 5º, LXXIII da CRFB/88 e da Lei nº 4717/65, vem ajuizar AÇÃO POPULAR em face da Autarquia Federal A, do Presidente da Autarquia Federal A, do Ministro de Estado, do Presidente da Comissão de Licitação, da Multinacional M e do Diretor Executivo da Multinacional M, com endereços...

I – SÍNTESE DOS FATOS

O autor teve acesso, depois de divulgação pela imprensa, a documentos que comprovam fraude e lesão aos cofres públicos, tendo o Ministério Público Federal determinado a abertura de inquérito civil e penal para apurar os fatos.

Havia uma denúncia de irregularidades em contratos administrativos celebrados pela Autarquia Federal A, e, inclusive, provas robustas de superfaturamento e fraude nos quatro últimos contratos celebrados pela mesma, nos últimos dois anos, com a multinacional M, que ainda se encontram em fase de execução.

Ademais, diversos documentos evidenciam a participação do Presidente da Autarquia A, de um Ministro de Estado e do Presidente da comissão de licitação, bem como do diretor executivo da multinacional M.

II – PEDIDO DE TUTELA DE URGÊNCIA

A tutela de urgência na Ação Popular está presente no art. 5º, § 4º, da Lei 4717/65 e também no art. 300 do CPC. Para muitos doutrinadores, trata-se de uma verdadeira cautelar.

Demonstrar a probabilidade do direito e o perigo de dano ou o risco ao resultado útil do processo.

III – LEGITIMIDADE ATIVA

O autor gosta de participar ativamente da defesa da Administração Pública e está em dia com seus direitos políticos, conforme documentação anexa, portanto, satisfaz plenamente o requisito da cidadania, presente no art. 1º, § 3º da lei 4717/65.

IV – LEGITIMIDADE PASSIVA

O polo passivo da Ação Popular é formado por um litisconsórcio passivo necessário, conforme estabelece os arts. 1º e 6º da lei 4717/65, daí porque todas as autoridades e empresas envolvidas e indicadas acima devem responder à presente ação.

V – FUNDAMENTOS JURÍDICOS

O art. 5º, LXXIII, da CRFB/88 prevê que qualquer cidadão é parte legítima para propor ação popular que vise a anular ato lesivo ao patrimônio público ou de entidade de que o Estado participe, à moralidade administrativa, ao meio ambiente e ao patrimônio histórico e cultural.

A referida ação também se encontra regulamentada na Lei 4717/65 e é um importante instrumento em defesa dos direitos difusos.

Os contratos firmados, em razão do superfaturamento, afrontam a moralidade administrativa e a legalidade, apresentando grande lesividade para o patrimônio público, conforme art. 3º e art. 4º, III, c, ambos da Lei nº. 4.717/65.

Dessa forma, a presente ação tem como objeto a proteção do patrimônio público e da moralidade administrativa, conforme art. 5º, LXXIII, da CRFB/88 e art. 1º da Lei nº. 4.717/65.

VI – DOS PEDIDOS

Diante de todo o exposto, requer-se:

a) a concessão da tutela de urgência para determinar a suspensão dos contratos administrativos superfaturados;

b) que seja julgado procedente o pedido para a declaração de nulidade dos contratos administrativos superfaturados;

c) a citação dos réus nos endereços acima indicados;

d) a intimação do Representante do Ministério Público;

e) a condenação do Réu em custas e em honorários advocatícios;

f) a produção de todos os meios de provas em direito admitidas;

g) a juntada de documentos;

h) a condenação dos responsáveis ao ressarcimento dos danos causados.

Em cumprimento ao art. 319, VII, do CPC, o autor opta pela realização da audiência de conciliação ou de mediação.

Valor da causa de acordo com o art. 291 do CPC/15.

Ou:

Valor da causa de acordo com o art. 319, V do CPC/15.

Termos em que,

Pede deferimento.

Local... e data...

Advogado

OAB nº ...

▶ Caso Concreto do XXV Exame

Em matéria jornalística amplamente divulgada pela mídia, o prefeito do município Alfa, situado no estado Beta, é acusado pela imprensa local de negligenciar a saúde pública, deixando de realizar os investimentos constitucionais obrigatórios nos estabelecimentos médico-hospitalares situados na região. Com o objetivo de tirar proveito da situação para se autopromover, o prefeito elabora a seguinte estratégia: após obter expressa aprovação do Secretário Municipal do Meio Ambiente, em procedimento administrativo formalmente instaurado, às custas do erário e sob o subterfúgio de publicidade institucional, providencia a instalação de um grande painel de publicidade (outdoor) na encosta de um dos morros da cidade, o que era vedado pela legislação ambiental federal. Trata-se de área de proteção ambiental e notório ponto turístico, tendo ampla visibilidade. No outdoor, são elencadas todas as ações e investimentos da prefeitura relacionados à área da saúde durante a gestão do atual prefeito. Logo após a conclusão das obras, ambientalistas filiados a uma Organização Não Governamental (ONG) de proteção ao meio ambiente comparecem ao local e detectam, dentre outras consequências prejudiciais, que a iluminação usada no outdoor durante o período noturno traria resultados nocivos à biodiversidade, ameaçando a sobrevivência de espécies animais notívagos da região. Essa nocividade se tornaria irreversível caso a iluminação viesse a ser utilizada por algumas semanas. Carlos, maior de idade, brasileiro nato no pleno gozo de seus direitos políticos, morador do Município Alfa, fica estarrecido ao tomar ciência do fato e indignado com a inércia das autoridades locais competentes. Diante disso, comparece a um escritório de advocacia indagando se poderia, devidamente representado em juízo por advogado(a) legalmente habilitado(a), adotar pessoalmente alguma providência judicial diante das irregularidades apontadas.

Com base no caso concreto apresentado acima, utilizando o instrumento constitucional adequado, redija a petição inicial da medida judicial cabível. (Valor: 5,00)

Obs.: a peça deve abranger todos os fundamentos de Direito que possam ser utilizados para dar respaldo à pretensão. A simples menção ou transcrição do dispositivo legal não confere pontuação.

Elaboração e identificação da peça:

Regra dos 5 passos:	
Passo 1	resumo do caso
Passo 2	legitimidade ativa
Passo 3	legitimidade passiva
Passo 4	escolha da ação
Passo 5	órgão competente

Peça processual

Exmo. Sr. Dr. Juiz de Direito da... Vara da Fazenda Pública da Comarca Alfa

(pular aproximadamente 5 linhas em todas as petições iniciais)

Carlos, nacionalidade, estado civil (ou existência de união estável), profissão, portador do RG n°... e do CPF n° ..., endereço eletrônico ..., portador do título de eleitor n° ..., residente e domiciliado..., nesta cidade, por seu advogado infra-assinado, conforme procuração anexa, com escritório ..., endereço que indica para os fins do art. 77, V, do CPC, com fundamento nos termos do art. 5º, LXXIII da CRFB/88 e da Lei nº 4717/65, vem ajuizar AÇÃO POPULAR em face do Prefeito do Município Alfa, do Município Alfa e do Secretário Municipal do Meio Ambiente, com endereços...

I – SÍNTESE DOS FATOS

Em matéria jornalística divulgada pela imprensa, o prefeito do município Alfa, situado no estado Beta, foi acusado de negligenciar a saúde pública, deixando de realizar os investimentos constitucionais obrigatórios nos estabelecimentos médico-hospitalares situados na região.

Visando tirar proveito da situação, se autopromovendo, o prefeito, de forma estratégica, após obter expressa aprovação do Secretário Municipal do Meio Ambiente, em procedimento administrativo, providenciou a instalação de um grande outdoor na encosta de um dos morros da cidade, o que era vedado pela legislação ambiental federal, em área de proteção ambiental e notório ponto turístico, onde elencou todas as ações e investimentos da prefeitura relacionados à área da saúde durante a sua gestão.

Ambientalistas filiados a uma Organização Não Governamental de proteção ao meio ambiente detectaram, dentre outras consequências prejudiciais, que a iluminação usada no outdoor durante o período noturno traria resultados nocivos à biodiversidade, ameaçando a sobrevivência de espécies animais notívagos da região, e tal nocividade se tornaria irreversível caso a iluminação viesse a ser utilizada por algumas semanas, o que justifica o ajuizamento da presente ação popular.

II – LEGITIMIDADE ATIVA

O autor gosta de participar ativamente da defesa da Administração Pública e está em dia com seus direitos políticos, conforme documentação anexa, portanto, satisfaz plenamente o requisito da cidadania, presente no art. 1º, § 3º da Lei 4717/65.

III – LEGITIMIDADE PASSIVA

O polo passivo da Ação Popular é formado por um litisconsórcio passivo necessário, conforme estabelece os arts. 1º e 6º da Lei 4717/65, daí porque todas as autoridades envolvidas e indicadas acima devem responder a presente ação.

IV – PEDIDO DE TUTELA DE URGÊNCIA

A tutela de urgência na Ação Popular está presente no art. 5º, § 4º, da Lei 4.717/65 e para muitos doutrinadores, trata-se de uma verdadeira tutela cautelar.

A probabilidade do direito é comprovada mediante os fatos e documentos que acompanham a presente.

Já o perigo de dano ou risco ao resultado útil do processo é evidente, tendo em vista os riscos de danos irreversíveis à biodiversidade em decorrência da iluminação inapropriada, devendo haver a imediata desativação da iluminação e/ou remoção do outdoor,

V – FUNDAMENTOS JURÍDICOS

O art. 5º, LXXIII, da CRFB/88 prevê que qualquer cidadão é parte legítima para propor ação popular que vise a anular ato lesivo ao patrimônio público ou de entidade de que o Estado participe, à moralidade administrativa, ao meio ambiente e ao patrimônio histórico e cultural. A referida ação também se encontra regulamentada na Lei 4717/65 e é um importante instrumento em defesa dos direitos difusos.

Da análise do caso em tela, conclui-se que houve ofensa aos princípios da moralidade e impessoalidade, tendo sido violado o disposto no art. 37, caput, da CRFB/88.

No que tange a moralidade, se espera que a Administração Pública atenda aos ditames da conduta ética, honesta, exigindo a observância de padrões éticos, de boa-fé, de lealdade, de regras que assegurem a boa administração, estando ligada ao conceito de bom administrador.

Quanto à impessoalidade, esta busca impedir os atos administrativos que visem os interesses de agentes ou até mesmo de terceiros, buscando limites estabelecidos à vontade da lei, a um comando geral e abstrato.

De acordo com o § 1º do art. 37 da CRFB/88: "A publicidade dos atos, programas, obras, serviços e campanhas dos órgãos públicos deverá ter caráter educativo, informativo ou de orientação social, dela não podendo constar nomes, símbolos ou imagens que caracterizem promoção pessoal de autoridades ou servidores públicos."

Ademais, há que se ressaltar que o ato é nulo por ser ilegal, tendo sido editado em contrariedade com a legislação federal vigente, e praticado em nítido desvio de finalidade (conforme alíneas 'c' e 'e' do art. 2º da Lei 4.717/65), uma vez que, a pretexto de informar a população sobre supostos gastos com a saúde pública, o prefeito se valeu de ato lesivo ao meio ambiente, afrontando, ainda, o disposto no art. 225 da CRFB/88.

VI – DOS PEDIDOS

Diante de todo o exposto, requer-se:

a) a concessão da tutela de urgência para determinar a desativação da iluminação e/ou remoção do outdoor;

b) que seja julgado procedente o pedido para seja declarada a nulidade do ato que autorizou a instalação do outdoor, em razão dos vícios de ilegalidade e de desvio de finalidade e a condenação ao ressarcimento financeiro ao erário e reparação dos danos ambientais causados;

c) a citação dos Réus nos endereços acima indicados;

d) a intimação do Representante do Ministério Público;

e) a condenação dos Réus em custas e em honorários advocatícios;

f) a produção de todos os meios de provas em direito admitidas;

g) a juntada de documentos.

Em cumprimento ao art. 319, VII, do CPC, o autor opta pela realização da audiência de conciliação ou de mediação.

Valor da causa de acordo com o art. 291 do CPC/15.

Ou:

Valor da causa de acordo com o art. 319 do CPC/15.

Termos em que,

Pede deferimento.

Local... e data...

Advogado...

OAB nº ...

▶ Caso Concreto do XXVIII Exame de Ordem

A sociedade empresária K, concessionária do serviço de manutenção de uma estrada municipal, na qual deveria realizar investimentos sendo remunerada com o valor do pedágio pago pelos usuários do serviço, decidiu ampliar suas instalações de apoio. Após amplos estudos, foi identificado o local que melhor atenderia às suas necessidades. Ato contínuo, os equipamentos foram alugados e foi providenciado o cerco do local com tapumes. De imediato, foi fixada a placa, assinada por engenheiro responsável, indicando a natureza da obra a ser realizada e a data do seu início, o que ocorreria trinta dias depois, prazo necessário para a conclusão dos preparativos.

João da Silva, usuário da rodovia e candidato ao cargo de deputado estadual no processo eleitoral que estava em curso, ficou surpreso com a iniciativa da sociedade empresária K, pois era público e notório que o local escolhido era uma área de preservação ambiental permanente do Município Alfa. Considerando esse dado, formulou requerimento, dirigido à concessionária, solicitando que a obra não fosse realizada. A sociedade empresária K indeferiu o requerimento, sob o argumento de que o local escolhido fora aprovado pelo Município, que concedeu a respectiva licença, assinada pelo prefeito Pedro dos Santos, permitindo o início das obras. O local, ademais, era o que traria maiores benefícios aos usuários.

João da Silva, irresignado com esse estado de coisas, contratou seus serviços, como advogado(a). Ele afirmou que quer propor uma ação judicial para que seja declarada a nulidade da licença concedida e impedida a iminente realização das obras no local escolhido, que abriga diversas espécies raras da flora e da fauna silvestre.

Levando em consideração as informações expostas, elabore a medida judicial adequada, com todos os fundamentos jurídicos que confiram sustentação à pretensão. (Valor: 5,00)

Obs.: A peça deve abranger todos os fundamentos de Direito que possam ser utilizados para dar respaldo à pretensão. A simples menção ou transcrição do dispositivo legal não confere pontuação.

► Peça processual

Exmo. Sr. Dr. Juiz de Direito da ... Vara de Fazenda Pública da Comarca de Alfa (ou Vara Cível).

(pular aproximadamente 5 linhas em todas as petições iniciais)

João da Silva, nacionalidade, estado civil (ou existência de união estável), profissão, portador do RG n°... e do CPF n° ..., endereço eletrônico ..., portador do título de eleitor n° ..., residente e domiciliado..., nesta cidade, por seu advogado infra-assinado, conforme procuração anexa, com escritório ..., endereço que indica para os fins do art. 77, V, do CPC, com fundamento nos termos do art. 5º, LXXIII da CRFB/88 e da Lei nº 4.717/65, vem ajuizar AÇÃO POPULAR em face de Pedro dos Santos (Prefeito), do Município Alfa e da sociedade empresária K, com endereços...

I – SÍNTESE DOS FATOS

O autor, João da Silva, cidadão e, inclusive, candidato ao cargo de deputado estadual no processo eleitoral em curso, tenho conhecimento de atos preparatórios para a realização de uma obra pela sociedade empresária K, concessionária do serviço de manutenção de uma estrada municipal, se surpreendeu pelo fato do local escolhido ser uma área de preservação ambiental permanente do Município Alfa.

Após constatar tapumes no local e até mesmo placa, assinada por engenheiro responsável, indicando a natureza da obra a ser realizada e a data do seu início, que já ocorreria trinta dias depois, enviou um requerimento à concessionária pleiteando que as obras não fossem realizadas, tendo recebido como resposta a negativa, sob o argumento de que o local seria o que traria maiores benefícios aos usuários, e já fora aprovado pelo Município, que concedeu a competente licença, assinada pelo prefeito Pedro dos Santos, permitindo o início das obras.

Importante ressaltar que a área escolhida para a realização das obras que visa ampliar as instalações de apoio da sociedade empresária K,abriga diversas espécies raras da flora e da fauna silvestre e está prestes a ser iniciada, o que justifica o ajuizamento da presente Ação Popular.

II – LEGITIMIDADE ATIVA

O autor, cidadão, gosta de participar ativamente da defesa da Administração Pública e está em dia com seus direitos políticos, qualidade intrínseca à sua condição de candidato ao cargo de deputado estadual, conforme documentação anexa, portanto, satisfaz plenamente o requisito da cidadania, presente no art. 1º, § 3º da Lei 4.717/65 e art. 5º, inciso LXXIII, da CRFB/88.

III – LEGITIMIDADE PASSIVA

O polo passivo da Ação Popular é formado por um litisconsórcio passivo necessário, conforme estabelece os arts. 1º e 6º da Lei 4.717/65, daí porque todas as autoridades e empresas envolvidas e indicadas acima devem responder a presente ação.

A legitimidade passiva do prefeito Pedro dos Santos decorre do fato de ter concedido a licença de construção, a do Município Beta por se almejar obstar os efeitos de uma licença que concedeu por intermédio do prefeito, e da sociedade empresária

K do fato de ser a beneficiária da licença concedida, estando na iminência de realizar a obra.

IV – PEDIDO DE TUTELA DE URGÊNCIA

A tutela de urgência na Ação Popular está presente no art. 5º, § 4º, da Lei 4.717/65 e também no art. 300 do CPC. Para muitos doutrinadores, trata-se de uma verdadeira tutela cautelar.

O *fumus boni iuris* decorre da flagrante ilegalidade da licença de construção, enquanto o *periculum in mora* se verifica em razão da iminência de serem causados danos irreversíveis ao meio ambiente, considerando as raras espécies da fauna e da flora silvestre existentes no local.

V – FUNDAMENTOS JURÍDICOS

O art. 5º, LXXIII, da CRFB/88 prevê que qualquer cidadão é parte legítima para propor Ação Popular que vise a anular ato lesivo ao patrimônio público ou de entidade de que o Estado participe, à moralidade administrativa, ao meio ambiente e ao patrimônio histórico e cultural.

A referida ação também se encontra regulamentada na Lei 4.717/65 e é um importante instrumento em defesa dos direitos difusos.

Houve, no presente caso, um ato lesivo ao meio ambiente, sendo, portanto, possível a sua anulação através da presente ação popular, já que a licença concedida pelo Prefeito, Pedro dos Santos, é atentatória ao meio ambiente, pois o local abriga uma área de preservação ambiental permanente do Município Alfa.

Tal licença afrontou a concepção mais ampla de legalidade, prevista no art. 37, caput, da CRFB/88, pois a sociedade empresária K, enquanto concessionária do serviço público, deve observar a legalidade em igual intensidade, não podendo causar danos ao meio ambiente, ainda que amparada por um ato estatal que nitidamente a afronta.

Portanto, a licença concedida é nula, em razão da ilegalidade do objeto, de acordo com o art. 2º, caput, "c" da Lei nº 4.717/65, já que a realização da obra importará em afronta ao ato normativo que considerou o local uma área de preservação ambiental permanente, conforme art. 2º, parágrafo único, "c" da Lei nº 4.717/65.

Ademais, os atos do poder concedente e do concessionário devem ser praticados em harmonia com a ordem jurídica, que protege o meio ambiente, nos termos do art. 225, caput, da CRFB/88, inclusive no âmbito da atividade econômica, conforme dispõe o art. 170, inciso VI, da CRFB/88, não podendo prevalecer o argumento de que o possível benefício dos usuários justifica a lesão ao meio ambiente.

Na medida em que estão presentes no polo passivo da presente o Prefeito Municipal, o Município Alfa e a sociedade empresária K, a presente ação está sendo ajuizada perante a Justiça Estadual, conforme art. 5º, § 2º, segunda parte, da Lei 4.717/65.

VI – DOS PEDIDOS

Diante de todo o exposto, requer-se:

a) a concessão da tutela de urgência para impedir que a sociedade empresária K inicie as obras no local, nos termos do art. 5º, § 4º da Lei 4.717/65;

b) que seja julgado procedente o pedido para seja declarada a nulidade da licença concedida pelo Município Alfa e a proibição de realização de obras na área de preservação ambiental permanente, e, ainda, a condenação ao ressarcimento financeiro ao erário e reparação dos danos ambientais causados, segundo o art. 11 da Lei 4.717/65;

c) a citação dos Réus nos endereços acima indicados, de acordo com o art. 7º, I, a, da Lei 4.717/65;

d) a intimação do Representante do Ministério Público, conforme o art. 7º, I, a, da Lei 4.717/65;

e) a condenação dos Réus em custas e em honorários advocatícios, na forma do art. 12, da Lei 4.717/65;

f) a produção de todos os meios de provas em direito admitidas, de acordo com o art. 319, VI, do CPC;

g) a juntada de documentos, segundo o art. 320, do CPC.

Em cumprimento ao art. 319, VII, do CPC, o autor opta pela realização da audiência de conciliação ou de mediação.

Valor da causa de acordo com o art. 291 do CPC/15.

Ou:

Valor da causa de acordo com o art. 319, V do CPC/15.

Termos em que,

Pede deferimento.

Local... e data...

Advogado

OAB nº ...

► Peça Profissional - XXXI Exame de Ordem

Como parte das iniciativas de modernização que vêm sendo adotadas no plano urbanístico do Município Beta, bem sintetizadas no slogan "Beta rumo ao século XXII", o prefeito municipal João determinou que sua assessoria realizasse estudos para a promoção de uma ampla reforma dos prédios em que estão instaladas as repartições públicas municipais. Esses prédios, localizados na região central do Município, formam um belo e importante conjunto arquitetônico do século XVIII, tendo sua importância no processo evolutivo da humanidade reconhecida por diversas organizações nacionais e internacionais, tanto que tombados. A partir desses estudos, foi escolhido o projeto apresentado por um renomado arquiteto modernista, que substituiria as fachadas originais de todos os prédios, as quais passariam a ser compostas por estruturas mesclando vidro e alumínio. Concluída a licitação, o Município Beta, representado pelo prefeito municipal, celebrou contrato administrativo com a sociedade empresária WW, que seria responsável pela realização das obras de reforma, o que foi divulgado em concorrida cerimônia. No dia seguinte à referida divulgação, Joana, cidadã brasileira, atuante líder comunitária e com seus direitos políticos em dia, formulou requerimento administrativo solicitando a anulação do contrato, o qual foi indeferido pelo prefeito municipal João, no mesmo dia em que apresentado, sob o argumento de que a modernização dos prédios indicados fora expressamente prevista na Lei municipal nº XX/2019, que determinara o rompimento com uma tradição que, ao ver da maioria dos munícipes, era responsável pelo atraso civilizatório do Município Beta. Muito preocupada com o início das obras, já que a primeira fase consistiria na demolição parcial das fachadas, de modo que pudessem receber os novos revestimentos, Joana procurou você, como advogado(a), para que elabore a petição inicial da medida judicial cabível, com o objetivo de preservar o patrimônio histórico e cultural descrito acima, evitando-se lesão a este importante conjunto arquitetônico. (Valor: 5,00)

Obs.: a peça deve abranger todos os fundamentos de Direito que possam ser utilizados para dar respaldo à pretensão. A simples menção ou transcrição do dispositivo legal não confere pontuação.

Gabarito Comentado:

A peça adequada nesta situação é a petição inicial de ação popular.

A petição deve ser endereçada ao Juízo Cível da Comarca X ou ao Juízo de Fazenda Pública da Comarca X, que abranja a esfera territorial do Município Beta, já que os dados constantes do enunciado não permitem identificar a organização judiciária do local.

O examinando deve indicar, na qualificação das partes, a autora Joana e, como demandados, João, prefeito do Município Beta, a sociedade empresária WW e o Município Beta. A legitimidade ativa de Joana decorre do fato de ser cidadã, conforme dispõe o Art. 5°, inciso LXXIII, da CRFB ou o Art. 1°, caput, da Lei n° 4.717/65.

A legitimidade passiva do prefeito municipal João decorre do fato de ter firmado o contrato administrativo (Art. 6°, caput, da Lei n° 4.717/65); da sociedade empresária WW pelo fato de ter celebrado e ser beneficiária do contrato administrativo (Art. 6°, caput, da Lei n° 4.717/65) e a do Município Beta, por se almejar anular o contrato administrativo celebrado (Art. 6°, § 3°, da Lei n° 4.717/65).

Como o ato é lesivo ao patrimônio histórico, é possível a declaração de sua nulidade via ação popular (Art. 5°, inciso LXXIII, da CRFB). O examinando deve indicar, no mérito, que a Lei Municipal n° XX/2019 é materialmente inconstitucional por afrontar o dever do Município de proteger os bens de valor histórico (Art. 23, inciso III, da CRFB OU o Art. 30, inciso IX, da CRFB), de impedir a sua descaracterização (Art. 23, inciso IV, da CRFB), sendo que o conjunto urbano de valor histórico, alcançado pelo contrato administrativo, integra o patrimônio cultural brasileiro (Art. 216, inciso V, da CRFB). A inconstitucionalidade da Lei Municipal n° XX/2019 deve ser reconhecida incidentalmente. Em consequência, o contrato administrativo celebrado é nulo, em razão da inobservância das normas constitucionais vigentes (Art. 2°, alínea c, e parágrafo único, alínea c, da Lei n° 4.717/65).

O examinando deve requerer a concessão de provimento liminar, para impedir o início de execução do contrato administrativo, com a demolição parcial das fachadas, segundo o Art. 5°, § 4°, da Lei n° 4.717/65. O *fumus boni iuris* decorre da flagrante ofensa à ordem constitucional, o que acarreta a nulidade do ato, e o *periculum in mora* da iminência de serem causados danos ao patrimônio-histórico.

O examinando deve formular o pedido de declaração de nulidade do contrato administrativo.

O examinando ainda deve juntar aos autos o título de eleitor de Joana; atribuir valor à causa e datar e qualificar-se como advogado.

CAPÍTULO 5

HABEAS CORPUS

> Art. 5°, CRFB/88. LXVIII – conceder-se-á *habeas corpus* sempre que alguém sofrer ou se achar ameaçado de sofrer violência ou coação em sua liberdade de locomoção, por ilegalidade ou abuso de poder.

► Histórico, natureza jurídica e conceito

Historicamente, foi a primeira garantia de direito fundamental, concedida pelo Rei João Sem-Terra (Inglaterra), na Magna Carta de 1215 e formalizada pelo *Habeas Corpus Act* em 1679. No Brasil, Dom Pedro I emitiu, em 1821, um Alvará, consagrando a liberdade de locomoção. Em 1830, a garantia passou a ser chamada de *Habeas Corpus e* só era utilizada pelo Código Criminal, sendo consagrada em sede constitucional a partir de 1891 e mantida a partir daí em todos os demais textos constitucionais, com a exceção do período ditatorial, pois o A-I 5 de 13 de dezembro de 1968 suspendeu a garantia de *habeas corpus* nos casos de crimes políticos, contra a segurança nacional, a ordem econômica e social e a economia popular (art. 10).

O *Habeas Corpus* tem natureza jurídica híbrida, pois é uma ação penal popular (art. 5°, LXVIII da CRFB/88) e ainda é uma ação penal não condenatória (arts. 647 e ss. do CPP). É um remédio constitucional dirigido à tutela da liberdade de locomoção, ameaçada ou lesada em decorrência de violência ou coação eivada de ilegalidade – ato comissivo ou omissivo contrário a lei – ou abuso de poder. Em sede penal, também é utilizado para trancar um inquérito policial ou uma ação penal em face de ato atípico ou ilegal.

Para que seja cabível o remédio deve haver ao menos ameaça ao direito de locomoção do paciente. Assim, quando não houver risco ao direito ambulatorial, não será cabível a impetração do *habeas corpus*.

Além disso, a ação de *habeas corpus* demanda prova pré-constituída, ou seja, deve estar de plano demonstrada a privação da liberdade ou o risco de privação da liberdade. A questão de mérito a ser enfrentada é se a restrição ao direito de ir e vir do paciente decorreu de conduta ilegal ou abusiva.

Em razão da importante tutela da liberdade de locomoção, o *habeas corpus* tem prioridade de julgamento sobre todos os demais remédios constitucionais!

► Espécies

HC preventivo	HC repressivo, suspensivo ou liberatório
para evitar a consumação da lesão à liberdade de locomoção, hipótese na qual é concedido o "salvo-conduto";	é utilizado com o propósito de liberar o paciente quando já consumada a coação à sua liberdade de locomoção. O pedido é o alvará de soltura.

► Legitimidade ativa

Em nome do princípio da universalidade, qualquer pessoa natural,[1] nacional ou estrangeira,[2] em favor de si ou de outra pessoa, ou pessoa jurídica, em favor de pessoa natural, poderá ajuizar a ação. O Ministério Público também poderá apresentar a ação (art. 654, CPP) e o próprio juiz ou Tribunal, verificada a ilegalidade da prisão, poderá conceder o *habeas corpus* de ofício.

---

1 STF, *HC* nº 86.307/SP, Primeira Turma, j. 17.11.2005 "A ação de *habeas corpus* pode ser ajuizada por qualquer pessoa, independente de sua qualificação profissional. Não é exigível linguagem técnico-jurídica. Entretanto, o *habeas corpus* não pode servir de instrumento para ataques às instituições (Rel. Min. Carlos Britto, *DJ* 26.05.2006) e ainda "O Código de Processo Penal, em consonância com o texto constitucional de 1988, prestigia o caráter popular do *habeas corpus* ao admitir a impetração por qualquer pessoa, em seu favor ou de outrem. Assim não é de se exigir habilitação legal para impetração originária do *writ* ou para interposição do respectivo recurso ordinário"(STF, *HC* nº 80.744/MG, Segunda Turma, j. 27.03.2001, Rel. Min, Nelson Jobim, *DJ* 28.06.2002).

2 "Inquestionável o direito de súditos estrangeiros ajuizarem, em causa própria, a ação de *habeas corpus*, eis que esse remédio constitucional – por qualificar-se como verdadeira ação popular – pode ser utilizado por qualquer pessoa, independentemente da condição jurídica resultante de sua origem nacional" (STF, *HC* nº 72.391 QO/DF, Plenário, j. 08.03.1995, Rel. Min. Celso de Mello, *DJ* 17.03.1995).

Não é necessária a capacidade postulatória do advogado (é o único dos remédios constitucionais judiciais que a dispensa), sendo vedada, entretanto, a petição apócrifa (sem assinatura) ou em língua estrangeira.

► Gratuidade

O *habeas corpus* é uma ação gratuita, de acordo com o art. 5°, LXXVII da CRFB/88. Portanto, não há recolhimento de custas ou condenação ao pagamento de honorários de sucumbência. No entanto, como se trata da ação judicial, é necessário indicar valor da causa na petição inicial, o que não guarda relação com o caráter gratuito da ação.

► O paciente

O paciente é quem está ameaçado ou já foi lesionado no seu direito de locomoção, em nome de quem se postula a ordem. Poderá, inclusive, ajuizar a ação para salvaguardar a própria liberdade.

► Polo passivo

A ação é dirigida contra a autoridade coatora, que é normalmente juiz, promotor, delegado de polícia, Tribunal etc. No entanto a jurisprudência dominante já admite o *HC* contra ato de particular. Hipóteses: clínicas médicas, abrigos, manicômios.

Existe ainda a concessão do *habeas corpus* de ofício, ainda que o pedido original não possa ser conhecido. Neste caso o Poder Judiciário pode atuar no tocante à extensão da ordem, deferindo aquém ou além do pedido.

► Tutela de urgência

Como o HC é uma ação impugnativa autônoma admite concessão de liminar. O fundamento está nos arts. 649 e 660, § 2° do CPP. Possui natureza cautelar e por isso devem ser comprovados os requisitos: *periculum in mora* e *fumus boni iuris* ou ainda probabilidade do direito e o perigo de dano ou o risco ao resultado útil do processo (art. 300, do CPC).

► *Habeas corpus* e prisão do militar

De acordo com o art. 142, § 2°, da CRFB/88, não seria inicialmente cabível a utilização do remédio em sede de punições disciplinares militares, entretanto são necessários alguns esclarecimentos.

A vedação à utilização do remédio em sede militar diz respeito à análise do mérito da prisão. De acordo com o art. 5°, XXXV, da Constituição não se pode afastar da apreciação do Poder Judiciário lesão ou ameaça a direito. Com isso, prisões disciplinares ilegais (com vício de competência, forma, devido processo legal) podem e devem ser questionadas por meio de *habeas corpus*, segundo entendimento do próprio STF.[3]

► *Habeas corpus* e Comissão Parlamentar de Inquérito

Como a CPI coletará provas para uma possível ação penal a ser ajuizada, conforme o caso, pelo Ministério Público, o STF tem entendido que o *Habeas Corpus* é o remédio adequado para: permitir que o investigado seja ouvido na qualidade de testemunha (o magistrado, por exemplo); permitir que o investigado ou a testemunha seja assistido por advogado durante a audiência da CPI e, também, para garantir que a testemunha não seja obrigada a assinar o compromisso de somente dizer a verdade.

► Produção de provas

Não se pede a produção de provas em sede de HC, tendo em vista o seu procedimento especial que não admite a dilação probatória.

► Hipóteses de não cabimento do *habeas corpus*

Como o remédio não pode ser utilizado em qualquer situação, transcrevemos abaixo entendimentos sumulados do STF em que não se afigura possível a sua utilização:

- **Súmula n° 693:** Não cabe habeas corpus contra decisão condenatória a pena de multa, ou relativo a processo em curso por infração penal a que a pena pecuniária seja a única cominada.

- **Súmula n° 694:** Não cabe habeas corpus contra a imposição da pena de exclusão de militar ou de perda de patente ou de função pública.

- **Súmula n° 695:** Não cabe habeas corpus quando já extinta a pena privativa de liberdade.

3 STF, *HC* n° 70.648-7/RJ, Rel. Min. Moreira Alves. Primeira Turma, j. 09.11.1993. *DJ* 04.03.1994.

► Competência

A competência para processar e julgar o *habeas corpus* é definida tanto pela autoridade coatora como pela qualidade do paciente e, além disso, a relação hierárquica também é importante critério de fixação de competência. Senão vejamos:

STF – art. 102, I, 'd' e 'i', da CRFB:	
quando for paciente:	– **Ministros de Estado, Comandantes da Marinha, do Exército e da Aeronáutica** (ressalvado o disposto no art. 52, I), membros dos Tribunais Superiores, do Tribunal de Contas da União e chefes de missão diplomática de caráter permanente; – autoridade ou funcionário com foro especial junto ao STF.
quando for autoridade coatora:	– Tribunal Superior (STJ, TSE, TSM); – autoridade ou funcionário com foro especial junto ao STF.
quando o HC se referir a crime de competência originária do STF	

STJ – art. 105, I, 'c', da CRFB:	
quando for paciente:	– autoridades que tenham foro especial junto ao STJ (nos crimes comuns, os Governadores dos Estados e do Distrito Federal, e, nestes e nos de responsabilidade, os desembargadores dos Tribunais de Justiça dos Estados e do Distrito Federal, os membros dos Tribunais de Contas dos Estados e do Distrito Federal, os dos Tribunais Regionais Federais, dos Tribunais Regionais Eleitorais e do Trabalho, os membros dos Conselhos ou Tribunais de Contas dos Municípios e os do Ministério Público da União que oficiem perante tribunais);
quando for autoridade coatora:	– autoridades que tenham foro especial junto ao STJ (nos crimes comuns, os Governadores dos Estados e do Distrito Federal, e, nestes e nos de responsabilidade, os desembargadores dos Tribunais de Justiça dos Estados e do Distrito Federal, os membros dos Tribunais de Contas dos Estados e do Distrito Federal, os dos Tribunais Regionais Federais, dos Tribunais Regionais Eleitorais e do Trabalho, os membros dos Conselhos ou Tribunais de Contas dos Municípios e os do Ministério Público da União que oficiem perante tribunais); – **Ministros de Estado, Comandantes da Marinha, do Exército e da Aeronáutica (ressalvado o disposto no art. 52, I);** – Tribunal sujeito a jurisdição do STJ.

Atenção!!

Se pacientes	Se coatores
competência do STF para julgar o HC	**competência do STJ para julgar o HC**

- **Ministros de Estado;**
- **Comandantes da Marinha, do Exército e da Aeronáutica;**
- **Membros do MPU que oficiem perante tribunais: MP Militar, MP Trabalho, MP Federal e MP DF.** Se for membro do Ministério Público Estadual que oficie perante tribunais, no caso os Procuradores de Justiça, a competência será do TJ ao qual esteja vinculado.

TRF e TJ, por equiparação: art. 108, I, 'd', CRFB
• quando o coator for juiz federal (TRF) ou juiz estadual (TJ).
• membros do MPF e do MPE (apesar da inexistência de previsão legal expressa). Todo HC parte de uma premissa – de que foi praticada ilegalidade ou arbitrariedade. Assim, se está sendo imputada ilegalidade ao membro do MP, é necessário que o HC seja julgado pela autoridade no qual possui foro especial.
• No caso do JECRIM – seja a autoridade coatora juiz ou promotor – o HC será apreciado pela Turma Recursal.
• O HC ou MS impetrado contra ato da Turma Recursal será julgado ao TJ ou TRF. Os juízes da Turma Recursal continuam a ser juízes de 1º grau.

Importante destacar que foi cancelada a Súmula nº 690 do STF, que dizia: *Compete originariamente ao Supremo Tribunal Federal o julgamento* de habeas corpus *contra decisão de turma recursal de juizados especiais criminais". Concluiu a Corte que a competência para julgamento desse *habeas corpus* seria do Tribunal de Justiça local, e não sua.

► Caso concreto e elaboração da peça

(30º Exame de Ordem)

Maria adquiriu um veículo popular por meio de contrato de arrendamento mercantil (leasing), em 60 prestações de R$ 800,00. A partir da 24.ª prestação, Maria começou a ter dificuldades financeiras e resolveu vender o veículo a Pedro, o qual se comprometeu a pagar as prestações vincendas e vencidas. Tal fato não foi comunicado ao agente financeiro, já que havia o risco de o valor da prestação ser majorado. Pedro deixou de pagar mais de cinco prestações, o que suscitaria rescisão contratual. O agente financeiro houve por bem propor ação de busca e apreensão do veículo, tentativa essa que restou frustrada em face de Maria não possuir o veículo em seu poder, já que o alienara a Pedro. O agente financeiro pediu a transformação, nos mesmos autos, da ação de busca e apreensão em ação de depósito e requereu a prisão de Maria, por ser depositária infiel do referido veículo. O juiz competente determinou a prisão civil de Maria até que ela devolvesse o referido veículo ou pagasse as prestações em atraso. Maria não tem mais o veículo em seu poder e perdeu o seu emprego em virtude da prisão civil. Dois dias depois da efetivação da prisão, o advogado contratado interpôs, inicialmente, recurso de agravo de instrumento contra aquela decisão judicial, o qual não foi conhecido pelo tribunal, diante da ausência de documento imprescindível ao seu processamento. Ingressou com ação de rito ordinário contra Pedro, com pedido de tutela antecipada, visando receber as prestações em atraso, ação essa que foi extinta sem julgamento de mérito. Ingressou, ainda, com ação de rito ordinário contra o arrendador discutindo algumas cláusulas do contrato de arrendamento, ação essa que continua em curso, sem sentença. Maria continua presa. Por ter perdido a confiança nesse advogado, ao qual pagou os honorários devidos e do qual recebeu o devido substabelecimento, sem reservas de poderes, Maria resolveu contratar os serviços de outro advogado. Diante da situação hipotética apresentada, na condição de atual advogado de Maria, redija um texto que contenha a peça judicial mais apropriada ao caso, a ser apresentada ao órgão judicial competente, com os argumentos que reputar pertinentes.

Elaboração e identificação da peça:

Regra dos 5 passos:	
Passo 1	resumo do caso
Passo 2	legitimidade ativa
Passo 3	legitimidade passiva
Passo 4	escolha da ação
Passo 5	órgão competente

► Peça processual

EXMº. SR. DESEMBARGADOR PRESIDENTE DO TRIBUNAL DE JUSTIÇA DO ESTADO...

(pular aproximadamente 5 linhas em todas as petições iniciais)

MARIA, nacionalidade..., estado civil (ou existência de união estável)..., profissão..., portadora do RG nº.. e do CPF nº..., endereço eletrônico ..., residente e domiciliada..., nesta cidade, por seu advogado infra-assinado, conforme procuração anexa..., com escritório ..., endereço que indica para os fins do art. 77, V, do CPC, com fundamento no art. 5º, LXVIII, da CRFB/88 e no art. 647 do CPP, vem impetrar a presente ordem de *HABEAS CORPUS* REPRESSIVO COM PEDIDO LIMINAR em favor da própria liberdade, que está cerceada por decisão judicial... pelos motivos que a seguir expõe:

I – DOS FATOS

Maria adquiriu um veículo popular por meio de contrato de arrendamento mercantil (leasing), em 60 prestações de R$ 800,00. A partir da 24.ª prestação, a impetrante começou a ter dificuldades financeiras e resolveu vender o veículo a Pedro, o qual se comprometeu a pagar as prestações vincendas e vencidas. Tal fato não foi comunicado ao agente financeiro, já que havia o risco de o valor da prestação ser majorado. Pedro deixou de pagar mais de cinco prestações, o que suscitaria rescisão contratual.

O agente financeiro houve por bem propor ação de busca e apreensão do veículo, tentativa essa que restou frustrada em face de Maria não possuir o veículo em seu poder, já que o alienara a Pedro. Pediu, então, a transformação, nos mesmos autos, da ação de busca e apreensão em ação de depósito e requereu a prisão de Maria, por ser depositária infiel do referido veículo. A autoridade coatora determinou a prisão civil de Maria até que ela devolvesse o referido veículo ou pagasse as prestações em atraso.

Como se demonstrará a seguir, a prisão do depositário infiel é ilegal, ensejando a propositura do presente *Habeas Corpus*.

II – DA TUTELA DE URGÊNCIA

O fundamento da tutela de urgência em sede de *Habeas Corpus* é extraído dos arts. 649 e 660, § 2º do CPP e possui natureza cautelar.

O *fumus boni iuris* é comprovado de acordo com os fatos e provas que instruem o presente remédio.

Já o *periculum in mora* encontra respaldo na violação ao direito fundamental de ir e vir de Maria diante da prisão manifestamente ilegal.

III – DOS FUNDAMENTOS JURÍDICOS

De acordo com o art. 5º, LXVIII, da CRFB/88 será concedido *habeas corpus* sempre que alguém sofrer ou se achar ameaçado de sofrer violência ou coação em sua liberdade de locomoção, por ilegalidade ou abuso de poder.

O remédio também é respaldado pela legislação processual penal, a partir do art. 647.

O art. 5º, XV, da CRFB/88 dispõe que é livre a locomoção no território nacional em tempo de paz, podendo qualquer pessoa, nos termos da lei, nele entrar, permanecer ou dele sair com seus bens.

Em 2008, o STF decidiu que o Pacto de San José da Costa Rica possui natureza supralegal e que revogou a legislação ordinária que versava sobre o tema, restando não aplicável a disposição do art. 5º, LXVII, da CRFB/88.

De mais a mais, a Súmula Vinculante 25 proíbe a referida prisão: "É ilícita a prisão civil de depositário infiel, qualquer que seja a modalidade do depósito".

IV – DOS PEDIDOS

Pelo exposto, requer a V. Exª. que:

a) Determine a notificação da autoridade coatora;

b) Conceda o pedido liminar para determinar a expedição do alvará de soltura, confirmando posteriormente a concessão do presente remédio;

c) Junte os documentos anexos;

d) Intime o representante do Ministério Público.

Valor da causa de acordo com o art. 291 do CPC/15.

Ou:

Valor da causa de acordo com o art. 319, V do CPC/15.

Termos em que,

Pede deferimento.

Local... e data...

Advogado...

OAB nº...

► Caso hipotético

Mário de Tal, brasileiro, solteiro, empresário, residente e domiciliado no Município X, é convocado como testemunha para depor na Comissão Parlamentar de Inquérito Mista aberta pelas Casas do Congresso Nacional para apurar irregularidades envolvendo o desvio de verbas federais referente à compra de ambulâncias para os hospitais vinculados ao Sistema Único de Saúde. Mário procura o seu escritório de advocacia para que possa elaborar a peça cabível para:

a) garantir o direito de ser assistido por seu Advogado e de com este comunicar-se durante o curso de seu depoimento perante a referida Comissão Parlamentar de Inquérito e, b) também o direito de exercer o privilégio constitucional contra a autoincriminação, sem que se possa adotar, contra ele, como consequência do regular exercício dessa especial prerrogativa jurídica, qualquer medida restritiva de direitos, não podendo, ainda, ser obrigado "a assinar Termo de Compromisso na condição de testemunha".

Observe, na redação da peça processual adequada: a) competência do Juízo; b) legitimidade ativa e passiva; c) fundamentos de mérito constitucionais e legais vinculados; d) os requisitos formais da peça.

Elaboração e identificação da peça:

Regra dos 5 passos:	
Passo 1	resumo do caso
Passo 2	legitimidade ativa
Passo 3	legitimidade passiva
Passo 4	escolha da ação
Passo 5	órgão competente

▶ Peça processual

EXM°. SR. MINISTRO PRESIDENTE DO SUPREMO TRIBUNAL FEDERAL

(5 linhas)

MÁRIO DE TAL, brasileiro, solteiro, empresário, portador do RG nº... e do CPF n°..., endereço eletrônico ..., residente e domiciliado..., nesta cidade, por seu advogado infra-assinado, conforme procuração anexa..., com escritório ..., endereço que indica para os fins do art. 77, V, do CPC, com fundamento no art. 5º, LXVIII, da CRFB/88 e no art. 647 do CPP, vem impetrar o presente HABEAS CORPUS PREVENTIVO COM PEDIDO LIMINAR em favor da própria liberdade, que está na iminência de sofrer violência por ato do Presidente da Comissão Parlamentar de Inquérito Mista, pelos motivos que a seguir expõe.

I – DOS FATOS

O impetrante foi convocado por uma CPMI – Comissão Parlamentar Mista de Inquérito – aberta pela Câmara dos Deputados e Senado Federal, para prestar depoimento, na qualidade de testemunha. Tal Comissão foi inaugurada com o objetivo de apurar irregularidades no que tange ao desvio de verbas federais destinadas a compra de ambulâncias para hospitais vinculados ao SUS – Sistema Único de Saúde.

Mário deve ter garantido o direito de ser assistido por seu advogado, bem como de poder se comunicar com aquele enquanto prestar depoimento perante a Comissão e, ainda, o direito de exercer o privilégio constitucional contra a autoincriminação, bem como de não ser obrigado a assinar o Termo de Compromisso na condição de testemunha.

Como se demonstrará a seguir, o impetrante deve ter tais direitos assegurados, e como está na iminência de sofrer violência a sua liberdade em razão da violação daqueles, se faz necessária a propositura do presente Habeas Corpus preventivo, a fim de evitar a consumação da lesão.

II – DA CONCESSÃO DA MEDIDA LIMINAR (OU DA TUTELA DE URGÊNCIA)

O fundamento da tutela de urgência em sede de Habeas Corpus é extraído dos arts. 649 e 660, §2º do CPP e, segundo a jurisprudência, possui natureza cautelar.

Demonstrar a probabilidade do direito e o perigo de dano ou o risco ao resultado útil do processo.

III – DOS FUNDAMENTOS JURÍDICOS

De acordo com o art. 5º, LXVIII, da CRFB/88 será concedido habeas corpus sempre que alguém sofrer ou se achar ameaçado de sofrer violência ou coação em sua liberdade de locomoção, por ilegalidade ou abuso de poder.

O remédio também é respaldado pela legislação processual penal, a partir do art. 647.

Do art. 58, § 3º, da CRFB/88, extraímos que as comissões parlamentares de inquérito, que possuem poderes de investigação próprios das autoridades judiciais, podem encaminhar ao Ministério Público as suas conclusões, a fim de que este venha a promover a responsabilidade civil ou criminal dos infratores.

Dessa forma, tendo em vista a possibilidade de culminação em condenação em ação penal futura, verifica-se que há ameaça indireta à liberdade de locomoção do investigado – o que justifica a impetração do presente HC PREVENTIVO.

O art. 5º, XV, da CRFB/88, trata da liberdade de locomoção, que pode ser assegurada preventivamente em razão da iminência de violência ao direito, dispondo que é livre a locomoção no território nacional em tempo de paz, podendo qualquer pessoa, nos termos da lei, nele entrar, permanecer ou dele sair com seus bens.

É competente o Supremo Tribunal Federal para julgar o presente, tendo em vista o disposto no art. 102, I, "i", da CRFB/88.

IV – DOS PEDIDOS

Pelo exposto, requer a V.Exa. que:

a) Determine a notificação da autoridade coatora;

b) Conceda o pedido liminar para determinar a expedição do salvo conduto, confirmando posteriormente a concessão do presente remédio;

c) Junte os documentos anexos;

d) Intime o representante do Ministério Público.

Valor da causa de acordo com o art. 291 do CPC/15.

Ou:
Valor da causa de acordo com o art. 319, V do CPC/15.

Termos em que,

pede deferimento.

Local... e data...

Advogado...

OAB n.º...

CAPÍTULO 6

MANDADO DE SEGURANÇA

> Art. 5°, CRFB/88. LXIX – conceder-se-á mandado de segurança para proteger direito líquido e certo, não amparado por *habeas corpus* ou *habeas data*, quando o responsável pela ilegalidade ou abuso de poder for autoridade pública ou agente de pessoa jurídica no exercício de atribuições do Poder Público;
>
> LXX – o mandado de segurança coletivo pode ser impetrado por:
>
> a) partido político com representação no Congresso Nacional;
>
> b) organização sindical, entidade de classe ou associação legalmente constituída e em funcionamento há pelo menos um ano, em defesa dos interesses de seus membros ou associados".

► Histórico, natureza jurídica e conceito

Constitucionalmente, o mandado de segurança individual foi acolhido pelo Direito brasileiro em 1934, fruto da evolução da doutrina brasileira do *habeas corpus,* com inspiração no recurso de amparo mexicano. O remédio permaneceu ao longo das demais Constituições brasileiras, exceto na de 1937, em face do autoritarismo do regime. A ação, na sua modalidade coletiva, é produto da Constituição de 1988.

O *mandamus* é recoberto de natureza jurídica mista, pois é ao mesmo tempo um remédio constitucional e, em seu aspecto processual, é uma ação cível de procedimento especial, pois não se admite a dilação probatória e deve ser instruída por meio de prova pré-constituída.

Dirige-se à tutela de direito individual e coletivo, líquido e certo, não amparável por nenhum dos demais remédios constitucionais, diante de sua natureza residual, que esteja sendo ameaçado ou lesado em decorrência de ato de autoridade pública ou agente delegado, eivado de ilegalidade ou abuso de poder.

Encontra respaldo legal no art. 5°, LXIX e LXX, da CRFB/88 e na Lei n° 12.016/2009.

► Celeridade

A **celeridade** é a principal característica do rito do MS. O art. 20 da Lei 12.016/09 prevê que:

> *Art. 20. Os processos de mandado de segurança e os respectivos recursos terão prioridade sobre todos os atos judiciais, salvo habeas corpus.*
>
> *§ 1° Na instância superior, deverão ser levados a julgamento na primeira sessão que se seguir à data em que forem conclusos ao relator.*
>
> *§ 2° O prazo para a conclusão dos autos não poderá exceder de 5 (cinco) dias.*

► Modalidades

- **MS Individual** (art. 5°, LXIX): O impetrante é o titular do direito líquido e certo, como por exemplo: a pessoa natural, os órgãos públicos, as universalidades de bens (espólio, massa falida etc.), a pessoa jurídica, nacional ou estrangeira, domiciliada no Brasil ou no exterior[1]. Também pode ser utilizado por Mesas do Con-

1 "A legitimidade *ad causam* no mandado de segurança pressupõe que o impetrante se afirme titular de um direito subjetivo próprio, violado ou ameaçado por ato de autoridade; no entanto, segundo assentado pela doutrina mais autorizada (cf. Jellinek, Malberg, Duguit, Dabin, Santi Romano), entre os direitos públicos subjetivos, incluem-se os chamados direitos-função, que têm por objeto a posse e o exercício da função pública pelo titular que a detenha, em toda a extensão das competências e prerrogativas que a substantivem: incensurável, pois, a jurisprudência brasileira, quando reconhece a legitimação do titular de uma função pública para requerer segurança contra ato do detentor de outra, tendente a obstar ou usurpar o exercício da integralidade de seus poderes ou competências: a solução negativa importaria em 'subtrair da apreciação do Poder Judiciário lesão ou ameaça de direito'. A jurisprudência – com amplo respaldo doutrinário (*v.g.*, Victor Nunes, Meirelles, Buzaid) – tem reconhecido a capacidade ou 'personalidade judiciária' de órgãos coletivos não personalizados e a propriedade do mandado de segurança para a defesa

gresso, do Senado, da Câmara dos Deputados, Presidências dos Tribunais, Chefias do Poder Executivo, do Ministério Público e do Tribunal de Contas.

- **MS Coletivo** (art. 5º, LXX): O Mandado de Segurança Coletivo pode ser impetrado por:

a) partido político com representação no Congresso Nacional, ainda que o partido esteja representado em apenas uma das Casas Legislativas, não se exigindo a pertinência com os interesses de seus membros, tendo em vista a sua importância para assegurar o sistema representativo adotado pelo país,[2] e

b) organização sindical, entidade de classe e associações legalmente constituídas e em funcionamento há pelo menos um ano, em defesa dos interesses de seus membros ou associados. O requisito de um ano em funcionamento hoje só é exigido para as associações, com o intuito de evitar que sejam criadas apenas para a im-

---

do exercício de suas competências e do gozo de suas prerrogativas. Não obstante despido de personalidade jurídica, porque é órgão ou complexo de órgãos estatais, a capacidade ou personalidade judiciária do Ministério lhe é inerente – porque instrumento essencial de sua atuação – e não se pode dissolver na personalidade jurídica do estado, tanto que a ele frequentemente se contrapõe em juízo; se, para a defesa de suas atribuições finalísticas, os tribunais têm assentado o cabimento do mandado de segurança, este igualmente deve ser posto a serviço da salvaguarda dos predicados da autonomia e da independência do Ministério Público, que constituem, na Constituição, meios necessários ao bom desempenho de suas funções institucionais. Legitimação do Procurador-Geral da República e admissibilidade do mandado de segurança reconhecidas, no caso, por unanimidade de votos" (STF, MS 21.239/DF, Plenário, Rel. Min. Sepúlveda Pertence, j. 05.06.1991, *DJ* 23.04.1993). Nesse sentido também: "Ao estrangeiro, residente no exterior, também é assegurado o direito de impetrar mandado de segurança, como decorre da interpretação sistemática dos arts. 153, *caput*, da Emenda Constitucional de 1969 e do 5º, LXIX da Constituição atual. Recurso extraordinário não conhecido" (STF, RE 215.267/SP, Primeira Turma, Rel.ª Min.ª Ellen Gracie, j. 24.04.2001, *DJ* 25.05.2001).

2 Com algumas restrições, como exemplo: "Uma exigência tributária configura interesse de grupo ou classe de pessoas, só podendo ser impugnada por eles próprios, de forma individual ou coletiva. Precedente: RE 213.631, Rel. Min. Ilmar Galvão, *DJ* 07.04.2000. O partido político não está, pois, autorizado a valer-se do mandado de segurança coletivo para, substituindo todos os cidadãos na defesa de interesses individuais, impugnar majoração de tributo" (STF, RE 196.184/AM, Primeira Turma, Rel.ª Min.ª Ellen Gracie, j. 27.10.2004, *DJ* 18.02.2005).

petração do remédio.[3] Ademais, segundo jurisprudência consolidada, como se trata de substituição processual (os legitimados defendem em nome próprio interesses alheios), não há necessidade de autorização expressa de cada um dos associados.[4]

▶ Espécies

MS preventivo	MS repressivo
quando há ameaça de lesão	quando a lesão já ocorreu. Nesse caso, deve ser obedecido o prazo decadencial de cento e vinte dias, contados da ciência, pelo interessado, do ato que se deseja impugnar, na forma do art. 23 da Lei nº 12.016/2009. Por ser decadencial, esse prazo não se interrompe ou suspende, nem mesmo por pedido de reconsideração formulado na via administrativa (Súmula 430 STF)

O **MS preventivo** em regra será considerado **declaratório**, limitando-se a afirmar o juiz que assiste razão ao Impetrante, que não poderá ter seu direito ofendido.

Ex.: Fábio quer se inscrever em concurso, e no edital há previsão que tem que apresentar diploma, que ele ainda não tem, no momento da inscrição no concurso, o que é vedado pela súmula 266 do STJ. O MS será preventivo, porque ainda não houve lesão ao direito do Impetrante (ainda não houve recusa da inscrição). O juiz irá declarar que o Impetrante tem o direito de se inscrever sem apresentar o documento naquele momento.

---

3 "Legitimidade do sindicato para a impetração de mandado de segurança coletivo independentemente da comprovação de um ano de constituição e funcionamento" (STF, RE 198.919/DF, Primeira Turma, Rel. Min. Ilmar Galvão, j. 15.06.1999, *DJ* 24.09.1999).

4 "O inciso LXX do art. 5º da Constituição Federal encerra o instituto da substituição processual, distanciando-se da hipótese do inciso XXI, no que surge no âmbito da representação. As entidades e pessoas jurídicas nele mencionadas atuam, em nome próprio, na defesa de interesses que se irradiam, encontrando-se no patrimônio de pessoas diversas. Descabe a exigência de demonstração do credenciamento" (STF, RMS 21.514/DF; Segunda Turma, Rel. Min. Marco Aurélio, j. 27.04.1993, *DJ* 18.06.1993.) Nesse sentido: "A legitimação das organizações sindicais, entidades de classe ou associações, para a segurança coletiva, é extraordinária, ocorrendo, em tal caso, substituição processual. CF, art. 5º, LXX. Não se exige, tratando-se de segurança coletiva, a autorização expressa aludida no inciso XXI do art. 5º da Constituição, que contempla hipótese de representação" (STF, RE 193.382/SP; Plenário, Rel. Min. Carlos Velloso, j. 28.06.1996, *DJ* 20.09.1996).

O mesmo fundamento – súmula 266 do STJ – pode ser utilizado em **MS repressivo**, em que o juiz deve proferir sentença **desconstitutiva**. Ex.: Matheus que passou pela fase preliminar do concurso e antes da 2ª fase, é eliminado do certame por não ter apresentado o diploma. Como já houve decisão da Comissão de Concurso eliminando o candidato, o MS será repressivo. Não basta assim que a sentença seja declaratória, deverá o juiz proferir sentença desconstituindo o ato ilegal.

► Condições específicas. Natureza residual do instituto

De acordo com a previsão constitucional, o mandado de segurança é cabível quando não houver outro meio capaz de defender o direito violado, dada a sua natureza residual. Pode ser impetrado em face de ato comissivo ou omissivo do Poder Público, ou de agente delegado de serviço público, desde que não haja outro remédio especial para a proteção ao direito.

A Constituição faz menção ainda a direito líquido e certo, expressão que sofre crítica pertinente de Hely Lopes Meirelles[5]:

> *"à atual expressão direito líquido e certo substituiu a precedente, da legislação criadora do mandado de segurança, direito certo e incontestável. Nenhuma satisfaz. Ambas são impróprias e de significação equívoca. (...) O direito, quando existente, é sempre líquido e certo; os fatos é que podem ser imprecisos e incertos, exigindo comprovação a esclarecimentos para propiciar a aplicação do direito invocado pelo postulante. Então, para o autor, o direito líquido e certo... é o que se apresenta manifesto na sua existência, delimitado na sua extensão e apto a ser exercitado no momento da impetração. Por outras palavras, o direito invocado, para ser amparável por mandado de segurança, há de vir expresso em norma legal e trazer em si todos os requisitos e condições de sua aplicação ao impetrante: se a sua existência for duvidosa; se a sua extensão ainda não estiver delimitada; se o seu exercício depender de situações e fatos ainda indeterminados, não rende ensejo à segurança, embora possa ser defendido por outros meios judiciais".*

Além dos elementos da ação (legitimidade das partes e interesse processual), para que possa se valer do MS é necessário atender também a outros requisitos:

1) Não ser caso de nenhum dos demais remédios constitucionais – O que demonstra o caráter residual do MS.

---

5 MEIRELLES, Hely Lopes. *Mandado de Segurança...*, 13ª ed. São Paulo: Revista dos Tribunais, 1989, p. 13.

2) **Direito líquido e certo** – comprovado por meio de prova pré-constituída (em regra, documental).

Importante! *A complexidade da matéria jurídica não impede a utilização do MS, nos termos da súmula 625 do STF.*

3) **Ato coator** – É ato ou omissão de autoridade pública (ato praticado ou omitido por pessoa investida de parcela de poder público), eivado de ilegalidade ou abuso de poder. As expressões "ilegalidade ou abuso de poder" estão previstas na CRFB, no art. 5º, LXIX, mas é certo que ilegalidade é gênero, e abuso de poder é espécie. Isso porque os elementos do ato administrativo (competência, finalidade, forma, motivo e objeto) devem todos ser respeitados, sob pena de ilegalidade, e abuso de poder pode ser vício de competência (excesso de poder) ou de finalidade (desvio de finalidade).

Importante! Não é possível a utilização do MS preventivo para questionar lei em tese (súmula 266 do STF).

4) **Tempestividade** – caso se trate de MS repressivo.

► Polo passivo

Pode ser sujeito passivo da ação de mandado de segurança, autoridade coatora ou quem lhe faça às vezes, como é o caso do agente delegado no exercício da função pública. Autoridade coatora deve ser entendida como a que possui poder de decisão na esfera administrativa sob a sua competência e não a pessoa que executa ordens superiores. De outra parte, podemos entender que agente delegado é quem está executando um serviço público por meio de uma das modalidades permitidas pelo ordenamento jurídico (na forma do art. 175 da CRFB/88, permissionárias ou concessionárias de serviços públicos, por exemplo).

Numa interpretação ampliativa do dispositivo seria possível defender a possibilidade de impetração de mandado de segurança em face de ilegalidade cometida por diretor de estabelecimento particular de ensino, que embora pertencente à iniciativa privada, exerce serviço público constitucionalmente amparado (educação).

A autoridade coatora deve ser quem praticou o ato ou quem tenha poderes para corrigir o ato. O art. 6º, § 3º, da Lei do MS prevê que "*Considera-se autoridade coatora aquela que tenha praticado o ato impugnado ou da qual emane a ordem para a sua prática*".

Ato praticado por delegação → O art. 5°, inciso LXIX da CRFB prevê que *"conceder-se-á mandado de segurança para proteger direito líquido e certo, não amparado por "habeas-corpus" ou "habeas-data", quando o responsável pela ilegalidade ou abuso de poder for autoridade pública* ***ou agente de pessoa jurídica no exercício de atribuições do Poder Público"***.

A lei 12.016/09, no art. 1°, § 1° também prevê expressamente:

> *§ 1° Equiparam-se às autoridades, para os efeitos desta Lei,* ***os representantes ou órgãos de partidos políticos e os administradores de entidades autárquicas, bem como os dirigentes de pessoas jurídicas ou as pessoas naturais no exercício de atribuições do poder público, somente no que disser respeito a essas atribuições.***

A súmula 510 também diz respeito ao ato coator:

> ***Súmula 510 STF*** *– "praticado o ato por autoridade, no exercício de competência delegada, contra ela cabe o mandado de segurança ou a medida judicial."*

Ou seja, se o ato coator for praticado por pessoa natural ou jurídica no exercício de atribuições do poder público, é essa pessoa que será a autoridade coatora, e não o ente da federação que delegou os poderes.

Na prova da segunda fase, indicamos no polo passivo do mandado de segurança a autoridade coatora e a pessoa jurídica a que está integrada, na forma do art. 6°, da Lei 12.016/09. Ex.: Governador do Estado X e Estado X; Diretor da Empresa Pública Y e Empresa Pública Y.

► Da prova

A peça inicial do mandado de segurança deverá ser instruída com provas pré-constituídas, pois não se admite a dilação probatória. Com isso, os documentos que lastreiam a prova da pretensão deverão ser apresentados de plano pelo impetrante, ressalvando-se o caso de solicitação ao juiz da causa que determine à autoridade coatora ou a alguma repartição pública que ofereçam documentos que estejam sob o seu poder, conforme dispõe o art. 6° da Lei n° 12.016/2009.

► Mandado de segurança e processo legislativo inconstitucional

A jurisprudência do STF tem permitido a utilização do remédio constitucional em apreço para coibir atos praticados no processo de aprovação de leis e emendas que não estejam em harmonia com o processo legislativo constitucional, desde que a ação seja proposta por parlamentar, tendo em vista ter sido ele eleito para participar de processos legislativos que estejam em harmonia com a Constituição Federal.[6]

▶ Hipóteses de não cabimento do *mandamus*

O art. 5º, I, da Lei nº 12.016/2009 preceitua que não se dará mandado de segurança quando se tratar de ato de que caiba recurso administrativo com efeito suspensivo, independente de caução. Bem, nesse caso, se os efeitos da lesão estão suspensos pelo recurso, não haveria interesse na propositura do mandado de segurança, entretanto, nada impede que o interessado abandone a via administrativa para pleitear a tutela judicial. Importante destacar que não há necessidade de esgotamento da instância administrativa para a propositura da ação, o que seria flagrantemente inconstitucional. Já os incisos II e III do art. 5º destacam que não cabe Mandado de Segurança contra decisão judicial da qual caiba recurso com efeito suspensivo e; de decisão judicial transitada em julgado.

Segundo o art. 1º, § 2º, da lei sob comento, também não cabe mandado de segurança contra os atos de gestão comercial praticados pelos administradores de empresas públicas, de sociedade de economia mista e de concessionárias de serviço público. Sobre o tema, o STJ decidiu que a imposição de multa decorrente de contrato, ainda que de cunho administrativo, não é ato de autoridade e, sim, de gestão contratual – contra o qual não cabe mandado de segurança. Para o Tribunal os atos de gestão não possuem o requisito da supremacia, por isso são meros atos da administração e não atos administrativos[7].

▶ Custas processuais

O MS exige o pagamento de custas, salvo se o impetrante for beneficiário da gratuidade de justiça (art. 99, § 3º, do CPC). Como é uma ação,

---

6 "O parlamentar tem legitimidade ativa para impetrar mandado de segurança com a finalidade de coibir atos praticados no processo de aprovação de leis e emendas constitucionais que não se compatibilizam com o processo legislativo constitucional. Legitimidade ativa do parlamentar, apenas. Precedentes do STF: MS 20.257/DF, Ministro Moreira Alves (*leading case*), *RTJ* 99/1031; MS 21.642/ DF, Ministro Celso de Mello, *RDA* 191/200; MS 21.303-AgR/DF, Ministro Octavio Gallotti, *RTJ* 139/783; MS 24.356/DF, Ministro Carlos Velloso, *DJ* 12.09.2003" (STF, MS 24.642/DF, Plenário, Rel. Min. Carlos Velloso, j. 18.02.2004, *DJ* 18.06.2004).

7 STJ, REsp 1.078.342/PR. Min. Rel. Luiz Fux. Primeira Turma, j. 09.02.2010, *DJ* 15.03.2010.

tem que ter valor da causa, que deve corresponder ao benefício econômico almejado. O art. 25 da Lei 12.016/09 prevê expressamente que não há condenação ao pagamento de honorários advocatícios, conforme previsão da Súmula 512 do STF.

▶ Intervenção obrigatória do Ministério Público

Por força do art. 12 da Lei 12.016/09, o Ministério Público deverá atuar como fiscal da lei em todos os Mandados de Segurança.

▶ Tutela de urgência

É possível a concessão da medida cautelar na forma do art. 7°, III, da Lei 12.016/09, portanto, devem ser comprovados os requisitos: *fumus boni iuris* e *periculum in mora* ou probabilidade do direito e o perigo de dano ou o risco ao resultado útil do processo (art. 300, do CPC).

ATENÇÃO! O ART. 7°, § 2° PREVÊ CASOS EM QUE NÃO É POSSÍVEL A CONCESSÃO DE LIMINAR EM MS. SÃO QUATRO AS HIPÓTESES:			
compensação de créditos tributários;	entrega de mercadorias e bens provenientes do exterior;	reclassificação ou equiparação de servidores públicos;	concessão de aumento ou a extensão de vantagens ou pagamento de qualquer natureza.

▶ Direitos protegidos pelo Mandado de Segurança Coletivo

Na forma do art. 21, parágrafo único, da Lei n° 12.016/2009, os direitos protegidos pelo mandado de segurança coletivo podem ser: I – coletivos, assim entendidos, para efeito desta Lei, os transindividuais, de natureza indivisível, de que seja titular grupo ou categoria de pessoas ligadas entre si ou com a parte contrária por uma relação jurídica básica e; II – individuais homogêneos, assim entendidos, para efeito dessa lei, os decorrentes de origem comum e da atividade ou situação específica da totalidade ou de parte dos associados ou membros do impetrante. Com isso concluímos que direitos difusos não são objeto do mandado de segurança coletivo.

Os requisitos para a impetração do Mandado de segurança individual (tempestividade, ato coator, direito líquido e certo) também devem ser preenchidos para a impetração da ação na modalidade coletiva.

► Recursos

- Da decisão que concede ou denega a liminar: caberá agravo de instrumento (art. 7º, § 1º, da Lei nº 12.016/09);
- Da sentença concessiva ou denegatória: caberá apelação (art. 14, da Lei nº 12.016/09);
- Do acórdão denegatório da segurança proferido em única instância pelos Tribunais (TRF e TJ), cabe Recurso Ordinário Constitucional ao STJ;
- Do acórdão denegatório da segurança proferido em única instância pelos Tribunais Superiores (STJ, STM, TSE e TST), cabe Recurso Ordinário Constitucional ao STF;
- Do acórdão concessivo da segurança em única ou última instância pelos Tribunais (TRF e TJ), caberá RE ou RESP, desde que preenchidos os requisitos específicos dos recursos excepcionais.

► Enunciados da Súmula do STF

► **Súmula nº 266:** *Não cabe mandado de segurança contra lei em tese.*

► **Súmula nº 267:** *Não cabe mandado de segurança contra ato judicial passível de recurso ou correição.*

► **Súmula nº 268:** *Não cabe mandado de segurança contra decisão judicial com trânsito em julgado.*

► **Súmula nº 269:** *O mandado de segurança não é substitutivo de ação de cobrança.*

► **Súmula nº 430:** *Pedido de reconsideração na via administrativa não interrompe o prazo para o mandado de segurança.*

► **Súmula nº 510:** *Praticado ato por autoridade, no exercício de competência delegada, contra ela cabe mandado de segurança ou a medida judicial.*

► **Súmula nº 512:** *Não cabe condenação em honorários de advogado na ação de mandado de segurança.*

► **Súmula nº 623:** *Não gera por si só a competência originária do Supremo Tribunal Federal para conhecer do mandado de segurança com base no art. 102, I, n, da Constituição, dirigir-se o pedido contra deliberação administrativa do Tribunal de origem, da qual haja participado a maioria ou a totalidade de seus membros.*

- **Súmula nº 624:** *Não compete ao Supremo Tribunal Federal conhecer originariamente de mandado de segurança contra atos de outros tribunais.*

- **Súmula nº 625:** *Controvérsia sobre matéria de direito não impede concessão de mandado de segurança.*

- **Súmula nº 629:** *A impetração de mandado de segurança coletivo por entidade de classe em favor dos associados independe da autorização destes.*

- **Súmula nº 630:** *A entidade de classe tem legitimação para o mandado de segurança ainda quando a pretensão veiculada interesse apenas a uma parte da respectiva categoria.*

- **Súmula nº 632:** *É constitucional lei que fixa o prazo de decadência para a impetração de mandado de segurança.*

Competência

A competência para julgamento do mandado de segurança será fixada de acordo com a autoridade coatora, e não em virtude da natureza do ato impugnado.

A Constituição prevê também competência originária e recursal para processo e julgamento do mandado de segurança para o STF[8] e STJ[9].

8 "Art. 102. Compete ao Supremo Tribunal Federal, precipuamente, a guarda da Constituição, cabendo-lhe:

I – processar e julgar, originariamente: (...)

d) o mandado de segurança (...) contra atos do Presidente da República, das Mesas da Câmara dos Deputados e do Senado Federal, do Tribunal de Contas da União, do Procurador-Geral da República e do próprio Supremo Tribunal Federal;

II – julgar, em recurso ordinário:

a) (...) o mandado de segurança, (...) decididos em única instância pelos Tribunais Superiores, se denegatória a decisão."

9 "Art. 105. Compete ao Superior Tribunal de Justiça:

I – processar e julgar, originariamente: (...)

b) os mandados de segurança (...) contra ato de Ministro de Estado, dos Comandantes da Marinha, do Exército e da Aeronáutica ou do próprio Tribunal;

II – julgar, em recurso ordinário: (...)

b) os mandados de segurança decididos em única instância pelos Tribunais Regionais Federais ou pelos tribunais dos Estados, do Distrito Federal e Territórios, quando denegatória a decisão;"

Autoridades Coatoras	Previsão	Competência
– Presidente da República; – Mesa da Câmara dos Deputados; – Mesa do Senado Federal; – Tribunal de Contas da União; – Procurador-Geral da República; – Supremo Tribunal Federal;	Art. 102, I, "d" CRFB	STF
– Ministro de Estado; – Comandantes da Marinha, do Exército e da Aeronáutica; – Superior Tribunal de Justiça.	Art. 105, I, "b" CRFB	STJ
– TRF – Juiz Federal	Art. 108, I "c" CRFB	TRF
Autoridades federais, excetuadas competências dos Tribunais Federais	Art. 109, VIII CRFB	Juiz Federal
Autoridades definidas na Constituição Estadual	Art. 125, § 1º, CRFB e Constituição Estadual	– TJ – **G** – Governador – **P** – Prefeito de Capital – **S** – Secretário de Estado – Mesa da Assembleia Legislativa
Autoridades definidas na Constituição Estadual	Art. 125, § 1º, CRFB e Constituição Estadual	Juiz Estadual
Quando o ato questionado tiver relação com matéria trabalhista, qualquer que seja a autoridade coatora.	Art. 114, IV	Justiça do Trabalho

A competência da justiça federal para julgamento do MS restará configurada nas hipóteses do art. 2º, da Lei nº 12.016/09: "*Considerar-se-á federal a autoridade coatora se as consequências de ordem patrimonial do ato contra o qual se requer o mandado houverem de ser suportadas pela União ou entidade por ela controlada*".

Podemos também aplicar o art. 20, da Lei 9.507/97 para fixar a competência para julgamento do MS.

> Art. 20. O julgamento do *habeas data* compete:
>
> I – originariamente:
>
> a) ao Supremo Tribunal Federal, contra atos do Presidente da República, das Mesas da Câmara dos Deputados e do Senado Federal, do Tribunal de Contas da União, do Procurador-Geral da República e do próprio Supremo Tribunal Federal;
>
> b) ao Superior Tribunal de Justiça, contra atos de Ministro de Estado ou do próprio Tribunal;

c) aos Tribunais Regionais Federais contra atos do próprio Tribunal ou de juiz federal;

d) a juiz federal, contra ato de autoridade federal, excetuados os casos de competência dos tribunais federais;

e) a tribunais estaduais, segundo o disposto na Constituição do Estado;

f) a juiz estadual, nos demais casos.

► Caso concreto e elaboração da peça

(OAB 2010.2)

Mévio de Tal, com quarenta e dois anos de idade, pretende candidatar-se a cargo vago, mediante concurso público, organizado pelo Estado X, tendo, inclusive, se matriculado em escola preparatória. Com a publicação do edital, é surpreendido com a limitação, para inscrição, dos candidatos com idade de, no máximo, vinte e cinco anos. Inconformado, apresenta requerimento ao responsável pelo concurso, que aduz o interesse público, tendo em vista que, quando mais jovem, maior tempo permanecerá no serviço público o aprovado no certame, o que permitirá um menor déficit nas prestações previdenciárias, um dos problemas centrais do orçamento do Estado na contemporaneidade.

O responsável pelo concurso é o Governador do Estado X. Não há previsão legal para o estabelecimento de idade mínima, sendo norma constante do edital do concurso. Não há necessidade de produção de provas e o prazo entre a publicação do edital e da impetração da ação foi menor que 120 (cento e vinte) dias.

Na qualidade de advogado contratado por Mévio, redigir a peça cabível ao tema, observando: a) competência do Juízo; b) legitimidade ativa e passiva; c) fundamentos de mérito constitucionais e legais vinculados; d) os requisitos formais da peça inaugural; e) necessidade de tutela de urgência.

Elaboração e identificação da peça:

Regra dos 5 passos:	
Passo 1	resumo do caso
Passo 2	legitimidade ativa
Passo 3	legitimidade passiva
Passo 4	escolha da ação
Passo 5	órgão competente

► Peça processual

EXMº. SR. DESEMBARGADOR PRESIDENTE DO TRIBUNAL DE JUSTIÇA DO ESTADO X.

(pular aproximadamente 5 linhas em todas as petições iniciais)

Mévio de Tal, nacionalidade..., estado civil (ou existência de união estável),..., profissão..., portador do RG n°... e do CPF n°..., endereço eletrônico ..., residente e domiciliado..., nesta cidade, por seu advogado infra-assinado, conforme procuração anexa ..., com escritório ..., endereço que indica para os fins do art. 77, V, do CPC, com fundamento nos termos do art. 5º, LXIX da CRFB/88 e da Lei nº 12.016/09, vem impetrar MANDADO DE SEGURANÇA em face do Governador do Estado X, que pode ser encontrado na sede funcional... e do Estado X.

I – TEMPESTIVIDADE

A presente ação é tempestiva, tendo em vista que o prazo entre a publicação do edital e da impetração da ação foi inferior a 120 (cento e vinte) dias, satisfazendo assim o requisito exigido pelo art. 23 da Lei 12.016/09.

II – SÍNTESE DOS FATOS

O impetrante, com quarenta e dois anos de idade, pretende candidatar-se a cargo vago, mediante concurso público, organizado pelo Estado X, entretanto, com a publicação do edital, foi surpreendido com a limitação, para inscrição, dos candidatos com idade de, no máximo, vinte e cinco anos.

Inconformado, apresentou requerimento ao responsável pelo concurso, que aduziu o interesse público, tendo em vista que, quando mais jovem, maior tempo permanecerá no serviço público o aprovado no certame, o que permitirá um menor déficit nas prestações previdenciárias, um dos problemas centrais do orçamento do Estado na contemporaneidade.

Não há previsão legal para o estabelecimento de idade mínima, sendo norma constante do edital do concurso, o qual viola claramente o princípio da legalidade, ensejando a propositura do presente mandado de segurança.

III – TUTELA DE URGÊNCIA

A previsão para concessão da tutela de urgência no mandado de segurança está presente no art. 7º, III da Lei 12.016/09 e tem natureza de medida cautelar.

O *fumus boni iuris* reside nos argumentos de fato e de direito apresentados no presente e comprovados mediante a documentação anexa.

Já o *periculum in mora* também se encontra demonstrado tendo em vista que o prazo de inscrição do concurso se esgotará em breve.

IV – FUNDAMENTOS JURÍDICOS

Na forma do art. 5º, LXIX, da CRFB/88, o mandado de segurança será concedido para proteger direito líquido e certo, não amparado por "habeas-corpus" ou "habeas-data", quando o responsável pela ilegalidade ou abuso de poder for autoridade pública ou agente de pessoa jurídica no exercício de atribuições do Poder Público.

O mandado de segurança também está regulamentado pela Lei 12.016/09, que no art. 1º reforça a natureza residual do instituto.

O acesso a cargos públicos tem assento constitucional, consoante se pode aferir do exame da norma do art. 37, II, da CRFB/88, que impõe a acessibilidade aos cargos públicos mediante concurso público.

A jurisprudência não tem acolhido que normas editalícias, sem previsão legal e com manifesta afronta às normas constitucionais, restrinjam o limite de idade, admitindo a restrição quando houver previsão legal, desde que adequado ao cargo postulado.

O ato do Governador do Estado X violou nitidamente o Princípio da Igualdade e da legalidade, presentes no art. 5º, I e II e no art. 37, *caput*, ambos da CRFB/88.

Além disso, o referido ato contraria os princípios da razoabilidade e da proporcionalidade, extraídos implicitamente do art. 5º, LIV da CRFB/88.

O direito líquido e certo do impetrante é comprovado mediante os documentos que seguem em anexo, cumprindo o requisito da prova pré-constituída, exigido pelo art. 6º, *caput* da Lei 12.016/09.

V – DOS PEDIDOS

Ante todo o exposto, requer-se:

a) a concessão da cautelar para suspender o ato do Governador e permitir que o impetrante realize a inscrição no concurso;

b) a notificação da autoridade coatora, o Governador do Estado X, para que preste as informações que entender pertinentes do caso;

c) que seja dada ciência do feito ao órgão de representação judicial da pessoa jurídica interessada;

d) a intimação do Representante do Ministério Público;

e) a condenação do Impetrado em custas processuais;

f) a juntada dos documentos anexos;

g) que ao final seja julgado procedente o pedido para garantir ao impetrante o direito de se inscrever no concurso pretendido.

Valor da causa de acordo com o art. 291 do CPC/15.

Ou:

Valor da causa de acordo com o art. 319, V do CPC/15.

Termos em que,

Pede deferimento.

Local... e data...

Advogado...

OAB nº ...

► Mandado de segurança

(OAB – XV Exame)

João, sócio-diretor da empresa MM Ltda., foi surpreendido com uma notificação do Município X para pagar multa de R$ 10.000,00 (dez mil reais) e encerrar as atividades empresariais na cidade em um período de até 90 (noventa) dias. Atônito, João, ao ler a notificação, descobre que foi aberto um processo administrativo para apurar denúncia de violação ao Decreto Municipal nº 5.678, de 2014, sem lastro em prévia lei municipal, que veda a instalação de lojas de produtos eletrônicos em bairros de perfil residencial, determina a aplicação de multa e estabelece um prazo de até 90 (noventa) dias para o encerramento das atividades empresariais no Município. Após a abertura do processo e instrução com registro fotográfico, foi proferida decisão, pelo Secretário de Posturas do Município, sem prévia oitiva da empresa, determinando a aplicação da multa, no valor indicado, bem como fixando o prazo de 90 (noventa) dias para o encerramento das atividades empresariais, sob pena de interdição e lacre do estabelecimento, na forma do Decreto Municipal. A notificação vem acompanhada de cópia integral daquele processo administrativo.

Você foi contratado como advogado para ajuizar a medida necessária à defesa dos interesses do cliente – afastar a exigência da multa e garantir a permanência das atividades empresariais.

Elabore a peça adequada, considerando-se aquela que tem, em tese, o rito mais célere e considerando que, desde o recebimento da notificação, já se passaram 60 (sessenta) dias, tendo transcorrido in albis o prazo para eventual recurso administrativo. (Valor: 5,00)

A peça deve abranger todos os fundamentos de Direito que possam ser utilizados para dar respaldo à pretensão.

Elaboração e identificação da peça:

Regra dos 5 passos:	
Passo 1	resumo do caso
Passo 2	legitimidade ativa
Passo 3	legitimidade passiva
Passo 4	escolha da ação
Passo 5	órgão competente

▶ Peça processual

EXMO. SR. DR. JUIZ DE DIREITO DA ... VARA CÍVEL DA COMARCA X

(pular aproximadamente 5 linhas em todas as petições iniciais)

MM Ltda., pessoa jurídica de direito privado, inscrita no CNPJ sob o n°..., com sede funcional..., representada por João, sócio-diretor, por seu advogado infra-assinado, conforme procuração anexa ..., com escritório ..., endereço que indica para os fins do art. 77, V, do CPC, com fundamento nos termos do art. 5º, LXIX da CRFB/88 e da Lei nº 12.016/09, vem impetrar MANDADO DE SEGURANÇA em face do Secretário de Posturas, que pode ser encontrado na sede funcional... e do Município X.

I - TEMPESTIVIDADE

A presente ação é tempestiva, tendo em vista que o prazo entre o recebimento da notificação do Município X e a impetração da presente ação é inferior a 120 (cento e vinte) dias, satisfazendo assim o requisito exigido pelo art. 23 da Lei 12.016/09.

II - SÍNTESE DOS FATOS

João, sócio-diretor da empresa, ora impetrante, recebeu uma notificação do Município X. Surpreendeu-se, tendo em vista que a mesma estabelecia o pagamento de uma multa no valor de dez mil reais e, ainda, o encerramento das atividades da pessoa jurídica em até 90 (noventa) dias. A notificação estava acompanhada de cópia integral de um PAD – Processo Administrativo Disciplinar – que foi inaugurado com a finalidade de apurar uma denúncia de violação a determinado Decreto Municipal, o de número 5.678/2014.

Importante ressaltar que o citado Decreto, sem lastro em lei municipal prévia, estabelece vedação à instalação de lojas de produtos eletrônicos em bairros classificados como sendo de perfil residencial, determinando a aplicação de multa e, ainda, estabelece o prazo de até 90 (noventa) dias para o encerramento das atividades empresariais no âmbito municipal.

Ao processo administrativo disciplinar foram anexados registros fotográficos e, sem qualquer pronunciamento da impetrante, houve decisão do Secretário de Posturas do Município, fundamentada no referido Decreto Municipal, que estabeleceu a aplicação da multa acima mencionada, e o encerramento das atividades da pessoa jurídica em até 90 (noventa) dias, sob pena de haver a interdição e lacre do estabelecimento.

III - TUTELA DE URGÊNCIA

A previsão para concessão da tutela de urgência no mandado de segurança está presente no art. 7º, III da Lei 12.016/09 e tem natureza de medida liminar/cautelar.

O *fumus boni iuris* reside nos argumentos de fato e de direito apresentados no presente e comprovados mediante a documentação anexa.

Já o *periculum in mora* também se encontra demonstrado tendo em vista o risco de ineficácia da medida final, caso não seja deferida a liminar.

IV - FUNDAMENTOS JURÍDICO

Na forma do art. 5º, LXIX, da CRFB/88, o mandado de segurança será concedido para proteger direito líquido e certo, não amparado por "habeas-corpus" ou "habeas-data", quando o responsável pela ilegalidade ou abuso de poder for autoridade pública ou agente de pessoa jurídica no exercício de atribuições do Poder Público.

O mandado de segurança também está regulamentado pela Lei 12.016/09, que no art. 1º reforça a natureza residual do instituto.

O Decreto Municipal n. 5.678/2014, em que se fundamentou a decisão do Secretário de Posturas é inconstitucional, pois viola o princípio da legalidade, estabelecido no art. 5º, II e art. 37, caput, da CRFB/88, pois eventual restrição à livre concorrência e à livre iniciativa somente pode ser veiculadas por lei em sentido formal, não por Decreto.

Ademais, houve flagrante violação ao contraditório e à ampla defesa e ao devido processo legal, garantias estabelecidas pela Carta Constitucional, de acordo com o seu art. 5º, LV e LIV, tendo em vista que tramitou um processo administrativo com aplicação de penalidade sem que fosse dada oportunidade à oitiva da empresa, a fim de apresentar defesa.

O Decreto é inconstitucional, ainda, por violar o princípio da razoabilidade e da proporcionalidade, extraídos do art. 5°, LIV, da CRFB/88, tendo em vista que a própria exigência e, sobretudo, as cominações previstas nele são manifestamente excessivas, configurando intervenções desmedidas sobre o patrimônio e sobre a atividade econômica exercida pelo particular.

O direito líquido e certo da impetrante é comprovado mediante os documentos que seguem em anexo, cumprindo o requisito da prova pré-constituída, exigido pelo art. 6º, *caput* da Lei 12.016/09.

V – DOS PEDIDOS

Ante todo o exposto, requer-se:

a) a concessão da medida liminar para suspender o ato do Secretário de Posturas;

b) a notificação da autoridade coatora, Secretário de Posturas, para que preste as informações que entender pertinentes do caso;

c) que seja dada ciência do feito ao órgão de representação judicial da pessoa jurídica interessada;

d) a intimação do Representante do Ministério Público;

e) a condenação do Impetrado em custas processuais;

f) a juntada dos documentos anexos;

g) que ao final seja julgado procedente o pedido para afastar a exigência da multa e garantir a permanência das atividades empresariais.

Dá-se à causa o valor de R$ 10.000,00 (dez mil reais) para fins procedimentais.

Termos em que,

Pede deferimento.

Local... e data...

Advogado...

OAB nº ...

► Peça Processual – XXIII Exame

Edson, idoso aposentado por invalidez pelo regime geral de previdência social, recebe um salário mínimo por mês. Durante mais de três décadas, esteve exposto a agentes nocivos à saúde, foi acometido por doença que exige o uso contínuo de medicamento controlado, cuja ministração fora da forma exigida pode colocar em risco a sua vida. Em razão de sua situação pessoal, todo dia 5 comparece ao posto de saúde existente na localidade em que reside, retirando a quantidade necessária do medicamento para os próximos trinta dias. No último dia 5, foi informado, pelo Diretor do referido posto, que a central de distribuição não entregara o medicamento, já que o Município, em razão da crise financeira, não pagava os fornecedores havia cerca de seis meses. Inconformado com a informação recebida, Edson formulou, logo no dia seguinte, requerimento endereçado ao Secretário Municipal de Saúde, autoridade responsável pela administração das dotações orçamentárias destinadas à área de saúde e pela aquisição dos medicamentos encaminhados à central de distribuição, órgão por ele dirigido. Na ocasião, esclareceu que a ausência do medicamento poderia colocar em risco sua própria vida. Em resposta escrita, o Secretário reconheceu que Edson tinha necessidade do medicamento, o que fora documentado pelos médicos do posto de saúde, e informou que estavam sendo adotadas as providências necessárias à solução da questão, mas que tal somente ocorreria dali a 160 (cento e sessenta) dias, quando o governador do Estado prometera repassar receitas a serem aplicadas à saúde municipal. Nesse meio-tempo, sugeriu que Edson procurasse o serviço de emergência sempre que o seu estado de saúde apresentasse alguma piora. Edson, de posse de toda a prova documental que por si só basta para demonstrar os fatos narrados, em especial a resposta do Secretário Municipal de Saúde, procura você, uma semana depois, para contratar seus serviços como advogado(a), solicitando o ajuizamento da medida judicial que ofereça resultados mais céleres, sem necessidade de longa instrução probatória, para que consiga obter o medicamento de que necessita.

Levando em consideração as informações expostas, ciente da desnecessidade da dilação probatória, elabore a medida judicial adequada, com todos os fundamentos jurídicos que conferem sustentação ao direito de Edson. (Valor: 5,00)

Obs.: a peça deve abranger todos os fundamentos de Direito que possam ser utilizados para dar respaldo à pretensão. A simples menção ou transcrição do dispositivo legal não confere pontuação.

Petição Redigida

Exmo. Sr. Dr. Juiz de Direito da ... Vara Cível da Comarca ...

(pular aproximadamente 5 linhas em todas as petições iniciais)

Edson, nacionalidade..., estado civil... (ou existência de união estável), aposentado, portador do RG n°... e do CPF n°..., endereço eletrônico ..., residente e domiciliado..., nesta cidade, por seu advogado infra-assinado, conforme procuração anexa ..., com escritório ..., endereço que indica para os fins do art. 77, V, do CPC, com fundamento nos termos do art. 5º, LXIX da CRFB/88 e da Lei nº 12.016/09, vem impetrar

MANDADO DE SEGURANÇA em face do Secretário Municipal de Saúde, que pode ser encontrado na sede funcional... e do Município.

I – TEMPESTIVIDADE

A presente ação é tempestiva, tendo em vista que o prazo entre a resposta ao requerimento de Edson e a impetração da ação foi inferior a 120 (cento e vinte) dias, satisfazendo assim o requisito exigido pelo art. 23 da Lei 12.016/09.

II – DA PROVA PRÉ-CONSTITUÍDA

O direito líquido e certo do impetrante é comprovado mediante os documentos que seguem em anexo, já que o próprio Secretário de Saúde reconheceu por escrito que o impetrante necessita do medicamento, bem como que o seu fornecimento está suspenso, cumprindo o requisito da prova pré-constituída, exigido pelo art. 6º, *caput* da Lei 12.016/09.

III – SÍNTESE DOS FATOS

Edson, ora impetrante, está com idade avançada, e foi aposentado por invalidez, tendo trabalhado por mais de três décadas de forma a sofrer exposição a agentes nocivos à saúde, tendo, inclusive, contraído doença em razão da referida exposição. O idoso, que recebe apenas um salário mínimo por mês, faz uso contínuo de medicação controlada e, para receber os remédios mensalmente, se dirige ao posto de saúde próximo de sua residência, todo quinto dia do mês, quando retira a quantidade que necessita para os próximos trinta dias, já que se não obedecer à continuidade indicada por médicos, pode ter a sua vida em risco.

No seu último comparecimento ao posto de saúde, recebeu a informação do respectivo Diretor daquele que a central responsável não teria efetuado a entrega dos medicamentos, em razão da crise financeira enfrentada pelo município, que está sem pagar aos seus fornecedores, estando inadimplente há cerca de seis meses. Inconformado com a situação, no dia seguinte, Edson apresentou requerimento ao Secretário Municipal de Saúde, autoridade responsável pela administração das dotações orçamentárias destinadas à saúde municipal e até pela própria aquisição dos medicamentos encaminhados à central de distribuição, órgão que ele mesmo dirige, tendo recebido resposta escrita consistente no reconhecimento da necessidade da medicação.

Entretanto, apesar de tal reconhecimento, em razão do embasamento em laudos médicos, o Secretário sustentou a adoção de providências para solucionar o caso, mas apenas a partir de cento e sessenta dias, quando o Governador do Estado prometeu efetuar o repasse de receitas. E, ainda, na mesma resposta escrita ao requerimento, sugeriu ao Impetrante, que procurasse o serviço de emergência sempre que o seu estado de saúde se agravasse em razão da falta das drogas. Surgindo, portanto, a necessidade de ingressar com o presente remédio constitucional.

III – TUTELA DE URGÊNCIA

A previsão para concessão da tutela de urgência no mandado de segurança está presente no art. 7º, III da Lei 12.016/09 e tem natureza de medida cautelar.

O *fumus boni iuris* reside nos argumentos de fato e de direito apresentados na presente e comprovados mediante a documentação anexa.

Já o *periculum in mora* também se encontra demonstrado tendo em vista que Edson precisa dos remédios de forma contínua imediatamente, pois já corre risco de vida.

IV – FUNDAMENTOS JURÍDICOS

Na forma do art. 5º, LXIX, da CRFB/88, o mandado de segurança será concedido para proteger direito líquido e certo, não amparado por "habeas-corpus" ou "habeas--data", quando o responsável pela ilegalidade ou abuso de poder for autoridade pública ou agente de pessoa jurídica no exercício de atribuições do Poder Público.

O mandado de segurança também está regulamentado pela Lei 12.016/09, que no art. 1º reforça a natureza residual do instituto.

A legitimidade ativa de Edson decorre do fato de necessitar do medicamento para preservar sua saúde, sendo titular do direito que postula. A legitimidade passiva do Secretário, por sua vez, é justificada pelo fato de ser o responsável pela aquisição dos medicamentos e de dirigir a central de distribuição.

Importante destacar que a saúde é um direito fundamental, de acordo com os arts. 6º e 196 da Constituição da República. Ademais, o serviço de saúde oferecido pelo Município deve assegurar o "atendimento integral", conforme prevê o art. 198, inciso II, da CRFB/88, o que inclui o fornecimento de medicamentos.

Deve-se ressaltar, ainda, a aplicação imediata das normas sobre direitos fundamentais, consoante art. 5º, § 1º da CRFB/88.

E, em razão das características pessoais do Impetrante, como a ausência do medicamento pode colocar em risco a sua vida, é evidente a sua exigibilidade como forma de materializar a própria dignidade humana, contemplada no art. 1º, inciso III da CRFB/88. Devendo ser assegurada, portanto, a efetividade do direito social à saúde.

VI – DOS PEDIDOS

Ante todo o exposto, requer-se:

a) a concessão da medida liminar para que a autoridade coatora reestabeleça o fornecimento do medicamento de que Edson necessita;

b) a notificação da autoridade coatora, o Secretário Municipal de Saúde, para que preste as informações que entender pertinentes do caso;

c) que seja dada ciência do feito ao órgão de representação judicial da pessoa jurídica interessada;

d) a intimação do Representante do Ministério Público;

e) a condenação do Impetrado em custas processuais;

f) a juntada dos documentos anexos;

g) que ao final seja julgado procedente o pedido com confirmação da concessão da ordem, atribuindo-se caráter definitivo à tutela liminar.

Valor da causa de acordo com o art. 291 do CPC/15.

Ou:

Valor da causa de acordo com o art. 319, V do CPC/15.

Termos em que,

Pede deferimento.

Local... e data...

Advogado...

OAB nº ...

▶ Peça Processual – XXIV Exame

Após anos de defasagem salarial, milhares de trabalhadores que integravam o mesmo segmento profissional reuniram-se na sede do Sindicato W, legalmente constituído e em funcionamento há vinte anos, que representava os interesses da categoria, em assembleia geral convocada especialmente para deliberar a respeito das medidas a serem adotadas pelos sindicalizados. Ao fim de ampla discussão, decidiram que, em vez da greve, que causaria grande prejuízo à população e à economia do país, iriam se encontrar nas praças da capital do Estado Alfa, com o objetivo de debater publicamente os interesses da categoria de forma organizada e ordeira, e ainda fariam passeatas semanais pelas principais ruas da capital. Em situações dessa natureza, a lei dispõe que seria necessária a prévia comunicação ao comandante da Polícia Militar. No mesmo dia em que recebeu a comunicação dos encontros e das passeatas semanais, que teriam início em dez dias, o comandante da Polícia Militar, em decisão formalmente comunicada ao Sindicato W, decidiu indeferi-los, sob o argumento de que atrapalhariam o direito ao lazer nas praças e a tranquilidade das pessoas, os quais são protegidos pela ordem jurídica. Inconformado com a decisão do comandante da Polícia Militar, o Sindicato W procurou um advogado e solicitou o manejo da ação judicial cabível, que dispensasse instrução probatória, considerando a farta prova documental existente, para que os trabalhadores pudessem cumprir o que foi deliberado na assembleia da categoria, no prazo inicialmente fixado, sob pena de esvaziamento da força do movimento. (Valor: 5,00)

Obs.: a peça deve abranger todos os fundamentos de Direito que possam ser utilizados para dar respaldo à pretensão. A simples menção ou transcrição do dispositivo legal não confere pontuação.

Petição Redigida

Exmo. Sr. Dr. Juiz de Direito da ... Vara Cível da Comarca ... (ou juízo de Fazenda Pública da Comarca ...)

(pular aproximadamente 5 linhas em todas as petições iniciais)

Sindicato W, pessoa jurídica de direito privado, inscrito no CNPJ sob o n°..., com sede funcional..., por seu advogado infra-assinado, conforme procuração anexa..., com escritório..., endereço que indica para os fins do art. 77, V, do CPC, com fundamento nos termos do art. 5º, LXIX e LXX da CRFB/88 e da Lei nº 12.016/09, vem impetrar MANDADO DE SEGURANÇA COLETIVO em face do Comandante da Polícia Militar.

I - TEMPESTIVIDADE

A presente ação é tempestiva, tendo em vista que o prazo entre a decisão formal do Comandante da Polícia Militar que indeferiu os encontros nas praças e passeatas e a impetração da presente ação é inferior a 120 (cento e vinte) dias, satisfazendo assim o requisito exigido pelo art. 23 da Lei 12.016/09.

II - DA LEGITIMIDADE ATIVA

O Sindicato W, organização sindical legalmente constituída e em funcionalmente há mais de um ano, de acordo com o art. 5º, LXX da CRFB/88 e art. 21 da Lei 12.016/09, é legitimado ativo para a propositura da presente ação, pois pretende defender direitos líquidos e certos dos seus membros, sendo tais direitos pertinentes às suas finalidades.

III – DA PROVA PRÉ-CONSTITUÍDA

O direito líquido e certo do impetrante é comprovado mediante os documentos que seguem em anexo, cumprindo o requisito da prova pré-constituída, exigido pelo art. 6º, *caput* da Lei 12.016/09.

III – SÍNTESE DOS FATOS

Em razão de anos de defasagem nos salários, o sindicato W, representando milhares de trabalhadores do mesmo ramo profissional, decidiu, em assembleia da categoria, por promover encontros nas praças públicas da capital do Estado Alfa, objetivando o debate público dos interesses da categoria, o que seria feito observando a ordem e organização, e também se deliberou pela realização de passeatas semanais pelas ruas principais da referida capital, já que a greve – outra opção – causaria grande prejuízo à economia do país e a população em si.

Ao formalizar a necessária comunicação ao Comandante da Polícia Militar, exigida por lei, em razão dos atos pretendidos, que se iniciaria em dez dias, o Sindicato W se deparou com o indeferimento por aquele, que sustentou que tais atos atrapalhariam o direito ao lazer nas praças e a tranquilidade das pessoas, protegidos pela ordem jurídica.

Em razão da decisão exarada pelo Comandante da Polícia Militar, impedindo a realização das reuniões e das passeatas, o que viola direito líquido e certo dos trabalhadores sindicalizados, faz-se necessária a propositura da presente ação.

III – TUTELA DE URGÊNCIA

A previsão para concessão da tutela de urgência no mandado de segurança está presente no art. 7º, III da Lei 12.016/09 e tem natureza de medida cautelar.

O *fumus boni iuris* reside nos argumentos de fato e de direito apresentados na presente e comprovados mediante a documentação anexa.

O *periculum in mora* também se encontra demonstrado já que os trabalhadores devem poder cumprir o que foi deliberado na assembleia da categoria, no prazo fixado, para que não haja o esvaziamento da força do movimento.

IV – FUNDAMENTOS JURÍDICOS

Na forma do art. 5º, LXIX, da CRFB/88, o mandado de segurança será concedido para proteger direito líquido e certo, não amparado por "habeas-corpus" ou "habeas-data", quando o responsável pela ilegalidade ou abuso de poder for autoridade pública ou agente de pessoa jurídica no exercício de atribuições do Poder Público.

Em sua modalidade coletiva, pode ser impetrado por partido político com representação no Congresso Nacional, organização sindical, entidade de classe ou associação legalmente constituída e em funcionamento há pelo menos um ano, em defesa dos interesses de seus membros ou associados, de acordo com o art. 5º, LXX, alíneas "a" e "b", da CRFB/88.

O mandado de segurança também está regulamentado pela Lei 12.016/09, que no art. 1º reforça a natureza residual do instituto.

A legitimidade ativa do Sindicato W, como já destacado em tópico próprio, decorre do fato de ser uma organização sindical legalmente constituída e em funcionalmente há mais de vinte anos, estando em defesa de direitos líquidos e certos de parte dos trabalhadores da categoria, de acordo com o art. 21 da Lei nº 12.016/09 ou art. 5º, inciso LXX, alínea b, da CRFB/88.

A legitimidade passiva do comandante da Polícia Militar decorre do fato de ter exarado decisão impedindo a realização das passeatas e reuniões, violando direito líquido e certo dos trabalhadores sindicalizados, incidindo o disposto no art. 1º da Lei nº 12.016/12.

A Constituição Federal ampara os direitos fundamentais à livre manifestação do pensamento, estabelecido no art. 5º, inciso IV, à liberdade de expressão, estabelecido no art. 5º, inciso IX, e à reunião pacífica, previsto no art. 5º, inciso XVI.

No que tange as reuniões pacíficas, a comunicação ao Comandante da Polícia Militar visava apenas a evitar a frustração de reunião anteriormente convocada para o mesmo local, e, como a reunião independe de autorização, o indeferimento violou direito líquido e certo de parte dos associados do Sindicato W.

VI – DOS PEDIDOS

Ante todo o exposto, requer-se:

a) a concessão da medida liminar para que a autoridade coatora se abstenha de adotar qualquer medida que impeça a realização das reuniões e das passeatas;

b) a notificação da autoridade coatora, o Comandante da Polícia Militar, para que preste as informações que entender pertinentes do caso;

c) que seja dada ciência do feito ao órgão de representação judicial da pessoa jurídica interessada;

d) a intimação do Representante do Ministério Público;

e) a condenação do Impetrado em custas processuais;

f) a juntada dos documentos anexos;

g) que ao final seja julgado procedente o pedido com confirmação da concessão da ordem, atribuindo-se caráter definitivo à tutela liminar.

Valor da causa de acordo com o art. 291 do CPC/15.

Ou:

Valor da causa de acordo com o art. 319, V do CPC/15.

Termos em que,

Pede deferimento.

Local... e data...

Advogado...

OAB nº ...

► Caso Concreto do XXIX Exame de Ordem

João, cidadão politicamente atuante e plenamente consciente dos deveres a serem cumpridos pelos poderes constituídos em suas relações com a população, decidiu fiscalizar a forma de distribuição dos recursos aplicados na área de educação no Município Alfa, sede da Comarca X e vizinho àquele em que residia, considerando as dificuldades enfrentadas pelos moradores do local. Para tanto, compareceu à respectiva Secretaria Municipal de Educação e requereu o fornecimento de informações detalhadas a respeito das despesas com educação no exercício anterior, a discriminação dos valores gastos com pessoal e custeio em geral e os montantes direcionados a cada unidade escolar, já que as contratações eram descentralizadas.

O requerimento formulado foi indeferido por escrito, pelo Secretário Municipal de Educação, sob o argumento de que João não residia no Município Alfa; os gastos com pessoal eram sigilosos, por dizerem respeito à intimidade dos servidores; as demais informações seriam disponibilizadas para o requerente e para o público em geral, via Internet, quando estivesse concluída a estruturação do "portal da transparência", o que estava previsto para ocorrer em 2 (dois) anos. João não informou de que modo usaria as informações.

Inconformado com o indeferimento do requerimento que formulara, João contratou os seus serviços como advogado(a) poucos dias após a prolação da decisão e solicitou o ajuizamento da medida cabível, de modo que pudesse obter, com celeridade, as informações almejadas, o que permitiria sua divulgação à população interessada, permitindo-lhe avaliar a conduta do Prefeito Municipal, candidato à reeleição no processo eleitoral em curso.

Elabore a petição da medida judicial adequada, considerando-se como tal aquela que não exija instrução probatória. (Valor: 5,00)

Obs.: a peça deve abranger todos os fundamentos de Direito que possam ser utilizados para dar respaldo à pretensão. A simples menção ou transcrição do dispositivo legal não confere pontuação.

► Peça processual

EXMO. SR. DR. JUIZ DE DIREITO DA ... VARA CÍVEL DA COMARCA X.

(pular aproximadamente 5 linhas em todas as petições iniciais)

João, nacionalidade..., estado civil... (ou existência de união estável), profissão, portador do RG n°... e do CPF n°..., endereço eletrônico ..., residente e domiciliado..., nesta cidade, por seu advogado infra-assinado, conforme procuração anexa ..., com escritório ..., endereço que indica para os fins do art. 77, V, do CPC, com fundamento nos termos do art. 5º, LXIX da CRFB/88 e da Lei nº 12.016/09, vem impetrar MANDADO DE SEGURANÇA em face do Secretário Municipal de Educação, que pode ser encontrado na sede funcional... e do Município Alfa.

I – TEMPESTIVIDADE

A presente ação é tempestiva, tendo em vista que o prazo entre a resposta ao requerimento de João e a impetração da ação foi inferior a 120 (cento e vinte) dias, satisfazendo assim o requisito exigido pelo art. 23 da Lei 12.016/09.

II – DA PROVA PRÉ-CONSTITUÍDA

O direito líquido e certo do impetrante é comprovado mediante os documentos que seguem em anexo, já que o próprio Secretário Municipal de Educação indeferiu, por escrito, o requerimento formulado por João, cumprindo o requisito da prova pré-constituída, exigido pelo art. 6º, caput da Lei 12.016/09.

III – SÍNTESE DOS FATOS

João, ora impetrante, é um cidadão ativo e atuante, tendo passado a observar, em razão das dificuldades vivenciadas pelos moradores da localidade, a forma de distribuição dos recursos públicos destinados à educação no Município Alfa, vizinho àquele em que residia, sede da Comarca X.

Ao pleitear, por escrito, perante a Secretaria Municipal de Educação, o fornecimento de informações detalhadas no que tange as despesas com educação no exercício anterior, a discriminação dos valores gastos com pessoal e custeio em geral e os montantes direcionados a cada unidade escolar, em razão das contratações serem descentralizadas, recebeu o indeferimento, também por escrito.

O Secretário Municipal de Educação, ao indeferir o seu pleito, sustentou que João, ora impetrante, não residia no Município Alfa, além do que, os gastos com pessoal seriam sigilosos, por dizerem respeito à intimidade dos servidores.

E, ainda, que as demais informações pleiteadas seriam disponibilizadas para todos os interessados via internet, assim que fosse concluída a estruturação do "portal da transparência", o que estava previsto para ocorrer em dois anos.

Apesar de não ter informado à autoridade de que forma usaria as informações pretendidas, João não se conforma com o indeferimento de seu pleito, pois deseja obter as informações com certa urgência, para divulgar à população interessada, possibilitando uma avaliação da atuação do prefeito municipal, que é candidato à reeleição no processo eleitoral que está em andamento,surgindo, portanto, a necessidade de ingressar com o presente remédio constitucional.

IV – TUTELA DE URGÊNCIA

A previsão para concessão da tutela de urgência no mandado de segurança está presente no art. 7º, III da Lei 12.016/09 e tem natureza de medida cautelar.

O *fumus boni iuris* reside nos argumentos de fato e de direito apresentados na presente e comprovados mediante a documentação anexa.

Já o *periculum in mora* também se encontra demonstrado tendo em vista a urgência da situação, já que as informações servirão para que a população interessada avalie o desempenho do prefeito municipal, candidato à reeleição no processo eleitoral que está em curso.

V – FUNDAMENTOS JURÍDICOS

Na forma do art. 5º, LXIX da CRFB/88, o mandado de segurança será concedido para proteger direito líquido e certo, não amparado por "habeas-corpus" ou "habeas-data", quando o responsável pela ilegalidade ou abuso de poder for autoridade pública ou agente de pessoa jurídica no exercício de atribuições do Poder Público.

O mandado de segurança também está regulamentado pela Lei 12.016/09, que em seu art. 1º reforça a natureza residual do instituto.

A legitimidade ativa de João decorre do fato de ter o direito de acesso à informação, sendo, portanto, titular do direito que postula. A legitimidade passiva do Secretário, por sua vez, é justificada pelo fato de ser o responsável pelo indeferimento do requerimento formulado.

Importante destacar que é assegurado a todos o acesso à informação, nos termos do que preceitua o art. 5º, XIV, da CRFB/88 e o direito de receber dos órgãos públicos as informações de interesse coletivo ou geral, conforme dispõe o art. 5º, XXXIII, da CRFB/88.

Deve-se ressaltar, ainda, que os usuários têm assegurado o seu acesso ao teor dos atos de governo, nos termos do estabelecido no art. 37, § 3º, II, da CRFB/88, informação que deve ser fornecida no prazo estabelecido pelo art. 11 da Lei nº 12.527/11, independentemente de qualquer esclarecimento a respeito dos motivos determinantes da solicitação, nos termos do art. 10, § 3º do mesmo diploma normativo.

Ademais, as informações relativas aos gastos com pessoal não dizem respeito à intimidade dos servidores, pois refletem a maneira de gasto do dinheiro público, apresentando indiscutível interesse público.

E, também, o fato de João não residir no Município é irrelevante, pois os entes federados não podem criar distinções entre brasileiros, nos exatos termos do art. 19, III, da CRFB/88, sendo evidente a exigibilidade do direito líquido e certo à informação, contemplado na Constituição Federal, com base nos dispositivos acima mencionados, devendo ser, portanto, assegurado ao impetrante.

VI – DOS PEDIDOS

Ante todo o exposto, requer-se:

a) a concessão da medida liminar para que a autoridade coatora forneça os dados solicitados pelo impetrante, com base no art. 7º, III da Lei 12.016/09;

b) a notificação da autoridade coatora, o Secretário Municipal de Educação, para que preste as informações que entender pertinentes do caso, na forma do no art. 7º, I da Lei 12.016/09;

c) que seja dada ciência do feito ao órgão de representação judicial da pessoa jurídica interessada, conforme art. 7º, II da Lei 12.016/09;

d) a intimação do Representante do Ministério Público, na forma do art. 12 da Lei 12.016/09;

e) a condenação dos impetrados em custas processuais;

f) a juntada dos documentos anexos, conforme art. 6º da Lei 12.016/09;

g) que ao final seja julgado procedente o pedido, com confirmação da concessão da ordem, atribuindo-se caráter definitivo à tutela liminar.

Valor da causa de acordo com o art. 291 do CPC/15.

Ou:

Valor da causa de acordo com o art. 319, V do CPC/15.

Termos em que,

Pede deferimento.

Local... e data...

Advogado

OAB nº ...

CAPÍTULO 7

AÇÃO DE PROCEDIMENTO COMUM

A ação de procedimento comum (antiga ação ordinária) é uma petição inicial simples, regida pelo Código de Processo Civil e que admite a dilação probatória, ou seja, não há necessidade de existência de prova pré-constituída para apresentação da ação. Na qualificação inicial é suficiente escrever "Ação de Procedimento Comum" ou "Ação Ordinária" e nos pedidos ela pode ser: de indenização, de anulação de ato administrativo, de cobrança, de obrigação de fazer...

As petições iniciais correspondentes a essas ações são estruturadas de acordo com os arts. 319 e 320, do CPC.

Nas ações ordinárias, havendo urgência, é possível pleitear a antecipação de tutela, desde que comprovados os requisitos da probabilidade do direito e o perigo de dano ou o risco ao resultado útil do processo, previstos no art. 300, do CPC.

Na elaboração da peça, além dos requisitos dos arts. 319 e 320, do CPC, não se deve esquecer o pedido de condenação em custas e honorários.

Com relação ao endereçamento, as ações de procedimento comum (do mesmo modo que a ação popular) não têm prerrogativa de foro, com isso, a ação será endereçada ao juiz singular, federal ou estadual, conforme o caso. Por exemplo, o art. 109, I, da CRFB/88 define que: compete à justiça federal julgar as ações em que esteja no polo ativo ou passivo a União, suas autarquias, suas fundações públicas e suas empresas públicas. As outras pessoas integrantes da administração pública não deslocam competência para a justiça federal. Então, nas ações contra estados, municípios e Sociedades de economia mista (mesmo que federal), a competência é da justiça estadual.

A fundamentação do direito material é extraída da própria Constituição. Ex.: ação na área da saúde (arts. 6º e 196), da educação (art. 205), dos concursos públicos (art. 37, II, IV) ...

▶ Caso concreto e elaboração da peça

(OAB – IX EXAME)

José, brasileiro, desempregado, domiciliado no Município "ABC", capital do Estado "X", chegou a um hospital municipal que não possui Centro de Tratamento Intensivo (CTI) – sentindo fortes dores de cabeça. José aguardou atendimento na fila da emergência pelo período de 12 (doze) horas, durante o qual foi tratado de forma áspera e vexatória pelos servidores do hospital, que, entre outros comportamentos aviltantes, debocharam do fato de José estar de pé há tanto tempo esperando atendimento. Após tamanha espera e sofrimento, o quadro de saúde de José agravou-se e ele entrou em estado de incapacidade absoluta, sem poder locomover-se e sem autodeterminação, momento no qual, enfim, um médico do hospital veio atendê-lo. Adamastor, também desempregado, pai de José, revela que, segundo laudo do médico responsável, seu filho necessita urgentemente ser removido para um hospital que possua CTI, pois José corre risco de sofrer danos irreversíveis à sua saúde e, inclusive, o de morrer. Informa ainda que o médico mencionou a existência de hospitais municipais, estaduais e federais nas proximidades de onde José se encontra internado, todos possuidores de CTI. Ocorre que José e Adamastor são economicamente hipossuficientes, de modo que não possuem condições financeiras de arcar com a remoção para outro hospital público, nem de custear a internação em hospital particular, sem prejuízo do sustento próprio ou da família. Indignado com todo o ocorrido, e ansioso para preservar a saúde de seu filho, Adamastor o procura para, na qualidade de advogado, identificar e minutar a medida judicial adequada à tutela dos direitos de José em face de todos os entes que possuem hospitais próximos ao local onde José se encontra e que seja levado em consideração o tratamento hostil por ele recebido no hospital municipal.

Elaboração e identificação da peça:

Regra dos 5 passos:	
Passo 1	resumo do caso
Passo 2	legitimidade ativa
Passo 3	legitimidade passiva
Passo 4	escolha da ação
Passo 5	órgão competente

A banca apresentou inicialmente no espelho de correção que não caberia mandado de segurança no caso narrado pelas seguintes razões:

1) É inviável a postulação de perdas e danos em sede de MS.

2) Inexistem autoridades coatoras no enunciado.

3) Haveria necessidade de produção de provas testemunhal e pericial para aferição dos danos e do risco de vida.

► Peça processual

EXMº. SR. DR. JUIZ FEDERAL DA... VARA FEDERAL... DA SEÇÃO JUDICIÁRIA DO ESTADO X.

(pular aproximadamente 5 linhas em todas as petições iniciais)

José, representado por seu pai Adamastor, nacionalidade..., estado civil (ou existência de união estável)..., profissão..., portador do RG nº... e do CPF n º..., endereço eletrônico ..., residente e domiciliado..., nesta cidade, por seu advogado infra-assinado, conforme procuração anexa, com escritório ..., endereço que indica para os fins do art. 77, V, do CPC, com fundamento no art. 319, do CPC vem ajuizar AÇÃO DE PROCEDIMENTO COMUM em face do Município "ABC", do Estado "X" e da União.

I – DO PEDIDO DE GRATUIDADE DE JUSTIÇA

Com base no art. 99, § 3º, do CPC e no art. 5º, LXXIV, da CRFB/88 o Autor requer a V. Exª. a concessão do benefício da gratuidade de justiça, tendo em vista que está desempregado e sem condições de arcar com as custas processuais sem prejuízo do sustento próprio e de sua família.

II – SÍNTESE DOS FATOS

O Autor chegou a um hospital municipal que não possui Centro de Tratamento Intensivo (CTI) sentindo fortes dores de cabeça e aguardou atendimento na fila da emergência pelo período de 12 (doze) horas, durante o qual foi tratado de forma áspera e vexatória pelos servidores do hospital, que, entre outros comportamentos aviltantes, debocharam dele estar de pé há tanto tempo esperando atendimento.

Após tamanha espera e sofrimento, o quadro de saúde de José agravou-se e ele entrou em estado de incapacidade absoluta, sem poder locomover-se e sem autodeterminação, momento no qual, enfim, um médico do hospital veio atendê-lo.

Adamastor, também desempregado, pai de José, revela que, segundo laudo do médico responsável, seu filho necessita urgentemente ser removido para um hospital que possua CTI, pois José corre risco de sofrer danos irreversíveis à sua saúde e, inclusive, o de morrer, daí a necessidade de ajuizamento da presente ação.

III – PEDIDO DE TUTELA DE URGÊNCIA

A tutela de urgência na Ação Ordinária é extraída do art. 300 do CPC e possui natureza de tutela antecipada.

Deve haver a demonstração da probabilidade do direito e do perigo de dano ou o risco ao resultado útil do processo.

IV – FUNDAMENTOS JURÍDICOS

A saúde é um direito fundamental, de acordo com os arts. 6º e 196 da Constituição da República.

A responsabilidade pelo cuidado da saúde e assistência pública, da proteção e garantia das pessoas portadoras de deficiência é cumulativa entre a União, os Estados, os Municípios e o Distrito Federal, na forma do art. 23, II, da CRFB/88.

Diante do tratamento vexatório sofrido por José no hospital municipal, o direito à reparação por danos morais em face do Município é respaldado pelo art. 37, § 6º da CRFB/88, que aduz: "As pessoas jurídicas de direito público e as de direito privado prestadoras de serviços públicos responderão pelos danos que seus agentes, nessa qualidade, causarem a terceiros, assegurado o direito de regresso contra o responsável nos casos de dolo ou culpa".

V – DOS PEDIDOS

Diante de todo o exposto, requer-se:

a) a concessão da tutela de urgência para determinar a imediata transferência de José ao CTI mais próximo;

b) que seja julgado procedente o pedido para condenar os Réus à internação de José no referido CTI;

c) a citação do Município, do Estado e da União para contestar a ação;

d) a condenação do Município ABC à reparação dos danos morais sofridos pelo autor;

e) a condenação dos Réus em custas e em honorários advocatícios;

f) a produção de todos os meios de provas em direito admitidas;

g) a juntada de documentos.

h) a intimação do representante do Ministério Público.

Em cumprimento ao art. 319, VII do CPC, o autor opta pela realização da audiência de conciliação ou mediação.

Valor da causa de acordo com o art. 291 do CPC/15.

Ou:

Valor da causa de acordo com o art. 319, V do CPC/15.

Termos em que,

Pede deferimento.

Local... e data...

Advogado

OAB nº ...

Após a apresentação de inúmeros recursos em defesa do mandado de segurança como instrumento mais célere para tutelar a vida de José, a banca aceitou o remédio pleiteado, segundo o espelho abaixo. (Espelho formulado quando vigente o CPC/1973)

Quesito avaliado	Valores
Endereçamento da petição inicial: Vara Federal da Seção Judiciária de "X" (0,10)	0,00 / 0,10
Qualificação das partes: José / representado por Adamastor (0,10) Representantes do município ABC e/ou Estado "X" e/ou União (0,30)	0,00 / 0,10 / 0,30 / 0,40
Pedido de gratuidade de justiça: preenchimento dos requisitos contidos no art. 4º, da Lei 1.060/50. (0,10)	0,00 / 0,10
Fundamentação para a pretensão: 1. Direito à internação e ao fornecimento de tratamento de saúde adequado, com base no Art. 196, da Constituição da República (1,0); 2. Pleito de reconhecimento de solidariedade entre o Município, o Estado e a União (1,0). 3. Caracterização do ato abusivo das autoridades indicadas na inicial (1,0)	0,00 / 1,00 / 2,00 / 3,00
Pedido de liminar. *Fumus boni juris* (0,15) e *periculum in mora* (0,15). Demonstração concreta de aparência do bom direito e de perigo na demora da prestação jurisdicional.	0,00 / 0,15/0,30
Pedidos: 1. Requerimento para notificação dos representantes do Município (0,20) e do Estado (0,20) e da União (0,20). 2. Procedência do pedido para condenar a União, o Estado e o Município, através dos seus representantes, a promoverem a internação do autor em CTI; (0,20) 3. Requerimento de intervenção do Ministério Público (0,20).	0,00 / 0,20 / 0,40 / 0,60 / 0,80/1,00
Atribuição de valor à causa. (0,10)	0,00 / 0,10

▶ Caso concreto e elaboração da peça

(OAB – V EXAME)

Mévio, brasileiro, solteiro, estudante universitário, domiciliado na capital do Estado W, requereu o seu ingresso em programa de bolsas financiado pelo Governo Federal, estando matriculado em Universidade particular. Após apresentar a documentação exigida, é surpreendido com a negativa do órgão federal competente, que aduz o não preenchimento de requisitos legais. Entre eles, está a exigência de pertencer a determinada etnia, uma vez que o programa é exclusivo de inclusão social para integrantes de grupo étnico descrito no edital, podendo, ao arbítrio da Administração, ocorrer integração de outras pessoas, caso ocorra saldo no orçamento do programa. Informa, ainda, que existe saldo financeiro e que, por isso, o seu requerimento ficará no aguardo do prazo estabelecido em regulamento. O referido prazo não consta na lei que instituiu o programa, e o referido ato normativo também não especificou a limitação do financiamento para grupos étnicos. Com base na negativa da Administração Federal, a matrícula na Universidade particular ficou suspensa, prejudicando a continuação do curso superior. O valor da mensalidade por ano corresponde a R$ 20.000,00, sendo o curso de quatro anos de duração. O estudante pretende produzir provas de toda a espécie, receoso de que somente a prova documental não seja suficiente para o deslinde da causa. Isso foi feito em atendimento à consulta respondida pelo seu advogado Tício, especialista em Direito Público, que indicou a possibilidade de prova pericial complexa, bem como depoimentos de pessoas para comprovar a sua necessidade financeira e outros depoimentos para indicar possíveis beneficiários não incluídos no grupo étnico referido pela Administração. Aduz ainda que o pleito deve restringir-se no reconhecimento do seu direito constitucional e que eventuais perdas e danos deveriam ser buscadas em outro momento. Há urgência, diante da proximidade do início do semestre letivo. Na qualidade de advogado contratado por Mévio, elabore a peça cabível ao tema, observando: a) competência do juízo; b) legitimidade ativa e passiva; c) fundamentos de mérito constitucionais e legais vinculados; d) os requisitos formais da peça inaugural. (Valor: 5,0)

Elaboração e identificação da peça:

Regra dos 5 passos:	
Passo 1	resumo do caso
Passo 2	legitimidade ativa
Passo 3	legitimidade passiva
Passo 4	escolha da ação
Passo 5	órgão competente

► Peça processual

EXMº. SR. DR. JUIZ FEDERAL DA... VARA FEDERAL... DA SEÇÃO JUDICIÁRIA DO ESTADO W

(5 linhas)

Mévio, brasileiro, solteiro, estudante universitário, portador do RG n°... e do CPF n°..., endereço eletrônico..., residente e domiciliado..., nesta cidade, por seu advogado infra-assinado, conforme procuração anexa, com escritório ..., endereço que indica para os fins do art. 77, V, do CPC, com fundamento no art. 319, do CPC vem ajuizar AÇÃO DE PROCEDIMENTO COMUM COM PEDIDO DE TUTELA ANTECIPADA em face da União e da Universidade particular...

I – SÍNTESE DOS FATOS

O Autor, Mévio, estudante universitário, foi surpreendido com a negativa do seu pedido de ingresso em programa governamental de bolsas estudantis, apesar de estar matriculado em faculdade particular e ter apresentado todos os documentos necessários.

O órgão federal competente, após analisar o requerimento de Mévio, sustentou que não foram preenchidos requisitos previstos em lei, dentre eles, o pertencimento a certa etnia. Importante ressaltar, que há previsão de integração de pessoas no programa que não pertencem ao grupo étnico apontado no edital, desde que haja saldo no respectivo orçamento.

Entretanto, apesar de sustentarem a existência de saldo financeiro, foi afirmado que o requerimento do Autor deveria aguardar um prazo estabelecido em regulamento, mas tal prazo sequer consta na lei instituidora do programa governamental, da mesma forma que nela não há qualquer limitação relacionada a aplicação do financiamento exclusivamente para determinado grupo étnico. O valor mensal do curso – que tem duração de quatro anos – em que o Autor está matriculado é de R$ 20.000,00 (vinte mil reais) por ano, e, em razão da negativa da Administração Federal, sua matrícula foi suspensa, daí a necessidade de ingressar com a presente ação.

II – PEDIDO DE TUTELA DE URGÊNCIA

A tutela de urgência na Ação Ordinária é extraída do art. 300 do CPC e possui natureza de tutela antecipada.

Deve haver a demonstração da probabilidade do direito e do perigo de dano ou o risco ao resultado útil do processo.

III – FUNDAMENTOS JURÍDICOS

Houve ofensa ao princípio da isonomia, pois esse tipo de financiamento não pode beneficiar somente determinado grupo étnico, tendo sido violado o disposto no art. 5º, caput, da CRFB/88.

Também foi violado o princípio da legalidade, que deveria ser observado por toda administração pública, vez que há confronto entre o regulamento e o texto legal, o que afronta o art. 37, caput, da CRFB/88. Houve, ainda, ofensa aos princípios constitucionais da Administração Pública, pois seus atos não podem ser arbitrários, mas apenas discricionários.

Ademais, o direito constitucional à educação deve ser respeitado, pois de acordo com o art. 205, da CRFB/88, a educação é direito de todos e dever do Estado e da família, devendo ser promovida e incentivada com a colaboração da sociedade, visando ao pleno desenvolvimento da pessoa, seu preparo para o exercício da cidadania e sua qualificação para o trabalho.

IV- DOS PEDIDOS

Diante de todo o exposto, requer-se:

a) a concessão da tutela de urgência para determinar a imediata inclusão no programa de bolsas;

b) que seja julgado procedente o pedido para condenar os Réus a incluir o Autor, em definitivo, no programa de bolsas do Governo;

c) a citação da União e da Universidade particular para integrar o feito;

d) a condenação dos Réus em custas e em honorários advocatícios;

e) a produção de todos os meios de provas em direito admitidas;

f) a juntada de documentos.

Em cumprimento ao art. 319, VII, do CPC, o autor opta pela realização da audiência de conciliação ou de mediação.

Dá-se à causa o valor de R$ 80.000,00 (oitenta mil reais) para efeitos procedimentais.

Termos em que,

pede deferimento.

Local... e data...

Advogado

CAPÍTULO 8

DIFERENÇAS PRINCIPAIS ENTRE A AÇÃO DE PROCEDIMENTO COMUM E O MANDADO DE SEGURANÇA

Para evitar que o examinando confunda na prova o Mandado de segurança e a Ação de Procedimento Comum, é importante destacarmos as principais diferenças entre as duas ações, apresentadas no quadro abaixo.

CRITÉRIO	AÇÃO DE PROCEDIMENTO COMUM	MANDADO DE SEGURANÇA (individual ou coletivo)
Dilação probatória	Admite-se o pedido de produção de provas.	Não se admite a dilação probatória.
Prazo	Não há prazo específico para o ajuizamento das ações em geral.	Na via repressiva, o remédio deverá ser impetrado no prazo de 120 (cento e vinte dias).
Autoridade Coatora	Não precisa estar indicada no caso narrado.	Normalmente é indicada no caso proposto.
Indenização	Admite o pedido de indenização e de cobrança.	Como não permite a dilação probatória, não há, em regra, pedido de indenização e de cobrança.
Prerrogativa de Foro	Não há prerrogativa de Foro. Proposta perante juiz singular, federal ou estadual, conforme o caso.	Há prerrogativa de Foro Funcional na Constituição Federal e nas Constituições Estaduais.

CAPÍTULO 9

RECLAMAÇÃO

A Reclamação está regulamentada no CPC entre os arts. 988 e 993 e, ainda, encontra fundamento na Constituição Federal, que trata da Reclamação de competência do Supremo Tribunal Federal (art. 102, I, l e art. 103-A, §3°) e do Superior Tribunal de Justiça (art. 105, I, f), como veremos adiante.

▶ Hipóteses de cabimento e legitimidade ativa

De acordo com o art. 988, do CPC, a parte interessada ou o Ministério Público, poderão apresentar Reclamação para:

> "I – preservar a competência do tribunal;
>
> II – garantir a autoridade das decisões do tribunal;
>
> III – garantir a observância de enunciado de súmula vinculante e de decisão do Supremo Tribunal Federal em controle concentrado de constitucionalidade; (Redação dada pela Lei nº 13.256, de 2016)
>
> IV – garantir a observância de acórdão proferido em julgamento de incidente de resolução de demandas repetitivas ou de incidente de assunção de competência; (Redação dada pela Lei nº 13.256, de 2016)"

▶ Reclamação para preservação da competência do Tribunal – art. 988, I, do CPC e art. 102, inciso I, alínea "l", da CRFB/88

As competências (originárias e recursais) do STF se esgotam na Constituição Federal. Caso o juiz singular ou o Tribunal viole uma das atribuições da Corte, previstas no art. 102, I a III da CRFB/88, caberá Reclamação.

Um mandando de segurança contra o Presidente da República, por exemplo, impetrado perante um juízo federal de primeiro grau, acarreta em usurpação da competência do Supremo, tendo em vista a norma contida no artigo 102, inciso I, alínea "d", da Constituição, sendo cabível o ajuizamento de reclamação perante a Corte Suprema.

▶ Reclamação para garantia da autoridade de decisão do Tribunal – art. 988, II, do CPC e art. 102, inciso I, alínea "l", da CRFB/88

A reclamação para garantia da autoridade de decisão do Tribunal tem por objetivo impor a autoridade do julgado, ou seja, fazer com que ele seja respeitado.

No âmbito do Supremo, a reclamação pode ter por escopo garantir a autoridade de uma decisão proferida em processo subjetivo. Se a Corte, em sede de recurso extraordinário, mandado de segurança ou *habeas corpus, por exemplo,* profere determinada decisão, o desrespeito, por parte de outro juízo ou autoridade administrativa, a esta decisão, dá ensejo ao ajuizamento de reclamação perante o STF.

▶ Reclamação para garantir a observância de enunciado de súmula vinculante e de decisão do Supremo Tribunal Federal em controle concentrado de constitucionalidade – art. 988, III, do CPC e art. 103-A, § 3º, da CRFB/88

A terceira hipótese de cabimento da reclamação constitucional está vinculada ao descumprimento de súmula vinculante. De acordo com o art. 7º da Lei 11.417/06: "Da decisão judicial ou do ato administrativo que contrariar enunciado de súmula vinculante, negar-lhe vigência ou aplicá-lo indevidamente caberá reclamação ao Supremo Tribunal Federal, sem prejuízo dos recursos ou outros meios admissíveis de impugnação". Com relação às decisões administrativas, entretanto, a lei trouxe a necessidade de um contencioso administrativo obrigatório, conforme dicção do § 1º do art. 7º: "Contra omissão ou ato da administração pública, o uso da reclamação só será admitido após esgotamento das vias administrativas".

De acordo com o art. 103-A, § 3º, da CRFB/88: "Do ato administrativo ou decisão judicial que contrariar a súmula aplicável ou que indevidamente a aplicar, caberá reclamação ao Supremo Tribunal Federal que, julgando-a procedente, anulará o ato administrativo ou cassará a decisão judicial reclamada, e determinará que outra seja proferida com ou sem a aplicação da súmula, conforme o caso."

Ademais, a reclamação pode ter por escopo garantir a autoridade de uma decisão proferida em processo objetivo. Dessa forma, se a Corte, em sede de Ação Direta de Inconstitucionalidade, decidir declarar a invalidade de uma norma e posteriormente o Tribunal de Justiça resolver aplicar essa lei já declarada inconstitucional pelo Tribunal, caberá Reclamação. Do mesmo modo, se a autoridade administrativa contrariar a decisão do STF, também caberá Reclamação.

Não cabe Reclamação em face de decisão que descumprir enunciado de Súmula não vinculante!

► Reclamação para garantir a observância de acórdão proferido em julgamento de incidente de resolução de demandas repetitivas (IRDR) ou de incidente de assunção de competência (IAC) – art. 988, IV, do CPC

Nesses casos, será competente para julgar a Reclamação o Tribunal cuja competência se busca preservar ou cuja autoridade se pretende garantir, de acordo com o art. 988, § 1º, do CPC.

Importante ressaltar que as hipóteses de cabimento previstas no art. 988, incisos III e IV, compreendem a aplicação indevida da tese jurídica e sua não aplicação aos casos que a ela correspondam.

ATENÇÃO!! A Reclamação não é admissível após o trânsito em julgado da decisão reclamada e para garantir a observância de acórdão de recurso extraordinário com repercussão geral reconhecida ou de acórdão proferido em julgamento de recursos extraordinário ou especial repetitivos, quando não esgotadas as instâncias ordinárias, de acordo com o art. 988, § 5º, do CPC.

Ressalte-se que a Súmula nº 734 do STF já afirmava não ser cabível reclamação contra decisão judicial transitada em julgado.

► Procedimento

A reclamação deverá ser instruída com prova documental e dirigida ao Presidente do Tribunal. Depois, será autuada e distribuída ao relator do processo principal, sempre que possível, de acordo com os §§ 2º e 3º do art. 988, do CPC.

Na forma do art. 989, do CPC, o relator, ao despachar a reclamação:

> "I – requisitará informações da autoridade a quem for imputada a prática do ato impugnado, que as prestará no prazo de 10 (dez) dias;
>
> II – se necessário, ordenará a suspensão do processo ou do ato impugnado para evitar dano irreparável;

> III – determinará a citação do beneficiário da decisão impugnada, que terá prazo de 15 (quinze) dias para apresentar a sua contestação."

O Ministério Público terá vista do processo por cinco dias após o decurso do prazo para informações e para o oferecimento da contestação pelo beneficiário do ato impugnado, na reclamação que não houver formulado.

De acordo com o art. 992, do CPC: "Julgando procedente a reclamação, o tribunal cassará a decisão exorbitante de seu julgado ou determinará medida adequada à solução da controvérsia."

Vale destacar que a inadmissibilidade ou o julgamento do recurso interposto contra a decisão proferida pelo órgão reclamado não prejudica a reclamação, nos termos do § 6º **do art. 988, do CPC.**

► Tutela de urgência

De acordo com o art. 989, II, do CPC, o relator, se necessário, ordenará a suspensão do processo ou do ato impugnado para evitar dano irreparável.

A tutela de urgência será concedida quando houver elementos que evidenciem a probabilidade do direito e o perigo de dano ou o risco ao resultado útil do processo, conforme preceitua o art. 300, *caput*, do CPC.

► Jurisprudência do STF sobre a reclamação

"Inexiste ofensa à autoridade de Súmula Vinculante quando o ato de que se reclama é anterior à decisão emanada da Corte Suprema." (Rcl 6.449-AgR, Rel. Min. Eros Grau, julgamento em 25-11-2009, Plenário, *DJE* de 11-12-2009).

"Não cabe reclamação constitucional para questionar violação a súmula do STF destituída de efeito vinculante. Precedentes. As atuais súmulas singelas do STF somente produzirão efeito vinculante após sua confirmação por dois terços dos Ministros da Corte e publicação na imprensa oficial (art. 8º da EC 45/2004)." (Rcl 3.284-AgR, Rel. Min. Ayres Britto, julgamento em 1º-7-2009, Plenário, *DJE* de 28-8-2009).

"(...) somente as decisões concessivas das liminares em ADIs e ADCs é que se dotam de efeito vinculante. Não as denegatórias. Ante a natureza subjetiva do processo, as decisões proferidas em reclamação não têm eficácia *erga omnes* (contra todos)." (Rcl 3.424-AgR, Rel. Min. Ayres Britto, julgamento em 11-10-2007, Plenário, *DJE* de 1º-8-2008).

"Reclamação não é recurso e não se destina a examinar o ato impugnado com vistas a repudiá-lo por alguma invalidade processual-formal ou corrigi-lo por erros em face da lei ou da jurisprudência." (Rcl 3.800-AgR, Rel. Min. Ellen Gracie, julgamento em 2-2-2006, Plenário, *DJ* de 9-6-2006.)

"A ação constitucional da reclamação não admite pedido de caráter preventivo." (Rcl 4.058-AgR, Rel. Min. Cezar Peluso, julgamento em 17-2-2010, Plenário, *DJE* de 9-4-2010.)

"Impossibilidade de utilização de reclamação quando há recurso apropriado e cabível contra a decisão reclamada." (Rcl 5.159-AgR, Rel. Min. Cármen Lúcia, julgamento em 26-6-2007, Primeira Turma, *DJ* de 10-8-2007.)

► Caso concreto e elaboração da peça

(34º Exame de Ordem)

Um contingente de servidores públicos do município A, inconformado com a política salarial adotada pelo governo municipal, decidiu, após ter realizado paralisação grevista sem qualquer sucesso, tomar providências para fazer valer um suposto direito a reajuste de 15% sobre o vencimento básico percebido. O referido valor corresponderia a um aumento remuneratório real, equiparando ao reajuste obtido, nos últimos três anos, por diversas classes profissionais. Os servidores públicos procuraram a entidade sindical correspondente e está decidiu ajuizar, na justiça comum, ação ordinária a fim de satisfazer o pleito apresentado. Dada a premência do tempo em ver reconhecido, pelo Judiciário, o reajuste de 15%, a entidade sindical formulou, na própria petição inicial, pedido de antecipação de tutela, sob a alegação de que, na situação, estavam em jogo verbas de caráter nitidamente alimentar, o que reforçaria a necessidade de um provimento judicial mais célere.

Ao fazer uma primeira análise, o juiz do feito decidiu indeferir o pedido de tutela antecipada. Após pedido de reconsideração formulado pela entidade sindical, o juiz decidiu reverter seu primeiro posicionamento e optou por deferir o pedido de tutela antecipada, determinando a imediata implantação em folha de pagamento do reajuste de 15% sobre o vencimento básico dos servidores públicos.

Inconformado com a decisão judicial, o município decidiu contratar serviços advocatícios para promover as medidas cabíveis e reverter a situação o quanto antes, em virtude do iminente impacto orçamentário do reajuste concedido. O advogado tentou, por todos os modos possíveis, suspender a decisão que concedeu a tutela antecipada no tribunal de justiça competente, sem ter obtido êxito.

A antecipação de tutela continua mantida, em toda sua extensão, e o mérito da ação ainda não foi apreciado. Sabe-se que o Supremo Tribunal Federal, no julgamento da ADC-MC 4, assim decidiu: "Medida cautelar deferida, em parte, por maioria de votos, para se suspender, *"ex nunc"*, e com efeito vinculante, até o julgamento final da ação, a concessão de tutelar antecipada contra a Fazenda Pública, que tenha por pressuposto a constitucionalidade ou inconstitucionalidade do Art. 1º da Lei nº 9.494, de 10/9/1997, sustando-se, igualmente *"ex nunc"*, os efeitos futuros das decisões já proferidas, nesse sentido".

Diante da situação hipotética apresentada, na condição de advogado do município A, redija a peça judicial.

Elaboração e identificação da peça:

Regra dos 5 passos:	
Passo 1	**resumo do caso**
Passo 2	**legitimidade ativa**
Passo 3	**legitimidade passiva**
Passo 4	**escolha da ação**
Passo 5	**órgão competente**

Peça processual

EXMº. SR. MINISTRO PRESIDENTE DO SUPREMO TRIBUNAL FEDERAL.

(pular aproximadamente 5 linhas em todas as petições iniciais)

MUNICÍPIO A, pessoa jurídica de direito público interno, com sede..., endereço eletrônico ..., neste ato representado por seu procurador, conforme procuração anexa, com escritório..., endereço que indica para os fins do art. 77, V, do CPC, com fundamento no art. 102, I, "l", da CRFB/88 e no art. 988, III, do CPC , vem apresentar RECLAMAÇÃO em face da decisão do Tribunal de Justiça..., que descumpriu a decisão do STF proferida na cautelar da ADC nº 4.

I – DA DECISÃO OBJETO DA RECLAMAÇÃO

Sabe-se que o Supremo Tribunal Federal, no julgamento da ADC-MC 4, assim decidiu: "Medida cautelar deferida, em parte, por maioria de votos, para se suspender, "*ex nunc*", e com efeito vinculante, até o julgamento final da ação, a concessão de tutela antecipada contra a Fazenda Pública, que tenha por pressuposto a constitucionalidade ou inconstitucionalidade do Art. 1º da Lei nº 9.494, de 10/9/1997, sustando-se, igualmente "*ex nunc*", os efeitos futuros das decisões já proferidas, nesse sentido".

Mesmo sabendo dessa decisão vinculante da Corte, o juiz de primeiro grau optou por deferir o pedido de tutela antecipada formulado pela entidade sindical, determinando a imediata implantação em folha de pagamento do reajuste de 15% sobre o vencimento básico dos servidores públicos.

O Reclamante tentou reverter a decisão perante o Tribunal de Justiça competente, mas não obteve êxito, o que configura claro desrespeito à autoridade da decisão do STF na ADC-MC 4, motivando a propositura da presente Reclamação.

II – DA TUTELA DE URGÊNCIA

A tutela de urgência da Reclamação está prevista no art. 989, II, do CPC.

Demonstração do preenchimento dos seguintes requisitos, estabelecidos no art. 300, *caput*, do CPC: elementos que evidenciem a probabilidade do direito e o perigo de dano ou o risco ao resultado útil do processo.

III – DOS FUNDAMENTOS JURÍDICOS

Na forma do art. 102, I, l, da CRFB/88, a Reclamação será cabível para garantir a autoridade das decisões do Supremo Tribunal Federal, dentre outras hipóteses de cabimento.

E, ainda, de acordo com o art. 988, III, do CPC, caberá a Reclamação para garantir a observância de decisão do Supremo Tribunal Federal em controle concentrado de constitucionalidade.

As normas procedimentais relativas à Reclamação estão previstas no CPC, entre os arts. 988 e 993.

Os efeitos vinculantes e *erga omnes* da cautelar em ADC são estabelecidos pelo art. 21, da Lei 9868/99: "O Supremo Tribunal Federal, por decisão da maioria absoluta de seus membros, poderá deferir pedido de medida cautelar na ação declaratória de constitucionalidade, consistente na determinação de que os juízes e os Tribunais suspendam o julgamento dos processos que envolvam a aplicação da lei ou do ato normativo objeto da ação até seu julgamento definitivo".

No caso ora analisado, além de o Juiz ter concedido a tutela antecipada contra a Fazenda, o Tribunal teve a oportunidade de reverter a decisão e não o fez, o que viola a autoridade da decisão da Corte.

IV – DOS PEDIDOS

Pelas razões acima expostas, o Reclamante requer:

a) a concessão da tutela de urgência para suspender a decisão impugnada e que ao final seja cassada a decisão para preservar a jurisdição constitucional;

b) a citação do beneficiário da decisão impugnada para apresentar a sua contestação;

c) a oitiva da autoridade Reclamada para apresentar informações;

d) a oitiva do Procurador-Geral da República;

e) a juntada dos documentos anexos.

Valor da causa de acordo com o art. 291 do CPC/15.

Ou:

Valor da causa de acordo com o art. 319, V do CPC/15.

Termos em que,

Pede deferimento.

Local... e data...

Advogado...

OAB nº ...

CAPÍTULO 10

AÇÃO DIRETA DE INCONSTITUCIONALIDADE

> *Art. 102, CRFB/88. Compete ao Supremo Tribunal Federal, precipuamente, a guarda da Constituição, cabendo-lhe:*
>
> *I – processar e julgar, originariamente:*
>
> *a) a ação direta de inconstitucionalidade de lei ou ato normativo federal ou estadual e a ação declaratória de constitucionalidade de lei ou ato normativo federal;*

A Ação direta de inconstitucionalidade é a principal ação do controle concentrado federal abstrato de constitucionalidade e visa defender a Supremacia da Constituição.

Se o conflito tem como objeto lei ou ato normativo federal ou estadual que contraria a CRFB/88, a competência é do STF, conforme previsão no art. 102, I, "a" da CRFB/88 e a Lei 9868/99.

▶ Objeto

Segundo Clèmerson Merlin Clève,[1] podem ser objeto de uma ação direta de inconstitucionalidade: as emendas constitucionais, atos normativos formalmente legislativos (leis complementares, leis ordinárias, medidas provisórias, leis delegadas, decretos legislativos etc.), tratados internacionais, desde que integrem o ordenamento jurídico atual, leis distritais que tenham como tema matéria de competência estadual. Ressalte-se que não cabe ADI de lei ou ato normativo anterior à Constituição, nem de lei ou ato normativo municipal.

Como a ação realiza controle repressivo de constitucionalidade, projetos de leis e propostas de emendas não podem ser objeto da ADI.

---

1 CLÈVE, Clèmerson Merlin. *A fiscalização abstrata da Constitucionalidade no Direito Brasileiro.* 2ª ed., São Paulo: Revista dos Tribunais, 2000.

► Legitimidade ativa

Com o advento da Emenda Constitucional nº 45/2004, as regras da legitimação ativa para a propositura da ADI, ADC, ADO e ADPF passaram a ser idênticas. Houve alteração do art. 103 para incluir a possibilidade de provocação do STF pelos órgãos do Distrito Federal, conforme já era previsto na Lei nº 9.868/1999. Em relação à ADPF, a Lei nº 9.882/1999 dispõe que são seus autores os mesmos legitimados para a ADI. Portanto, de acordo com o novo texto do art. 103 da CRFB/88 e art. 2º, I, da Lei nº 9.882/1999, podem propor a ação direta de inconstitucionalidade (que pode ser por ação ou por omissão), a ação declaratória de constitucionalidade e a arguição de descumprimento de preceito fundamental, os seguintes órgãos, entidades ou pessoas:

> I – o Presidente da República;
>
> II – a Mesa do Senado Federal;
>
> III – a Mesa da Câmara dos Deputados;
>
> IV – a Mesa de Assembleia Legislativa ou da Câmara Legislativa;
>
> V – o Governador de Estado ou do Distrito Federal;
>
> VI – o Procurador-Geral da República;
>
> VII – o Conselho Federal da Ordem dos Advogados do Brasil;
>
> VIII – partido político com representação no Congresso Nacional;
>
> IX – confederação sindical ou entidade de classe de âmbito nacional.

Tais legitimados ativos são capazes de provocar a jurisdição constitucional em seus próprios nomes, porém para defender interesse que é de todos, qual seja, a proteção da Constituição da República Federativa do Brasil. É a chamada legitimação extraordinária, apresentada em rol taxativo no art. 103, I a IX, da CRFB/88.

Tão logo foi promulgada a Constituição de 1988, a Suprema Corte brasileira passou a fazer interpretação restritiva da legitimação para agir, procedendo a uma classificação dos autores destas ações em dois grupos, o dos **legitimados universais e o dos legitimados especiais**, exigindo, destes últimos, demonstração do interesse de agir.

Do primeiro grupo, denominado de universal, não se exige a demonstração do interesse de agir ou a pertinência temática (relação de adequação que deve existir entre o ato normativo impugnado e os interesses defendidos pelo legitimado), posto que do exercício de suas próprias competências decorre a responsabilidade pela preservação da Constituição. Isso significa que eles podem propor ação para exame da constitucionalidade de qualquer lei ou ato normativo. São eles:

- o Presidente da República;
- a Mesa do Senado Federal;
- a Mesa da Câmara dos Deputados;
- o Procurador-Geral da República;
- o Conselho Federal da Ordem dos Advogados do Brasil;
- partido político com representação no Congresso Nacional (desde que tenha representação em pelo menos uma das Casas legislativas e que a ação seja proposta por seu Diretório Nacional).

Segundo o STF,[2] a perda da representatividade do partido no curso do julgamento, não prejudica o prosseguimento da ação, tendo em vista que o momento de aferição sobre a existência ou não da representação é quando da propositura da ação. Ademais as ações do controle versam sobre matéria de ordem pública e interesse não disponível.

Do segundo grupo – os especiais – é exigida a pertinência temática. De acordo com a jurisprudência do STF,[3] precisam demonstrar interesse

---

2 "Retomando o julgamento de mérito de ação direta ajuizada pelo Partido Social Trabalhista-PST contra o art. 99 e § 1º da Lei nº 9.610/1998 – que preveem um único escritório central para a arrecadação e distribuição de direitos autorais decorrentes de execução pública musical –, o Tribunal, apreciando questão de ordem suscitada pelo Min. Sepúlveda Pertence, que pedira vista do processo na Sessão Plenária de 19.06.2002, decidiu que, embora tenha havido, na nova legislatura, a perda de representação parlamentar no Congresso Nacional do autor da ação (o que, em tese, extingue a legitimação do partido político para prosseguir, perante o STF, no polo ativo do processo de controle normativo abstrato), é de se determinar o prosseguimento da ação ante a peculiaridade de que, no início do julgamento da ação, o Partido ainda estava devidamente representado no Congresso Nacional" (STF, ADI (QO) 2.054-DF, Min. Rel. para acórdão: Sepúlveda Pertence, Plenário, *DJ* 17.10.2003).

3 "(...) A jurisprudência do STF erigiu o vínculo da pertinência temática à condição objetiva de requisito qualificador da própria legitimidade ativa *ad causam* do Autor, somente naquelas hipóteses de ação direta ajuizada por confederações sindicais, por entidades de classe no âmbito nacional, por Mesas das Assembleias Legislativas estaduais ou da Câmara Legislativa do Distrito Federal, e, finalmente, por Governadores dos Estados-membros e do Distrito Federal"(...) (STF, ADI 1096 MC/RS, Plenário, Rel. Min. Celso de Mello, j. 16.03.1995, *DJ* 22.09.1995).

de agir para que a ação seja conhecida, os legitimados do art. 103, IV, V e IX, da CRFB/88. Em outras palavras, somente poderão ser autores destas ações se comprovarem que a norma impugnada interfere de alguma forma nos interesses da unidade federativa à qual pertençam ou do grupo de pessoas que representam. Assim, para que o Governador do Estado da Bahia, por exemplo, possa ser legitimado para uma ADI proposta contra ato normativo editado pelo Estado do Rio de Janeiro terá que comprovar a influência desta norma fluminense sobre os interesses baianos, sob pena de a ação não ser conhecida.

São legitimados especiais:

- a Mesa de Assembleia Legislativa e a Câmara Legislativa do Distrito Federal;
- o Governador de Estado e do Distrito Federal;
- confederação sindical[4] ou entidades de classe de âmbito nacional.[5]

As Confederações Sindicais devem ser formadas de acordo com o art. 535, da CLT: "As Confederações organizar-se-ão com o mínimo de 3 (três) federações e terão sede na Capital da República".

---

4 "O Supremo Tribunal Federal, em inúmeros julgamentos, tem entendido que apenas as confederações sindicais têm legitimidade ativa para requerer ação direta de inconstitucionalidade (CF, art. 103, IX), excluídas as federações sindicais e os sindicatos nacionais" (ADI 1.599-MC, Rel. Min. Maurício Corrêa, j. 26.02.1998, *DJ* 18.05.2001) "Preliminarmente, não tenho como legitimadas à ação as Federações sindicais autoras (Federação Nacional dos Estivadores, Federação Nacional dos Conferentes e Consertadores de Carga e Descarga, Vigias Portuários, Trabalhadores de Bloco e Arrumadores, e Federação dos Portuários). Cuida-se de entidades sindicais que não atendem ao requisito do inciso IX do art. 103 da Constituição, porque seu nível não é de Confederação sindical. São entidades sindicais de segundo grau. Nesse sentido, as decisões do Plenário nas ADINs nos 433-DF, 853-6-DF, 868-4-DF (...)" (ADI 929-MC/DF, Min. Rel. Néri da Silveira, Plenário, j. 13.10.1993, *DJ* 20.06.1997).

5 "ADIn: legitimidade ativa: 'entidade de classe de âmbito nacional' (art. 103, IX, CF): compreensão da 'associação de associações' de classe. Ao julgar, a ADIn 3153-AgR, 12.08.2004, o plenário do Supremo Tribunal abandonou o entendimento que excluía as entidades de classe de segundo grau – as chamadas 'associações de associações' – do rol dos legitimados à ação direta. ADIn: pertinência temática. Presença da relação de pertinência temática, pois o pagamento da contribuição criada pela norma impugnada incide sobre as empresas cujos interesses, a teor do seu ato constitutivo, a requerente se destina a defender" (ADI 15/DF, Plenário, Rel. Min. Sepúlveda Pertence, j. 14.06.2007, *DJ* 31.08.2007).

Já as entidades de classe de âmbito nacional devem ser criadas de acordo com o art. 8°, da Lei n° 9.096/95, ou seja, devem ter representantes em pelo menos nove estados da Federação. Em jurisprudência clássica, o STF havia firmado entendimento no sentido de que essas organizações coletivas precisavam ter na sua base de composição apenas pessoas naturais, mas em decisão plenária mais recente[6] a Corte decidiu que as "associações de associações" (ou associações de segundo grau, formadas por pessoas jurídicas) de âmbito nacional possuem legitimidade para propor ação direta de inconstitucionalidade, desde que os interesses que unem os seus componentes (pessoas naturais ou jurídicas) sejam homogêneos, ou seja, de uma classe ou categoria específica.

▶ Capacidade postulatória

Não se exige de todos os legitimados ativos que constituam advogados para a propositura das ações do sistema concentrado. O STF entende que a capacidade postulatória já foi conferida aos mesmos pela própria Constituição,[7] exceto no caso dos partidos políticos, das confederações sindicais e das entidades de classe. Estes têm que estar representados por

---

6 "Ação direta de inconstitucionalidade: legitimação ativa: 'entidade de classe de âmbito nacional': compreensão da 'associação de associações' de classe: revisão da jurisprudência do Supremo Tribunal. O conceito de entidade de classe é dado pelo objetivo institucional classista, pouco importando que a eles diretamente se filiem os membros da respectiva categoria social ou agremiações que os congreguem, com a mesma finalidade, em âmbito territorial mais restrito. É entidade de classe de âmbito nacional – como tal legitimada à propositura da ação direta de inconstitucionalidade (CF, art. 103, IX) – aquela na qual se congregam associações regionais correspondentes a cada unidade da Federação, a fim de perseguirem, em todo o País, o mesmo objetivo institucional de defesa dos interesses de uma determinada classe. Nesse sentido, altera o Supremo Tribunal sua jurisprudência, de modo a admitir a legitimação das 'associações de associações de classe', de âmbito nacional, para a ação direta de inconstitucionalidade" (ADI 3.153-AgR, Rel. Min. Sepúlveda Pertence, j. 12.08.2004, Plenário, *DJ* 09.09.2005.) No mesmo sentido: ADI 2.797/DF; Plenário e ADI 2.860, Rel. Min. Sepúlveda Pertence, j. 15.09.2005, Plenário, *DJ* 19.12.2006.

7 "(...) O Governador de Estado e as demais autoridades e entidades referidas no art. 103, incisos I a VII, da Constituição Federal, além de ativamente legitimados à instauração do controle concentrado de constitucionalidade das leis e atos normativos federais e estaduais, mediante ajuizamento da ação direta perante o Supremo Tribunal Federal, possuem capacidade processual plena e dispõem *ex vi*, da própria norma constitucional, de capacidade postulatória (...)" (STF, ADI 127 MC QO/AL, Plenário, Min. Rel. Celso de Mello, j. 20.11.1989, *DJ* 04.12.1992).

procuradores devidamente constituídos nos autos, na forma do art. 3º, parágrafo único, da Lei nº 9.868/1999.

► Concessão de medidas cautelares

Na forma do art. 11 da Lei nº 9.868/1999 é possível a concessão de medidas liminares, de eficácia geral, produzindo, via de regra, efeitos temporais *ex nunc* (ultra ativos) e excepcionalmente *ex tunc* (retroativos) com a determinação da suspensão da norma até a decisão final.

► O procurador-geral da República

Na forma do art. 103, § 1º, da CRFB/88: "O Procurador-Geral da República deverá ser previamente ouvido nas ações de inconstitucionalidade e em todos os processos de competência do Supremo Tribunal Federal." Portanto, pede-se a sua intimação (ou oitiva) em sede de ADI.

► O advogado-geral da União

De acordo com os art. 103, § 3º, da CRFB/88, ele tem a missão de fazer a defesa da norma impugnada: "Quando o Supremo Tribunal Federal apreciar a inconstitucionalidade, em tese, de norma legal ou ato normativo, citará, previamente, o Advogado-Geral da União, que defenderá o ato ou texto impugnado". Com isso, pedimos a citação do AGU em sede de ADI.

► Dicas para identificar o cabimento das ações do controle concentrado na prova

EXPRESSÕES	"*Erga omnes*", "efeitos vinculantes"
	"Análise em abstrato"
	"Ação do controle concentrado"
	"Lei em tese ou ausência da lei em tese"
	"Efeitos para todos os indivíduos no território brasileiro"
	"Ação contra a lei em si"

► Caso concreto e elaboração da peça

(VII EXAME DE ORDEM)

O Estado KWY editou norma determinando a gratuidade dos estacionamentos privados vinculados a estabelecimentos comerciais, como supermercados, hipermercados, shopping centers, determinando multas pelo descumprimento, estabelecendo gradação nas punições administrativas e delegando ao PROCON local a responsabilidade pela fiscalização dos estabelecimentos relacionados no instrumento normativo. Tício, contratado como advogado Junior da Confederação Nacional do Comércio, é consultado sobre a possibilidade de ajuizamento de medida judicial, apresentando seu parecer positivo quanto à matéria, pois a referida lei afrontaria a CRFB. Em seguida, diante desse pronunciamento, a Diretoria autoriza a propositura da ação judicial constante do parecer. Na qualidade de advogado elabore a peça cabível, observando:

a) competência do Juízo;

b) legitimidade ativa e passiva;

c) fundamentos de mérito constitucionais e legais vinculados;

d) requisitos formais da peça;

e) tutela de urgência.

Elaboração e identificação da peça:

Regra dos 5 passos:	
Passo 1	resumo do caso
Passo 2	legitimidade ativa
Passo 3	legitimidade passiva
Passo 4	escolha da ação
Passo 5	órgão competente

► Peça processual

EXMº. SR. MINISTRO PRESIDENTE DO SUPREMO TRIBUNAL FEDERAL.

(pular aproximadamente 5 linhas para todas as petições iniciais)

Confederação Nacional do Comércio, pessoa jurídica de direito privado, entidade de âmbito nacional, inscrita no CNPJ sob o nº.., com sede em..., por seu advogado infra-assinado..., com escritório..., endereço que indica para os fins do art. 77, V, do CPC, vem propor a presente AÇÃO DIRETA DE INCONSTITUCIONALIDADE, com fundamento no art. 102, I, "a", da CRFB/88 e na Lei nº 9.868/99, em face da lei do Estado KWY, elaborada pelo Governador do Estado e pela Assembleia Legislativa, conforme especificará ao longo desta petição, nos termos e motivos que passa a expor.

I – DO OBJETO DA AÇÃO

De acordo com o art. 102, I, a da CRFB/88 caberá ADI em face de lei ou ato normativo federal ou estadual que viole a Constituição Federal.

A lei estadual, como se demonstrará ao longo da presente ação, viola a Lei Maior sob os aspectos formais e materiais, por isso deverá ser declarada inconstitucional.

II – DA LEGITIMIDADE ATIVA ESPECIAL DA CONFEDERAÇÃO

A Confederação Nacional do Comércio é legitimada ativa para a propositura da ADI, de acordo com o art. 103, IX, da CRFB/88.

Ademais, a Autora possui representantes em pelo menos nove Estados da Federação, como determina o art. 8º da Lei 9096/95 e os interesses dos seus membros são homogêneos.

A pertinência temática também é comprovada pela relação harmoniosa entre o objeto da ação – uma lei que afeta os interesses do Comércio – e os membros que compõem a referida organização coletiva.

III – DA TUTELA DE URGÊNCIA

A possibilidade de concessão de medida cautelar em sede de ADI se encontra nos arts. 10 a 12 da Lei n° 9868/99 e possui natureza cautelar.

O *fumus boni iuris* se justifica pelos argumentos apresentados ao longo da petição e pela documentação anexa.

Já o *periculum in mora* é comprovado tendo em vista os prejuízos que o Comércio sofrerá caso a referida norma seja mantida.

IV – DOS FUNDAMENTOS

De acordo com o art. 102, I, "a", da CRFB/88, compete ao Supremo Tribunal Federal processar e julgar, originariamente a ação direta de inconstitucionalidade de lei ou ato normativo federal ou estadual, sendo a Lei 9.868/99 responsável por dispor sobre o seu processo e julgamento.

A Lei do Estado KWY padece de inconstitucionalidade formal, pois viola a competência privativa da União para legislar sobre direito civil, conforme dispõe o art. 22, I, da CRFB/88.

Ademais, a referida legislação também afronta o Direito de Propriedade, que é garantido no art. 5º, XXII, da CRFB/88, na medida em que interfere em tal direito fundamental, determinando a gratuidade dos estacionamentos privados vinculados a estabelecimentos comerciais e, ainda, estabelecendo multas em razão de seu descumprimento e gradação nas punições administrativas.

Importante ressaltar outra patente inconstitucionalidade material, pois a Lei do Estado KWY violou, também, o disposto no art. 1º, IV, CRFB/88, que preceitua que os valores sociais do trabalho e da livre iniciativa são fundamentos da República Federativa do Brasil.

V – DOS PEDIDOS

Em face do exposto, a Confederação requer:

a) a concessão da medida cautelar para suspender a norma impugnada e que, ao final, seja julgado procedente o pedido e declarada a inconstitucionalidade da lei;

b) a juntada dos documentos em anexo;

c) que sejam solicitadas informações ao Governador do Estado e à Mesa da Assembleia Legislativa estadual;

d) a citação do Advogado-Geral da União;

e) a oitiva do Procurador-Geral da República.

Valor da causa de acordo com o art. 291 do CPC/15.

Ou:

Valor da causa de acordo com o art. 319, V do CPC/15.

Termos em que,

Pede deferimento.

Local... e data...

Advogado...

OAB nº...

► Caso Concreto do XVI Exame

A Assembleia Legislativa do Estado Y edita, em 1º de março de 2015, a Lei nº 8888, que estabelece que a concessionária exploradora do serviço de fornecimento de energia elétrica no território do Estado fica obrigada a remover, sem qualquer ônus para os interessados, os postes de sustentação à rede elétrica que estejam causando transtornos aos proprietários e aos promitentes compradores de terrenos. Ressalta-se que não há qualquer Lei Complementar que autorize excepcionalmente ao Estado Y dispor sobre a questão, sendo certo que, ao contrário, no âmbito federal existe norma expedida pela agência reguladora que autoriza a remoção desses postes de energia, cujo serviço fica às expensas dos usuários interessados. Há notícia também de que o Governador do Estado Y vetou integralmente o projeto de Lei Estadual, mas restou superado pela vontade da Assembleia Legislativa do Estado, que, ao final, promulgou a referida Lei. Diante da relevância e da urgência da questão, o partido político "Para Frente Brasil" – PFB, representado unicamente por um Deputado Federal, procura os seus serviços para objetar contra a Lei Estadual, por entender que a norma estadual viola diretamente a Constituição Federal.

Considerando os dados acima, formule a peça adequada, fazendo introito sobre a legitimidade ativa e observando que o partido entende ser urgente a questão. (Valor: 5,00)

Responda justificadamente, empregando os argumentos jurídicos apropriados e a fundamentação legal pertinente ao caso.

Elaboração e identificação da peça:

Regra dos 5 passos:	
Passo 1	resumo do caso
Passo 2	legitimidade ativa
Passo 3	legitimidade passiva
Passo 4	escolha da ação
Passo 5	órgão competente

► Peça processual

EXMº. SR. MINISTRO PRESIDENTE DO SUPREMO TRIBUNAL FEDERAL.

(pular aproximadamente 5 linhas para todas as petições iniciais)

Partido Político Para Frente Brasil, pessoa jurídica de direito privado, inscrito no CNPJ sob o n°... e no TSE sob o n°..., por seu Diretório Nacional, com sede em ..., por seu advogado infra-assinado..., com escritório..., endereço que indica para os fins do art. 77, V, do CPC, vem propor a presente AÇÃO DIRETA DE INCONSTITUCIONALIDADE, com fundamento no art. 102, I, "a", da CRFB/88 e na Lei nº 9.868/99, em face da Lei Estadual 8888, elaborada pelo Governador do Estado e Assembleia Legislativa do Estado, conforme especificará ao longo desta petição, nos termos e motivos que passa a expor.

I – DO OBJETO DA AÇÃO

De acordo com o art. 102, I, a da CRFB/88 caberá ADI em face de lei ou ato normativo federal ou estadual que viole a Constituição Federal.

A lei estadual, como se demonstrará ao longo da presente ação, viola a Lei Maior sob os aspectos formais e materiais, por isso deverá ser declarada inconstitucional.

II – DA LEGITIMIDADE ATIVA

O autor é legitimado ativo para a propositura da ação, de acordo com o art. 103, VIII da CRFB/88 e não precisa comprovar a pertinência temática diante da sua importância para o regime democrático, na forma do art. 17, da CRFB/88.

Além disso, possui representação no Congresso Nacional e foi criado de acordo com a Lei 9.096/95, estando, portanto, plenamente habilitado para o ajuizamento desta ADI.

III – DA TUTELA DE URGÊNCIA

A possibilidade de concessão de medida cautelar em sede de ADI se encontra nos arts. 10 a 12 da Lei n° 9868/99 e possui natureza cautelar.

O *fumus boni iuris* se justifica pelos argumentos apresentados ao longo da petição e pela documentação anexa.

Já o *periculum in mora* é comprovado tendo em vista os prejuízos que o Comércio sofrerá caso a referida norma seja mantida.

IV – DOS FUNDAMENTOS

De acordo com o art. 102, I, "a", da CRFB/88, compete ao Supremo Tribunal Federal processar e julgar, originariamente a ação direta de inconstitucionalidade de lei ou ato normativo federal ou estadual, sendo a Lei 9.868/99 responsável por dispor sobre o seu processo e julgamento.

A Lei 8.888 do Estado Y afronta ao disposto no art. 175, parágrafo único, III, da CRFB/88, pois ao dispor que a remoção dos postes fica a cargo da concessionária do serviço público, se imiscui na tarefa da União para definir, por meio de lei, a política tarifária a ser observada na exploração deste serviço no que tange aos elementos definidores do equilíbrio econômico-financeiro de contratos de concessão, isto é, na ingerência na política tarifária do serviço público. Dessa forma, tal legislação viola, também, o princípio da proporcionalidade ou razoabilidade.

Em outro giro, o art. 22, IV, da CRFB/88 elenca como sendo de competência privativa da União a legislação sobre energia, o que demarca primazia federal sobre o tema e não abre espaço para a atuação dos Estados e dos Municípios, sendo a lei, neste ponto, formalmente inconstitucional.

Ademais, também houve violação ao disposto no art. 21, XII, "b", da CRFB/88, uma vez que a imposição, por meio de ato normativo estadual, da obrigação de remover, sem custo para o usuário, postes de sustentação da rede elétrica que estejam causando transtornos ou impedimentos a particulares configura intervenção indevida do poder estadual em serviço púbico de titularidade da União, pois trata-se de competência administrativa da União.

V – DOS PEDIDOS

Em face do exposto, o Partido requer:

a) a concessão da medida cautelar para suspender a norma impugnada e que, ao final, seja julgado procedente o pedido e declarada a inconstitucionalidade da lei;

b) a juntada dos documentos em anexo;

c) que sejam solicitadas informações ao Governador do Estado e à Mesa da Assembleia Legislativa estadual;

d) a citação do Advogado Geral da União;

e) a oitiva do Procurador-Geral da República.

Valor da causa de acordo com o art. 291 do CPC/15.

Ou:

Valor da causa de acordo com o art. 319, V do CPC/15.

Termos em que,

Pede deferimento.

Local... e data...

Advogado...

OAB nº...

▶ Caso Concreto do XXVI Exame

Com o objetivo de zelar pelo primado da ética, a Assembleia Legislativa do Estado Alfa aprovou e o Governador do Estado sancionou uma minirreforma política, que direcionaria as eleições seguintes para os cargos de Deputado Estadual do Estado em questão. Essa reforma foi veiculada por meio da Lei "X". O Art. 1º dispunha que não seria admitido o registro de candidatura de qualquer pessoa com antecedentes criminais; o Art. 2º afastava a possibilidade de campanha eleitoral no rádio e na televisão para os partidos políticos que abrigassem, em seus quadros, pessoas com antecedentes criminais; o Art. 3º dispunha sobre as distintas formas de exercício da cidadania no território do respectivo Estado. A Lei "X" do Estado Alfa foi saudada com grande entusiasmo pela população. Como o Art. 4º da Lei "X" dispunha que sua entrada em vigor seria imediata, aplicando-se inclusive às eleições que seriam realizadas três meses depois, era grande a expectativa de que as mudanças fossem percebidas de imediato. Apesar desse entusiasmo, o Partido Político Sigma, que tem representantes no Congresso Nacional (Câmara dos Deputados e Senado Federal), e sofreria grandes prejuízos com a entrada em vigor da Lei "X", por deliberação do seu Diretório Nacional, decidiu ingressar com a medida judicial adequada, utilizando, como paradigma, a Constituição da República. Esperava com esse procedimento que a constitucionalidade in abstracto desse diploma normativo fosse questionada perante o tribunal competente.

Considerando a narrativa acima, na condição de advogado(a) do Partido Político Sigma, elabore a petição inicial da medida judicial cabível. (Valor: 5,00)

Obs.: a peça deve abranger todos os fundamentos de Direito que possam ser utilizados para dar respaldo à pretensão. A simples menção ou transcrição do dispositivo legal não confere pontuação.

Elaboração e identificação da peça:

Regra dos 5 passos:	
Passo 1	resumo do caso
Passo 2	legitimidade ativa
Passo 3	legitimidade passiva
Passo 4	escolha da ação
Passo 5	órgão competente

▶ Peça processual

EXMº. SR. MINISTRO PRESIDENTE DO SUPREMO TRIBUNAL FEDERAL.

(pular aproximadamente 5 linhas para todas as petições iniciais)

Partido Político Sigma, pessoa jurídica de direito privado, inscrito no CNPJ sob o n°... e no TSE sob o n°..., por seu Diretório Nacional, com sede em ..., por seu advogado infra-assinado..., com escritório..., endereço que indica para os fins do art. 77, V, do CPC, vem propor a presente AÇÃO DIRETA DE INCONSTITUCIONALIDADE, com fundamento no art. 102, I, "a", da CRFB/88 e na Lei nº 9.868/99, em face dos arts. 1º a 4º da Lei "X", elaborada pelo Governador do Estado Alfa e respectiva Assembleia Legislativa, conforme especificará ao longo desta petição, nos termos e motivos que passa a expor.

I – DO OBJETO DA AÇÃO

De acordo com o art. 102, I, a da CRFB/88 caberá ADI em face de lei ou ato normativo federal ou estadual que viole a Constituição Federal.

A lei estadual, como se demonstrará ao longo da presente ação, viola a Lei Maior sob os aspectos formais e materiais, por isso deverá ser declarada inconstitucional.

II – DA LEGITIMIDADE ATIVA

O autor é legitimado ativo para a propositura da ação, de acordo com o art. 103, VIII da CRFB/88 e art. 2º, inciso VIII, da Lei nº 9.868/99, não precisando comprovar a pertinência temática diante da sua importância para o regime democrático, na forma do art. 17, da CRFB/88.

Além disso, possui representação no Congresso Nacional e foi criado de acordo com a Lei 9.096/95, estando, portanto, plenamente habilitado para o ajuizamento desta ADI.

III – DA TUTELA DE URGÊNCIA

A possibilidade de concessão de medida cautelar em sede de ADI se encontra nos arts. 10 a 12 da Lei n° 9868/99 e possui natureza cautelar.

O *fumus boni iuris* se justifica pelos argumentos apresentados ao longo da petição e pela documentação anexa.

Já o *periculum in mora* é comprovado tendo em vista que foi determinada a incidência da Lei "X" na próxima eleição para Deputado Estadual, a ser realizada em três meses.

IV – DOS FUNDAMENTOS

De acordo com o art. 102, I, "a", da CRFB/88, compete ao STF processar e julgar, originariamente a ação direta de inconstitucionalidade de lei ou ato normativo federal ou estadual, sendo a Lei 9.868/99 responsável por dispor sobre o seu processo e julgamento.

A Lei Estadual "X" padece de inconstitucionalidade formal, pois os seus arts. 1º, 2º e 4º violaram a competência privativa da União para legislar sobre direito eleitoral, conforme dispõe o art. 22, I, da CRFB/88.

Ademais, o art. 4º da referida lei afronta o princípio da anualidade eleitoral, previsto no art. 16 da CRFB/88, o que caracteriza o vício de inconstitucionalidade material, já que este último preceitua que a lei que alterar o processo eleitoral deve entrar em vigor na data de sua publicação, não se aplicando à eleição que ocorrer até um ano da data de sua vigência.

Há, ainda, inconstitucionalidade formal, já que a referida lei, em seu art. 3º, afronta a competência privativa da União para legislar sobre cidadania, conforme dispõe o art. 22, inciso XIII, da CRFB/88.

V – DOS PEDIDOS

Em face do exposto, o Partido requer:

a) a concessão da medida cautelar para sustar a eficácia da Lei "X", e que, ao final, seja julgado procedente o pedido e declarada a inconstitucionalidade da Lei "X";

b) a juntada dos documentos em anexo;

c) que sejam solicitadas informações ao Governador do Estado e à Mesa da Assembleia Legislativa estadual;

d) a citação do Advogado Geral da União;

e) a oitiva do Procurador-Geral da República.

Valor da causa de acordo com o art. 291 do CPC/15.

Ou:

Valor da causa de acordo com o art. 319, V do CPC/15.

Termos em que,

Pede deferimento.

Local... e data...

Advogado...

OAB nº...

► Caso Concreto do XXVII Exame de Ordem

O crescimento da exploração de diamantes no território do Estado Alfa ampliou a circulação de riquezas e fez com que a densidade demográfica aumentasse consideravelmente, juntamente com os riscos ao meio ambiente. Esse estado de coisas mobilizou a população local, o que levou um grupo de Deputados Estaduais a apresentar proposta de emenda à Constituição Estadual disciplinando, detalhadamente, a forma de exploração de diamantes no território em questão. A proposta incluía os requisitos formais a serem cumpridos junto às autoridades estaduais e os limites quantitativos a serem observados na extração, no armazenamento e no transporte de cargas. Após regular aprovação na Assembleia Legislativa, a Emenda à Constituição Estadual nº 5/2018 foi sancionada pelo Governador do Estado, sendo isso imediatamente comunicado às autoridades estaduais competentes para que exigissem o seu cumprimento.

Preocupada com a situação no Estado Alfa e temendo o risco de desemprego dos seus associados, isso em razão dos severos requisitos estabelecidos para a exploração de diamantes, a Associação Nacional dos Geólogos, que há décadas luta pelos direitos da categoria, contratou os seus serviços como advogado(a) para que elabore a petição inicial da medida judicial cabível, de modo que o Tribunal Superior competente reconheça a incompatibilidade do referido ato normativo com a Constituição da República Federativa do Brasil. (Valor: 5,00)

Obs.: A peça deve abranger todos os fundamentos de Direito que possam ser utilizados para dar respaldo à pretensão. A simples menção ou transcrição do dispositivo legal não confere pontuação.

► Peça processual

EXMº. SR. MINISTRO PRESIDENTE DO SUPREMO TRIBUNAL FEDERAL.

(pular aproximadamente 5 linhas para todas as petições iniciais)

Associação Nacional dos Geólogos, pessoa jurídica de direito privado, inscrita no CNPJ sob o nº..., com sede em ..., por seu advogado infra-assinado..., com escritório..., endereço que indica para os fins do art. 77, V, do CPC, vem propor a presente AÇÃO DIRETA DE INCONSTITUCIONALIDADE, com fundamento no art. 102, I, "a", da CRFB/88 e na Lei nº 9.868/99, em face da Emenda Constitucional nº 5/2018, elaborada por Deputados Estaduais e respectiva Assembleia Legislativa do Estado Alfa e sancionada pelo Governador do Estado, conforme especificará ao longo desta petição, nos termos e motivos que passa a expor.

I – DO OBJETO DA AÇÃO

De acordo com o art. 102, I, a da CRFB/88 caberá Ação Direta de Inconstitucionalidade em face de lei ou ato normativo federal ou estadual que viole a Constituição Federal.

O ato normativo estadual, como se demonstrará ao longo da presente ação, viola a Lei Maior sob os aspectos formais, por isso deverá ser declarada inconstitucional.

II – DA LEGITIMIDADE ATIVA

O autor é legitimado ativo para a propositura da ação, de acordo com o art. 103, IX da CRFB/88 e art. 2º, inciso IX, da Lei nº 9.868/99,sendo nítida a pertinência temática do ato normativo com as atividades dos associados da entidade de classe, que há décadas luta pelos direitos da categoria e teme o risco de desemprego dos seus associados, em razão dos severos requisitos estabelecidos para a exploração de diamantes.

Além disso, a referida associação tem âmbito nacional, demonstrando o cumprimento do requisito exigido pela aplicação analógica do art. 8º da Lei 9.096/95.

III – DA TUTELA DE URGÊNCIA

A possibilidade de concessão de medida cautelar em sede de ADI se encontra nos arts. 10 a 12 da Lei nº 9868/99 e possui natureza cautelar.

O *fumus boni iuris* se justifica pelos argumentos apresentados ao longo da petição e pela documentação anexa, que demonstram a patente inconstitucionalidade

Já o *periculum in mora* é comprovado tendo em vista que os novos requisitos criados podem inviabilizar a continuidade da atividade de exploração de diamantes.

IV – DOS FUNDAMENTOS

De acordo com o art. 102, I, "a", da CRFB/88, compete ao STF processar e julgar, originariamente a ação direta de inconstitucionalidade de lei ou ato normativo federal ou estadual, sendo a Lei 9.868/99 responsável por dispor sobre o seu processo e julgamento.

A Emenda Constitucional nº 5/2018, ao tratar sobre a forma de exploração de diamantes no território do Estado Alfa, violou a competência privativa da União para legislar sobre jazidas, minas, outros recursos minerais e mineração, conforme dispõe o art. 22, inciso XII, da CRFB/88, o que denota a existência de vício de inconstitucionalidade formal insuperável.

Além de ter incluído os requisitos formais a serem cumpridos junto às autoridades estaduais e os limites quantitativos a serem observados na extração, tratou, ainda, sobre o armazenamento e o transporte das cargas, o que viola, também, a competência privativa da União para legislar sobre transporte, conforme dispõe o art. 22, inciso XI, da CRFB/88, demonstrando a existência de outro vício de inconstitucionalidade formal.

Há, ainda, outra inconstitucionalidade formal patente, já que as normas sobre processo legislativo são de observância obrigatória pelos demais entes federativos, por força da simetria, prevista no art. 25, caput, da CRFB/88, não havendo previsão, no art. 60 da CRFB/88, de participação do Chefe do Poder Executivo no fim do processo de reforma constitucional, o que ocorreu na aprovação da Emenda em análise, que foi sancionada pelo Governador do Estado.

V – DOS PEDIDOS

Em face do exposto, o Partido requer:

a) a concessão da medida cautelar para sustar a eficácia da Emenda Constitucional nº 5/2018, e que, ao final, seja julgado procedente o pedido e declarada a inconstitucionalidade da referida Emenda, conforme arts. 10 a 12 da Lei 9.868/99;

b) a juntada dos documentos em anexo, de acordo com o art. 3º, parágrafo único da Lei 9.868/99;

c) que sejam solicitadas informações ao Governador do Estado, aos Deputados Estaduais e à Mesa da Assembleia Legislativa estadual, conforme art. 6º, caput, da Lei 9.868/99;

d) a citação do Advogado Geral da União, de acordo com o art. 8º da Lei 9.868/99;

e) a oitiva do Procurador-Geral da República, na forma do art. 8º da Lei 9.868/99.

Valor da causa de acordo com o art. 291 do CPC/15.

Ou:

Valor da causa de acordo com o art. 319, V do CPC/15.

Termos em que,

Pede deferimento.

Local... e data...

Advogado...

OAB nº...

CAPÍTULO 11

AÇÃO DECLARATÓRIA DE CONSTITUCIONALIDADE

> *Art. 102. Compete ao Supremo Tribunal Federal, precipuamente, a guarda da Constituição, cabendo-lhe:*
>
> *I – processar e julgar, originariamente:*
>
> *a) a ação direta de inconstitucionalidade de lei ou ato normativo federal ou estadual e a ação declaratória de constitucionalidade de lei ou ato normativo federal;*

A ação declaratória de constitucionalidade surgiu com a promulgação da EC nº 03/1993, que alterou a redação do então art. 102, I, *a*, da CRFB/88, contemplando-a ao lado da ação direta de inconstitucionalidade, com propósito contrário ao dela e com o objeto mais restrito.

A finalidade da ação é a de obter do STF uma decisão de cunho declaratório, quanto à constitucionalidade de determinada lei ou ato normativo federal sobre o qual existiam sérias divergências jurisprudenciais, de acordo com o art. 14, III, da Lei nº 9.868/1999, afastando-se, dessa maneira, a insegurança jurídica gerada pela emissão de decisões judiciais contraditórias a respeito de lei ou ato normativo federal, que têm a seu favor a "presunção de constitucionalidade".

► Objeto

O objeto da ADC é lei ou ato normativo primário federal, que pode ser também analisado em sede de ADI, excluídos os de âmbito estadual. Destarte, indispensável a demonstração do interesse de agir por meio de decisões que apresentem as controvérsias judiciais acerca da constitucionalidade da norma.

A legitimidade ativa e a capacidade postulatória seguem as mesmas regras já analisadas no capítulo da ADI.

► Concessão de medidas cautelares

Na forma do art. 21 da Lei nº 9.868/1999, é admissível, em sede de ADC, a concessão de liminares, dotadas de efeitos vinculantes. A concessão de liminar pode levar à suspensão do julgamento dos processos que tratem da norma objeto da ação até o julgamento definitivo da ADC. Caso este não ocorra em até 180 (cento e oitenta dias), cessarão os efeitos da liminar.

► O procurador-geral da República

Na forma do art. 103, § 1º, da CRFB/88: "O Procurador-Geral da República deverá ser previamente ouvido nas ações de inconstitucionalidade e em todos os processos de competência do Supremo Tribunal Federal." Portanto, pede-se a sua intimação (ou oitiva) em sede de ADC.

► O advogado-geral da União

Não há previsão legal de atuação do AGU em sede de ADC.

► Caso hipotético

Diante da preocupação internacional com a violência doméstica e familiar contra a mulher e tendo em vista os diversos tratados internacionais ratificados, foi sancionada a Lei 11.340/06 (Lei Maria da Penha). O Partido Político ABC criou departamento próprio para efetuar pesquisas sobre o número de casos de violência dessa natureza em determinadas localidades do país. Com a pesquisa concluída, constatou-se percentual significativo de decisões judiciais que entendiam pela não aplicação da referida lei. Dentre os argumentos apresentados, verificou-se como principal, o Princípio da isonomia previsto no art. 5º, I da CRFB/88. Inconformado com as decisões conflitantes, que ora aplicam a referida lei, ora afastam sua incidência sob o argumento de sua inconstitucionalidade, o Diretório Nacional do Partido Político, que possui representação no Congresso Nacional, deseja, em nome do partido, ver declarada a harmonia da lei para com o texto constitucional, a fim de que seja alcançado efeito para todos os indivíduos no território brasileiro. Afirma, ainda, a necessidade de solução urgente, já que há outras inúmeras ações pendentes de julgamento.

Na qualidade de advogado, redija a peça cabível atentando, necessariamente, para os seguintes aspectos:

a) competência do órgão julgador;

b) legitimidade ativa e passiva;

c) argumentos a favor da constitucionalidade da referida lei;

d) tutela de urgência;

e) requisitos formais da peça judicial proposta.

Elaboração e identificação da peça:

Regra dos 5 passos:	
Passo 1	resumo do caso
Passo 2	legitimidade ativa
Passo 3	legitimidade passiva
Passo 4	escolha da ação
Passo 5	órgão competente

▶ Peça processual

EXMº. SR. MINISTRO PRESIDENTE DO SUPREMO TRIBUNAL FEDERAL.

(pular aproximadamente 5 linhas em todas as petições iniciais)

PARTIDO POLÍTICO ABC, pessoa jurídica de direito privado, inscrito no CNPJ sob o n°... e no TSE sob o n°..., por seu Diretório Nacional, com sede em ..., com fundamento no art. 102, I, "a" da CRFB/88, e nos dispositivos pertinentes da Lei nº 9868/99, por seu advogado infra-assinado..., com escritório..., endereço que indica para os fins do art. 77, V, do CPC, vem propor a presente AÇÃO DECLARATÓRIA DE CONSTITUCIONALIDADE em defesa da Lei Federal nº 11.340/06, elaborada pelo Congresso Nacional e pelo Presidente da República, conforme especificará ao longo desta petição, nos termos e motivos que passa a expor.

I – DO OBJETO DA AÇÃO

Diante da preocupação internacional com a violência doméstica e familiar contra a mulher, e tendo em vista os diversos tratados internacionais ratificados, foi sancionada a lei ordinária federal 11.340/06 (Lei Maria da Penha).

Infelizmente, após a realização de uma pesquisa, constatou-se percentual significativo de decisões judiciais que entendem pela não aplicação da referida lei, sob o argumento principal de que a norma supostamente violaria o princípio da isonomia previsto no art. 5°, I da CRFB/88, por isso se faz necessária a confirmação de sua constitucionalidade.

II – DA LEGITIMIDADE ATIVA

O autor é legitimado ativo para a propositura da ação, de acordo com o art. 103, VIII da CRFB/88 e não precisa comprovar a pertinência temática diante da sua importância para o regime democrático, na forma do art. 17, da CRFB/88.

Além disso, possui representação no Congresso Nacional e foi criado de acordo com a Lei 9096/95, estando, portanto, plenamente habilitado para o ajuizamento da presente ADC.

III – DA RELEVANTE CONTROVÉRSIA JUDICIAL

Conforme já relatado, após a realização de uma pesquisa, constatou-se percentual significativo de decisões judiciais que entendem pela não aplicação da referida lei, sob o argumento principal de que a norma supostamente atingiria o princípio da isonomia previsto no art. 5°, I da CRFB/88, o que comprova a relevante controvérsia judicial, requisito para a propositura da presente, segundo estabelece o art. 14, III, da Lei 9868/99.

IV – DA TUTELA DE URGÊNCIA

A possibilidade de concessão de medida de urgência em sede de ADC se encontra no art. 21, da Lei n° 9.868/99 e possui natureza cautelar.

O *fumus boni iuris* se justifica pelos argumentos apresentados ao longo da petição e pela documentação anexa.

Já o *periculum in mora* é comprovado pela existência de inúmeras decisões controvertidas sobre a aplicação da norma objeto da ação, o que pode causar dano irreparável para as mulheres vítimas de violência.

V – DOS FUNDAMENTOS

A Ação Declaratória de Constitucionalidade tem sede no art. 102, I, a, da CRFB/88 e também na Lei 9.868/99.

O seu objetivo é o de confirmar a constitucionalidade de uma norma federal, cuja compatibilidade com a Constituição esteja sendo alvo de controvérsia judicial relevante, como é o caso da Lei nº 11.340/06.

Importante destacar que a referida norma configura um importante avanço na defesa da mulher, que ainda é vítima de violência doméstica no Brasil e no mundo.

Ademais, a lei reforça o compromisso firmado pela Constituição de 1988, que no seu art. 226, § 8º dispõe que o Estado assegurará a assistência à família na pessoa de cada um dos que a integram, criando mecanismos para coibir a violência no âmbito de suas relações.

VI – DOS PEDIDOS

Pelas razões acima expostas, o Partido requer:

a) que seja concedida cautelar para o fim de determinar que os juízes e Tribunais suspendam o julgamento dos processos que envolvam a aplicação da Lei Federal 11.340/06 e que seja ao final declarada a constitucionalidade da norma;

b) a juntada de documentos;

c) que sejam solicitadas informações ao Presidente da República e à Mesa do Congresso Nacional;

d) a oitiva do Procurador-Geral da República.

Valor da causa de acordo com o art. 291 do CPC/15.

Ou:

Valor da causa de acordo com o art. 319, V do CPC/15.

Termos em que,

Pede deferimento.

Local... e data...

Advogado...

OAB nº...

CAPÍTULO 12

AÇÃO DIRETA DE INCONSTITUCIONALIDADE POR OMISSÃO

> Art. 103, § 2º, CRFB/88 – Declarada a inconstitucionalidade por omissão de medida para tornar efetiva norma constitucional, será dada ciência ao Poder competente para a adoção das providências necessárias e, em se tratando de órgão administrativo, para fazê-lo em trinta dias.

O Constituinte de 1988 buscou inspiração na Carta portuguesa de 1976 para introduzir na realidade nacional a ação direta de inconstitucionalidade por omissão, consagrando que não é inconstitucional apenas a norma que contraria o texto da Constituição, mas também, a inexistência da norma anunciada para que a Constituição possa se tornar real para o seu povo.

Recentemente a ADO ganhou reforço com a edição da Lei nº 12.063/2009 que acrescentou normas processuais relativas à ação na Lei nº 9.868/1999.

► Objeto

O fundamento da impugnação em sede de ADO, de acordo com o art. 103, § 2º, da CRFB, é o comportamento omissivo por parte do Poder Público. Pressupõe:

1) não cumprimento, pelo Poder Público competente para legislar naquele caso, da determinação de editar certa e determinada norma. Sendo assim, há o descumprimento de uma **ordem constitucional específica;**

2) a norma constitucional a ser regulamentada ter **eficácia limitada.**

Ressalte-se que na hipótese de a Constituição atribuir mera faculdade de editar a norma ao legislador, ou determinar a realização de uma política pública específica, não cabe qualquer controle judicial por meio de ADO.

A omissão normativa pode ser total ou parcial.

▶ Legitimação ativa

Os mesmos da ADI genérica, ou seja, os relacionados no art. 103, I a IX, da CRFB, aplicando-se, inclusive, as mesmas considerações tecidas sobre os legitimados universais e especiais e também no que tange à capacidade postulatória.

▶ Concessão de medidas cautelares

Não se admitia a concessão de medidas liminares em sede de ADO, haja vista que o STF, de acordo com a posição clássica, não pode atuar como legislador positivo.[1]

Entretanto, com a nova previsão da Lei nº 9.868/1999, é pacífica a possibilidade de concessão de cautelar, senão vejamos nos dispositivos abaixo transcritos:

> Art. 12-F. Em caso de excepcional urgência e relevância da matéria, o Tribunal, por decisão da maioria absoluta de seus membros, observado o disposto no art. 22, poderá conceder medida cautelar, após a audiência dos órgãos ou autoridades responsáveis pela omissão inconstitucional, que deverão pronunciar-se no prazo de 5 (cinco) dias.

---

1 "Desrespeito à Constituição. Modalidades de comportamentos inconstitucionais do Poder Público. (...) Salário mínimo. Satisfação das necessidades vitais básicas. Garantia de preservação de seu poder aquisitivo. (...) Salário mínimo. Valor insuficiente. Situação de inconstitucionalidade por omissão parcial. (...) **Inconstitucionalidade por omissão. Descabimento de medida cautelar. A jurisprudência do Supremo Tribunal Federal firmou-se no sentido de proclamar incabível a medida liminar nos casos de ação direta de inconstitucionalidade por omissão (*RTJ* 133/569, Rel. Min. Marco Aurélio; ADIn 267-DF, Rel. Min. Celso de Mello), eis que não se pode pretender que mero provimento cautelar antecipe efeitos positivos inalcançáveis pela própria decisão final emanada do STF.** A procedência da ação direta de inconstitucionalidade por omissão, importando em reconhecimento judicial do estado de inércia do Poder Público, confere ao Supremo Tribunal Federal, unicamente, o poder de cientificar o legislador inadimplente, para que este adote as medidas necessárias à concretização do texto constitucional. Não assiste ao Supremo Tribunal Federal, contudo, em face dos próprios limites fixados pela Carta Política em tema de inconstitucionalidade por omissão (CF, art. 103, § 2º), a prerrogativa de expedir provimentos normativos com o objetivo de suprir a inatividade do órgão legislativo inadimplente. Impossibilidade de conversão da ação direta de inconstitucionalidade, por violação positiva da Constituição, em ação de inconstitucionalidade por omissão (violação negativa da Constituição)" (STF, ADI 1.439/DF, Plenário, Rel. Min. Celso de Mello, j. 22.05.1996, *DJ* 30.05.2003) (grifamos).

> § 1º A medida cautelar poderá consistir na suspensão da aplicação da lei ou do ato normativo questionado, no caso de omissão parcial, bem como na suspensão de processos judiciais ou de procedimentos administrativos, ou ainda em outra providência a ser fixada pelo Tribunal. (...)

▶ O procurador-geral da República

Na forma do art. 12-E, § 3º, da Lei 9868/99, o Procurador-Geral da República, nas ações em que não for autor, terá vista do processo, por 15 (quinze) dias, após o decurso do prazo para informações. Portanto, pede-se a sua intimação (ou oitiva) em sede de ADO.

▶ O advogado-geral da União

Não há necessidade de pleitear a atuação do AGU em sede de ADO.

▶ Caso cobrado no XIX Exame

Determinado partido político, que possui dois deputados federais e dois senadores em seus quadros, preocupado com a efetiva regulamentação das normas constitucionais, com a morosidade do Congresso Nacional e com a adequada proteção à saúde do trabalhador, pretende ajuizar, em nome do partido, a medida judicial objetiva apropriada, visando à regulamentação do art. 7º, inciso XXIII, da Constituição da República Federativa do Brasil de 1988. O partido informa, por fim, que não se pode compactuar com desrespeito à Constituição da República por mais de 28 anos. Considerando a narrativa acima descrita, elabore a peça processual judicial objetiva adequada. (Valor: 5,00)

Obs.: o examinando deve fundamentar suas respostas. A mera citação do dispositivo legal não confere pontuação.

Elaboração e identificação da peça:

Regra dos 5 passos:	
Passo 1	resumo do caso
Passo 2	legitimidade ativa
Passo 3	legitimidade passiva
Passo 4	escolha da ação
Passo 5	órgão competente

► Peça processual

EXMº. SR. MINISTRO PRESIDENTE DO SUPREMO TRIBUNAL FEDERAL

(pular aproximadamente 5 linhas em todas as petições iniciais)

PARTIDO POLÍTICO ..., pessoa jurídica de direito privado, inscrito no CNPJ sob o n°... e no TSE sob o n°..., por seu Diretório Nacional, com sede em ..., por seu advogado infra-assinado..., com escritório..., endereço que indica para os fins do art. 77, V, do CPC, vem propor a presente AÇÃO DIRETA DE INCONSTITUCIONALIDADE POR OMISSÃO, com base no art. 103, §2º, da CRFB/88 e na Lei nº 9868/99 em face da Mesa do Congresso Nacional, tendo em vista a falta de norma regulamentadora do art. 7º, XXIII, da CRFB/88, conforme especificará ao longo desta petição, nos termos e motivos que passa a expor.

I – DA OMISSÃO INCONSTITUCIONAL

O Art. 7°, XXIII, da CRFB/88 assim dispõe: "Art. 7º São direitos dos trabalhadores urbanos e rurais, além de outros que visem à melhoria de sua condição social: (...), XXXIII - adicional de remuneração para as atividades penosas, insalubres ou perigosas, na forma da lei".

Essa é uma típica norma de eficácia limitada dependente de regulamentação e a medida judicial objetiva apropriada para defender a efetividade desse direito social é a Ação Direta de Inconstitucionalidade por Omissão.

II – DA LEGITIMIDADE ATIVA

O autor é legitimado ativo para a propositura da ação, de acordo com o art. 103, VIII da CRFB/88 e não precisa comprovar a pertinência temática diante da sua importância para o regime democrático, na forma do art. 17 da CRFB/88.

Além disso, possui representação no Congresso Nacional e foi criado de acordo com a Lei 9.096/95, estando, portanto, plenamente habilitado para o ajuizamento desta ADO.

III – DOS FUNDAMENTOS

De acordo com o art. 103, § 2º, da CRFB/88, declarada a inconstitucionalidade por omissão de medida para tornar efetiva norma constitucional, será dada ciência ao Poder competente para a adoção das providências necessárias e, em se tratando de órgão administrativo, para fazê-lo em trinta dias.

A referida ação também encontra amparo nos arts. 12-A e 12-H da Lei 9868/99.

A competência para julgamento da ação é do Supremo Tribunal Federal, conforme o próprio art. 103, § 2º, da CRFB/88 estabelece.

IV – DA JURISPRUDÊNCIA DO STF

Até 2007 o STF adotava a posição não concretista geral e de acordo com esse entendimento, em nome da separação entre os poderes (art. 2º, da CRFB/88), o Poder Judiciário não poderia suprir a omissão da norma faltante, tampouco fixar prazo para o legislador elaborar a lei, restando a sentença produzindo efeito apenas para declarar a mora legislativa.

Desde 2007, entretanto, o Tribunal vem mudando de entendimento sobre o mandado de injunção (principalmente) e tem adotado posições concretistas, aplicando por analogia leis já existentes para suprir a omissão normativa, ora atribuindo efeitos subjetivos *erga omnes*, ora *inter partes*.

V – DOS PEDIDOS

Em face do exposto, o Partido requer:

a) seja julgado procedente o pedido, para que seja declarada a mora legislativa do Congresso Nacional na elaboração da Lei específica do Art. 7º, inciso XXIII, da CRFB/88;

b) a juntada dos documentos anexos;

c) a oitiva da Mesa do Congresso Nacional;

d) a oitiva do Procurador-Geral da República.

Valor da causa de acordo com o art. 291 do CPC/15.

Ou:

Valor da causa de acordo com o art. 319, V do CPC/15.

Termos em que,

Pede deferimento.

Local... e data...

Advogado...

OAB nº...

CAPÍTULO 13

ARGUIÇÃO DE DESCUMPRIMENTO DE PRECEITO FUNDAMENTAL

> Art. 102, § 1º, CRFB/88. A arguição de descumprimento de preceito fundamental, decorrente desta Constituição, será apreciada pelo Supremo Tribunal Federal, na forma da lei.

Segundo Gilmar Ferreira Mendes, as mudanças ocorridas com o controle de constitucionalidade brasileiro com o advento da nova Constituição não conseguiram suprir algumas lacunas ainda existentes quanto à análise: do direito pré-constitucional, da controvérsia constitucional sobre normas revogadas e ainda, sobre o controle de constitucionalidade do direito municipal face à Constituição Federal.[1]

Dentro desse panorama, nasceu a arguição de descumprimento de preceito fundamental (ADPF), prevista no art. 102, § 1º, da CRFB/88. O referido dispositivo, entretanto, determinava a elaboração de uma norma regulamentando a nova ação, o que só foi feito em 1999, com a edição da Lei nº 9.882. Com isso, a ADPF ficou no completo "limbo jurídico" durante praticamente 11 (onze) anos!

► Que é preceito fundamental?

O parâmetro de proteção da ADPF, ao contrário da ADI é mais restrito, afinal é uma arguição de descumprimento de uma porção constitucional limitada: os preceitos fundamentais. Ainda que a Lei nº 9.882/1999 não tenha definido exatamente o conceito de preceito fundamental, de acordo com o STF,[2] configuraria o rol não exaustivo de preceitos funda-

---

1 MENDES, Gilmar Ferreira; COELHO, Inocêncio Mártires; BRANCO, Paulo Gustavo Gonet. *Curso de Direito Constitucional*, 5ª ed. rev. e atual., São Paulo: Saraiva, 2010, p. 1.305.

2 ADPF 33/PA, Plenário. Min. Rel. Gilmar Mendes, j. 07.12.2005, *DJ* 27.10.2006.

mentais: os direitos e garantias fundamentais (art. 5º a 17), as cláusulas pétreas (art. 60, § 4º) e os princípios constitucionais sensíveis (art. 34, VII). Uadi Lammêgo Bulos[3] ainda acrescenta ao rol já exposto de preceitos fundamentais os relativos aos princípios fundamentais (arts. 1º e 2º) e os que regem a Administração Pública (art. 37, *caput*).

▶ Cláusula de subsidiariedade

O art. 4º, § 1º, da Lei nº 9.882/1999 apresenta o caráter residual da ADPF quando afirma que só será admitida quando inexistir outro meio eficaz para sanar a lesão a preceito fundamental.

Segundo orientação do STF, quando couber alguma das ações do controle concentrado federal para afastar a lesividade (ADI ou ADC, por exemplo), não caberá ADPF.

Em reforço ao caráter subsidiário da ação, o STF decidiu que se lei municipal violar ao mesmo tempo norma da Constituição Federal e da Constituição do Estado (norma de observância obrigatória), a lei deverá ser objeto de uma Representação de Inconstitucionalidade, com base no art. 125, § 2º, da CRFB, e não da ADPF.[4]

▶ Objeto

Diante do caráter residual da ADPF, podem ser objeto da ação: normas pré-constitucionais, atos normativos secundários, leis distritais de natureza municipal e normas municipais.

▶ Legitimidade ativa

De acordo com o art. 103, I a IX, da CRFB/88 c/c art. 2º da Lei nº 9.882/1999, os legitimados para a propositura da ADPF são os mesmos que podem ajuizar as demais ações do controle concentrado abstrato federal, vedada a propositura por cidadão, de acordo com o entendimento do STF.

---

3 LAMMÊGO BULOS, Uadi. *Constituição Federal Anotada*, 8ª ed. rev. e atual., São Paulo: Saraiva, 2008, p. 1.030.

4 STF, ADPF 100, Min. Rel. Celso de Mello, *Inf*. 532.

▶ Concessão de medidas cautelares

Conforme dispõe o art. 5º da Lei nº 9.882/99, o STF, por decisão da maioria absoluta de seus membros, poderá deferir pedido de medida liminar na arguição de descumprimento de preceito fundamental. E ainda acrescenta o § 3º: "a liminar poderá consistir na determinação de que juízes e tribunais suspendam o andamento de processos ou os efeitos de decisões judiciais, ou de qualquer outra medida que apresente relação com a matéria objeto da arguição de descumprimento de preceito fundamental, salvo se decorrentes da coisa julgada".

▶ O procurador-geral da República

Na forma do art. 7º, parágrafo único, da Lei 9.882/99, o Ministério Público, nas arguições que não houver formulado, terá vista do processo, por cinco dias, após o decurso do prazo para informações. Portanto, pedimos a intimação (ou oitiva) do PGR em sede de ADPF.

▶ O advogado-geral da União

Não há necessidade de pleitear a atuação do AGU em sede de ADPF.

▶ Caso cobrado no XX Exame de Ordem

O Prefeito do Município Alfa, preocupado com a adequada conduta no seu mandato, procura o presidente nacional do seu partido político Beta, o qual possui representação no Congresso Nacional, e informa que a Lei Orgânica do Município Alfa, publicada em 30 de maio de 1985, estabelece, no seu art. 11, diversas condutas como crime de responsabilidade do Prefeito, entre elas o não atendimento, ainda que justificado, a pedido de informações da Câmara Municipal, inclusive com previsão de afastamento imediato do Prefeito a partir da abertura do processo político. Informou, também, que a mesma Lei Orgânica, em seu art. 12, contém previsão que define a competência de processamento e julgamento do Prefeito pelo cometimento de crimes comuns perante Justiça Estadual de primeira instância. Por fim, informou que, em razão de disputa política local, houve recente representação oferecida por Vereadores da oposição com o objetivo de instaurar processo de apuração de crime de responsabilidade com fundamento no referido art. 11 da Lei Orgânica, a qual poderá ser analisada a qualquer momento. O partido político, após o devido trâmite interno estabelecido no seu estatuto, conclui que a norma municipal está em dissonância com a CRFB/88 e decide adotar providência judicial em relação ao tema. Considerando a situação narrada, na condição de advogado(a) do partido político Beta, utilizando-se do instrumento constitucional adequado, elabore a medida judicial de controle objetivo cabível. (Valor: 5,00)

Obs.: o examinando deve fundamentar suas respostas. A mera citação do dispositivo legal não confere pontuação.

Elaboração e identificação da peça:

Regra dos 5 passos:	
Passo 1	resumo do caso
Passo 2	legitimidade ativa
Passo 3	legitimidade passiva
Passo 4	escolha da ação
Passo 5	órgão competente

► Peça processual

EXMº. SR. MINISTRO PRESIDENTE DO SUPREMO TRIBUNAL FEDERAL

(pular aproximadamente 5 linhas em todas as petições iniciais)

PARTIDO POLÍTICO Beta, pessoa jurídica de direito privado, inscrito no CNPJ sob nº.. e no TSE sob o nº.., endereço eletrônico ..., por seu Diretório Nacional, com sede..., vem, por seu advogado infra-assinado..., com escritório..., endereço que indica para os fins do art. 77, V, do CPC, propor a presente ARGUIÇÃO DE DESCUMPRIMENTO DE PRECEITO FUNDAMENTAL, com fundamento no art. 102, § 1°, da CRFB/88 e na Lei nº 9882/99 em face dos arts. 11 e 12 da Lei Orgânica do Município Alfa pelos motivos a seguir apresentados.

I – DO OBJETO DA AÇÃO

De acordo com o art. 102, § 1º, da CRFB/88, a ADPF deve ser apreciada pelo STF e é cabível no presente caso, por tratar-se da análise de lei municipal anterior à CRFB/88, de acordo com o art. 1º, parágrafo único, I, da Lei 9.882/99.

II – DA LEGITIMIDADE ATIVA

O autor é legitimado ativo para a propositura da ação, de acordo com o art. 103, VIII da CRFB/88 e não precisa comprovar a pertinência temática diante da sua importância para o regime democrático, na forma do art. 17, da CRFB/88.

Além disso, possui representação no Congresso Nacional e foi criado de acordo com a Lei 9096/95, estando, portanto, plenamente habilitado para o ajuizamento desta ADPF.

III – DO CABIMENTO DA ADPF

O art. 4º, § 1º, da Lei nº 9.882/1999 apresenta o caráter residual da ADPF quando afirma que só será admitida quando inexistir outro meio eficaz para sanar a lesão a preceito fundamental, como ocorre no presente caso.

Segundo orientação do STF, quando couber uma das ações do controle concentrado federal para afastar a lesividade, não caberá ADPF. Já que não se adota a teoria da inconstitucionalidade superveniente, a única ação apta a analisar norma pré-constitucional municipal é a ADPF.

IV – PRECEITOS FUNDAMENTAIS VIOLADOS

A Lei Orgânica do Município Alfa violou o princípio da separação de poderes, elencado no art. 2º da CRFB/88 e, também, afrontou a competência legislativa privativa da União para tratar sobre direito penal e processual, conforme disposto no art. 22, I, da CRFB/88.

Ademais, houve violação ao art. 29, caput e inciso X, da CRFB/88, que dispõem sobre os municípios e sobre as respectivas leis orgânicas, as quais devem observar os preceitos da Constituição da República, especialmente garantindo aos Prefeitos a prerrogativa de foro perante o Tribunal de Justiça em crimes comuns.

Por fim, importante ressaltar a Súmula Vinculante 46 do Supremo Tribunal Federal que preceitua: "A definição dos crimes de responsabilidade e o estabelecimento das respectivas normas de processo e julgamento são de competência legislativa privativa da União".

V – DA MEDIDA CAUTELAR

A possibilidade de concessão de medida de urgência em sede de ADPF se encontra no art. 5º, § 3º, da Lei 9.882/99 e possui natureza cautelar.

O *fumus boni iuris* se justifica pelos argumentos apresentados ao longo da petição e pela documentação anexa, que demonstram a patente violação aos preceitos fundamentais.

Já o *periculum in mora* é comprovado tendo em vista que a representação com o objetivo de instaurar processo de apuração de crime de responsabilidade com fundamento no art. 11 da Lei Orgânica, poderá ser analisada a qualquer momento, devendo ter, portanto, o seu trâmite suspenso.

VI – DOS PEDIDOS

Ante o exposto requer:

a) que seja concedida a medida cautelar para sustar a eficácia do art. 11 e, por consequência, seja suspenso o trâmite da representação por crime de responsabilidade oferecida em desfavor do Prefeito. Posteriormente, que o pedido seja julgado procedente para que os arts. 11 e 12 sejam revogados em razão da incompatibilidade material com a Constituição;

b) que seja ouvido o Procurador-Geral da República;

c) que seja ouvida a Câmara Municipal de Alfa;

d) que sejam juntados os documentos anexos.

Valor da causa de acordo com o art. 291 do CPC/15.

Ou:

Valor da causa de acordo com o art. 319, V do CPC/15.

Termos em que,

Pede deferimento.

Local... e data...

Advogado...

OAB nº...

▶ Caso Concreto do XXV Exame – Reaplicação Porto Alegre

O Município Alfa, situado na área de fronteira do território brasileiro, passou a receber intenso fluxo de imigrantes, fruto de graves complicações políticas e humanitárias ocorridas em país vizinho. Em razão desse fluxo, ocorreu um aumento exponencial da população em situação de rua, os serviços públicos básicos tiveram a sua capacidade operacional saturada e verificou-se um grande aumento nos índices de criminalidade. Para evitar o agravamento desse quadro, a Câmara Municipal aprovou e o Prefeito Municipal sancionou a Lei nº 123/2018, que vedou o ingresso de novos imigrantes, no território do Município, pelo período de 12 (doze) meses, e fixou o limite máximo para a população flutuante, de modo que o referido ingresso seria obstado sempre que alcançado esse limite. Além disso, foi previsto que a contratação de imigrantes estaria condicionada à prévia aprovação da Secretaria Municipal do Trabalho, que avaliaria a proporção entre o quantitativo de trabalhadores nacionais e estrangeiros, podendo autorizá-la, ou não. Ao tomar conhecimento da entrada em vigor da Lei nº 123/2018, o Partido Político Beta, que somente conta com representantes na Câmara dos Deputados, entendeu que ela seria dissonante de comandos estruturais da Constituição da República Federativa do Brasil, submetendo os imigrantes a uma situação vexatória. Não bastasse isso, a aplicação da Lei nº 123/2018, ao conferir prioridade para os nacionais nas relações de trabalho, acirrara os ânimos no Município Alfa, que passou a ser palco de conflitos diários.

À luz desse quadro, o Partido Político Beta contratou os seus serviços como advogado, para que ingressasse com a medida judicial cabível, perante o Tribunal Superior competente, de modo a obstar a aplicação da Lei nº 123/2018 do Município Alfa. (Valor: 5,00)

Obs.: a peça deve abranger todos os fundamentos de Direito que possam ser utilizados para dar respaldo à pretensão. A simples menção ou transcrição do dispositivo legal não confere pontuação.

Elaboração e identificação da peça:

Regra dos 5 passos:	
Passo 1	resumo do caso
Passo 2	legitimidade ativa
Passo 3	legitimidade passiva
Passo 4	escolha da ação
Passo 5	órgão competente

► Peça processual

Peça Redigida

EXMº. SR. MINISTRO PRESIDENTE DO SUPREMO TRIBUNAL FEDERAL

(pular aproximadamente 5 linhas em todas as petições iniciais)

PARTIDO POLÍTICO BETA, pessoa jurídica de direito privado, inscrito no CNPJ sob nº... e no TSE sob o nº..., por seu Diretório Nacional, com sede..., vem, por seu advogado infra assinado..., com escritório..., endereço que indica para os fins do art. 77, V, do CPC, propor a presente ARGUIÇÃO DE DESCUMPRIMENTO DE PRECEITO FUNDAMENTAL, com fundamento no art. 102, § 1°, da CRFB/88 e na Lei nº 9.882/99 em face da Lei nº 123/2018, produzida pela Câmara Municipal e pelo Prefeito do Município Alfa, pelos motivos a seguir apresentados.

I – DO OBJETO DA AÇÃO

A Lei nº 123/2018, objeto da presente ação, aprovada pela Câmara Municipal e sancionada pelo Prefeito Municipal, visando evitar o agravamento do quadro de recebimento de um intenso fluxo de imigrantes, fruto de graves complicações políticas e humanitárias ocorridas em país vizinho, vedou o ingresso de novos imigrantes no território do Município Alfa pelo período de 12 (doze) meses, fixando, ainda, o limite máximo para a população flutuante, de modo que o ingresso na localidade seria obstado sempre que alcançado tal limite.

Ademais, estabeleceu que a contratação de imigrantes estaria condicionada à prévia aprovação da Secretaria Municipal do Trabalho, que seria responsável por avaliar a proporção entre o quantitativo de trabalhadores nacionais e estrangeiros, podendo autorizá-la, ou não.

II – DA LEGITIMIDADE ATIVA

O autor é legitimado ativo para a propositura da ação, de acordo com o art. 103, VIII da CRFB/88 c/c art. 2º, I da Lei 9.882/99, e não precisa comprovar a pertinência temática diante da sua importância para o regime democrático, na forma do art. 17, da CRFB/88.

Além disso, possui representação no Congresso Nacional e foi criado de acordo com a Lei 9.096/95, estando, portanto, plenamente habilitado para o ajuizamento desta ADPF.

III – DO CABIMENTO DA ADPF – INEXISTÊNCIA DE OUTRO MEIO EFICAZ DE SANAR A LESIVIDADE

É cabível a presente ação, pois a Lei municipal 123/2018 é dissonante de comandos estruturais estabelecidos na Constituição da República Federativa do Brasil de 1988, devendo ser observado o disposto no art. 102, § 1º, da CRFB/88 c/c art. 1º da

Lei nº 9.882/99, já que descumpriu preceitos fundamentais estabelecidos na referida Carta Constitucional.

Há que se destacar, também, que resta demonstrado o cumprimento do requisito da subsidiariedade, previsto no art. 4º, § 1º da Lei nº 9.882/1999, uma vez que não há outro meio adequado de tutela da ordem constitucional de lei municipal pelo Supremo Tribunal Federal, sendo a hipótese de ajuizamento da presente arguição de descumprimento de preceito fundamental.

IV – DA IDENTIFICAÇÃO E ANÁLISE DOS PRECEITOS FUNDAMENTAIS VIOLADOS

Importante destacar a competência legislativa privativa da União para legislar sobre emigração e imigração, entrada, extradição e expulsão de estrangeiros, nos termos do art. 22, inciso XV, da CRFB/88, violado pela Lei 123/2018, objeto da presente ação.

E, também, a competência legislativa privativa da União para tratar sobre direito do trabalho, nos termos do art. 22, inciso I, da CRFB/88, o que demonstra que houve violação à competência legislativa exclusiva da União.

No que tange ao direito social ao trabalho, previsto no art. 6º da CRFB/88, este foi restringido para os estrangeiros, já que a referida lei preceituou que a contratação de imigrantes estaria condicionada à prévia aprovação da Secretaria Municipal do Trabalho, responsável por avaliar a proporção entre o quantitativo de trabalhadores nacionais e estrangeiros, podendo autorizá-la, ou não.

Ademais, também houve violação a própria dignidade da pessoa humana, prevista no art. 1º, inciso III, da CRFB/88, pois, ao serem impedidos de trabalhar, os estrangeiros não poderão garantir sua subsistência.

V – DA MEDIDA CAUTELAR

Além da patente afronta aos preceitos fundamentais elencados, a esfera jurídica dos estrangeiros está sendo severamente afrontada, conforme já mencionado, sendo evidentes os danos a serem causados caso a Lei nº 123/2018 permaneça em vigor.

Dessa forma, deve ser concedida a medida liminar, de acordo com o art. 5º da Lei 9.882/99, com o objetivo específico de suspender os efeitos da referida lei.

VI – DOS PEDIDOS

Ante o exposto requer:

a) que seja concedida a medida cautelar para suspender os efeitos da Lei nº 123/2018 e posteriormente que o pedido seja julgado procedente para que seja declarada a incompatibilidade da mesma com a Constituição da República;

b) que seja ouvido o Procurador-Geral da República;

c) que sejam ouvidos a Câmara Municipal e o Prefeito do Município Alfa;

d) que sejam juntados os documentos anexos.

Valor da causa de acordo com o art. 291 do CPC/15.

Ou:

Valor da causa de acordo com o art. 319, V do CPC/15.

Termos em que,

Pede deferimento.

Local... e data...

Advogado...

OAB nº ...

CAPÍTULO 14

AÇÃO CIVIL PÚBLICA

► Natureza jurídica e conceito

A ação civil pública é uma ação coletiva, de procedimento comum, que visa defender interesses metaindividuais, segundo preceitua o art. 1°, da Lei 7.347/85:

> Art. 1° Regem-se pelas disposições desta Lei, sem prejuízo da ação popular, as ações de responsabilidade por danos morais e patrimoniais causados:
>
> I – ao meio ambiente;
>
> II – ao consumidor;
>
> III – a bens e direitos de valor artístico, estético, histórico, turístico e paisagístico;
>
> IV – a qualquer outro interesse difuso ou coletivo;
>
> V – por infração da ordem econômica;
>
> VI - à ordem urbanística;
>
> VII – à honra e à dignidade de grupos raciais, étnicos ou religiosos; (Incluído pela Lei n° 12.966, de 2014).
>
> VIII – ao patrimônio público e social. (Incluído pela Lei n° 13.004, de 2014, que entra em vigor após decorridos 60 (sessenta) dias de sua publicação oficial – 25/6/2014).

Possui natureza condenatória (art. 3°, da Lei 7.347/85), mas, à semelhança da ação popular, também pode pleitear a invalidação de ato ou contrato administrativo, ilegal, ilegítimo ou ilícito e lesivo ao patrimônio público, cultural, histórico ou ambiental. O ato impugnado também pode ser comissivo ou omissivo.

Segundo a doutrina majoritária, aplicamos à ação civil pública, por analogia, dispositivos da Lei n° 4.717/1965.

► Direitos metaindividuais

O art. 81, do CDC assim estabelece:

> A defesa dos interesses e direitos dos consumidores e das vítimas poderá ser exercida em juízo individualmente, ou a título coletivo.

> **Parágrafo único.** A defesa coletiva será exercida quando se tratar de:
>
> I – interesses ou direitos difusos, assim entendidos, para efeitos deste código, os transindividuais, de natureza indivisível, de que sejam titulares pessoas indeterminadas e ligadas por circunstâncias de fato;
>
> II – interesses ou direitos coletivos, assim entendidos, para efeitos deste código, os transindividuais, de natureza indivisível de que seja titular grupo, categoria ou classe de pessoas ligadas entre si ou com a parte contrária por uma relação jurídica base;
>
> III – interesses ou direitos individuais homogêneos, assim entendidos os decorrentes de origem comum.

Direitos Difusos são aqueles que se referem a grupos menos determinados de pessoas, entre as quais inexiste um vínculo jurídico ou fático muito preciso, possuindo objeto indivisível entre os membros da coletividade, compartilhável por número indeterminável de pessoas.

A titularidade é de pessoas indeterminadas e indetermináveis, vez que não há como determinar quem será beneficiado. Concerne a toda coletividade ou a parcelas dela, que não são possíveis de identificar, tendo em vista que são unidas por uma simples circunstância de fato ou contingencial extremamente mutável, o fato de residirem em determinado local ou região.

São características desses direitos: a inexistência de vínculo jurídico definido entre as partes; a impossibilidade de apropriação exclusiva e de quantificação da sua fruição; a indivisibilidade do objeto; ausência de vinculação a órgãos ou instituições (são fluidos na sociedade, estão distribuídos igualmente).

Exemplos apresentados pela doutrina relacionados ao meio ambiente: o direito ao ar puro, à preservação das espécies animais, à limpeza das águas, dentre outros.

São conceituados pelo Código de Defesa do Consumidor como transindividuais de natureza indivisível, de que seja titular um grupo, categoria ou classe de pessoas ligadas entre si ou com a parte contrária por uma relação jurídica base.

Direitos Coletivos também são inerentes a pessoas indeterminadas a princípio, mas determináveis, já que há uma relação jurídica que vincula os titulares do direito, sendo possível determinar o grupo de pessoas, pelo fato de existir um vínculo mais sólido entre elas.

O objeto é indivisível, e isso porque satisfaz a todos ao mesmo tempo. Os coletivos distinguem-se dos difusos, ambos indivisíveis, pela sua origem, na medida em que nestes o vínculo relaciona-se a dados acidentais ou factuais, enquanto naqueles a ligação dos integrantes do grupo, categoria ou classe decorre de uma relação jurídica.

São características desses direitos: o mínimo de organização em relação à identificação da titularidade; interesses de grupos ou classes determinadas; vínculo jurídico básico, comum a todos os integrantes do grupo.

Exemplos trazidos pela doutrina: membros de determinada categoria de trabalhadores, representada por certo sindicato, no sentido de que não ocorra alteração da regulamentação da jornada de trabalho ou do pagamento de horas diferenciadas.

Os direitos individuais homogêneos não são coletivos na sua essência, são formalmente coletivos devido ao tratamento processual que é dispensado a eles por opção do legislador. São Interesses de grupos determinados ou determináveis que compartilham danos divisíveis ou autônomos em razão de um fato comum.

Os titulares são determinados ou determináveis; essencialmente individuais, pois poderiam ser reparados em demandas individuais; o objeto final é divisível ou autônomo (normalmente associado à reparação de dano) e possuem origem comum.

Exemplos doutrinários: adquirentes de determinado medicamento que apresenta a mesma falha de produção, danosa à saúde dos usuários; venda de veículos produzidos por uma montadora contendo defeito em série que ocasiona danos similares aos adquirentes; investidores da bolsa de valores que sofreram lesão em razão de cobrança de taxa indevida na compra de ações de certa empresa.

► Espécies

Ação civil pública preventiva:	Ação civil pública repressiva:
antes de consumada a lesão	após a consumação do dano, com prazo de 5 (cinco) anos para a sua propositura, na forma do art. 21 da Lei nº 4.717/1965.

▶ Legitimidade ativa

> Art. 5º Têm legitimidade para propor a ação principal e a ação cautelar:
>
> I – o Ministério Público;
>
> II – a Defensoria Pública;
>
> III – a União, os Estados, o Distrito Federal e os Municípios;
>
> IV – a autarquia, empresa pública, fundação ou sociedade de economia mista;
>
> V – a associação que, concomitantemente:
>
> a) esteja constituída há pelo menos 1 (um) ano nos termos da lei civil;
>
> b) inclua, entre suas finalidades institucionais, a proteção ao patrimônio público e social, ao meio ambiente, ao consumidor, à ordem econômica, à livre concorrência, aos direitos de grupos raciais, étnicos ou religiosos ou ao patrimônio artístico, estético, histórico, turístico e paisagístico.

▶ Polo passivo

Aplicamos ao polo passivo da ACP, por analogia, os arts. 1º e 6º da Lei nº 4.717/1965. Os dispositivos determinam que todas as pessoas jurídicas de direito público ou privado, bem como pessoas naturais, beneficiárias diretas ou indiretas da lesão ao direito de todos, deverão figurar no polo passivo da ação, ou seja, há um verdadeiro litisconsórcio passivo necessário. Com isso, temos: a) pessoas públicas ou privadas e entidades mencionadas no artigo 1º da Lei de Ação Popular; b) autoridades, funcionários ou administradores que tiverem autorizado, aprovado, ratificado ou praticado o ato; c) aqueles que por omissão tiverem dado oportunidade à lesão e os beneficiários do ato.

Atenção! Todos os beneficiários do ato ou contrato impugnado são litisconsortes necessários e a falta de citação é causa de nulidade absoluta do processo;

▶ Condenação em honorários advocatícios e em custas processuais

Por força do art. 12, da Lei 4.717/65, pede-se a condenação em honorários advocatícios e em custas processuais na Ação Civil Pública.

► Produção de provas

Pede-se a produção de provas, tendo em vista o rito ordinário, previsto no art. 7°, da Lei 4.717/65.

► O papel do Ministério Público

O art. 5°, § 1°, da Lei 7.347/85 determina que se o Ministério Público não intervier no processo como parte, atuará obrigatoriamente como fiscal da lei.

► Tutela de urgência

A tutela de urgência é admitida na forma do art. 12, da Lei 7.347/85 e, na prática, muitas vezes possui natureza de verdadeira tutela antecipada, daí se aplicar também o art. 300, do CPC. Com isso, é importante comprovar os requisitos: probabilidade do direito e o perigo de dano ou o risco ao resultado útil do processo.

No XXI Exame de Ordem, a banca adotou a medida liminar/cautelar em sede de Ação Civil Pública.

► Competência

A fixação da competência para julgamento da ação civil pública (art. 2°, da Lei 7.347/85) é determinada em razão do local do dano e segue a regra da ação popular, ou seja, será processada em primeira instância. Normalmente, se o patrimônio lesado for da União, a competência será da Justiça Federal, se estadual ou municipal, será da Justiça Estadual.

Não há prerrogativa de foro funcional na ACP.

O art. 109, I, da CRFB/88 dispõe que: compete à justiça federal julgar as ações em que esteja no polo ativo ou passivo a União, suas autarquias, suas fundações públicas e suas empresas públicas. As outras pessoas integrantes da administração pública não deslocam competência para a justiça federal. Então, nas ações contra estados, municípios e Sociedades de economia mista (mesmo que federal), a competência é da justiça estadual.

Exemplos:

União, Autarquia, Empresa Pública e Fundação Pública Federal	Estados, DF, Municípios, suas autarquias e fundações públicas
Juiz Federal de 1° grau.	Juiz Estadual de 1° grau – Vara de Fazenda Pública, pois são pessoas jurídicas de direito público.

Importante ressaltar que em regra geral não há competência originária de órgão colegiado para apreciação de ação civil pública, sendo esta do juiz de primeiro grau (federal ou estadual). Haverá, entretanto, competência originária do STF, nos seguintes casos:

- a ação em que todos os membros da magistratura sejam direta ou indiretamente interessados, e aquela em que mais da metade dos membros do tribunal de origem estejam impedidos ou sejam direta ou indiretamente interessados (art. 102, I, "n", da CRFB);

- as causas e os conflitos entre a União e os Estados, a União e o Distrito Federal, ou entre uns e outros, inclusive as respectivas entidades da administração indireta (art. 102, I, "f", da CRFB).

► Diferenças entre a ACP e o mandado de segurança coletivo

A ação civil pública deve ser proposta no prazo de 5 anos, sendo repressiva (art. 21 da Lei 4.717/65 por analogia), enquanto o MS coletivo tem que ser impetrado no prazo máximo de 120 dias (art. 23 da Lei 12.016/09).

Os legitimados para a ACP estão elencados no art. 5° da Lei 7.347/85; os legitimados do MS coletivo encontram-se no art. 21 da Lei 12.016/09.

Dilação probatória: Havendo necessidade de produção de provas não será possível a utilização do MS coletivo, tendo em vista o seu procedimento especial. Na ACP, admite-se a dilação probatória.

A competência para julgamento da ACP é fixada em razão do local onde ocorre o dano; no MS coletivo leva-se em conta a autoridade coatora.

No que tange ao objeto, enquanto o MS coletivo se presta a tutelar os direitos individuais homogêneos e os direitos coletivos em sentido estrito, a ACP tem como objeto, além dos apontados, os direitos difusos.

A ação civil pública possui natureza condenatória e pode pleitear eventuais reparações ao patrimônio comum, o que não se permite, em regra, em sede de MS Coletivo.

► Peça cobrada no XXI Exame de Ordem

A Associação Alfa, constituída há 3 (três) anos, cujo objetivo é a defesa do patrimônio social e, particularmente, do direito à saúde de todos, mostrou-se inconformada com a negativa do Posto de Saúde Gama, gerido pelo Município Beta, de oferecer atendimento laboratorial adequado aos idosos que procuram esse serviço. O argumento das autoridades era o de que não havia profissionais capacitados e medicamentos disponíveis em quantitativo suficiente. Em razão desse estado de coisas e do elevado número de idosos correndo risco de morte, a Associação resolveu peticionar ao Secretário municipal de Saúde, requerendo providências imediatas para a regularização do serviço público de Saúde. O Secretário respondeu que a situação da Saúde é realmente precária e que a comunidade precisa ter paciência e esperar a disponibilização de repasse dos recursos públicos federais, já que a receita prevista no orçamento municipal não fora integralmente realizada. Reiterou, ao final e pelas razões já aventadas, a negativa de atendimento laboratorial aos idosos. Apesar disso, as obras públicas da área de lazer do bairro em que estava situado o Posto de Saúde Gama, nos quais eram utilizados exclusivamente recursos públicos municipais, continuaram a ser realizadas.

Considerando os dados acima, na condição de advogado(a) contratado(a) pela Associação Alfa, elabore a medida judicial cabível para o enfrentamento do problema, inclusive com providências imediatas, de modo que seja oferecido atendimento adequado a todos os idosos que venham a utilizar os serviços do Posto de Saúde. A demanda exigirá dilação probatória. (Valor: 5,00)

Obs.: a peça deve abranger todos os fundamentos de Direito que possam ser utilizados para dar respaldo à pretensão. A simples menção ou transcrição do dispositivo legal não confere pontuação.

Elaboração e identificação da peça:

Regra dos 5 passos:	
Passo 1	**resumo do caso**
Passo 2	**legitimidade ativa**
Passo 3	**legitimidade passiva**
Passo 4	**escolha da ação**
Passo 5	**órgão competente**

▶ Peça processual

EXMº. SR. DR. JUIZ DE DIREITO DA... VARA DA FAZENDA PÚBLICA DA COMARCA DE BETA

(pular aproximadamente 5 linhas em todas as petições iniciais)

ASSOCIAÇÃO ALFA, pessoa jurídica de direito privado, inscrita no CNPJ sob nº..., com sede em..., por meio de seu representante legal..., vem, por seu advogado infra-assinado doc..., com escritório..., endereço que indica para os fins do art. 77, V, do CPC, com fundamento nos termos da Lei 7.347/85, propor a presente AÇÃO CIVIL PÚBLICA em face do Município Beta e Secretário Municipal de Saúde, que podem ser encontrados nos endereços...pelas razões que passa a expor.

I – SÍNTESE DOS FATOS

Diante do grande número de idosos correndo risco de morte em razão da negativa do Posto de Saúde Gama, gerido pelo Município Beta, de oferecer atendimento laboratorial adequado aqueles, que necessitavam do mesmo, sob o argumento da falta de profissionais e medicações, a Associação pleiteou ao Secretário Municipal de Saúde providências a fim de fosse regularizada a situação.

Em resposta o Secretário reafirmou a negativa de atendimento, sustentando que não foi integral a realização da receita inicialmente prevista no orçamento do município, em razão da disponibilização apenas parcial do repasse de recursos públicos federais. Sustentou, ainda, que os munícipes deveriam ser pacientes.

Entretanto, sabe-se que as obras públicas que estão sendo realizadas na área de lazer do bairro em que se situa o Posto de Saúde Gama, que utiliza exclusivamente recursos públicos municipais, estão em pleno vapor.

II – DA LEGITIMIDADE ATIVA E PASSIVA

A Associação Alfa é legitimada ativa a propositura da presente ação, pois cumpre o disposto no art. 5º, V, da Lei 7.347/85, já que foi constituída há mais de 1 (um) ano e inclui, entre suas finalidades institucionais, a defesa do patrimônio social e do direito à saúde de todos.

São legitimados passivos da presente o Município Beta e o Secretário Municipal de Saúde, pois todas as pessoas jurídicas de direito público ou privado, bem como pessoas naturais, beneficiárias diretas ou indiretas da lesão ao direito de todos, deverão figurar no polo passivo da ação, em um verdadeiro litisconsórcio passivo necessário, em razão da aplicação analógica do disposto nos arts. 1º e 6º da Lei nº 4.717/1965.

III – DA TUTELA DE URGÊNCIA

A tutela de urgência na ação civil pública está presente no art. 12, da Lei 7.347/85 e possui natureza de verdadeira tutela antecipada, aplicando-se o disposto no art. 300, do CPC.

A probabilidade do direito reside nos argumentos de fato e de direito apresentados na presente e comprovados mediante a documentação anexa.

Já o perigo de dano ou o risco ao resultado útil do processo também se encontra demonstrado, uma vez que os idosos estão sujeitos a complicações de saúde e a risco de morte, caso não recebam o tratamento de saúde adequado.

IV – DOS FUNDAMENTOS JURÍDICOS

A ação civil pública é uma ação coletiva, de procedimento comum, que visa defender interesses metaindividuais, sendo regida pela Lei 7.347/85 e, segundo a doutrina majoritária, aplica-se, por analogia, dispositivos da Lei nº 4.717/1965.

Possui natureza condenatória, de acordo com o art. 3º, da Lei 7.347/85, mas, à semelhança da ação popular, também pode pleitear a invalidação de ato ou contrato administrativo, ilegal, ilegítimo ou ilícito e lesivo ao patrimônio público, cultural, histórico ou ambiental.

No presente caso, o cabimento da ação civil pública se justifica diante do fato de o objetivo da demanda judicial ser a defesa de todos os idosos que procuram o atendimento do Posto de Saúde Gama, pois como se discute a qualidade do serviço público oferecido à população e esses idosos não podem ser individualizados, trata-se de típico interesse difuso, enquadrando-se no art. 1º, incisos IV e VIII, da Lei nº 7.347/85.

Importante destacar que a saúde dos idosos é um direito fundamental, de acordo com os arts. 6º e 196 da Constituição da República, e o texto constitucional traz, ainda, o direito à vida, em seu art. 5º, caput, e o Princípio da Dignidade da Pessoa Humana, art. 1°, III da CRFB/88, como um dos fundamentos da República Federativa do Brasil.

Constamos, no presente caso, evidente preterição de tais direitos para a realização de obras públicas em área de lazer, o que é constitucionalmente inadequado em razão da maior importância dos referidos direitos. Afinal, sem vida e saúde, não há possibilidade de lazer.

O Município tem o dever constitucional de assegurar o direito à saúde dos idosos e de cumprir a competência constitucional conferida para fins de prestação do serviço público de saúde, de acordo com o art. 30, inciso VII, art. 196 e art. 230, todos da Constituição Federal de 1988.

V – PEDIDOS

Ante o exposto, requer a Associação que V. Exª. determine:

a) a concessão da tutela de urgência para compelir o Município a regularizar o sistema de saúde e prestar o atendimento laboratorial adequado aos idosos na localidade abrangida pelo Posto de Saúde;

b) a citação dos réus nos endereços indicados na inicial;

c) a intimação do representante do Ministério Público;

d) a produção de todos os meios de prova em direito admitidas e a juntada de documentos;

e) a condenação dos réus em honorários advocatícios e custas processuais;

f) a procedência dos pedidos para confirmar a tutela de urgência.

Em cumprimento ao art. 319, VII, do CPC, a autora opta pela realização de audiência de conciliação ou de mediação.

Valor da causa de acordo com o art. 291 do CPC/15.

Ou:

Valor da causa de acordo com o art. 319, V do CPC/15.

Termos em que,

Pede deferimento.

Local... e data...

Advogado...

OAB nº...

CAPÍTULO 15

AÇÃO DE IMPUGNAÇÃO DE MANDATO ELETIVO

A Ação de Impugnação de Mandato Eletivo (AIME) é uma ação eleitoral prevista na Constituição Federal, que tem por objetivo impugnar o mandato eletivo obtido com abuso de poder econômico, corrupção ou fraude.

O seu fundamento constitucional é extraído do art. 14, § 10 e § 11:

> "Art. 14. A soberania popular será exercida pelo sufrágio universal e pelo voto direto e secreto, com valor igual para todos, e, nos termos da lei, mediante:
>
> [...]
>
> § 10. O mandato eletivo poderá ser impugnado ante a Justiça Eleitoral no prazo de quinze dias contados da diplomação, instruída a ação com provas de abuso do poder econômico, corrupção ou fraude.
>
> § 11. A ação de impugnação de mandato tramitará em segredo de justiça, respondendo o autor, na forma da lei, se temerária ou de manifesta má-fé."

▶ Legitimados ativos

Segundo orientação majoritária, aplica-se o art. 3º, da Lei Complementar 64/90 para definição da legitimidade ativa. Portanto, podem ajuizar a AIME: Partidos, coligações, candidatos e o Ministério Público.

Não há previsão de legitimidade ativa do cidadão para a propositura da ação.

▸ Legitimado passivo

Candidato diplomado, que pode ser, por exemplo: Vereador, Prefeito, Governador, Deputado Estadual...

▸ Competência

A competência é definida pelo juízo da diplomação, na forma do art. 2º, da Lei Complementar 64/90:

TSE – expede o diploma de	– Presidente; e – Vice-Presidente da República.	Exmº. Sr. Ministro Presidente do Tribunal Superior Eleitoral.
TRE – expede o diploma de	– governadores e vices; – deputados estaduais e federais; – senadores e suplentes.	Exmº. Sr. Dr. Juiz Eleitoral do Tribunal Regional Eleitoral da... Região.
Junta Eleitoral – expede o diploma de	– prefeitos e vice-prefeitos; e – vereadores.	Exmº. Sr. Dr. Juiz Eleitoral da ... Zona Eleitoral da Comarca de...

▸ Sigilo

Vale ressaltar que a tramitação da ação é sigilosa, nos termos do art. 14, § 11, da CRFB/88, que determina o segredo de justiça. Isso quer dizer que, embora o julgamento seja público, o andamento do processo se dá em segredo de justiça.

▸ Prazo

O prazo para ajuizar a ação é de 15 dias contados da diplomação, sendo que tal prazo tem natureza decadencial, não sendo interrompido nos sábados, domingos e feriados, e excluindo o dia do começo e incluindo o do vencimento.

▸ Prova pré-constituída

Na forma do art. 14, § 10, da CRFB/88, a ação deve ser instruída com provas de abuso do poder econômico, corrupção ou fraude.

► Tutela de urgência

Podemos aplicar o art. 300, do CPC, comprovando-se os requisitos da probabilidade do direito e o perigo de dano ou o risco ao resultado útil do processo.

► Participação do Ministério Público

Pedimos a intimação do representante do MP em todas as Ações de Impugnação de Mandato Eletivo.

Efeitos da decisão na AIME:

- Cassação do mandato eletivo;
- Anulação dos votos.

► Caso hipotético

Tício, candidato a Vereador do Município WYX, resolveu distribuir dentaduras e remédios aos idosos eleitores da localidade em troca de votos, fato esse comprovado por vários documentos que registraram a referida compra. Em dezembro de 2012, após vencer as eleições, foi diplomado no referido cargo.

De posse de documentos que comprovam a irregularidade da campanha, Mévio, também candidato ao cargo, mas não eleito, ainda no prazo previsto na legislação, resolve ingressar com uma ação para invalidar a diplomação de Tício.

Elaboração e identificação da peça:

Regra dos 5 passos:	
Passo 1	resumo do caso
Passo 2	legitimidade ativa
Passo 3	legitimidade passiva
Passo 4	escolha da ação
Passo 5	órgão competente

▶ Peça processual

EXMO. SR. DR. JUIZ ELEITORAL DA...ZONA ELEITORAL DE...

(pular aproximadamente 5 linhas em todas as petições iniciais)

MÉVIO, nacionalidade..., estado civil (ou existência de união estável)..., profissão..., portador da cédula de identidade n° ..., inscrito no CPF n° ..., endereço eletrônico ..., residente e domiciliado..., nesta cidade, vem, por seu advogado infra-assinado, conforme procuração anexa, com escritório ..., nesta cidade, endereço que indica para os fins do art. 77, V, do CPC, com fundamento no art. 14, § 10, da CRFB/88 e na LC 64/90, ajuizar a presente AÇÃO DE IMPUGNAÇÃO DE MANDATO ELETIVO em face de Tício, diplomado no cargo de Vereador no dia... pelos motivos que a seguir expõe.

I – DA TEMPESTIVIDADE

No dia ... o Réu foi diplomado no cargo de Vereador do Município WYX. A presente impugnação é tempestiva, porque ajuizada dentro do prazo constitucional de 15 (quinze) dias contados da diplomação, segundo prevê o art. 14, § 10, da CRFB/88.

II – DOS FATOS

Tício, atual vereador do município WYX, regularmente diplomado em..., após lograr êxito nas eleições, durante a sua campanha eleitoral, deu próteses dentárias e medicamentos aos idosos da localidade em troca de votos.

Todos os fatos são amplamente comprovados por documentos que demonstram a compra dos citados bens distribuídos aos idosos, aos quais Mévio, que também concorreu ao cargo de vereador do município WYX, teve acesso, pretendendo, portanto, por meio da presente ação, invalidar a diplomação de Tício.

III – DA FUNDAMENTAÇÃO JURÍDICA

O art. 14, § 10 a CRFB/88 fundamenta a presente ação, pois preceitua que o mandato eletivo poderá ser impugnado ante a Justiça Eleitoral no prazo de quinze dias contados da diplomação, instruída a ação com provas de abuso do poder econômico, corrupção ou fraude.

Ademais, a Lei Complementar 64 de 1990 também é aplicada por analogia, estabelecendo a competência dos juízes eleitorais, quando se tratar de candidato a Vereador, de acordo com o art. 2º, parágrafo único, inciso II da referida lei, trazendo, também, a legitimação ativa em seu art. 3º, caput.

Dessa forma, o legitimado ativo é o Sr. Mévio, que concorreu como candidato ao cargo de vereador do município WYX e o legitimado passivo é o Sr. Tício, que venceu as eleições, já tendo até mesmo sido diplomado no cargo de Vereador no dia..., como já narrado.

Importante ressaltar que a ação está instruída com as provas do abuso do poder econômico praticado pelo Vereador, ora Réu, conforme documentos que demonstram a compra dos bens distribuídos aos idosos como troca de votos, estando cumprido o requisito estabelecido no art. 3º, § 3° da Lei Complementar 64/1990 e art. 14, § 10 da CRFB/88.

IV – DOS PEDIDOS

Em face do exposto, requer:

a) A procedência do pedido para invalidar o diploma eleitoral obtido com abuso de poder econômico;

b) A citação do réu para integrar a lide;

c) A intimação do Ministério Público;

d) A juntada de documentos;

e) A condenação em honorários advocatícios e custas processuais;

Valor da causa de acordo com o art. 291 do CPC/15.

Ou:

Valor da causa de acordo com o art. 319, V do CPC/15.

Termos em que

Pede deferimento.

Local... e data...

Advogado...

OAB n°...

CAPÍTULO 16

DA CONTESTAÇÃO

A petição inicial provoca a atividade jurisdicional do Estado, mas em nome da ampla defesa, do contraditório e do ideal de justiça, o juiz não pode decidir o caso apenas com base nas alegações formuladas pelo Autor; a parte contrária também precisa ser ouvida.

O Código de Processo Civil prevê duas espécies principais de respostas do Réu:

Contestação	Reconvenção
meio de defesa processual e material considerado mais importante; (art. 335, do CPC)	tem por objetivo garantir que o réu deduza uma pretensão de mérito em face do autor; (art. 343, do CPC)

A que mais nos interessa na segunda fase de Direito Constitucional é a Contestação, a principal peça de defesa do Réu.

A contestação é o meio processual utilizado pelo réu para opor-se formal ou materialmente ao direito do autor ou formular pedido contraposto. Como regra geral, o autor terá deduzido uma pretensão em juízo e o réu irá defender-se, e essa defesa, normalmente, é a contestação.

O prazo para apresentação da Contestação é de 15 dias, na forma do art. 335, do CPC.

A ausência de contestação gera à revelia, na forma do art. 344, do CPC. O art. 336, do CPC determina que incumbe ao réu alegar, na contestação, toda a matéria de defesa, expondo as razões de fato e de direito com que impugna o pedido do autor e especificando as provas que pretende produzir. Então, os argumentos de defesa são divididos em preliminar (defesa processual) e mérito.

► Preliminares da contestação

Segundo o art. 337, do CPC, antes de discutir o mérito, o réu deve alegar as preliminares, que se dividem em dilatórias ou peremptórias.

Dilatória é a defesa que retarda o andamento da marcha processual, não tem força para extingui-la, não provoca a extinção do processo sem julgamento de mérito. Ex.: incompetência absoluta.

Já a defesa peremptória é fulminante. Arguida e aceita extinguirá o processo SEM julgamento do mérito (art. 485, do CPC). Ex.: Litispendência, Coisa Julgada etc.

São defesas processuais dilatórias, com base no art. 337, do CPC.

I – INEXISTÊNCIA OU NULIDADE DA CITAÇÃO

O comparecimento espontâneo do réu ou do executado supre a falta ou a nulidade da citação, fluindo a partir desta data o prazo para apresentação de contestação ou de embargos à execução (art. 239, § 1º, do CPC).

II – INCOMPETÊNCIA ABSOLUTA E RELATIVA

Juiz absolutamente incompetente é aquele a que falta competência para a causa, em razão da matéria, da pessoa ou da função (art. 62, do CPC). Exemplos de incompetência quanto à matéria: a ação deveria ter sido proposta na justiça federal, mas foi ajuizada na justiça estadual, ou então, a matéria é criminal, mas a ação foi ajuizada perante uma Vara Cível.

III – INCORREÇÃO DO VALOR DA CAUSA

De acordo com o art. 293, do CPC: "O réu poderá impugnar, em preliminar da contestação, o valor atribuído à causa pelo autor, sob pena de preclusão, e o juiz decidirá a respeito, impondo, se for o caso, a complementação das custas."

VIII – CONEXÃO

Reputam-se conexas duas ou mais ações, quando lhes for comum o pedido ou a causa de pedir (art. 55, do CPC). No caso de acolhimento da preliminar, os autos são remetidos ao juiz que teve preventa sua competência (art. 58, do CPC).

IX – INCAPACIDADE DA PARTE, DEFEITO DE REPRESENTAÇÃO OU FALTA DE AUTORIZAÇÃO

Levam-se em conta os pressupostos de constituição e desenvolvimento para que a relação processual se estabeleça e se desenvolva eficazmente.

Se acolhido pelo juiz não extingue, desde logo o processo, mas sim enseja oportunidade à parte contestada para sanar o vício encontrado (art. 321, do CPC).

Se o autor não cumprir a diligência, é que, então, haverá a extinção do processo. Assumindo a *defesa processual dilatória* a figura de *exceção peremptória* (parágrafo único do art. 321, c/c art. 485, I, do CPC).

XII – FALTA DE CAUÇÃO OU DE OUTRA PRESTAÇÃO QUE A LEI EXIGE COMO PRELIMINAR

O juiz, ao acolher tal arguição deve ensejar oportunidade ao autor para sanar a falha.

Se não houver o suprimento, no prazo determinado, a preliminar assumirá *força de peremptória* e o juiz decretará, então, a extinção do processo, sem julgamento do mérito (art. 485, X, do CPC).

XIII – INDEVIDA CONCESSÃO DO BENEFÍCIO DE GRATUIDADE DE JUSTIÇA

De acordo com o art. 100, do CPC, deferido o pedido de gratuidade de justiça "a parte contrária poderá oferecer impugnação na contestação, na réplica, nas contrarrazões de recurso ou, nos casos de pedido superveniente ou formulado por terceiro, por meio de petição simples, a ser apresentada no prazo de 15 (quinze) dias, nos autos do próprio processo, sem suspensão de seu curso."

São *defesas processuais* peremptórias, *com base no art. 337, do CPC.*

IV – INÉPCIA DA PETIÇÃO INICIAL

Por extinguir o processo, sem julgamento do mérito (art. 485, I, do CPC).

V – PEREMPÇÃO

Por extinguir o processo, sem julgamento do mérito (art. 485, V, do CPC).

VI – LITISPENDÊNCIA

Há ***litispendência*** quando se repete ação que está em curso (art. 337, § 3°, do CPC). Uma ação é ***idêntica*** à outra quando tem as mesmas partes, a mesma causa de pedir e o mesmo pedido (art. 337 , § 2°, do CPC), requisito necessário para haver litispendência.

A litispendência leva à extinção do processo sem resolução de mérito, de acordo com o art. 485, V do CPC.

VII – COISA JULGADA

Há coisa julgada quando se repete ação que já foi decidida por decisão transitada em julgado (art. 337, § 4º, do CPC).

Denomina-se coisa julgada material a autoridade que torna imutável e indiscutível a decisão de mérito não mais sujeita a recurso (art. 502, do CPC).

A coisa julgada leva à extinção do processo sem resolução de mérito, de acordo com o art. 485, V do CPC.

X – CONVENÇÃO DE ARBITRAGEM

O juízo arbitral (Lei 9.307 / 1996) é modo de excluir a jurisdição estatal para solucionar o litígio. Se as partes convencionaram o compromisso para julgamento através de árbitros, será ilegítima a atitude de propor ação judicial sobre a mesma lide.

Haverá a extinção do processo sem resolução de mérito, de acordo com o art. 485, VII, do CPC, quando houver o acolhimento, pelo juiz, da alegação de existência de convenção de arbitragem ou quando o juízo arbitral reconhecer sua competência.

XI – AUSÊNCIA DE LEGITIMIDADE OU DE INTERESSE PROCESSUAL

Ocorre quando não concorrem as condições necessárias para que o juiz possa examinar o mérito da causa, relativo à legitimidade das partes ou ao interesse processual do autor (art. 485, VI, do CPC).

► Defesa de mérito

A defesa de mérito é baseada na relação jurídica material, ou seja, envolve o próprio assunto apresentado na petição inicial. O réu deverá impugnar todos os argumentos apresentados pelo autor, buscando a improcedência do pedido e provocando a extinção do processo com julgamento de mérito.

► Estrutura da contestação

Os requisitos da Contestação podem ser obtidos a partir dos incisos do próprio art. 319 do CPC:

- endereçamento ao Juiz ou Tribunal que determinou a citação do réu e indicação do número do processo;
- nomes das partes;
- defesa processual e posteriormente defesa de mérito;
- síntese dos fatos;
- conclusão (ou pedido) – pela extinção do feito sem ou com decisão de mérito; requerimento de provas, condenação do autor nos ônus sucumbenciais...

Não há valor da causa na Contestação.

► Caso hipotético

Tício, brasileiro, casado, vereador, nascido e domiciliado em Porto Alegre – RS, indignou-se ao saber, em janeiro de 2014, por meio da imprensa, que Caio, Deputado Estadual e candidato à reeleição (além de seu desafeto político), estaria envolvido em processo licitatório fraudulento e que havia realizado inúmeras reformas suntuosas e desnecessárias em seu gabinete utilizando o dinheiro público. O Deputado declarara em entrevistas que os gastos com a reforma seriam necessários para a manutenção da representação adequada ao cargo que exerce e que todo o procedimento havia sido realizado de acordo com a lei. Sem provas contra o Deputado, mas inconformado com a suspeita anunciada pela mídia, Tício procurou ajuda de profissional da advocacia para aconselhar-se a respeito da providência legal que poderia ser tomada no caso e o advogado ajuizou uma Ação Popular contra Caio perante o Tribunal de Justiça do Estado do Rio Grande do Sul tendo em vista que se tratava de Deputado Estadual com foro por prerrogativa de função. O Tribunal determinou que Caio se manifestasse sobre a ação.

Na qualidade de advogado(a) constituído(a) por Caio, redija a medida judicial mais apropriada em sua defesa.

► Peça processual

EXMº. SR. DR. DESEMBARGADOR PRESIDENTE DO TRIBUNAL DE JUSTIÇA DO ESTADO DO RIO GRANDE DO SUL.

(3 linhas, em média)

Processo nº ...

(2 linhas, em média)

Caio, nacionalidade..., estado civil (ou existência de união estável)..., Deputado estadual, portador do RG nº e do CPF nº..., endereço eletrônico ..., residente e domiciliado..., nesta cidade, por seu advogado infra-assinado, conforme procuração anexa, com escritório..., endereço que indica para os fins do art. 77, V, do CPC, vem à presença de V. Exª., nos termos do art. 336, do CPC, apresentar a presente CONTESTAÇÃO à ação popular proposta por Tício, já qualificado na petição inicial, com base nos fatos e fundamentos a seguir expostos.

I – DA SÍNTESE DA INICIAL

II – PRELIMINARMENTE– DA INCOMPETÊNCIA ABSOLUTA

III – MÉRITO

IV – DA CONCLUSÃO

Ante o exposto, requer o réu a V. Exª.:

a) preliminarmente, seja reconhecida a defesa processual apresentada pelo réu;

b) no mérito, que julgue improcedentes os pedidos formulados na inicial, condenando o Autor nos ônus da sucumbência;

c) provar o alegado por todos os meios de prova previstos em lei, especialmente pelos documentos ora juntados aos autos.

Termos em que

Pede deferimento.

Local... e Data...

Advogado...

OAB nº...

CAPÍTULO 17

VISÃO GERAL DOS RECURSOS

Proferida uma decisão judicial, é comum que a parte que sucumbiu não fique satisfeita com o resultado que não a beneficiou e, com isso, tentará reverter o que foi decidido por meio de um dos recursos previstos no ordenamento jurídico.

Segundo José Carlos Barbosa Moreira[1]: "recurso é o remédio voluntário, idôneo a ensejar, dentro do mesmo processo, a reforma, a invalidação, o esclarecimento ou a integração de decisão judicial que se impugna".

Espécies de recursos previstos no CPC

> Art. 994. São cabíveis os seguintes recursos:
>
> I - apelação;
>
> II - agravo de instrumento;
>
> III - agravo interno;
>
> IV - embargos de declaração;
>
> V - recurso ordinário;
>
> VI - recurso especial;
>
> VII - recurso extraordinário;
>
> VIII - agravo em recurso especial ou extraordinário;
>
> IX - embargos de divergência.

---

1 Barbosa Moreira, José Carlos. *Comentários ao Código de Processo Civil*, vol. V, p. 233, Editora Forense, 2005.

▶ Princípios norteadores

- **Princípio do duplo grau de jurisdição:** Para grande parte da doutrina, não constitui garantia constitucional, pois, além de inexistir previsão expressa (há referência do texto constitucional apenas à competência dos tribunais para julgamento de recursos e acesso à justiça), a própria CRFB/88 admite hipóteses de instância única (competência originária dos Tribunais Superiores, por exemplo). Pode ser considerado um princípio implícito.
- **Princípio da singularidade:** A regra é a de que para cada decisão haja apenas um recurso adequado para impugná-la.
- **Princípio da taxatividade:** Os recursos estão expressamente previstos em lei (CPC, Lei dos Juizados Especiais Cíveis, dentre outras).
- **Princípio da Fungibilidade:** Dá-se dá diante da existência de zona cinzenta sobre o recurso cabível, tendo como requisitos a dúvida objetiva, ausência de erro grosseiro, e respeito ao prazo.

▶ Objetivos principais do recurso

O erro na decisão que pode embasar o cabimento do recurso pode ser *in procedendo* e/ou *in judicando*.

O erro *in procedendo* consiste no erro do juiz ao proceder. É um erro de forma. O magistrado inobserva os requisitos formais necessários para a prática do ato, culminando num decisório nulo. É o exemplo da sentença que falta parte dispositiva ou a que concede pedido que a parte autoral não postulou (sentença *extra petita*). Diante disso, o recorrente deve pleitear a INVALIDAÇÃO da sentença e não a sua REFORMA.

De outro norte, no que atine ao ***erro in judicando***, este consiste no ato pelo qual o juiz se equivoca quanto à apreciação da demanda, seja porque erra na interpretação da lei, seja por que não adequa corretamente os fatos ao plano abstrato da norma. O magistrado erra ao julgar. Tal erro recai sobre o próprio conteúdo que compõe o litígio. É erro material. Enseja a REFORMA da decisão e não INVALIDAÇÃO.

Nada impede que o recorrente aponte, em um mesmo recurso, a existência de erro de forma e de julgamento.

► Efeitos dos recursos

- **Suspensivo:** suspende os efeitos da decisão impedindo a sua consumação até o julgamento do recurso. Sendo a sentença condenatória, o efeito suspensivo obsta a execução provisória da decisão.
- **Devolutivo:** comum a todos os recursos, este efeito adia a formação da coisa julgada e propicia o exame do mérito do recurso.

► Natureza da "decisão"

- **Decisão Interlocutória:** o juiz decide algum incidente no processo (concessão de tutela de urgência ou não...), mas não põe fim ao processo.
- **Sentença:** é o pronunciamento por meio do qual o juiz, com fundamento nos arts. 485 e 487, põe fim à fase cognitiva do procedimento comum, bem como extingue a execução, conforme o art. 203, § 1º, do CPC.
- **Acórdão:** quando se tratar de decisão do **órgão colegiado do Tribunal**, nos termos do art. 204, do CPC.
- **Decisão monocrática:** proferida pelo relator do recurso.

Recursos cabíveis:

<table>
<tr><td>Em 1º grau de Jurisdição:</td><td colspan="2">• Da sentença, cabe Apelação (art. 1.009, do CPC)
• De determinadas decisões interlocutórias cabe Agravo de instrumento (art. 1.015, do CPC)
• Do Despacho, decisão que simplesmente dá andamento ao processo e não é dotada de caráter decisório, não cabe recurso (art. 1.001, do CPC)</td></tr>
<tr><td rowspan="2">No Tribunal:</td><td>• Dos Acórdãos, podem caber:</td><td>• Recurso Ordinário Constitucional
• Recurso Extraordinário
• Recurso Especial
• Embargos de Divergência</td></tr>
<tr><td>• Das decisões monocráticas dos Relatores:</td><td>• Agravo interno
• Agravo em Recurso Especial e em Recurso Extraordinário</td></tr>
</table>

Obs.: Os Embargos de Declaração são cabíveis contra qualquer espécie de decisão!

▶ Juízo de admissibilidade e juízo de mérito

Para que um recurso seja admitido, a legislação processual prevê uma série de exigências que precisam ser cumpridas. Apenas se observados os pressupostos de admissibilidade é que os recursos serão apreciados no seu mérito, pelo órgão competente.

No juízo de admissibilidade é preciso comprovar, necessariamente, os seguintes requisitos: a legitimidade, o interesse, a tempestividade, o cabimento e o preparo.

Pedimos ao Juízo que avaliará a admissibilidade do recurso (por meio de uma Peça de Interposição) que ele seja "conhecido e recebido" e, ao Juízo de Mérito, que o recurso seja "conhecido e provido".

Não há valor da causa nos recursos.

CAPÍTULO 18

APELAÇÃO

O art. 1.009 do CPC indica que da sentença caberá apelação (arts. 485 e 487, do CPC). Relembramos que sentença é o ato em que há resolução do mérito ou em que o processo é extinto em primeiro grau (no âmbito estadual ou federal), sem resolução do mérito, conforme o art. 203, § 1°, do CPC.

A Apelação permite a ampla proteção ao direito subjetivo do recorrente, admitindo a análise das matérias de direito e de fato.

Segundo o art. 1.010, do CPC, a apelação será interposta por petição dirigida ao juiz da causa (a peça de interposição) e, na sequência, a petição com as razões recursais deve ser dirigida ao órgão colegiado julgador. A petição de interposição hoje na Apelação é uma formalidade que deve ser cumprida com o intuito de que o Juízo de origem determine a intimação do recorrido para oferecer as contrarrazões. Não há mais juízo de admissibilidade na apelação.

Também é importante destacarmos que na forma do art. 1.009, § 1°, do CPC: "As questões resolvidas na fase de conhecimento, se a decisão a seu respeito não comportar agravo de instrumento, não são cobertas pela preclusão e devem ser suscitadas em preliminar de apelação, eventualmente interposta contra a decisão final, ou nas contrarrazões". Com isso, quando a decisão interlocutória não puder ser impugnada por meio do agravo de instrumento (art. 1.015, do CPC), poderá ser questionada em preliminar de apelação, ou, até mesmo, como objeto principal do recurso.

A apelação será recebida em seu efeito devolutivo, e de acordo com o art. 1.012, do CPC, também terá efeito suspensivo.

Entretanto, o § 1° do citado dispositivo trata de hipóteses, além de outras previstas em lei, em que a sentença começa a produzir efeitos imediatamente após a sua publicação. É o caso da sentença que:

I - homologa divisão ou demarcação de terras;

II - condena a pagar alimentos;

III - extingue sem resolução do mérito ou julga improcedentes os embargos do executado;

IV - julga procedente o pedido de instituição de arbitragem;

V - confirma, concede ou revoga tutela provisória;

VI - decreta a interdição.

Na forma do art. 1.003, § 5°, do CPC, o prazo para interpor e para responder a Apelação é de 15 (quinze) dias.

Além disso, salvo concessão de gratuidade de justiça, é preciso recolher o preparo e custas de porte de remessa e de retorno (art. 1.007, do CPC) e a guia de recolhimento deverá ser anexada à peça processual.

Remissões importantes!

Lei 9.507/97	Lei 4.717/65	Lei 12.016/09
Art. 15. Da sentença que conceder ou negar o *ha-beas data* cabe apelação.	Art. 19. A sentença que concluir pela carência ou pela improcedência da ação está sujeita ao duplo grau de jurisdição, não produzindo efeito senão depois de confirmada pelo tribunal; da que julgar a ação procedente caberá apelação, com efeito suspensivo.	Art. 14. Da sentença, denegando ou concedendo o mandado, cabe apelação.

► Caso concreto

(OAB XI Exame)

Fábio é universitário, domiciliado no Estado K e pretende ingressar no ensino superior através de nota obtida pelo Exame Nacional, organizado pelo Ministério da Educação. Após a divulgação dos resultados, Fábio é surpreendido com seu baixo desempenho nas questões discursivas, a transparecer que não corrigiram adequadamente sua prova, ou deixaram de lançar ou somar as notas das questões, o que inviabiliza seu ingresso na entidade preferida. Não há previsão de vista de prova e nem de recurso administrativo no edital, sendo certo que existe agente público do Ministério da Educação responsável pelo exame em cada estado da federação, denominado de Coordenador Estadual do Exame Nacional, sediado na capital. Fábio requereu vista de prova e revisão da mesma ao Coordenador Estadual do Exame Nacional, tendo o seu pedido sido indeferido, por ausência de previsão editalícia. Inconformado, Fábio contrata advogado que impetra mandado de segurança, objetivando ter vista da prova, tendo a liminar sido indeferida, sem interposição de recurso. Após trinta dias de tramitação, surge sentença que julga improcedente o pedido, confirmando a legalidade da recusa de acesso à prova por falta de previsão no edital. A decisão restou clara, sem qualquer vício de omissão, contradição ou obscuridade. Foram opostos embargos de declaração, os quais foram rejeitados. Fábio, por meio do seu advogado, apresenta o recurso pertinente.

Redija a peça recursal cabível ao tema. A simples menção ou transcrição do dispositivo legal não pontua.

Elaboração e identificação da peça:

3 Passos:	
Passo 1	identificação da decisão objeto do recurso
Passo 2	verificar o recurso cabível para impugnar a decisão
Passo 3	verificar se há ou não peça de interposição

▶ Peça processual

(primeira folha, peça de interposição)

EXMº. SR. DR. JUIZ FEDERAL DA ... VARA FEDERAL ... DA SEÇÃO JUDICIÁRIA DO ESTADO K. (Juízo recorrido)

(3 linhas, em média)

Processo nº:...

(2 linhas, em média)

Fábio, já qualificado nos autos do Mandado de Segurança de número em epígrafe, que move em face do Coordenador Estadual do Exame Nacional, inconformado com a sentença proferida às fls. ..., vem, por seu advogado, conforme procuração anexa, com escritório..., nesta cidade, endereço que indica para os fins do art. 77, V, do CPC, interpor, tempestivamente, a presente APELAÇÃO nos termos do artigo 1.009, do CPC, esperando que V. Exa determine o requerimento da intimação do recorrido para oferecer as contrarrazões, e, que os autos sejam remetidos ao Tribunal Regional Federal da ... Região.

Termos em que,

Pede deferimento.

Local... e data...

Advogado...

OAB nº...

(segunda folha)

AO TRIBUNAL REGIONAL FEDERAL DA ... REGIÃO

(1 linha)

APELANTE: FÁBIO

(1 linha)

APELADO: Coordenador Estadual do Exame Nacional

(1 linha)

RAZÕES DE APELAÇÃO

I. TEMPESTIVIDADE

O presente recurso é tempestivo, tendo em vista que foi interposto no prazo de 15 dias, previsto no art. 1.003, § 5º, do CPC.

II. CABIMENTO

O recurso cabível em face de uma sentença de juiz de primeiro grau é a apelação, segundo prevê o art. 1.009, do CPC.

A apelação em face de sentença denegatória de mandado de segurança também está presente no art. 14, da Lei 12.016/09.

III. PREPARO

O preparo e o porte de remessa e de retorno foram devidamente recolhidos, na forma do art. 1.007, do CPC.

IV. BREVE RELATO DOS FATOS

(narrativa dos principais atos do processo até a sentença = inicial, defesa, principais atos probatórios e a sentença).

Por sua vez, o Magistrado recorrido prolatou sentença julgando improcedente o pedido formulado pelo ora Apelante e, como será demonstrado a seguir, a sentença merece ser reformada.

III. RAZÕES PARA REFORMA.

(fundamentos jurídicos para a reforma ou anulação da sentença recorrida)

Art. 5º, LXIX

Lei 12.016/09

Princípio da legalidade (Art. 5º, II, da CRFB/88)

Princípio da publicidade (Art. 37, *caput*, da CRFB/88)

Direito de petição (Art. 5º, XXXIV, da CRFB/88)

IV. PEDIDOS

Por todo o exposto, o Apelante requer que o presente recurso de apelação seja conhecido e provido para reforma da sentença recorrida para acolher o pedido inicial...

Requer, ainda, a condenação do Recorrido nos ônus da sucumbência.

Termos em que,

Pede deferimento.

Local... e data...

Advogado...

OAB nº...

CAPÍTULO 19

AGRAVOS

Os agravos são recursos cabíveis em face de decisões interlocutórias, ou seja, aquelas proferidas antes da prolação da sentença, tais como: as que deferem ou não a apresentação de provas (ex.: oitiva de testemunhas, provas documentais), as decisões relativas à gratuidade de justiça...

São dois tipos de agravo, segundo a doutrina:

contra decisão de 1° grau:	contra decisão de 2° grau:
Agravo de instrumento.	O agravo pode ser interno, ou agravo em Recurso Especial e em Recurso Extraordinário.

Estudaremos a seguir os principais aspectos de cada um dos Agravos.

▶ Agravo de instrumento

1) **BASE LEGAL**: Arts. 1.015 a 1.020, do CPC.

2) **CABIMENTO:** É o recurso cabível em face de decisões interlocutórias proferidas pelo Juízo de 1° grau, mas *apenas* quando versarem sobre: tutelas provisórias; mérito do processo; rejeição da alegação de convenção de arbitragem; incidente de desconsideração da personalidade jurídica; rejeição do pedido de gratuidade da justiça ou acolhimento do pedido de sua revogação; exibição ou posse de documento ou coisa; exclusão de litisconsorte; rejeição do pedido de limitação do litisconsórcio; admissão ou inadmissão de intervenção de terceiros; concessão, modificação ou revogação do efeito suspensivo aos embargos à execução; redistribuição do ônus da prova nos termos do art. 373, § 1°, do CPC; decisões interlocutórias proferidas na fase de liquidação de sentença ou de cumprimento de sentença, no processo de execução e no processo de inventário; outros casos expressamente referidos em lei. São hipóteses previstas no art. 1.015, do CPC.

3) PRAZO: 15 dias (art. 1.003, § 5º, do CPC).

4) PROCEDIMENTO:

– Não há necessidade de peça de interposição.

– Há preparo (arts. 1.007 e 1.017, § 1º, do CPC).

– É encaminhado diretamente ao Tribunal.

– A petição deve atender aos requisitos do art. 1.016, do CPC e ser instruída na forma do art. 1.017, do CPC, conforme abaixo transcrito:

"Art. 1.016. O agravo de instrumento será dirigido diretamente ao tribunal competente, por meio de petição com os seguintes requisitos: I – os nomes das partes; II – a exposição do fato e do direito; III – as razões do pedido de reforma ou de invalidação da decisão e o próprio pedido; IV – o nome e o endereço completo dos advogados constantes do processo."	"Art. 1.017. A petição de agravo de instrumento será instruída: I – obrigatoriamente, com cópias da petição inicial, da contestação, da petição que ensejou a decisão agravada, da própria decisão agravada, da certidão da respectiva intimação ou outro documento oficial que comprove a tempestividade e das procurações outorgadas aos advogados do agravante e do agravado; II – com declaração de inexistência de qualquer dos documentos referidos no inciso I, feita pelo advogado do agravante, sob pena de sua responsabilidade pessoal; III – facultativamente, com outras peças que o agravante reputar úteis. § 1º Acompanhará a petição o comprovante do pagamento das respectivas custas e do porte de retorno, quando devidos, conforme tabela publicada pelos tribunais. [...]".

– Recebido o AI no Tribunal e distribuído imediatamente, se não for o caso de aplicação do art. 932, incisos III e IV, do CPC, o relator adotará as providências previstas no art. 1.019, do CPC, no prazo de cinco dias.

5) TUTELA DE URGÊNCIA NO AGRAVO DE INSTRUMENTO

O relator poderá atribuir efeito suspensivo ao recurso ou deferir, em antecipação de tutela, total ou parcialmente, a pretensão recursal, comunicando ao juiz sua decisão, na forma do art. 1.019, I, do CPC.

Para pleitear a concessão da antecipação da tutela recursal, o agravante deverá comprovar os requisitos da probabilidade do direito e do perigo de dano ou o risco ao resultado útil do processo, com base no art. 300, do CPC.

► Caso concreto – cobrado na 2ª fase de Dir. Administrativo

Norberto, brasileiro, desempregado e passando por sérias dificuldades econômicas, domiciliado no Estado "X", resolve participar de concurso público para o cargo de médico de hospital estadual. Aprovado na fase inicial do concurso, Norberto foi submetido a exames médicos, através dos quais se constatou a existência de tatuagem em suas costas. Norberto, então, foi eliminado do concurso, com a justificativa de que o cargo de médico não era compatível com indivíduos portadores de tatuagem.

Inconformado, Norberto ajuizou ação ordinária em face do Estado, de competência de vara comum, com pedido liminar, na qual requereu (i) a anulação do ato administrativo que o eliminou do concurso; e (ii) que lhe fosse deferida a possibilidade de realizar as demais etapas do certame, com vaga reservada.

1. O juízo de 1ª instância indeferiu o pedido liminar, em decisão publicada ontem, pelos seguintes motivos: 1. Os pedidos de anulação do ato de eliminação e de reserva de vaga não seriam possíveis, pois significariam atraso na conclusão do concurso;

2. A Administração Pública possui poder discricionário para decidir quais são as restrições aplicáveis àqueles que pretendem se tornar médicos no âmbito do Estado, de forma que o autor deverá provar que a decisão foi equivocada.

Diante do exposto, e supondo que você seja o advogado de Norberto, elabore a medida judicial cabível contra a decisão publicada ontem, para a defesa dos interesses de seu cliente, abordando as teses, os fundamentos legais e os princípios que poderiam ser usados em favor do autor.

► Elaboração e identificação do recurso

3 Passos:	
Passo 1	identificação da decisão objeto do recurso
Passo 2	verificar o recurso cabível para impugnar a decisão
Passo 3	verificar se há ou não peça de interposição

► Peça processual

EXMº. SR. DESEMBARGADOR PRESIDENTE DO TRIBUNAL DE JUSTIÇA DO ESTADO X

(3 linhas, em média)

Processo nº:...

(2 linhas, em média)

Norberto, já qualificado nos autos da Ação Ordinária que move em face do Estado X, inconformado com a decisão de fls. ..., vem, por seu advogado, conforme procuração anexa, com escritório..., nesta cidade, endereço que indica para os fins do art. 77, V, do CPC, interpor, tempestivamente, **AGRAVO DE INSTRUMENTO** nos termos do artigo 1.015, do CPC, esperando que seja conhecido e provido de acordo com as razões a seguir apresentadas.

Em cumprimento ao art. 1.016, IV, do CPC, informa o agravante nome e endereço dos advogados constantes do processo:

Pelo agravante:

Pelo agravado:

I – DA TEMPESTIVIDADE

II – DO CABIMENTO

III – DO PREPARO

IV – DA ANTECIPAÇÃO DA TUTELA RECURSAL

V – DA DOCUMENTAÇÃO (art. 1.017, I, do CPC)

VI – SÍNTESE DOS FATOS

VII – DAS RAZÕES DO INCONFORMISMO

(de acordo com a Banca)

Em primeiro lugar, é necessário que o examinando identifique, no caso concreto, a violação do princípio da legalidade tendo em vista que as restrições de acesso aos cargos e empregos públicos devem estar previstas em lei.

Em segundo lugar, o examinando deve alegar a violação ao princípio do livre acesso aos cargos públicos que determina que só podem ser exigidos requisitos diferenciados de acesso quando a natureza ou complexidade do cargo a ser ocupado o exigirem (Art. 37, I e II, da CRFB/88).

Também se atribuirá pontuação para o examinando que identifique o fundamento 2 da decisão agravada como equivocado tendo em vista a aplicação, *in casu*, dos princípios da proporcionalidade/razoabilidade, que delimitam o exercício do poder discricionário, tendo em vista que a referida restrição (tatuagem) não tem qualquer relação com o desempenho do cargo de médico, eis que não é medida adequada, necessária nem proporcional em sentido estrito, para que a Administração atinja os fins que pretende com a restrição ilegítima.

Por último, há que se refutar os argumentos de que "Os pedidos de anulação do ato de eliminação e de reserva de vaga não seriam possíveis, pois significariam atraso na conclusão do concurso", haja vista que não foi formulado qualquer pedido de suspensão ou interrupção do mesmo, mas tão somente que fosse garantido ao agravante o direito de prestar as fases seguintes do concurso.

VIII – CONCLUSÃO

Diante do exposto, requer este Agravante que seja reconsiderada a presente decisão para fins de...

Termos em que,

Pede deferimento.

Local... e Data...,

Advogado...

OAB nº...

► Agravo interno

1) **BASE LEGAL:** Art. 1.021, do CPC.

2) **CABIMENTO:**

- É o recurso cabível em face de certas decisões monocráticas tomadas por parte do relator de um recurso, a fim de que seja o mesmo apreciado pelo órgão colegiado competente.
- O agravo será dirigido ao relator, que intimará o agravado para manifestar-se sobre o recurso no prazo de 15 (quinze) dias, ao final do qual, não havendo retratação, o relator levá-lo-á a julgamento pelo órgão colegiado, com inclusão em pauta, de acordo com o art. 1.021, § 2º, do CPC.

3) **PRAZO:** 15 dias (art. 1.003, § 5º, do CPC).

4) **PROCEDIMENTO:**

- Não há preparo.
- Há peça de interposição dirigida ao Relator do Recurso e as Razões ao Tribunal.
- Há possibilidade de juízo de retratação, ou seja, o relator poderá voltar atrás em sua decisão.
- Se o relator não se retratar, proferirá o seu voto e apresentará o processo em mesa para julgamento do colegiado.
- Se o agravo interno for provido, o recurso (inicialmente não admitido) terá seguimento para julgamento colegiado.
- Há possibilidade de imposição de multa caso o agravo interno seja declarado manifestamente inadmissível ou improcedente em votação unânime, na forma do § 4º do art. 1.021, do CPC.

Atenção! Na forma dos parágrafos únicos dos arts. 4º, 12-C e 15 da Lei nº 9.868/99, da decisão do relator que indeferir liminarmente petição inicial inepta, não fundamentada ou manifestamente improcedente em sede de ADI, ADO e ADC, caberá agravo interno. O mesmo se aplica para a ADPF de acordo com o § 2º do art. 4º da Lei nº 9.882/99.

► Agravo em recurso especial e em recurso extraordinário

1) **BASE LEGAL:** Art. 1.042, do CPC.

2) **CABIMENTO:** É o recurso cabível especificamente em face da decisão que não admitir o recurso especial ou o recurso extraordinário, salvo quando fundada na aplicação de entendimento firmado em regime de repercussão geral ou em julgamento de recursos repetitivos.

3) **PRAZO:** 15 dias (art. 1.003, § 5º, do CPC).

4) **PROCEDIMENTO:**

- Deverá ser interposto um agravo para cada recurso não admitido.
- Há peça de interposição e a petição deverá ser dirigida ao Presidente ou ao Vice-Presidente do Tribunal de origem.
- Não há preparo (art. 1.042, § 2º, do CPC: "independe do pagamento de custas e despesas postais").
- O agravado será intimado para apresentar contrarrazões em 15 dias.
- Após o prazo de resposta, não havendo retratação, o agravo será remetido ao Tribunal Superior competente.

CAPÍTULO 20

EMBARGOS DE DECLARAÇÃO

Segundo estabelece o art. 1.022, do CPC, são oponíveis os embargos de declaração contra decisão (seja ela interlocutória, sentença ou acórdão) a fim de esclarecer obscuridade ou eliminar contradição; suprir omissão de ponto ou questão sobre o qual devia se pronunciar o juiz de ofício ou a requerimento; ou corrigir erro material.

O prazo para a oposição (o termo adequado é opor e não interpor embargos) é de 5 dias (art. 1.023, do CPC) e a sua propositura interrompe o prazo para a interposição de outros recursos.

Quando manifestamente protelatórios os embargos de declaração, o juiz ou o tribunal, em decisão fundamentada, condenará o embargante a pagar ao embargado multa não excedente a dois por cento sobre o valor atualizado da causa (art. 1.026, § 2º, do CPC).

Na reiteração de embargos de declaração manifestamente protelatórios, a multa será elevada a até dez por cento sobre o valor atualizado da causa, e a interposição de qualquer recurso ficará condicionada ao depósito prévio do valor da multa, à exceção da Fazenda Pública e do beneficiário de gratuidade da justiça, que a recolherão ao final (art. 1.026, § 3º, do CPC).

Ademais, de acordo com o § 4º, do art. 1.026, do CPC, não serão admitidos novos embargos de declaração se os dois anteriores houverem sido considerados protelatórios.

Não há peça de interposição, sendo o recurso dirigido diretamente ao juiz monocrático ou ao relator da decisão ou do recurso.

Não há preparo (art. 1.023, do CPC).

Aspectos importantes:

- **Súmula 98 do STJ:** Embargos de declaração manifestados com notório propósito de prequestionamento não têm caráter protelatório.
- **Súmula 211 do STJ:** Inadmissível recurso especial quanto à questão que, a despeito da oposição de embargos declaratórios, não foi apreciada pelo tribunal *a quo*.
- Nos termos do art. 26 da Lei nº 9.868/99, a decisão que declara a constitucionalidade ou a inconstitucionalidade da lei ou do ato normativo em ADI ou em ADC não pode ser objeto de ação rescisória, bem como é irrecorrível, ***ressalvada a possibilidade de oposição de embargos de declaração***.
- Em regra, não cabe a oposição de embargos de declaração para fins de **modulação dos efeitos da decisão de mérito proferida em sede de controle concentrado**, salvo no caso de ter havido pedido nesse sentido antes do julgamento da ação e não ter o STF se manifestado sobre o mesmo, tampouco modulado os efeitos. Há que se ressaltar que, em caso recente, esta regra foi mitigada (*Ver ADI nº 3601*).

▶ Modelo simples de Embargos de Declaração

EXMº. SR. DR. JUIZ DE DIREITO DA...VARA...DA COMARCA DE...DO ESTADO... (Ou Tribunal, dependendo do caso)

NOME, nacionalidade..., estado civil (ou existência de união estável)..., profissão..., portador do RG nº.. e do CPF nº..., endereço eletrônico..., residente e domiciliado..., nesta cidade, por seu advogado infra-assinado, conforme procuração anexa..., com escritório ..., endereço que indica para os fins do art. 77, V, do CPC, com fundamento no art. 1.022, do CPC, nos autos da Ação... que move em face de (ou que lhe é movida por), vem opor **EMBARGOS DE DECLARAÇÃO** nos termos a seguir aduzidos.

I - TEMPESTIVIDADE

II - SÍNTESE DOS FATOS

III - DA OMISSÃO (OU DA OBSCURIDADE OU CONTRADIÇÃO)

IV - CONCLUSÃO

Diante do exposto, aguarda o Embargante sejam os presentes embargos conhecidos e providos, para que a sentença (ou acórdão) embargada seja completada no tocante à omissão...

Termos em que,

Pede deferimento.

Local... e Data...,

Advogado...

OAB nº...

CAPÍTULO 21

RECURSO ORDINÁRIO CONSTITUCIONAL

Os recursos podem ser divididos entre ordinários e extraordinários. São ordinários aqueles recursos que tenham por objeto próximo a proteção do direito subjetivo do recorrente, que permitam a discussão das matérias de direito e de fato e que tenham admissibilidade geral não se sujeitando a requisitos especialíssimos (Ex.: a Apelação). Os extraordinários (RE e RESP), com sede na Constituição, restringem a análise à matéria de direito, exigem a comprovação de prequestionamento, além de outras condições de admissibilidade.

Nesse sentido, o Recurso Ordinário Constitucional (ROC), denominado por alguns autores de "Apelação Constitucional", é verdadeiramente um recurso ordinário muito embora sua previsão seja constitucional.

O ROC é dirigido ao STF e ao STJ, exclusivamente nas hipóteses disciplinadas nos art. 102, II, e 105, II, da CRFB/88. Não há ROC fora da Constituição!

► Recurso ordinário constitucional para o STF

Na forma do art. 102, II, a, da CRFB/88, o STF julgará pelo presente recurso, as decisões **DENEGATÓRIAS** proferidas em *habeas corpus*, mandado de segurança, *habeas data* e mandado de injunção, em **ÚNICA** instância, pelos tribunais superiores (são casos em que os tribunais superiores têm competência originária para julgamento do remédio).

Por se tratar de recurso cabível apenas quando houver decisões denegatórias nas ações constitucionais mencionadas, apenas o impetrante tem legitimidade para interpô-lo, de forma que o réu, ante uma decisão concessiva, deverá valer-se de outro recurso.

Decisão denegatória significa além da decisão que julga improcedente o pedido, as que extinguem o processo sem apreciação do mérito.

O art. 102, II, b, da CRFB/88, estabelece que também caberá ROC em face de sentença proferida no julgamento de crime político[1] (art. 109, IV), ou seja, diferentemente dos demais casos, esse é um ROC em face de decisão de primeiro grau da justiça federal!

O prazo para interposição do recurso ordinário constitucional nas hipóteses acima apresentadas é de 15 dias (art. 1.003, § 5°, do CPC).

Salvo nas hipóteses de ROC em *habeas data* e em *habeas corpus* (diante da gratuidade dos dois institutos), há necessidade de recolhimento do preparo e das custas com o porte de remessa e de retorno (art. 1.007, do CPC).

O recurso é dividido na peça de interposição e nas razões recursais. Poderá ser interposto perante o Presidente do tribunal recorrido (STJ, TST, TSE ou STM) ou no caso do art. 102, II, b, perante o juízo de primeiro grau federal. A petição de interposição hoje no ROC é uma formalidade que deve ser cumprida com o intuito de que o Juízo de origem determine a intimação do recorrido para oferecer as contrarrazões. Não há mais juízo de admissibilidade no ROC.

No âmbito infraconstitucional o ROC é regulamentado pelos arts. 1.027 e 1.028, do CPC.

► Recurso ordinário constitucional para o STJ

O art. 105, II, "a", da CRFB/88, estabelece que o STJ julgará pelo presente recurso, as decisões **DENEGATÓRIAS** proferidas em "habeas-corpus" decididos em **ÚNICA** ou **ÚLTIMA** instância pelos Tribunais Regionais Federais ou pelos tribunais dos Estados, do Distrito Federal e Territórios (casos em que os referidos tribunais têm competência originária ou recursal para o julgamento do *habeas corpus*).

Na forma do art. 30, da Lei 8038/90 o prazo para a interposição do recurso na hipótese acima é de 5 dias e não há recolhimento de preparo ou pagamento das demais custas, tendo em vista a natureza gratuita do instituto.

---

1 Para alguns autores, crimes políticos seriam os definidos pela Lei 7.170/83 (Lei de Segurança Nacional).

Art. 1º – Esta Lei prevê os crimes que lesam ou expõem a perigo de lesão: I – a integridade territorial e a soberania nacional; II – o regime representativo e democrático, a Federação e o Estado de Direito; III – a pessoa dos chefes dos Poderes da União.

Já o art. 105, II, b, da CRFB/88, estabelece que o STJ julgará pelo presente recurso, as decisões **DENEGATÓRIAS** proferidas em mandado de segurança decididos em **ÚNICA** instância pelos Tribunais Regionais Federais ou pelos tribunais dos Estados, do Distrito Federal e Territórios (casos em que os referidos tribunais têm competência originária para o julgamento do remédio).

O art. 105, II, c, da CRFB/88, estabelece que também caberá ROC em face de sentença proferida no julgamento das causas em que forem partes Estado estrangeiro ou organismo internacional, de um lado, e, do outro, Município ou pessoa residente ou domiciliada no País (art. 109, II, da CRFB/88), ou seja, mais um ROC em face de sentença de juiz singular federal.

O prazo para interposição do recurso ordinário constitucional nas hipóteses acima apresentadas é de 15 dias (art. 1.003, § 5°, do CPC) e, diferentemente do ROC em *habeas corpus*, há necessidade de recolhimento do preparo e das custas com o porte de remessa e de retorno (art. 1.007, do CPC).

O recurso é dividido na peça de interposição e nas razões recursais. Poderá ser interposto perante o Presidente do tribunal recorrido (TJ ou TRF) ou no caso do art. 105, II, c, da CRFB/88, perante o juízo de primeiro grau federal. Como dissemos acima, tendo em vista que não há mais juízo de admissibilidade no ROC, a petição de interposição é uma formalidade que deve ser cumprida com o intuito de que o Juízo de origem determine a intimação do recorrido para oferecer as contrarrazões.

► Caso concreto

(OAB IV EXAME)

Tício, brasileiro, divorciado, empresário, domiciliado no município M, inconformado com ato praticado pelo Governador do seu Estado de origem, que negou acesso a elementos que permitissem a certificação de situações capazes de gerar ação popular, impetrou Mandado de Segurança perante o Tribunal de Justiça local, órgão competente de forma originária, para conhecer e julgar a questão. A segurança foi denegada, pretendendo o impetrante interpor recurso alegando a violação de preceitos constitucionais, como o direito de petição, o acesso à Justiça e os atinentes à Administração Pública. Não houve deferimento da gratuidade de Justiça. Na qualidade de advogado, elabore a peça cabível, contra a decisão que denegou a segurança, observando: a) competência do Juízo; b) legitimidade ativa e passiva; c) fundamentos de mérito constitucionais e legais vinculados; d) os requisitos formais da peça; e) adequação do recurso.

Elaboração e identificação do recurso:

3 Passos:	
Passo 1	identificação da decisão objeto do recurso
Passo 2	verificar o recurso cabível para impugnar a decisão
Passo 3	verificar se há ou não peça de interposição

▶ Peça Processual

1ª página (peça de interposição)

EXMº. SR. DESEMBARGADOR PRESIDENTE DO TRIBUNAL DE JUSTIÇA... (Juízo recorrido)

(3 linhas)

Processo nº:...

(2 linhas)

Tício, brasileiro, divorciado, empresário, domiciliado no município M, nos autos do Mandado de Segurança de número em epígrafe, que move em face do Governador do Estado..., inconformado com a decisão proferida às fls. ..., que denegou a segurança pretendida, vem, por seu advogado, conforme procuração anexa, com escritório..., nesta cidade, endereço que indica para os fins do art 77, V, do CPC, interpor, tempestivamente, o presente RECURSO ORDINÁRIO nos termos do artigo 105, II, b, da CRFB/88 e dos arts. 1.027 e 1.028, do CPC, esperando que V. Exa determine o requerimento da intimação do recorrido para oferecer as contrarrazões e que os autos sejam remetidos ao Superior Tribunal de Justiça.

Termos em que,

Pede deferimento.

Local... e data...

Advogado...

OAB nº...

2ª página (peça de razões)

AO SUPERIOR TRIBUNAL DE JUSTIÇA

RECORRENTE: Tício

RECORRIDO: Governador do Estado...

RAZÕES DE RECURSO

I – DA TEMPESTIVIDADE

O presente recurso é tempestivo, tendo em vista que foi interposto no prazo de 15 dias, previsto no art. 1.003, § 5º, do CPC.

II – DO CABIMENTO DO RECURSO

O recurso cabível em face de decisão denegatória de mandado de segurança decidido em única instância pelos Tribunais Regionais Federais ou pelos Tribunais dos Estados e do Distrito Federal e Territórios é o recurso ordinário para o STJ, na forma do art. 1.027, II, a, do CPC.

O presente recurso também está previsto no art. 105, II, b, da CRFB/88.

III – PREPARO

O preparo e o porte de remessa e de retorno foram devidamente recolhidos, na forma do art. 1.007, do CPC.

IV – DA SÍNTESE DOS FATOS

V – DOS FUNDAMENTOS JURÍDICOS

Direito ao Mandado de Segurança – CRFB, art. 5º, LXIX / Lei 12.016/09.

Direito à propositura de ação popular – CRFB, art. 5º, LXXIII/Lei 4717/65.

Direito de petição – CRFB, art. 5º, XXXIV

Direito de acesso a informações – CRFB, art. 5º, XXXIII

VI – DOS PEDIDOS

Face ao acima exposto, o Recorrente pede seja dado provimento ao presente Recurso para reformar a decisão _______, além da condenação do Recorrido nos ônus sucumbenciais.

Termos em que,

Pede deferimento.

Local... e data...

Advogado...

OAB nº...

(Peça OAB – XIV Exame)

João e José são pessoas com deficiência física, tendo concluído curso de nível superior. Diante da abertura de vagas para preenchimento de cargos vinculados ao Ministério da Agricultura, postularam a sua inscrição no número que deveria ser reservado, por força de disposição em lei federal, aos deficientes físicos com o grau de deficiência de João e José, o que restou indeferido por ato do próprio Ministro de Estado, aduzindo que a citada lei, apesar de vigente há 2 (dois) anos e com plena eficácia, não se aplicaria àquele concurso, pois não houve previsão no seu edital. Irresignados, os candidatos apresentaram Mandado de Segurança originariamente no âmbito do Superior Tribunal de Justiça, tendo a seção competente, por maioria de votos, denegado a segurança, dando razão ao Ministro de Estado. Houve embargos de declaração, improvidos. Ainda inconformados, apresentaram o recurso cabível contra a decisão do colendo Superior Tribunal de Justiça.

Redigir o recurso cabível contra a decisão da Corte Especial. (Valor: 5,0)

Elaboração e identificação do recurso:

3 Passos:	
Passo 1	identificação da decisão objeto do recurso
Passo 2	verificar o recurso cabível para impugnar a decisão
Passo 3	verificar se há ou não peça de interposição

► Peça Processual

1ª página (peça de interposição)

EXMº. SR. MINISTRO PRESIDENTE DO SUPERIOR TRIBUNAL DE JUSTIÇA

(3 linhas)

Processo nº:...

(2 linhas)

João e José, devidamente qualificados nos autos do Mandado de Segurança de número em epígrafe, que movem em face do Ministro de Estado da Agricultura, inconformados com a decisão proferida às fls. ..., que denegou a segurança pretendida, vem, por seu advogado, conforme procuração anexa, com escritório..., nesta cidade, endereço que indica para os fins do art. art. 77, V, do CPC, interpor, tempestivamente, o presente RECURSO ORDINÁRIO nos termos do artigo 102, II, a, da CRFB/88 e do art. 1.027, I, do CPC, esperando que seja juntada a guia de recolhimento anexa e determinada a intimação do recorrido para, em 15 (quinze) dias, apresentar as contrarrazões e que, posteriormente, sejam os autos remetidos ao Supremo Tribunal Federal.

Termos em que,

Pede deferimento.

Local... e data...

Advogado...

OAB nº...

2ª página (peça de razões)

AO SUPREMO TRIBUNAL FEDERAL

RECORRENTES: João e José

RECORRIDO: Ministro de Estado da Agricultura

RAZÕES DE RECURSO

I – DA TEMPESTIVIDADE

O presente recurso é tempestivo, tendo em vista que foi interposto no prazo de 15 dias, previsto no art. 1.003, § 5º, do CPC.

II – DO CABIMENTO DO RECURSO

O recurso cabível em face de decisão denegatória de mandado de segurança decidido em única instância pelos Tribunais Superiores é o recurso ordinário para o STF, na forma do art. 1.027, I, do CPC.

O presente recurso também está previsto no art. 102, II, a, da CRFB/88.

III – PREPARO

O preparo e o porte de remessa e de retorno foram devidamente recolhidos, na forma do art. 1.007, do CPC.

IV – DA SÍNTESE DOS FATOS

João e José impetraram Mandado de Segurança originariamente no âmbito do Superior Tribunal de Justiça, diante do indeferimento do pedido de inscrição de ambos em vagas abertas para concorrer a cargos vinculados ao Ministério da Agricultura.

Ambos sofrem de deficiência física e já concluíram curso de nível superior, tendo pleiteado as vagas dentro do número reservado aos deficientes físicos, conforme preceitua a Lei federal.... Entretanto, apesar do disposto na lei, o Ministro de Estado... indeferiu o pedido sustentando que a mesma não se aplicaria ao aludido concurso em razão da ausência de previsão editalícia.

Apesar de todo o exposto, a seção competente no âmbito do Superior Tribunal de Justiça, por maioria de votos, denegou a segurança, e os embargos de declaração julgados posteriormente foram improvidos.

V – DOS FUNDAMENTOS JURÍDICOS

Na forma do art. 5º, LXIX, da CRFB/88, o mandado de segurança será concedido para proteger direito líquido e certo, não amparado por "habeas-corpus" ou "habeas-data", quando o responsável pela ilegalidade ou abuso de poder for autoridade pública ou agente de pessoa jurídica no exercício de atribuições do Poder Público.

O mandado de segurança também está regulamentado pela Lei 12.016/09, que no art. 1º reforça a natureza residual do instituto. Dessa forma, os recorrentes possuem direito ao referido remédio constitucional, que foi improvido pela seção competente, mesmo diante das provas documentais exigidas pelo art. 6º, *caput* da Lei 12.016/09.

A reserva de vagas para os portadores de deficiência está prevista na própria Carta Constitucional, que em seu art. 37, VIII, afirma que a lei deve reservar percentual dos cargos e empregos públicos para as pessoas portadoras de deficiência e definir os critérios de sua admissão.

Além da Constituição, a Convenção Internacional sobre os direitos das pessoas com deficiência, no art. 27, 1, g, demonstra a importância de empregar pessoas com deficiência no setor público.

Ademais, deve ser preservado o princípio da legalidade, segundo o qual, ninguém será obrigado a fazer ou deixar de fazer alguma coisa senão em virtude de lei, conforme dispõe o art. 5º, II, da CRFB/88.

Importante ressaltar, também, o próprio Princípio da Isonomia, que preceitua que todos são iguais perante a lei, sem distinção de qualquer natureza, se garantindo aos brasileiros e aos estrangeiros residentes no País a inviolabilidade do direito à vida, à liberdade, à igualdade, à segurança e à propriedade, conforme extraímos do art. 5º, caput, da CRFB/88.

VI – DOS PEDIDOS

Face ao acima exposto, os Recorrentes pedem que seja dado provimento ao presente Recurso para reformar a decisão denegou a segurança, além da condenação do Recorrido nos ônus sucumbenciais.

Termos em que,

Pede deferimento.

Local... e data...

Advogado...

OAB nº...

▶ Caso concreto

(Peça OAB – XXX Exame)

Após a tramitação do respectivo processo administrativo, foi indeferido o pedido de reconsideração formulado pela sociedade empresária WW, relativo à decisão proferida pelo Secretário de Estado de Ordem Pública do Estado Alfa, que proibira a exploração de sua atividade econômica. Essa atividade consistia no reparo e no conserto de veículos automotores, sob a forma de unidade móvel, em que a estrutura da oficina, instalada em micro-ônibus, se deslocava até o local de atendimento a partir de solicitação via aplicativo instalado em aparelhos de computador ou de telefonia móvel. Ao fundamentar a sua decisão originária, cujos argumentos foram reiterados no indeferimento do pedido de reconsideração, o Secretário de Estado de Ordem Pública informou que embasara o seu entendimento no fato de a referida atividade não estar regulamentada em lei. Nesse caso, a Lei estadual nº 123/2018, que dispunha sobre suas competências, autorizava expressamente que fosse vedada a sua exploração. Por ver na referida decisão um verdadeiro atentado à ordem constitucional, a sociedade empresária WW impetrou mandado de segurança contra o ato do Secretário de Estado perante o Órgão Especial do Tribunal de Justiça, órgão jurisdicional competente para processá-lo e julgá-lo originariamente, conforme dispunha a Constituição do Estado Alfa. Para surpresa da impetrante, apesar de o Tribunal ter reconhecido a existência de prova pré-constituída comprovando o teor da decisão do Secretário de Estado, a ordem foi indeferida, situação que permaneceu inalterada até o exaurimento da instância ordinária. A situação se tornara particularmente dramática na medida em que a proibição de exploração da atividade econômica iria inviabilizar a própria continuidade da pessoa jurídica, que não conseguiria saldar seus débitos e continuar atuando no mercado, o que exigiria a imediata demissão de dezenas de empregados.

A partir da narrativa acima, elabore a petição do recurso cabível contra a decisão proferida pelo Tribunal de Justiça do Estado Alfa. (Valor: 5,00)

Elaboração e identificação do recurso:

3 Passos:	
Passo 1	identificação da decisão objeto do recurso
Passo 2	verificar o recurso cabível para impugnar a decisão
Passo 3	verificar se há ou não peça de interposição

► Peça Processual

1ª página (peça de interposição)

EXMº. SR. DESEMBARGADOR PRESIDENTE DO TRIBUNAL DE JUSTIÇA DO ESTADO ALFA

(3 linhas)

Processo nº:...

(2 linhas)

Sociedade Empresária WW, devidamente qualificada nos autos do Mandado de Segurança de número em epígrafe, que move em face do Secretário de Estado de Ordem Pública do Estado Alfa, inconformada com a decisão proferida às fls. ..., que denegou a segurança pretendida, vem, por seu advogado, conforme procuração anexa, com escritório..., nesta cidade, endereço que indica para os fins do art. art. 77, V, do CPC, interpor, tempestivamente, o presente RECURSO ORDINÁRIO nos termos do artigo 105, II, b, da CRFB/88 e do art. 1.027, II, a, do CPC, esperando que seja juntada a guia de recolhimento anexa e determinada a intimação do recorrido para, em 15 (quinze) dias, apresentar as contrarrazões e que, posteriormente, sejam os autos remetidos ao Superior Tribunal de Justiça.

Termos em que,

Pede deferimento.

Local... e data...

Advogado...

OAB nº...

2ª página (peça de razões)

AO SUPERIOR TRIBUNAL DE JUSTIÇA

RECORRENTE: Sociedade Empresária WW

RECORRIDO: Secretário de Estado de Ordem Pública do Estado Alfa

RAZÕES DE RECURSO

I – DA TEMPESTIVIDADE

O presente recurso é tempestivo, tendo em vista que foi interposto no prazo de 15 dias, previsto no art. 1.003, § 5º, do CPC.

II – DO CABIMENTO DO RECURSO

O recurso cabível em face de decisão denegatória de mandado de segurança decidido em única instância pelos tribunais de justiça dos Estados é o recurso ordinário para o STJ, na forma do art. 1.027, II, a, do CPC.

O presente recurso também está previsto no art. 105, II, b, da CRFB/88.

III – PREPARO

O preparo e o porte de remessa e de retorno foram devidamente recolhidos, na forma do art. 1.007, do CPC.

IV – DA SÍNTESE DOS FATOS

A Sociedade Empresária WW impetrou Mandado de Segurança originariamente no âmbito do Tribunal de Justiça do Estado Alfa, diante do indeferimento do pedido de reconsideração formulado relativo à decisão proferida pelo Secretário de Estado de Ordem Pública do respectivo estado, que havia proibido a exploração de sua atividade econômica sob o argumento de que tal atividade não estaria regulamentada em lei.

Em sua decisão denegatória, o Secretário invocou as mesmas razões de falta de regulamentação legal da atividade, destacando que a Lei estadual nº 123/2018, que dispunha sobre suas competências, autorizava expressamente que fosse vedada a sua exploração, que consiste no reparo e conserto de veículos automotores, sob a forma de unidade móvel.

Apesar de todo o exposto e mesmo diante da clara violação à ordem constitucional, o órgão especial do Tribunal de Justiça do Estado Alfa denegou a segurança pretendida em sede de Mandado de Segurança impetrado pela Sociedade Empresária, ora Recorrente, apesar de ter reconhecido a existência de prova pré-constituída, situação que permaneceu inalterada.

V – DO EFEITO SUSPENSIVO ATIVO AO RECURSO

Além do fundamento relevante do direito da Sociedade Empresária WW, há o risco de ineficácia da medida final se a liminar não for deferida, tendo em vista a urgência da situação, já que a vedação ao exercício da atividade econômica da Recorrente pode impedir a continuidade da pessoa jurídica. A solidez do direito está expressa nos fundamentos de mérito.

Portanto, deve ser concedida a tutela provisória para a concessão de efeito suspensivo ativo ao recurso ordinário, permitindo a continuidade do exercício da atividade econômica enquanto não apreciado o mérito, com fundamento no art. 1.027, § 2º c/c art. 1.029, § 5º, I, do CPC.

VI – DOS FUNDAMENTOS JURÍDICOS

Na forma do art. 5º, LXIX, da CRFB/88, o mandado de segurança será concedido para proteger direito líquido e certo, não amparado por "habeas-corpus" ou "habeas-data", quando o responsável pela ilegalidade ou abuso de poder for autoridade pública ou agente de pessoa jurídica no exercício de atribuições do Poder Público.

O mandado de segurança também está regulamentado pela Lei 12.016/09, que no art. 1º reforça a natureza residual do instituto. Dessa forma, a Recorrente possui direito ao referido remédio constitucional, que foi improvido pelo órgão especial competente, mesmo diante das provas documentais exigidas pelo art. 6º, *caput* da Lei 12.016/09.

A legitimidade da Recorrente decorre do fato de ser parte na relação processual, enquanto o seu interesse processual está associado ao fato de não ter tido a sua pretensão acolhida.

A Lei estadual nº 123/2018, na qual se embasou o Secretário de Estado de Ordem Pública do Estado Alfa, ora recorrido, incursionou em matéria afeta ao interesse local, de competência legislativa dos Municípios, nos termos do art. 30, I, da CRFB/88, sendo, portanto, formalmente inconstitucional.

Ademais, também é materialmente inconstitucional, na medida em que permitiu que fosse vedado o exercício de uma atividade econômica por não estar disciplinada em lei, enquanto a regra é a liberdade, ressalvados os limitadores legais, nos termos do art. 170, parágrafo único, da CRFB/88. Dessa forma, a inconstitucionalidade da Lei estadual nº 123/2018 deve ser incidentalmente reconhecida, em razão dos vícios apontados.

Por fim, o ato do Secretário de Estado violou direito líquido e certo da Recorrente de explorar a atividade econômica, o que justificaria o acolhimento do mandado de segurança, nos termos do art. 5º, LXIX, da CRFB/1988.

VII – DOS PEDIDOS

Face ao acima exposto, a Recorrente pede a concessão da tutela provisória para que seja atribuído efeito suspensivo ativo ao recurso ordinário permitindo a continuidade do exercício da atividade econômica enquanto não apreciado o mérito, e que, ao final, seja dado provimento ao presente Recurso para reformar o acórdão recorrido e a concessão da ordem, atribuindo-se caráter definitivo à tutela liminar; e que o Recorrido seja condenado nos ônus sucumbenciais.

Termos em que,

Pede deferimento.

Local... e data...

Advogado...

OAB nº...

CAPÍTULO 22

RECURSO EXTRAORDINÁRIO E RECURSO ESPECIAL

Como visto no capítulo anterior, o Recurso Extraordinário e o Recurso Especial são considerados em sentido amplo "recursos extraordinários" e não permitem uma ampla análise de fatos, restringindo a matéria ao aspecto objetivo, de direito, além de estabelecerem requisitos específicos para a sua interposição.

O recurso extraordinário visa à unidade da aplicação da matéria constitucional, a defesa da supremacia da Constituição e o recurso especial busca uniformizar a aplicação do direito federal (infraconstitucional), evitando, assim, regionalização da interpretação da norma federal no país.

O RE e o RESP são dirigidos ao STF e ao STJ, exclusivamente nas hipóteses disciplinadas nos art. 102, III, e 105, III, da CRFB/88, após esgotados todos os recursos ordinários admissíveis, segundo a súmula 281 do STF: "É inadmissível o recurso extraordinário, quando couber na Justiça de origem, recurso ordinário da decisão impugnada".

O prazo para interposição dos dois recursos é de 15 dias, seguindo a previsão do art. 1.003, § 5°, do CPC.

Há necessidade de recolhimento do preparo e das custas com o porte de remessa e de retorno, na forma do art. 1.007, do CPC.

A estrutura dos dois recursos é dividida na peça de interposição e nas razões recursais. Na forma do art. 1.029, do CPC, ambos são interpostos perante o Presidente ou o Vice-Presidente do tribunal recorrido e, em caso de admissão, são remetidos ao STF ou ao STJ conforme o caso.

Quanto aos requisitos de admissibilidade, a súmula 282 do STF assim dispõe: "É inadmissível o recurso extraordinário, quando não ventilada, na decisão recorrida, a questão federal suscitada". O enunciado exige a comprovação do prequestionamento, ou seja, o recorrente precisa comprovar que o direito discutido no bojo do recurso já foi ventilado e apreciado pelo Tribunal de origem, ou seja, a matéria não é "nova", não está sendo discutida pelos Tribunais Superiores originariamente, mas de forma extraordinária.

► Recurso extraordinário

As hipóteses de cabimento do Recurso Extraordinário estão previstas no art. 102, III, alíneas a, b, c, d, da CRFB/88 que serão a seguir analisadas em destaque.

Compete ao STF:

> Art. 102: III – julgar, mediante recurso extraordinário, as causas decididas em única ou última instância, quando a decisão recorrida:

A regra geral é a de que o RE tenha por objeto acórdão de Tribunal, entretanto, admite-se, eventualmente, a interposição do recurso em face de decisão de Turma de Juizado Especial.

> a) contrariar dispositivo desta Constituição;

"Contrariar" significa não aplicar, aplicar indevidamente a norma constitucional e é a hipótese mais comum de cabimento do RE, em defesa da Supremacia da Constituição.

> b) declarar a inconstitucionalidade de tratado ou lei federal;

Nessa hipótese o Tribunal anterior realizou o controle difuso, incidental de constitucionalidade. "lei federal" deve ser compreendida como a norma elaborada pelo Congresso Nacional ou pelo Presidente da República, Ex.: lei ordinária federal, lei complementar federal, medida provisória...

> c) julgar válida lei ou ato de governo local contestado em face desta Constituição.

"Lei local" é a norma primária estadual, distrital ou municipal; leis ordinárias, complementares... Já "ato de governo" local significa o ato administrativo praticado por agente público no âmbito do Poder Executivo, Legislativo e Judiciário, no plano estadual, distrital ou municipal, tais como: decretos, portarias, circulares etc..

> d) julgar válida lei local contestada em face de lei federal.

Como a decisão sobre o conflito federativo está sob a responsabilidade do STF, quando a decisão recorrida confirma a constitucionalidade de uma lei estadual, distrital ou municipal em face de uma norma federal, é também cabível o recurso extraordinário. É uma hipótese muito comum envolvendo os arts. 22 e 24, da CRFB/88.

Com a reforma promovida pela EC nº 45/2004, além de fundamentar o recurso extraordinário em uma das hipóteses do art. 102, III, da CRFB/88 e de comprovar o prequestionamento, o recorrente deverá, com base no § 3º do art. 102, demonstrar a repercussão geral das questões constitucionais discutidas no caso, nos termos da lei, a fim de que o Tribunal examine a admissão do recurso, somente podendo recusá-lo pela manifestação de dois terços de seus membros.

Trata-se de mais um requisito de admissibilidade do recurso, ou como dizem alguns doutrinadores, instrumento de filtragem recursal, também previsto no art. 1.035, do CPC.

Importante destacarmos que a preliminar da repercussão geral é ônus do recorrente e deverá ser feita na mesma petição do recurso, e que o órgão competente para apreciá-la é somente o Supremo Tribunal Federal.

Segundo afirma Luis Guilherme Marinoni,[1] a repercussão geral é formada pelo binômio: relevância + transcendência, ou seja, a questão debatida deverá ser relevante sob o ponto de vista econômico, político, social ou jurídico, além de transcender para além do interesse subjetivo das partes na causa. Presente o binômio, caracterizada estaria a repercussão geral da controvérsia e o Supremo deveria admitir o recurso e apreciá-lo no mérito.

Não há necessidade, imperioso destacar, que a controvérsia seja importante sob todos os ângulos da análise, basta que seja caracterizada a relevância em uma dessas perspectivas. Nesse sentido, entendemos que as questões tributárias, previdenciárias, as ações coletivas, relativas à educação e à saúde, pela sua própria natureza, deverão estar, em regra, incluídas na relevância da repercussão geral, mas de qualquer forma compete ao STF a aferição efetiva em cada caso concreto.[2]

---

1 MARINONI, Luís Guilherme. Repercussão Geral no Recurso Extraordinário, 1ª ed., São Paulo: Revista dos Tribunais, 2007.

2 A título de exemplo, são algumas das matérias com repercussão geral, de acordo com a jurisprudência do STF:

Como o Procurador-Geral da República atua em todos os processos de competência do STF, devemos pleitear a sua oitiva (ou intimação) no Recurso Extraordinário.

▶ Súmulas STF

- ▶ Súmula 279: Para simples reexame de prova não cabe recurso extraordinário

- ▶ Súmula 280: Por ofensa a direito local não cabe recurso extraordinário.

- ▶ Súmula 281: É inadmissível o recurso extraordinário, quando couber na justiça de origem, recurso ordinário da decisão impugnada.

- ▶ Súmula 282: É inadmissível o recurso extraordinário, quando não ventilada, na decisão recorrida, a questão federal suscitada.

- ▶ Súmula 283: É inadmissível o recurso extraordinário, quando a decisão recorrida assenta em mais de um fundamento suficiente e o recurso não abrange todos eles.

- ▶ Súmula 640: É cabível recurso extraordinário contra decisão proferida por juiz de primeiro grau nas causas de alçada, ou por turma recursal de juizado especial cível e criminal.

- ▶ Súmula 735: Não cabe recurso extraordinário contra acórdão que defere medida liminar.

▶ Recurso especial

As hipóteses de cabimento do Recurso Especial estão previstas no art. 105, III, alíneas *a*, *b*, *c*, da CRFB/88 que serão a seguir analisadas em destaque.

"IMUNIDADE. EXPORTAÇÕES. CONTRIBUIÇÃO SOCIAL SOBRE O LUCRO. Surge com repercussão geral definir o alcance de imunidade quanto à Contribuição Social sobre o Lucro no que a Corte de origem refutou a não incidência do tributo" (STF, RE 564.413/SC, Plenário, Rel. Min. Marco Aurélio, j. 12.12.2007, DJ 14.12.2007);

"DIREITO INTERTEMPORAL. APLICAÇÃO RETROATIVA DE LEIS SOBRE PLANOS DE SAÚDE. REPERCUSSÃO GERAL RECONHECIDA. Há repercussão geral na questão sobre a aplicação retroativa de leis sobre planos de saúde aos contratos firmados antes da sua vigência, à luz do art. 5º, inc. XXXVI, da Constituição da República" (STF, RE 578.801 RG/RS, Rel.ª Min.ª Cármen Lúcia, j. 16.10.2008, DJ 31.10.2008).

Compete ao STJ:

> Art. 105: III – julgar, em recurso especial, as causas decididas, em única ou última instância, pelos Tribunais Regionais Federais ou pelos tribunais dos Estados, do Distrito Federal e Territórios, quando a decisão recorrida:

Somente acórdãos proferidos por Tribunais (TJ ou TRF) podem ser objeto do RESP. As decisões das Turmas de Juizados especiais estão excluídas de apreciação. SÚMULA Nº 203, STJ: Não cabe recurso especial contra decisão proferida, nos limites sua competência, por órgão de segundo grau dos Juizados Especiais.

> a) contrariar tratado ou lei federal, ou negar-lhes vigência;

Essa é a hipótese mais comum de cabimento do RESP. A decisão recorrida viola o direito federal, aplicando-o indevidamente ou negando- -lhe vigência. "Lei federal" deve ser compreendida como a norma elaborada pelo Congresso Nacional ou pelo Presidente da República, Ex.: lei ordinária federal, lei complementar federal, medida provisória...

> b) julgar válido ato de governo local contestado em face de lei federal;

"Ato de governo local" é aquele praticado por agentes públicos dotados de certa parcela de poder, independentemente se Poder Executivo, Legislativo ou Judiciário desde que no plano estadual, distrital ou municipal. "Lei federal" deve ser compreendida de forma ampla, como já explicado. Atenção! Aqui é ato de governo local e não lei local (que dá ensejo ao RE).

> c) der a lei federal interpretação divergente da que lhe haja atribuído outro tribunal.

Aqui a divergência no tocante a aplicação do direito federal é entre Tribunais distintos. Súmula 13, do STJ: "A divergência entre julgados do mesmo Tribunal não enseja recurso especial".

O requisito da repercussão geral já estudado não se aplica ao recurso especial.

► Súmulas STJ

- **Súmula 7:** A pretensão de simples reexame de prova não enseja recurso especial.
- **Súmula 83:** Não se conhece do recurso especial pela divergência, quando a orientação do tribunal se firmou no mesmo sentido da decisão recorrida.

- **Súmula 86:** Cabe recurso especial contra acórdão proferido no julgamento de agravo de instrumento.

- **Súmula 126:** É inadmissível recurso especial, quando o acórdão recorrido assenta em fundamentos constitucional e infraconstitucional, qualquer deles suficiente, por si só, para mantê-lo, e a parte vencida não manifesta recurso extraordinário.

- **Súmula 203:** Não cabe recurso especial contra decisão proferida por órgão de segundo grau dos juizados especiais.

► Caso concreto

(OAB X Exame)

O Tribunal de Justiça do Estado J julgou improcedente ação direta de inconstitucionalidade proposta pelo Prefeito do município W, tendo o acórdão declarado constitucional norma da lei orgânica municipal que dispôs que o Prefeito e o Vice-Prefeito não poderiam ausentar-se do país, por qualquer período sem autorização da Câmara Municipal. No prazo recursal foram ofertados embargos declaratórios, improvidos.

Contratado como advogado pelo Prefeito do Município, após a decisão proferida nos embargos declaratórios, apresente a peça cabível. (Valor: 5,0).

Elaboração e identificação do recurso

3 Passos:	
Passo 1	identificação da decisão objeto do recurso
Passo 2	verificar o recurso cabível para impugnar a decisão
Passo 3	verificar se há ou não peça de interposição

▶ Peça Processual

1ª página (peça de interposição)

EXMº. SR. DESEMBARGADOR PRESIDENTE DO TRIBUNAL DE JUSTIÇA

(3 linhas)

Processo nº...

(2 linhas)

Prefeito do Município W, já devidamente qualificado nos autos do processo em referência, por seu advogado infra-assinado, conforme procuração anexa, com escritório..., endereço que indica para os fins do art. 77, V, do CPC, nos autos da Ação Direta de Inconstitucionalidade Estadual, vem interpor, tempestivamente, RECURSO EXTRAORDINÁRIO, com base no art. 102, III, a, da CRFB/88, em face do acórdão que declarou constitucional norma da lei orgânica municipal, esperando que seja conhecido e recebido, juntada a guia de recolhimento anexa e, depois de cumpridas as formalidades processuais necessárias, sejam os autos remetidos ao Supremo Tribunal Federal.

Termos em que,

Pede deferimento.

Local... e data...

Advogado...

OAB nº...

2ª página (peça de razões)

AO SUPREMO TRIBUNAL FEDERAL

RECORRENTE: Prefeito do Município W

RECORRIDA: Câmara Municipal

Razões de Recurso

I – DA TEMPESTIVIDADE

O presente recurso é tempestivo, tendo em vista que foi interposto no prazo de 15 (quinze) dias estabelecido pelo art. 1.003, § 5º do CPC.

II – DO CABIMENTO

Na forma do art. 102, III, a, da CRFB/88, compete ao STF, julgar, mediante recurso extraordinário, as causas decididas em única ou última instância, quando a decisão recorrida contrariar dispositivo da Constituição Federal.

O Acórdão objeto do presente recurso violou claramente o art. 83, da CRFB/88 ao declarar constitucional norma da lei orgânica municipal que dispõe que o Prefeito e o Vice-Prefeito não poderiam ausentar-se do país, por qualquer período sem autorização da Câmara Municipal.

O recurso extraordinário também se encontra previsto no art. 1.029 e ss., do CPC.

III – DO PREPARO

A guia de recolhimento das custas processuais e do porte de remessa e de retorno acompanha o presente recurso, satisfazendo o requisito do art. 1.007, do CPC.

IV – DO PREQUESTIONAMENTO

A matéria objeto do recurso foi prequestionada na origem, tendo em vista que o objetivo da ADI estadual era a declaração de inconstitucionalidade da norma municipal, preenchendo assim o requisito do prequestionamento previsto na súmula 282, do STF.

V – DA REPERCUSSÃO GERAL

A matéria possui repercussão geral, pois é relevante sob o ponto de vista da supremacia constitucional e transcende os interesses subjetivos da parte na causa, pois o tema pode ser espalhado para as demais leis orgânicas municipais. Portanto, satisfeito o requisito da repercussão geral, previsto no art. 102, § 3º, da CRFB/88 e no art. 1.035 , do CPC.

VI – DA SÍNTESE DOS FATOS

VII – DOS FUNDAMENTOS JURÍDICOS

Menção ao princípio da simetria ou norma de observância obrigatória (0,50)

CRFB, Art. 29, *caput* (0,50).

CRFB, Art. 49, III OU CRFB, Art. 83 (0,50).

VIII – DOS PEDIDOS

Face ao acima exposto, o Recorrente pede seja dado provimento ao presente Recurso para reformar a decisão e confirmar a inconstitucionalidade da Lei Orgânica impugnada, a intimação do Procurador-Geral da República, além da condenação do Recorrido nos ônus sucumbenciais.

Termos em que,

Pede deferimento.

Local... e data...

Advogado...

OAB nº...

► Peça cobrada no XII Exame

Após mais de 40 (quarenta) dias de intensa movimentação popular, em protestos que chegaram a reunir mais de um milhão de pessoas nas ruas de diversas cidades do Estado, e que culminaram em atos de violência, vandalismo e depredação de patrimônio público e particular, o Governador do Estado X edita o Decreto nº 1968.

A pretexto de disciplinar a participação da população em protestos de caráter público, e de garantir a finalidade pacífica dos movimentos, o Decreto dispõe que, além da prévia comunicação às autoridades, o aviso deve conter a identificação completa de todos os participantes do evento, sob pena de desfazimento da manifestação. Além disso, prevê a revista pessoal de todos, como forma de preservar a segurança dos participantes e do restante da população.

Na qualidade de advogado do Partido Político "Frente Brasileira Unida", de oposição ao Governador, você ajuizou uma Ação Direta de Inconstitucionalidade, perante o Tribunal de Justiça do Estado X, alegando a violação a normas da Constituição do Estado referentes a direitos e garantias individuais e coletivos (que reproduzem disposições constantes da Constituição da República).

O Plenário do Tribunal de Justiça local, entretanto, por maioria, julgou improcedente o pedido formulado, de declaração de inconstitucionalidade dos dispositivos do Decreto estadual, por entender compatíveis as previsões constantes daquele ato com a Constituição do Estado, na interpretação que restou prevalecente na corte. Alguns dos Desembargadores registraram em seus votos, ainda, a impossibilidade de propositura de ação direta tendo por objeto um decreto estadual.

Entendendo que a decisão da corte estadual, apesar de não conter obscuridade, omissão ou contradição, foi equivocada, e que não apenas as disposições do Decreto são inconstitucionais como também a própria interpretação dada pelo Tribunal de Justiça é incompatível com o ordenamento jurídico nacional, os dirigentes do Partido pedem que você proponha a medida judicial cabível a impugnar aquela decisão.

Elabore a peça judicial adequada.

► Comentários da Banca [Comentários feitos quando ainda vigente o CPC/1973.]

A peça a ser elaborada consiste em um Recurso Extraordinário contra decisão proferida em sede de Ação Direta de Inconstitucionalidade, nos termos do Art. 102, III, c da CRFB/88.

No caso, a ação direta de controle tendo como parâmetro a Constituição do Estado, tem previsão no Art. 125, § 2º da Constituição da República. É possível a interposição de Recurso Extraordinário contra decisão proferida pelo Tribunal de Justiça no julgamento da mesma, a fim de que seja apreciada, pelo Supremo Tribunal Federal, a norma da Constituição da República repetida na Constituição Estadual, mas interpretada, pelo Tribunal de Justiça local, em sentido incompatível com o da Constituição da República.

O Recurso deve ser endereçado ao Presidente do Tribunal de Justiça local, com as razões recursais dirigidas ao Supremo Tribunal Federal.

O Partido Político é o recorrente. Recorrido é o órgão do qual emanou a norma impugnada (isto é, o Governador do Estado). Apesar de não constar do voto vencedor a impossibilidade de controle de constitucionalidade de decreto por meio de ação direta, o examinando deve demonstrar o cabimento da via eleita para a impugnação do Decreto estadual, pois, a despeito de se tratar de um Decreto, não é um ato de regulamentação da lei, mas ato normativo primário, que inova autonomamente na ordem jurídica. O examinando deve indicar, em sua peça, todos os elementos que permitam o seu conhecimento e também o seu provimento, afastando, desde o início, argumentos desfavoráveis à pretensão que defende.

O examinando deve demonstrar o cumprimento do requisito da Repercussão Geral, que encontra previsão no Art. 102, § 3º da Constituição, e que deve ser demonstrado pela existência de questões relevantes do ponto de vista econômico, político, social ou jurídico, que ultrapassem os interesses subjetivos da causa, ou seja, a questão suscitada não pode ser benéfica somente para o caso concreto proposto, mas para o interesse da coletividade, na forma do Art. 543-A, § 1º, do CPC. No caso apresentado, a repercussão geral pode ser demonstrada pela ofensa a direitos fundamentais titularizados por toda a coletividade, uma vez que a norma cria restrição excessiva ao exercício de direito constitucionalmente assegurado, e o faz sem previsão em lei.

No mérito, o examinando deve demonstrar que o decreto impugnado viola o princípio da legalidade, na formulação do Art. 5°, II da Constituição da República, uma vez que não se pode criar restrição a direito senão em virtude de lei.

O decreto viola o Art. 5°, XVI, da Constituição, que assegura o direito de reunião em locais abertos ao público, independentemente de autorização, desde que não frustrem outra reunião anteriormente convocada para o mesmo local, sendo apenas exigido prévio aviso à autoridade competente. Ou seja, qualquer outra exigência que venha a ser formulada como condição de exercício do direito é inconstitucional.

Ainda ocorre a violação ao Art. 5°, da CRFB, que trata do princípio da liberdade de expressão.

Por fim, deve ser indicada a violação ao princípio da razoabilidade/proporcionalidade, pois, ainda que se entendesse possível a restrição ao direito de reunião, a restrição veiculada pelo decreto, no caso analisado, falha nos subprincípios da necessidade (que impõe a utilização, dentre as possíveis, da medida menos gravosa para atingir determinado objetivo) e da proporcionalidade em sentido estrito (que impõe a análise da relação custo/benefício da norma avaliada, de modo que o ônus imposto pela norma seja inferior ao benefício por ela engendrado, sob pena de inconstitucionalidade).

O examinando, ao final, deve formular pedido de reforma da decisão recorrida, para fim de ver declarada a inconstitucionalidade do Decreto editado pelo Governador do Estado, bem como requerer a notificação do Ministério Público.

CAPÍTULO 23

PARECER JURÍDICO

▶ Cabimento

O parecer jurídico deve ser elaborado quando for expressamente solicitado pela banca examinadora, que deverá sugerir peça opinativa confeccionada por especialista, uma resposta a uma consulta formulada ou até mesmo um parecer sobre determinado tema.

É importante esclarecer que apesar da baixa complexidade da peça no que tange a sua estrutura, a mesma deve explorar todos os argumentos constitucionais, infraconstitucionais e eventuais entendimentos doutrinários e jurisprudenciais relacionados ao tema proposto.

Não há estrutura estabelecida por lei para elaboração da peça, não tendo forma obrigatória a ser seguida. Entretanto, vale ressaltar que a mesma deve apresentar, destacadamente, o nome PARECER JURÍDICO, a identificação do interessado (apresentado pela banca), uma EMENTA, que nada mais é do que o texto reduzido aos pontos essenciais, e os tópicos de introdução (ou relatório), fundamentação e conclusão. Também há necessidade de que o parecer seja datado e assinado pelo advogado, com indicação de sua inscrição na OAB.

▶ Estrutura simples da peça

PARECER JURÍDICO

INTERESSADO:

EMENTA*:

I – INTRODUÇÃO: Trata-se de uma consulta efetuada por ___ sobre ___; cuida-se de...;

II – FUNDAMENTAÇÃO: Doutrina, jurisprudência, amparo legal, pode ser dividida em tópicos;

III – CONCLUSÃO: Tendo em vista o acima narrado, opinamos por...; de todo o exposto, entendemos que...; do exposto, conclui-se que...

S.M.J

É o parecer.

Ou

É o parecer, submetido à elevada consideração de ...

Ou

É o parecer que submeto à elevada consideração de ...

Local e data.

Nome do advogado...

OAB nº...

EMENTA*: A Ementa deve apresentar uma síntese do assunto do parecer, e pode ser deixado um espaço para que seja elaborada ao final, quando já redigida a peça, estando organizados todos os argumentos em frases curtas e objetivas.

► Peça cobrada no XVII Exame

O Partido Político "Z", que possui apenas três representantes na Câmara dos Deputados, por entender presente a violação de regras da CRFB, o procura para que, na qualidade de advogado especialista em Direito Constitucional, se posicione sobre a possibilidade de ser obtida alguma medida judicial em face da Lei Estadual "Y", de janeiro de 2015, que contém 3 (três) artigos. De acordo com a exposição de motivos do projeto que culminou na Lei Estadual "Y", o seu objetivo é criar, no âmbito estadual, ambiente propício às discussões políticas de âmbito nacional, e, para alcançar esse objetivo, estabelece, em sua parte dispositiva, novas regras eleitorais, sendo estabelecidas, em seu artigo 1º, regras temporais sobre a criação de partidos políticos; em seu artigo 2º fica retirada a autorização para que partidos políticos com menos de cinco Deputados Federais possam ter acesso gratuito ao rádio e à televisão na circunscrição do Estado; e, por fim, em seu artigo 3º fica estabelecida a vigência imediata da referida legislação. Elabore a peça adequada, considerando a narrativa acima. (Valor: 5,00)

▶ Peça

PARECER JURÍDICO

INTERESSADO: Partido Político "Z"

EMENTA: Inconstitucionalidade formal e material da Lei Estadual "Y". Legitimidade do partido para ajuizar ADI. Partido Político com representação no Congresso Nacional. Possibilidade. Competência do STF. Cabimento de medida cautelar.

I – INTRODUÇÃO:

Trata-se de uma consulta efetuada pelo Partido Político "Z", que tem apenas três representantes na Câmara dos Deputados, sobre a possibilidade de obtenção de medida judicial em face da Lei Estadual "Y", por suposta violação de regras da Constituição Federal. A referida lei objetiva criar no âmbito estadual ambiente propício às discussões políticas de âmbito nacional, estabelecendo regras temporais sobre a criação de partidos políticos, a retirada da autorização para que partidos com menos de cinco Deputados Federais possam ter acesso gratuito ao rádio e à televisão na circunscrição do Estado e dispõe que a sua vigência será imediata.

II – FUNDAMENTAÇÃO:

a) Da inconstitucionalidade da Lei Estadual "Y"

A Lei Estadual "Y" padece de inconstitucionalidade formal, pois afronta o art. 22, I e IV, da CRFB/88, que preceitua que compete privativamente à União legislar, entre outros, sobre: direito eleitoral e sobre telecomunicações e radiodifusão.

Há, ainda, inconstitucionalidade material, já que a referida lei afronta o princípio da proporcionalidade e razoabilidade (art. 5°, LIV, da CRFB/88), e também ao pluripartidarismo (art. 1º, V, da CFRB/88) e, ainda, ao direito de acesso gratuito ao rádio e à televisão, estabelecido no art. 17, *caput,* e § 3º, da CRFB/88.

b) Cabimento da ADI de competência do Supremo Tribunal Federal

Será possível ajuizar a ação direta de inconstitucionalidade para a realização do controle concentrado de constitucionalidade da Lei Estadual "Y", perante o Supremo Tribunal Federal, de acordo com o art. 102, I, "a", da CRFB/88.

c) Da Legitimidade Ativa do Autor

O partido político "Z" é legitimado ativo para propor a ação direta de inconstitucionalidade, pois está devidamente representado no Congresso Nacional, de acordo com o art. 103, VIII, da CRFB/88 e art. 2º, VIII, da Lei nº 9.868 de 1999.

Importante ressaltar que basta a representação em pelo menos uma das Casas legislativas, e que a ação seja proposta por seu Diretório Nacional.

d) Do cabimento da Medida Cautelar

A tutela jurisdicional cautelar (art. 11, da Lei 9.868/99) se faz necessária, de modo a suspender a eficácia da Lei Estadual "Y" até que seja definitivamente julgada a ação direta de inconstitucionalidade, pois estão presentes no caso os requisitos do *fumus boni iuris*, pela clareza dos vícios de inconstitucionalidade apontados, e do *periculum in mora*, em razão do constrangimento ao exercício de atividade lícita e constitucional pelos partidos políticos.

III – CONCLUSÃO:

Tendo em vista o acima narrado, opinamos pela inconstitucionalidade da Lei Estadual "Y" e a possibilidade de ser ajuizada a ação direta de inconstitucionalidade perante o Supremo Tribunal Federal, inclusive com a formulação do requerimento de media cautelar.

S.M.J

É o parecer.

Local e data.

Nome do advogado...

OAB nº...

► Comentários da Banca

O examinando deverá elaborar um parecer com o objetivo de responder à consulta formulada.

O parecer deve possuir uma ementa que contenha as palavras chaves relacionadas à temática abordada.

O relatório do parecer deve descrever a consulta formulada e a indicação do respectivo consulente.

Na fundamentação do parecer, o examinando deve sustentar, em primeiro lugar, a inconstitucionalidade da Lei Estadual "Y".

Deve argumentar que a Lei Estadual "Y" afronta o disposto no Art. 22, I e IV, da Constituição da República Federativa do Brasil [Art. 22. Compete privativamente à União legislar sobre: I – direito civil, comercial, penal, processual, eleitoral, agrário, marítimo, aeronáutico, espacial e do trabalho (...) IV – águas, energia, informática, telecomunicações e radiodifusão; (grifos)], logo, padece de inconstitucionalidade formal. Em relação à inconstitucionalidade material, o examinando deverá demonstrar a afronta ao princípio da proporcionalidade ou razoabilidade, como também ao Art. 1º, V (pluralismo político) e ao Art. 17, caput e § 3º, da Constituição da República Federativa do Brasil de 1988 [(Art. 17. É livre a criação, fusão, incorporação e extinção de partidos políticos, resguardados a soberania nacional, o regime democrático, o pluripartidarismo, (...) § 3º Os partidos políticos têm direito a recursos do fundo partidário e acesso gratuito ao rádio e à televisão, na forma da lei (grifos)].

Ainda na fundamentação, o examinando deve posicionar-se sobre o cabimento da ação direta de inconstitucionalidade para a realização do controle concentrado de constitucionalidade da Lei Estadual "Y", que deve ser ajuizada perante o Supremo Tribunal Federal. Deve ser igualmente ressaltada a legitimidade ativa do Partido Político "Z", representado pelo presidente de sua Comissão Executiva Nacional, por possuir representação no Congresso Nacional, tal qual dispõe o Art. 103, VIII, da Constituição da República Federativa do Brasil e o Art. 2º, VIII, da Lei nº 9.868, de 1999.

Por fim, a fundamentação deve expor o cabimento da medida cautelar, de modo a suspender a eficácia da Lei até que seja definitivamente julgada a ação direta de inconstitucionalidade. O examinando deve demonstrar que a tutela jurisdicional cautelar se faz necessária, pois estão suficientemente demonstrados os requisitos do *fumus boni iuris*, pela clareza dos vícios de inconstitucionalidade apontados, e do *periculum in mora*, isso em razão do constrangimento decorrente do impedimento ao exercício de atividade lícita e constitucional dos partidos políticos.

Na conclusão do parecer, o examinando deve sustentar a inconstitucionalidade da Lei Estadual "Y" e a possibilidade de ser ajuizada a ação direta de inconstitucionalidade perante o Supremo Tribunal Federal, inclusive com a formulação do requerimento de media cautelar.

O parecer deve ser datado e assinado pelo advogado, com indicação de sua inscrição na OAB.

▶ Distribuição dos pontos – Parecer

Item	Pontuação
1, Ementa (Palavras chaves) (0,10).	0,00 / 0,10
2, Relatório: descrição da consulta (0,10) com indicação do consulente (0,10).	0,00 / 0,10/ 0,20
3. Resposta à consulta: (fundamentação)	
3.1 Da inconstitucionalidade da Lei Estadual "Y"	

Item	Pontuação
a. O examinando deverá argumentar que a Lei Estadual "Y" padece de inconstitucionalidade formal (0,60) por afrontar o Art. 22, I e IV, da Constituição da República Federativa do Brasil (0,10) porque compete privativamente à União legislar, entre outros, sobre: direito eleitoral e sobre telecomunicações e radiodifusão; (0,60)	0,00 / 0,60 / 0,70 /1,20 / 1,30
b. Em relação à inconstitucionalidade material (0,30), o examinando deverá demonstrar a afronta ao princípio da proporcionalidade ou razoabilidade, (0,30) como também ao pluripartidarismo (0,60) (Art. 1º, V, da CFRB) (0,10)	0,00 / 0,30 / 0,40/0,60 / 0,70 / 0,90 /1,00 /1,20 /1,30
c. e ao direito de acesso gratuito ao rádio e à televisão, (0,60) na forma do Art. 17, caput, e § 3º, da CRFB (0,10).	0,00/ 0,60 / 0,70
3.2 Cabimento da ADI (0,50)	0,00/ 0,50
3.3 Competência do Supremo Tribunal Federal (0,10)	0,00 / 0,10
3.4 Da Legitimidade Ativa do Autor – O examinando deverá argumentar que a exigência para a legitimação ativa para a ação estão presentes, ou seja, representação no Congresso Nacional, (0,20) segundo o Art. 103, VIII, da Constituição da República Federativa do Brasil 1988 e do Art. 2º, VIII da Lei nº 9.868 de 1999 (0,10).	0,00 / 0,20 / 0,30
3.5. Do cabimento da Medida Cautelar – O examinando deverá demonstrar que a tutela jurisdicional cautelar se faz necessária, pois estão suficientemente demonstrados os requisitos do *fumus boni iuris*, pela clareza dos vícios de inconstitucionalidade apontados (0,10), e do *periculum in mora*, isso em razão do constrangimento ao exercício de atividade lícita e constitucional pelos partidos políticos (0,10).	0,00 / 0,10/ 0,20
4. Conclusão – inconstitucionalidade da Lei Estadual "Y" e possibilidade do ajuizamento da ADI perante o STF, inclusive com media cautelar (0,20)	0,00 / 0,20
5. Data, assinatura e OAB – (0,10).	0,00 / 0,10

- A banca nesse exame aceitou também a ADI como gabarito da peça processual apresentada, conforme verificamos abaixo:

▶ Gabarito Comentado – ADI

O examinando deverá elaborar uma petição inicial de Ação Direta de Inconstitucionalidade (Lei nº 9868/1999). A petição deve ser direcionada ao Presidente do Supremo Tribunal Federal. A ação deve ser ajuizada pelo Partido Político "Z", representado pelo presidente de sua Comissão Executiva Nacional. A legitimidade ativa decorre do fato de o Partido Político "Z" possuir representação no Congresso Nacional. O examinando deverá argumentar que a Lei Estadual "Y" afronta o disposto no Art. 22, I e IV, da

Constituição da República Federativa do Brasil [Art. 22. Compete privativamente à União legislar sobre: I – direito civil, comercial, penal, processual, eleitoral, agrário, marítimo, aeronáutico, espacial e do trabalho (...) IV – águas, energia, informática, telecomunicações e radiodifusão; (grifos)]. Em relação à inconstitucionalidade material, o examinando deverá demonstrar a afronta ao princípio da proporcionalidade ou razoabilidade, como também ao Art. 1°, V (pluralismo político) e ao Art. 17, caput e § 3°, da Constituição da República Federativa do Brasil de 1988 [(Art. 17. É livre a criação, fusão, incorporação e extinção de partidos políticos, resguardados a soberania nacional, o regime democrático, o pluripartidarismo, (...) § 3° Os partidos políticos têm direito a recursos do fundo partidário e acesso gratuito ao rádio e à televisão, na forma da lei (grifos)]. Deve ser pedida a medida cautelar, de modo a suspender a eficácia da Lei até que seja definitivamente julgada a presente Ação Direta de Inconstitucionalidade. O examinando deve demonstrar que a tutela jurisdicional cautelar se faz necessária, pois estão suficientemente demonstrados os requisitos do *fumus boni iuris*, pela clareza dos vícios de inconstitucionalidade apontados, e do *periculum in mora*, isso em razão do constrangimento decorrente do impedimento ao exercício de atividade lícita e constitucional dos partidos políticos. Deve ser formulado o pedido de declaração de inconstitucionalidade da Lei Estadual "Y". Devem ser solicitadas informações ao Governador e à Assembleia Legislativa do Estado, órgãos responsáveis pela edição do ato normativo e ouvidos o Advogado Geral da União e o Procurador Geral da República. A petição deve ser datada e assinada pelo advogado.

CAPÍTULO 24

QUESTÕES DE EXAMES DE ORDEM – SEGUNDA FASE COM GABARITO

► FGV Projetos

► 2010.2

01. **(OAB – Exame 2010.2) O Congresso Nacional aprovou e o Presidente da República sancionou projeto de lei complementar modificando artigos do Código Civil, nos termos do art. 22, I da CRFB. Três meses após a entrada em vigor da referida lei, o Presidente da República editou medida provisória modificando novamente os referidos artigos do Código Civil com redação dada pela lei complementar. Analise a constitucionalidade dos atos normativos mencionados.**

► Gabarito comentado

São basicamente duas as diferenças entre a lei complementar e a lei ordinária: (i) enquanto a primeira demanda um quórum de aprovação de maioria absoluta, a segunda pode ser aprovada por maioria simples (presente à sessão a maioria absoluta dos membros da casa legislativa); (ii) há determinadas matérias que só podem ser reguladas por meio de lei complementar e estas matérias estão definidas expressamente no texto constitucional. Não existe, portanto, hierarquia entre lei complementar e lei ordinária, uma vez que esta não decorre daquela. Ambas decorrem da Constituição. Este entendimento, que conta com o apoio da maioria dos doutrinadores, já foi confirmado pelo STF (RE419.629). Uma lei complementar que disponha sobre matéria para a qual a Constituição não exige maioria absoluta (típica de lei complementar) poderá ser modificada por lei ordinária. É dizer, neste caso, será uma lei complementar com status de lei ordinária. Embora a Constituição determine que não será objeto de medida provisória a matéria reservada a lei complementar, tal vedação não afeta o caso em tela, pois a matéria de que trata a referida lei complementar (direito de família) não é reservada a lei complementar, podendo neste caso ser modificada por medida provisória. Ambos os atos normativos, portanto, são constitucionais.

► Distribuição dos pontos

Item	Pontuação
Inexistência de hierarquia	0 / 0,5
Por não haver hierarquia, mas hipótese de incidência, uma lei complementar pode ser revogada por uma ordinária quando aquela não estiver na sua área de incidência	0 / 0,5

02. (OAB – Exame 2010.2) Uma lei estadual foi objeto de Ação Direta de Inconstitucionalidade (ADI) ajuizada junto ao STF. Supondo que o Tribunal tenha se pronunciado, neste caso, pela inconstitucionalidade parcial sem redução de texto, explique o conceito acima, apontando quais os efeitos da declaração de inconstitucionalidade neste caso.

► Gabarito comentado

A inconstitucionalidade parcial sem redução de texto é uma modalidade de declaração de inconstitucionalidade prevista na Lei 9868/99 que tem como consequência a declaração de inconstitucionalidade de uma determinada interpretação, sem afetar o texto da norma. É dizer, o texto da norma permanece inalterado, mas determinada interpretação que a princípio poderia ser feita da norma é considerada inconstitucional. Esta modalidade de declaração de inconstitucionalidade tem importantes consequências nos processos de fiscalização abstrata, como é o caso da ADI (citada na questão), pois a declaração de inconstitucionalidade não do texto da norma, mas de sua interpretação, terá eficácia *erga omnes* (contra todos) e efeito vinculante, conforme dispõe o parágrafo único do art. 28 da Lei 9868: "A declaração de constitucionalidade ou de inconstitucionalidade, inclusive a interpretação conforme a Constituição e a declaração parcial de inconstitucionalidade sem redução de texto, têm eficácia contra todos e efeito vinculante em relação aos órgãos do Poder Judiciário e à Administração Pública federal, estadual e municipal."

► Distribuição dos pontos

Item	Pontuação
O conceito de inconstitucionalidade parcial sem redução de texto	0 / 0,5
Efeitos – eficácia contra todos e efeito vinculante	0 / 0,5

03. (OAB – Exame 2010.2) O Conselho Federal da OAB ajuizou, junto ao STF, Ação Direta de Inconstitucionalidade (ADI), tendo por objeto um artigo de uma lei federal em vigor desde 2005, sendo manifesta a pertinência temática do dispositivo impugnado com o exercício da advocacia. O STF entende que o referido dispositivo legal é inconstitucional, mas por fundamento distinto do que fora apresentado pelo Conselho Federal da OAB na ADI, tendo o STF inclusive declarado a inconstitucionalidade desse mesmo dispositivo no julgamento de um caso concreto, em Recurso Extraordinário (RE).

Com base nas informações acima, responda:

I – O STF pode julgar a ADI procedente a partir de fundamento diverso do que fora apresentado pelo Conselho Federal da OAB? Justifique.

II – O STF pode julgar a ADI procedente em relação também a outro dispositivo da mesma lei, mesmo não tendo este dispositivo sido objeto da ADI? Justifique.

► Gabarito comentado

Segundo a jurisprudência do STF, o Tribunal, ao julgar ação direta de inconstitucionalidade, está limitado em relação ao pedido, mas não à causa de pedir, que é aberta. É dizer, o STF pode considerar a lei impugnada inconstitucional por motivos diversos daqueles apresentados pelo proponente da ADI.

Entendimento diverso implicaria reconhecer que uma ADI mal formulada, com argumentos frágeis ou equivocados pela inconstitucionalidade da lei, levando à improcedência da ação e à consequente declaração de constitucionalidade da lei. Em relação ao pedido, este, a princípio, é limitado ao que foi questionado pelo proponente da ação. O STF, no entanto, admite em caráter excepcional que dispositivos legais não impugnados na ação sejam declarados inconstitucionais, mas somente se forem dependentes dos dispositivos impugnados. É dizer, nos casos em que a inconstitucionalidade de um dispositivo impugnado implica necessariamente a inconstitucionalidade de outro não impugnado. A este fenômeno dá-se o nome de inconstitucionalidade por "arrastamento" ou "atração" ou "consequente".

► Distribuição dos pontos

Item	Pontuação
I. O STF não está adstrito ao fundamento da ação	0 / 0,5
II. O STF pode julgar ADI também com fundamento em outro dispositivo, o que ocorre com a inconstitucionalidade por arrastamento	0 / 0,5

04. (OAB – Exame 2010.2) Em 2005, o STF julgou procedente ADC ajuizada pelo Procurador-Geral da República visando à declaração de constitucionalidade de uma lei federal que estava sendo questionada em diversos processos judiciais pelo país, gerando uma controvérsia judicial em torno da sua adequação ao texto constitucional. Nas eleições ocorridas em outubro de 2010, um determinado parti do político conseguiu, pela primeira vez em sua história, eleger um parlamentar, no caso um deputado federal, graças à coligação partidária firmada com um partido político de maior expressão e base eleitoral.

O diretório nacional do referido partido político pretende, no próximo ano, após o início da sessão legislativa, ajuizar uma ADI contra a mencionada lei federal, a partir de argumentos que não foram enfrentados pelos ministros do STF em 2005.

Analise a pretensão do parti do político, considerando os seguintes tópicos:

I. A legitimidade para a propositura da ação.

II. A possibilidade de o STF declarar a inconstitucionalidade da lei (com ou sem modulação dos efeitos).

► Gabarito comentado

A Emenda Constitucional. nº 3/93, ao criar a ação declaratória de constitucionalidade, não atribuiu legitimidade ativa aos mesmos que poderiam ajuizar a ação direta de inconstitucionalidade, de modo que o partido político com representação no Congresso Nacional poderia ajuizar apenas esta, mas não aquela. A Emenda Constitucional n.. 45/2004, relativa à Reforma do Poder Judiciário, alterou o art. 103, estabelecendo que todos aqueles que podem propor a ação direta de inconstitucionalidade (ADI) podem também ajuizar a ação declaratória de constitucionalidade (ADC). Embora o art. 103 não faça qualquer discriminação entre os legitimados para a propositura das ações, a jurisprudência do STF é pacífica no sentido de que alguns dos legitimados só podem ajuizar ADI ou ADC se demonstrarem pertinência temática com a lei ou ato normativo objeto da ação. Estes são denominados legitimados especiais (art. 103, IV, V e IX), ao passo que aqueles que não precisam demonstrar pertinência temática são chamados de legitimados universais (art. 103, I, II, III, VI, VII e VIII). O partido político, no entanto, é um dos legitimados universais, não sendo necessário demonstrar pertinência temática para poder ajuizar a ação. Quanto à representação no Congresso Nacional, embora se trate de órgão bicameral, abrangendo Câmara dos Deputados e Senado Federal, o STF tem antiga jurisprudência no sentido de que basta a representação em uma das Casas do Congresso para que se possa afirmar que o partido político tem representação no Congresso Nacional. Desse modo, não há dúvida de que o partido político em questão pode ajuizar a ADI.

Quanto à possibilidade de uma lei declarada constitucional em ADC ser objeto de ADI, a doutrina é pacífica no sentido de que isso é possível, uma vez que não reconhecer esta possibilidade implicaria afirmar que o STF, após haver declarado a constitucionalidade de uma lei, jamais poderia mudar seu entendimento, ainda que estivesse disso convencido. O STF poderá, por motivos de segurança jurídica, declarar a inconstitucionalidade com efeito não retroativo *[ex nunc]* ou determinar uma data a partir da qual a lei deveria ser considerada inconstitucional, mas não há nenhuma obrigatoriedade nesse sentido, não havendo nada que impeça o STF de declarar a inconstitucionalidade com efeito retroativo (*ex tunc*).

▶ Distribuição dos pontos

Item	Pontuação
I. O partido possui legitimidade para impetrar a ação (dispositivo legal e fundamentação).	0 / 0,2 / 0,3 / 0,5.
II. É possível a modificação legal, haja vista que não pode haver engessamento de posicionamento do STF.	0 / 0,2 / 0,3 /0,5.

05. **(OAB – Exame 2010.2) A Constituição de determinado estado da federação, promulgada em 1989, ao dispor sobre a administração pública estadual, estabelece que a investidura em cargo ou emprego público é assegurada aos cidadãos naturais daquele estado e depende de aprovação prévia em concurso público de provas ou de provas e títulos, de acordo com a natureza e a complexidade do cargo ou emprego, ressalvadas as nomeações para cargo em comissão declarado em lei de livre nomeação e exoneração. Em 2009 foi promulgada pela Assembleia Legislativa daquele estado (após a derrubada de veto do Governador), uma lei que permite o ingresso em determinada carreira por meio de livre nomeação, assegurada a estabilidade do servidor nomeado após 3 (três) anos de efetivo exercício.**

Considerando-se que a Constituição estadual arrola o Governador como um dos legitimados para a propositura da ação direta de inconstitucionalidade em âmbito estadual (art. 125, § 2° da CRFB), e considerando-se que o Governador pretende obter a declaração de inconstitucionalidade da referida lei estadual, responda:

I. o que ocorreria se logo após o ajuizamento da ação direta de inconstitucionalidade de âmbito estadual, ajuizada pelo Governador do Estado junto ao Tribunal de Justiça (nos termos do art. 125, § 2° da CRFB) e antes do julgamento, fosse ajuizada pelo Conselho Federal da OAB uma ação direta de inconstitucionalidade junto ao STF, tendo por objeto esta mesma lei? Explique.

II. poderia o Presidente da República ajuizar ação direta de inconstitucionalidade junto ao STF contra o dispositivo da Constituição estadual? Explique.

► Gabarito comentado

A Constituição estadual basicamente reproduziu o disposto no art. 37, II da Constituição Federal, que dispõe que "a investidura em cargo ou emprego público depende de aprovação prévia em concurso público de provas ou de provas e títulos, de acordo com a natureza e a complexidade do cargo ou emprego, na forma prevista em lei, ressalvadas as nomeações para cargo em comissão declarado em lei de livre nomeação e exoneração". A reprodução do dispositivo, embora desnecessária, eis que o art. 37 da Constituição Federal refere-se expressamente à administração pública direta e indireta de qualquer dos Poderes da União, dos Estados, do Distrito Federal e dos Municípios, também não é estranha à experiência constitucional brasileira nem viola formalmente o texto constitucional, tornando-se assim norma constitucional estadual e federal. O dispositivo estadual, no entanto, limitou o direito de ingresso na carreira aos cidadãos naturais daquele Estado, incorrendo, desse modo, em inconstitucionalidade material, uma vez que, de acordo com o art. 25 da Constituição Federal, "os Estados organizam-se e regem-se pelas Constituições e leis que adotarem, observados os princípios desta Constituição". No caso em tela, a lei estadual viola a regra constitucional do concurso público, prevista tanto na Constituição Federal como na Constituição estadual, não fazendo diferença aqui o fato de a norma estadual limitar o acesso ao concurso público apenas aos naturais daquele Estado. Desse modo, sendo o Governador de Estado legitimado para ajuizar ação de inconstitucionalidade de âmbito estadual (de acordo com o enunciado da questão) e o Conselho Federal da OAB, legítimo para ajuizar a ADI de âmbito federal (de acordo com o art. 103, VII, da CRFB), e considerando-se que lei estadual pode ser objeto de ambas as ações (arts. 102, I, a, e 125, § 2°, da CRFB) é possível que as duas ações sejam ajuizadas concomitantemente. No entanto, de acordo com a firme jurisprudência do STF, neste caso a ação estadual ficaria suspensa, aguardando a decisão do STF. Em relação à segunda pergunta, considerando-se que a emenda à Constituição estadual é ato normativo estadual, considerando-se que deve estar de acordo com os princípios e regras estabelecidos pela Constituição Federal (art. 25, da CRFB), considerando-se que a referida emenda violou os arts. 5°, *caput*, e 37, II da CRFB, considerando-se, por fim, que o Presidente é um dos legitimados para a propositura da ADI, nos termos do art. 103, I da CRFB, é possível o ajuizamento da ação, valendo lembrar que o Presidente da República é legitimado universal, estando, assim, dispensado de demonstrar pertinência temática com o ato normativo impugnado.

► Distribuição dos pontos

Item	Pontuação
I. A ação estadual fica suspensa esperando decisão do STF (dispositivo legal e fundamentação).	0 / 0,2 / 0,3 / 0,5
II. O Presidente da República pode impetrar uma ação porque é legitimado universal.	0 / 0,2 / 0,3 / 0,5

▶ 2010.3

01. **(OAB – Exame 2010.3) O Regimento Interno da Assembleia Legislativa de determinado Estado-membro, ao disciplinar o processo de criação e instauração das Comissões Parlamentares de Inquérito, condiciona a criação de CPI à aprovação, pelo Plenário da Casa Legislativa, de requerimento subscrito por, no mínimo, um terço dos Deputados Estaduais. Com base no cenário acima, responda aos itens a seguir, empregando os argumentos jurídicos apropriados e a fundamentação legal pertinente ao caso.**

a) Analise, de maneira justificada, a constitucionalidade da referida previsão regimental. (Valor: 0,8)

b) O Diretório Regional de um Partido Político do Estado-membro em questão tem legitimidade para questionar a previsão regimental perante o Supremo Tribunal Federal por meio de ADI? (Valor: 0,2)

▶ Gabarito Comentado

A previsão regimental é inconstitucional, por introduzir requisito para instauração das CPIs que não encontra paralelo na Constituição da República. O artigo 58, § 3º, da CRFB contempla modelo de observância compulsória pelos Estados-membros e garante o direito das minorias legislativas ao estabelecer, como requisito objetivo para instauração de CPI, a subscrição do requerimento por, no mínimo, 1/3 dos membros da Casa Legislativa, sem condicionar à aprovação pelo Plenário. De fato, de acordo com a jurisprudência do STF, a garantia da instalação da CPI independe de deliberação plenária.

Quanto ao item b, a jurisprudência do STF é firme no sentido de que o Partido Político, para ajuizar ação direta de inconstitucionalidade, deve estar representado por seu Diretório Nacional, ainda que o ato impugnado tenha sua amplitude normativa limitada ao Estado ou Município do qual se originou (artigo 103, § 1º, VIII, da CRFB).

▶ Distribuição dos pontos

Item	Pontuação
a) (I) A previsão regimental é inconstitucional, por violação à norma do artigo 58, § 3º, da CRFB. (II) Modelo de observância compulsória pelos Estados-membros. (III) Violação do direito das minorias legislativas. (IV) A garantia de instalação da CPI independe de deliberação plenária. (0,2 cada um)	0 / 0,2 / 0,4 / 0,6 / 0,8
b) Não, o Partido Político deve estar representado por seu Diretório Nacional.	0 / 0,1 / 0,2

02. **(OAB – Exame 2010.3) O Supremo Tribunal Federal, ao julgar um recurso extraordinário, declarou a inconstitucionalidade, *incidenter tantum*, de uma lei estadual. Antônio Augusto, interessado em ser alcançado pelos efeitos da decisão de inconstitucionalidade, impetrou mandado de segurança perante o Supremo Tribunal Federal objetivando a fixação de prazo para que o Senado Federal edite resolução para suspender a execução da mencionada lei estadual. Considerando a situação hipotética narrada, responda aos itens a seguir, empregando os argumentos jurídicos apropriados e a fundamentação legal pertinente ao caso.**

a) Quais são os efeitos subjetivos produzidos pela declaração de inconstitucionalidade da lei em questão e qual é a função reservada ao Senado Federal pela norma do artigo 52, inciso X, da CRFB? (Valor: 0,5)

b) De acordo com a tradição constitucional brasileira, é cabível o pretendido controle jurisdicional da atuação do Senado Federal em tal hipótese? (Valor: 0,3)

c) O Senado Federal pode exercer a competência descrita no artigo 52, inciso X, em se tratando de declaração de inconstitucionalidade de lei estadual? (Valor: 0,2)

► Gabarito Comentado

A questão aborda o tema relativo ao exame de constitucionalidade realizado pelo Supremo Tribunal Federal em processo de controle difuso. Como de conhecimento convencional, a declaração de inconstitucionalidade, em tais hipóteses, configura-se questão prejudicial e como tal é apreciada pelo Tribunal. Subjetivamente, a decisão produz efeitos apenas *inter partes*. A função que a Constituição reserva ao Senado Federal, prevista no artigo 52, inciso X, da CRFB, é precisamente a de conferir efeitos *erga omnes* à decisão proferida na via difusa do controle de normas. De acordo com a tradição constitucional brasileira, a competência outorgada ao Senado Federal pela norma do artigo 52, X, retrata atuação política e discricionária, não cabendo controle jurisdicional a seu respeito.

Por fim, é cabível a suspensão da execução pelo Senado Federal mesmo em se tratando de declaração de inconstitucionalidade incidental de norma estadual ou municipal. Ver, a propósito, ADI 3929-MC.

Em relação à correção, levou-se em conta o seguinte critério de pontuação:

Item	Pontuação
a) (I) Efeitos inter partes. (II) Senado Federal pode conferir efeitos erga omnes à decisão de (III) inconstitucionalidade proferida na via difusa. (I = 0,1 / II e III = 0,2 cada um).	0 / 0,1 / 0,2 / 0,3 / 0,4 / 0,5
b) (I) Não é cabível, pois (II) o ato de suspensão é político e (III) discricionário.	0 / 0,1 / 0,2 / 0,3
c) Sim, a norma do artigo 52, X, CRFB não faz distinção entre leis e atos normativos federais, estaduais ou municipais.	0 / 0,1 / 0,2

03. (OAB – Exame 2010.3) Considere uma lei federal que aumentou a alíquota de determinado tributo, mas sem dispor expressamente que a nova alíquota só poderia ser cobrada no exercício financeiro seguinte. Suponha que uma turma de determinado Tribunal Regional Federal esteja julgando, em grau de recurso, um mandado de segurança impetrado por um contribuinte que se insurgiu contra a cobrança do tributo no mesmo ano em que fora instituído. Diante desse quadro, responda aos itens a seguir, empregando os argumentos jurídicos apropriados e a fundamentação legal pertinente ao caso.

a) Pode a turma do TRF, ao julgar o caso, estabelecer que a nova alíquota só poderá ser cobrada no ano seguinte? (Valor: 0,6)

b) Qual é o princípio que fundamenta a cláusula de reserva de plenário? (Valor: 0,4)

► Gabarito Comentado

a) Ao estabelecer que a nova alíquota só poderá ser cobrada no ano seguinte ao da sua majoração, a Turma estaria entendendo que a sua cobrança imediata seria inconstitucional, por violar o art. 150, III, "b". Portanto, trata-se de declaração de inconstitucionalidade, o que impõe a observância da cláusula de reserva de plenário, prevista no art. 97 da CRFB. Ademais, a Turma estaria obrigada a adotar esse procedimento, por estar vinculada ao enunciado da súmula vinculante nº 10, editada pelo STF.

b) O princípio que fundamenta a cláusula de reserva de plenário é o da presunção de constitucionalidade das leis. É por essa razão que a Constituição dispõe (o que vem desde o texto de 1934) que "somente pelo voto da maioria absoluta de seus membros ou dos membros do respectivo órgão especial poderão os tribunais declarar a inconstitucionalidade de lei ou ato normativo do Poder Público". (art. 97, CRFB)

Em relação à correção, levou-se em conta o seguinte critério de pontuação:

Item	Pontuação
a) Não, pois deve observar a cláusula de reserva de plenário. Súmula vinculante nº 10. (0,2 = fundamento correto e indicação da norma / 0,5 = indicou também o art. 97 / 0,6 = indicou, além dos demais, a súmula).	0 / 0,1 / 0,2 / 0,5 / 0,6
b) Presunção de constitucionalidade das leis.	0 / 0,2 / 0,4

04. (OAB – Exame 2010.3) No início de um ano eleitoral, o Congresso Nacional aprovou e promulgou uma emenda constitucional suprimindo a alínea "a" do inciso II do § 1º do art. 14 da Constituição e alterando o § 2º do mesmo dispositivo, que passaria a ter a seguinte redação: "Não podem alistar-se como eleitores os estrangeiros, os analfabetos e, durante o período do serviço militar obrigatório, os conscritos." Ocorre que, no intervalo entre o primeiro e o segundo turno de votação da proposta (PEC) no Senado Federal, o Presidente da República havia decretado intervenção federal num determinado Estado da federação. Diante da dúvida generalizada a respeito do direito de voto dos analfabetos na eleição que ocorreria naquele ano, o Procurador-Geral da República houve por bem ajuizar ADI contra a referida emenda constitucional.

A esse respeito, responda aos itens a seguir, empregando os argumentos jurídicos apropriados e a fundamentação legal pertinente ao caso.

a) Uma emenda constitucional pode ser objeto de ADI? (Valor: 0,5)

b) Há inconstitucionalidade formal ou material na emenda em questão? (Valor: 0,5)

► Gabarito Comentado

a) Sim. A emenda constitucional é um ato normativo e, embora vise justamente a alterar o texto constitucional, está sujeita a alguns limites impostos pelo poder constituinte originário: limites circunstanciais (art. 60,

§ 1°, CRFB) e limites materiais – expressos (art. 60, § 4°, CRFB) e implícitos (art. 1º, parágrafo único, e art. 60, §§ 2° e 3°, CRFB).

b) Há inconstitucionalidade material, por violação ao disposto no art. 60, § 4°, II, da CRFB e inconstitucionalidade formal, por violação ao disposto no art. 60, § 1°, da CRFB.

Em relação à correção, levou-se em conta o seguinte critério de pontuação:

Item	Pontuação
a) (I) Sim, pois a EC está sujeita à observância dos limites ao poder de reforma. Citação dos limites (II) ao poder de reforma. (0,3 = I / 0,2 = II; resposta incompleta = 0,1)	0 / 0,1 / 0,3 / 0,5
b) Inconstitucionalidade material – violação ao art. 60, § 4°, CRFB. Inconstitucionalidade formal – violação ao art. 60, § 1°, CRFB (completa ou incompleta = 0,5)	0 / 0,5

05. (OAB – Exame 2010.3) Em 31/12/2010, foi publicada a Lei ordinária federal 2.378, que criou o Conselho de Arquitetura e Urbanismo do Brasil – CAU/BR e regulamentou o exercício da profissão de arquiteto e urbanista, estabelecendo, entre outros, as áreas de atuação privativa dos referidos profissionais. Suponha que, a partir da entrada em vigor da referida lei, tenha sido suscitada uma rica discussão sobre a sua constitucionalidade, com argumentos contrários e favoráveis à regulamentação legal daquelas atividades e que foram publicados nos diversos e mais importantes jornais do país, além de publicações em revistas especializadas das áreas de Direito, Urbanismo, Arquitetura e Engenharia.

Com base no exposto, responda aos itens a seguir, empregando os argumentos jurídicos apropriados e a fundamentação legal pertinente ao caso.

a) Seria cabível o ajuizamento de uma ADC pelo próprio Conselho criado pela norma? (Valor: 0,4)

b) Seria cabível o ajuizamento de uma ADI pelo Conselho Federal da Ordem dos Advogados do Brasil? (Valor: 0,3)

c) Assumindo que fosse cabível o ajuizamento da ADC, qual seria o efeito de uma decisão que julgasse improcedente, no mérito, a ação? (Valor: 0,3)

► Gabarito Comentado

a) Embora o CAU/BR tenha legitimidade para a propositura da ADC (art. 103, IX, CRFB), não seria cabível o ajuizamento da ação, pois esta ação demanda a existência de controvérsia judicial relevante acerca do ato normativo (art. 14, III, Lei 9.868/99), o que não ocorreu no caso, em que o debate se limitou aos jornais e revistas especializadas.

b) O Conselho Federal da OAB pode ajuizar ADI, pois é um dos legitimados para tanto (art. 103, CRFB) e não precisa demonstrar pertinência temática (por ser legitimado universal).

c) De acordo com os arts. 24 e 28, parágrafo único, da Lei 9868/99, a declaração de inconstitucionalidade pode decorrer tanto da procedência da ADI como da improcedência da ADC, e nos dois casos tem efeito vinculante e eficácia *erga omnes* em relação aos demais órgãos do Poder Judiciário e Administração Pública.

► Distribuição dos pontos

Item	Pontuação
a) O CAU tem legitimidade. OU Não há controvérsia judicial relevante.	0 / 0,4
b) O Conselho Federal da OAB tem legitimidade ativa. O Conselho Federal da OAB é legitimado universal. (0,1 = legitimidade ativa / 0,2 = indicou o dispositivo / 0,3 = legitimado universal)	0 / 0,1 / 0,2 / 0,3
c) Efeitos *erga omnes* e eficácia vinculante – em relação ao Poder Judiciário e Adm. Pub. (0,1 = só *erga omnes* / 0,2 = indicou também a eficácia vinculante / 0,3 = indicou o fundamento)	0 / 0,1 / 0,2 / 0,3

► IV Exame

01. (OAB – Exame IV) O Procurador-Geral da República ajuizou uma ação direta de inconstitucionalidade contra a lei estadual X e uma ação declaratória de constitucionalidade tendo por objeto a lei federal Y – ambas ajuizadas com pedido de medida cautelar.

Considerando-se o exposto, responda fundamentadamente:

a) Diante da ambivalência das ações de constitucionalidade e inconstitucionalidade, se o STF indeferir a cautelar na ADI, pode um juiz, no exa-

me de um caso concreto (controle difuso), declarar a inconstitucionalidade da lei X? (Valor: 0,65)

b) Se o STF deferir a cautelar na ADC, pode um juiz, no exame de um caso concreto, declarar a inconstitucionalidade da lei Y, mas por outros fundamentos, que não aqueles que deram causa à ação? (Valor: 0,6)

► Gabarito Comentado

a) A medida cautelar nas ações de constitucionalidade e inconstitucionalidade não tem caráter ambivalente, de modo que o indeferimento de medida cautelar em ADI não implica a declaração de constitucionalidade.

b) De acordo com a Lei 9.868/99, uma vez deferida a medida cautelar em ADC todos os processos em que a lei objeto da ação estiver sendo discutida devem ser suspensos, razão pela qual uma juíza não poderia, após deferida a cautelar em ADC, declarar a inconstitucionalidade da lei.

► Distribuição dos pontos

Item	Pontuação
A) Sim, uma vez que a cautelar em ADI não tem caráter ambivalente.	0 / 0,65
B) Não, pois os processos ficam suspensos. (0,3) Art. 21 da Lei 9.868/99 (0,3).	0 / 0,3 / 0,6

02. (OAB – Exame IV) Determinado Partido Político com representação no Congresso Nacional ajuíza Ação Direta de Inconstitucionalidade perante o Supremo Tribunal Federal para questionar a íntegra de uma lei estadual. Em relação ao cenário acima, comente, justificadamente, as consequências jurídicas das seguintes hipóteses, considerando sua ocorrência antes do julgamento da ADI:

a) a lei estadual impugnada é revogada; (Valor: 0,5)

b) o Partido Político deixa de ter representação no Congresso Nacional. (Valor: 0,75)

► Gabarito Comentado

Em relação ao item "a", a jurisprudência do STF é firme no sentido que a revogação superveniente da norma impugnada em ADI conduz à extinção anômala do processo, ficando o exame do mérito prejudicado, por perda superveniente do objeto da ação. Por sua vez, quanto às ADIs ajuizadas por Partidos Políticos, o STF, em sua jurisprudência inicial, considerava que a ADI deveria ser extinta, sem exame de mérito, por perda superveniente de legitimidade ativa. Porém, no julgamento do Agravo regimental interposto contra decisão monocrática adotada na ADI 2.618/PR, o STF reviu sua posição e atualmente entende que a perda superveniente de representação do Partido Político não repercute sobre o julgamento da ADI. Em verdade, entende-se que a aferição da legitimidade ativa do Partido Político deve ser realizada à época do ajuizamento da ADI em razão da objetividade do processo e da indisponibilidade da ação.

▶ Distribuição dos pontos

Item	Pontuação
A) A ADI será prejudicada, extinta sem exame de mérito, por perda superveniente do objeto.	0 / 0,5
B) Perda superveniente de representação do Partido Político não repercute sobre o julgamento da ADI.	0 / 0,75

03. (OAB – Exame IV) Suponha que o STF tenha reconhecido em diversos julgados (recursos extraordinários) a incompatibilidade de uma lei ordinária do Estado Y, em vigor desde 1999, com uma emenda constitucional promulgada no ano seguinte. À 1ª Câmara Cível do Tribunal de Justiça do Estado Y foi distribuído um recurso de apelação cível em que a incompatibilidade da referida lei com a emenda constitucional é questão prejudicial. Diante desses fatos, responda:

a) As decisões proferidas pelo STF, reconhecendo a referida incompatibilidade entre lei e emenda constitucional, devem ser encaminhadas ao Senado? Explique. (Valor: 0,7)

b) A 1ª Câmara Cível do Tribunal de Justiça do Estado Y tem competência para deixar de aplicar a lei estadual incompatível com a emenda constitucional? Explique. (Valor: 0,55)

▶ Gabarito Comentado [Comentários feitos quando ainda vigente o CPC/1973.]

a) No caso, a lei (de 1999) é posterior à Constituição (de 1988), mas anterior à emenda constitucional (de 2000). De acordo com a jurisprudência do STF (ADI 2), a incompatibilidade entre uma lei e uma norma constitucional posterior a ela implica a revogação da lei e não a sua inconstitucionalidade. Tratando-se de revogação e não de inconstitucionalidade, e considerando-se que a competência do Senado se restringe aos casos de declaração de inconstitucionalidade, a decisão não deveria ser encaminhada àquela Casa legislativa.

b) Embora o art. 481, parágrafo único, do CPC "dispense" o órgão fracionário de um Tribunal (no caso, a 1ª Câmara Cível do Tribunal de Justiça do Estado Y) de encaminhar a questão constitucional ao pleno (art. 97, CRFB) quando há decisão do STF sobre a constitucionalidade da lei, como o caso envolve revogação, e não inconstitucionalidade, a cláusula de reserva de plenário não se aplica, tampouco a exceção a ela, prevista no CPC.

▶ Distribuição dos pontos

Item	Pontuação
A) Não se encaminha ao Senado quando é caso de revogação.	0 / 0,7
B) Sim, pois se trata de caso de revogação, em que não se aplica a cláusula de reserva de plenário.	0 / 0,55

04. (OAB – Exame IV) Mévio, advogado com longos anos de carreira, resolve concorrer a vaga de magistrado surgida no Tribunal de Justiça K, tendo apresentado o seu currículo para a Ordem dos Advogados do Brasil, que o incluiu na lista de advogados. Mesma situação ocorreu com a lista escolhida pelo Tribunal de Justiça.

À luz das normas constitucionais, responda aos itens a seguir:

A) Qual é o percentual de vagas destinada aos advogados nos Tribunais de Justiça? (Valor: 0,35)

B) Quais são os ritos de escolha realizados pela OAB e pelo Tribunal de Justiça? (Valor: 0,6)

C) De quem é a competência para nomeação? (Valor: 0,3)

▶ Gabarito Comentado

O ingresso do advogado na carreira da magistratura pode ocorrer através do denominado Quinto Constitucional, pois a norma do art., 94, da CRFB/88, reserva um quinto das vagas dos tribunais para ocupação dentre membros do Ministério Público e da Advocacia, com notório saber, reputação ilibada, com mais de dez anos de atividade profissional.

A OAB, no caso a seccional estadual, indicará os candidatos em lista sêxtupla, cabendo ao Tribunal de Justiça votar uma lista tríplice que será enviada ao Governador do Estado que escolherá, livremente, um dos indicados.

► Distribuição dos pontos

Item	Pontuação
A – Com base no art. 94 da CRFB (Quinto Constitucional) (0,15), o percentual é de 10% para advogados	0,2
B – Escolha de lista sêxtupla pela OAB local, dentre advogados com mais de dez anos. (0,3). Escolha de lista tríplice pelo TJ	0,3
C – Governador do Estado	0 / 0,3

► V Exame

01. (OAB – Exame V) Com o objetivo de incrementar a arrecadação tributária, projeto de lei estadual, de iniciativa parlamentar, cria uma gratificação de produtividade em favor dos Fiscais de Rendas que, no exercício de suas atribuições, alcancem metas previamente estabelecidas. O projeto é aprovado pela Assembleia Legislativa e, em seguida, encaminhado ao Governador do Estado, que o sanciona. Com base no cenário acima, responda aos itens a seguir, empregando os argumentos jurídicos apropriados e a fundamentação legal pertinente ao caso.

a) Indique a inconstitucionalidade formal que a lei apresenta e informe se a sanção da Chefia do Poder Executivo teve o condão de saná-la. (Valor: 0,65)

b) Supondo que a lei seja questionada perante o STF por meio de ADI, de que forma poderia o Sindicato dos Fiscais de Rendas daquele Estado atuar no feito em defesa da lei? Teria legitimidade para interposição de embargos declaratórios contra a decisão final adotada na ADI? (Valor: 0,60)

► Gabarito Comentado

A inconstitucionalidade formal decorre da não observância das regras de processo legislativo revistas na Constituição da República, que são, consoante jurisprudência firme do Supremo Tribunal Federal, de reprodução compulsória pelas Constituições Estaduais, uma vez que corolário do princípio da separação funcional de poderes. Na situação proposta, o projeto de lei de iniciativa parlamentar vulnera a norma do artigo 61, § 1º, inciso II, alínea "a" da CRFB, aplicável, por simetria, aos Estados-membros. No que tange à sanção governamental, a jurisprudência do STF é pacífica em reconhecer que a sanção do Governador não tem o condão de convalidar o vício de iniciativa, estando superado Enunciado nº 05 daquele Tribunal. O Sindicato dos Fiscais de Rendas do Estado poderia requerer a sua admissão no feito na qualidade de *amicus curiae*, nos termos do artigo 7º, § 2º, da Lei 9.868/99. Em sendo deferido o pedido, poderia o Sindicato manifestar-se por escrito e realizar sustentação oral, mas não poderia interpor recurso, conforme precedentes do STF.

▶ Distribuição dos pontos

Item	Pontuação
A1) Vício de iniciativa (0,15) – artigo 61, § 1º, inciso II, alínea "a" da CRFB (0,15) – princípio da simetria (0,15).	0 / 0,15 / 0,30 /0,45
A2) A sanção não convalida o vício de iniciativa. (0,20)	0 / 0,20
B) Requerer admissão no feito na qualidade de amicus curiae (0,30) Artigo 7º, § 2º, Lei 9.868/99 (0,15) O STF não reconhece legitimidade recursal ao amicus curiae (0,15).	0 / 0,15 / 0,30 / 0,45/0,60

02. (OAB – Exame V) O Tribunal de Contas da União (TCU), acolhendo representação contendo fortes indícios de irregularidades em procedimento licitatório realizado por entidade submetida à sua fiscalização, determina, cautelarmente, a suspensão do certame e fixa prazo para que o gestor responsável apresente defesa. Após regular instrução do processo, o TCU rejeita as razões de defesa, confirma a medida acautelatória e aplica multa sancionatória ao administrador público responsável pelas irregularidades.

Com base no cenário acima, responda aos itens a seguir, empregando os argumentos jurídicos apropriados e a fundamentação legal pertinente ao caso.

a) É juridicamente possível a suspensão cautelar do procedimento licitatório por decisão do TCU? (Valor: 0,65)

b) Supondo que, contra a aplicação da multa sancionatória, não tenha sido interposto qualquer recurso administrativo, qual é a providência a ser adotada para sua execução? (Valor: 0,60)

► Gabarito Comentado

Quanto à adoção de medidas cautelares pelo Tribunal de Contas da União, a jurisprudência do Supremo Tribunal Federal reconhece a atribuição de índole cautelar às Cortes de Contas, com apoio na teoria dos poderes implícitos, permitindo a adoção das medidas necessárias ao fiel cumprimento de suas funções institucionais e ao pleno exercício das competências que lhe foram outorgadas, diretamente, pela própria Constituição da República. O *leading case* na matéria foi o MS 24.510, Rel. Min. Ellen Gracie, julgamento em 19-11-2003, Plenário, DJ de 19-3-2004. Além disso, seria um poder implícito decorrente da competência expressa no artigo 71, IX, da CRFB.

Por sua vez, quanto ao item b, as decisões dos Tribunais de Contas de que resulte aplicação de multa ostentam eficácia de título executivo extrajudicial (artigo 71, § 3°, CRFB) e sua execução compete ao órgão de representação judicial do ente público beneficiário da condenação, no caso, a Advocacia-Geral da União.

► Distribuição dos pontos

Item	Pontuação
a1) É juridicamente possível a suspensão cautelar do procedimento licitatório, conforme precedentes do STF (0,30). A jurisprudência do STF reconhece o poder geral de cautela aos Tribunais de Contas com fundamento na teoria dos poderes implícitos. (0,25)	0 / 0,25 / 0,30 / 0,55
a2) Artigo 71, IX, da CRFB. (0,10)	0 / 0,10
b) Compete à AGU/representante judicial promover a execução da multa (0,30). A decisão do Tribunal de Contas que aplica a multa tem natureza de título executivo extrajudicial (0,15) – artigo 71, § 3°, CRFB (0,15).	0 / 0,15 / 0,30 / 0,45 / 0,60

03. **(OAB – Exame V) Um fazendeiro descobriu que sua mulher o havia traído com um cidadão de etnia indígena que morava numa reserva próxima à sua fazenda. No mesmo instante em que tomou ciência do fato, o fazendeiro dirigiu-se à reserva indígena e disparou três tiros contra o índio, que, no entanto, sobreviveu ao atentado.**

Com base nesse cenário, responda aos itens a seguir, empregando os argumentos jurídicos apropriados e a fundamentação legal pertinente ao caso.

a) A quem compete julgar esse caso? (Valor: 0,45)

b) Qual é o fundamento do art. 109, IX, da Constituição da República? (Valor: 0,40)

c) Caso o juiz federal entendesse ser incompetente para julgar esse caso e encaminhasse os autos ao juiz de direito e este também entendesse ser incompetente, a quem caberia decidir qual o juízo competente? Por quê? (Valor: 0,40)

► Gabarito Comentado

a) Por se tratar de crime doloso contra a vida, o caso deverá ser julgado pelo Tribunal do Júri, da justiça estadual comum. Embora a vítima seja um índio, o caso não está relacionado a disputa de direitos indígenas, razão pela qual não seria competência da Justiça Federal (art. 109, XI).

b) A atribuição à Justiça Federal da competência para julgar disputas sobre direitos indígenas decorre da competência atribuída à União Federal para proteção da cultura indígena, seus bens e valores (art. 231, CRFB). É por esta razão que a competência, nestas hipóteses, será da Justiça Federal, independentemente do Estado onde o caso tenha ocorrido.

c) A competência, neste caso, será do STJ, pois se trata de conflito negativo de competência entre órgãos vinculados a tribunais diversos (art. 105, I, d, CRFB).

► Distribuição dos pontos

Item	Pontuação
a) Justiça estadual (0,15) – Tribunal do Júri (0,15). Não se trata de disputa de direitos indígenas (0,15).	0 / 0,15 / 0,30 / 0,45
b) Proteção dos direitos dos índios é competência da União, art. 109, XI (0,4) OU b) Referência ao fundamento contido no art. 109, IX. (0,4)	0 / 0,4
c) STJ (0,2), por ser conflito negativo de competência entre órgãos vinculados a tribunais diversos **OU** art. 105, I, d, da CRFB (0,2)	0 / 0,2 / 0,4

04. (OAB – Exame V) O Presidente da República ajuizou ação direta de inconstitucionalidade contra o art. 5° da lei federal X, de 2005. Essa lei tem sido declarada totalmente inconstitucional pelo STF em reiteradas decisões, todas em sede de controle difuso. Com base nesse cenário e à luz da jurisprudência do STF, responda aos itens a seguir, empregando os argumentos jurídicos apropriados e a fundamentação legal pertinente ao caso.

a) O Advogado-Geral da União está obrigado a defender a constitucionalidade da lei X? Explique. (Valor: 0,8)

b) Ao julgar essa ADI, pode o STF declarar a inconstitucionalidade de outro(s) dispositivo(s) da lei X, além do art. 5°? Explique. (Valor: 0,45)

► Gabarito Comentado

a) Não. Embora a Constituição determine que o AGU deve defender a constitucionalidade das leis impugnadas através de ADI, de acordo com o que foi decidido pelo STF na ADI 1616, o AGU está dispensado desta obrigação se a lei em questão já tiver sido declarada inconstitucional pelo STF através de controle concreto-difuso.

b) Sim, caso haja interdependência do art. 5 com outro dispositivo legal. É a chamada inconstitucionalidade por arrastamento.

► Distribuição dos pontos

Item	Pontuação
A) Pela Constituição, a AGU deve defender (0,2). Pelo STF, está dispensado se já houver decisão do tribunal pela inconstitucionalidade. (0,6)	0 / 0,2 / 0,6 / 0,8
B) Sim, inconstitucionalidade por arrastamento.	0 / 0,45

► VI Exame

01. (OAB – Exame VI) Suponha que tramite perante a Câmara dos Deputados Proposta de Emenda à Constituição da República estabelecendo a obrigatoriedade de Estados, Municípios e Distrito Federal indexarem a remuneração de seus servidores públicos de acordo com o salário mínimo. Considerando a situação hipotética, analise os itens a se-

guir, empregando os argumentos jurídicos apropriados e a fundamentação legal pertinente ao caso:

a) a constitucionalidade da referida PEC; (Valor: 0,6)

b) a possibilidade de provimento jurisdicional que avalie a constitucionalidade da PEC ainda no curso do processo legislativo. (Valor: 0,65)

► Gabarito Comentado

A PEC não resiste ao confronto com as limitações materiais ao poder de reforma, estabelecidas no artigo 60, § 4°, da CRFB, mais especificamente ao enfraquecimento do pacto federativo. Isso porque a indexação da remuneração dos servidores estaduais, distritais e municipais pelo salário mínimo (fixado em lei da União Federal) importa em vulneração da autonomia dos entes federativos e, nesse sentido, em quebra do pacto federativo (ADPF 33/PA).

Quanto ao item 2, a jurisprudência do STF já se firmou no sentido de reconhecer a possibilidade de controle jurisdicional da PEC em tramitação, reconhecendo a legitimidade dos deputados e senadores para a impetração de mandado de segurança por violação ao direito líquido e certo de observância do devido processo legislativo (MS 24.642/DF).

► Distribuição dos pontos

Item	Pontuação
a) Mencionar os limites materiais ao poder de reforma (0,3). Artigo 60, § 4°, I, da CRFB: violação à autonomia dos entes federativos – quebra do pacto federativo (0,3).	0 / 0,3 / 0,6
b) O STF admite o controle jurisdicional de PECs durante a tramitação legislativa para coibir violação ao devido processo legislativo (0,35). Legitimidade do parlamentar para impetração de mandado de segurança (0,3).	0 / 0,3 / 0,35 / 0,65

02. **(OAB – Exame VI) Marco Antônio, titular, desde 2006, de mandato de Senador pelo Estado X, pretende se reeleger, em 2014, para o Senado, mas dessa vez como Senador pelo Estado Y, governado pela sua esposa, Maria, eleita em 2010 e que pretende a reeleição em 2014. Como Marco Antonio irá concorrer, em 2014, ao cargo de Senador pelo Estado Y, Paulo, filho de Marco Antonio e Maria, decidiu que naquele ano irá se candidatar ao cargo de Senador pelo Estado X.**

Diante desse quadro, responda:

a) Pode Marco Antonio se candidatar ao cargo de Senado pelo Estado Y, em 2014? (Valor: 0,75)

b) Pode Paulo se candidatar ao cargo de Senador pelo Estado X, em 2014? (Valor: 0,5)

► Gabarito Comentado

a) Não, pois há impedimento em razão de parentesco. Marco Antonio se lançaria candidato a Senador pelo Estado em que sua esposa é Governadora. Neste caso, não ocorre a exceção da parte final do art. 14, § 7, porque Marco Antonio não é "titular do cargo de Senador pelo Estado Y".

b) Sim, porque o impedimento previsto no art. 14, par. 7, limita-se aos parentes dos chefes do Poder Executivo (Prefeito, Governador e Presidente).

► Distribuição dos pontos

Item	Pontuação
A) Não. Inelegibilidade relativa (0,5) – art. 14, § 7° (0,25). *Obs.: A mera resposta "não" não é pontuada.*	0 / 0,25 / 0,5 / 0,75
B) Sim. A inelegibilidade se aplica apenas a parentes do Poder Executivo (0,5). *Obs.: A mera resposta "sim" não é pontuada.*	0 / 0,5

03. (OAB – Exame VI) O Prefeito do Município WK apresenta projeto de lei que outorga reajustes a determinadas categorias de servidores públicos, que veio a sofrer emendas pelos parlamentares ampliando os benefícios para outras categorias não acolhidas no projeto do Chefe do Executivo, com aumento de despesas, em previsibilidade orçamentária. A Constituição Estadual prescreve que nessa matéria a iniciativa é exclusiva do Chefe do Executivo, repetindo normas da Constituição Federal. A lei foi votada por maioria e sancionada pelo Prefeito. A legitimidade prevista para o controle de constitucionalidade repete, no plano local, aquela inscrita na Constituição Federal.

Responda fundamentadamente:

a) A emenda parlamentar ao projeto de lei seria possível? (Valor: 0,65)

b) Existiria algum meio de controle de constitucionalidade da lei votada pela Câmara? (Valor: 0,4)

c) Teria o Prefeito legitimidade para propor a eventual ação direta de inconstitucionalidade, mesmo tendo sancionado o projeto? (Valor: 0,2)

► Gabarito Comentado

Nas leis de iniciativa exclusiva ou privativa do Chefe do Poder Executivo (art. 61, § 1º, II, "a", da CRFB) não pode ocorrer emenda parlamentar que gere aumento de despesas. (art. 63, I, da CRFB). No caso de ofensa à Constituição Estadual, seria cabível a ação direta de inconstitucionalidade em face de lei municipal de competência do Tribunal de Justiça estadual, com a legitimidade conferida ao Chefe do Poder Executivo local, por simetria com a Constituição Federal. Adite-se que mesmo a sanção não seria passível de convalidar a norma, não impedindo, portanto, o controle de constitucionalidade. A jurisprudência do STF é uníssona nessa matéria.

► Distribuição dos pontos

Item	Pontuação
a) Não. Por ser lei de iniciativa do Chefe do Poder Executivo (0,25). Princípio da simetria (0,2). Obs.: A mera resposta "não" não é pontuada.	0 / 0,2 / 0,25 / 0,45
Artigo 61, § 1º, II, "a", da CRFB (0,1). Artigo 63, I, da CRFB (0,1).	0 / 0,1 / 0,2
b) Sim. Ação direta de inconstitucionalidade estadual. (0,2) Artigo 125, § 2º, da CRFB. (0,2) Obs.: A mera resposta "sim" não é pontuada.	0 / 0,2 / 0,4
c) Sim, por simetria à Chefia do Executivo Federal. Obs.: A mera resposta "sim" não é pontuada.	0 / 0,2

04. **(OAB – Exame VI) O Senador da República Valdecir foi preso em flagrante por crime inafiançável. Os responsáveis pela prisão comunicaram o fato ao Poder Judiciário, que manteve a prisão.**

a) Diante do fato descrito, pode ser tomada alguma medida para que o Senador seja posto em liberdade? (Valor: 0,65)

b) Em caso positivo, que medida seria e com que fundamento? Em caso negativo, justifique sua resposta. (Valor: 0,6)

▶ Gabarito Comentado

É impossível a manutenção da prisão por decisão judicial, uma vez que, em função da imunidade formal prevista no art. 53, § 2°, da Constituição da República, cabe à Casa a que pertence o parlamentar deliberar sobre a manutenção da prisão nos casos de crimes inafiançáveis. Diante da ilegalidade da manutenção da prisão por autoridade incompetente para tanto, cabe a impetração de *habeas corpus* perante o Supremo Tribunal Federal, conforme disposição do art. 102, I, "b" e "d", da CRFB.

▶ Distribuição dos pontos

Item	Pontuação
a) Sim, por violação da imunidade formal (0,35) nos termos do art. 53, § 2°, da CRFB (0,3). Obs.: A mera resposta "sim" não é pontuada.	0 / 0,3 / 0,35 / 0,65
b) A medida cabível é a impetração de *habeas corpus* perante o STF (0,3), nos termos do art. 102, I, "b" e "d", da CRFB (0,3).	0 / 0,3 / 0,6

▶ VII Exame

01. (OAB – Exame VII) No mês de março, um projeto de emenda constitucional foi rejeitado logo no primeiro turno de votação, realizado na Câmara dos Deputados. Em agosto do mesmo ano, esse projeto de emenda foi novamente posto em votação na Câmara dos Deputados. Na sequência, determinado Deputado Federal, contrário ao projeto de emenda e decidido a impedir sua tramitação, afirmou que iria acessar o Poder Judiciário. Discorra sobre a possibilidade de o Poder Judiciário exercer controle sobre a tramitação da emenda, bem como sobre a possível medida cabível no caso em tela. (Valor: 1,25)

▶ Gabarito Comentado

Há possibilidade de o Poder Judiciário controlar a constitucionalidade do processo legislativo do projeto de emenda constitucional. No caso em tela o controle mostra-se viável em função da violação da limitação procedimental constante no art. 60, § 5° da CRFB. A única medida cabível ao caso é a impetração do mandado de segurança perante o Supremo Tribunal Federal.

► Distribuição dos pontos

Item	Pontuação
A) Identificação da violação do Art. 60, §. 5º da CRFB (0.30) e da possibilidade de controle da PEC pelo judiciário (0,35).	0,00 / 0,30 / 0,35 / 0,65
B) Identificação do mandado de segurança como medida cabível (0,30), bem como da competência do STF para a realização do julgamento (0,30).	0,00 / 0,30 / 0,60

02. (OAB – Exame VII) Em determinado Estado da federação, vieram a público denúncias de irregularidades praticadas em obra pública, com graves indícios de desvio de dinheiro do Erário. Tício, deputado estadual, pretende instalar Comissão Parlamentar de Inquérito para apuração das denúncias, com base em previsão constante da Constituição estadual. Considerando a situação acima descrita, responda aos questionamentos a seguir, empregando os argumentos jurídicos apropriados e apresentando a fundamentação legal pertinente ao caso.

A) É possível que a Constituição Estadual preveja a criação da Comissão Parlamentar de Inquérito no plano estadual? (Valor: 0,45)

B) É possível o ajuizamento de ação em que se questione a constitucionalidade de norma de Constituição Estadual perante a Constituição da República, de modo a invalidar aquela? O Governador do Estado tem legitimidade para fazê-lo? (Valor: 0,80)

► Gabarito Comentado

A) Há possibilidade de previsão da CPI na Constituição Estadual, fundamentando a resposta na autonomia do Estado. Ou seja, ao conferir poder de auto-organização aos estados da Federação (art. 18, CRFB), permitiu que editassem constituições prevendo formas de investigação, como a CPI (STF, ACO 730-RJ), observado o princípio da simetria.

B) O Governador tem legitimidade para propositura de Ação Direta de Inconstitucionalidade, devendo demonstrar pertinência temática. Além disso, deve ser tratada a possibilidade de questionar a constitucionalidade da norma da Constituição Estadual perante a Constituição Federal, conforme reiterada jurisprudência do STF.

► Distribuição dos pontos

Item	Pontuação
a) Possibilidade da criação da CPI na Constituição Estadual, com fundamento na autonomia (capacidade de auto-organização) dos Estados (art. 18, CRFB) (0,25). Observado o princípio da simetria (0,20).	0,00 / 0,20 / 0,25 / 0,45
b) Possibilidade de a Constituição Estadual ser objeto de controle de constitucionalidade perante a Constituição Federal (0,40). Legitimidade do Governador para ajuizar a ADI, no caso (art. 103, V, CRFB) (0,20). Pertinência temática (0,20)	0,00 / 0,20 / 0,40 / 0,60 / 0,80

03. (OAB – Exame VII) Renata, servidora pública estadual, ingressou no serviço público antes da edição da Constituição da República de 1988, e é regida pela Lei X, estatuto dos servidores públicos do Estado-membro. Sobre a situação funcional de Renata, responda justificadamente:

A) O que ocorrerá coma Lei X caso ela não tenha sido editada conforme os trâmites do processo legislativo previstos pela atual Constituição? (Valor: 0,40)

B) É possível que Renata questione, em ação individual, por meio de controle difuso, a inconstitucionalidade formal da Lei X perante a constituição revogada? (Valor: 0,40)

C) Tendo em vista que Renata já estava inserida em um regime jurídico, é possível afirmar que a mesma tem direito adquirido a não ser atingida pela Constituição de 1988 no que tange à sua situação funcional? (Valor: 0,45)

► Gabarito Comentado

A) Renata continuará sendo regida pela lei X, que não é formalmente inconstitucional. Ademais, quando nova constituição é editada, somente são consideradas não recepcionadas as normas que contenham incompatibilidade material com a mesma. Ou seja, a incompatibilidade analisada é a de conteúdo e não de forma, que é regida pelo princípio do *tempus regit actum.*

B) É possível que se questione perante qualquer órgão jurisdicional, em um caso concreto, incidentalmente, a invalidade formal de ato legislativo que foi editado em desacordo com os requisitos exigidos para a sua formação, ato que é inválido *ab initio.*

C) Não é possível a oposição do direito adquirido em face de uma nova Constituição. A Constituição é o fundamento de validade de toda ordem jurídica. Nesse sentido, todas as normas (como é o caso da Lei X da questão) existentes no regime constitucional anterior, no que são materialmente incompatíveis com a nova Constituição, ficam revogadas, salvo disposição expressa da Constituição nova. Além disso, há reiterada jurisprudência do STF no sentido de inexistir direito adquirido a regime jurídico.

▶ Distribuição dos pontos

Item	Pontuação
A) A lei X não é afetada, pois somente são consideradas não recepcionadas as normas que contenham incompatibilidade material com a nova Constituição.	0,00 / 0,40
B) Possibilidade de se questionar, em controle difuso, a constitucionalidade da lei editada antes da nova Constituição, tendo a Constituição revogada como parâmetro.	0,00 / 0,40
C) Impossibilidade de invocar direito adquirido em face da nova Constituição, notadamente direito adquirido a regime jurídico.	0,00 / 0,45

04. (OAB – Exame VII) Erasmo, cidadão residente e eleitor do Estado "A", viveu sua infância no Estado "B", pelo qual possui grande apreço. Por entender que certo Deputado Federal, no exercício de sua função, e no âmbito territorial do Estado "B", praticou ato lesivo ao patrimônio público do ente ao qual está vinculado, Erasmo propôs ação popular em vara federal da seção judiciária de "B". O Deputado Federal, em sua contestação, alega a incompetência do juízo de 1º grau, com o fundamento de que possui foro privilegiado, e a ilegitimidade ativa de Erasmo.

Responda aos questionamentos a seguir, empregando os argumentos jurídicos apropriados e apresentando a fundamentação legal pertinente ao caso.

A) Qual o órgão competente para conhecer a ação popular ajuizada em face do Deputado Federal? (valor: 0,65)

B) Segundo a jurisprudência dos tribunais superiores, Erasmo teria legitimidade ativa para ajuizar a ação popular na seção judiciária de "Z"? (valor: 0,60)

► Gabarito Comentado

A) A ação foi proposta no órgão competente, ou seja, em órgão de 1º grau da Justiça Federal, em virtude do disposto no art. 5º da Lei nº 4.717/65 e no art. 102 da Constituição da República (CRFB). O Supremo Tribunal Federal (STF) já decidiu reiteradamente que o rol de competências originárias fixadas na CR (art. 102) é taxativo, e que a prerrogativa de foro, unicamente invocável em procedimentos de caráter penal, não se estende às causas de natureza civil (Ex.: Pet 3152 AgR/PA e 1738 AgR/MG). Logo, não são de sua competência originária as ações populares, ainda que o réu seja autoridade que tenha foro por prerrogativa de função no STF.

B) A resposta deve ser positiva. Conforme jurisprudência do Superior Tribunal de Justiça (STJ), – vide REsp 1242800/MS (julgamento em 14/06/2011) – o fato de o cidadão ser eleitor em Município diverso daquele onde ocorreram as irregularidades não o impede de ajuizar ação popular, o que poderá ser feito em qualquer seção judiciária ("A", "B", "D", "Z"). Afinal, a legitimidade ativa da ação é deferida ao cidadão. A condição de eleitor configura meio de prova documental da cidadania.

► Distribuição dos pontos

Item	Pontuação
A1. Órgão de 1º grau da Justiça Federal (0,20), em virtude de o rol de competências originárias fixadas no artigo 102 da CRFB ser taxativo / a prerrogativa de foro, unicamente invocável em procedimentos de caráter penal, não se estende às causas de natureza civil (0,25).	0,00 / 0,20 / 0,25 / 0,45
A2. Aplicação do artigo 5º da Lei nº 4.717/65 (0,20).	0,00/0,20
B. Sim. O fato de o cidadão ser eleitor em município diverso daquele em que ocorreram as irregularidades não o impede de ajuizar ação popular, pois a legitimidade ativa da ação é deferida ao "cidadão", sendo a condição de eleitor mero meio de prova da cidadania.	0,00 / 0,60

► VIII Exame

01. (OAB – VIII Exame) Uma agência reguladora federal editou, recentemente, uma portaria proibindo aos médicos prescrever a utilização de medicamentos que não tenham similar nacional. A Associação Brasileira de Profissionais da Saúde, entidade de âmbito nacional constituída há mais de dois anos, propôs uma Arguição de Descumprimento de Preceito Fundamental (ADPF) contra aquela medida.

A respeito da situação acima, responda aos itens a seguir, utilizando os argumentos jurídicos apropriados e a fundamentação legal pertinente ao caso.

A) É possível a propositura da ADPF contra a portaria emitida pela agência reguladora federal? (Valor: 0,40)

B) A Associação tem legitimidade para a propositura daquela ADPF? (Valor: 0,40)

C) Pode um Estado instituir uma ADPF no plano estadual? Nesse caso, qual o instrumento jurídico apto à criação do instituto? (Valor: 0,45)

► Gabarito Comentado

A) A questão trata do tema da Arguição de Descumprimento de Preceito Fundamental (ADPF), previsto no art. 102, § 1º da Constituição da República Federativa do Brasil e disciplinado pela Lei nº 9.882/1999. O legislador determinou, no art. 4º, § 1º daquela lei, que "Não será admitida arguição de descumprimento de preceito fundamental quando houver qualquer outro meio eficaz de sanar a lesividade". O dispositivo consagra o chamado princípio da subsidiariedade, de modo que o cabimento de uma Ação Direta de Inconstitucionalidade (ADIn) para impugnar a validade de determinado ato do poder público exclui o cabimento da ADPF. Tendo em vista que a ADIn não é o mecanismo hábil à impugnação de atos normativos "secundários" (infralegais), abre-se espaço para o cabimento da ADPF para a impugnação de portaria editada por agência reguladora federal.

B) Nos termos do art. 2º da Lei nº 9.882/1999, "podem propor arguição de descumprimento de preceito fundamental (....) os legitimados para a ação direta de inconstitucionalidade". De seu turno, os legitimados para a propositura da ADIn são, nos termos do art. 103 da Constituição, "I – o Presidente da República; II – a Mesa do Senado Federal; III – a Mesa da Câmara dos Deputados; IV – a Mesa de Assembleia Legislativa ou da Câmara

Legislativa do Distrito Federal; V – o Governador de Estado ou do Distrito Federal; VI – o Procurador-Geral da República; VII – o Conselho Federal da Ordem dos Advogados do Brasil; VIII – partido político com representação no Congresso Nacional; IX – confederação sindical ou entidade de classe de âmbito nacional".

Em relação à legitimidade das entidades de classe de âmbito nacional, a jurisprudência do Supremo Tribunal Federal cunhou o conceito de pertinência temática, que significa a necessidade de demonstração, por alguns legitimada, de que o objeto da instituição guarda relação com o pedido da ação direta proposta por referida entidade. No caso, tal requisito encontra-se atendido, tendo em vista que a norma impugnada se dirige, exatamente, aos profissionais da saúde.

C) A Constituição Federal não previu a arguição no âmbito dos Estados-membros – como fez com ação direta de inconstitucionalidade (art. 125, § 2°) – mas, a exemplo do que se passa com a ação direta de constitucionalidade, pode ser instituída pelo constituinte estadual, com base no princípio da simetria com o modelo federal.

▸ Distribuição dos pontos

Item	Pontuação
A) Sim, a ADPF é medida judicial adequada a impugnar a validade de ato normativo infralegal (0,20), pois restou atendido o princípio da subsidiariedade, previsto no art. 4°, § 1° da Lei n° 9.882/1999 (0,20) OBS.: A mera indicação do artigo não pontua.	0,00 / 0,20 / 0,40
B) Sim, pois os legitimados para a propositura da ADPF (art. 2° da Lei n° 9.882/1999) são os mesmos da ADIn (art. 103 da CRFB) (0,20), e foi observado o requisito da pertinência temática (0,20). OBS.: A mera indicação do artigo não pontua.	0,00 / 0,20 / 0,40
C) Sim, é possível a instituição de uma ADPF no plano estadual (0,10), desde que se o faça por meio de previsão na Constituição do Estado. (0,35)	0,00 / 0,10 / 0,35 / 0,45

02. (OAB – VIII Exame) Em 2010 foi aprovada emenda à Constituição do Estado "X", acrescentando dispositivo que permite que o Governador do Estado edite medida provisória, com força de lei, com eficácia imediata, devendo ser convertida em até 30 dias. Com base neste

dispositivo, em 15 de dezembro de 2011, o Governador do Estado editou medida provisória majorando as alíquotas mínima e máxima do Imposto sobre Transmissão "Causa Mortis" e Doação de Quaisquer Bens ou Direitos – ITCMD, visando à cobrança do imposto com as novas alíquotas em 2012. Não tendo sido apreciada nos primeiros vinte dias de vigência, a medida provisória entrou em regime de urgência, e foi finalmente aprovada pela Assembleia Legislativa. A partir da hipótese apresentada, responda justificadamente aos questionamentos a seguir, empregando os argumentos jurídicos apropriados e apresentando a fundamentação legal pertinente ao caso.

A) O dispositivo da Constituição do Estado X que confere ao Governador competência para editar medida provisória viola a Constituição da República? (Valor: 0,40)

B) A alteração das alíquotas pela medida provisória editada pelo Governador é constitucional? (Valor: 0,40)

C) As novas alíquotas podem ser cobradas em 2012? (Valor: 0,45)

► Gabarito Comentado

A) Não. Os Estados, no exercício da capacidade de auto-organização (art. 25, *caput*, CRFB), decorrente da autonomia constitucional, podem autorizar os Governadores a editar medida provisória. Trata-se de uma faculdade conferida aos Estados e não de uma obrigação decorrente do princípio da simetria. A Constituição da República, ao proibir que os Estados regulem a exploração e a concessão dos serviços locais de gás canalizado "por medida provisória" (art. 25, § 2°, CRFB), permite, contrario sensu, a edição de medida provisória para regular outras matérias.

B) Sim. A alteração da alíquota mínima é constitucional. Já a alteração da alíquota máxima é de competência do Senado, de modo que a sua alteração por medida provisória estadual gera inconstitucionalidade formal parcial.

C) Não. Embora os Estados possam autorizar a edição de medida provisória pelo Governador, devem, por outro lado, observar a regulação deste ato normativo em âmbito federal, o que inclui a observância do princípio da anterioridade em matéria tributária, de modo que uma medida provisória que implique a instituição ou a majoração de impostos só produzirá efeitos no exercício financeiro seguinte, se houver sido convertida em lei até o último dia do ano em que foi editada.

► Distribuição dos pontos

Item	Pontuação
A) Não. Autonomia ou auto-organização (0,30) conforme art. 25, § 2°. (0,10) OBS.: A mera indicação do artigo não pontua.	0,00 / 0,30 / 0,40
B) Alíquota mínima: sim. (0,20) 0,00/0,20. Alíquota máxima: não, conforme art. 155, § 1°, IV. (0,20).	0,00 / 0,20
C) Não. Observar a regulação do art. 62, § 2° OU observar o princípio da anterioridade (0,45).	0,00 / 0,45

03. (OAB – VIII Exame) Maria alugou um prédio comercial no centro da cidade "P", capital do estado "K", para que o Estado estrangeiro W ali instalasse sua representação consular. Foram estabelecidos aluguéis de R$ 40.000,00 (quarenta mil reais) mensais. Passados dois anos de vigência do contrato, em razão de dificuldades financeiras no continente onde se localiza o Estado W, o mesmo deixa de pagar aluguéis para Maria, que, inconformada, busca a orientação de um profissional da advocacia para melhor defender seus interesses. O advogado contratado explica que proporá a ação em Vara Cível do Município "P", cabendo eventual recurso de apelação para o Tribunal de Justiça do Estado K. Responda, justificadamente, se a orientação do advogado contratado por Maria está na direção correta ao apontar os órgãos jurisdicionais competentes para a matéria em primeiro e em segundo graus de jurisdição. (Valor: 1,25)

► Gabarito Comentado

As orientações fornecidas estão equivocadas, pois ações movidas contra Estado estrangeiro devem ser propostas em primeira instância perante um Juiz Federal, conforme art. 109, II da Constituição; em grau recursal é cabível um recurso ordinário ao Superior Tribunal de Justiça, conforme art. 105, II, "c" da Constituição.

▶ Distribuição dos pontos

Item	Pontuação
A) Não. A primeira instância deverá ser perante Juiz Federal (0,45), conforme art. 109, II da Constituição (0,10). OBS.: A mera citação do artigo não pontua.	0,00 / 0,45 / 0,55
B) Em segundo grau é cabível o recurso ordinário (0,30) perante o STJ (0,30), conforme art. 105, II, "c" da Constituição (0,10). OBS.: A mera citação do artigo não pontua.	0,00 / 0,30 / 0,40 / 0,60 / 0,70

04. (OAB – VIII Exame) Caio e Tício, servidores públicos federais, foram surpreendidos com o advento de uma Emenda Constitucional que alterou o sistema previdenciário dos servidores, aumentando a idade mínima para aposentadoria e a forma de cálculo dos proventos Caio já havia completado todos os requisitos para a aposentadoria (idade e tempo de contribuição), mas optou por permanecer em atividade. Tício ainda não havia preenchido todos os requisitos: apesar de já possuir a idade mínima, faltava-lhe um ano de contribuição. Pergunta-se:

A) as novas normas são aplicáveis a Caio e Tício, no que diz respeito à idade para aposentadoria e à forma de cálculo dos proventos? (0,80)

B) Alguns anos depois, já aposentados, Caio e Tício recebem a notícia de que foi editada lei federal que, majorando seus proventos de aposentadoria, modificou a sua forma de composição. É válida a lei que altera a composição da remuneração dos aposentados, quanto ao seu valor e a fórmula de cálculo? (0,45)

▶ Gabarito Comentado

A) Em relação a Caio, as novas normas não lhe são aplicáveis, pois, no momento em que preencheu os requisitos, adquiriu direito à aposentadoria pelas normas então vigentes. E uma Emenda Constitucional não pode ferir direito adquirido (cláusula pétrea). Em relação a Tício, as novas normas são aplicáveis, pois o servidor possuía apenas expectativa de direito à aposentadoria com as regras anteriores. É possível que a Emenda Constitucional traga regra de transição para abarcar aqueles que já eram servidores ao tempo de sua edição, mas, caso não exista essa regra (ou caso o servidor não se enquadre nessa regra), a nova sistemática da aposentadoria é imediatamente aplicável.

B) O examinando deve indicar que é possível a alteração, pois não existe direito adquirido a regime jurídico no que diz respeito à forma de composição dos vencimentos. Deve-se respeitar a irredutibilidade dos proventos, mas não a forma de cálculo do benefício.

▶ Distribuição dos pontos

Item	Pontuação
A) Em relação a Caio, as novas normas não lhe são aplicáveis, pois, no momento em que preencheu os requisitos, adquiriu direito à aposentadoria pelas normas então vigentes (0,40) Em relação a Tício, as novas normas são aplicáveis, pois possuía apenas expectativa de direito à aposentadoria com as regras anteriores (0,40).	0,00 / 0,40 / 0,80
B) Sim, a lei é válida, desde que respeitada a irredutibilidade dos proventos, uma vez que não existe direito adquirido a regime jurídico em relação a composição de vencimentos (0,45).	0,00 / 0,45

▶ IX Exame

01. **(OAB – IX Exame) A Lei Orgânica do Município "Y", que integra o Estado "X", ao dispor sobre ingresso na administração pública municipal, e em observância aos princípios da eficiência e da moralidade, estabeleceu que os cargos, empregos e funções públicas seriam acessíveis aos brasileiros naturais do Estado "X", que tivessem residência no Município "Y", e que seriam investidos nos cargos mediante aprovação prévia em concurso público de provas ou de provas e títulos, de acordo com a natureza e a complexidade do cargo ou emprego, na forma prevista em lei, ressalvadas as nomeações para cargo em comissão. Contra esse dispositivo da Lei Orgânica foi ajuizada, junto ao Tribunal de Justiça, uma Ação Direta de inconstitucionalidade, nos termos do Art. 125, § 2° da CRFB, alegando violação a dispositivo da Constituição estadual que, basicamente, reproduz o Art. 37 da CRFB. O Tribunal de Justiça conheceu da ação, mas julgou improcedente o pedido, entendendo que, respeitados os limites constitucionais, o Município pode criar regras próprias, no exercício da sua capacidade de auto-organização.**

A partir do caso apresentado, responda justificadamente aos itens a seguir.

A) O Município tem autonomia para criar a regra citada no enunciado, conforme entendeu o Tribunal de Justiça? (Valor: 0,40)

B) A ADI estadual pode ter por objeto dispositivo de Lei Orgânica? (Valor: 0,45)

C) Dessa decisão do Tribunal de Justiça, cabe Recurso Extraordinário ao STF? (Valor: 0,40)

► Gabarito Comentado

A) Não. O dispositivo da lei orgânica viola o princípio da isonomia (Art. 5º, da CRFB) ou mais especificamente o da isonomia federativa (Art. 19, III, da CRFB), também prevista no Art. 37, I da CRFB.

B) Sim. A ADI estadual pode ter por objeto atos normativos estaduais e municipais, incluindo a Lei Orgânica, que deve estar de acordo com a Constituição da República e com a Constituição do respectivo Estado, conforme dispõe o Art. 29, da CRFB.

C) Sim. O dispositivo da Constituição estadual violado é norma de reprodução, de modo que, nesses casos, entende o STF que é cabível Recurso Extraordinário.

► Distribuição dos pontos

Item	Pontuação
A) Não. Isonomia (Art. 5º) ou isonomia federativa (Art. 19, III) ou Art. 37, I (0,40)	0,00 / 0,40
B) Sim. Objeto de ADI (0,25) (Art. 125, § 2º) (0,20).	0,00 / 0,20 / 0,25 / 0,45
C) Sim. Norma de reprodução (0,40).	0,00 / 0,40

02. (OAB – IX Exame) Instituto destinado a dar maior eficiência aos comandos constitucionais, a medida provisória possibilita que, em situações excepcionais, o Presidente da República edite norma com força de Lei Ordinária. A avalanche de medidas provisórias, porém, vem atravancando o trâmite dos projetos de lei, o que motivou nova orientação do então presidente da Câmara dos Deputados: a pauta não fica travada em relação a matérias que não podem, em tese, ser objeto de medida provisória. Em relação ao tema medida provisória, responda, fundamentadamente, aos seguintes itens.

A) Quais os limites para sua edição? (Valor: 0,40)

B) É possível Constituição Estadual prever edição de medida provisória pelo Governador do Estado? Nesse caso, a norma constitucional estadual poderia estabelecer limites diferentes daqueles previstos na Constituição da República Federativa do Brasil? (Valor: 0,45)

C) É possível o controle jurisdicional dos requisitos de relevância e urgência da medida provisória? (Valor: 0,40)

► Gabarito Comentado

A. A medida provisória encontra limites materiais, estampados no § 1°, do Art. 62, da Constituição Federal; limites temporais, encontrados nos §§ 2° e 7° do referido artigo e limites circunstanciais, encontrados no § 10 do aludido dispositivo.

B. A resposta é afirmativa quanto à criação, pois a Constituição Estadual poderá criar Medidas Provisórias. Por outro lado, a norma constitucional estadual deverá guardar os mesmos requisitos e limites da norma da Constituição Federal, face ao mandamento da simetria das normas.

C. São requisitos indispensáveis às medidas provisórias a relevância e urgência, conforme dispõe o Art. 62, *caput* da Constituição Federal. O Supremo Tribunal Federal, por longa data, entendeu não ser possível o controle de constitucionalidade dos requisitos relevância e urgência, sob pena de violação ao princípio da separação de poderes. Todavia, houve parcial mudança no entendimento da Corte, admitindo o exame jurisdicional do mérito dos requisitos de relevância e urgência na edição de medida provisória em casos excepcionais, em que a ausência desses pressupostos seja evidente, como por exemplo, na abertura de crédito extraordinário para destinar verba para a saúde que já deveria estar inclusa na lei orçamentária anual.

► Distribuição dos pontos

Item	Pontuação
A) A medida provisória encontra limites materiais, estampados no § 1°, do Art. 62, da Constituição Federal (0,20); limites temporais, encontrados nos §§ 2° e 7° do referido artigo (0,10) e limites circunstanciais, encontrados no § 10 do aludido dispositivo (0,10).	0,00 / 0,10 / 0,20 / 0,30 / 0,40

B) Sim, é possível Constituição Estadual prever edição de medida provisória pelo Governador do Estado (0,25) A norma constitucional estadual não poderá estabelecer limites diferentes daqueles previstos na Constituição da República Federativa do Brasil, devendo guardar os mesmos requisitos e limites da norma da Constituição Federal, face ao mandamento da simetria das normas. (0,20).	0,00 / 0,20 / 0,25 / 0,45
C) O Supremo Tribunal Federal admite o exame jurisdicional do mérito dos requisitos de relevância e urgência na edição de medida provisória em casos excepcionais. (0,40)	0,00 / 0,40

03. (OAB – IX Exame) José, em um evento de confraternização na empresa em que trabalha, ouviu de Roberto, alterado pela ingestão de bebida alcoólica, que este detinha um cargo em comissão no Tribunal de Contas da União, ao qual nunca comparecera, exceto para a retirada do contracheque, ao final de cada mês. José se dirige, no dia seguinte, ao Tribunal de Contas da União e solicita cópia dos assentamentos funcionais relativos a Roberto, a fim de instruir uma ação judicial. O pedido administrativo foi dirigido ao Ministro Presidente daquela Corte de Contas, que resolveu negá-lo. Consternado, José impetrou Habeas Data em face do Presidente do Tribunal de Contas da União. Considerando a situação acima descrita, responda justificadamente aos itens a seguir.

A) Qual o Juízo ou Tribunal competente para julgamento do Habeas Data impetrado por José? (Valor: 0,40)

B) O dispositivo de lei que exige, para impetração do Habeas Data, demonstração da recusa ao acesso às informações, à luz do princípio da inafastabilidade de jurisdição, é constitucional? (Valor: 0,40)

C) A pretensão de José, nesse caso, pode ser veiculada por Habeas Data? (Valor: 0,45)

► Gabarito Comentado

A questão trata do *Habeas Data*, remédio constitucional destinado a assegurar o conhecimento de informações relativas à pessoa do impetrante, constantes de registros ou bancos de dados de entidades governamentais ou de caráter público, nos termos do Art. 5º, LXXII, da Constituição da República.

A) O examinando deve destacar a competência do Supremo Tribunal Federal, conforme previsão expressa do Art. 102, I, "d" da Constituição da República.

B) A prova do anterior indeferimento do pedido de informação de dados pessoais, ou da omissão em atendê-lo, constitui requisito indispensável para que se concretize o interesse de agir no *Habeas Data*. Sem que se configure situação prévia de pretensão resistida, há carência da ação constitucional do *Habeas Data*. Esse é o entendimento de longa data consagrado pelo Supremo Tribunal Federal (RHD 22, Rel. p/ o ac. Min. Celso de Mello, julgamento em 19-9-1991, Plenário, DJ de 1°-9-1995) e pelo Superior Tribunal de Justiça (Súmula 2). Esse entendimento restou positivado no Art. 8°, § único, da Lei n° 9.507/1997 e vem sendo reafirmado, sempre, pelo STF. (Nesse sentido: HD 87-AgR, Rel. Min. Carmen Lúcia, julgamento em 25-11-2009, Plenário, DJE de 5-2-2010).

C) A pretensão de José não é amparada por *Habeas Data*, pois o remédio não se presta para solicitar informações relativas a terceiros, nos termos da alínea "a" do inciso LXXII, do Art. 5°, da CRFB. Sua impetração deve ter por objetivo "assegurar o conhecimento de informações relativas à pessoa do impetrante." (Nesse sentido, ainda, jurisprudência STF: HD 87-AgR, Rel. Min. Carmen Lúcia, julgamento em 25-11-2009, Plenário, DJE de 5-2-2010).

▶ Distribuição dos pontos

Item	Pontuação
A) O STF, na forma do Art. 102, I, "d" da CRFB. (0,40)	0,0 / 0,40
B) Sim. O requisito configura concretização do interesse de agir para a propositura de uma demanda (0,20), conforme jurisprudência do Supremo Tribunal Federal (0,20).	0,0 / 0,20 / 0,40
C) Não. Previsão do Art. 5°, LXXII, "a", da Constituição Federal de que o remédio se destina a assegurar o conhecimento de informações do próprio impetrante (0,45)	0,0 / 0,45

04. (OAB – IX Exame) O Brasil assinou tratado internacional, discutido e votado no âmbito da Organização Mundial do Comércio, que regulamentava novas formas de controle sobre o comércio exterior. Ao invés de a função ser exercida pelo Ministério da Fazenda, como preceitua o Art. 237 da Constituição Federal, o texto do tratado veda qualquer possibilidade de controle interno do comércio internacional pelos países signatários. A partir do fato acima, responda aos itens a seguir.

A) De acordo com o ordenamento constitucional vigente, a que autoridade ou órgão compete promover a internalização do referido tratado internacional? (Valor: 0,50)

B) Uma vez internalizado o tratado em questão, com que hierarquia ele passa a integrar o ordenamento jurídico pátrio? (Valor: 0,25)

C) Qual (is) princípio(s) de Interpretação Constitucional deve(m) nortear a resolução do conflito entre o texto do tratado e o texto constitucional? (Valor: 0,50)

► Gabarito Comentado

A) Cabe ao Presidente da República tão somente assinar o documento internacional (Art. 84, VIII), que deve ser submetido ao Congresso Nacional, a quem compete resolver definitivamente sobre Tratados, promovendo a sua internalização, conforme dispõe o Art. 49, inciso I, da Constituição Federal.

B) Tratados internacionais que não versam sobre direitos humanos, como o referido na questão, depois de internalizados, ingressam no ordenamento jurídico com *status* de Lei Ordinária.

C) Pelo Princípio da Supremacia da Constituição, conflito entre norma constitucional e norma com hierarquia de Lei Ordinária deve ser resolvido atestando-se a primazia do dispositivo constitucional.

► Distribuição dos pontos

Item	Pontuação
A) Cabe ao Presidente da República assinar o documento internacional (Art. 84, VIII), que deve ser submetido ao Congresso Nacional a quem compete resolver definitivamente sobre Tratados, promovendo a sua internalização, conforme dispõe o Art. 49, inciso I, da Constituição Federal. (0,50).	0,00 / 0,50
B) Tratados internacionais que não versam sobre direitos humanos, depois de internalizados, ingressam no ordenamento jurídico com status de Lei Ordinária. (0,25).	0,00 / 0,25
C) Pelo Princípio da Supremacia da Constituição (0,50).	0,00 / 0,50

► X Exame

01. **(OAB – X Exame) Determinado Ministério apresentou desempenho considerado insuficiente pela imprensa e pela opinião pública, havendo sério questionamento quanto aos gastos públicos destinados para a sua manutenção. Dessa forma, um Senador pelo Estado Y apresentou um projeto de lei no sentido de extinguir este Ministério. Tal projeto foi votado em plenário em um dia em que 32 (trinta e dois) dos 81 (oitenta e um) senadores estavam presentes, sendo aprovado pelo voto da maioria dos presentes e encaminhado à Câmara dos Deputados. Contando com forte apoio popular, a proposta legislativa foi aprovada pela maioria absoluta dos deputados federais e encaminhada ao Presidente da República, que a sancionou doze dias úteis depois de tê-la recebido, determinando sua imediata publicação no Diário Oficial da União. Uma semana após a publicação da lei na imprensa oficial, a CONAMP (Associação Nacional dos Membros do Ministério Público) ajuizou uma ação declaratória de constitucionalidade em que pleiteava a declaração de conformidade da nova norma legal com a Constituição.**

Responda justificadamente aos questionamentos a seguir, empregando os argumentos jurídicos apropriados e apresentando a fundamentação legal pertinente ao caso.

A) Há algum vício que fulmine a constitucionalidade da norma em questão? (Valor: 0,80)

B) A CONAMP poderia ter ajuizado a ação declaratória de constitucionalidade? (Valor: 0,45)

A simples menção ou transcrição do dispositivo legal não pontua.

► Gabarito Comentado

A) A norma possui vícios a fulminar a sua constitucionalidade. Projeto de lei para extinguir Ministério é de iniciativa privativa do Presidente da República (Art. 61, § 1°, II, "e" da Constituição), havendo, portanto, vício de iniciativa, já que o mesmo não poderia ter sido apresentado por um senador. Houve ainda vício na votação do projeto no Senado Federal, eis que o Art. 47 da Constituição exige a presença de maioria absoluta dos membros da Casa Legislativa para a votação de um projeto de lei, ou seja, no caso, seria necessária a presença de ao menos 41 senadores para realizar a votação.

B) Apesar de legitimada pelo Art. 103, IX da Constituição, a CONAMP não poderia ter apresentado a ação declaratória de constitucionalidade no caso em análise, pois ausente o requisito da pertinência temática que deve obedecer, consoante jurisprudência pacífica do Supremo Tribunal Federal. Além do mais, tendo proposta a ação apenas uma semana após a publicação da lei, não foi seguido o requisito da controvérsia judicial relevante, exigido pelo Art. 14, III da Lei nº 9.868/99.

▶ Distribuição dos pontos

Item	Pontuação
A) O projeto era de iniciativa privativa do Presidente da República (0,20). Aplicação do Art. 61, § 1º, II, "e" da Constituição (0,20). É necessária ao menos a presença da maioria absoluta dos membros da Casa Legislativa para a votação do projeto de lei (0,20), conforme Art. 47 da Constituição Federal (0,20).	0,00 / 0,20 / 0,40 / 0,60 / 0,80
B) Há ausência de pertinência temática para ajuizar a ação (0,25). Não foi obedecido o requisito da controvérsia judicial relevante (0,10). Incidência do Art. 14, III da Lei nº 9.868/99 (0,10). Obs.: A simples citação da lei não pontua.	0,00 / 0,10 / 0,25 / 0,35 / 0,45

02. (OAB – X Exame) Lei do Estado "Y", editada em abril de 2012, com base no Art. 215, § 1º da Constituição da República, regulamenta a chamada rinha de galo, prática popular em que dois galos se enfrentam em lutas e espectadores apostam no galo que acreditam ser o vencedor. Comumente, os dois galos saem com muitos ferimentos da contenda, e não raras vezes algum animal morre ou adquire sequelas permanentes que recomendam seu abate imediato. A Associação Comercial do Estado "Y" ajuíza ação direta de inconstitucionalidade no Supremo Tribunal Federal em que pleiteia a declaração de inconstitucionalidade da referida lei estadual.

Em defesa da norma, parlamentar que votou pela sua aprovação, diz, em entrevista a uma rádio local, que a prática da conhecida briga de galos é comum em várias localidades rurais do Estado "Y", ocorrendo há várias gerações. Além do mais, animais, especialmente aves, são abatidos diariamente para servir de alimento, o que não ocorreria com as aves destinadas para as rinhas.

Responda justificadamente aos questionamentos a seguir, empregando os argumentos jurídicos apropriados e apresentando a fundamentação legal pertinente ao caso.

A) Quanto ao mérito do pedido, é cabível a declaração de inconstitucionalidade da lei do Estado "Y", que regulamenta a chamada rinha de galo? (Valor: 0,65)

B) Há regularidade na legitimidade ativa da ação? (Valor: 0,60)

▶ Gabarito Comentado

A. Sim. Em que pese a Constituição dispor que o Estado protegerá as manifestações das culturas populares, há norma expressa que proíbe práticas que submetam os animais a crueldade. O caso é de aplicação do Art. 225, § 1°, VII da Constituição da República. Pelo princípio da unidade da Constituição e/ou o princípio da especialidade, não é possível que o Estado proteja manifestações culturais que submetam animais à crueldade. Precedentes do STF: ADI 3776, ADI 1856 e ADI 2514.

B. Não. O Art. 103, IX, da Constituição (reproduzido no Art. 2°, IX, da Lei 9868/99) exige que a entidade de classe tenha âmbito nacional para ajuizar ADI, o que não se deu no presente caso, uma vez que a Associação Comercial do Estado "Y" é entidade de classe de âmbito estadual.

▶ Distribuição dos pontos

Item	Pontuação
A) Sim. Incidência do Art. 225, § 1°, VII da Constituição (0,40). Pelos princípios da unidade da Constituição OU da especialidade não se pode ter uma manifestação cultural que submeta os animais à crueldade (0,25).	0,00 / 0,25 / 0,40
B) Não. A Associação Comercial do Estado "Y" não é entidade de classe de âmbito nacional (0,30), como exige o Art. 103, IX da CRFB OU Art. 2°, IX da Lei 9868/99 (0,30).	0,00 / 0,30 / 0,60

03. (OAB – X Exame) Proposta de emenda à Constituição é apresentada por cerca de 10% (dez por cento) dos Deputados Federais, cujo teor é criar novo dispositivo constitucional que determine a submissão de todas as decisões do Supremo Tribunal Federal, no controle abstrato de normas, ao crivo do Congresso Nacional, de modo que a decisão do Tribunal somente produziria efeitos após a aprovação da maioria ab-

soluta dos membros do Congresso Nacional em sessão unicameral. A proposta é discutida e votada nas duas casas do Congresso Nacional, onde recebe a aprovação da maioria absoluta dos Deputados e Senadores nos dois turnos de votação. Encaminhada para o Presidente da República, este resolve sancionar a proposta, publicando a nova emenda no Diário Oficial. Cinco dias após a publicação da emenda constitucional, a Mesa da Câmara dos Deputados apresenta perante o Supremo Tribunal Federal ação declaratória de constitucionalidade em que pede a declaração de constitucionalidade desta emenda com eficácia erga omnes e efeito vinculante.

A partir da hipótese apresentada, responda justificadamente aos questionamentos a seguir, empregando os argumentos jurídicos apropriados e apresentando a fundamentação legal pertinente ao caso.

A) Há inconstitucionalidades materiais ou formais na emenda em questão? (Valor: 1,00)

B) A ação declaratória de constitucionalidade poderia ser conhecida pelo Supremo Tribunal Federal? (Valor: 0,25)

A simples menção ou transcrição do dispositivo legal não pontua.

► Gabarito Comentado

A) Há diversas inconstitucionalidades formais. Inicialmente a PEC não poderia ser apresentada por 10% (dez por cento) dos Deputados Federais, já que, segundo o Art. 60, I da Constituição, esta só pode ser emendada por proposta de, no mínimo, um terço dos membros da Câmara dos Deputados. A proposta deveria ser aprovada por três quintos dos membros de cada casa do Congresso Nacional (Art. 60, § 2° da Constituição) e não pela maioria absoluta dos Deputados e Senadores. Por fim, não cabe sanção ou veto de proposta de emenda à Constituição, pois, conforme Art. 60, § 3° da Constituição, as emendas deverão ser promulgadas pelas Mesas da Câmara e do Senado. Materialmente também há inconstitucionalidade, uma vez que o teor da proposta, ao submeter todas as decisões do STF, no controle abstrato, ao crivo do Congresso Nacional, é atentatório contra a cláusula pétrea da separação dos poderes (Art. 60, § 4°, III da Constituição), pois esta cláusula pressupõe um sistema de freios e contrapesos, com controle e vigilância dos poderes constituídos entre si, sendo a emenda tendente a abolir tal cláusula.

B) Não. A ação não poderia ser conhecida pelo Supremo Tribunal Federal por ausência do requisito legal da existência de controvérsia judicial relevante (Art. 14, III da Lei nº 9.868/1999), já que não houve tempo hábil para que o Judiciário questionasse a norma objeto da referida ação.

▶ Distribuição dos pontos

Item	Pontuação
A.1. A PEC não foi apresentada por, no mínimo, um terço dos membros da Câmara dos Deputados (0,15). Art. 60, I da Constituição (0,10)	0,00 / 0,10
A.2. A PEC não foi aprovada por, ao menos, três quintos dos membros de cada casa do Congresso (0,15). Art. 60, § 2º, da Constituição (0,10)	0,00 / 0,10
A.3. Não cabe ao Presidente da República sancionar ou vetar uma PEC (0,15). Art. 60, § 3º, da Constituição (0,10)	0,00 / 0,10
A.4. A PEC viola a separação dos poderes por sujeitar as decisões do Supremo ao crivo do Poder Legislativo (0,15). Art. 60, § 4º, III, da Constituição (0,10)	0,00 / 0,10
B. Não, já que não há o requisito da controvérsia judicial relevante (0,15). Art. 14, III, da Lei 9.868/1999 (0,10)	0,00 / 0,10

04. (OAB – X Exame) O Estado W, sem motivo de força maior, não repassa aos municípios receitas tributarias determinadas pela Constituição Federal, nos prazos nela determinados. O Município JJ necessita dos recursos para realizar os serviços básicos de atendimento à população.

Diante do narrado, responda aos itens a seguir.

A) Quais as consequências do não repasse das verbas referidas? (Valor: 0,50)

B) Quais os procedimentos exigidos pela Constituição nesse caso? (Valor: 0,75)

O examinando deve fundamentar corretamente sua resposta. A simples menção ou transcrição do dispositivo legal não pontua.

▶ Gabarito Comentado

A) Nos termos do Art. 34, V, "b", da CFRB/88. (Art. 34. A União não intervirá nos Estados nem no Distrito Federal, exceto para:... V – reorganizar as finanças da unidade da Federação que: a) suspender o pagamento da dívida fundada por mais de dois anos consecutivos, salvo motivo de força maior; b) deixar de entregar aos Municípios receitas tributárias fixadas nesta Constituição, dentro dos prazos estabelecidos em lei;). Trata-se de intervenção para defesa das finanças estaduais.

B) O ato de intervenção será formalizado por decreto do Poder Executivo (CFRB, Art. 36). No caso em tela dependerá apenas da constatação dos fatos, ou seja, do não repasse. Haverá a nomeação de um interventor, pois se trata de intervenção no Executivo. Será o decreto submetido ao Congresso Nacional que, se em recesso, sofrerá convocação extraordinária (CFRB, Art. 36, §§ 1º e 2º). O ato pode ser realizado *ex officio* pelo Presidente da República ou decorrer de comunicação do município. Deverão ser ouvidos o Conselho da República (Art. 90, I, da CRFB) e o Conselho de Defesa Nacional (Art.91, § 1º, II, da CRFB).

► Distribuição dos pontos

Item	Pontuação
A. Intervenção da União nos Estados (0,25). Art. 34, V, "b", da CRFB (0,25).	0,00 / 0,25 / 0,50
B1. Decreto do Presidente (CFRB, Art. 36) (0,15). Submissão ao Congresso (CFRB, Art. 36) (0,15). Convocação extraordinária (0,15)	0,00 / 0,15 / 0,30 / 0,45
B2. Conselho da República (Art. 90, I, da CRFB) (0,15) e o Conselho de Defesa Nacional (Art.91, § 1º, II, da CRFB) (0,15)	0,00 / 0,15 / 0,30

► XI Exame

01. (OAB – XI Exame) Determinado Estado-membro aprovou uma lei que incluiu a disciplina de formação para o trânsito nos currículos do 1º e do 2º graus de ensino da rede pública estadual.

A esse respeito, responda aos itens a seguir, utilizando os argumentos jurídicos apropriados e a fundamentação legal pertinente ao caso.

A) Analise a constitucionalidade dessa lei estadual. (Valor: 0,65)

B) O Governador de outro Estado pode ajuizar ADI ou ADPF contra esta lei? Por qual (is) motivo (s)? (Valor: 0,60)

A simples menção ou transcrição do dispositivo legal não pontua.

▶ Gabarito Comentado

O candidato deverá, na essência, observar quanto às perguntas, o seguinte:

A) A lei é constitucional, pois o Art. 24, IX, atribui competência concorrente à União, aos Estados e ao Distrito Federal para legislar sobre educação, cultura, ensino e desporto. Esta lei trata de educação no trânsito e não sobre trânsito e transporte, que seria de competência privativa da União Federal (Art. 22, XI, CRFB). Neste sentido, já se pronunciou o STF, ao julgar a ADI 1991/DF (Rel. Ministro Eros Grau, Tribunal Pleno, unânime, j. 03.11.2004).

B) Não, uma vez que, de acordo com a jurisprudência do STF, o Governador do Estado é legitimado especial, o que significa que só pode ajuizar a ação se demonstrar a existência de pertinência temática entre o interesse do Estado e o objeto da ação, o que não ocorre no caso concreto.

02. **(OAB – XI Exame) O partido político "X" move, perante o Supremo Tribunal Federal, ação direta de inconstitucionalidade contra a lei do Estado "Y", que dispõe sobre licitações e contratos administrativos no âmbito daquele Estado federado, para atender às suas peculiaridades, sem afrontar normas gerais preexistentes. O partido alega que a referida lei estadual é inconstitucional, uma vez que a competência privativa para legislar sobre a matéria é da União, conforme o Art. 22, XXVII da Constituição da República. Parecer da Procuradoria-Geral da República opina no sentido do não conhecimento da ação, uma vez que o partido político "X" possui em seus quadros apenas seis Deputados Federais, mas nenhum Senador, não sendo dessa maneira legitimado a mover a referida ação direta. Além disso, não estaria demonstrado na inicial o requisito da pertinência temática. A partir da hipótese apresentada, responda justificadamente aos questionamentos a seguir, empregando os argumentos jurídicos apropriados e apresentando a fundamentação legal pertinente ao caso.**

A) É caso de se acolher o parecer da Procuradoria-Geral da República no sentido do não conhecimento da ação? (Valor: 0,65)

B) Quanto ao fundamento de mérito apresentado, tem razão o partido político ao questionar a constitucionalidade da norma impugnada? (Valor: 0,60)

A simples menção ou transcrição do dispositivo legal não pontua.

▶ Gabarito Comentado

O candidato deverá, na essência, observar quanto às perguntas, o seguinte:

A) Não. A ação deve ser conhecida, uma vez que o partido político possui representação no Congresso Nacional, conforme Art. 103, VIII, da Constituição Federal, já que basta possuir representante em apenas uma das casas do Congresso Nacional para que o partido político tenha representação no Congresso, não sendo necessário que possua representantes nas duas casas legislativas. Além do mais, o partido político é legitimado universal e não precisa cumprir o requisito da pertinência temática.

B) Não. Quanto ao mérito, não tem razão o partido político no seu pleito, sendo caso de improcedência da ação, uma vez que a competência privativa da União do Art. 22, XXVII, da Constituição Federal se refere a normas gerais, tendo os estados federados competência para legislar sobre o tema para atender às suas peculiaridades, desde que não haja afronta às normas gerais editadas pela União.

03. (OAB – XI Exame) Lei do Município YY, de iniciativa da Câmara de Vereadores, estipulou novo plano de carreira para a categoria de professores municipais, impondo remunerações escalonadas, fixando pisos mínimos e vinculando a remuneração global ao percebido por servidores do Poder Legislativo local. Com base no caso proposto, responda aos itens a seguir, empregando os argumentos jurídicos apropriados e a fundamentação legal pertinente ao caso.

A) Observadas as regras constitucionais, há vício na referida lei? (Valor: 0,65)

B) A vinculação de remunerações entre Poderes é acolhida no texto constitucional? (Valor: 0,60)

A simples menção ou transcrição do dispositivo legal não pontua.

▶ Gabarito Comentado

O candidato deverá, na essência, observar quanto às perguntas, o seguinte:

A) Sim, há vício de iniciativa. Consoante o Art. 61, § 1º, II, letras a) e c), da Constituição Federal, que atribui ao Chefe do Poder Executivo a iniciativa quanto ao tema servidores públicos, norma que, por simetria, deve ser observada pelos Estados e Municípios.

B) Não, pois do art. 37, XIII, da Constituição Federal veda a equiparação ou vinculação remuneratória de qualquer espécie.

04. **(OAB – XI Exame) Morales, de nacionalidade cubana, participante de *reality show* produzido e divulgado por emissora de televisão brasileira, alega que teve o seu direito fundamental à intimidade violado, ao serem amplamente divulgadas imagens suas em ato de convulsão, decorrentes de disfunção epilética que possui. Assim, após sua saída do programa, ingressa com demanda em face da emissora de televisão.**

Considerando o fato acima descrito, responda fundamentadamente:

A) É possível invocar um direito fundamental, previsto na Constituição, em uma demanda movida contra um particular? (Valor: 0,65)

B) Seria correto o argumento, posto em sede de defesa, que a norma constitucional que resguarda o direito à intimidade não pode ser invocado, tendo em vista a ausência de lei disciplinando o dispositivo constitucional? (Valor: 0,60)

▶ Gabarito Comentado

O objetivo da questão é verificar se o candidato tem conhecimento das características dos direitos fundamentais, bem como das teorias acerca de sua aplicação.

A) Deve ser respondido que é possível a demanda, explicando o que vem a ser eficácia horizontal dos direitos fundamentais, bem como esclarecendo que esta eficácia horizontal decorre da dimensão objetiva dos direitos fundamentais.

B) Não é correto o argumento da defesa. Os direitos individuais, nos termos do Art. 5°, § 1°, da Constituição Federal, têm aplicabilidade imediata, prescindindo de edição de norma regulamentadora, salvo quando a própria Constituição assim o exigir expressamente.

► XII Exame

01. **(OAB – XII Exame) Insatisfeito com a demora para a efetivação das desapropriações necessárias à construção de uma rodovia federal, o Presidente da República editou o Decreto nº 9.999, por meio do qual, expressamente, determinou a revogação do Decreto Lei nº 3.365/1941, que dispunha sobre a desapropriação por utilidade pública, e, ao mesmo tempo, institui novo regramento a respeito do tema.**

Sobre a hipótese apresentada, responda, justificadamente, aos itens a seguir.

A) Em nosso ordenamento jurídico constitucional, existe previsão para a edição de decreto autônomo? (Valor: 0,50)

B) É possível a revogação do Decreto Lei nº 3.365/1941 pelo decreto presidencial? (Valor: 0,75)

► Gabarito Comentado

A) A resposta é positiva. "A Emenda Constitucional nº 32/2001, que modificou a redação do Art. 84, VI da Constituição da República, permitiu, em nosso ordenamento pós-Constituição de 1988, o chamado 'decreto autônomo', isto é, aquele decreto de perfil não regulamentar, cujo fundamento de validade repousa diretamente na Constituição". Contrapõe-se aos chamados decretos regulamentares, ou de execução, previstos no Art. 84, IV, da Constituição, que não criam, modificam ou extinguem direitos, mas apenas desenvolvem a lei já existente, de onde buscam fundamento de validade. Tanto assim que o Supremo Tribunal Federal admite o controle, por via de ação direta de inconstitucionalidade, do decreto autônomo, revestido de conteúdo normativo, mas não o admite quando se tratar de decreto de regulamentação da lei.

B) A resposta é negativa. Em primeiro lugar, a desapropriação é matéria que exige lei em sentido formal para a sua disciplina, conforme previsão constante do Art. 5º, XXIV, da Constituição. Desse modo, o Decreto Lei nº 3.365/1941, que se reveste de forma não mais existente em nosso ordenamento, foi recepcionado com status de lei ordinária, e somente por essa forma legislativa pode ser revogado ou alterado. A mesma conclusão pode ser extraída do princípio da legalidade, que condiciona restrição a direito à existência de lei em sentido formal.

Além disso, o decreto autônomo só encontra espaço, em nosso ordenamento, para as hipóteses do Art. 84, VI, da Constituição, cabendo-lhe, no mais, apenas a regulamentação das leis. Por essa razão, decreto que cria disciplina nova ou que revoga ato normativo hierarquicamente superior exorbita da disciplina constitucional. Nesse mesmo sentido, o Supremo Tribunal Federal já se manifestou, reiteradas vezes, afirmando que "falece competência ao chefe do Poder Executivo para expedir decreto destinado a paralisar a eficácia de ato normativo hierarquicamente superior" e a possibilidade de *"controle de constitucionalidade de decretos que determinam a suspensão de lei complementar e a introdução de inovações legislativas, em extrapolação da função regulamentar"*.

02. **(OAB – XII Exame) Com a aproximação do pleito eleitoral, o Prefeito do Município ABC, que concorrerá à reeleição, vem tentando resgatar a sua imagem, desgastada por conta de sucessivos escândalos. O Prefeito deu início a uma série de obras públicas de embelezamento da cidade e quadruplicou as receitas destinadas à publicidade. Para fazer face a essas despesas, o Município deixou de aplicar o mínimo exigido da receita municipal na manutenção e desenvolvimento do ensino e nas ações e serviços públicos de saúde e anunciou corte ainda maior nas verbas destinadas à educação e saúde para o exercício financeiro seguinte.**

Considerando que a Constituição da República autoriza a intervenção nessa hipótese, responda, fundamentadamente, aos itens a seguir.

A) A União pode intervir nos Municípios, caso o Estado deixe de fazê-lo? (Valor: 0,65)

B) Caso o Governador decrete a intervenção do Estado no Município, tal ato estará sujeito a alguma forma de controle político? (Valor: 0,60)

► Gabarito Comentado

A) A resposta é negativa. A intervenção é medida excepcional, que só poderá ocorrer nas hipóteses taxativamente enumeradas no texto constitucional. E a Constituição somente autoriza a intervenção federal em Estados ou em Municípios situados em territórios federais (artigos 34 e 35, da CRFB), mas não a intervenção federal em municípios situados em Estados (ainda que haja omissão do Estado). Nesse sentido, o Supremo Tribunal Federal, de longa data, deixou assentada essa impossibilidade, registrando que os municípios situados no âmbito dos estados-membros não se expõem à possibilidade constitucional de sofrerem intervenção decretada pela União, eis que, relativamente a esses entes municipais, a única pessoa política ativamente legitimada a neles intervir é o Estado-membro. Por isso mesmo, no sistema constitucional brasileiro, falece legitimidade ativa à União para intervir em quaisquer Municípios, ressalvados, unicamente, os Municípios localizados em Território Federal.

B) A resposta é positiva. A intervenção estadual no município, no caso descrito, é ato executado pelo Chefe do Poder Executivo (Governador). Nada obstante, a própria Constituição da República estabelece o controle político *a posteriori* da Assembleia Legislativa do Estado sobre o Decreto de intervenção expedido pelo Governador (Art. 36, § 1º, CRFB).

03. **(OAB – XII Exame) O Estado "Z" editou lei que institui uma Taxa de Fiscalização de Estradas, impondo o pagamento de uma elevada quantia para o acesso ou para a saída do território daquele Estado por meio rodoviário.**

Sobre a hipótese sugerida, responda, fundamentadamente, aos seguintes itens.

A) O Governador do Estado "Y" pode impugnar a lei editada pela Assembleia Legislativa do Estado "Z" por meio de ação direta de inconstitucionalidade? (Valor: 0,65)

B) Caso a lei do Estado "Z" seja impugnada por um partido político, por meio de Ação Direta de Inconstitucionalidade, pode prosseguir a ação em caso de perda superveniente da representação do partido no Congresso Nacional? (Valor: 0,60)

► Gabarito Comentado

A) O examinando deve identificar que, no caso de Ação Direta de Inconstitucionalidade proposta por Governador de um Estado tendo por objeto lei de outro Estado da Federação, impõe-se a demonstração do requisito da "pertinência temática". Esse requisito se refere à comprovação, por alguns legitimados, de que o objeto da instituição guarda relação (pertinência) com o pedido da ação direta proposta por referida entidade, tendo em vista a repercussão do ato sobre os interesses do Estado. A pertinência temática é requisito construído, de longa data, pela jurisprudência do Supremo Tribunal Federal.

Nesse sentido, seria necessário que o Governador de um Estado da Federação demonstrasse que o conteúdo debatido em tal ação de controle de constitucionalidade (isto é, a lei de outro Estado da Federação) tem ligação, no mínimo indireta, com o interesse do seu Estado e de sua população.

B) O examinando deve identificar que a perda superveniente de representação no Congresso Nacional não obsta o prosseguimento da Ação Direta de Inconstitucionalidade. Isso porque a aferição da legitimidade há de ser feita no momento da propositura da ação, uma vez que se trata de processo objetivo e indisponível. O próprio Supremo Tribunal Federal superou antiga jurisprudência que apontava a descaracterização superveniente da legitimidade no caso de perda de bancada legislativa no Congresso Nacional após a propositura da demanda.

04. (OAB – XII Exame) Após intenso debate, a Assembleia Legislativa do Estado X editou a Lei nº 1.001, de iniciativa do Deputado "M", que prevê a obrigatoriedade de instalação, em até 360 (trezentos e sessenta dias), de um sistema eletrônico de limitação da velocidade de veículos automotores, de baixo custo, a fim de reduzir o número de acidentes com vítimas nas estradas estaduais. Irritado, o Deputado "P", da oposição, quando procurado por jornalistas, afirmou que estava envergonhado daquele dia, pois a lei aprovada era "uma piada, uma palhaçada, ridícula", protegia os empresários, e não a população e só poderia ter, como origem, um Deputado associado a grupos interessados no mercado de peças automotivas.

Considerando o exposto, responda fundamentadamente, aos itens a seguir.

A) O Deputado "P" pode ser responsabilizado pelas ofensas proferidas durante a entrevista? (Valor: 0,85)

B) É válida a lei estadual que impôs a obrigatoriedade de instalação de sistema de controle de velocidade de veículos automotores? (Valor: 0,40)

► Gabarito Comentado

A) A resposta é negativa. A Constituição assegura aos Deputados e Senadores, em seu Art. 53, a inviolabilidade, civil e penal, por suas opiniões, palavras e votos. Trata-se da chamada imunidade material. Essa inviolabilidade, ou imunidade material também abrange, sob seu manto protetor, as entrevistas jornalísticas e as declarações feitas aos meios de comunicação social, uma vez que tais manifestações – desde que vinculadas ao desempenho do mandato – se qualificam como natural projeção do exercício das atividades parlamentares. Nesse sentido é a jurisprudência consolidada do Supremo Tribunal Federal. Por essa razão, "P" não pode ser responsabilizado pelas ofensas proferidas a outro Deputado durante a entrevista.

B) A resposta é negativa. A Constituição estabelece um sistema de repartição de competências legislativas, atribuindo privativamente à União legislar sobre trânsito e transportes (Art. 22, XI). Nesse sentido, não se admite aos Estados a edição de lei que disponha sobre a adoção de mecanismos ou sistemas eletrônicos de controle da velocidade de veículos automotores, por constituir invasão de tema reservado à competência privativa da União. Nesse sentido já se manifestou o Supremo Tribunal Federal, em reiteradas ocasiões.

► XIII Exame

01. **(OAB – XIII Exame) Em 2004, entrou em vigor a lei estadual "X", de autoria de um deputado governista (partido A), sob protestos de alguns parlamentares da oposição (partido B), já que a lei era flagrantemente inconstitucional de acordo com a jurisprudência pacífica do STF. A oposição, contudo, venceu as eleições naquele ano e já em 2005, quando o partido B conquistou a maioria das cadeiras na Assembleia Legislativa, foi aprovada a lei Y que revogou a lei "X", ao dispor de forma distinta sobre a mesma matéria (revogação tácita), embora mantido vício de inconstitucionalidade. A partir do caso descrito, utilizando os argumentos jurídicos apropriados e a fundamentação legal pertinente ao caso, responda aos itens a seguir.**

A) Após a entrada em vigor da Lei "Y", pode o partido B ajuizar ADI, junto ao STF, pedindo a declaração de inconstitucionalidade da lei "X"? (Valor: 0,55)

B) O Procurador-Geral da República pode ajuizar ADI pedindo a declaração de inconstitucionalidade das leis "Y" e "X", sucessivamente? (Valor: 0,70)

A simples menção ou transcrição do dispositivo legal não pontua.

► Gabarito Comentado

A) Não, pois lei revogada não pode ser objeto de ADI. Faltaria objeto, pois uma vez revogada, não mais estaria no mundo.

B) Sim, pois se a lei Y fosse declarada inconstitucional, voltaria a vigorar a lei X, e o Procurador-Geral da República já poderia pedir a inconstitucionalidade na mesma ADI, conforme entendimento atual do STF. OU

Não, o Procurador-Geral da República pode pedir a inconstitucionalidade da lei Y e, declarada sua inconstitucionalidade, que não haja efeito repristinatório em relação à lei X, conforme entendimento atual do STF.

► Distribuição dos pontos

Item	Pontuação
A. Não, pois lei revogada não pode ser objeto de ADI. (0,55)	0,00 \ 0,55
B. Sim. A lei "X" voltará a vigorar e, consequentemente, será passível de controle (0,35). Indicação da legitimação universal do Procurador Geral da República. (0,35) OU Não, o Procurador-Geral da República pode pedir a inconstitucionalidade da lei Y (0,35) e, declarada sua inconstitucionalidade, que não haja efeito repristinatório em relação à lei X (0,35), conforme entendimento atual do STF	0,00 \ 0,35 \ 0,70

02. (OAB – XIII Exame) Giácomo e Giovanna são turistas italianos que, apaixonados pelo Brasil, aqui fixam residência, obtêm emprego e constituem família. Seus dois filhos, Luigi e Filipa nasceram no Brasil, respectivamente em 1989 e 1991. Considerando que o ordenamento italiano atribui nacionalidade italiana aos filhos de seus cidadãos, ainda que nascidos no estrangeiro, responda, fundamentadamente, aos itens a seguir.

A) Filipa pode ser extraditada para a Itália, pela prática de crime comum, caso o Brasil mantenha tratado de extradição com aquele País? (Valor: 0,80)

B) A legislação ordinária pode estabelecer nova hipótese de aquisição de nacionalidade brasileira? (Valor: 0,45)

A simples menção ou transcrição do dispositivo legal não pontua.

► Gabarito Comentado

A) A resposta é negativa. A despeito da previsão constante da legislação italiana, Filipa é brasileira nata, conforme previsão constante do artigo 12, inciso I, da Constituição. Além disso, o artigo 12, § 4°, II, "a", dispõe que não perde a nacionalidade brasileira aquele que tiver reconhecida a sua nacionalidade originária pela lei estrangeira, caso de Filipa. E os brasileiros natos não podem ser extraditados, conforme artigo 5°, inciso LI, da Constituição.

B) A resposta também é negativa. As hipóteses de outorga da nacionalidade brasileira, quer se trate de nacionalidade originária quer se trate de nacionalidade derivada, decorrem exclusivamente do texto constitucional.

► Distribuição dos pontos

Item	Pontuação
A1. Não, pois Filipa é brasileira nata (0,30), na forma do artigo 12, I, da Constituição (0,10).	0,00 \ 0,30 \ 0,40
A2. Os brasileiros natos não podem ser extraditados (0,30), conforme artigo 5°, inciso LI, da Constituição (0,10).	0,00 \ 0,30 \ 0,40
B. Não. As hipóteses de outorga da nacionalidade brasileira, quer se trate de nacionalidade originária quer se trate de nacionalidade derivada, decorrem exclusivamente do texto constitucional. (0,45).	0,00 \ 0,45

03. (OAB – XIII Exame) O Deputado Federal "G", de matriz política conservadora, proferiu, em sessão realizada na Câmara dos Deputados, pesado discurso contra o reconhecimento legal do direito de diversas minorias. Sentindo-se lesados, representantes de diversas minorias vão a público para manifestar sua indignação. A partir da hipótese sugerida, pergunta-se:

A) O deputado "G" pode ser condenado, civil ou penalmente, pelo discurso ofensivo que proferiu no plenário? E se proferir tal discurso durante entrevista televisiva, fora do ambiente da Câmara dos Deputados? Responda fundamentadamente. (Valor: 0,65)

B) Os vereadores possuem a chamada imunidade material? Em que condições territoriais? (Valor: 0,60)

A simples menção ou transcrição do dispositivo legal não pontua.

▶ Gabarito Comentado

A) O examinando deve indicar que, conforme previsão constante da Constituição, aos Deputados é garantida a imunidade material, civil e penal, pela qual os parlamentares federais são invioláveis e irresponsáveis pelas suas opiniões e votos quando o fazem na qualidade de agentes políticos. O dispositivo constitucional que assegura tal direito é o artigo 53, *caput*, da Constituição: "*os Deputados e Senadores são invioláveis, civil e penalmente, por quaisquer de suas opiniões, palavras e votos.*" Portanto, o deputado "G" não pode ser condenado pelo discurso proferido, ainda que ofensivo às minorias. Deve ser indicado que a imunidade material se estende para os discursos proferidos fora do ambiente do Congresso Federal, desde que proferidos em razão do exercício do mandato parlamentar (isto é, na qualidade de agentes políticos). Nesse sentido é a jurisprudência pacífica do Supremo Tribunal Federal.

B) O examinando deve identificar que a garantia constitucional da imunidade parlamentar em sentido material também alcança os vereadores, para excluir a responsabilidade civil e penal do membro do Poder Legislativo, por danos eventualmente resultantes de manifestações, orais ou escritas, desde que motivadas pelo desempenho do mandato (prática *in officio*) ou externadas em razão deste (prática *propter officium*). Tratando-se de vereador, a inviolabilidade constitucional que o ampara no exercício da atividade legislativa estende-se às opiniões, palavras e votos por ele proferidos, mesmo fora do recinto da própria Câmara Municipal, desde que nos estritos limites territoriais do Município a que se acha funcionalmente vinculado, conforme previsão constante do artigo 29, VIII, da Constituição Federal.

▶ Distribuição dos pontos

Item	Pontuação
A. Não, pois da Constituição Federal assegura aos Deputados a chamada imunidade material, pela qual os parlamentares federais são invioláveis, civil e penalmente, pelas suas opiniões, palavras e votos (0,20). A imunidade material se estende para fora do âmbito do Congresso, em qualquer ambiente que o parlamentar federal se encontre, desde que o discurso seja motivado pelo desempenho do mandato ou externado em razão deste (0,35), conforme o artigo 53 da CRFB (0,10).	0,00 / 0,20 / 0,30 / 0,35 / 0,45 / 0,55 / 0,65
B. Os vereadores possuem imunidade material (0,30), com base no artigo 29, Inciso VIII (0,10). A imunidade material fica restrita à circunscrição municipal em que ele exerce mandato (0,20).	0,00 / 0,20 / 0,30 / 0,40 / 0,50 / 0,60

04. (OAB – XIII Exame) A Convenção Internacional sobre os Direitos das Pessoas com Deficiência e seu Protocolo Facultativo, assinados em Nova York, em 30 de março de 2007, foram incorporados ao ordenamento jurídico brasileiro pelo rito do artigo 5º, § 3º, da Constituição da República.

Maria Y, portadora de necessidades especiais, consulta-o como advogado, indagando:

A) Ao ser incorporada ao ordenamento pátrio com base no artigo 5º, § 3º, da Constituição Federal, qual o status hierárquico normativo da referida convenção internacional? (Valor: 0,40)

B) Os demais tratados internacionais sobre direitos humanos incorporados sem a observância do procedimento disposto no artigo 5º, § 3º, da Constituição Federal, possuem o mesmo status hierárquico? Justifique. (Valor: 0,40)

C) A Convenção Internacional sobre os Direitos das Pessoas com Deficiência, após seu processo de internalização, de acordo com o artigo 5º, § 3º, da Constituição Federal, pode servir de parâmetro para controle de constitucionalidade? Justifique sua resposta. (Valor: 0,45)

► Gabarito Comentado

A) O examinando deve identificar que a referida convenção internacional possui status de norma constitucional (Emenda Constitucional), pois foi aprovada de acordo com o rito de incorporação do artigo 5º, § 3º, da Constituição Federal.

B) O examinando deve identificar que os tratados internacionais de direitos humanos não incorporados segundo o procedimento do artigo 5º, § 3º, da Constituição Federal, possuem status hierárquico de norma supralegal, conforme restou consolidado na jurisprudência do Supremo Tribunal Federal.

C) O examinando deve identificar que, após sua incorporação conforme o procedimento descrito pelo artigo 5º, § 3º, a convenção possui *status* de norma constitucional. Deste modo, pode vir a ser considerada como parâmetro para controle de constitucionalidade, assim como as demais normas da Constituição da República.

► Distribuição dos pontos

Item	Pontuação
A. A convenção internacional possui status de norma constitucional (emenda constitucional), conforme a dicção do artigo 5º § 3º da CRFB (0,40)	0,00 / 0,40
B. Os tratados de direitos humanos não incorporados segundo o procedimento do artigo 5º, § 3º, da Constituição Federal, possuem status hierárquico de norma supralegal (0,40)	0,00 / 0,40
C. Sim, pois a convenção internacional adquiriu status normativo constitucional, conforme previsão constante do artigo 5º, § 3º, da CRFB (0,45)	0,00 – 0,45

► XIV Exame

01. (OAB – XIV Exame) A Imprensa Oficial do Estado "X" publicou, em 23.10.2013, a Lei nº 1.234, de iniciativa do Governador, que veda a utilização de qualquer símbolo religioso nas repartições públicas estaduais. Pressionado por associações religiosas e pela opinião pública, o Governador ajuíza Ação Direta de Inconstitucionalidade tendo por objeto aquela lei, alegando violação ao preâmbulo da Constituição da República, que afirma "a proteção de Deus sobre os representantes na Assembleia Constituinte".

Diante do exposto, responda, fundamentadamente, aos itens a seguir.

a) É possível o ajuizamento de uma Ação Direta de Inconstitucionalidade tendo por parâmetro preceito inscrito no preâmbulo da Constituição da República? (Valor: 0,65)

b) É possível o ajuizamento de uma Ação Direta de Inconstitucionalidade pelo Governador do Estado, tendo por objeto lei de sua iniciativa? (Valor: 0,60)

► Gabarito comentado

a) Não é possível preceito inscrito no Preâmbulo da Constituição da República atuar como parâmetro ao controle concentrado de constitucionalidade (ajuizamento de Ação Direta de Inconstitucionalidade), uma vez que o preâmbulo da Constituição não tem valor normativo, apresentando-se desvestido de força cogente.

b) Por se tratar de processo objetivo, a Ação Direta de Inconstitucionalidade pode ser proposta pelo Governador do Estado mesmo se o objeto da ação for uma lei de sua iniciativa. O objetivo da ADIn é a preservação da higidez do ordenamento jurídico, desvinculado, portanto, de interesses individuais.

▶ Distribuição dos pontos

Item	Pontuação
a) Não, pois o preâmbulo da Constituição não tem valor normativo, apresentando-se desvestido de força cogente	0,65
b) Sim, pois a Ação Direta de inconstitucionalidade é um processo objetivo para preservação da higidez do ordenamento, desvinculado de interesses individuais	0,60

02. (OAB – XIV Exame) Sob forte influência de grandes produtores rurais, numerosos parlamentares do Congresso Nacional se mobilizam para a edição de uma Emenda à Constituição, a fim de retirar do texto constitucional a referência à função social da propriedade. Como resposta, a sociedade civil começou uma campanha de coleta de assinaturas para deflagrar a edição, por iniciativa popular, de uma Emenda para tornar crime a manutenção de propriedades improdutivas.

Com base no fragmento acima, responda aos itens a seguir.

a) Um parlamentar tem iniciativa no processo legislativo de Emenda à Constituição? E a sociedade civil? Responda fundamentadamente. (Valor: 0,60)

b) É possível a edição de Emenda com o conteúdo pretendido pelos produtores rurais? (Valor: 0,65)

▶ Gabarito comentado

a) A resposta é negativa. O Art. 60 da Constituição estabelece a iniciativa para a proposta de Emenda à Constituição: (I) um terço, no mínimo, dos membros da Câmara dos Deputados ou do Senado Federal; (II) o Presidente da República; e (III) mais da metade das Assembleias Legislativas das unidades da Federação. Desse modo, um parlamentar, isoladamente, não pode deflagrar processo legislativo de Emenda Constitucional. Do mesmo modo, a sociedade também não pode deflagrar tal processo. Não se há de confundir a iniciativa popular para a edição de leis, prevista no Art. 61, § 2º, da Constituição Federal, com a iniciativa para a edição de Emendas à Constituição.

b) A resposta também é negativa. Trata-se do tema das cláusulas pétreas, limitações materiais à possibilidade de reforma à Constituição. O Art. 60, § 4º, da Constituição de 1988, em relação ao conteúdo das Emendas à Constituição, afasta a possibilidade de supressão dos direitos e garantias individuais. E a função social é positivada na Constituição como inerente ao próprio direito à propriedade (Art. 5º, XXIII, da CRFB). Isto é, ela faz parte do próprio conteúdo do direito à propriedade, que deixa de ser considerado em uma lógica puramente individual. A função social incide sobre a estrutura e o conteúdo da propriedade, sobre a própria configuração do direito, e constitui elemento que qualifica sua situação jurídica. Desse modo, não pode ser alterada por Emenda à Constituição.

► Distribuição dos pontos

ITEM	PONTUAÇÃO
a) A iniciativa para a proposta de Emenda à Constituição não contempla a atuação isolada de um parlamentar (0,30) nem a iniciativa popular (0,20), nos termos do Art. 60, incisos I, II e III da Constituição (0,10).	0,00 / 0,20 / 0,30 / 0,40 / 0,50 / 0,60
b) É vedada a edição de Emendas que tenham por objeto a supressão de direitos e garantias individuais. Tanto a propriedade quanto a sua função social são elementos de um direito assegurado como cláusula pétrea pela Constituição em uma concepção que foge à dimensão puramente individual pretendida pelos produtores rurais (0,55), conforme o Art. 60, § 4°, da Constituição Federal (0,10).	0,00 / 0,55 / 0,65

03. (OAB – XIV Exame) Tício ajuizou demanda em face do Estado "X", postulando determinada prestação estatal. A sentença proferida pelo Juízo da 1ª Vara de Fazenda Pública da Comarca da Capital, entretanto, julgou improcedente o pedido, apontando, no fundamento da decisão, os diferentes graus de eficácia das normas constitucionais, que impedem todos os efeitos pretendidos por Tício.

Com base no fragmento acima, responda, fundamentadamente, aos itens a seguir.

a) Em que medida as normas constitucionais de eficácia plena se diferenciam das normas de eficácia contida? (Valor: 0,65)

b) As normas constitucionais de eficácia limitada de princípio programático, antes da intermediação legislativa, geram algum efeito jurídico? (Valor: 0,60)

► Gabarito comentado

a) O examinando deve identificar que, apesar de ambas possuírem aplicabilidade imediata, se diferenciam pela possibilidade de futura restrição em seu âmbito de eficácia. As normas de eficácia plena são aquelas que produzem a plenitude dos seus efeitos, independentemente de complementação por norma infraconstitucional. São revestidas de todos os elementos necessários à sua executoriedade, tornando possível sua aplicação de maneira direta, imediata e integral. De outro lado, as normas de eficácia contida são aquelas que, de início, produzem a plenitude dos seus efeitos, mas podem ter o seu alcance restringido pela legislação infraconstitucional. Tais normas também possuem aplicabilidade direta, imediata e integral, mas o seu alcance poderá ser reduzido, em razão da existência, na própria norma, de uma cláusula expressa de redutibilidade.

b) O examinando deve identificar que as normas constitucionais de eficácia limitada de princípio programático, apesar de dependerem da integração da lei para a produção da plenitude de seus efeitos, geram de imediato, efeitos jurídicos. Assim, apesar de não se poder extrair de imediato, da norma, a plenitude de seus efeitos, em especial a eficácia positiva, capaz de amparar a pretensão de produção da consequência jurídica prevista na norma, é possível extrair, da norma, uma eficácia interpretativa, capaz de reger a interpretação das normas de hierarquia inferior, bem como uma eficácia negativa, isto é, a capacidade de servir de parâmetro ao controle de constitucionalidade das normas de hierarquia inferior que vierem a lhe contrariar ou ao controle de constitucionalidade das omissões do Poder Público.

▶ Distribuição dos pontos

ITEM	PONTUAÇÃO
a) As normas de eficácia plena são as que receberam do constituinte normatividade suficiente à sua incidência imediata e independem de providência normativa ulterior para a sua aplicação (0,30), ao passo que as normas de eficácia contida, apesar de também terem recebido normatividade suficiente para reger os interesses de que cogitam, sofreram do próprio constituinte a inserção de um mecanismo ou fórmula que autoriza a futura restrição à sua incidência ou à sua aplicação em determinado caso (0,35).	0,00 – 0,30 – 0,35 – 0,65
b) Sim, as normas constitucionais de eficácia limitada, mesmo antes da intermediação legislativa, geram efeitos jurídicos. Apesar de não se poder extrair de imediato, da norma, a plenitude de seus efeitos, em especial a eficácia positiva, capaz de amparar eventual pretensão à produção da consequência jurídica prevista no texto, é possível extrair uma eficácia interpretativa, capaz de reger a interpretação das normas de hierarquia inferior, bem como uma eficácia negativa, isto é, a capacidade de servir de parâmetro ao controle de constitucionalidade das normas de hierarquia inferior que vierem a lhe contrariar ou ao controle de constitucionalidade das omissões do Poder Público. (0,60)	0,00 – 0,60

04. (OAB – XIV Exame) A circulação no Brasil do subtipo 4 do vírus da dengue e o retorno do subtipo 1 podem aumentar o número de casos graves da doença no período que, historicamente, já registra o maior contingente de infectados. Para tentar conter a epidemia, o Estado com maior índice de contágio elabora lei que obriga os médicos públicos e particulares que atuam em seu território a notificarem os casos de dengue à Secretaria de Saúde. A mesma lei, mediante outro dispositivo, imputou responsabilidade civil ao médico por falta de notificação.

Diante do caso, responda, fundamentadamente, aos itens a seguir.

a) É constitucional a obrigatoriedade de notificação dos casos de dengue? (Valor: 0,60)

b) É constitucional a responsabilização dos médicos que não notificarem? (Valor: 0,65)

Obs.: a simples menção ou transcrição do dispositivo legal não pontua.

► Gabarito comentado

a) Sim. A necessidade de notificação dos casos de dengue é constitucional, pois a matéria encontra-se no âmbito da competência legislativa concorrente dos Estados para legislar sobre defesa da saúde, conforme Art. 24, XII, da CF.

b) Não. O dispositivo da lei estadual que atribui responsabilização civil ao médico por falta de notificação é inconstitucional; cabe à União legislar sobre essa matéria conforme Art. 22, I, da CF. (ADI2875, 20/06/2008).

► Distribuição dos pontos

ITEM	PONTUAÇÃO
a) Sim. A necessidade de notificação dos casos de dengue é constitucional, pois a matéria encontra-se no âmbito da competência legislativa concorrente dos Estados para legislar sobre defesa da saúde (0,50), conforme o Art. 24, XII, da CF (0,10).	0,00 / 0,50 / 0,60
b) Não. O dispositivo da lei estadual que atribui responsabilização civil ao médico por falta de notificação é inconstitucional; cabe à União legislar sobre essa matéria (0,55), conforme Art. 22, I, da CF (0,10).	0,00 / 0,55 / 0,65

► XV Exame

01. (OAB – XV Exame) O Governador do Estado X ajuizou Representação de Inconstitucionalidade perante o Tribunal de Justiça local, apontando a violação, pela Lei Estadual nº 1.111, de dispositivos da Constituição do Estado, que se apresentam como normas de reprodução obrigatória.

Considerando o exposto, responda aos itens a seguir.

a) O que são normas de reprodução obrigatória? (Valor: 0,65)

b) Proposta Ação Direta de Inconstitucionalidade perante o Supremo Tribunal Federal arguindo violação dos mesmos dispositivos da Constituição Federal, cuja reprodução pela mesma lei estadual (Lei nº 1.111) era obrigatória na Constituição Estadual, sem que tenha ocorrido o julgamento da Representação de Inconstitucionalidade pelo Tribunal de Justiça local, poderão as duas ações tramitar simultaneamente? (Valor: 0,60)

O examinando deve fundamentar suas respostas. A mera citação do dispositivo legal não confere pontuação.

► Gabarito comentado

a) As normas de reprodução obrigatória são aquelas que se inserem compulsoriamente no texto constitucional estadual, como consequência da subordinação à Constituição da República, que é a matriz do ordenamento jurídico parcial dos Estados-membros. A tarefa do constituinte em relação a tais normas, portanto, limita-se a inseri-las no ordenamento constitucional do Estado, por um processo de transplantação. Assim, as normas de reprodução decorrem do caráter compulsório da norma constitucional superior (Art. 25, caput, da CFRB).

b) Se a lei estadual for impugnada perante o Tribunal de Justiça local e perante o Supremo Tribunal Federal, com fundamento em norma constitucional de reprodução obrigatória, com base no princípio da simetria, suspende-se a ação direta proposta na Justiça estadual até a decisão final do Supremo Tribunal Federal, que poderá ter efeitos *erga omnes* e eficácia vinculante para o Tribunal de Justiça, se julgada procedente. Aliás, essa é a solução adotada, de longa data, pelo Supremo Tribunal Federal, que indica, como fundamentos a esse entendimento, a primazia da Constituição da República (e, consequentemente, a primazia de sua guarda) e a prejudicialidade do julgamento daquela Corte com relação aos Tribunais de Justiça locais.

02. **(OAB – XV Exame) O Estado X, integrante da República Federativa do Brasil, foi agraciado com o anúncio da descoberta de enormes jazidas de ouro, ferro, estanho e petróleo em seu território. As jazidas de minério estão todas localizadas no Município de Alegria e as de petróleo, no Município de Felicidade, ambos localizados no Estado X.**

Tendo em vista o disposto no ordenamento jurídico nacional, responda aos itens a seguir.

a) A qual ente federativo pertencem os recursos naturais recentemente descobertos? Os demais entes, em cujos territórios se deu a descoberta, recebem alguma participação no resultado da exploração desses recursos? (Valor: 0,85)

b) Um dos entes federativos (Estado ou Município), insatisfeito com a destinação dos recursos naturais descobertos em seu território, pode, à luz do nosso ordenamento, propor a secessão, a fim de se constituir em ente soberano, único titular daqueles recursos? Caso positiva a resposta, qual o procedimento a ser seguido? (Valor: 0,40)

O examinando deve fundamentar suas respostas. A mera citação do dispositivo legal não confere pontuação.

► Gabarito comentado

a) O examinando deve identificar que, conforme previsão constante do Art. 20, IX, da Constituição, são bens da União os recursos minerais, inclusive os do subsolo. E o Art. 176, da Constituição, em idêntico sentido, dispõe que as jazidas, em lavra ou não, e demais recursos minerais constituem propriedade distinta da do solo, para efeito de exploração ou aproveitamento, e pertencem à União. Portanto, as jazidas de ouro, ferro, estanho e petróleo recentemente descobertas pertencem à União. Nada obstante, a própria Constituição, em seu art. 20, § 1°, assegura aos Estados e aos Municípios participação no resultado da exploração de petróleo ou gás natural e de outros recursos minerais no respectivo território, plataforma continental, mar territorial ou zona econômica exclusiva, ou compensação financeira por essa exploração. Dessa forma, o Estado "X" e os Municípios de Alegria e Felicidade têm participação assegurada no resultado ou compensação financeira pela exploração de recursos em seus territórios.

b) A resposta é negativa. Nos termos do Art. 1º da Constituição, a República Federativa do Brasil é formada pela união indissolúvel dos Estados e Municípios e do Distrito Federal. O vínculo que os une, à égide de nossa Constituição, não pode ser rompido (vedação à secessão).

03. **(OAB – XV Exame) Os jornais noticiaram violenta chacina ocorrida no Estado Y, onde foram torturadas e assassinadas dezenas de crianças e mulheres de uma comunidade rural de baixa renda, com suspeita de trabalho escravo. É aberto inquérito policial para a investigação dos fatos e, passado um mês do ocorrido, a polícia e as autoridades locais mantêm-se absolutamente inertes, configurando, de forma patente, omissão na apuração dos crimes. A imprensa nacional e a internacional dão destaque à omissão, afirmando que o Estado Y não é capaz de assegurar a proteção aos diversos direitos humanos contidos em tratados internacionais dos quais o Brasil é signatário.**

Com base no caso apresentado, responda aos itens a seguir.

a) O que se entende por federalização dos crimes contra os direitos humanos? (Valor: 0,65)

b) O Presidente da República pode requerer a aplicação do instituto? Perante qual juízo ou tribunal brasileiro deve ser suscitado o instituto da federalização dos crimes contra os direitos humanos? (Valor: 0,60)

O examinando deve fundamentar suas respostas. A mera citação do dispositivo legal não confere pontuação.

► Gabarito comentado

a) O examinando deve indicar que a federalização dos crimes contra os direitos humanos é um instituto trazido pela Emenda Constitucional nº 45/2004, consistente na possibilidade de deslocamento de competência da Justiça comum para a Justiça Federal, nas hipóteses em que ficar configurada grave violação de direitos humanos. Tem previsão no Art. 109, § 5º, da Constituição Federal. A finalidade do instituto é a de assegurar proteção efetiva aos direitos humanos e o cumprimento das obrigações assumidas pelo Brasil em tratados internacionais.

b) O examinando deve indicar que o Presidente da República não tem competência para suscitar a aplicação do instituto. Conforme previsão constante do Art. 109, § 5º, da Constituição Federal, apenas o Procurador-Geral da República pode suscitar a aplicação do instituto, e, nos termos do mesmo dispositivo, o tribunal perante o qual deve ser suscitado o instituto é o Superior Tribunal de Justiça (STJ).

04. **(OAB – XV Exame) Denúncias de corrupção em determinada empresa pública federal foram publicadas na imprensa, o que motivou a instalação, na Câmara dos Deputados, de uma Comissão Parlamentar de Inquérito (CPI). Em busca de esclarecimento dos fatos, a CPI decidiu convocar vários dirigentes da empresa pública para prestar depoimento. Em razão do interesse público envolvido, o jornalista que primeiro noticiou o caso na grande imprensa também foi convocado a prestar informações, sob pena de condução coercitiva, de modo a revelar a origem de suas fontes, permitindo, assim, a ampliação do rol dos investigados. Outra decisão da CPI foi a de quebrar o sigilo bancário dos dirigentes envolvidos nas denúncias de corrupção, objeto de apuração da comissão.**

Com base nessas informações, responda aos itens a seguir.

a) A CPI tem poder para intimar alguém a prestar depoimento, sob pena de condução coercitiva caso não compareça espontaneamente? (Valor: 0,40)

b) O jornalista convocado pode ser obrigado a responder indagações sobre a origem de suas fontes jornalísticas, em razão do interesse público envolvido? (Valor: 0,40)

c) A CPI tem poder para determinar a quebra do sigilo bancário dos investigados? (Valor: 0,45)

O examinando deve fundamentar suas respostas. A mera citação do dispositivo legal não confere pontuação.

► Gabarito comentado

a) A CPI tem poderes de investigação próprios das autoridades judiciais (Art. 58, § 3°, da CRFB), podendo determinar a condução coercitiva de testemunha. Em que pese ter sido esse o gabarito da banca, de acordo com o art. 3°, § 1° da Lei 1.579/52 (redação dada pela Lei 13.367/16), em caso de não comparecimento da testemunha, deve-se solicitar a intimação ao juízo criminal competente, ou seja, a CPI não poderá, por ato próprio, determinar a condução coercitiva de testemunha.

b) O jornalista não pode ser obrigado a responder indagações sobre a origem de suas fontes, pois o Art. 5°, XIV, resguarda esse sigilo para os jornalistas, garantindo, assim, a liberdade de imprensa.

c) Sim, o STF reconhece o poder da CPI para determinar a quebra do sigilo bancário dos investigados, observada a devida fundamentação para tanto, pois a competência decorre da atribuição de poderes de investigação próprios das autoridades judiciais, e a matéria não se insere na cláusula de reserva de jurisdição.

► XVI Exame

01. **(OAB – XVI Exame) Uma entidade de classe de servidores públicos ajuizou mandado de segurança coletivo contra decisão do Diretor Geral de um dado órgão público federal. Alegou que a decisão administrativa por ele proferida deixou de considerar direitos consolidados de uma das categorias que representa. O Diretor Geral informou ao seu advogado reconhecer que a questão sobre a existência ou não do direito em discussão envolvia grande complexidade jurídica. Esclareceu, ainda, que, apesar de alguns órgãos públicos aplicarem o direito almejado pelo impetrante, a maior parte não o reconhecia. Diante do relato acima, responda aos itens a seguir.**

A) No caso em questão, havendo dúvidas quanto à certeza em matéria de direito, é possível movimentar o Poder Judiciário pela via do mandado de segurança? Justifique. (Valor: 0,75)

B) A entidade de classe em questão possui legitimidade para impetrar o mandado de segurança coletivo, ainda que a pretensão veiculada diga respeito a apenas uma parte da categoria que representa? Justifique. (Valor: 0,50)

Responda justificadamente, empregando os argumentos jurídicos apropriados e a fundamentação legal pertinente ao caso.

► Gabarito comentado

A) Sim. A existência de dúvida sobre matéria de direito não impede a movimentação do Judiciário pela via de mandado de segurança. Sobre o tema o STF manifestou-se por meio da Súmula nº 625. Nesse sentido, a exigência de direito líquido e certo para a impetração de mandado de segurança não se refere à inexistência de "controvérsia sobre matéria de direito", mas à inexistência de controvérsia sobre fatos, que devem ser objeto de pronta comprovação.

B) Sim. A entidade de classe tem legitimidade para impetrar o mandado de segurança, ainda quando a pretensão veiculada diga respeito a apenas a uma parte da respectiva categoria. É o que dispõe a Súmula nº 630 do STF ("A entidade de classe tem legitimação para o mandado de segurança, ainda quando a pretensão veiculada interesse apenas a uma parte da respectiva categoria").

02. **(OAB – XVI Exame) Faltando um pouco mais de um ano para as eleições estaduais, Prudêncio Ferreira, governador de um dos Estados da Federação (Estado W), mesmo diante de grave crise política, decide que concorrerá a um segundo mandato, sem se afastar do exercício de sua função. No seu entender, a referida crise política decorre do fato de não possuir, na Assembleia Legislativa (do Estado W), além de seu filho Zacarias, um número maior de deputados aguerridos, que defendam o seu governo, de forma contundente, dos insistentes ataques desferidos pela oposição. Por essa razão, traça como estratégia política reforçar a sua base de apoio na Casa Legislativa, com pessoas que considera de sua inteira confiança. Assim, submete à cúpula do partido que o apoia uma lista de candidatos a Deputado Estadual que deveriam receber especial apoio no decorrer da campanha. Os seguintes nomes constaram da relação, todos com mais de 21 anos: – Marcos Ferreira, seu neto, bacharel em Direito, que jamais exerceu qualquer cargo político; – Robervaldo Soberbo, seu sogro, que se encontra aposentado do cargo de fiscal de rendas do Estado W; – Carlos Ferreira, seu sobrinho, que não exerce nenhum cargo político no momento; e – Zacarias Ferreira, seu filho adotivo, político de carreira, que concorrerá à reeleição como deputado estadual no Estado W. Segundo a Constituição Federal, responda aos itens a seguir.**

A) Dentre os nomes citados, quais estariam habilitados a concorrer ao cargo de Deputado Estadual do Estado W e quais não estariam? Justifique. (Valor: 0,70)

B) Dentre os que não estariam habilitados a concorrer ao cargo de Deputado Estadual pelo Estado W, poderiam eles concorrer ao cargo de Deputado Estadual por outro Estado? Justifique sua resposta. (Valor: 0,55)

Responda justificadamente, empregando os argumentos jurídicos apropriados e a fundamentação legal pertinente ao caso.

► Gabarito comentado

A) Podem candidatar-se Carlos Ferreira e Zacarias Ferreira, na forma do Art. 14, § 7º, da Constituição Federal. Afinal, Carlos, na condição de sobrinho do Governador, mantém com este parentesco consanguíneo de "terceiro grau", pela linha colateral, sendo que a inelegibilidade atinge tão somente parentes (consanguíneos ou afins) até o segundo grau. No que diz respeito a Zacarias, embora seja ele filho adotivo de Prudêncio (parentesco de 1º grau por adoção), o fato de já ser titular de mandato eletivo e estar concorrendo à reeleição para o cargo de Deputado Estadual do Estado W, seu direito de concorrer está assegurado em face da exceção prevista no mesmo dispositivo ("salvo se já é titular de mandato eletivo e candidato à reeleição"). Não se adequam às condições para concorrer ao cargo em referência Marcos Ferreira e Roberval Soberbo. O primeiro por manter com X parentesco consanguíneo de segundo grau pela linha direta; o segundo por manter parentesco de 1º grau por afinidade com X, por força do que estabelece o citado Art. 14, § 7º, da Constituição Federal.

B) Conforme acima referenciado, embora Marcos Ferreira e Robervaldo Soberbo não possam concorrer ao cargo de Deputado Estadual do Estado W, por força do que estabelece o Art. 14, § 7º, da Constituição Federal ("no território de jurisdição do titular", no caso o Governador). Marcos por manter com o Prudêncio Ferreira laço de parentesco consanguíneo de segundo grau pela linha direta; Roberval, por manter com Prudêncio Ferreira laço de parentesco de 1º grau por afinidade. Ambos, porém poderiam concorrer ao cargo de Deputado Estadual em qualquer Estado que não fosse W. Isso porque, no caso de governador, a circunscrição eleitoral atingida pela norma da inelegibilidade será a do território do Estado "W". Todavia, satisfeitas as condições de elegibilidade presentes constantes no art. 14 da Constituição Federal, poderiam disputar a eleição em outro Estado que não "W", pois encontrar-se-iam fora da circunscrição territorial em que Prudêncio exerce o mandato de Governador (Estado W), não estando abrangidos pelos casos de inelegibilidade estabelecidos no âmbito do § 7º do citado Art. 14 da Constituição Federal.

---

03. (OAB – XVI Exame) Projeto de lei aprovado pela Câmara dos Deputados, contendo vício de inciativa, foi encaminhado ao Senado Federal. Na Casa revisora, o texto foi aprovado com pequena modificação, sendo suprimida determinada expressão, sem, contudo, alterar o sentido normativo objetivado pelo texto aprovado na Câmara. O projeto foi, então, enviado ao Presidente da República, que, embora tenha protestado pelo fato de ser a matéria disciplinada pelo Parlamento, de iniciativa privativa do Chefe do Poder Executivo, sancionou-o por concordar com os termos ali estabelecidos, originando a Lei L. Diante dos fatos narrados, responda aos itens a seguir.

A) A não devolução do processo à Casa Iniciadora sempre configurará violação ao devido processo legislativo? Justifique. (Valor: 0,75)

B) No caso em tela, a sanção presidencial possuiria o condão de suprir o vício de iniciativa ao projeto de Lei? Justifique. (Valor: 0,50)

Responda justificadamente, empregando os argumentos jurídicos apropriados e a fundamentação legal pertinente ao caso.

▶ Gabarito comentado

A) Não. A alteração de texto não implica, necessariamente, o retorno do projeto à Casa iniciadora, já que mudança dessa natureza somente assume relevância se houver alteração do significado normativo. Nesta linha: "Medida cautelar em ação direta de inconstitucionalidade. LC 101, de 4-5-2000 (Lei de Responsabilidade Fiscal). MP 1.980-22/2000. (...) LC 101/2000. Vício formal. Inexistência. O parágrafo único do Art. 65 da CF só determina o retorno do projeto de lei à Casa iniciadora se a emenda parlamentar introduzida acarretar modificação no sentido da proposição jurídica."

B) Não. Confirmada a usurpação do poder de iniciativa, mesmo a sanção do projeto do projeto de lei não possui o condão de afastar o vício de inconstitucionalidade formal. Neste sentido, a ulterior aquiescência do Chefe do Poder Executivo, com a sanção, ainda quando dele seja a prerrogativa usurpada, não tem o condão de sanar o vício de inconstitucionalidade. Restou superada a Súmula nº 5 do STF. Nesta linha: "A sanção do projeto de lei não convalida o vício de inconstitucionalidade resultante da usurpação do poder de iniciativa. A ulterior aquiescência do chefe do Poder Executivo, mediante sanção do projeto de lei, ainda quando dele seja a prerrogativa usurpada, não tem o condão de sanar o vício radical da inconstitucionalidade. Insubsistência da Súmula 5/STF. Doutrina. Precedentes."

---

04. (OAB – XVI Exame) Durante a campanha eleitoral, determinado candidato a Deputado Federal acusa o Governador do Estado de liderar atividades criminosas ligadas a bingos e cassinos clandestinos. Logo em seguida, o referido candidato é eleito. Após a posse, o Procurador-Geral da República oferece denúncia contra o referido Deputado Federal, perante o Supremo Tribunal Federal, pelo crime comum cometido. Em sua defesa, o parlamentar argumenta que se encontra amparado pela inviolabilidade (imunidade material) quanto às suas opiniões, palavras e votos, razão pela qual não poderia responder pelo crime que lhe é imputado. Diante de tais fatos, responda aos itens a seguir.

A) Poderia o Procurador-Geral da República oferecer denúncia contra o Deputado Federal sem a prévia autorização da Câmara dos Deputados? (Valor: 0,50)

B) Na hipótese de um Deputado Federal responder por crime comum perante o Supremo Tribunal Federal, o término do mandato tem alguma consequência sobre a definição e manutenção da competência jurisdicional? (Valor: 0,75)

Responda justificadamente, empregando os argumentos jurídicos apropriados e a fundamentação legal pertinente ao caso.

► Gabarito comentado

A) Sim. Não há nenhuma necessidade de autorização prévia da Câmara dos Deputados a fim de dar início à ação penal, tal qual dispõe o Art. 53, § 3º, da Constituição de 1988. Antes da promulgação da EC 35/01, os Deputados e Senadores não podiam ser processados sem prévia licença da respectiva Casa Legislativa. Entretanto, atualmente, permite-se a abertura de processo penal no Supremo Tribunal Federal sem necessidade da licença prévia, sendo possível, apenas, pelo voto da maioria absoluta da respectiva Casa Legislativa, sustar o andamento da ação. Ou seja, "recebida a denúncia contra o Senador ou o Deputado por crime ocorrido após a diplomação, o Supremo Tribunal Federal dará ciência à Casa respectiva, que, por iniciativa de partido político nela representado e pelo voto da maioria de seus membros, poderá, até a decisão final, sustar o andamento da ação". Esse dispositivo (§ 3º, do Art. 53, da CRFB) aplica-se ao caso, mesmo o crime tendo sido praticado antes da diplomação, por força das regras principiológicas que informam as prerrogativas parlamentares.

B) Sim. A jurisprudência do STF evoluiu no sentido de não manter, após o término do mandato legislativo, o foro por prerrogativa de função previsto no Art. 53, § 1º, da Constituição Federal. Com efeito, até agosto de 1999 era aplicada a Súmula nº 394 do Supremo Tribunal Federal, que preservava o foro para os atos praticados no exercício do mandato, mesmo após o término deste. Porém, a súmula foi cancelada e a competência deixou de ser do Supremo Tribunal Federal. Portanto, a atual jurisprudência do STF entende que o foro especial por prerrogativa de função não permanece após o término do exercício da função pública. Ou seja, no término do exercício da função pública expira o direito ao foro especial por prerrogativa de função, devendo o processo ser remetido à Justiça ordinária competente.[1]

▶ XVII Exame

01. **(OAB – XVII Exame) O Congresso Nacional autorizou o Presidente da República a normatizar, por via de lei delegada, na sua forma típica ou própria (sem necessidade de posterior aprovação pelo Congresso), matéria que trata de incentivo ao parque industrial brasileiro. Ocorre, porém, que o Chefe do Poder Executivo, ao elaborar o diploma normativo, exorbitou dos poderes a ele conferidos, deixando de respeitar os limites estabelecidos pelo Congresso Nacional, por via de Resolução. A partir dessa narrativa, responda aos itens a seguir.**

A) No caso em tela, o aperfeiçoamento do ato de delegação, com a publicação da Resolução, retira do Congresso Nacional o direito de controlar, inclusive constitucionalmente, o conteúdo da Lei Delegada editada pelo Presidente da República? Justifique. (Valor: 0,75)

B) Caso a Resolução estabelecesse a necessidade de apreciação do projeto pelo Congresso Nacional (delegação atípica ou imprópria), poderia a Casa legislativa alterar o texto elaborado pelo Presidente da República? Justifique. (Valor: 0,50) Obs.: Sua resposta deve ser fundamentada.

A simples menção ao dispositivo legal não será pontuada.

▶ Gabarito comentado

A) Não. Com base no que dispõe o inciso V do Art. 49 da Constituição Federal, é de competência exclusiva do Congresso Nacional (o poder delegante) sustar os atos normativos do Poder Executivo que exorbitem os limites da delegação legislativa. Trata-se de verdadeiro controle político e de constitucionalidade, na modalidade repressiva, exercido pelo Poder Legislativo.

---

1. Sobre o tema "prerrogativa de foro funcional para julgamento de parlamentares federais", ao julgar a Ação Penal 937, em 3 de maio de 2018, o STF fixou a tese de que só é competente para o julgamento de Deputados Federais e Senadores que tenham praticado crimes após a diplomação e desde que estes estejam relacionados ao exercício das suas funções. Portanto, houve uma "mutação constitucional" do art. 53, parágrafo 1°, da CRFB/88.

B) Não, nos termos do Art. 68, § 3º, da Constituição Federal. Ao deliberar sobre o projeto, ou o Congresso Nacional o aprova integralmente ou o rejeita em sua totalidade, sendo vedada qualquer emenda.

02. **(OAB – XVII Exame) Leonardo, dirigente da tradicional Agremiação X, desconfiado de que o regulamento do campeonato estadual de remo do Estado E estaria beneficiando uma agremiação em detrimento das demais – em completa violação ao princípio da igualdade –, busca auxílio jurídico. Preocupado, porém, em reduzir o tempo de disputa jurídica, Leonardo sugere ao Advogado da Agremiação X que ajuíze ação perante a Justiça comum, sem acionar as instâncias desportivas. Na condição de estudante de Direito, Leonardo fundamentou sua sugestão no princípio da inafastabilidade da jurisdição, nos termos do que indica o Art. 5º, XXXV, da Constituição Federal. Diante do caso acima narrado, responda aos itens a seguir.**

A) O encaminhamento sugerido por Leonardo deve ser seguido pelo Advogado da Agremiação X? (Valor: 0,65)

B) A denominada justiça desportiva profere decisões judiciais? Justifique. (Valor: 0,60) Obs.: Sua resposta deve ser fundamentada.

A simples menção ao dispositivo legal não será pontuada.

► Gabarito comentado

A) Não, pois, apesar do Art. 5º, inciso XXXV, da Constituição Federal ter previsto que "a lei não excluirá da apreciação do Poder Judiciário lesão ou ameaça a direito", no caso, a própria ordem constitucional exige do jurisdicionado a comprovação de exaurimento na esfera administrativa antes de se dirigir ao Poder Judiciário (Art. 217, § 1º, da Constituição Federal). Nesse sentido: "No inciso XXXV do Art. 5º, previu-se que 'a lei não excluirá da apreciação do Poder Judiciário lesão ou ameaça a direito'. (...) O próprio legislador constituinte de 1988 limitou a condição de ter-se o exaurimento da fase administrativa, para chegar-se à formalização de pleito no Judiciário. Fê-lo no tocante ao desporto, (...) no Art. 217, § 1º, (...). Vale dizer que, sob o ângulo constitucional, o livre acesso ao Judiciário sofre uma mitigação e, aí, consubstanciando o preceito respectivo de exceção, cabe tão só o empréstimo de interpretação estrita. Destarte, a necessidade de esgotamento da fase administrativa está jungida ao desporto e, mesmo assim, tratando-se de controvérsia a envolver disciplina e competições, sendo que a chamada justiça desportiva há de atuar dentro do prazo máximo de sessenta dias, contados da formalização do processo, proferindo, então, decisão final – § 2° do Art. 217 da CF". (ADI 2.139-MC e ADI 2.160-MC, voto do Rel. p/ o ac. Min. Marco Aurélio, julgamento em 13-5-2009, Plenário, DJE de 23-10-2009.)

B) Não. A estrutura do Poder Judiciário brasileiro é aquela estabelecida na Constituição Federal, mais especificamente a partir do Art. 92. As decisões da Justiça desportiva possuem natureza meramente "administrativa", não jurisdicional.

03. (OAB – XVII Exame) A Medida Provisória Z (MP Z), editada pelo Governador do Estado H com o propósito de diminuir o alto grau de evasão escolar, regulou a concessão de bolsas escolares a alunos carentes matriculados em escolas públicas estaduais. Em virtude de crise política que surgiu entre o Executivo e o Legislativo, a referida Medida Provisória não foi convertida em lei. Ultrapassado o prazo de 60 dias, a Casa Legislativa não disciplinou as relações jurídicas surgidas no período em que a MP Z vigorou. João, que se beneficiou por três meses da referida bolsa, apreensivo, relatou a Carlos, um amigo, servidor da Assembleia Legislativa, que teme ter de devolver a totalidade do valor recebido. Carlos tranquilizou-o e informou-lhe que a crise política fora debelada, de modo que a Assembleia apenas aguarda a reedição da Medida Provisória, a fim de convertê-la em lei, ainda no mesmo ano legislativo em que a MP Z perdeu a eficácia. Considerando que a Constituição do Estado H regulou o processo legislativo em absoluta simetria com o modelo usado pela Constituição Federal, responda aos itens a seguir.

A) João terá de devolver aos cofres públicos o dinheiro recebido a título da bolsa? Fundamente. (Valor: 0,75)

B) A informação passada por Carlos a João encontra-se em harmonia com a sistemática constitucional? Justifique. (Valor: 0,50)

Obs.: Sua resposta deve ser fundamentada. A simples menção ao dispositivo legal não será pontuada.

► Gabarito comentado

A) Não. João não precisará devolver o valor recebido a título de bolsa, já que, conforme informado na questão, a não edição de decreto legislativo que regulamentasse as relações jurídicas estabelecidas pela MP Z, no prazo de sessenta dias após a perda de sua eficácia, acabou por implicar o reconhecimento dos efeitos jurídicos produzidos no período em que a MP esteve vigente, nos termos do que informa o Art. 62, § 11, da CF.

B) Não, pois, no caso em referência, tendo a medida provisória perdido sua eficácia, vedada seria sua reedição na mesma sessão legislativa, nos termos do que informa o Art. 62, § 10, da Constituição Federal.

04. (OAB – XVII Exame) Aprovado apenas pela Comissão de Relações Exteriores e de Defesa Nacional da Câmara dos Deputados, assim como no âmbito da mesma Comissão em razão dessa matéria do Senado Federal, determinado projeto de lei, que versava sobre política externa brasileira, foi levado à apreciação do Presidente da República, que resolveu vetá-lo, ao argumento de que nenhum projeto de lei pode ser aprovado sem a respectiva votação do Plenário de cada uma das casas legislativas. Diante do relato acima, responda aos itens a seguir.

A) O veto apresentado pelo Chefe do Executivo encontra amparo constitucional? (Valor: 0,65)

B) É correto afirmar que, de acordo com o processo legislativo brasileiro, o veto do Presidente da República deve ser apreciado pela Casa Inicial e revisto pela Casa Revisora, dentro do prazo de quarenta e cinco dias, a contar do seu recebimento? (Valor: 0,60) Obs.: Sua resposta deve ser fundamentada.

A simples menção ao dispositivo legal não será pontuada.

► Gabarito comentado

A) Não. De acordo com o Art. 58, § 2º, I, da Constituição Federal, há projetos de lei que podem ser discutidos e votados apenas no âmbito das comissões constituídas, em razão da matéria de sua competência, na forma do Regimento Interno da Casa Legislativa, sem a necessidade de apreciação pelo Plenário, desde que não haja recurso de um décimo dos membros da respectiva Casa. Portanto, o veto do Presidente da República não encontra amparo constitucional. Nesse sentido, é constitucionalmente possível que a Comissão de Relações Exteriores e de Defesa Nacional aprove um projeto de lei que verse sobre a política externa brasileira (matéria da competência da referida Comissão) sem a necessidade de passar pelo Plenário da Casa, desde que não haja oposição de um décimo dos seus membros. Portanto, é o próprio texto constitucional que admite a possibilidade de se afastar a incidência do princípio da reserva de plenário, atribuindo às Comissões, em razão da matéria de sua competência, a prerrogativa de discutir, votar e decidir as proposições legislativas.

B) Não. De acordo com o Art. 66, § 4°, da Constituição Federal, o veto será apreciado em sessão conjunta, dentro do prazo de trinta dias a contar do seu recebimento, só podendo ser rejeitado pelo voto da maioria absoluta dos Deputados e Senadores. Esgotado o prazo de trinta dias, o veto será colocado na ordem do dia da sessão imediata, sobrestadas as demais proposições, até a sua votação final.

▶ XVIII Exame

01. (OAB – XVIII Exame) José, inconformado com decisão judicial proferida em primeiro grau, que o condenou ao pagamento de indenização, recorreu ao Tribunal de Justiça do Estado M. Distribuído o recurso para a Segunda Câmara Cível do mencionado tribunal, os desembargadores desse órgão fracionário, ao analisarem a matéria, entenderam corretos os argumentos de José no que se referia à inconstitucionalidade do dispositivo legal que fundamentou o pedido da parte autora, ora recorrida. Ao realizarem acurada pesquisa jurisprudencial, observaram que o Pleno e o Órgão Especial do próprio Tribunal de Justiça do Estado M, bem como o Supremo Tribunal Federal, nunca se manifestaram sobre a matéria. Diante da situação narrada, responda aos itens a seguir.

A) Qual a providência a ser tomada pela Segunda Câmara? Justifique. (Valor: 0,75)

B) A solução seria diversa se houvesse manifestação do Supremo Tribunal Federal sobre a constitucionalidade ou a inconstitucionalidade do dispositivo em questão? Justifique. (Valor: 0,50)

Obs.: sua resposta deve ser fundamentada. A simples menção ao dispositivo legal não será pontuada.

▶ Gabarito comentado

A) No caso em tela, não havendo posição do Pleno ou do órgão Especial do Tribunal de Justiça do Estado M, com base no Art. 97 da CRFB/88, a Segunda Câmara, entendendo que deva ser reconhecida a inconstitucionalidade, deverá encaminhar o exame da constitucionalidade do ato normativo em questão à apreciação do Órgão Especial do próprio Tribunal (o que, acrescente-se, não seria necessário se entendesse que o dispositivo não era possuidor de qualquer vício). Afinal, os órgãos fracionários dos Tribunais – Câmaras, Turmas, etc. – não podem declarar a inconstitucionalidade de norma arguida por uma das partes, sem que já tenha sido esta objeto de análise pelo Plenário do Tribunal de Justiça ou, como no caso, pelo seu Órgão Especial. No problema acima apresentado, a Segunda Câmara Cível somente poderia analisar o recurso tendo por pressuposto a manifestação do Órgão Especial acerca da constitucionalidade / inconstitucionalidade do dispositivo sob análise.

B) Sim, pois quando houver manifestação do plenário do Supremo Tribunal Federal sobre a questão da inconstitucionalidade / inconstitucionalidade da matéria, dispensa-se o seu envio ao Plenário ou Órgão Especial. O Art. 481, parágrafo único, do Código de Processo Civil (acrescentado pela Lei nº 9.756/98), nessa linha, afirma que "os órgãos fracionários dos tribunais não submeterão ao Plenário, ou ao Órgão Especial, a arguição de constitucionalidade, quando já houver pronunciamento destes ou do Plenário do Supremo Tribunal Federal sobre a questão". Com o CPC de 2015, a exceção à reserva de plenário está prevista no art. 949, parágrafo único, que assim dispõe: "*Os órgãos fracionários dos tribunais não submeterão ao plenário ou ao órgão especial a arguição de inconstitucionalidade quando já houver pronunciamento destes ou do plenário do Supremo Tribunal Federal sobre a questão*".

---

02. (OAB – XVIII Exame) O Estado X editou a Lei nº 1.234, de 5 de fevereiro de 2010, para criar o Município Z, desmembrando-o do então Município W. Para a criação do ente federativo foram devidamente realizados os estudos de viabilidade municipal, bem como a consulta prévia às populações dos entes federativos envolvidos nesse evento. O novo Município estava em pleno funcionamento até que, em final de 2015, o vereador Toninho do Bem, do Município W, aventa publicamente a intenção do diretório municipal de seu partido "Vamos Brasil", com representação no Congresso Nacional, de propor uma Ação Direta de Inconstitucionalidade (ADI), perante o Supremo Tribunal Federal, para questionar a criação do Município Z. Com base no fragmento acima, responda, fundamentadamente, aos itens a seguir.

A) A partir das normas constitucionais sobre a criação de município, a lei do Estado X é constitucional? (Valor: 0,65)

B) O diretório municipal do partido "Vamos Brasil" possui legitimidade para a propositura de Ação Direta de Inconstitucionalidade? (Valor: 0,60) Obs.: sua resposta deve ser fundamentada.

A simples menção ao dispositivo legal não será pontuada.

▶ Gabarito comentado

A) A lei do Estado X é inconstitucional, pois o Art. 18, § 4°, da CRFB/88, desde a EC n° 15/96, exige a edição de lei complementar federal para determinar o período de criação de municípios por meio de lei estadual, transformando o referido dispositivo constitucional em norma constitucional de eficácia limitada, dependente de integração do legislativo federal para que todos os seus efeitos jurídicos possam ser produzidos. Até o presente momento não existe lei complementar a que se refere o Art. 18, § 4°, da CRFB/88, e o período da lei estadual está fora do âmbito da EC 57 (Art. 96 do ADCT), evidenciando, portanto, flagrante inconstitucionalidade por omissão, já pronunciada pelo STF.

B) Partido político possui legitimidade para a propositura de ADI desde que possua representação no Congresso Nacional, conforme o disposto no Art. 103, VIII, da CRFB/88 ("Art. 103. Podem propor a Ação Direta de Inconstitucionalidade e a ação declaratória de constitucionalidade: VIII – partido político com representação no Congresso Nacional;"). A Lei n° 9.868/99, da mesma forma, prevê um rol de legitimados que inclui o partido político com representação no Congresso Nacional ("Art. 2o. Podem propor a Ação Direta de Inconstitucionalidade: VIII – partido político com representação no Congresso Nacional"). Porém, o STF já externou seu entendimento de que o diretório municipal dos partidos políticos não tem legitimidade para a propositura de ADI em razão de não possuir condições para atuação em âmbito nacional, pois somente os diretórios nacionais e a executiva nacional do partido político possuem esta atribuição.

03. **(OAB – XVIII Exame) O governador do Estado M decidiu propor duas emendas à Constituição estadual. A primeira, com o objetivo de instituir normas que disciplinem o rito procedimental e de julgamento dos crimes de responsabilidade, acrescentando sanções mais severas que as vigentes. A segunda, por sua vez, com o propósito de alterar o critério de escolha dos conselheiros do Tribunal de Contas do Estado, de forma que três, do total de sete membros, passem a ser escolhidos, dentre os candidatos habilitados, pelo voto popular. Sobre as propostas**

acima formuladas, de acordo com o sistema jurídico-constitucional brasileiro, responda aos itens a seguir.

A) É possível que o poder constituinte derivado do Estado-membro M altere a Constituição Estadual para instituir normas que disciplinem o rito procedimental e de julgamento dos crimes de responsabilidade, bem como para acrescer sanções? Justifique. (Valor: 0,65)

B) A autonomia estadual é suficiente para fundamentar a proposta de eleição para Conselheiro do Tribunal de Contas, nos termos propostos pelo Governador? Justifique. (Valor: 0,60) Obs.: o examinando deve fundamentar suas respostas.

A mera citação do dispositivo legal não confere pontuação.

▶ Gabarito comentado

A) Não. O sistema jurídico-constitucional brasileiro estabelece que o Estado-membro não pode legislar sobre crime de responsabilidade, ainda que por intermédio de sua Constituição (estadual). A competência para legislar sobre crime de responsabilidade é privativa da União nos termos do Art. 22, I, (mais especificamente no que se refere ao direito penal e ao direito processual) e do Art. 85, parágrafo único, ambos da CRFB/88, reforçado pelo que dispõe a Súmula Vinculante nº 46.

B) Não. O Art. 75 da CRFB/88 impõe, explicitamente, a necessidade de se observar a simetria entre as regras constantes na Seção IX, do Capítulo I, do Título IV, da CRFB/88, estabelecidas para o Tribunal de Contas da União e as regras a que devem se submeter os Tribunais congêneres estaduais. Ora, sendo a Constituição Estadual obra do poder constituinte derivado decorrente, não pode afrontar mandamento imposto pelo constituinte originário. No caso de a proposta do Governador ser levada à frente, estariam sendo violadas, minimamente, as regras constantes do Art. 73, § 2º, e do Art. 75, parágrafo único, ambos dispositivos da CRFB/88.

---

04. (OAB – XVIII Exame) Os irmãos Guilherme e Flávio fazem parte de uma família de tradicionais políticos do Estado M, conhecida por suas práticas beligerantes. Em um curto espaço de tempo, os irmãos se viram envolvidos em duas situações policiais: Guilherme, vereador da capital, agrediu fisicamente um vizinho, em situação originada por uma discussão relacionada à vaga em um estacionamento; no dia seguin-

te, Flávio, eleito e diplomado para exercer o cargo de deputado estadual, embora ainda não empossado, em estado de embriaguez, atropelou duas pessoas. O advogado (a) da família é convocado e a ele (ela) são dirigidas as questões a seguir.

A) Pelas práticas das ações acima descritas, estariam os irmãos Guilherme e Flávio cobertos pela prerrogativa da imunidade material a que fazem jus os membros do Poder Legislativo? Justifique. (Valor: 0,60)

B) Estão ambos aptos a fruir o benefício da imunidade formal? Justifique (Valor: 0,65)

Obs.: o examinando deve fundamentar suas respostas. A mera citação do dispositivo legal não confere pontuação.

▶ Gabarito comentado

A) A inviolabilidade, por opiniões, palavras e votos abrange os deputados estaduais (Art. 27, § 1°, da CRFB/ 88) e os vereadores, nos limites da circunscrição de seu Município (Art. 29, VIII, da CRFB/88), porém, sempre no exercício do mandato. No caso em tela, as transgressões cometidas não se relacionam com a emanação de quaisquer opiniões, palavras ou votos no âmbito da atuação parlamentar, não havendo que se cogitar, portanto, de incidência da imunidade material.

B) As chamadas imunidades formais ou processuais são prerrogativas aplicáveis aos deputados estaduais, mas não aos vereadores. Em consequência, Flávio, mesmo não tendo tomado posse, pelo só fato de já ter sido diplomado, fará jus às prerrogativas decorrentes da imunidade formal, previstas no Art. 53 da CRFB/88, principalmente no que tange à prisão (§ 2°), ao processo (§ 3°) e à prestação de testemunho (§ 6°). Guilherme, porém, não se beneficiará de regras afetas à imunidade formal, pois estas não se estendem aos vereadores, nos limites da interpretação do que dispõe o Art. 29, VIII, da Constituição Federal.

▶ XIX Exame

01. Durante a tramitação de determinado projeto de lei de iniciativa do Poder Executivo, importantes juristas questionaram a constitucionalidade de diversos dispositivos nele inseridos. Apesar dessa controvérsia doutrinária, o projeto encaminhado ao Congresso Nacional foi

aprovado, seguindo-se a sanção, a promulgação e a publicação. Sabendo que a lei seria alvo de ataques perante o Poder Judiciário em sede de controle difuso de constitucionalidade, o Presidente da República resolveu ajuizar, logo no primeiro dia de vigência, uma Ação Declaratória de Constitucionalidade. Diante da narrativa acima, responda aos itens a seguir.

A) É cabível a propositura da Ação Declaratória de Constitucionalidade (ADC) nesse caso? (Valor: 0,65)

B) Em sede de Ação Declaratória de Constitucionalidade (ADC), é cabível a propositura de medida cautelar perante o Supremo Tribunal Federal? Quais seriam os efeitos da decisão do STF no âmbito dessa medida cautelar? (Valor: 0,60)

Obs.: o examinando deve fundamentar suas respostas. A mera citação do dispositivo legal não confere pontuação.

► Gabarito comentado

A) Não. Não caberia a ADC por falta de comprovação de relevante controvérsia perante juízes e tribunais a respeito da constitucionalidade da lei. A controvérsia existente no âmbito da doutrina não torna possível o ajuizamento da ADC. Com efeito, é de se presumir que, no primeiro dia de vigência da lei, não houve ainda tempo hábil para a formação de relevante controvérsia judicial, isto é, não haveria decisões conflitantes de tribunais e juízos monocráticos espalhados pelo País. É a própria dicção do Art. 14, III, da Lei nº 9.868/99 que estabelece a necessidade de comprovação da relevante controvérsia judicial, não sendo, por conseguinte, o momento exato de se manejar a ADC.

B) Sim. Nos termos do Art. 21, caput, da Lei nº 9868/99, os efeitos da medida cautelar, em sede de ADC, serão decididos pelo Supremo Tribunal Federal, por decisão da maioria absoluta de seus membros. Tais efeitos, de natureza vinculante, serão erga omnes e ex nunc, consistindo na determinação de que juízes e Tribunais suspendam o julgamento dos processos pendentes que envolvam a aplicação da lei ou do ato normativo objeto da ação até seu julgamento definitivo que, de qualquer maneira, há de se verificar no prazo de cento e oitenta dias, nos termos do Art. 21, parágrafo único, da referida lei. Ou seja, a concessão da medida liminar serviria para determinar que juízes e tribunais do país não pudessem afastar a incidência de qualquer dos preceitos da Lei nos casos concretos, evitando, desde logo, decisões conflitantes. Pode o STF, por maioria absoluta de seus membros, conceder a medida cautelar, com efeitos *ex tunc*.

02. **A Associação Antíqua, formada por colecionadores de carros antigos, observando que Mário, um de seus membros, supostamente teria infringido regras do respectivo Estatuto, designou comissão especial para a apuração dos fatos, com estrita observância das regras estatutárias. A Comissão, composta por membros de reconhecida seriedade, ao concluir os trabalhos, resolveu propor a exclusão de Mário do quadro de sócios, o que foi referendado pela Direção da Associação Antíqua. Questionada por Mário sobre o fato de não ter tido a oportunidade de contraditar os fatos ou apresentar defesa, a Associação apresentou as seguintes alegações: em primeiro lugar, não seria possível a Mário contraditar os fatos ocorridos, já que as provas de sua ocorrência eram incontestáveis; em segundo lugar, os trâmites processuais previstos no Estatuto foram rigorosamente respeitados; em terceiro lugar, tratando-se de uma instituição privada, a Associação Antíqua tinha plena autonomia para a elaboração de suas regras estatutárias, que, no caso, permitiam a exclusão sem oitiva do acusado. Por fim, a Associação ainda alegou que Mário, ao nela ingressar, assinara um documento em que reconhecia a impossibilidade de solucionar possíveis litígios com a referida Associação pela via judicial. Inconformado, Mário o procurou para, como advogado(a), orientá-lo sobre as questões a seguir.**

A) O direito à ampla defesa e ao contraditório podem ser alegados quando regras convencionais não os preveem? (Valor: 0,80)

B) É possível que o Estatuto da Associação Antíqua possa estabelecer regra que afaste a apreciação da causa pelo Poder Judiciário? (Valor: 0,45)

Obs.: o examinando deve fundamentar suas respostas. A mera citação do dispositivo legal não confere pontuação.

▶ Gabarito comentado

A) No caso em tela, o direito à ampla defesa e ao contraditório, previsto no Art. 5º, LV, da CRFB, consubstancia preceito de ordem pública e não poderia ser desobedecido, mesmo no âmbito das relações privadas, configurando verdadeiro direito subjetivo de Mário. Afinal, direitos fundamentais dessa natureza devem ser observados tanto pelo Poder Público como pelos particulares. Nessa linha, o sistema jurídico-constitucional brasileiro tem reconhecido a possibilidade de aplicação da teoria da eficácia horizontal dos direitos fundamentais. Em consequência, as violações aos direitos fundamentais não ocorrem somente no âmbito das relações entre o particular e o Estado, mas igualmente nas relações estabelecidas entre pessoas físicas e jurídicas de direito privado. Assim, em casos análogos ao descrito, em que um ente submete uma pessoa ao seu poder decisório, os direitos fundamentais assegurados pela Constituição vinculam, diretamente, não apenas os poderes públicos, como também estão direcionados à proteção dos particulares em face do poder privado.

B) Não. Se o inciso XXXV do Art. 5° da Constituição Federal estabelece que "a lei não excluirá da apreciação do Poder Judiciário lesão ou ameaça a direito", por muito maior razão, diploma normativo sublegal certamente também não poderá fazê-lo. Acrescente-se que o dispositivo em referência tem natureza de direito fundamental, o que aumenta ainda mais sua densidade normativa.

03. No âmbito de uma Comissão Parlamentar de Inquérito (CPI), foi determinada a busca e apreensão de documentos e de computadores nos escritórios das empresas do grupo investigado, tendo sido decretada, em decisão fundamentada, a indisponibilidade de bens e a quebra dos sigilos bancário e fiscal de um dos empresários envolvidos. Com base no fragmento acima, responda, justificadamente, aos itens a seguir.

A) A medida adotada pela CPI, em relação aos bens do empresário, é amparada pela ordem constitucional? (Valor: 0,65)

B) A CPI poderia determinar a quebra de sigilo narrada na questão, sem autorização judicial? (Valor: 0,60)

Obs.: o examinando deve fundamentar suas respostas. A mera citação do dispositivo legal não confere pontuação.

► Gabarito comentado

A) Não. Apesar de o poder de investigar constituir uma das funções institucionais do Poder Legislativo, os poderes parlamentares de investigação sofrem limitações de ordem jurídico-constitucional. A Constituição Federal, ao conferir às CPIs "poderes de investigação próprios das autoridades judiciais" (Art. 58, §3°), delimitou a natureza de suas competências, mas não permitiu o exercício daqueles atos privativos do Poder Judiciário, como a decretação de indisponibilidade de bens e a diligência de busca e apreensão de documentos em escritório. Trata-se de postulado de reserva constitucional de jurisdição, ou seja, tais atos somente podem ser praticados por magistrados.

B) Sim. A Comissão Parlamentar de Inquérito possui poderes próprios das autoridades judiciais para, em decisão fundamentada, determinar a quebra de sigilo fiscal e bancário, pois o que está em jogo é o acesso a informações já existentes. O Supremo Tribunal Federal já proferiu inúmeras decisões nesse sentido.

04. O deputado federal João da Silva, impulsionado por solicitação do seu partido, quer propor a alteração de alguns dispositivos normativos constantes da Lei nº 1.234, produzida pela via ordinária, em momento anterior à Constituição da República Federativa do Brasil de 1988. Porém, a atual ordem constitucional dispôs que a matéria de que trata a referida Lei nº 1.234 deve ser regulamentada via Lei Complementar. Não sabendo como proceder, o referido deputado procura auxílio de sua assessoria jurídica a fim de sanar as dúvidas a seguir.

A) É possível considerar que a Lei nº 1.234 tenha mantido a conformidade constitucional com o advento da nova Constituição? Justifique. (Valor: 0,75)

B) Para a alteração dos dispositivos normativos constantes da Lei nº 1.234, que espécie legislativa deve ser utilizada pelo Deputado João da Silva? Justifique. (Valor: 0,50)

Obs.: o examinando deve fundamentar suas respostas. A mera citação do dispositivo legal não confere pontuação.

► Gabarito comentado

A) Sim, pois, nesse caso, se opera o fenômeno da recepção, que corresponde a uma revalidação das normas que não contrariam, materialmente, a nova Constituição. O importante é que a lei antiga não destoe materialmente da nova Constituição, pouco importando qual a forma com que se revista. Não se deve conferir importância a eventual incompatibilidade de forma com a nova Constituição, pois a forma é regida pela lei da época do ato (*tempus regit actum*). Assim, mesmo que o ato normativo seja veiculado por instrumento diverso daquele que a nova Carta exige para a regulação de determinada matéria, permanecerá em vigor e válido se houver concordância material, ou seja, no seu conteúdo, com as novas normas constitucionais.

B) Lei complementar. A partir da promulgação da nova Constituição, a Lei nº 1.234 foi recepcionada como "Lei Complementar"; portanto, diante da reserva constitucional expressa, qualquer alteração no seu texto deverá ser realizada por intermédio desta espécie legislativa.

► XX Exame

01. Um candidato a Presidente da República, em discurso durante a campanha eleitoral, fez as proposições a seguir para seus eleitores: i. que iria revogar imediatamente uma medida provisória nociva ao interesse público, que foi editada em 10 de setembro de 2001, antes, portanto, da promulgação da Emenda Constitucional nº 32/01 (que até hoje não foi apreciada pelo Congresso Nacional); ii. que iria editar medida provisória para modificar alguns artigos da Lei nº 6.815/80*, mais especificamente aqueles que tratam da naturalização do estrangeiro residente no Brasil, bem como fixar novas regras processuais da Lei nº 8.078/90, que instituiu o Código de Defesa do Consumidor. A partir da hipótese apresentada, com base nas regras do processo legislativo brasileiro, responda aos itens a seguir.

A) É constitucionalmente possível revogar uma Medida Provisória que tenha sido editada há vários anos e que ainda não tenha sido objeto de apreciação pelo Congresso Nacional, ou seja, não tenha sido rejeitada, nem convertida em lei, tal qual consta na primeira proposição feita pelo candidato? Justifique. (Valor: 0,65)

B) A segunda proposição feita pelo candidato no sentido de editar Medida Provisória com o intuito de regular a naturalização do estrangeiro residente no Brasil, bem como fixar novas regras processuais do Código de Defesa do Consumidor encontra amparo constitucional? Justifique. (Valor: 0,60)

Obs.: sua resposta deve ser fundamentada. A simples menção ao dispositivo legal não será pontuada.

*** A Lei 6.815/1980 foi revogada pela Lei 13.445/2017.**

► Gabarito comentado

A) Sim. O examinando deve destacar que a proposição desta MP teria amparo constitucional nos termos do Art. 2º da Emenda Constitucional nº 32/2001, que estabelece que as medidas provisórias antigas, editadas em data anterior à promulgação daquela EC, continuam em vigor até que venham a ser revogadas ou apreciadas pelo Congresso Nacional. Portanto, a proposição feita tem amparo constitucional. Com efeito, levando em consideração que a data da EC nº 32 é de 11 de setembro de 2001, é correto afirmar que a MP editada em 10 de setembro de 2001 ainda se encontra em vigor. É importante frisar que todas aquelas medidas provisórias editadas anteriormente à EC nº 32 de 11 de setembro de 2001 continuam em vigor até hoje, se não foram rejeitadas pelo Congresso Nacional ou revogadas por outra MP do Presidente da República.

B) Não. Tal medida provisória seria duplamente inconstitucional. Em primeiro lugar, porque estaria regulando matéria vedada a medida provisória, nos termos do Art. 62, § 1º, inciso I, alínea a, ou seja, matéria relativa à nacionalidade, à cidadania e aos direitos políticos (situação jurídica do estrangeiro no Brasil). Em segundo lugar, tal medida provisória seria incompatível com a CRFB/88, nos termos do Art. 62, § 1º, inciso I, alínea b, isto é, estaria versando sobre matéria de Direito Processual Civil (Código de Defesa do Consumidor).

---

02. O Presidente da República edita medida provisória estabelecendo novo projeto de ensino para a educação federal no País, que, dentre outros pontos, transfere o centenário Colégio Pedro II do Rio de Janeiro para Brasília, pois só fazia sentido que estivesse situado na cidade do Rio de Janeiro enquanto ela era a capital federal. Muitas críticas foram veiculadas na imprensa, sendo alegado que a medida provisória contraria o comando contido no Art. 242, § 2º, da CRFB/88. Em resposta, a Advocacia-Geral da União sustentou que não era correta a afirmação, já que o mencionado dispositivo da Constituição só é constitucional do ponto de vista formal, podendo, por isso, ser alterado por medida provisória. Considerando a situação hipotética apresentada, responda, de forma fundamentada, aos itens a seguir.

A) Segundo a Teoria Constitucional, qual é a diferença entre as denominadas normas materialmente constitucionais e as normas formalmente constitucionais? (Valor: 0,75)

B) O entendimento externado pela Advocacia-Geral da União à imprensa está correto, sendo possível a alteração de norma constitucional formal por medida provisória? (Valor: 0,50)

Obs.: o examinando deve fundamentar suas respostas. A mera citação do dispositivo legal não confere pontuação.

► Gabarito comentado

A) O examinando deverá responder que as normas materiais possuem status constitucional em razão do seu conteúdo, pois estabelecem normas referentes à estrutura organizacional do Estado, à separação dos Poderes e aos direitos e as garantias fundamentais, enquanto as normas em sentido formal só possuem o caráter de constitucionais porque foram elaboradas com o uso do processo legislativo próprio das normas constitucionais.

B) O examinado deverá responder que o entendimento externado pela Advocacia Geral da União à imprensa está incorreto, pois, independentemente da essência da norma, todo dispositivo que estiver presente no texto constitucional, em razão da rigidez constitucional, só poderá ser alterado pelo processo legislativo solene das emendas constitucionais, tal qual previsto no Art. 60 da CRFB/88.

---

03. **A Assembleia Legislativa do Estado X elaborou Lei Estadual que determina que os veículos apreendidos pelas polícias militar e civil, caso não sejam reclamados no período de três anos, serão levados a hasta pública, repartindo-se o produto do leilão entre o Estado e o Município. O Governador do Estado, preocupado com a constitucionalidade da lei, visto que ela atingirá patrimônio privado, consulta o Procurador Geral do Estado. Com base no caso apresentado, responda aos itens a seguir.**

A) A Lei Estadual está de acordo com as normas da Constituição da República Federativa do Brasil de 1988? (Valor: 0,65)

B) O Governador do Estado X pode propor, perante órgão da União, alguma medida judicial visando à impugnação da Lei Estadual? Justifique. (Valor: 0,60)

Obs.: o examinando deve fundamentar suas respostas. A mera citação do dispositivo legal não confere pontuação.

▶ Gabarito comentado

A) O examinando deverá responder que estamos diante de um vício formal de constitucionalidade, pois a Lei Estadual viola o Art. 22, inciso I, da CRFB/88, que dispõe ser da competência privativa da União legislar sobre Direito Civil, já que trata de perda da propriedade.

B) O examinando deverá responder que o Governador é um dos legitimados ativos à propositura de ADI, de acordo com o Art. 103 da CRFB. A pertinência temática está presente, sendo possível questionar esse ato normativo por meio de Ação Direta de Inconstitucionalidade, de acordo com o Art. 102, inciso I, a, da CRFB/88 e a Lei nº 9.868/99.

---

04. Após o pleito eleitoral, o Deputado Federal X, diplomado e empossado, resolveu trocar de legenda, alegando que as normas que disciplinam o instituto jurídico da fidelidade partidária ainda não foram editadas no Brasil. O Deputado Federal X também conseguiu convencer o Senador Y, diplomado e empossado, a trocar de legenda, usando os mesmos argumentos. Efetuada a mudança para outra legenda já existente, o partido que perdeu os seus políticos resolveu pleitear, junto ao Poder Judiciário, a perda dos respectivos mandatos. Com base na situação narrada, responda aos itens a seguir.

A) A iniciativa do partido político de reaver o mandato do Deputado Federal X tem fundamento na CRFB/88? Justifique. (Valor: 0,65)

B) A solução jurídica é a mesma para o caso do Senador Y? Justifique. (Valor: 0,60)

Obs.: o examinando deve fundamentar suas respostas. A mera citação do dispositivo legal não confere pontuação.

▶ Gabarito comentado

A) Sim. A jurisprudência do STF é firme no sentido de que, nos cargos sujeitos ao sistema proporcional (deputados federais, deputados estaduais e vereadores), previsto no Art. 45, caput, da CRFB/88, o mandato eletivo pertence ao partido político e não ao parlamentar. No caso em tela, o abandono de legenda pelo Deputado Federal X enseja a extinção do seu mandato parlamentar, porque não há a caracterização de justa causa, ou seja, mudanças na ideologia do partido ou criação de um novo partido político. Portanto, a iniciativa deve ser julgada procedente, em atenção às características do sistema proporcional, cuja ênfase é dada aos votos obtidos pelos partidos políticos e não pelos parlamentares.

B) Não. A solução jurídica não deve ser a mesma, porque, nos cargos sujeitos ao sistema majoritário (presidente da república, governador, prefeito e senador), o mandato eletivo pertence ao parlamentar e não ao partido político. Nesse caso, o abandono de legenda pelo Senador Y não enseja a extinção do seu mandato parlamentar, porque o sistema majoritário se caracteriza pela ênfase na figura do candidato, daí a jurisprudência do STF no sentido da inaplicabilidade da regra de perda do mandato por infidelidade partidária. Portanto, a iniciativa deve ser julgada improcedente, em atenção ao princípio da soberania popular. Ou seja, no caso em tela, a mudança de partido feita pelo Senador Y, sem qualquer justa causa, não frustra a vontade do eleitor e não vulnera o princípio da soberania popular (Art. 1º, parágrafo único, e Art. 14, caput, ambos da CRFB/88).

► **(OAB/FGV – XX Exame de Ordem Reaplicação Porto Velho – 2016)**

01. **Sob o argumento de sub-representação das regiões mais populosas do país, bem como de desigualdade entre os Estados-membros da Federação e, até mesmo, discriminação ente eles, o governador de um determinado Estado propõe Ação Direta de Inconstitucionalidade (ADI) contra a expressão "para que nenhuma daquelas unidades da Federação tenha menos de oito ou mais de setenta Deputados", constante do Art. 45, § 1º, da CRFB/88, dispositivo nela inserido desde a sua promulgação. Além desse problema, o mesmo governador fez uma outra consulta ao seu corpo jurídico para saber sobre a possibilidade de não aplicar determinada emenda constitucional que, no seu entender, não era benéfica ao seu Estado, isso apesar de o Supremo Tribunal Federal já ter reconhecido a sua compatibilidade com a CRFB/88. Nesse particular, um de seus assessores sugeriu a adoção da tese de que a norma constitucional originária é hierarquicamente superior, ao menos no plano axiológico, à norma constitucional derivada. Diante de tais fatos, responda, justificadamente, aos itens a seguir.**

A) Cabe ADI contra o Art. 45, § 1º, da CRFB/88, norma constitucional que existe desde a promulgação da Constituição da República, em 1988? (Valor: 0,70)

B) A emenda constitucional pode deixar de ser aplicada com base na tese sugerida pelo assessor do Governador? (Valor: 0,55)

Obs.: o examinando deve fundamentar suas respostas. A mera citação do dispositivo legal não confere pontuação.

► Gabarito comentado

A) Não, porque a jurisprudência do STF não admite o cabimento de Ação Direta de Inconstitucionalidade (ADI) contra norma constitucional originária, por impossibilidade jurídica do pedido, tendo em vista que se trata de norma formulada pelo poder constituinte originário, que não tem nenhum tipo de limitação, sendo, portanto, incondicionado, ilimitado, inaugural e soberano. A Suprema Corte não pode exercer o papel de fiscal do poder constituinte originário, a fim de verificar se este teria, ou não, violado os princípios de direito suprapositivo.

B) Não. O sistema constitucional brasileiro não admite a hierarquia de normas constitucionais. Portanto, há que se reconhecer que as emendas constitucionais têm a mesma força normativa das normas constitucionais originárias. Portanto, as emendas constitucionais que modifiquem as normas constitucionais originárias, desde que observem os requisitos constitucionais, não ocupam um plano inferior na hierarquia constitucional.

02. Joaquim Silva, português equiparado em direitos civis e políticos, preocupado com a probidade na República, impetrou habeas data contra ato do Presidente da Assembleia Legislativa de seu Estado, pois este não respondera a pedido de expedição de certidão que comprovaria a suposta participação de deputados estaduais em fraudes a licitações de obras públicas. Aduziu que o Presidente da Casa Legislativa já havia se negado a expedir a certidão e que ela seria fundamental para as investigações que vinham sendo realizadas pelo Ministério Público. Em resposta ao writ, o Presidente da Assembleia Legislativa requer que a ação não seja conhecida, sob a alegação de que todo e qualquer remédio constitucional é garantia concedida pela Constituição da República Federativa do Brasil apenas a brasileiros natos. Considerando a situação hipotética apresentada, responda, de forma fundamentada, aos itens a seguir.

A) Ser cidadão brasileiro nato é condição para a impetração do habeas data? (Valor: 0,60)

B) É cabível a impetração do habeas data na hipótese? (Valor: 0,65)

Obs.: o examinando deve fundamentar suas respostas. A mera citação do dispositivo legal não confere pontuação.

► Gabarito comentado

A) Não, conforme se depreende da Lei nº 9.507/97 e do disposto no Art. 5º, inciso LXXII, da CRFB/88. O status de cidadão brasileiro somente é exigido para o ajuizamento de Ação Popular.

B) Não é cabível a impetração de habeas data na hipótese, pois, de acordo com o Art. 5º, inciso LXXII, da CRFB/88, este remédio constitucional destina-se a assegurar o conhecimento de informações relativas à pessoa do impetrante, constantes de registros ou bancos de dados de entidades governamentais ou de caráter público.

03. **Emenda à Constituição insere novo direito na Constituição da República. Trata-se de uma norma de eficácia limitada, que necessita da devida integração por via de lei. Produzido o diploma legal regulador (Lei Y), ainda assim, alguns dos destinatários não se encontram em condições de usufruir do direito a que fazem jus, por ausência de regulamentação da norma legal pelo órgão competente (o Ministério da Previdência Social), conforme exigido pela citada Lei Y. Passados dois anos após a edição da Lei Y, Mário, indignado com a demora e impossibilitado de usufruir do direito constitucionalmente garantido, é aconselhado a impetrar um Mandado de Injunção. Não sabendo exatamente os efeitos que tal medida poderia acarretar, Mário consulta um(a) advogado(a). A orientação recebida foi a de que, no seu caso específico, a adoção, pelo órgão judicante, de uma solução concretista individual iria satisfazer plenamente suas necessidades. Diante dessa situação, responda fundamentadamente aos itens a seguir.**

A) Assiste razão ao(à) advogado(a) de Mário quanto à utilidade do acolhimento do Mandado de Injunção com fundamento na posição concretista individual? (Valor: 0,70)

B) A que órgão do Poder Judiciário competiria decidir a matéria? (Valor: 0,55)

Obs.: O examinando deve fundamentar suas respostas. A mera citação do dispositivo legal não confere pontuação.

► Gabarito comentado

A) A teoria concretista individual é uma das posições reconhecidas pelo STF como passível de ser adotada nas situações em que é dado provimento ao Mandado de Injunção. Segundo esse entendimento, diante da lacuna, o Poder Judiciário deve criar a regulamentação para o caso específico, ou seja, a decisão viabiliza o exercício do direito, ainda não regulamentado pelo órgão competente, somente pelo impetrado, vez que a decisão teria efeitos *inter partes*. Como se vê, o órgão judicante, ao dar provimento ao Mandado de Injunção, estabeleceria a regulamentação da lei para que Mário (e somente ele) pudesse usufruir do direito constitucional garantido.

B) Segundo o Art. 105, inciso I, alínea h, da CRFB/88, compete ao Superior Tribunal de Justiça processar e julgar o Mandado de Injunção quando a elaboração da norma regulamentadora for atribuição de órgão federal, da administração direta ou indireta. No caso, o Ministério da Previdência é um órgão da administração pública federal, sendo, portanto, o Superior Tribunal de Justiça o órgão judicial competente para processar e julgar a ação de Mário.[2]

04. A Associação Civil "Tudo Pela Saúde", preocupada com as péssimas condições de trabalho dos servidores da área de saúde, elaborou projeto de lei que concedia aumento remuneratório a essa categoria de servidores. Esse projeto foi subscrito por um por cento do eleitorado nacional, circunscrito somente aos estados do Rio de Janeiro e de Minas Gerais, sendo apresentado ao Senado Federal. A Associação, esperançosa pela aprovação do projeto, informou à imprensa que, caso o projeto seja rejeitado ou vetado, irá ingressar com uma Proposta de Emenda à Constituição (PEC) para que os anseios do movimento se tornem normas constitucionais. Considerando a situação hipotética apresentada, responda, de forma fundamentada, aos itens a seguir.

A) Os procedimentos adotados para encaminhar o projeto de lei estão de acordo com o processo legislativo estabelecido pela ordem constitucional? Justifique. (Valor: 0,80)

B) É possível que a PEC cogitada pela referida Associação seja de iniciativa popular? (Valor: 0,45)

Obs.: o examinando deve fundamentar suas respostas. A mera citação do dispositivo legal não confere pontuação.

2. Prezado aluno: a questão e seu gabarito comentado foram elaborados antes da Lei 13.844/2019. Importante ressaltar que o "Ministério da Previdência" foi alterado para "Secretaria de Previdência", integrante do Ministério da Economia.

▶ Gabarito comentado

A) Os procedimentos não estão corretos. O projeto apresenta uma série de vícios formais. O primeiro refere-se aos subscritores, que deveriam estar distribuídos por, pelo menos, cinco estados, com não menos de três décimos por cento dos eleitores de cada um deles, segundo o Art. 61, § 2º, da CRFB/88. O segundo refere-se ao desrespeito à iniciativa reservada do Presidente da República, prevista no Art. 61, § 1º, inciso II, alínea a, da CRFB/88, em relação aos projetos de lei que objetivem aumentar a remuneração de servidores públicos federais. Por fim, há um terceiro vício. Os projetos de iniciativa popular devem ser iniciados sempre na Câmara dos Deputados e não no Senado Federal (Art. 61, § 2º, da CRFB/88).

B) Não. O Art. 60, incisos I, II e III, da CRFB/88 estabelece um rol taxativo de legitimados à propositura de PEC, e a iniciativa popular não está elencada nesses incisos. Em consequência, não será possível a propositura pela Associação.

▶ XXI Exame

01. **O Governador do Estado Z, no decorrer de seu mandato, é processado por agredir fisicamente um funcionário do hotel em que se hospedara no decorrer de suas férias, pois esse funcionário não teria tido o devido cuidado no transporte de suas malas. O fato ganhou as manchetes dos meios de comunicação, o que deu origem a uma forte pressão popular para que o agente político respondesse penalmente pelo desvio de conduta cometido. O Governador, preocupado, alega em sua defesa que se trata de conduta não passível de responsabilização, pois, quando a Constituição estabelece que o Presidente da República não responde por crimes estranhos ao exercício de sua função, estende tal direito, com base no princípio da simetria, a todos os chefes de Poder Executivo. Sobre o fato descrito, responda aos itens a seguir.**

A) Tem razão o Governador quando afirma que, se a conduta descrita fosse praticada pelo Presidente da República, este não responderia criminalmente? Justifique. (Valor: 0,60)

B) No caso em tela, o Ministério Público poderia ajuizar a ação penal, de imediato, em face do Governador? Justifique. (Valor: 0,65)

Obs.: o(a) examinando(a) deve fundamentar as respostas. A mera citação do dispositivo legal não confere pontuação.

► Gabarito comentado

A) Não possui. O que o Art. 86, § 4°, da CRFB/88 confere ao Presidente da República é uma prerrogativa de índole processual, ou mesmo uma imunidade temporária à persecução penal. O preceito não dispõe que o Presidente é irresponsável por crimes não funcionais praticados no curso do mandato, mas apenas que, por tais crimes, não poderá ser responsabilizado enquanto não cessar sua investidura na Presidência da República.

B) Sim. De acordo com o sistema jurídico-constitucional brasileiro, as prerrogativas contempladas nesse preceito da Lei Fundamental, por serem unicamente compatíveis com a condição institucional de Chefe de Estado, e não com a de Chefe de Governo, são aplicáveis apenas ao Presidente da República, não sendo extensíveis aos Governadores. Além disso, poder-se-ia alegar que a aplicação da simetria no caso em tela é medida violadora ao princípio republicano. Nessa linha, o Governador do Estado Z, não gozando dessa prerrogativa, não possui nem mesmo direito à imunidade temporária à persecução penal garantida ao Presidente, podendo a ação penal ser ajuizada de imediato.

---

02. O Governador de um Estado-membro da Federação vem externando sua indignação à mídia, em relação ao conteúdo da Lei Estadual n° 1234/15. Este diploma normativo, que está em vigor e resultou de projeto de lei de iniciativa de determinado deputado estadual, criou uma Secretaria de Estado especializada no combate à desigualdade racial. Diante de tal quadro, o Governador resolveu ajuizar, perante o Supremo Tribunal Federal, uma Arguição de Descumprimento de Preceito Fundamental (ADPF) impugnando a Lei Estadual n° 1234/15. Com base no fragmento acima, responda, justificadamente, aos itens a seguir.

A) A Lei Estadual n° 1234/15 apresenta algum vício de inconstitucionalidade? (Valor: 0,60)

B) É cabível a medida judicial proposta pelo Governador? (Valor: 0,65)

Obs.: o(a) examinando(a) deve fundamentar as respostas. A mera citação do dispositivo legal não confere pontuação.

▶ Gabarito comentado

A) A referida lei estadual apresenta vício de inconstitucionalidade formal, já que somente lei de iniciativa privativa do Chefe do Poder Executivo pode ciar órgão de apoio a essa estrutura de poder. É o que dispõe o Art. 61, § 1º, inciso II, da CRFB/88, aplicável por simetria aos Estados, tal qual determina o Art. 25, caput.

B) Não. A resposta deve ser no sentido de negar o cabimento da ADPF diante da ausência das condições especiais para a propositura daquela ação constitucional, ou seja, a observância do princípio da subsidiariedade, previsto no Art. 4º, § 1º, da Lei nº 9882/99. A jurisprudência do STF é firme no sentido de que o princípio da subsidiariedade rege a instauração do processo objetivo de ADPF, condicionando o ajuizamento dessa ação de índole constitucional à ausência de qualquer outro meio processual apto a sanar, de modo eficaz, a situação de lesividade indicada pelo autor.

---

03. **Luís, governador do estado Beta, pertence a uma família de grande prestígio na esfera política estadual e é casado com Carla, que pertence a outro importante clã político do mesmo estado. Após alguns desentendimentos públicos, todos devidamente acompanhados pela mídia, o casal se divorciou. Imediatamente, Carla busca um advogado e solicita orientação sobre a possibilidade de concorrer ao cargo de governador do estado Beta. Porém, passadas duas semanas da consulta, Luís tem um infarto, não resiste e falece.**

De acordo com o caso concreto acima narrado e tendo por referência os aspectos jurídico-constitucionais que fundamentam o sistema jurídico brasileiro, responda aos itens a seguir.

A) Qual a resposta corretamente dada a Carla pelo advogado? (Valor: 0,60)

B) O advogado daria a mesma resposta, caso Carla o tivesse procurado após o falecimento de Luís? (Valor: 0,65)

Obs.: o(a) examinando(a) deve fundamentar as respostas. A mera citação do dispositivo legal não confere pontuação.

▶ Gabarito comentado

A) Carla não pode se candidatar ao cargo de governador do estado Beta. Segundo a Súmula Vinculante 18, editada pelo STF, a dissolução da sociedade ou do vínculo conjugal, no curso do mandato, não afasta a inelegibilidade prevista no Art. 14, § 7º, da CRFB/88.

B) Não. Nesse caso, não há de ser seguida a orientação constante na Súmula Vinculante 18 do Supremo Tribunal Federal, a qual não se aplica nos casos de extinção do vínculo conjugal pela morte de um dos cônjuges. Essa posição foi reconhecida pelo STF como tese de repercussão geral, no RE 758461.

04. O prefeito do Município Sigma envia projeto de lei ao Poder Legislativo municipal, que fixa o valor do subsídio do chefe do Poder Executivo em idêntico valor ao subsídio mensal dos ministros do Supremo Tribunal Federal. Tal projeto é aprovado pela Câmara de Vereadores e sancionado pelo Chefe do Poder Executivo. No dia seguinte ao da publicação da referida norma municipal, o vereador José, do município Sigma, ajuizou Ação Direta de Inconstitucionalidade, perante o Supremo Tribunal Federal, a fim de que fosse tal lei declarada inconstitucional. Diante do exposto, responda aos itens a seguir.

A) Há vício de inconstitucionalidade na norma municipal? Justifique. (Valor: 0,85)

B) A medida judicial adotada pelo Vereador está correta? Justifique. (Valor: 0,40)

Obs.: o(a) examinando(a) deve fundamentar as respostas. A mera citação do dispositivo legal não confere pontuação.

▶ Gabarito comentado

A) A norma é formalmente inconstitucional, pois deveria ter sido iniciada pela Câmara Municipal, conforme determina o Art. 29, inciso V, da CRFB/88. Além disso, também há inconstitucionalidade material na lei municipal, pois o vício de iniciativa ofende, em consequência, o princípio da separação dos poderes, previsto no Art. 2º da CRFB/88. Por outro lado, em relação ao valor fixado, não há vício de inconstitucionalidade, pois está de acordo com o Art. 37, inciso XI, da CRFB/88, que limita o subsídio dos prefeitos ao teto constitucional.

B) O vereador não possui legitimidade para ajuizar Ação Direta de Inconstitucionalidade perante o Supremo Tribunal Federal e a norma municipal não pode ser objeto de ADI, conforme estabelecem o Art. 102, inciso I, alínea a, e o Art. 103, ambos da CRFB/88.

► XXII Exame

01. Suponha a seguinte situação hipotética: determinada Emenda Constitucional, promulgada em março de determinado ano, altera o regime das coligações eleitorais dos partidos políticos. Nos atos das disposições transitórias, a própria Emenda Constitucional estabelece que as novas regras atinentes às coligações partidárias já deverão ser observadas nas próximas eleições, que ocorrerão em outubro do mesmo ano. Com base no fragmento acima, responda, fundamentadamente, aos itens abaixo:

A) A referida Emenda Constitucional apresenta alguma violação aos limites constitucionais impostos ao Poder Constituinte Derivado Reformador? Justifique. (Valor: 0,70)

B) No âmbito do ordenamento constitucional brasileiro, é correto afirmar que ainda vigora a obrigatoriedade da verticalização das coligações partidárias? Justifique. (Valor: 0,55)

Obs.: o(a) examinando(a) deve fundamentar as respostas. A mera citação do dispositivo legal não confere pontuação.

► Gabarito comentado

A) Sim. A referida Emenda Constitucional viola limitações constitucionais de ordem material, ou seja, viola uma cláusula pétrea. Com efeito, ao determinar que as novas regras que alteram o regime das coligações eleitorais dos partidos políticos já deverão ser observadas no mesmo ano da sua promulgação, a referida Emenda Constitucional afronta o princípio da anterioridade eleitoral insculpido no Art. 16 da CRFB/88, que, na jurisprudência firme do STF, representa garantia individual do cidadão-eleitor, detentor originário do poder exercido pelos representantes eleitos. Portanto, o princípio da anterioridade eleitoral é uma garantia fundamental do cidadão-eleitor que tem o direito de receber, do Estado, o necessário grau de segurança e de certeza jurídicas contra alterações abruptas das regras inerentes à disputa eleitoral. Assim, a referida Emenda Constitucional violou uma cláusula pétrea nos termos do Art. 60, § 4º, inciso IV, da CRFB/88, transcendendo, pois, os limites constitucionais de ordem material, estabelecidos ao poder constituinte derivado reformador.

B) Não. A Emenda Constitucional n. 52/2006 alterou o texto do Art.17, § 1º, da CRFB/88, conferindo plena autonomia aos partidos políticos para definir o regime de suas coligações eleitorais, extinguindo a chamada verticalização das coligações partidárias. Portanto, tal verticalização já não mais existe no direito constitucional brasileiro. A partir da referida EC, as coligações partidárias realizadas em âmbito nacional deixaram de ser obrigatórias em âmbito estadual, distrital ou municipal. Ou seja, não há qualquer restrição à plena autonomia das coligações partidárias no plano federal, estadual, distrital e municipal.

---

02. Roberto, servidor público estadual, após se aposentar, surpreende-se com o corte do auxílio-alimentação que recebia quando em atividade. Indignado, requer à Administração que o referido benefício seja reinserido, já que o direito à alimentação integra o conceito de mínimo existencial. Todavia, ao negar o pedido, a Administração, alegando crise orçamentária, informa que esse direito, embora constitucionalmente previsto, é sempre hierarquicamente inferior aos demais direitos estabelecidos no rol de direitos fundamentais sociais, não tendo o Estado, portanto, o dever de contemplá-lo. Inconformado com a resposta, Roberto procura um(a) advogado(a) para que esclareça os itens a seguir.

A) Diante do que informa o sistema jurídico-constitucional brasileiro e das informações acima apresentadas, há elementos jurídicos para reverter judicialmente a decisão administrativa do corte do auxílio-alimentação? (Valor: 0,65)

B) Independentemente da possibilidade ou impossibilidade jurídica do corte do auxílio-alimentação, a questão hierárquico-normativa suscitada pela Administração Pública pode ser considerada um argumento reconhecido pelo sistema jurídico-constitucional brasileiro? (Valor: 0,60)

Obs.: o(a) examinando(a) deve fundamentar as respostas. A mera citação do dispositivo legal não confere pontuação.

▶ Gabarito comentado

A) Não. Segundo a Súmula Vinculante nº 55, editada pelo Supremo Tribunal Federal, "o direito ao auxílio alimentação não se estende aos servidores inativos." Neste sentido, não se desviou do ordenamento jurídico constitucional a Administração Pública estadual ao deixar de conceder o auxílio-alimentação a Roberto quando passou à inatividade. É o que se extrai do Art. 103-A, quando afirma que a súmula vinculante, a partir de sua publicação na imprensa oficial, terá efeito vinculante em relação aos demais órgãos do Poder Judiciário e à administração pública direta e indireta, nas esferas federal, estadual e municipal.

B) Não. Está consagrada a teoria de que não existe hierarquia em abstrato entre princípios, devendo a precedência relativa de um sobre o outro ser determinada apenas à luz do caso concreto. Dessa forma, conclui-se que os direitos fundamentais, incluindo os sociais, não possuem escala hierárquica prévia, inexistindo prevalência inata de específicos direitos fundamentais sociais sobre o direito à alimentação e vice-versa. De toda forma, o princípio da harmonização (ou concordância prática) consiste em uma recomendação para que o intérprete, deparando-se com situação de concorrência de direitos, adote uma solução que otimize a realização de todos eles (no caso, o direito à alimentação) e, ao mesmo tempo, não acarrete a negação de nenhum deles.

---

03. A Câmara de Vereadores do município Beta aprova projeto de lei que divide o mencionado município em dois, sem qualquer espécie de consulta pública à população e sem realizar qualquer estudo prévio de viabilidade do novo ente federativo. O prefeito de Beta veta o referido projeto e a Câmara derruba o seu veto, promulgando a lei. Logo em seguida, o prefeito de Beta, inconformado com a norma aprovada, decide realizar um referendo a fim de saber a opinião da população local, a qual, após a consulta, manifesta-se favoravelmente ao desmembramento. A partir da situação narrada, responda aos itens a seguir.

A) A referida norma municipal é constitucional? Justifique. (Valor: 0,90)

B) À luz do sistema constitucional vigente, seria possível a fusão do município Beta com o Município vizinho Alfa? Justifique. (Valor: 0,35)

Obs.: o(a) examinando(a) deve fundamentar suas respostas. A mera citação do dispositivo legal não confere pontuação.

► Gabarito comentado

A) A norma municipal é inconstitucional. Conforme prevê o Art. 18, § 4º, da CRFB/88, compete ao Estado autorizar, mediante lei ordinária, o desmembramento do município, desde que: i) seja realizada consulta pública prévia com a participação dos interessados; ii) seja apresentado e publicado Estudo Prévio de Viabilidade Municipal; iii) se respeitem as limitações de calendário dispostas em lei complementar federal, a qual, por ainda não existir, inviabiliza a criação de novos municípios.

B) Não é possível, atualmente, nem a criação, nem o desmembramento e nem a fusão de municípios até que seja editada a lei complementar federal, prevista no Art. 18, § 4º, da CRFB/88, que discipline as limitações de calendário para tais atos. O STF decidiu acerca do tema na ADI nº 2.702/PR e na ADI nº 2.632/BA.

---

04. **Em 1975, o Presidente da República estabeleceu, por decreto, que a localização da nova usina nuclear seria o Município Alfa. O Decreto de 1975 seguiu todas as prescrições legais então vigentes, sem nenhum tipo de violação à Constituição da época. Não obstante, tendo em vista diversos fatores econômicos, políticos e sociais, o início dos trabalhos ficou adiado para uma nova oportunidade. Com o advento da Constituição de 1988, o texto constitucional passou a determinar que a localização de usinas nucleares seja autorizada por Lei Federal. Diante da narrativa acima, responda aos itens a seguir.**

A) O Decreto do Presidente da República, editado em 1975, foi recepcionado pela nova Constituição? Justifique. (Valor: 0,70)

B) O atual Presidente da República pode, por Decreto Presidencial, alterar a localização da usina nuclear para o município Beta, no lugar de Alfa? Justifique. (Valor: 0,55)

Obs.: o(a) examinando(a) deve fundamentar suas respostas. A simples menção ao dispositivo legal não será pontuada.

► Gabarito comentado

A) Sim, porque o direito brasileiro não admite a inconstitucionalidade formal superveniente. O examinando deve destacar que o Decreto Presidencial de 1975 foi recepcionado pela nova Constituição, na medida em que não há nenhuma incompatibilidade material com este paradigma de análise, ou seja, não há nenhuma vedação à construção de usinas nucleares, bem como nenhuma proibição constitucional acerca da sua localização no município Alfa. Portanto, a inexistência de incompatibilidade material entre a nova ordem constitucional e o Decreto Presidencial de 1975 indica que este ato normativo foi recepcionado pela nova Constituição. No direito brasileiro, o fenômeno da recepção analisa tão somente a compatibilidade material perante a nova Constituição, não importando a forma do ato normativo, daí a inexistência de inconstitucionalidade formal superveniente. No caso, a evidente incompatibilidade da forma do ato normativo (Decreto Presidencial ao invés de Lei Federal) não é suficiente para impedir sua recepção.

B) Não, porque o Decreto Presidencial de 1975 foi recepcionado pela nova ordem constitucional com o novo status de lei federal, já que a norma infraconstitucional que não contrariar materialmente a nova Constituição será recepcionada, devendo, inclusive, adquirir a "roupagem" que a nova Constituição estabelece para a matéria que regula. Foi exatamente esse o caso do Decreto Presidencial de 1975, que foi recepcionado com eficácia de lei federal, no que se refere à localização da usina nuclear, não podendo, portanto, ser alterado por outro decreto presidencial. Em consequência, a resposta é negativa, na medida em que seria necessária a edição de uma Lei Federal para autorizar a nova localização da usina no Município Beta, nos termos do artigo Art. 225, § 6º, da CFRB/88.

► XXIII Exame

01. **Determinado tratado internacional de proteção aos direitos humanos, após ser assinado pelo Presidente da República em 2005, foi aprovado, em cada casa do Congresso Nacional, em dois turnos, por quatro quintos dos votos dos respectivos membros, sendo promulgado na ordem interna. Após a sua promulgação na ordem jurídica interna, percebeu-se que ele era absolutamente incompatível com regra constitucional que disciplinava certo direito dos administrados perante a Administração Pública, já que o ampliava consideravelmente.**

Com base na situação narrada, responda aos itens a seguir.

A) O referido tratado pode ser considerado norma válida de natureza constitucional? (Valor: 0,75)

B) Caso seja identificado algum vício de inconstitucionalidade, seria possível submeter esse tratado ao controle concentrado de constitucionalidade realizado pelo Supremo Tribunal Federal? (Valor: 0,50)

Obs.: o(a) examinando(a) deve fundamentar suas respostas. A mera citação ou transcrição do dispositivo legal não confere pontuação.

▶ Gabarito comentado

A) O examinando deve responder que o tratado foi aprovado em harmonia com o procedimento previsto no Art. 5°, § 3°, da CRFB/88, com a redação dada pela Emenda Constitucional n° 45/04, logo, é formalmente válido. Acresça-se que o fato de destoar da Constituição da República, por ter ampliado um direito, não caracteriza qualquer afronta às cláusulas pétreas previstas no Art. 60, § 4°, da CRFB/88, preceito que lhe é aplicável por ter a natureza de emenda constitucional. Portanto, é materialmente válido.

B) O examinando deve responder que o tratado aprovado na forma indicada está sujeito ao controle concentrado de constitucionalidade, consoante o disposto no Art. 102, inciso I, alínea a, da CRFB/88, por ter a natureza de ato normativo.

---

02. João, vereador do Município X, e José, senador pelo Estado Y, ambos pertencentes ao Partido K, proferiram inflamado discurso em Brasília contra as atividades desenvolvidas por determinada autarquia federal. Ao final, concluíram que os resultados alcançados nos últimos anos por essa pessoa jurídica de direito público eram pífios, o que era mais que esperado, já que o seu presidente, o Sr. Antônio, "era sabidamente inapto para o exercício da função". Ao tomar conhecimento do discurso, o Sr. Antônio ficou transtornado. Afinal, era servidor público de carreira e era conhecido por todos pela lisura e seriedade do seu comportamento. Quanto aos maus resultados da autarquia, seriam sabidamente decorrentes da crise econômica que assolava o país, não da incompetência do seu presidente. Por fim, o Sr. Antônio procurou o seu advogado e disse que queria adotar as providências necessárias para a responsabilização do vereador João e do senador José pelos danos causados à sua honra.

Considerando a situação hipotética apresentada, responda, de forma fundamentada, aos itens a seguir.

A) O vereador João e o senador José podem ser responsabilizados civilmente pelas ofensas à honra do Sr. Antônio? (Valor: 0,75)

B) O vereador João e o senador José, nas circunstâncias indicadas, seriam alcançados por alguma imunidade formal passível de influir na sua responsabilidade penal? (Valor: 0,50)

Obs.: o(a) examinando(a) deve fundamentar suas respostas. A mera citação ou transcrição do dispositivo legal não confere pontuação.

▶ Gabarito comentado

A) O senador José não poderia ser responsabilizado civilmente, pois é inviolável pelas opiniões e pelas palavras correlatas ao exercício do mandato (Art. 53, caput, da CRFB/88), sendo certo que compete ao Congresso Nacional fiscalizar e controlar os entes da administração indireta (Art. 49, inciso X, da CRFB/88). Possui, portanto, imunidade material. Já o vereador João poderia ser responsabilizado, pois a inviolabilidade por suas opiniões e palavras é restrita à circunscrição do Município e ao exercício do mandato (Art. 29, inciso VIII, da CRFB/88).

B) O senador José possui imunidade formal, consistente na impossibilidade de ser preso, salvo em caso de flagrante de crime inafiançável (Art. 53, § 2º, da CRFB/88) e na possibilidade de a tramitação do processo penal que venha a responder ser sustada por deliberação do Senado Federal (Art. 53, § 3º, da CRFB/88). O vereador João, por sua vez, não possui imunidade formal (Art. 29, inciso VIII, da CRFB/88).

---

03. Ernesto, de nacionalidade boliviana, imigrou para a República Federativa do Brasil em 2000 e, desde então, com aquiescência das autoridades brasileiras, fixou residência no território nacional. Cidadão de reputação ilibada e profundo admirador de nossa cultura, conheceu Cláudia, de nacionalidade portuguesa, também de reputação ilibada e que vivia no Brasil desde 2010. Ernesto e Cláudia, que começaram a viver juntos há cerca de um ano, requereram a nacionalidade brasileira. Para surpresa de ambos, os requerimentos foram indeferidos. No caso de Ernesto, argumentou-se que suas características pessoais, como idade e profissão, não se enquadravam nas diretrizes da política nacional de migração. Quanto a Cláudia, argumentou-se a ausência de utilidade na naturalização, já que, por ser portuguesa, seria alcançada pelo estatuto da igualdade entre portugueses e brasileiros. Inconfor-

mados com os indeferimentos, Ernesto e Cláudia procuraram os seus serviços como advogado(a) para que a situação de ambos fosse objeto de criteriosa análise jurídica.

Considerando a situação hipotética apresentada, responda, de forma fundamentada, aos itens a seguir.

A) Ernesto possui o direito subjetivo à obtenção da nacionalidade brasileira? (Valor: 0,60)

B) As razões invocadas para o indeferimento do requerimento de Cláudia mostram-se constitucionalmente corretas? (Valor: 0,65)

Obs.: o(a) examinando(a) deve fundamentar suas respostas. A mera citação ou transcrição do dispositivo legal não confere pontuação.

► Gabarito comentado

A) O(A) examinando(a) deve responder que, uma vez preenchidos os requisitos estabelecidos no Art. 12, inciso II, alínea b, da CRFB/88, o estrangeiro, como Ernesto, possui o direito subjetivo à obtenção da nacionalidade brasileira.

B) O(A) examinando(a) deve esclarecer que qualquer estrangeiro que preencha os requisitos exigidos, inclusive aquele originário dos países falantes de língua portuguesa, consoante o Art. 12, inciso II, alínea a, da CRFB/88, pode postular a obtenção da nacionalidade brasileira, o que ensejará o surgimento de vínculo mais estreitos com a República Federativa do Brasil.

04. **Determinado cidadão (jurisdicionado) apresentou reclamação, perante o Conselho Nacional de Justiça (CNJ), em face de juiz do trabalho. Ao apreciar o caso, o CNJ, em sessão presidida pelo Conselheiro Presidente do Supremo Tribunal Federal, conhece da reclamação e instaura Processo Administrativo Disciplinar (PAD). Considerando que os fundamentos da defesa já tinham sido amplamente apresentados pelo juiz do trabalho em suas manifestações públicas, o CNJ, em prol da celeridade processual, afastou a necessidade de nova manifestação do referido agente, tendo decidido pela aposentadoria do magistrado com proventos proporcionais ao tempo de serviço.**

Considere a seguinte situação hipotética e responda aos itens a seguir.

A) O cidadão poderia ter se dirigido ao Conselho Nacional de Justiça na forma descrita? (Valor: 0,60)

B) O procedimento do Conselho Nacional de Justiça foi correto? (Valor: 0,65)

Obs.: o(a) examinando(a) deve fundamentar suas respostas. A mera citação ou transcrição do dispositivo legal não confere pontuação.

► Gabarito comentado

A) O examinando deverá responder que de acordo com o direito de petição, previsto no Artigo 5°, inciso XXXIV, alínea a, da CRFB/88, "qualquer pessoa é parte legítima para representar ilegalidades perante o CNJ".

B) O examinando deverá responder que não, pois, de acordo com o Art. 5°, inciso LV, da CRFB/88 ("aos litigantes, em processo judicial ou administrativo, e aos acusados em geral são assegurados o contraditório e a ampla defesa, com os meios e recursos a ela inerentes"), a defesa do juiz e, portanto, o seu direito fundamental à defesa, não pode ser prejudicado ou relativizado por conduta não prevista na Constituição da República.

► XXIV Exame

01. **O Art. 123 da Constituição do estado Alfa, que teve sua redação alterada por Emenda à Constituição Estadual, promulgada em junho de 2016, dispõe que todos os municípios com mais de cinco mil habitantes situados no estado, entre os quais está o município Delta, deverão possuir, obrigatoriamente, um plano diretor, devidamente aprovado pela respectiva Câmara Municipal, que servirá como instrumento básico da política de desenvolvimento econômico e social e de expansão urbana. Levando em consideração que o prefeito do município Delta, com apenas seis mil habitantes, não pretende fazer uso dos instrumentos previstos no Art. 182, § 4°, da CRFB/88, responda aos questionamentos a seguir.**

A) O Art. 123 da Constituição do estado Alfa apresenta alguma incompatibilidade de ordem material com a Constituição da República Federativa do Brasil de 1988? (Valor: 0,60)

B) O Procurador-Geral da República poderia propor uma Ação Direta de Inconstitucionalidade Interventiva contra o estado Alfa por violação de princípio constitucional sensível? (Valor: 0,65)

Obs.: o(a) examinando(a) deve fundamentar as respostas. A mera citação do dispositivo legal não confere pontuação.

► Gabarito comentado

A) Sim. O Art. 123 da Constituição do estado Alfa é materialmente inconstitucional, já que estendeu, aos municípios com número de habitantes superior a cinco mil, a imposição que a CRFB/88 fez àqueles com mais de vinte mil (Art. 182, § 1º, da CRFB/88). Desse modo, violou o princípio da autonomia dos municípios com mais de cinco mil e até vinte mil habitantes, como é o caso do município Delta, que possui seis mil habitantes.

B) Sim. O caso em tela representa um nítido exemplo de violação da autonomia dos municípios, prevista no Art. 18 da CRFB/88. Com efeito, o Art. 123 da Constituição do estado Alfa afronta a autonomia municipal, que é um princípio constitucional sensível, conforme previsão constante no Art. 34, inciso VII, alínea c, da CRFB/88, logo, representa uma das hipóteses de Ação Direta de Inconstitucionalidade Interventiva federal proposta pelo PGR junto ao STF, nos termos do Artigo 36, inciso III, da CRFB/88. O PGR deve propor Ação Direta de Inconstitucionalidade Interventiva federal por violação de princípio constitucional sensível.

02. **Em uma Federação, sob o argumento de que, entre os governantes do estado Alfa (os anteriores e o atual), consolidou-se uma forma de atuação administrativa que privilegia de forma desmedida a população de determinada região geográfica, a população das outras regiões passou a pleitear autonomia política por meio de grandes manifestações. Para tanto, alimentam a pretensão de formar um novo estado-membro, a ser denominado estado Beta.**

Diante do quadro acima e considerando o que informa o sistema jurídico-constitucional, responda aos itens a seguir.

A) De acordo com a CRFB/88, é viável a formação do estado Beta? (Valor 0,45)

B) O surgimento do estado Beta configurará o fenômeno da secessão? Justifique. (Valor 0,40)

C) Caso seja criado o estado Beta, de acordo com o sistema jurídico--constitucional brasileiro, suas competências materiais e legislativas estariam todas expressas na CRFB/88? Justifique. (Valor 0,40)

Obs.: o(a) examinando(a) deve fundamentar as respostas. A mera citação do dispositivo legal não confere pontuação.

► Gabarito comentado

A) Trata-se de desmembramento, ou seja, o estado original perde um pedaço de seu território e de sua população, que passam a formar um novo estado. O Art. 18, § 3º, da CRFB/88, prevê a ocorrência desse fenômeno.

B) Não. O termo secessão é utilizado em Direito Constitucional para definir a separação de um estado-membro ou território em relação ao país do qual fazia parte. O Brasil, por ser uma Federação (Art. 1º da CRFB/88), é indissolúvel. Aliás, sendo a forma federativa de estado cláusula pétrea, nos termos do Art. 60, § 4º, da CRFB/88, não é possível por via de emenda constitucional a possibilidade de secessão.

C) Não, pois a CRFB/88 atribuiu aos estados-membros a denominada competência remanescente ou reservada (Art. 25, § 1º, da CRFB/88), ou seja, as matérias não expressas ou não enumeradas no rol de competências dos entes federados são da competência dos estados-membros.

---

03. O Supremo Tribunal Federal, há vinte anos, ao julgar uma Ação Direta de Inconstitucionalidade, reconheceu a constitucionalidade da Lei Federal W, que estabeleceu critérios para a fruição de determinado benefício assistencial, dentre os quais o limite da renda familiar. Apesar do trânsito em julgado do acórdão proferido, determinado partido político entendia que os critérios estabelecidos pela Lei Federal W eram absolutamente incompatíveis com as características sociais e econômicas da realidade atual. Considerando que o Supremo Tribunal Federal, ao julgar a referida ação, invocara as características sociais e econômicas da época para delinear o sentido das normas da Constituição da República utilizadas como paradigma de análise, o partido político procurou um advogado e solicitou a análise da questão.

Na posição de advogado do partido político, responda, de forma fundamentada, aos itens a seguir.

A) É possível que o sentido das referidas normas constitucionais, utilizadas como paradigma de análise, seja outro na atualidade, apesar de o texto constitucional permanecer o mesmo? (Valor: 0,75)

B) A improcedência do pedido na referida Ação Direta de Inconstitucionalidade impede que nova ação dessa natureza tenha a Lei Federal W como objeto? (Valor: 0,50)

Obs.: o(a) examinando(a) deve fundamentar as respostas. A mera citação do dispositivo legal não confere pontuação.

► Gabarito comentado

A) O examinando deve esclarecer que, do mesmo texto, pode ser obtida nova norma constitucional em razão das alterações verificadas na realidade, as quais influenciarão o processo de interpretação constitucional. Trata-se do processo informal de alteração da Constituição conhecido como "mutação constitucional".

B) O examinando deve esclarecer que não há obstáculo ao ajuizamento de nova ação direta de inconstitucionalidade tendo a Lei Federal W como objeto, já que, no caso concreto, o pedido apresentado na primeira ação foi julgado improcedente e o cotejo será realizado com normas constitucionais de sentido e alcance diversos daquelas que embasaram a prolação do primeiro acórdão.

---

04. No segundo ano do seu segundo mandato consecutivo, Maria da Silva, governadora do estado Alfa, divorcia-se de seu marido, Antônio da Silva, com quem era casada há muitos anos. Antônio da Silva, que, no momento, não exerce qualquer cargo eletivo, mas sempre almejou concorrer ao cargo de senador, filia-se, em razão da separação, ao partido político oponente ao de sua ex-mulher. Ocorre que o partido solicita a ele, que, em vez de candidatar-se ao Senado Federal, apresente-se como candidato a governador do estado Alfa, de modo a suceder sua ex-mulher.

Diante do exposto, responda aos itens a seguir.

A) Antônio da Silva pode concorrer aos referidos cargos (senador ou governador)? Justifique. (Valor: 0,80)

B) Seria diferente a análise do caso em tela se a dissolução do vínculo conjugal se desse em razão de morte da governadora no início do último ano do seu mandato? Justifique. (Valor: 0, 45)

Obs.: o(a) examinando(a) deve fundamentar as respostas. A mera citação do dispositivo legal não confere pontuação.

▶ Gabarito comentado

A) Segundo o Art. 14, § 7º, da CRFB/88, o cônjuge do ocupante do cargo de governador é inelegível no território de jurisdição do titular do cargo, salvo se já fosse titular de mandato eletivo e candidato à reeleição. No caso concreto, Antônio da Silva é alcançado pelo instituto na inelegibilidade reflexa, já que, marido da governadora e sem exercer qualquer cargo eletivo, não poderia, por conclusão lógica, ser candidato a senador ou governador. O fato de estarem divorciados não altera a situação de Antônio da Silva, pois segundo a Súmula Vinculante nº 18 do STF, "a dissolução da sociedade ou do vínculo conjugal, no curso do mandato, não afasta a inelegibilidade prevista no Art. 14, § 7º, da Constituição Federal". Assim sendo, não poderá Antônio da Silva concorrer a qualquer cargo no estado Alfa.

B) Sim, por força do que estabeleceu o Supremo Tribunal Federal no âmbito da Tese de Repercussão Geral nº 678 ("A Súmula Vinculante 18 do STF não se aplica aos casos de extinção do vínculo conjugal pela morte de um dos cônjuges"). Assim, a ocorrência do óbito da governadora teria o condão de afastar a inelegibilidade de Antônio da Silva, que estaria, no caso, habilitado a concorrer a qualquer um dos cargos citados.

▶ XXV Exame

01. O Presidente da República editou o Decreto X, que regulamentou a Lei Federal Z. Ocorre que o Congresso Nacional, ao examinar o teor do Decreto X, entendeu que ele criava direitos não previstos na Lei Federal Z, ferindo, portanto, o princípio da legalidade. Considerando a situação hipotética apresentada, responda, de forma fundamentada, aos itens a seguir.

A) Que medida poderia ser adotada pelo Congresso Nacional para retirar os efeitos do Decreto X? (Valor: 0,50)

B) Caso o Presidente da República entenda que essa medida não tem qualquer fundamento, terminando por restringir a competência constitucional do Chefe do Executivo, é possível submetê-la ao controle concentrado de constitucionalidade realizado pelo Supremo Tribunal Federal? (Valor: 0,75)

Obs.: o(a) examinando(a) deve fundamentar as respostas. A mera citação do dispositivo legal não confere pontuação.

► Gabarito Comentado:

A) Caso o Congresso Nacional entenda que o Decreto X exorbitou do poder regulamentar, é possível sustar os seus efeitos, com base na competência outorgada pelo Art. 49, inciso V, da CRFB/88, editando um decreto legislativo (Art. 59, inciso VI, da CRFB/88).

B) O examinando deve esclarecer que o decreto legislativo de sustação tem a natureza jurídica de ato normativo, pois retirou a eficácia de outro ato normativo, sendo passível de impugnação via ação direta de inconstitucionalidade (Art. 102, inciso I, alínea a, da CRFB/88). O Presidente da República, portanto, tem legitimidade para ajuizar essa ação (Art. 103, inciso I, da CRFB/88), com o objetivo de reconhecer a inconstitucionalidade do decreto legislativo, argumentando que o Decreto X estava circunscrito à esfera de competências do Chefe do Executivo.

---

02. O Município Alfa, com o objetivo de solucionar a falta de profissionais dedicados à saúde pública, após o regular processo legislativo, altera a Lei Orgânica Municipal (LOM), de modo a permitir a acumulação remunerada de 3 (três) cargos de profissionais da área de saúde. No que tange à acumulação de cargos, as normas da Constituição do estado em questão reproduzem as normas da Constituição da República Federativa do Brasil, de 1988. Dito isso, a associação municipal de enfermeiros resolve tomar providências, com o objetivo de afastar o novo regramento conferido pela LOM, pois entende que a referida acumulação acarretará desgaste à saúde dos profissionais e comprometerá a eficiência dos serviços prestados na área de saúde pública municipal. A partir da situação narrada, responda aos itens a seguir.

A) Diante da autonomia federativa do Município Alfa, a referida norma da Lei Orgânica Municipal é constitucional? Justifique. (Valor: 0,70)

B) A Lei Orgânica Municipal que permitiu a acumulação de cargos pode ser objeto de ação de representação por inconstitucionalidade, ajuizada por um dos legitimados ativos previstos na Constituição Estadual? Justifique. (Valor 0,55)

Obs.: o(a) examinando(a) deve fundamentar as respostas. A mera citação do dispositivo legal não confere pontuação.

▶ Gabarito Comentado:

A) O examinando deve responder que a norma é inconstitucional. O Art. 37, inciso XVI, alínea c, da CRFB/88 somente permite a acumulação remunerada de 2 (dois) cargos ou empregos de profissionais da área de saúde, sendo de observância obrigatória pela Lei Orgânica Municipal, conforme dispõe o Art. 29, caput, da CRFB/88.

B) A norma da Lei Orgânica, por ter natureza municipal, pode ser objeto da representação por inconstitucionalidade estadual, na forma do Art. 29 e do Art. 125, § 2º, ambos da CRFB/88.

---

03. Edson, candidato ao cargo de Prefeito do município Alfa, ficou surpreso ao saber que o Tribunal Regional Eleitoral competente acabara de deferir o requerimento de registro da candidatura a esse mesmo cargo formulado por Pedro. O requerimento fora indeferido em primeira instância sob o argumento de ser incompatível com a Constituição da República, tese objeto de amplo debate em segunda instância e que terminou por ser rechaçada. A razão da surpresa de Edson decorria do fato de Pedro ter sido Prefeito do município Beta nas duas legislaturas imediatamente anteriores. À luz desses fatos, Edson, que impugnara o registro da candidatura em primeira instância, procurou seu advogado para que ele o orientasse sobre os questionamentos a seguir.

A) O entendimento de que Pedro pode se candidatar ao cargo de Prefeito do Município Alfa é constitucional? Justifique. (Valor: 0,65)

B) Caso a decisão do Tribunal Regional Eleitoral seja considerada incompatível com a Constituição da República, é possível impugná-la por meio da Arguição de Descumprimento de Preceito Fundamental? (Valor: 0,60)

Obs.: o(a) examinando(a) deve fundamentar as respostas. A mera citação do dispositivo legal não confere pontuação.

► Gabarito Comentado:

A) Não. O Prefeito Municipal ou quem o houver sucedido ou substituído no curso do mandato somente poderá ser reeleito para um período subsequente, nos termos do Art. 14, § 5°, da CRFB/88. Apesar de Pedro estar se candidatando pela primeira vez ao cargo de Prefeito do Município Alfa, a limitação constitucional a uma única reeleição indica a impossibilidade de uma pessoa ocupar esse cargo mais de duas vezes consecutivas.

B) Não. Da decisão do Tribunal Regional Eleitoral que contrarie a Constituição da República cabe recurso (rectius: especial), nos termos do Art. 121, § 4°, inciso III, da CRFB/88. Não será atendido, portanto, o requisito da subsidiariedade da Arguição de Descumprimento de Preceito Fundamental, conforme dispõe o Art. 4°, § 1°, da Lei n° 9.882/99.

04. Pedro, cidadão brasileiro, viu-se impossibilitado de exercer certos direitos e liberdades constitucionais em razão da falta de norma regulamentadora, sendo que o poder de iniciativa legislativa é reservado ao Presidente da República, cabendo ao Congresso Nacional apreciar o respectivo projeto. Irresignado com a situação, Pedro formula os questionamentos a seguir.

A) Para combater a mora legislativa descrita na situação acima, qual a medida judicial a ser utilizada pelo cidadão? Justifique. (Valor: 0,50)

B) Qual é o órgão competente do Poder Judiciário para apreciar a medida judicial? Justifique. (Valor: 0,35)

C) Uma vez reconhecida a mora legislativa no processo que ele, Pedro, vier a instaurar, quais podem ser os efeitos da decisão judicial? (Valor: 0,40)

Obs.: o(a) examinando(a) deve fundamentar as respostas. A mera citação do dispositivo legal não confere pontuação.

► Gabarito Comentado:

A) O examinando deve responder que o instrumento processual a ser utilizado, em razão da impossibilidade de exercer direitos e liberdades constitucionais por ausência de regulamentação, é o Mandado de Injunção (Art. 5°, inciso LXXI, da CRFB/88 ou Lei n° 13.300/16).

B) No caso em tela, o órgão do Poder Judiciário que deverá apreciar o mandado de injunção é o Supremo Tribunal Federal, porque o múnus de editar a norma regulamentadora é do Congresso Nacional, a partir de iniciativa do Presidente da República, nos termos do Art. 102, inciso I, alínea q, da CRFB/88.

C) O examinando deve responder que os efeitos da decisão do Supremo Tribunal Federal serão aqueles previstos no Art. 8º da Lei nº 13.300/16, isto é, ao reconhecer o estado de mora legislativa, será deferida a injunção para determinar prazo razoável para que o impetrado promova a edição da norma regulamentadora e estabelecer as condições em que se dará o exercício dos direitos, das liberdades ou das prerrogativas reclamados.

► XXV Exame – Reaplicação Porto Alegre

01. **Após anos sem terem os seus vencimentos reajustados, os servidores da administração direta do Poder Executivo do Estado Ômega entraram em greve, reivindicando uma solução para esse estado de coisas, que já colocava em risco sua subsistência e a de sua família. Sensibilizado com a situação, um grupo de parlamentares apresentou projeto de lei de reajuste dos servidores públicos, o qual veio a ser aprovado pela Assembleia Legislativa e sancionado pelo Governador do Estado, dando origem à Lei X. Apesar do benefício gerado para os servidores, o partido político Sigma, com representação no Senado Federal, mas que não contava com nenhum representante na Assembleia Legislativa do Estado Ômega, entendeu que a medida, além de injusta, já que os servidores de outros entes federativos não receberam ajuste similar, era inconstitucional.**

À luz desse quadro, responda aos questionamentos a seguir.

A) Utilizando a Constituição da República como paradigma de análise, a Lei X do Estado Ômega apresenta algum vício de constitucionalidade? Justifique. (Valor: 0,75)

B) No caso concreto, o partido político Sigma teria legitimidade para deflagrar o controle concentrado de constitucionalidade perante o Supremo Tribunal Federal? Justifique. (Valor: 0,50)

Obs.: o(a) examinando(a) deve fundamentar as respostas. A mera citação do dispositivo legal não confere pontuação.

▶ Gabarito comentado:

A) A Lei X é formalmente inconstitucional, já que o projeto de lei foi apresentado por um grupo de parlamentares, enquanto o poder de iniciativa legislativa, em relação às leis que aumentem a remuneração dos servidores da administração direta do Poder Executivo, é do Governador do Estado. Aplica-se o disposto no Art. 61, § 1º, inciso II, alínea a, da CRFB/88, preceito que deve ser observado pelos Estados por simetria constitucional, conforme dispõe o Art. 25, caput, da CRFB/88.

B) Como o partido político Sigma possui representação no Congresso Nacional, como exigido pelo Art. 103, inciso VIII, da CRFB/88, pode ajuizar a Ação Direta de Inconstitucionalidade perante o Supremo Tribunal Federal, sendo considerado legitimado universal.

---

02. Diversos trabalhadores e associações de classe, com representatividade de âmbito nacional, ajuizaram ações individuais e coletivas em face da União, com o objetivo de desonerar trabalhadores e associados do pagamento de determinada contribuição social. Nas ações, argumentava-se com a não recepção da Lei Federal nº 123/1987 pela Constituição da República Federativa do Brasil de 1988, pois a União não teria competência para cobrar essa contribuição social. Com base nesse argumento, foram deferidos provimentos cautelares e antecipações de tutela, os quais foram mantidos pelos tribunais ordinários competentes. Em consequência, foi grande o impacto econômico e social decorrente da perda de arrecadação, isso apesar de existirem diversas outras decisões em sentido contrário.

À luz dessa narrativa, responda aos questionamentos a seguir.

A) Qual é a medida judicial passível de ser utilizada pelo Presidente da República para que o Supremo Tribunal Federal analise, de imediato, antes do exaurimento das instâncias ordinárias, se a Lei Federal nº 123/87 foi, ou não, recepcionada? Justifique. (Valor: 0,80)

B) Em momento anterior ao julgamento de mérito da medida judicial ajuizada perante o Supremo Tribunal Federal, é possível que ela produza algum efeito sobre as relações processuais em curso? Justifique. (Valor: 0,45)

Obs.: o(a) examinando(a) deve fundamentar as respostas. A mera citação do dispositivo legal não confere pontuação.

▶ Gabarito comentado:

A) O Presidente da República tem legitimidade, com base no Art. 2º, inciso I, da Lei nº 9.882/99, para ajuizar a arguição de descumprimento de preceito fundamental incidental, referida no Art. 1º, parágrafo único, desse diploma legal, de modo que o Supremo Tribunal Federal fixe a interpretação constitucional adequada, pois é relevante o fundamento da controvérsia. Como as decisões foram mantidas pelos tribunais ordinários, está atendida a exigência de subsidiariedade dessa medida, prevista no Art. 4º, § 1º, da Lei nº 9.882/99.

B) é possível o deferimento de medida liminar, nos termos do Art. 5º, § 3º, da Lei nº 9.882/99, determinando que juízes e tribunais suspendam o andamento de processos ou os efeitos de decisões judiciais.

03. **Em um certo país (República Teta), o poder constituinte originário, ao produzir uma nova Constituição, insere no respectivo texto os seguintes artigos:**

"Art. 28 - A produção, alteração e revogação de leis ordinárias se dará por manifestação da maioria simples no Parlamento da República, em um único turno. (...)

Art. 63 - No que se refere às normas materialmente constitucionais, a manifestação do poder constituinte derivado reformador somente será reconhecida se o processo de votação for aprovado pela maioria de 4/5 do total de membros do Parlamento da República, em votação a ser realizada em dois turnos.

Art. 64 – No que se refere às normas meramente formais da presente Constituição, a manifestação do poder constituinte derivado reformador se dará por intermédio de manifestação de maioria simples dos membros do Parlamento da República, em um único turno. (...)

Art. 100 dos ADCT (Atos das Disposições Constitucionais Transitórias) – Ficam integralmente revogadas as normas da Constituição anterior."

Diante do exposto e seguindo o quadro teórico adotado no sistema jurídico-constitucional brasileiro, responda às questões a seguir.

A) Quanto à estabilidade, é possível considerar que a nova Constituição deve ser classificada como rígida? Justifique. (Valor: 0,65)

B) A nova Constituição deu origem ao fenômeno conhecido, no âmbito do direito constitucional intertemporal, como "desconstitucionalização"? (Valor: 0,60)

Obs.: o(a) examinando(a) deve fundamentar as respostas. A mera citação do dispositivo legal não confere pontuação.

► Gabarito comentado:

A) A constituição somente pode ser classificada como "rígida" quando exige, no processo de modificação pelo poder constituinte derivado reformador, solenidades e exigências formais especiais, diferentes e mais difíceis que aquelas exigidas para a formação e modificação de leis comuns (ordinárias e complementares). No caso em tela, em razão do disposto nos Arts. 63 e 64 da Constituição de Ômega, temos uma Constituição semirrígida (ou semiflexível), assim considerada aquela em que alguns dispositivos podem ser modificados livremente pelo legislador, segundo o mesmo processo de elaboração e modificação das leis ordinárias (conforme Art. 28 da Constituição de Ômega), enquanto outros são modificáveis por meio de solenidades e exigências formais especiais, diferentes e mais difíceis que aquelas exigidas para a formação e modificação de leis comuns (ordinárias e complementares).

B) A desconstitucionalização é um fenômeno que se manifesta quando uma nova Constituição é promulgada e as normas formalmente constitucionais da Constituição anterior, que não tenham sido repetidas ou contrariadas, adentram no novo sistema com status de lei ordinária. No caso em tela, tendo em vista que o Art. 1º do ADCT da Constituição de Ômega estabeleceu a integral revogação das normas da Constituição anterior, não há que se falar em uma suposta vigência das normas da Constituição anterior - mesmo que com "status mitigado" de lei ordinária - no âmbito do atual ordenamento constitucional.

04. **Devidamente autorizado pela Constituição do Estado Alfa, o Procurador-Geral de Justiça ajuizou, perante o Tribunal de Justiça, Representação de Inconstitucionalidade (RI) contra a Lei Municipal nº 1234/17, sob a alegação de que a referida lei municipal violou, frontalmente, determinado dispositivo da Constituição do Estado Alfa, cujo conteúdo tinha predominante coeficiente de federalidade, sendo, pois, uma norma de reprodução obrigatória pelo poder constituinte estadual. No**

julgamento final de mérito da Representação de Inconstitucionalidade, o Tribunal de Justiça do Estado Alfa julgou improcedente o pedido formulado na ação em tela, declarando que não houve nenhum tipo de ofensa à Constituição Estadual de Alfa.

Com base no fragmento acima, responda, de forma fundamentada às seguintes perguntas.

A) Considerando a natureza do ato normativo impugnado, que recurso pode ser interposto pelo Procurador-Geral de Justiça? (Valor: 0,55)

B) Quais serão os efeitos da decisão final da instância superior que venha a reconhecer a inconstitucionalidade da Lei Municipal nº 1234/17? (Valor: 0,70)

Obs.: o(a) examinando(a) deve fundamentar as respostas. A mera citação do dispositivo legal não confere pontuação.

► Gabarito comentado:

A) Cabe recurso extraordinário ao Supremo Tribunal Federal. Com efeito, no caso em tela, a decisão do Tribunal de Justiça Estadual envolveu norma de reprodução obrigatória pelo poder constituinte estadual, ensejando, assim, o manejo do recurso extraordinário de que trata o Art. 102, inciso III, alínea "a", da CRFB/88. Além disso, o fato de a norma impugnada ser municipal não prejudica o recurso, pois não estamos perante Ação Direta de Inconstitucionalidade (ADI) para controlar a validade de lei municipal em face da CRFB/88.

B) A resposta do examinando deve ser no sentido de que, nesse caso, os efeitos da decisão final de mérito do STF, em sede de recurso extraordinário, serão vinculantes, erga omnes e ex tunc. Deve-se observar que a decisão do STF, no recurso extraordinário, não foi tomada em controle difuso de constitucionalidade, cujos efeitos seriam apenas inter partes e ex-tunc. Na verdade, trata-se de controle abstrato no âmbito dos Estados-membros. Nessa linha, a decisão do STF nesse recurso extraordinário produzirá os mesmos efeitos da Ação Direta de Inconstitucionalidade, não se aplicando a regra do Art. 52, inciso X, da CRFB/88, ou seja, o Senado Federal não tem nenhuma participação.

► XXVI Exame

01. A sociedade empresária Vertical, que possui uma rede de lojas de material de construção nos Municípios A, B e C, decidiu abrir uma nova loja no Município D. Após realizar pesquisa de mercado, identificou o bairro XX como o de maior potencial para a construção civil. Ato contínuo, solicitou autorização à autoridade municipal competente para instalar sua nova loja no referido bairro. Para surpresa da sociedade empresária Vertical, o requerimento formulado à autoridade competente do Município D foi indeferido sob o argumento de que o bairro XX já contava com quatro lojas de material de construção, sendo que a Lei Municipal nº 123/10 vedava que estabelecimentos dessa natureza fossem instalados, no mesmo bairro, a menos de 500m de distância um do outro, óbice que não poderia ser contornado naquele caso. Manejados os recursos administrativos cabíveis e esgotada a via administrativa, a proibição foi mantida.

À luz da narrativa acima, responda aos questionamentos a seguir.

A) A Lei nº 123/10, do Município D, apresenta alguma incompatibilidade de ordem material com a Constituição da República Federativa do Brasil, de 1988? (Valor: 0,60)

B) A sociedade empresária Vertical tem legitimidade para impugnar, perante o Supremo Tribunal Federal, a decisão da autoridade competente do Município D, que indeferiu o pedido de autorização para a instalação da loja de material de construção no bairro XX? (Valor: 0,65)

Obs.: o(a) examinando(a) deve fundamentar as respostas. A mera citação do dispositivo legal não confere pontuação.

► Gabarito comentado:

A) A Lei nº 123/10, ao não permitir a instalação de outra loja de material de construção no Bairro XX, ofendeu o principio da livre concorrência, previsto no Art. 170, inciso IV, da CRFB/1988, conforme dispõe a Súmula Vinculante nº 49 ("Ofende o princípio da livre concorrência lei municipal que impede a instalação de estabelecimentos comerciais do mesmo ramo em determinada área").

B) Como a decisão administrativa afrontou a Súmula Vinculante nº 49 e foi exaurida a instância administrativa, a sociedade empresária Vertical tem legitimidade para ajuizar reclamação perante o Supremo Tribunal Federal, nos termos do Art. 7º, caput (ou Art. 103-A, § 3º, da CRFB/88) e § 1º, da Lei nº 11.417/06.

02. A Lei nº 123/17 do Estado Ômega, dispôs que os estacionamentos explorados em caráter comercial deveriam cobrar valores proporcionais ao tempo de uso do respectivo espaço, nos termos do regulamento, vedada a cobrança de tarifa única. Com base nesse diploma normativo, foi editado o Decreto nº 45/17, que definiu, de modo proporcional ao tempo de uso, o escalonamento de valores a serem cobrados. Insatisfeito com esse estado de coisas, um legitimado à deflagração do controle concentrado de constitucionalidade perante o Supremo Tribunal Federal procurou você, como advogado(a), e formulou os questionamentos a seguir.

A) É possível ajuizar a Ação Direta de Inconstitucionalidade apenas para impugnar o Decreto nº 45/17, não a Lei nº 123/17? Justifique. (Valor: 0,60)

B) É possível ajuizar a Ação Direta de Inconstitucionalidade para impugnar a Lei nº 123/17 e o Decreto nº 45/17, que a regulamenta? Justifique. (Valor: 0,65)

Obs.: o(a) examinando(a) deve fundamentar as respostas. A mera citação do dispositivo legal não confere pontuação.

► Gabarito comentado:

A) Como a Ação Direta de Inconstitucionalidade se destina apenas ao controle de constitucionalidade dos atos normativos, nos termos do Art. 102, inciso I, alínea a, da CRFB/88, e não ao controle de legalidade, não seria possível utilizá-la para impugnar somente o Decreto nº 45/17. Nesse caso, a ofensa à Constituição é apenas reflexa, não direta.

B) A Lei nº 123/17, por ser ato normativo estadual, pode ser impugnada via Ação Direta de Inconstitucionalidade, nos termos do Art. 102, inciso I, alínea a, da CRFB/88. O Decreto nº 45/17, por sua vez, apesar de encontrar o seu fundamento de validade na lei, pode ter a inconstitucionalidade declarada por arrastamento, o que possibilita a sua inclusão no objeto da ação.

03. O Congresso Nacional estabeleceu novas regras gerais sobre o regime dos portos brasileiros. Imediatamente, a Assembleia Legislativa do Estado Alfa, interessada na temática, posto estar em fase final a construção de um grande porto no Estado, legislou sobre questões

específicas da matéria. Inconformado com o teor das normas específicas estabelecidas pela Lei Y, de autoria do Estado Alfa, que poderiam causar grande prejuízo aos interesses econômicos e políticos do Estado Beta, o governador de Beta solicitou que sua assessoria jurídica respondesse, com base no que informa o sistema jurídico-constitucional brasileiro, às indagações a seguir.

A) Pode o Estado Alfa produzir a normatização específica a que se refere o enunciado? Justifique. (Valor: 0,60)

B) Está o governador do Estado Beta legitimado a questionar a constitucionalidade da Lei Y, do Estado Alfa, por meio de Ação Direta de Inconstitucionalidade (ADI)? Justifique. (Valor: 0,65)

Obs.: o(a) examinando(a) deve fundamentar as respostas. A mera citação do dispositivo legal não confere pontuação.

▶ Gabarito comentado:

A) A legislação acerca de regime dos portos é de competência privativa da União, nos termos do Art. 22, inciso X, da CRFB/88. Portanto, a Assembleia Legislativa somente pode legislar sobre questões específicas afetas ao tema, por meio da Lei Estadual Y, caso haja a devida autorização pelo Congresso Nacional, pela via legal complementar, conforme disciplina constante no Art. 22, parágrafo único, da Constituição da República. Caso contrário, a Lei Estadual Y é formalmente inconstitucional, posto estar presente uma inconstitucionalidade formal orgânica.

B) O Governador do Estado Beta, como legitimado pelo Art. 103, inciso V, da CRFB/88, em princípio, pode atacar a Lei Y (ato normativo estadual), por via de Ação Direta de Inconstitucionalidade, nos termos do que preceitua o Art. 102, inciso I, alínea a, da Constituição da República. Porém, de acordo com a consolidada jurisprudência do Supremo Tribunal Federal, sendo sua legitimidade especial, terá que demonstrar a devida pertinência temática, ou seja, no caso, evidenciar que a Lei Y do Estado Alfa afeta os interesses do seu Estado, o Beta.

04. O Presidente da República, ao constatar que o índice de violência no Estado Delta alcançara números alarmantes, resolveu decretar a intervenção federal nesse Estado. Apresentou como justifica-

tiva a necessidade de pôr fim a grave comprometimento da ordem pública. Ao consultar os Conselhos da República e de Defesa Nacional, esses órgãos desaconselharam a medida, entendendo que outras ações menos invasivas na esfera de autonomia do referido Estado poderiam ser tomadas. Todavia, convicto de que a ação se fazia absolutamente necessária, o Presidente, agindo de ofício, decretou a intervenção, sem submeter a referida questão ao controle político.

Diante de tal fato, responda, tendo por pressuposto a inteligência jurídico-constitucional da Constituição da República de 1988, aos itens a seguir.

A) No caso em tela, havia necessidade de a referida intervenção ter sido submetida a algum controle prévio de natureza política? (Valor: 0,60)

B) O Presidente da República, ao decretar a intervenção federal desconsiderando os aconselhamentos dos Conselhos da República e de Defesa Nacional, agiu nos limites constitucionais a ele impostos? Justifique. (Valor: 0,65)

Obs.: o(a) examinando(a) deve fundamentar as respostas. A mera citação do dispositivo legal não confere pontuação.

► Gabarito comentado:

A) Conforme o Art. 36, § 1º, da CRFB/88, o decreto de intervenção, expedido pelo Presidente da República, deverá ser submetido à apreciação do Congresso Nacional no prazo de vinte e quatro horas após a sua expedição. Embora, no caso em tela, haja a necessidade de controle político, ele é realizado a posteriori, não previamente.

B) O Presidente da República não ultrapassou os limites concedidos pela Constituição da República quando decretou a intervenção federal, pois, embora fosse obrigatória a oitiva dos Conselhos da República (Art. 90, inciso I, da CRFB/88) e de Defesa Nacional (Art. 91, §1º, inciso II, da CRFB/88) suas manifestações não possuem caráter vinculante em relação aos atos a serem praticados pelo Presidente da República, mas meramente consultivo, conforme dispõe o caput dos artigos 89 e 91.

► OAB/FGV – XXVII Exame de Ordem

01. Após a promulgação da Constituição de 1988, a Lei Federal X alterou a sistemática de registro de candidaturas para as eleições, tendo estatuído, de modo expresso, que as novas regras seriam aplicadas às eleições a serem realizadas no ano seguinte, onze meses após a sua entrada em vigor, o que ocorreu na data de sua publicação. Essa alteração foi considerada lesiva pela direção nacional do Partido Político Alfa, que somente contava com representantes no âmbito das Assembleias legislativas estaduais. À luz desse quadro, responda, como advogado(a), aos questionamentos a seguir.

A) A Lei Federal X é compatível, sob os aspectos material e formal, com a Constituição da República Federativa do Brasil? (Valor: 0,65)

B) Caso a Lei Federal X seja inconstitucional, o partido político Alfa pode deflagrar o controle concentrado de constitucionalidade perante o Supremo Tribunal Federal? (Valor: 0,60)

Obs.: o(a) examinando(a) deve fundamentar as respostas. A mera citação do dispositivo legal não confere pontuação.

► Gabarito comentado:

A) A Lei Federal X é formalmente compatível com a CRFB/88, pois compete à União legislar sobre direito eleitoral, nos termos do Art. 22, inciso I, da CRFB/88, e materialmente incompatível com a CRFB/88, pois determina sua aplicação às eleições que ocorrerão antes de doze meses de sua vigência, o que afronta o Art. 16 da CRFB/88.

B) O partido político Alfa não conta com representantes no Congresso Nacional, logo, não tem legitimidade para deflagrar o controle concentrado de constitucionalidade perante o Supremo Tribunal Federal, conforme dispõe o Art. 103, inciso VIII, da CRFB/88 OU o Art. 2º, inciso VIII, da Lei nº 9.868/99.

02. Um grupo de criminosos fortemente armados desferiu disparos de arma de fogo contra diversos populares no Estado Alfa, dando causa à morte de trinta pessoas. No dia seguinte aos fatos, momento em que as autoridades estaduais já tinham iniciado a investigação do ocorrido, certa autoridade federal afirmou que os fatos eram de extre-

ma gravidade, sendo evidente o descumprimento das obrigações internacionais assumidas pela República Federativa do Brasil, bem como que adotaria medida, nesse mesmo dia, para que a investigação dos crimes não fosse realizada por autoridades estaduais. À luz da narrativa acima, responda aos questionamentos a seguir.

A) Que medida judicial poderia ser adotada pela autoridade federal competente para que a investigação dos crimes fosse transferida das autoridades estaduais para as federais? Justifique. (Valor: 0,60)

B) Considerando os dados da narrativa acima, em especial o fato de não haver qualquer notícia da ineficiência das autoridades estaduais, a medida judicial eventualmente ajuizada deveria ser acolhida pelo Tribunal competente? Justifique. (Valor: 0,65)

Obs.: o(a) examinando(a) deve fundamentar as respostas. A mera citação do dispositivo legal não confere pontuação.

► Gabarito comentado:

A) A medida judicial que poderia ser ajuizada, pelo Procurador-Geral da República, é o incidente de deslocamento de competência para a Justiça Federal, isso em razão da grave violação de direitos humanos, conforme dispõe o Art. 109, § 5º, da CRFB/88.

B) A medida judicial não deveria ser acolhida pelo Superior Tribunal de Justiça, já que ajuizada no dia seguintes aos fatos, inexistindo notícia de ineficiência das autoridades estaduais na sua apuração. Exige-se que a atuação federal ocorra em caráter subsidiário, conforme reiterada interpretação do Tribunal a respeito do Art. 109, § 5º, da CRFB/88.

03. Pedro requereu a determinada Secretaria de Estado que fornecesse a relação dos programas de governo desenvolvidos, nos últimos três anos, em certa área temática relacionada aos direitos sociais, indicando-se, ainda, o montante dos recursos gastos. O Secretário de Estado ao qual foi endereçado o requerimento informou que a área temática indicada não estava vinculada à sua Secretaria, o que era correto, acrescendo que Pedro deveria informar-se melhor e descobrir qual seria o órgão estadual competente para analisar o seu requerimento. Além disso, afirmou que todas as informações financeiras do Estado, especialmente aquelas relacionadas à execução orçamentária, estão co-

bertas pelo sigilo, não sendo possível que Pedro venha a acessá-las. Considerando a narrativa acima, responda aos questionamentos a seguir.

A) Ao informar que Pedro deveria "descobrir" o órgão para o qual endereçaria o seu requerimento, o posicionamento do Secretário de Estado está correto? (Valor: 0,60)

B) É correto o entendimento de que as informações financeiras do Estado estão cobertas pelo sigilo, o que impede que Pedro tenha acesso ao montante de recursos gastos com programas de trabalho em certa área temática relacionada aos direitos sociais? (Valor: 0,65)

Obs.: o(a) examinando(a) deve fundamentar as respostas. A mera citação do dispositivo legal não confere pontuação.

▶ Gabarito comentado:

A) Não. O Secretário de Estado deveria ter informado a Pedro o local onde pode ser obtida a informação desejada, nos termos do Art. 7°, inciso I, da Lei n° 12.527/2011 OU O Secretário de Estado deveria ter informado a Pedro que não possui a informação e indicar, se for do seu conhecimento, o órgão ou entidade que a detém, ou ainda remeter o requerimento a quem seja competente, nos termos do Art. 11, § 1°, III, da Lei n° 12.527/2011.

B) Não. Pedro tem o direito de receber informações de interesse geral, nos termos do Art. 5°, inciso XXXIII, da CRFB/1988 OU da Lei n° 12.527/2011, como são aquelas relacionadas à execução orçamentária relativa aos direitos sociais, as quais não são imprescindíveis à segurança da sociedade e do Estado, o que afasta a tese do sigilo.

---

04. Com o objetivo de combater os graves problemas de infraestrutura verificados no território do Estado Alfa, a Assembleia Legislativa promulgou a Emenda Constitucional n° XX/2018, vinculando 50% da receita arrecadada com o Imposto sobre a Circulação de Mercadorias e Serviços de qualquer natureza (ICMS) às obras de infraestrutura. Além disso, estatuiu, como programa, as estradas a serem reformadas e aquelas que deveriam ser construídas nos próximos dez anos, bem como o percentual dos recursos a ser direcionado a cada uma delas.

A) A vinculação do produto da arrecadação do ICMS aos fins referidos na Emenda Constitucional n° XX/2018 é compatível com a Constituição da República? Justifique. (Valor: 0,65)

B) A programação financeira estabelecida pela Emenda Constitucional nº XX/2018 está em harmonia com a Constituição da República? Justifique. (Valor: 0,60)

Obs.: o(a) examinando(a) deve fundamentar as respostas. A mera citação do dispositivo legal não confere pontuação

► Gabarito comentado:

A) Não. É vedada a vinculação da receita de impostos a despesas específicas, ressalvadas apenas as exceções constitucionais, conforme dispõe o Art. 167, inciso IV, da CRFB/88.

B) Não. A programação financeira deve ser estabelecida na lei orçamentária anual, nos termos do Art. 167, inciso I, da CRFB/88, a qual conta com rito próprio de tramitação e não pode ser substituída pela Constituição do Estado.

► OAB/FGV – XXVIII Exame de Ordem

01. Em razão do grande quantitativo de acidentes fatais na área urbana, a Câmara Municipal do Município Alfa aprovou e o Prefeito Municipal sancionou a Lei nº 123/2018. Esse diploma normativo previu multas um pouco mais elevadas que aquelas previstas no Código de Trânsito Brasileiro para os motoristas que trafegassem em velocidade superior à permitida no território do Município Alfa.

À luz da narrativa acima, responda aos questionamentos a seguir.

A) A Lei nº 123/2018, do Município Alfa, sob o prisma formal, está em harmonia com a Constituição da República Federativa do Brasil, de 1988? Justifique. (Valor: 0,60)

B) Se a lei municipal se limitar a estabelecer a velocidade máxima a ser observada nas vias urbanas do Município, há alguma incompatibilidade formal com a Constituição da República Federativa do Brasil, de 1988? Justifique. (Valor: 0,65)

Obs.: o(a) examinando(a) deve fundamentar as respostas. A mera citação do dispositivo legal não confere pontuação.

► Gabarito comentado:

A) A Lei nº 123/2018 não está em harmonia com a CRFB/88, pois compete privativamente à União legislar sobre trânsito, nos termos do Art. 22, inciso XI, da CRFB/88.

B) Se a lei municipal apenas estabelecer a velocidade máxima a ser observada nas vias urbanas do Município, não padecerá de qualquer vício de inconstitucionalidade formal, neste último caso por consubstanciar matéria de interesse local, o que atrai a competência legislativa do Município, nos termos do Art. 30, inciso I, da CRFB/88. Ou ainda, por se tratar de competência legislativa municipal suplementar, nos termos do Art. 30, II, da CRFB/88.

02. O Partido Político Alfa, com representação no Congresso Nacional, ajuizou Ação Direta de Inconstitucionalidade impugnando a Medida Provisória nº 123/2017, a qual, no seu entender, seria dissonante da Constituição da República Federativa do Brasil, de 1988. No curso do processo objetivo, a referida Medida Provisória foi convertida na Lei Federal nº 211/2018.

À luz dessa narrativa, responda aos questionamentos a seguir.

A) Com a conversão da Medida Provisória nº 123/2017 na Lei Federal nº 211/2018, que medida deve ser adotada pelo autor para o prosseguimento do processo de controle concentrado de constitucionalidade? Justifique. (Valor: 0,65)

B) Se a Medida Provisória nº 123/2017 tivesse, antes da conversão, sido integralmente revogada por lei superveniente, qual seria a consequência para o processo de controle concentrado de constitucionalidade? Justifique. (Valor: 0,60)

Obs.: o(a) examinando(a) deve fundamentar as respostas. A mera citação do dispositivo legal não confere pontuação.

► Gabarito comentado:

A) O autor deve promover o aditamento da petição inicial, de modo que se estenda à lei de conversão a impugnação originariamente deduzida. Entendimento consolidado do Supremo Tribunal Federal.

B) A revogação da Medida Provisória nº 123/2017 acarretaria a perda superveniente do interesse processual, com a consequente perda de objeto da Ação Direta de Inconstitucionalidade. A não ser assim, o processo objetivo se transformaria em instrumento de proteção de situações concretas. Entendimento consolidado do Supremo Tribunal Federal.

03. **A Executiva Nacional do Partido Político CX decidiu formar coligação com o Partido Político JT, visando à eleição majoritária para a Chefia do Executivo Federal. Ocorre que, dias depois, tomou conhecimento de que este último partido político, por sua Executiva Estadual, veio a formar coligação com o Partido Político BN para as eleições proporcionais de nível estadual. Preocupada com essa situação, a Executiva Nacional do Partido Político CX procurou seus serviços como advogado(a) e solicitou que fossem respondidos os questionamentos a seguir.**

A) O Partido Político JT agiu de forma compatível com a Constituição da República ao formar coligações com os partidos políticos CX e BN? (Valor: 0,50)

B) Caso a Justiça Eleitoral, pelo Tribunal Regional Eleitoral competente, reconheça que a coligação formada entre os Partidos Políticos JT e BN destoa da Constituição da República, qual é o Tribunal competente para conhecer do recurso cabível? (Valor: 0,75)

Obs.: o(a) examinando(a) deve fundamentar as respostas. A mera citação do dispositivo legal não confere pontuação.

► **Gabarito comentado:**

A) Sim. As coligações eleitorais formadas em âmbito nacional, visando à eleição majoritária para a Chefia do Poder Executivo, não estão vinculadas àquelas celebradas no âmbito estadual para as eleições proporcionais, conforme dispõe o Art. 17, § 1º, da CRFB/88.

B) O Tribunal Superior Eleitoral é competente para examinar o recurso interposto, com base no Art. 121, § 4º, inciso I, da CRFB/88, contra a decisão do Tribunal Regional Eleitoral que contrarie a ordem constitucional. Assim ocorre porque o Supremo Tribunal Federal somente aprecia recursos dessa natureza em relação às causas decididas em única ou última instância, nos termos do Art. 102, inciso III, da CRFB/88, o que não é o caso, bem como porque a última instância é o Tribunal Superior Eleitoral, cujas decisões, caso contrariem a Constituição, serão recorríveis, nos termos do Art. 121, § 3º, aí sim, para o Supremo Tribunal Federal.

04. **João da Silva, servidor público estadual, respondeu a processo administrativo disciplinar sob a alegação de ter praticado determinada infração no exercício da função. Ao final, foi condenado e**

sofreu a sanção de advertência. A conduta de João, apesar de eticamente reprovável, somente foi tipificada em lei em momento posterior à sua prática, o que foi considerado irrelevante pela autoridade administrativa competente, pois "inexistiria norma constitucional vedando a retroação da lei que tipificou a infração administrativa." Além disso, João não constituiu advogado para sua defesa técnica no processo administrativo.

Considerando a narrativa acima, responda aos questionamentos a seguir.

A) A tese da autoridade administrativa, no sentido de que a retroação da tipificação da infração não é vedada pela Constituição da República, está correta? Justifique. (Valor: 0,65)

B) Sob a ótica constitucional, o processo administrativo a que João respondeu sem a representação técnica de advogado é válido? (Valor: 0,60)

Obs.: o(a) examinando(a) deve fundamentar as respostas. A mera citação do dispositivo legal não confere pontuação.

► Gabarito comentado:

A) Não. A ordem constitucional veda a retroação de normas sancionadoras, nos termos do Art. 5°, XXXIX OU XL, da CRFB/88 OU do Art. 5°., II, da CRFB/88 OU do Art. 37, caput, da CRFB/88.

B) Sim. A falta de defesa técnica por advogado no processo administrativo disciplinar não ofende a Constituição, nos termos da Súmula Vinculante n. 5/STF

► OAB/FGV – XXIX Exame de Ordem

01. **Um Deputado Estadual foi condenado, em sentença criminal transitada em julgado, à pena de 4 (quatro) anos de detenção, que veio a ser convertida em pena restritiva de direitos. Em casos como esse, a lei estadual dispunha que o Deputado Estadual não teria os direitos políticos suspensos, salvo se a pena restritiva de direitos fosse descumprida e viesse a ser convertida em pena privativa de liberdade. Nesse caso, a suspensão dos direitos políticos iria perdurar até que fosse cumprida a pena.**

Considerando a narrativa acima e o princípio da simetria, responda aos questionamentos a seguir.

A) A lei estadual, ao disciplinar a suspensão dos direitos políticos, é formal e materialmente compatível com a Constituição da República? (Valor: 0,80)

B) Na situação narrada, é possível que o Deputado Estadual preserve o seu mandato mesmo tendo os direitos políticos suspensos? (Valor: 0,45)

Obs.: o(a) examinando(a) deve fundamentar suas respostas. A mera citação do dispositivo legal não confere pontuação.

► Gabarito comentado:

A) A lei estadual é formalmente incompatível com a Constituição da República, pois a suspensão dos direitos políticos impõe restrições à cidadania, sendo que a União possui competência legislativa privativa para legislar sobre essa matéria, nos termos do Art. 22, inciso XIII, da CRFB/88. Além disso, é materialmente inconstitucional, pois a suspensão dos direitos políticos deve manter-se operativa enquanto durarem os efeitos da sentença criminal transitada em julgado, qualquer que seja a pena aplicada, nos termos do Art. 15, inciso III, da CRFB/1988.

B) O Deputado Estadual pode preservar o seu mandato, mesmo tendo os direitos políticos suspensos, caso assim o decida a Casa Legislativa, segundo o Art. 55, inciso VI e § 2º, c/c. o Art. 27, § 1º, da CRFB/88.

---

02. Ednaldo, diretor-presidente da autarquia XX do Estado Alfa, celebrou contrato de compra e venda, no qual o referido ente, sem a prévia realização de licitação, alienou a Pedro e a Marcos diversos veículos de sua frota por menos de dez por cento de seu valor de mercado.

Irresignado com o ocorrido, o vereador José decidiu contratar você, como advogado(a), para ajuizar a ação cabível com o objetivo de anular o negócio jurídico e responsabilizar os autores.

A) Qual é a ação judicial, de natureza constitucional, passível de ser proposta por José? Justifique. (Valor: 0,55)

B) Quem deve figurar no polo passivo da referida ação? Justifique. (Valor: 0,70)

Obs.: o(a) examinando(a) deve fundamentar suas respostas. A mera citação do dispositivo legal não confere pontuação

► Gabarito comentado:

A) José, por ser cidadão, qualidade intrínseca à sua condição de vereador, pode ajuizar Ação Popular para anular o ato lesivo ao patrimônio público, nos termos do Art. 5º, inciso LXXIII, da CRFB/88 OU do Art. 1º, caput, da Lei nº 4.717/65.

B) O polo passivo deve ser ocupado por Ednaldo, que assinou o contrato lesivo ao patrimônio público (Art. 6º, caput, da Lei nº 4.717/65); por Pedro e Marcos, que dele se beneficiaram (Art. 6º, caput, da Lei nº 4.717/65); e pela autarquia XX do Estado Alfa, por se almejar a anulação de um contrato celebrado por ente da Administração Pública indireta (Art. 6º, § 3º, da Lei nº 4.717/65).

---

03. A Constituição do Estado Alfa dispôs que os prefeitos municipais deveriam observar, em sua gestão, as diretrizes traçadas no plano anual estabelecido pelo Governador do Estado, que seriam executadas em conjunto com os secretários municipais, a serem nomeados após aprovação da respectiva Câmara Municipal.

A partir da hipótese apresentada, responda aos itens a seguir.

A) A vinculação dos prefeitos municipais ao plano anual do governo estadual é compatível com a Constituição da República? (Valor: 0,60)

B) A competência outorgada às Câmaras Municipais está em harmonia com a Constituição da República? (Valor: 0,65)

Obs.: o(a) examinando(a) deve fundamentar suas respostas. A mera citação do dispositivo legal não confere pontuação.

► Gabarito comentado:

A) Não. A autonomia municipal, consagrada no Art. 18, caput, da CRFB/88, impede a vinculação dos prefeitos municipais às diretrizes políticas de autoridade vinculada a outro nível federativo.

B) Não. Compete ao chefe do Poder Executivo municipal nomear os secretários municipais, independentemente de prévia aprovação da Câmara Municipal, conforme dispõe o Art. 84, inciso I, c/c. o Art. 25, caput, ambos da CRFB/88, sendo que o previsto na Constituição Estadual também afronta o princípio da separação dos poderes, previsto no Art. 2º da CRFB/88.

04. **O Presidente da República editou a Medida Provisória nº XW/18, permitindo que os Estados editassem lei dispensando a inserção, no âmbito do seu território, de algumas das informações a serem incluídas no registro civil das pessoas naturais.**

Face à importância da temática versada, a Medida Provisória nº XW/18, por deliberação do colégio de líderes, foi imediatamente submetida à apreciação do plenário de cada casa do Congresso Nacional, daí resultando sua aprovação e a consequente promulgação da Lei nº DD/18.

A) Com abstração de considerações em torno de sua relevância e urgência, a Medida Provisória nº XW/18 atende aos seus pressupostos constitucionais? (Valor: 0,75)

B) O processo legislativo que culminou na aprovação da Lei nº DD/18 é compatível com a ordem constitucional? (Valor: 0,50)

Obs.: o(a) examinando(a) deve fundamentar suas respostas. A mera citação do dispositivo legal não confere pontuação.

► Gabarito comentado:

A) Não. Compete privativamente à União legislar sobre registros públicos, nos termos do Art. 22, inciso XXV, da CRFB/88 e a autorização para que os Estados legislem sobre a matéria deve ser veiculada em lei complementar, conforme dispõe o Art. 22, parágrafo único, da CRFB/88. No entanto, nos termos do Art. 62, § 1º, inciso III, da CRFB/88, é vedada a edição de medidas provisórias sobre matéria reservada à lei complementar, como é o caso.

B) Não. Por imposição do Art. 62, § 9º, da CRFB/88, a Medida Provisória nº XW/2018 deve ser previamente submetida a uma comissão mista de Deputados e Senadores, antes de sua apreciação pelo plenário de cada Casa do Congresso Nacional.

▶ OAB/FGV – XXX Exame de Ordem

01. A sociedade empresária X foi autuada pela fiscalização tributária do Estado Alfa sob o argumento de ter apresentado informações falsas por ocasião do lançamento tributário, daí resultando a constituição de um crédito inferior ao devido. O tributo devido, de acordo com a autuação do fiscal responsável, ultrapassava o montante de um milhão de reais. Ao ser comunicada da autuação, a sociedade empresária tomou conhecimento de que a interposição de recurso administrativo estava condicionada ao prévio depósito do referido montante. Embora tenha recorrido às instâncias superiores contra a exigência de depósito prévio, todas foram uníssonas em mantê-lo. Por não dispor da referida importância e ter plena consciência de que não fornecera qualquer informação falsa, a sociedade empresária contratou seus serviços.

Sobre o caso narrado, você, como advogado(a), deve responder aos itens a seguir.

A) É compatível com a Constituição da República a exigência de depósito prévio do montante constante da autuação para a interposição do recurso administrativo? (Valor: 0,65)

B) Há alguma medida passível de ser ajuizada, perante Tribunal Superior, para que a administração tributária do Estado Alfa seja compelida a examinar o recurso administrativo independentemente do depósito prévio? (Valor: 0,60)

Obs.: o(a) examinando(a) deve fundamentar suas respostas. A mera citação do dispositivo legal não confere pontuação.

▶ Gabarito comentado:

A) Não, por violar a garantia da ampla defesa (Art. 5º, inciso LV, da CRFB/88), sendo a impossibilidade de ser exigido o depósito prévio reconhecida pela Súmula Vinculante 21 do STF.

B) Considerando o exaurimento das instâncias administrativas, é possível o ajuizamento de reclamação perante o Supremo Tribunal Federal, nos termos do Art. 7º, caput e § 1º, da Lei nº 11.417/06 ou do Art. 103-A, § 3º, da CRFB/88.

02. Com o objetivo de conter o avanço das organizações criminosas em algumas associações de moradores, o Estado Alfa editou a Lei XX/2018, veiculando as normas a serem observadas para a confecção dos estatutos dessas associações e condicionando a posse da diretoria de cada associação à prévia autorização do Secretário de Estado de Segurança Pública, que verificaria a vida pregressa dos pretendentes.

À luz da situação hipotética acima, responda aos itens a seguir.

A) A Lei XX/2018 do Estado Alfa, ao veicular normas sobre a confecção dos estatutos das associações de moradores, é compatível com a Constituição da República? (Valor: 0,70)

B) A exigência de que a posse da diretoria de cada associação de moradores seja antecedida de autorização do Secretário de Segurança Pública do Estado Alfa é materialmente compatível com a Constituição da República? (Valor: 0,55)

Obs.: o(a) examinando(a) deve fundamentar suas respostas. A mera citação do dispositivo legal não confere pontuação.

► Gabarito comentado:

A) Não. Ao dispor sobre a confecção dos estatutos das associações de moradores, a Lei XX/2018 afrontou a competência privativa da União para legislar sobre direito civil (Art. 22, inciso I, da CRFB/88), sendo formalmente inconstitucional.

B) Não. A exigência de que a posse da diretoria da associação seja antecedida de autorização do Secretário de Segurança Pública afronta a vedação à interferência estatal no funcionamento das associações (Art. 5º, inciso XVIII, da CRFB/88).

03. A Lei XX/2015 do Estado Alfa isentou os usuários do serviço de telefonia móvel residentes no Estado, cuja renda familiar não superasse o valor de dois salários mínimos, do pagamento do respectivo serviço. No final de 2018, a Lei XX foi expressamente revogada, sendo ainda determinada a desconsideração de qualquer efeito que tenha produzido durante a sua vigência.

À luz da situação hipotética acima descrita, responda aos itens a seguir.

A) A Lei XX/2015 era compatível com a ordem constitucional? (Valor: 0,70)

B) A determinação, por ocasião da revogação da Lei XX/2015, de que deveria ser desconsiderado qualquer efeito que tenha produzido durante a sua vigência, afronta algum direito adquirido dos usuários, oponível às concessionárias do serviço? (Valor: 0,55)

Obs.: o(a) examinando(a) deve fundamentar suas respostas. A mera citação do dispositivo legal não confere pontuação.

► Gabarito comentado:

A) Não. A Lei XX/2015 é formalmente inconstitucional, pois compete privativamente à União legislar sobre telecomunicações, conforme o Art. 22, inciso IV, da CRFB/88. Além disso, é materialmente inconstitucional, pois compete à União explorar os serviços de telecomunicações, o que impede que o Estado Alfa conceda isenções, segundo o Art. 21, inciso XI, da CRFB/88.

B) Não. Para que um direito seja incorporado ao patrimônio do usuário do serviço, consubstanciando um direito adquirido, é preciso que tenha sido instituído por uma lei válida, o que não foi o caso da Lei XX/2015.

---

04. Maria, paraguaia naturalizada brasileira, foi eleita Deputada Federal. Após a posse, foi condenada, por sentença judicial transitada em julgado, por conduta que comprometia a soberania nacional, com o correlato cancelamento da nacionalidade brasileira.

A partir da hipótese mencionada, responda aos itens a seguir.

A) A condenação de Maria produz algum efeito em relação à sua capacidade de votar e de ser votada? (Valor: 0,65)

B) O mandato eletivo de Maria deve ser preservado? (Valor: 0,60)

Obs.: o(a) examinando(a) deve fundamentar suas respostas. A mera citação do dispositivo legal não confere pontuação.

▶ Gabarito comentado:

A) Sim. Com o cancelamento da naturalização por sentença judicial transitada em julgado, Maria perdeu os seus direitos políticos, o que a impede de votar e de ser votada, segundo o Art. 15, inciso I, da CRFB/88.

B) Não. Maria deve perder o mandato de Deputada Federal, nos termos do Art. 55, inciso IV, da CRFB/88.

▶ OAB/FGV – XXXI Exame de Ordem

01. Determinado Ministro de Estado editou portaria detalhando as disciplinas que deveriam integrar a grade curricular da Faculdade de Direito X, bem como o conteúdo programático de cada uma delas. Para justificar a medida adotada, informou que ela se justificava pelo baixo desempenho das instituição de ensino na última avaliação realizada pelos técnicos do Ministério. Sobre a narrativa acima, responda aos itens a seguir.

A) A portaria editada pelo Ministro de Estado é materialmente constitucional? (Valor: 0,50)

B) Caso a Faculdade de Direito X decida insurgir-se contra a referida portaria perante o Poder Judiciário, qual a ação constitucional cabível e o juízo ou Tribunal competente, ciente da desnecessidade de outras provas, pois estritamente documental? (Valor: 0,75) Obs.: o(a) examinando(a) deve fundamentar suas respostas. A mera citação do dispositivo legal não confere pontuação.

▶ Gabarito Comentado

A) Não. A portaria afronta a autonomia didático-científica da Faculdade de Direito X, consagrada no Art. 207, caput, da CRFB/88.

B) A Faculdade de Direito X, em razão da violação do seu direito líquido e certo à definição das disciplinas do currículo e do respectivo conteúdo programático, pode impetrar Mandado de Segurança, como dispõe o Art. 5º, inciso LXIX, da CRFB/88, perante o Superior Tribunal de Justiça, nos termos do Art. 105, inciso I, alínea b, da CRFB/88.

02. Após o regular processo legislativo, foi promulgada a Lei nº XX/17 do Estado Alfa. Esse diploma normativo impôs a obrigação de o Estado custear bolsas de estudo junto à rede privada de ensino sempre que houvesse falta de vagas na rede pública em áreas próximas à residência do educando, e este demonstrasse não dispor de recursos para arcar com as mensalidades. A Lei nº XX/17 ainda dispôs que as bolsas de estudo poderiam ser direcionadas, dentre outras, a escolas que seguissem uma determinada religião, assim definidas em lei, desde que não tivessem fins lucrativos, aplicassem seus excedentes em educação e destinassem o seu patrimônio a outra escola similar, no caso de encerramento de atividades. Ao receber do educando João o requerimento de concessão de bolsa de estudo para que ele pudesse frequentar a Escola MM, que seguia a religião WW, o Secretário de Estado competente o indeferiu, sob o argumento de que a Lei nº XX/17 afrontava a Constituição da República. Considerando que João e a Escola MM preenchiam os requisitos da Lei nº XX/17, responda aos questionamentos a seguir.

A) A Lei nº XX/17 é materialmente compatível com a Constituição da República? Justifique. (Valor: 0,70)

B) Qual é a ação constitucional passível de ser ajuizada por João caso deseje insurgir-se contra a decisão proferida pelo Secretário de Estado? Justifique. (Valor: 0,55)

► Gabarito Comentado

A) Sim. A Lei nº XX/17 é materialmente constitucional, pois é possível a transferência de recursos públicos, sob a forma de bolsa de estudo, às escolas confessionais que preencham os requisitos do Art. 213 da CRFB/88.

B) Como João e a Escola MM preencheram os requisitos da Lei nº XX/17 e a decisão do Secretário de Estado foi ilegal, é possível a impetração de mandado de segurança, nos termos do Art. 5º, inciso LXIX, da CRFB/88.

03. A Lei nº 123/2018 do Estado Alfa, com o objetivo declarado de integrar os distintos segmentos étnicos e ideológicos existentes em seu território, assegurou aos indígenas o direito de ocuparem até 10% da área das propriedades rurais produtivas, por período não superior a trinta dias ao ano, para que pudessem abastecer-se de gêneros alimentícios nos períodos de maior escassez. Para que os produtores rurais pu-

dessem adaptar-se aos novos comandos, reservando as áreas que seriam ocupadas pelos indígenas, a Lei nº 123/2018 somente entraria em vigor um ano após a sua publicação.

Sobre a hipótese apresentada, responda aos itens a seguir.

A) A Lei nº 123/2018 é compatível com a Constituição da República? (Valor: 0,80)

B) A Lei nº 123/2018 pode ser objeto de Ação Direta de Inconstitucionalidade durante o período de vacatio legis? (Valor: 0,45)

▶ Gabarito Comentado

A) Não. A Lei nº 123/2018 é formalmente inconstitucional por afrontar a competência legislativa privativa da União para legislar sobre Direito Civil e populações indígenas, conforme dispõe o Art. 22, incisos I e XIV, da CRFB/88. Além disso, é materialmente inconstitucional por violar o direito de propriedade dos proprietários rurais, assegurado pelo Art. 5º, inciso XXII, da CRFB/88.

B) Sim. Com a publicação, a Lei nº 123/2018 passa a existir no ordenamento jurídico, podendo ser submetida ao controle concentrado de constitucionalidade, nos termos do Art. 102, inciso I, alínea a, da CRFB/88, ainda que careça de eficácia por se encontrar no período de vacatio legis.

---

04. Com o objetivo de ampliar os níveis de fiscalização sobre as atividades desenvolvidas pelo Poder Executivo federal, foi promulgada a Lei Federal XX/2018, a partir de projeto de lei de iniciativa parlamentar, dispondo que a celebração de contratos administrativos de valor superior a um milhão de reais deveria ser previamente autorizada pelo Congresso Nacional. Para facilitar a fiscalização, o referido diploma normativo ainda determinou a criação do Ministério de Fiscalização, definindo as atribuições do Ministro de Estado.

A partir da hipótese apresentada, responda aos itens a seguir.

A) A autorização do Poder Legislativo, exigida pela Lei Federal XX/2018, é compatível com a Constituição da República? (Valor: 0,70)

B) A criação do Ministério de Fiscalização, pela Lei Federal XX/2018, é compatível com a Constituição da República? (Valor: 0,55)

▶ Gabarito Comentado

A) Não. A lei é materialmente inconstitucional, pois a exigência de prévia autorização do Poder Legislativo para a celebração de certos contratos administrativos afronta a separação dos poderes (Art. 2° da CRFB/88) e a competência privativa do Presidente da República para exercer, com o auxílio dos Ministros de Estado, a direção superior da administração federal (Art. 84, inciso II, da CRFB/88).

B) Não. A criação do Ministério de Fiscalização, a partir de projeto de lei de iniciativa parlamentar, afronta a iniciativa privativa do Chefe do Poder Executivo nessa matéria (Art. 61, § 1°, inciso II, alínea e, da CRFB/88), logo, a lei é formalmente inconstitucional sob esse prisma.

CAPÍTULO 25

JURISPRUDÊNCIA DO STF 2016 A 2020

Tendo em vista que o sucesso na prova da segunda fase está relacionado à elaboração de uma boa peça processual, mas também de respostas adequadas às questões discursivas, separamos, com base na jurisprudência atual do STF, decisões importantes relacionadas ao Direito Constitucional sobre os mais variados temas, dentre eles, controle de constitucionalidade, direitos fundamentais e processo legislativo, assuntos cobrados com muita frequência no Exame de Ordem.

Aproveite a leitura e não deixe de fazer anotações no caderno de estudo sobre os principais aspectos das decisões aqui separadas.

INFORMATIVOS 2016

► Sigilo e fiscalização tributária - 4

O Plenário, em conclusão de julgamento e por maioria, reputou improcedentes os pedidos formulados em ações diretas de inconstitucionalidade ajuizadas em face de normas federais que possibilitam a utilização, por parte da fiscalização tributária, de dados bancários e fiscais acobertados por sigilo constitucional, sem a intermediação do Poder Judiciário (LC 104/2001, art. 1°; LC 105/2001, artigos 1°, § 3° e 4°, 3°, § 3°, 5° e 6°; Decreto 3.724/2001; Decreto 4.489/2002; e Decreto 4.545/2002) — v. Informativo 814. A Corte afirmou que, relativamente à alegação de inconstitucionalidade da expressão "do inquérito ou", contida no § 4° do art. 1° da LC 105/2001, a norma impugnada não cuidaria da transferência de informações bancárias ao Fisco, questão que estaria no cerne das ações diretas. Tratar-se-ia de norma referente à investigação criminal levada a efeito no inquérito policial, em cujo âmbito há muito se admitiria a quebra de sigilo bancário, quando presentes indícios de prática criminosa (AC 3.872 AgR/DF, DJe de 13.11.2015; HC 125.585 AgR/PE, DJe de 19.12.2014; Inq 897 AgR/DF, DJU de 24.3.1995). No que tange à impugnação dos artigos 5° e 6° da LC 105/2001, ponto central das ações diretas de inconstitucionalidade, haveria que se consignar a inexistência, nos dispositivos combatidos, de violação a direito fundamental, notadamente de ofensa à intimidade. Não haveria "quebra de sigilo bancário", mas, ao contrário, a afirmação desse direito. Outrossim, seria clara a confluência entre os deveres do contribuinte – o dever fundamental de pagar tributos – e os deveres do Fisco – o dever de bem tributar e fiscalizar. Esses últimos com fundamento, inclusive, nos mais recentes compromissos internacionais assumidos pelo Brasil. Nesse sentido, para se falar em "quebra de sigilo bancário" pelos preceitos impugnados, necessário seria vislumbrar, em seus comandos, autorização para a exposição das informações bancárias obtidas pelo Fisco. A previsão de circulação dos dados bancários, todavia, inexistiria nos dispositivos questionados, que consagrariam, de modo expresso, a permanência no sigilo das informações obtidas com base em seus comandos. O que ocorreria não seria propriamente a quebra de sigilo, mas a "transferência de sigilo" dos bancos ao Fisco. Nessa transmutação, inexistiria qualquer distinção entre uma e outra espécie de sigilo que pudesse apontar para uma menor seriedade do sigilo fiscal em face do bancário. Ao contrário, os segredos impostos às instituições financeiras — muitas das quais de natureza privada — se manteria, com ainda mais razão, com relação aos órgãos fiscais integrantes da Administração Pública, submetidos à mais estrita legalidade.

ADI 2390/DF, rel. Min. Dias Toffoli, 24.2.2016. (ADI-2390)

ADI 2386/DF, rel. Min. Dias Toffoli, 24.2.2016. (ADI-2386)

ADI 2397/DF, rel. Min. Dias Toffoli, 24.2.2016. (ADI-2397)

ADI 2859/DF, rel. Min. Dias Toffoli, 24.2.2016. (ADI-2859)

(Informativo 815)

► Sigilo e fiscalização tributária - 5

O Plenário destacou que, em síntese, a LC 105/2001 possibilitara o acesso de dados bancários pelo Fisco, para identificação, com maior precisão, por meio de legítima atividade fiscalizatória, do patrimônio, dos rendimentos e das atividades econômicas do contribuinte. Não permitiria, contudo, a divulgação dessas informações, resguardando-se a intimidade e a vida íntima do correntista. E esse resguardo se tornaria evidente com a leitura sistemática da lei em questão. Essa seria, em verdade, bastante protetiva na ponderação entre o acesso aos dados bancários do contribuinte e o exercício da atividade fiscalizatória pelo Fisco. Além de consistir em medida fiscalizatória sigilosa e pontual, o acesso amplo a dados bancários pelo Fisco exigiria a existência de processo administrativo – ou procedimento fiscal. Isso por si, já atrairia para o contribuinte todas as garantias da Lei 9.784/1999 – dentre elas, a observância dos princípios da finalidade, da motivação, da proporcionalidade e do interesse público —, a permitir extensa possibilidade de controle sobre os atos da Administração Fiscal. De todo modo, por se tratar de mero compartilhamento de informações sigilosas, seria mais adequado situar as previsões legais combatidas na categoria de elementos concretizadores dos deveres dos cidadãos e do Fisco na implementação da justiça social, a qual teria, como um de seus mais poderosos instrumentos, a tributação. Nessa senda, o dever fundamental de pagar tributos estaria alicerçado na ideia de solidariedade social. Assim, dado que o pagamento de tributos, no Brasil, seria um dever fundamental – por representar o contributo de cada cidadão para a manutenção e o desenvolvimento de um Estado que promove direitos fundamentais –, seria preciso que se adotassem mecanismos efetivos de combate à sonegação fiscal. No entanto, a Corte ressaltou que os Estados-Membros e os Municípios somente poderiam obter as informações previstas no art. 6° da LC 105/2001, uma vez regulamentada a matéria de forma análoga ao Decreto 3.724/2001, observados os seguintes parâmetros: a) pertinência temática entre a obtenção das informações bancárias e o tributo objeto de cobrança no procedimento administrativo instaurado; b) prévia notificação do contribuinte quanto à instauração do processo e a todos os demais atos, garantido o mais amplo acesso do contribuinte aos autos, permitindo-lhe tirar cópias, não apenas de documentos, mas também de decisões; c) sujeição do pedido de acesso a um superior hierárquico; d) existência de sistemas eletrônicos de segurança que fossem certificados e com o registro de acesso; e, finalmente, e) estabelecimento de mecanismos efetivos de apuração e correção de desvios. Já quanto à impugnação ao art. 1º da LC 104/2001, no ponto em que insere o § 1º, II, e o § 2º ao art. 198 do CTN, o Tribunal asseverou que os dispositivos seriam referentes ao sigilo imposto à Receita Federal quando essa detivesse informações sobre a situação econômica e financeira do contribuinte. Os preceitos atacados autorizariam o compartilhamento de tais informações com autoridades administrativas, no interesse da Administração Pública, desde que comprovada a instauração de processo administrativo, no órgão ou entidade a que pertencesse a autoridade solicitante, destinado a investigar, pela prática de infração administrativa, o sujeito passivo a que se referisse a informação.

ADI 2390/DF, rel. Min. Dias Toffoli, 24.2.2016. (ADI-2390)

ADI 2386/DF, rel. Min. Dias Toffoli, 24.2.2016. (ADI-2386)

ADI 2397/DF, rel. Min. Dias Toffoli, 24.2.2016. (ADI-2397)

ADI 2859/DF, rel. Min. Dias Toffoli, 24.2.2016. (ADI-2859)

(Informativo 815)

► Sigilo e fiscalização tributária - 6

A Corte asseverou que, no ponto, mais uma vez o legislador teria se preocupado em criar mecanismos que impedissem a circulação ou o extravasamento das informações relativas ao contribuinte. Diante das cautelas fixadas na lei, não haveria propriamente quebra de sigilo, mas sim transferência de informações sigilosas no âmbito da Administração Pública. Em relação ao art. 3º, § 3º, da LC 105/2001 – a determinar que o Banco Central do Brasil (Bacen) e a Comissão de Valores Mobiliários (CVM) forneçam à Advocacia-Geral da União (AGU) "as informações e documentos necessários à defesa da União nas ações em que seja parte" –, ressaltou que essa previsão seria prática corrente. Isso se daria porque, de fato, os órgãos de defesa da União solicitariam aos órgãos federais envolvidos em determinada lide informações destinadas a subsidiar a elaboração de contestações, recursos e outros atos processuais. E de nada adiantaria a possibilidade de acesso dos dados bancários pelo Fisco se não fosse possível que essa utilização legítima fosse objeto de defesa em juízo por meio do órgão por isso responsável, a AGU. Por fim, julgou parcialmente prejudicada uma das ações, relativamente ao Decreto 4.545/2002. O Ministro Roberto Barroso reajustou seu voto para acompanhar o relator. Vencidos os Ministros Marco Aurélio e Celso de Mello, que conferiam interpretação conforme aos dispositivos legais atacados, de modo a afastar a possibilidade de acesso direto aos dados bancários pelos órgãos públicos, vedado inclusive o compartilhamento de informações. Este só seria possível, consideradas as finalidades previstas na cláusula final do inciso XII do art. 5º da CF, para fins de investigação criminal ou instrução criminal. Nesse sentido, a decretação da quebra do sigilo bancário, ressalvada a competência extraordinária das CPIs (CF, art. 58, § 3º), pressuporia, sempre, a existência de ordem judicial, sem o que não se imporia à instituição financeira o dever de fornecer à Administração Tributária, ao Ministério Público, à Polícia Judiciária ou, ainda, ao TCU, as informações que lhe tivessem sido solicitadas.

ADI 2390/DF, rel. Min. Dias Toffoli, 24.2.2016. (ADI-2390)

ADI 2386/DF, rel. Min. Dias Toffoli, 24.2.2016. (ADI-2386)

ADI 2397/DF, rel. Min. Dias Toffoli, 24.2.2016. (ADI-2397)

ADI 2859/DF, rel. Min. Dias Toffoli, 24.2.2016. (ADI-2859)
(Informativo 815)

► **Fornecimento de informações financeiras ao fisco sem autorização judicial - 5**

O art. 6º da LC 105/2001 não ofende o direito ao sigilo bancário, porque realiza a igualdade em relação aos cidadãos, por meio do princípio da capacidade contributiva, bem como estabelece requisitos objetivos e o translado do dever de sigilo da esfera bancária para a fiscal. Por sua vez, a Lei 10.174/2001 não atrai a aplicação do princípio da irretroatividade das leis tributárias, tendo em vista o caráter instrumental da norma, nos termos do artigo 144, §1º, do CTN. Esse o entendimento do Plenário, que em conclusão de julgamento e por maioria, negou provimento ao recurso extraordinário em que se discutia a constitucionalidade – frente ao parâmetro do sigilo bancário – do acesso aos dados bancários por parte de autoridades e agentes fiscais tributários da União, dos Estados, do Distrito Federal e dos Municípios, sem autorização judicial, nos termos dispostos pela LC 105/2001. Debatia-se, ainda, se haveria afronta ao princípio da irretroatividade das leis, quando esses mecanismos são empregados para a apuração de créditos relativos a tributos distintos da CPMF, cujos fatos geradores tenham ocorrido em período anterior à vigência deste diploma legislativo – v. Informativo 814. O Colegiado afirmou não haver dúvidas de que o direito à privacidade ou mesmo à intimidade seriam direitos que teriam base fática e forte conteúdo jurídico. Significa dizer que seriam direitos passíveis de conformação. Não se trataria de pura condição restritiva, mas a própria lei poderia estabelecer determinadas delimitações. Esclareceu que a quebra de sigilo bancário sem autorização judicial, visando à Administração Tributária, não padeceria de nenhuma ilegalidade. Por outro lado, o art. 144, § 1º, do CTN imporia que qualquer método de apuração tributária entre em vigor imediatamente, o que afastaria a alegação de retroatividade. Na verdade, o tema ora em debate não seria quebra de sigilo, mas transferência de sigilo para finalidades de natureza eminentemente fiscal. A legislação aplicável garantiria fosse preservada a confidencialidade dos dados, vedado seu repasse a terceiros, estranhos ao próprio Estado, sob pena de responsabilização dos agentes que eventualmente praticassem essa infração. Assim, dados sigilosos de interesse fiscal somente poderiam ser acessados depois da instauração de competente processo administrativo, por ato devidamente motivado, nos moldes hoje preconizados pelo Decreto 3.724/2002, compreendidos os três níveis político-administrativos da Federação. Garante-se, ainda, a imediata notificação do contribuinte, a ele assegurado o acesso aos autos e o direito à extração de cópias de quaisquer documentos ou decisões, para que possa exercer, a todo o tempo, o controle jurisdicional dos atos da Administração, nos termos da Lei 9.784/1999. Vencidos os Ministros Marco Aurélio e Celso de Mello, que davam provimento ao recurso. Para o Ministro Celso de Mello, a decretação da quebra do sigilo bancário, ressalvada a competência extraordinária das CPIs (CF, art. 58, § 3º), pressuporia, sempre, a existência de ordem judicial, sem o que não se poderia impor à instituição financeira o dever de fornecer à Administração Tributária, ao Ministério Público ou, ainda, à Polícia Judiciária as informações que lhe tenham sido solicitadas. RE 601314/SP, rel. Min. Edson Fachin, 24.2.2016. (RE-601314)[1]

(Informativo 815)

► Inquérito: corrupção passiva e lavagem de dinheiro - 1

O Plenário recebeu, parcialmente, denúncia oferecida contra deputado federal, presidente da Câmara dos Deputados, pela suposta prática dos crimes de corrupção passiva (CP, art. 317, "caput" e § 1º, c/c art. 327, §§ 1º e 2º) e lavagem de dinheiro (Lei 9.613/1998, art. 1º, V, VI e VII, com redação anterior à Lei 12.683/2012). Ainda, na mesma assentada, a Corte, por maioria, recebeu denúncia oferecida contra ex-deputada, hoje prefeita municipal, pelo suposto delito de corrupção passiva. Por fim, julgou prejudicados os agravos regimentais. Inicialmente, o Tribunal, por maioria, rejeitou as preliminares suscitadas. Afirmou não prosperar a alegação de nulidade do depoimento prestado pela denunciada perante o Ministério Público, ao argumento de que teria sido ouvida como testemunha e não como investigada, o que comprometeria o direito de não autoincriminação. Isso porque, embora ela tivesse sido ouvida na condição de testemunha e assumido o compromisso de dizer a verdade, constaria do termo de depoimento que ela teria sido informada de que estariam ressalvadas daquele compromisso "as garantias constitucionais aplicáveis". Afastou também a pretensão do denunciado de ver suspenso o processo, por aplicação analógica do art. 86, § 4º, da CF, já que essa previsão constitucional se destinaria expressamente ao chefe do Poder Executivo da União. Desse modo, não estaria autorizado, por sua natureza restritiva, qualquer interpretação que ampliasse a incidência a outras autoridades, notadamente do Poder Legislativo. Rechaçou o alegado cerceamento de defesa, arguido em agravos regimentais, por meio dos quais se buscava acessar o inteiro teor do acordo de colaboração premiada e respectivos termos de depoimento de réu já condenado pela justiça federal por crimes apurados na denominada "Operação Lava Jato". Ressaltou que o Procurador-Geral da República juntara aos autos todos os depoimentos de colaboradores que se referiam ao acusado e aos fatos referidos na denúncia. Inq 3983/DF, rel. Min. Teori Zavascki, 2 e 3.2016. (Inq-3983)

(Informativo 816)

► CNJ: férias de 60 dias e justiça estadual - 1

A Segunda Turma denegou a ordem em mandado de segurança impetrado em face de ato do CNJ, consistente na declaração de ilegalidade da fixação de férias de 60 dias para os servidores de tribunal de justiça estadual. A Turma, inicialmente, assentou

1. Prezado aluno: No RE 1055941, DJE em 09.12.2019, por maioria de votos, o Plenário do Supremo Tribunal Federal aprovou a tese de repercussão geral, tendo sido validado o compartilhamento com o Ministério Público e com as autoridades policiais dos dados bancários e fiscais do contribuinte obtidos pela Receita Federal e pela Unidade de Inteligência Financeira (UIF) sem a necessidade de autorização prévia do Poder Judiciário.

a competência do CNJ para apreciar a matéria em questão. Isso porque a disciplina das férias de serventuários da Justiça de qualquer dos estados-membros, entre outras matérias, constituiria função a ele cominada pela CF, em seu artigo 103-B, § 4º, II. Outrossim, não haveria nessa atuação do Conselho hipótese de usurpação da competência do STF, mas sim de exercício direto da competência constitucional que lhe fora atribuída. O Colegiado afastou também alegação segundo a qual teria havido violação à ampla defesa e ao contraditório na decisão atacada porque proferida sem que tivesse sido publicado edital para que fossem ouvidos os servidores do tribunal local. Afirmou que a baliza que se poderia identificar nos julgados do STF, no sentido de assegurar a oitiva de terceiros nos feitos administrativos de controle de atos de tribunais ou órgãos de ministérios públicos locais pelos respectivos Conselhos constitucionais – CNJ e CNMP –, tem sido a existência de situação jurídica constituída com base no ato controlado. Assim, inexistindo a consolidação de situação jurídica, o tribunal não reconheceria o direito ao contraditório e à ampla defesa. Por outro lado, a par de observar a existência de situação jurídica consolidada, seria necessário avaliar a natureza do ato objeto de controle – se ato geral ou individual – e, por consequência, a natureza da deliberação a ser proferida pelo Conselho constitucional – objetiva ou subjetiva –, a fim de se definir a necessidade de oitiva dos possíveis atingidos pela decisão. Nesse sentido, os atos elaborados a partir da consideração de situação individual do beneficiário, ou seja, com componente subjetivo, demandariam, nos feitos voltados a sua desconstituição, a necessária participação do interessado, que deveria, desse modo, ser notificado à apresentação de sua defesa. No caso dos autos, todavia, seria discutida deliberação do CNJ, que, controlando atos normativos de tribunal local, considerara ilegal a concessão de 60 dias de férias aos serventuários da justiça estadual. Ao apreciar a legalidade de um decreto-lei de tribunal local e sua conformidade com os princípios constitucionais da Administração Pública, o CNJ não consideraria a situação particular dos beneficiários da norma, projetando, isto sim, sua apreciação, sob o enfoque objetivo.

MS 26739/DF, rel. Min. Dias Toffoli, 1º.3.2016. (MS-26739)

(Informativo 816)

► CNJ: férias de 60 dias e justiça estadual - 2

No mérito, a Turma asseverou que as normas estaduais infirmadas na decisão do CNJ assegurariam 60 dias de férias aos servidores da Justiça estadual como decorrência da associação entre esse direito e o período de férias coletivas concedidas nos tribunais. Todavia, essa forma de usufruto do direito às férias já teria a sua inconstitucionalidade declarada pelo STF. De fato, a jurisprudência da Corte se pacificara no sentido de ser inconstitucional a concessão de férias coletivas aos magistrados, diante da previsão inserta pela EC 45/2004 ao art. 93, XII, da CF. Tal preceito dispõe que "a atividade jurisdicional será ininterrupta, sendo vedado férias coletivas nos juízos e tribunais de segundo grau, funcionando, nos dias em que não houver expediente forense normal, juízes em plantão permanente". Ademais, "EC 45/2004, ao vedar as férias coletivas nos juízos e tribunais de segundo grau, revogou os atos normativos inferiores que a elas se referiam" (ADI 3.085/CE, DJU de 28.4.2006). Assim, se a Constituição veda a concessão de férias coletivas aos magistrados, com vista a garantir que a atividade jurisdicional seja ininterrupta, seria também inadmissível o gozo coletivo de férias pelos servidores de tribunal de justiça local. MS 26739/DF, rel. Min. Dias Toffoli, 1º.3.2016. (MS-26739)

(Informativo 816)

► Licença-maternidade e discriminação entre gestação e adoção - 1

Os prazos da licença-adotante não podem ser inferiores aos prazos da licença-gestante, o mesmo valendo para as respectivas prorrogações. Em relação à licença-adotante, não é possível fixar prazos diversos em função da idade da criança adotada. Com base nessa orientação, o Plenário, por maioria, deu provimento ao recurso extraordinário em que discutida a possibilidade de lei instituir prazos diferenciados para a concessão de licença-maternidade às servidoras gestantes e às adotantes. Reconheceu o direito da recorrente, servidora pública, ao prazo remanescente da licença parental, a fim de que o tempo total de fruição do benefício, computado o período já gozado, seja de 180 dias de afastamento remunerado, correspondentes aos 120 dias de licença, previstos no art. 7º, XVIII, da CF, acrescidos dos 60 dias de prorrogação, nos termos da lei. De início, o Colegiado afirmou que a Constituição trouxera inovações a respeito do tema. Uma delas, a superação da ideia de família tradicional, hierarquizada, liderada pelo homem, chefe da sociedade conjugal. Fora criada uma noção de família mais igualitária, que não apenas resulta do casamento. Além disso, ela não é mais voltada para proteger o patrimônio, mas para cultivar e manter laços afetivos. Outra mudança diz respeito à igualdade entre os filhos, que tinham regime jurídico diferenciado, a depender de suas origens. Por fim, fora estabelecido, no art. 7º, XVIII, da CF, a licença à gestante como um direito social. No que se refere à legislação infraconstitucional, o Tribunal explicou sua evolução até o quadro atual, em que há duas situações distintas: para servidoras públicas, regidas de acordo com a Lei 8.112/1990, a licença-maternidade, para gestantes, é de 120 dias. Para adotantes, a licença-maternidade é de 90 dias, para crianças menores de 1 ano, e de 30 dias, para maiores de 1 ano. Por outro lado, para trabalhadoras da iniciativa privada, regidas de acordo com a CLT, a licença-gestante é equiparada à licença-adotante, e não há diferenciação em virtude da idade da criança adotada. Com o advento da Lei 11.770/2008, passara a ser previsto o direito de prorrogação da licença-maternidade em até 50%, tanto para servidoras públicas quanto para trabalhadoras do setor privado. RE 778889/PE, rel. Min. Roberto Barroso, 10.3.2016. (RE-778889)

(Informativo 817)

► Licença-maternidade e discriminação entre gestação e adoção - 2

O Plenário analisou que essa diferenciação existente no setor público, tanto em razão de a mãe ser adotante quanto em virtude da idade da criança adotada, seria ilegítima. Isso porque as crianças adotadas apresentam dificuldades inexistentes para filhos biológicos: histórico de cuidados inadequados, carência, abuso físico, moral e sexual, traumas, entre outros. Além disso, quanto maior a idade da criança, maior o tempo em que submetida a esse quadro, e maior a dificuldade de adaptação à família adotiva. Por isso, quanto mais a mãe pudesse estar disponível para a criança adotiva, mormente nesse período inicial, maior a probabilidade de recuperação emocional da criança em adaptação. Além disso, crianças adotadas apresentam mais problemas de saúde, se comparadas com filhos biológicos, e quanto mais avançada a idade da criança, menor a probabilidade de ser escolhida para adoção. Assim, nada indica que crianças mais velhas demandam menos cuidados se comparadas a bebês. A situação revela justamente o contrário. Ademais, é necessário criar estímulos para a adoção de crianças mais velhas. Portanto, o tratamento mais gravoso dado ao adotado de mais idade viola o princípio da proporcionalidade, e implica proteção deficiente. O Colegiado observou o tema, ainda, à luz da autonomia da mulher. Por causa de razões culturais, o membro da família mais onerado na experiência da adoção é a mãe. Também por esse motivo, não há justificativa plausível para conferir licença inferior à mãe adotiva, se comparada à gestante. Não existe fundamento constitucional para a desequiparação da mãe gestante e da mãe adotante, sequer do adotado mais velho e mais novo. Vencido o Ministro Marco Aurélio, que desprovia o recurso. Considerava que a diferenciação quanto a gestantes e adotivas teria fundamento constitucional. RE 778889/PE, rel. Min. Roberto Barroso, 10.3.2016. (RE-778889)

(Informativo 817)

► ADI e revalidação de diplomas obtidos no exterior

A previsão em lei estadual, acerca da revalidação de títulos obtidos em instituições de ensino superior dos países membros do MERCOSUL, afronta o pacto federativo (CF, art. 60, §4º, I), na medida em que usurpa a competência da União para dispor sobre diretrizes e bases da educação nacional. Essa a conclusão do Plenário ao referendar medida cautelar para suspender a eficácia da Lei 2.973/2014 do Estado do Acre. Tal norma trata da admissão de diploma estrangeiro sem necessidade de revalidação. O Colegiado acrescentou que a lei impugnada estabelece um conjunto de circunstâncias que afastam exigências de revalidação de diploma de curso superior oriundo de instituições estrangeiras, o que vai de encontro ao sentido do Decreto 5.518/2005, que promulgara o acordo de admissão de títulos e graus universitários para exercício de atividades acadêmicas nos Estados-Partes do MERCOSUL. Verificou, também, a possibilidade de dano ao erário, tendo em vista eventual concessão de promoções funcionais e gratificações a servidores a quem a lei estadual beneficia. ADI 5341 MC- Referendo/AC, rel. Min. Edson Fachin, 10.3.2016. (ADI-5341)

(Informativo 817)

► ADI: despesas com pessoal e Lei de Diretrizes Orçamentárias

Em virtude da ocorrência de episódio de usurpação da competência da União para dispor em tema de limite de despesas com gasto de pessoal (CF, art. 169, "caput"), o Plenário referendou em parte medida cautelar para suspender, com efeitos "ex nunc", até o julgamento final da ação, a eficácia da expressão "Poder Legislativo 4,5%", contida no art. 50 da Lei 1.005/2015 do Estado de Rondônia (Lei de Diretrizes Orçamentárias). No caso, a lei impugnada não respeitara os limites estabelecidos na Lei de Responsabilidade Fiscal para gastos com pessoal referentes ao Poder Legislativo e ao Poder Executivo. ADI 5449 MC-Referendo/RO, rel. Min. Teori Zavascki, 10.3.2016. (ADI-5449)

(Informativo 817)

▶ Exercício do cargo de Ministro de Estado por membro do Ministério Público e vedações constitucionais - 1

Membros do Ministério Público não podem ocupar cargos públicos, fora do âmbito da instituição, salvo cargo de professor e funções de magistério. Com base nesse entendimento, o Plenário julgou parcialmente procedente o pedido formulado em arguição de descumprimento de preceito fundamental para declarar a inconstitucionalidade da Resolução 72/2011, do CNMP, e determinar a exoneração dos ocupantes de cargos em desconformidade com a interpretação fixada, no prazo de até 20 dias após a publicação da ata do julgamento. No caso, o descumprimento de preceitos fundamentais teria ocorrido por atos normativos e atos concretos. No plano normativo, por ato do CNMP, que derrogara resolução que tratava das vedações ao exercício de cargo ou função pública por membro do Ministério Público. No plano concreto, por atos de nomeação de membros do Ministério Público para ocupar cargos fora da instituição e, em especial, a nomeação de procurador de justiça para o cargo de Ministro de Estado da Justiça. Inicialmente, o Tribunal, por maioria, conheceu da arguição. O pedido estaria ancorado em suposta violação a preceitos fundamentais da independência dos Poderes (CF, art. 2º e art. 60, § 4º, III) e da independência funcional do Ministério Público (CF, art. 127, § 1º) consubstanciados na vedação aos promotores e procuradores de exercerem "qualquer outra função pública, salvo uma de magistério" (CF, art. 128, § 5º, II, "d"). Além disso, tendo em vista o caráter acentuadamente objetivo da arguição de descumprimento de preceito fundamental, o juízo de subsidiariedade levaria em conta, especialmente, os demais processos objetivos já consolidados no sistema constitucional. Assim, ante a inexistência de processo de índole objetiva apto a solver, de uma vez por todas, a controvérsia constitucional, não haveria como deixar de reconhecer a admissibilidade da arguição de descumprimento de preceito fundamental. Isso porque as ações originárias e o recurso extraordinário não seriam capazes de resolver a controvérsia constitucional de forma geral, definitiva e imediata. Vencido o Ministro Marco Aurélio, que não conhecia da ação e indeferia a medida cautelar. Assinalava que haveria meio próprio para afastar do cenário jurídico a designação de procurador de justiça para figurar como Ministro de Estado. Na espécie, já se teria ajuizado ação popular para esse fim. Da mesma forma, seria cabível ação direta de inconstitucionalidade para atacar a resolução do CNMP. Vencido, em menor extensão, o Ministro Edson Fachin, que não conhecia da arguição de preceito fundamental quanto ao pedido de declaração de inconstitucionalidade da mencionada resolução, diante do não atendimento do princípio da subsidiariedade. ADPF 388/DF, rel. Min. Gilmar Mendes, 9.3.2016. (ADPF-388)

(Informativo 817)

▶ Exercício do cargo de Ministro de Estado por membro do Ministério Público e vedações constitucionais - 2

Em seguida, a Corte resolveu superar a análise do pedido de medida liminar e apreciou diretamente o mérito da ação. Entendeu que a autorização criada pela Resolução 72/2011 seria flagrantemente inconstitucional. A Constituição vedara aos promotores e procuradores o exercício de "qualquer outra função pública, salvo uma de magistério" (art. 128, § 5º, II, "d"). Observou que o constituinte enfatizara que a vedação não seria simplesmente ao exercício de "outra função pública", mas ao exercício de "qualquer outra função pública", regra cuja única exceção seria a de magistério. Sublinhou que o art. 129, IX, da CF não deveria ser lido como uma espécie de cláusula de exceção. Esse dispositivo seria o inciso final da lista de funções institucionais do "parquet" enumerada no texto constitucional. De acordo com sua redação, competiria ao Ministério Público "exercer outras funções que lhe forem conferidas, desde que compatíveis com sua finalidade, sendo-lhe vedada a representação judicial e a consultoria jurídica de entidades públicas". Essa disposição seria relativa às funções da instituição Ministério Público e não aos seus membros. Norma com dupla função. Uma primeira, de abertura do rol das atribuições ministeriais, que explicitaria que a lista do art. 129 seria "numerus apertus", de modo que poderia ser ampliada. Uma segunda, reforçaria a completa separação, inaugurada pela Constituição de 1988, do Ministério Público com a advocacia pública, ao afastar o "parquet" de realizar "a representação judicial e a consultoria jurídica de entidades públicas". O entendimento de que a vedação seria quanto ao exercício concomitante de funções de promotor e outras funções fora da instituição não passaria pela leitura do texto constitucional. A vedação ao exercício de outra função pública vigeria "ainda que em disponibilidade". Ou seja, enquanto não rompido o vínculo com a instituição. Ao exercer cargo no Poder Executivo, o membro do Ministério Público passaria a atuar como subordinado ao chefe da Administração. Isso fragilizaria a instituição Ministério Público, que poderia ser potencial alvo de captação por interesses políticos e de submissão dos interesses institucionais a projetos pessoais de seus próprios membros. Por outro lado, a independência em relação aos demais ramos da Administração Pública seria uma garantia dos membros do Ministério Público, que poderiam exercer suas funções de fiscalização do exercício do Poder Público sem receio de reveses. O CNMP adotara orientação afrontosa à Constituição e à jurisprudência do STF. Criara uma exceção à vedação constitucional, que textualmente não admitiria exceções. O Conselho não agira em conformidade com sua missão de interpretar a Constituição. Pelo contrário, se propôs a mudá-la, com base em seus próprios atos. Ressaltou, no entanto, que a forma federativa de Estado (CF, art. 60, § 4°, I) não fora violada pela nomeação de membro de poder de unidade da Federação para ocupar cargo no governo federal. Se fosse viável a ocupação do cargo na Administração Federal, seria ela mediante afastamento do cargo na origem. Assim, esse argumento seria de todo improcedente. Por fim, não se acolheu o pleito de anulação imediata da nomeação do Ministro da Justiça. ADPF 388/DF, rel. Min. Gilmar Mendes, 9.3.2016. (ADPF-388)

(Informativo 817)

► ADI: Tribunal de Contas estadual e vício de iniciativa

O Plenário, em julgamento conjunto, deferiu medidas acauteladoras para suspender a eficácia dos artigos 1° a 9° e 11 a 20 da LC 666/2015 do Estado de Santa Catarina. A norma dispõe sobre competência e organização do Tribunal de Contas estadual, bem assim sobre a estrutura do Ministério Público atuante junto àquele órgão. O Colegiado assinalou que o projeto de lei, apresentado pelo Tribunal de Contas, fora submetido à Assembleia Legislativa estadual, que incluíra 19 artigos a versar sobre objetos distintos do veiculado no único dispositivo constante do texto original. Não se tratara de simples emenda, mas de inclusão e de supressão de preceitos relacionados a questões estranhas à contida na proposição inicial, a configurar aparente vício de iniciativa.

ADI 5442 MC/DF, rel. Min. Marco Aurélio, 17.3.2016. (ADI-5442)

ADI 5453 MC/SC, rel. Min. Marco Aurélio, 17.3.2016. (ADI-5453)

(Informativo 818)

► Auditoria do TCU e participação de servidor indiretamente afetado

Tratando-se de auditoria do TCU, considerada a gestão administrativa do Poder Legislativo, não há como concluir pelo direito dos servidores indiretamente afetados de serem ouvidos no processo fiscalizatório. Com esse entendimento, a Primeira Turma indeferiu ordem em mandado de segurança no qual se questionava decisão da referida Corte de Contas a respeito de auditoria realizada com o objetivo de averiguar a regularidade de valores constantes na folha de pagamentos dos servidores da Câmara dos Deputados. O Colegiado consignou a desnecessidade de o impetrante – servidor daquela Casa Legislativa – ser convocado para integrar o processo referente à auditoria. MS 32540/DF, rel. Min. Marco Aurélio, 29.3.2016. (MS-32540)

(Informativo 819)

► ADI: "Impeachment" e ordem de votação - 1

O Plenário, por maioria, indeferiu pedido formulado em medida cautelar em ação direta de inconstitucionalidade ajuizada contra os artigos 218, § 8°, e 187, § 4°, do Regimento Interno da Câmara dos Deputados (RICD) ["Art. 218. É permitido a qualquer cidadão denunciar à Câmara dos Deputados o Presidente da República, o Vice-Presidente da República ou Ministro de Estado por crime de responsabilidade. (...) § 8° Encerrada a discussão do parecer, será o mesmo submetido à votação nominal, pelo processo de chamada dos Deputados. (...) Art. 187. A votação nominal far-se-á pelo sistema eletrônico de votos, obedecidas às instruções estabelecidas pela Mesa para sua utilização. (...) § 4° Quando o sistema eletrônico não estiver em condições de funcionamento, e nas hipóteses de que tratam os arts. 217, IV, e 218, §8°, a votação nominal será feita pela chamada dos Deputados, alternadamente, do norte para o sul e vice-versa, observando-se que: I - os nomes serão enunciados, em voz alta, por um dos Secretários; II - os Deputados, levantando-se de suas cadeiras, responderão sim ou não, conforme aprovem ou rejeitem a matéria em votação; III - as abstenções serão também anotadas pelo Secretário"]. Preliminarmente, o Tribunal, por maioria conheceu da ação, vencidos os Ministros Gilmar Mendes e Celso de Mello, que dela não conheciam por considerarem que a questão discutida configuraria matéria "interna corporis", insuscetível de controle abstrato de constitucionalidade.

ADI 5498 MC/DF, rel. orig. Min. Marco Aurélio, red. p/ o acórdão Min. Teori Zavascki, 14.4.2016. (ADI-5498)

(Informativo 821)

► ADI: "Impeachment" e ordem de votação - 2

Em seguida, o Colegiado afirmou que o autor da petição inicial não teria demonstrado de que modo os dispositivos atacados teriam ofendido os princípios constitucionais do contraditório, da ampla defesa, da impessoalidade, da moralidade e da República. A mera invocação genérica de transgressão a um postulado constitucional não seria suficiente para legitimar o ajuizamento de ação direta. Não bastaria, portanto, deduzir-se a pretensão de inconstitucionalidade. Seria preciso não apenas indicar os valores, os princípios, mas também estabelecer as razões jurídicas que pudessem legitimar a pretendida ocorrência de violação às normas de parâmetro invocadas no processo de controle objetivo de constitucionalidade. Avaliou que o requerente teria articulado minimamente a alegação de ofensa ao princípio do devido processo legal, ao aduzir que a votação poderia gerar efeito cascata, de modo que os primeiros votos pudessem influenciar os últimos, o que comprometeria o princípio da imparcialidade. Entretanto, qualquer tipo de votação nominal, independentemente do critério adotado, jamais afastaria o efeito cascata. Logo, a única forma de acabar com tal efeito seria eliminar a votação nominal, o que seria absurdo. Assim, inexistindo incompatibilidade entre o dispositivo regimental com qualquer preceito constitucional, não se vislumbrou a relevância do direito, o que seria razão para indeferir a medida liminar. Ademais, o Tribunal sublinhou que não se poderia exigir isenção e imparcialidade dos membros da Câmara dos Deputados e do Senado Federal. Na realidade, o "impeachment" seria uma questão política que haveria de ser resolvida com critérios políticos. A garantia da imparcialidade estaria no alto quórum exigido para a votação.

ADI 5498 MC/DF, rel. orig. Min. Marco Aurélio, red. p/ o acórdão Min. Teori Zavascki, 14.4.2016. (ADI-5498)

(Informativo 821)

► ADI: "Impeachment" e ordem de votação - 3

Vencidos os Ministros Marco Aurélio (relator), Edson Fachin e Ricardo Lewandowski (Presidente) e, em menor extensão, o Ministro Roberto Barroso. O Ministro Marco Aurélio deferia a liminar para suspender a eficácia do art. 187, § 4°, do RICD, no tocante ao alcance do critério para julgamento do Presidente da República. Assentava que a votação deveria ocorrer de forma nominal e por ordem alfabética dos parlamentares, nos termos adotados no processo de impedimento de Presidente Fernando Collor, tendo em vista o princípio da segurança jurídica. Os Ministros Edson Fachin e Ricardo Lewandowski concediam a liminar para emprestar interpretação conforme e declarar como única interpretação constitucional compatível com o devido processo legislativo aquela que respeitasse a literalidade do § 4° do art. 187 do RICD. Ou seja, aquela que estabelecesse que a chamada fosse feita pelos deputados, de forma alternada e individualizada, considerada a ordem geográfica das capitais com suas respectivas latitudes. O Ministro Roberto Barroso concedia parcialmente a liminar para fixar interpretação conforme de modo que a votação fosse nominal, por bancada, alternadamente, de norte para sul e vice-versa, observada a exata latitude da capital de cada Estado-Membro.
ADI 5498 MC/DF, rel. orig. Min. Marco Aurélio, red. p/ o acórdão Min. Teori Zavascki, 14.4.2016. (ADI-5498)

(Informativo 821)

► "Impeachment" e ordem de votação - 1

Ante o empate na votação, o Plenário indeferiu pedidos de medida cautelar formulados em mandados de segurança impetrados em face de ato do Presidente da Câmara dos Deputados, no qual fora formalizada interpretação conferida ao art. 187, § 4º, do Regimento Interno da Câmara dos Deputados ("Art. 187. A votação nominal far-se-á pelo sistema eletrônico de votos, obedecidas as instruções estabelecidas pela Mesa para sua utilização. ... § 4º Quando o sistema eletrônico não estiver em condições de funcionamento, e nas hipóteses de que tratam os arts. 217, IV, e 218, §8º, a votação nominal será feita pela chamada dos Deputados, alternadamente, do norte para o sul e vice-versa, observando-se que: I - os nomes serão enunciados, em voz alta, por um dos Secretários; II - os Deputados, levantando-se de suas cadeiras, responderão sim ou não, conforme aprovem ou rejeitem a matéria em votação; III - as abstenções serão também anotadas pelo Secretário"). Manteve-se, em razão disso, o ato impugnado, segundo o qual a autoridade coatora assentara, em síntese, que: "a) (...) a chamada terá início por um Estado da região norte e, em alternância, será chamado um Estado da região sul. Em seguida, em razão do 'vice-versa', será chamado um Estado da região sul e, depois, um Estado da região norte, e assim sucessivamente, passando pelas demais regiões; b) a ordem dos Estados seguirá a tradição da Casa, a disposição constante no painel de votação e, por analogia, a ordem geográfica das capitais prevista no art. 3º, § 3º, do Regimento Interno da Câmara dos Deputados (...)". De início, a Corte deliberou não caber sustentação oral em apreciação de liminar em mandado de segurança, porquanto: a) o art. 937, § 3º, do novo CPC, prevê o cabimento de sustentação oral em julgamento de mandado de segurança unicamente no "agravo interno interposto contra decisão de relator que o extinga"; e b) o art. 16 da Lei 12.016/2009 prevê a sustentação oral em mandado de segurança na sessão de julgamento de mérito, e não em liminar. Em seguida, o Tribunal, por maioria, conheceu da ação, vencidos os Ministros Gilmar Mendes e Celso de Mello, ao fundamento de que o "writ" adentrava em matérias "interna corporis" da Câmara dos Deputados. Além disso, não se teria, no caso, questão a envolver direito subjetivo.

MS 34127 MC/DF, rel. orig. Min. Roberto Barroso, red. p/ o acórdão Min. Teori Zavascki, 14.4.2016. (ADI-34127)

MS 34128 MC/DF, rel. orig. Min. Roberto Barroso, red. p/ o acórdão Min. Teori Zavascki, 14.4.2016. (ADI-34128)

(Informativo 821)

► "Impeachment" e ordem de votação - 2

No mérito, prevaleceu o voto proferido pelo Ministro Teori Zavascki, que indeferiu a medida cautelar. Considerou o ato atacado compatível com uma interpretação possível do Regimento Interno da Câmara dos Deputados. Além disso, não haveria, na espécie, matéria constitucional relevante. Os Ministros Luiz Fux, Cármen Lúcia, Gilmar Mendes e Celso de Mello seguiram tal entendimento. Por sua vez, o Ministro Roberto Barroso (relator) também reputou a interpretação do Presidente da Câmara dos Deputados compatível com o citado dispositivo regimental. No entanto, deferiu apenas parcialmente a medida cautelar para determinar que a autoridade impetrada observasse, na chamada dos deputados para votação nominal em Plenário – referente à denúncia por crime de responsabilidade supostamente praticado pela Presidente da República –, a alternância entre norte e sul, considerando-se, para tanto, a latitude das capitais dos Estados-Membros. A Ministra Rosa Weber perfilhou essa orientação. O Ministro Edson Fachin, ao reportar-se ao voto proferido no julgamento da ADI 5.498 MC/DF (acima noticiada), deferiu a cautelar, em maior extensão, no que foi acompanhado pelos Ministros Marco Aurélio e Ricardo Lewandowski (Presidente). Asseverou que deveria haver a votação nominal pela chamada dos deputados, alternadamente, do norte para o sul e vice-versa.

MS 34127 MC/DF, rel. orig. Min. Roberto Barroso, red. p/ o acórdão Min. Teori Zavascki, 14.4.2016. (ADI-34127)

MS 34128 MC/DF, rel. orig. Min. Roberto Barroso, red. p/ o acórdão Min. Teori Zavascki, 14.4.2016. (ADI-34128)

(Informativo 821)

► Magistratura: triênio para ingresso na carreira e momento de comprovação

A comprovação do triênio de atividade jurídica exigida para o ingresso no cargo de juiz substituto, nos termos do art. 93, I, da CF, deve ocorrer no momento da inscrição definitiva no concurso público. Essa a conclusão do Plenário, tomada por maioria de votos, em recurso extraordinário no qual se discutia o momento de comprovação de tal exigência: se no ato da inscrição definitiva ou na data da posse. Pretendia-se que a ausência de especificação de data certa no edital para o início da inscrição definitiva transferiria para a data da nomeação a comprovação de tempo de prática forense. O Tribunal assinalou que a controvérsia fora dirimida na ADI 3.460/DF (DJe de 12.3.2015), oportunidade em que definido como termo final para comprovação de atividade jurídica, nos termos da reforma empreendida pela EC 45/2004, a data de inscrição definitiva no concurso público. Isso porque é importante que todos os candidatos que adentrem na disputa tenham condições para o exercício do cargo naquele momento, inclusive para se evitar o óbice do certame em razão de medidas judiciais precárias, voltadas a tratar de excepcionalidades, ou mesmo para se prevenir a existência de cargos vagos "sub judice" por período indeterminado. Além disso, impende observar o princípio da isonomia. Nesse sentido, o edital serve para orientar os potenciais candidatos sobre a possibilidade de serem aprovados, tendo em vista o preenchimento dos requisitos exigidos. Não se pode estimular, assim, aqueles que não atendem às exigências a adentrar no certame, com a esperança de lograrem êxito judicialmente, tendo em vista que houvera outros que, nas mesmas condições, optaram por obedecer à regra prescrita e não efetuaram inscrição. Ademais, definir a data da posse como termo apresenta outro revés, pois privilegia aqueles com pior classificação no concurso, que teriam mais tempo para completar o triênio. No caso concreto, entretanto, o Colegiado negou provimento ao recurso extraordinário da União. Na situação dos autos, o requerimento de inscrição definitiva da candidata no certame fora indeferido por ausência de comprovação do triênio até aquela data. A Corte entendeu que se deveria assegurar a posse da recorrida porque, no edital do concurso, não houvera especificidade quanto à data para comprovação do período de atividade jurídica. Além disso, a fase de inscrição definitiva, em relação à candidata, estava sendo discutida judicialmente e, nesse ínterim, o triênio transcorrera. Vencidos, quanto à tese fixada em repercussão geral, os Ministros Luiz Fux (relator), Roberto Barroso e Marco Aurélio, que entendiam que a exigência trazida pela EC 45/2004 tem relação com o ingresso na carreira – que se dá com a posse – e não com a inscrição em concurso público. Por fim, o Plenário decidiu que a redação para o acórdão deve incumbir ao Ministro que encampa a tese firmada. RE 655265/DF, rel. orig. Min. Luiz Fux, red. p/ o acórdão Min. Edson Fachin, 13.4.2016. (RE-655265)

(Informativo 821)

▶ MS e perda de nacionalidade brasileira

A Primeira Turma, por maioria, denegou mandado de segurança em que se questionava ato do ministro da Justiça que declarara a perda da nacionalidade brasileira da impetrante (CF, art. 12, § 4°, II), por ter adquirido outra nacionalidade (Lei 818/1949, art.23). No caso, a impetrante, brasileira nata, obtivera a nacionalidade norte-americana de forma livre e espontânea e, posteriormente, fora acusada, nos Estados Unidos da América, da prática de homicídio contra seu marido, nacional daquele país. Diante disso, o governo norte-americano indiciara a impetrante e requerera às autoridades brasileiras a prisão para fins de extradição. O Colegiado entendeu que o ato do ministro da Justiça de cassação da nacionalidade brasileira é legítimo, pois a impetrante perdera a nacionalidade brasileira ao adquirir outra em situação que não se enquadraria em qualquer das duas exceções constitucionalmente previstas: (i) tratar-se de mero reconhecimento de outra nacionalidade originária, considerada a natureza declaratória desse reconhecimento (art. 12, § 4°, II, "a"); e (ii) ter sido a outra nacionalidade imposta pelo Estado estrangeiro como condição de permanência em seu território ou para o exercício de direitos civis (art. 12, § 4°, II, "b"). Por fim, a Turma revogou a liminar deferida pelo Superior Tribunal de Justiça, que suspendera provisoriamente a eficácia da portaria ministerial de cassação da nacionalidade. Vencidos os Ministros Edson Fachin e Marco Aurélio, que concediam a segurança. O Ministro Edson Fachin assentava que o brasileiro nato não poderia ser extraditado pelo Brasil a pedido de governo estrangeiro, porque se cuidaria de garantia fundamental que não comporta exceção. Salientava ainda que se a extradição não for concedida, legitimar-se-á ao Estado Brasileiro, mediante a aplicação extraterritorial de sua própria lei penal, fazer instaurar a persecução criminal. O Ministro Marco Aurélio reputava que, em se tratando de mandado de segurança contra ato de ministro da Justiça, o órgão competente para julgamento é o Superior Tribunal de Justiça. Além disso, concluía que o direito à condição de brasileiro nato seria indisponível. MS 33864/DF, rel. Min. Roberto Barroso, 19.4.2016. (MS-33864)

(Informativo 822)

▶ Competência da União em telefonia

Compete à União explorar os serviços de telecomunicações, bem como legislar privativamente sobre essa matéria (CF, artigos 21, XI e 22, IV). Com base nessa orientação, o Plenário reafirmou sua reiterada jurisprudência sobre o tema e julgou procedente pedido formulado em ação direta de inconstitucionalidade ajuizada em face da Lei 12.239/2006 do Estado de São Paulo. A norma estadual declarada inconstitucional dispõe sobre a instituição de cadastro com os números das linhas telefônicas dos assinantes do serviço de telefonia interessados no sistema de venda por via telefônica. ADI 3959/SP, rel. Min. Roberto Barroso, 20.4.2016. (ADI-3959)

(Informativo 822)

► Emenda parlamentar e aumento de despesa

É inconstitucional norma resultante de emenda parlamentar a projeto de lei de iniciativa exclusiva do Chefe do Poder Executivo, na hipótese em que a emenda apresentada acarrete aumento de despesa (CF, art. 61, § 1º, II, "a" e art. 63, I). Esse o entendimento do Plenário, que, ao reafirmar a jurisprudência assentada na matéria, confirmou medida cautelar (noticiada no Informativo 299) e julgou procedente pedido formulado em ação direta de inconstitucionalidade ajuizada em face do art. 3º, "caput" e parágrafo único, da Lei 11.753/2002 do Estado do Rio Grande do Sul. Tais preceitos, de iniciativa parlamentar, dispõem sobre o realinhamento dos vencimentos de servidores do Instituto de Previdência do Estado do Rio Grande do Sul (IPERGS). ADI 2810/RS, rel. Min. Roberto Barroso, 20.4.2016. (ADI-2810)

(Informativo 822)

► Fazenda Pública e atuação em juízo - 1

O Plenário, por maioria, julgou improcedente pedido formulado em ação direta ajuizada em face dos artigos 4º e 10 da Medida Provisória 2.102-27/2001. O art. 4º acrescentara os artigos 1º-B e 1º-C à Lei 9.494/1997 ("Art. 1º-B. O prazo a que se refere o "caput" dos arts. 730 do Código de Processo Civil, e 884 da Consolidação das Leis do Trabalho, aprovada pelo Decreto-Lei no 5.452, de 1º de maio de 1943, passa a ser de trinta dias. Art. 1º-C. Prescreverá em cinco anos o direito de obter indenização dos danos causados por agentes de pessoas jurídicas de direito público e de pessoas jurídicas de direito privado prestadoras de serviços públicos"). Já o art. 10, também impugnado na ação, inserira parágrafo único ao art. 741 do CPC/1973 ("Para efeito do disposto no inciso II deste artigo, considera-se também inexigível o título judicial fundado em lei ou ato normativo declarados inconstitucionais pelo Supremo Tribunal Federal ou em aplicação ou interpretação tidas por incompatíveis com a Constituição Federal"). A Corte destacou, de início, que não teria havido a perda de objeto da ação, relativamente ao parágrafo único do art. 741 do CPC/1973, revogado pela Lei 13.105/2015, que estatui um novo Código. A matéria disciplinada no referido dispositivo teria recebido tratamento normativo semelhante, embora não igual, nos §§ 5º a 8º do art. 535 e nos §§ 12 a 15 do art. 525 do novo CPC. As alterações sofridas pela norma em questão – que cuidaram apenas de adjetivar o instituto da inexigibilidade por atentado às decisões do STF — não teriam comprometido aquilo que ela teria de mais substancial, ou seja, a capacidade de interferir na coercitividade de títulos judiciais. Este seria, de fato, o aspecto objeto de impugnação pelo autor da ação direta, para quem o instituto frustraria a garantia constitucional da coisa julgada. Portanto, não havendo desatualização significativa no conteúdo do instituto, não haveria obstáculo para o conhecimento da ação (ADI 2.501/MG, DJe de 19.12.2008). No mérito, o Plenário afirmou que a ampliação de prazo para a oposição de embargos do devedor pela Fazenda Pública, inserida no art. 1º-B da Lei 9.494/1997, não violaria os princípios da isonomia e do devido processo legal. Isso porque o estabelecimento de tratamento processual especial para a Fazenda Pública, inclusive em relação a prazos diferenciados, quando razoáveis, não constituiria propriamente restrição a direito ou prerrogativa da parte adversa, mas buscaria atender ao princípio da supremacia do interesse público. Por outro lado, a fixação do prazo de trinta dias para a Fazenda apresentar embargos à execução não poderia ser tido como irrazoável. Afinal, tratar-se-ia de prazo idêntico ao que tem o particular para apresentar esses mesmos embargos nas execuções fiscais contra ele movidas pela Fazenda Pública, conforme estatuído pelo art. 16 da Lei 6.830/1980. A rigor, portanto, sequer haveria diferença de tratamento normativo entre as pessoas privadas e as de direito público.

ADI 2418/DF, rel. Min. Teori Zavascki, 4.5.2016. (ADI-2418)

(Informativo 824)

► Fazenda Pública e atuação em juízo - 2

A Corte asseverou também que a fixação do prazo prescricional de 5 anos para os pedidos de indenização por danos causados por agentes de pessoas jurídicas de direito público e de pessoas jurídicas de direito privado prestadoras de serviços públicos, constante do art. 1º-C da Lei 9.494/1997, igualmente não violaria dispositivo constitucional. Esse preceito teria simplesmente reproduzido o que já dispunha o art. 1º do Decreto 20.910/1932. A única novidade teria sido incluir, entre os destinatários da norma, as pessoas jurídicas de direito privado prestadoras de serviço público, atribuindo-lhes o mesmo regime prescricional das pessoas jurídicas de direito público. A equiparação se justificaria em razão do que disposto no § 6º do art. 37 da CF, que expressamente equipara essas entidades às pessoas de direito público relativamente ao regime de responsabilidade civil pelos atos praticados por seus agentes. Outrossim, o CC/2002 estabelecera prazo prescricional de apenas 3 anos para "a pretensão de reparação civil" (art. 206, § 3º, V). Portanto, considerando o atual estágio normativo civil, a norma atacada, antes de beneficiar, seria, na verdade, desvantajosa para a Fazenda Pública e as empresas concessionárias de serviço público. Por fim, não haveria igualmente como negar a constitucionalidade do parágrafo único do art. 741 do CPC/1973, bem como dos correspondentes dispositivos do CPC/2015 (art. 525, § 1º, III e §§ 12 e 14, e art. 535, § 5º). Seriam dispositivos que, buscando harmonizar a garantia da coisa julgada com o primado da Constituição, apenas agregariam ao sistema processual brasileiro um mecanismo com eficácia rescisória de certas sentenças inconstitucionais, em tudo semelhante às hipóteses de ação rescisória (CPC/1973, art. 485, V; CPC/2015, art. 966, V). O instituto da coisa julgada, embora de matriz constitucional, teria sua conformação delineada pelo legislador ordinário, ao qual seria conferida a faculdade de estabelecer seus limites objetivos e subjetivos, podendo, portanto, indicar as situações em que o instituto cedesse passo a postulados, princípios ou bens de mesma hierarquia, porque também juridicamente protegidos pela Constituição. A interpretação literal do dispositivo em comento apontaria a existência de três vícios de inconstitucionalidade, na sentença exequenda, a permitir a utilização do mecanismo nele previsto: a) a aplicação de lei inconstitucional; b) a aplicação da lei a situação considerada inconstitucional; ou, ainda, c) a aplicação da lei com um sentido — uma interpretação — inconstitucional. Haveria um elemento comum às três hipóteses: o da inconstitucionalidade da norma aplicada pela sentença. Entretanto, considerado o atual sistema de controle de constitucionalidade e os efeitos das sentenças do STF dele decorrentes, constatar-se-ia a existência de outra situação, implícita, que autorizaria a invocação da inexigibilidade da obrigação contida no título executivo judicial: quando a sentença exequenda reconhecesse a inconstitucionalidade de norma que o STF tiver declarado constitucional.

ADI 2418/DF, rel. Min. Teori Zavascki, 4.5.2016. (ADI-2418)

(Informativo 824)

► Fazenda Pública e atuação em juízo - 3

O Plenário ressaltou que, por outro lado, seria indispensável à aplicação do art. 741, parágrafo único, do CPC — ou dos correspondentes dispositivos do novo CPC/2015 — que a sentença exequenda tivesse dirimido a questão constitucional em sentido contrário ao que decidido pelo STF. No regime do CPC/1973 não haveria distinção entre ser o precedente anterior ou superveniente à sentença exequenda, apesar de que, na hipótese de precedência da decisão do STF, ficaria evidenciado o desrespeito à autoridade da Suprema Corte. No atual regime — CPC/2015 —, sendo a decisão do STF sobre a inconstitucionalidade superveniente ao trânsito em julgado da sentença exequenda, caberia ação rescisória, com prazo contado do trânsito em julgado da decisão proferida pelo Supremo. Desse modo, a inexigibilidade do título executivo a que se refere o referido dispositivo se caracterizaria exclusivamente nas hipóteses em que: a) a sentença exequenda estivesse fundada em norma reconhecidamente inconstitucional, fosse por aplicar norma inconstitucional, fosse por aplicar norma em situação ou com um sentido inconstitucionais; b) a sentença exequenda tivesse deixado de aplicar norma reconhecidamente constitucional; e c) desde que, em qualquer dos casos, o reconhecimento dessa constitucionalidade ou a inconstitucionalidade tivesse decorrido de julgamento do STF realizado em data anterior ao trânsito em julgado da sentença exequenda. Vencido o Ministro Marco Aurélio, que julgava procedente o pedido em relação ao vício de inconstitucionalidade formal. Isso se daria porque a medida provisória em questão portaria defeitos alusivos aos requisitos constitucionais de relevância e urgência. Ademais, julgava o pedido procedente em parte para declarar a inconstitucionalidade material das mudanças procedidas pela medida provisória relativamente: a) ao prazo dos embargos à execução; e b) à inexigibilidade do título judicial fundado em lei ou ato normativo declarados inconstitucionais pelo STF.
ADI 2418/DF, rel. Min. Teori Zavascki, 4.5.2016. (ADI-2418)

(Informativo 824)

► Parlamentar e afastamento do cargo - 1

Por reputar que os elementos fáticos e jurídicos teriam demonstrado que a presença de parlamentar na função de Presidente da Câmara dos Deputados representaria risco para as investigações penais sediadas no Supremo Tribunal Federal, o Plenário referendou medida cautelar deferida em ação cautelar ajuizada pelo Procurador-Geral da República, no âmbito de inquéritos já instaurados na Corte. A decisão referendada decretara a suspensão do exercício do mandato de deputado federal e, em decorrência, da função de Presidente da Câmara dos Deputados. O Tribunal também determinou que fosse notificado o Primeiro-Vice-Presidente da Câmara dos Deputados, ou, na sua ausência, o Segundo-Vice-Presidente (Regimento Interno da Câmara dos Deputados, art. 18), do inteiro teor da presente decisão, a fim de dar-lhe cumprimento, nos termos regimentais próprios. Na espécie, embora se tratasse de providência inserida no rol das competências originárias do relator das ações penais (Lei 8.038/1990, art. 2º, "caput" e parágrafo único), a decisão fora levada a referendo do Plenário pela relevância institucional de suas consequências. O Colegiado reputou que de forma minuciosa o Ministério Público Federal descrevera diversos fatos supostamente criminosos e praticados com desvio de finalidade, sob a atuação direta do referido parlamentar que estaria a utilizar o cargo de deputado federal e a função de Presidente da Câmara dos Deputados para fins ilícitos e, em especial, para obtenção de vantagens indevidas. Apontou que a reforma positivada pela Lei 12.403/2011 no CPP trouxe alterações quanto à decretação de medidas de cautela, entre as quais o estabelecimento da preferencialidade do uso de meios alternativos à prisão preventiva. É o que dispõe o art. 282, § 6º da referida norma ["Art. 282. As medidas cautelares previstas neste Título deverão ser aplicadas observando-se a: ... § 6º. A prisão preventiva será determinada quando não for cabível a sua substituição por outra medida cautelar (art. 319)]". Entretanto, o cabimento da medida suspensiva reclama inevitável leitura a respeito da existência de riscos que possam transcender a própria instância processual penal, sobretudo quando se tratar do exercício de funções públicas relevantes. Nestes casos, a decretação da medida servirá a dois interesses públicos indivisíveis: a) a preservação da utilidade do processo (pela neutralização de uma posição de poder que possa tornar o trabalho de persecução mais acidentado); e b) a preservação da finalidade pública do cargo (pela eliminação da possibilidade de captura de suas competências em favor de conveniências particulares sob suspeita).

AC 4070/DF, rel. Min. Teori Zavascki, 5.5.2016. (AC-4070)

(Informativo 824)

► Parlamentar e afastamento do cargo - 2

O relator lembrou que o CPP tutela igualmente e a um só tempo o risco tanto da prática da delinquência no poder quanto do uso do poder para delinquir ("Art. 319. São medidas cautelares diversas da prisão: ... VI - suspensão do exercício de função pública ou de atividade de natureza econômica ou financeira quando houver justo receio de sua utilização para a prática de infrações penais"). Esclareceu que compete a cada uma das Casas Parlamentares a grave missão institucional de decidir sobre a cassação do título que investe deputados e senadores nos poderes inerentes à representação popular. Isso implica admitir por mais excêntrico que possa parecer à consciência cívica em geral que um mandato parlamentar pode vir a subsistir ainda quando o seu titular tenha tido seus direitos políticos suspensos pela justiça, por decisão transitada em julgado ("Art. 55. Perderá o mandato o Deputado ou Senador: I - que infringir qualquer das proibições estabelecidas no artigo anterior; II - cujo procedimento for declarado incompatível com o decoro parlamentar; ... VI - que sofrer condenação criminal em sentença transitada em julgado. ... § 2º Nos casos dos incisos I, II e VI, a perda do mandato será decidida pela Câmara dos Deputados ou pelo Senado Federal, por maioria absoluta, mediante provocação da respectiva Mesa ou de partido político representado no Congresso Nacional, assegurada ampla defesa"). O preceito trabalha com uma lógica de harmonia entre Poderes, que não interdita o funcionamento de qualquer um deles. Pelo contrário, permite que cada um funcione dentro de suas respectivas competências. O Poder Judiciário se pronuncia quanto à formação da culpa, enquanto o Poder Legislativo se manifesta sobre a cessação do mandato, cabendo a esta última instância justificar o seu entendimento sobre a subsistência de vínculo de representatividade já debilitado no seu substrato de legitimidade diante dos apelos da opinião pública. Segundo o Plenário, a ascensão política do investigado à posição de Presidente da Câmara, além de não imunizá-lo de eventuais medidas penais de caráter cautelar, concorre para que o escrutínio a respeito do cabimento dessas medidas seja ainda mais aprofundado. Afinal, de acordo com o art. 282, II, do CPP, o exame deve considerar as condições pessoais do agente, o que remete, quando a medida postulada for aquela do art. 319, VI, do mesmo Código, a investigação sobre a realidade de Poder em que ele está inserido ("Art. 282. As medidas cautelares previstas neste Título deverão ser aplicadas observando-se a: ... II - adequação da medida à gravidade do crime, circunstâncias do fato e condições pessoais do indiciado ou acusado"). Por óbvio, quando se trata de responsabilidades da liderança de uma das duas Casas Legislativas mais importantes da Nação, que exige escrúpulos compatíveis com a sua altíssima honorabilidade, mais intensa deve ser a crítica judiciária a respeito da presença de riscos para o bom desenvolvimento da jurisdição penal. Depoimentos de testemunhas, documentos e mensagens em telefones celulares demonstraram a atuação do parlamentar que, de forma reiterada, agiria com aparente desvio de finalidade e para o alcance de fins ilícitos, entre eles o recebimento ilícito de valores expressivos. Ainda, teria o parlamentar colocado seus aliados em cargos chaves de importante CPI para fins de constranger colaboradores, bem como para evitar que ele próprio fosse investigado, além de desqualificar pessoas, empresas e políticos que se disponibilizaram a colaborar com a elucidação dos crimes.

AC 4070/DF, rel. Min. Teori Zavascki, 5.5.2016. (AC-4070)

(Informativo 824)

► Parlamentar e afastamento do cargo - 3

O Colegiado considerou que os episódios narrados configurariam caso típico de abuso de poder que merece a intervenção do Judiciário, sob pena de comprometer o resultado final da investigação e, portanto, da aplicação da lei penal. Destacou o fato de que o cumprimento de qualquer diligência investigatória na Câmara dos Deputados deve ser precedido de autorização de sua Mesa Diretora, que é presidida pelo parlamentar em questão. Ou seja, a produção de provas em relação a eventuais ilícitos praticados pelo Presidente da Câmara dependeria de prévia autorização do próprio investigado. Ainda que a perfeita interação entre os Poderes seja a situação idealizada como padrão pela Constituição, que deles exige harmonia, isso se manifesta claramente impossível quando o investigado é, como no caso, o próprio Presidente da Mesa Diretora. Portanto, embora não seja a prévia autorização do Parlamento um pressuposto de validade do ato investigatório, porque ausente previsão constitucional que malfira a jurisdição do STF, não há dúvida de que a condição de investigado do Presidente da Câmara compromete a harmonia entre os Poderes da República. Ainda que não seja o momento de se formular juízo definitivo acerca dos fatos narrados, há indícios de que o requerido, na condição de parlamentar e, mais ainda, na de Presidente da Câmara dos Deputados, tem meios e é capaz de efetivamente obstruir a investigação e a colheita de provas, intimidar testemunhas e impedir, ainda que, indiretamente, o regular trâmite da ação penal em curso no STF, assim como das diversas investigações existentes nos inquéritos regularmente instaurados. Frisou haver fato superveniente ao pedido ora analisado consistente no fato de o Conselho de Ética daquela Casa Legislativa haver admitido a representação formulada em desfavor do requerido. Além disso, o estado de suspeição que paira sobre a figura do atual ocupante da presidência da Casa Legislativa — formalmente acusado por infrações penais e disciplinares — contracena negativamente com todas suas responsabilidades, principalmente quando há ponderáveis elementos indiciários a indicar que ele articulou uma rede de obstrução contra as instâncias de apuração dos pretensos desvios de conduta que lhe são imputados.

AC 4070/DF, rel. Min. Teori Zavascki, 5.5.2016. (AC-4070)

(Informativo 824)

► Parlamentar e afastamento do cargo - 4

A presença do requerido na função por ele ora ocupada além representar risco para as investigações penais sediadas no Supremo Tribunal Federal, é um pejorativo que conspira contra a própria dignidade da instituição por ele liderada. O exercício do cargo, nas circunstâncias indicadas, compromete a vontade da Constituição, sobretudo a que está manifestada nos princípios de probidade e moralidade que devem governar o comportamento dos agentes políticos. A Corte asseverou que todo ocupante de mandato tem ao menos dois compromissos a respeitar: um deles é com os seus representados; o outro é com o do projeto de país que ele se obriga a cumprir ao assumir sua função pública. A atividade parlamentar só poderá ser exercida, com legitimidade, se for capaz de reverenciar essas duas balizas. Se os interesses populares vierem a se revelar contrários às garantias, às liberdades e ao projeto de justiça da Constituição, lá estará o STF para declará-los nulos, pelo controle de constitucionalidade. No entanto, não são apenas os produtos legislativos que estão submetidos ao controle judicial. Também o veículo da vontade popular – o mandato – está sujeito a controle. A forma preferencial para que isso ocorra é pelas mãos dos próprios parlamentares. Mas, em situações de excepcionalidade, em que existam indícios concretos a demonstrar riscos de quebra da respeitabilidade das instituições, é papel do STF atuar para cessá-los, garantindo uma república para os comuns, e não uma comuna de intocáveis. O Tribunal concluiu que, em razão dos fatos descritos, a medida postulada mostra-se necessária, adequada e suficiente. AC 4070/DF, rel. Min. Teori Zavascki, 5.5.2016. (AC-4070)

(Informativo 824)

► Magistratura e limites de despesas médicas e odontológicas conferidas por lei estadual

A Primeira Turma, por maioria, concedeu mandado de segurança para assentar a insubsistência de ato do Conselho Nacional de Justiça (CNJ), que determinara a cessação do ressarcimento de despesas médicas, cirúrgicas e odontológicas de magistrados, benefício previsto em lei estadual (Código de Organização Judiciária do Estado do Mato Grosso). O Ministro Marco Aurélio (relator), de início, reconheceu a legitimidade ativa do ente federado, tendo em conta o afastamento da lei estadual

pelo CNJ. Em seguida, afastou eventual alegação de decadência do "mandamus", porque ausente a cientificação do Estado-Membro do ato impugnado, haja vista não ter sido parte no procedimento administrativo realizado pelo CNJ. Quanto ao mérito, assentou que a Lei Complementar 35/1979 (Loman), ao vedar a concessão de adicionais ou vantagens pecuniárias nela não previstas, não atinge as verbas de natureza indenizatória consagradas em legislação estadual, no caso, o Código de Organização Judiciária do Estado do Mato Grosso. Assim, nos termos perquiridos no mandado de segurança, a lei estadual não conflita com a Loman e com a Constituição Federal. O Ministro Edson Fachin, ao acompanhar a conclusão do relator, ressalvou o entendimento de que a decisão do CNJ de declaração de inconstitucionalidade de lei estadual desborda da finalidade e da competência específica do órgão. Vencidos os Ministros Roberto Barroso e Rosa Weber, que denegavam a segurança. O Ministro Roberto Barroso reputava que a possibilidade de ressarcimento irrestrito de despesas médicas e o pagamento de passagens aéreas para a realização de tratamentos médicos contrariariam não só o art. 65, §2°, da Loman, que veda a concessão de vantagem nela não prevista, mas também o art. 195, §5°, da CF, que não permite a criação, majoração ou extensão de benefício ou serviço da seguridade social (saúde, previdência e assistência social) sem a respectiva fonte de custeio. Acrescentava que o Conselho Nacional de Justiça, no exercício de suas funções, tem legitimidade para deixar de aplicar uma norma em face da supremacia da Constituição. MS 27463/MT, rel. Min. Marco Aurélio, 10.5.2016. (MS-27463)
(Informativo 825)

► EC: vício de iniciativa e autonomia da Defensoria Pública - 6

O Plenário, em conclusão de julgamento e por maioria, indeferiu pedido de medida cautelar em ação direta de inconstitucionalidade em que se pretendia a suspensão da eficácia do § 3° do art. 134 da CF, introduzido pela EC 74/2013, segundo o qual se aplica às Defensorias Públicas da União e do Distrito Federal o disposto no § 2° do mesmo artigo, este introduzido pela EC 45/2004, a assegurar às Defensorias Públicas estaduais autonomia funcional e administrativa e a iniciativa de sua proposta orçamentária dentro dos limites estabelecidos na lei de diretrizes orçamentárias e subordinação ao disposto no art. 99, § 2°, da CF – v. Informativos 802 e 804. O Colegiado equacionou que a controvérsia diria respeito à aplicabilidade, às propostas de emenda constitucional, da cláusula de iniciativa legislativa reservada à Presidência da República (CF, art. 61, § 1°). Além disso, discutia-se eventual ofensa ao postulado da separação de Poderes (CF, art. 60, § 4°, III) em decorrência da edição de emenda constitucional sobre matéria disposta no art. 61, § 1°, II, da CF, sem que o processo constituinte reformador tenha sido deflagrado pelo titular da iniciativa fixada nesse dispositivo para as leis complementares e ordinárias. A respeito, o direito constitucional pátrio inscreve a emenda constitucional entre os atos elaborados por meio de processo legislativo (CF, art. 59). A jurisprudência da Corte reconhece, com apoio no princípio da simetria, a inconstitucionalidade de emendas a Constituições estaduais, por inobservância da reserva de iniciativa do Chefe do Executivo. Não há, por outro lado, precedente do Colegiado a assentar, no plano federal, a sujeição do poder constituinte derivado à cláusula de reserva de iniciativa do chefe do Executivo prevista de modo expresso no art. 61, § 1°, da CF, para o Poder Legislativo complementar e ordinário (poderes constituídos). A orientação de que o poder das assembleias legislativas de emendar constituições estaduais está sujeito à reserva de iniciativa do

Executivo local existe desde antes do advento da CF/1988. O poder constituinte, originário ou derivado, delimita as matérias alçadas ao nível constitucional, e também aquelas expressamente atribuídas aos legisladores ordinário e complementar. Assim, norma de constituição estadual dotada de rigidez não imposta pela Constituição Federal é contrária à vontade desta. Portanto, não se reveste de validade constitucional a emenda à Constituição estadual que, subtraindo o regramento de determinada matéria do titular da reserva de iniciativa legislativa, eleva-a à condição de norma constitucional. Desse modo, emana da jurisprudência do STF a visão de que o poder constituinte estadual jamais é originário. É poder constituído, cercado por limites mais rígidos do que o poder constituinte federal. A regra da simetria é exemplo disso. Por essa razão, as assembleias legislativas se submetem a limites rígidos quanto ao poder de emenda às constituições estaduais. Entretanto, não há precedentes no sentido de que as regras de reserva de iniciativa contempladas no art. 61 da CF alcançam o processo de emenda à Constituição disciplinado em seu art. 60. ADI 5296 MC/DF, rel. Min. Rosa Weber, 18.5.2016. (ADI-5296)

(Informativo 826)

► EC: vício de iniciativa e autonomia da Defensoria Pública - 7

O Tribunal consignou que os limites formais ao poder constituinte derivado são os inscritos no art. 60 da CF, segundo o qual a Constituição poderá ser emendada mediante proposta: a) de um terço, no mínimo, dos membros da Câmara dos Deputados ou do Senado Federal; b) do Presidente da República; ou c) de mais da metade das assembleias legislativas das unidades da Federação, manifestando-se, cada uma delas, pela maioria relativa de seus membros. Já a iniciativa privativa de leis sobre determinadas matérias é assegurada, no plano federal, ao Presidente da República, ao STF, aos tribunais superiores e ao Procurador-Geral da República. Não existe, portanto, identidade entre o rol dos legitimados para a propositura de emenda à Constituição e o dos atores aos quais reservada a iniciativa legislativa sobre determinada matéria. É, pois, insubsistente condicionar a legitimação para propor emenda à Constituição, nos moldes do art. 60 da CF, à leitura conjunta desse dispositivo com o art. 61, § 1º, que prevê as hipóteses em que a iniciativa de leis ordinárias e complementares é privativa da Presidência da República. Do contrário, as matérias cuja iniciativa legislativa é reservada ao STF, aos tribunais superiores ou ao Procurador-Geral da República não poderiam ser objeto de emenda constitucional. De um lado, nenhum daqueles legitimados figura no rol do art. 60 da CF e, de outro, nenhum dos relacionados no mesmo dispositivo pode propor emenda sobre essas matérias. Além disso, existem diversas emendas constitucionais em vigor, cuja constitucionalidade poderia ser legitimamente desafiada, se prevalecesse a tese da aplicação, às propostas de emenda, das cláusulas que reservam ao Executivo e ao Judiciário a iniciativa legislativa sobre certos temas. No caso da EC 74/2013, o preceito por ela introduzido diz respeito à Defensoria Pública como instituição, e não ao regime jurídico de seus integrantes. Ainda que, indiretamente, em momento posterior, alteração dessa natureza pudesse refletir no regime jurídico citado, a EC 74/2013 não tem como objeto o reconhecimento de vantagens funcionais, sequer equivale a norma dessa natureza. Nesse contexto, está ausente o "fumus boni iuris" necessário à concessão da cautelar. ADI 5296 MC/DF, rel. Min. Rosa Weber, 18.5.2016. (ADI-5296)

(Informativo 826)

▶ EC: vício de iniciativa e autonomia da Defensoria Pública - 8

O Plenário acrescentou que, a se entender incidente a cláusula da reserva de iniciativa do Presidente da República sobre as propostas de emenda à Constituição, sua inobservância traduziria, também, afronta à separação de Poderes, independentemente do conteúdo material da emenda. O desequilíbrio se caracteriza pela ingerência de um poder constituído no terreno exclusivo de outro — o Executivo. Por outro lado, afastada a emenda constitucional do âmbito de incidência da cláusula de reserva de iniciativa legislativa, ainda se lhe impõem os limites materiais do art. 60, § 4°, da CF. Assim, é necessário analisar a EC 74/2013 à luz desse postulado. A respeito, o § 2° do art. 134 da CF, introduzido pela EC 45/2004, deve ser também verificado sob esse aspecto. No ponto, a legitimidade da EC 45/2004, no que assegura autonomia às Defensorias Públicas estaduais, está respaldada pela jurisprudência do STF, embora ainda não tenha sido objeto de análise específica. Entretanto, o art. 60, § 4°, da CF, não veda ao poder constituinte derivado o aprimoramento do desenho institucional de entes com sede na Constituição. Esta, ressalvada a imutabilidade das cláusulas pétreas, consagra, mormente por meio das emendas constitucionais, abertura dinâmica ao redesenho das instituições, com vista a seu aperfeiçoamento, desde que observadas, no processo, as garantias constitucionais voltadas a impedir a deturpação do próprio mecanismo e a preservar a essência constitucional. No caso, sob esse enfoque, a concessão de autonomia às Defensorias Públicas da União, do Distrito Federal e dos Estados-Membros não parece incompatível com a ordem constitucional. Pelo contrário, essa medida é tendente ao aperfeiçoamento do próprio sistema democrático. Nesse contexto, a assistência jurídica aos hipossuficientes é direito fundamental, na linha do amplo acesso à justiça. Além disso, essa arquitetura institucional encontra respaldo em práticas recomendadas pela comunidade jurídica internacional, a exemplo do estabelecido na Assembleia Geral da Organização dos Estados Americanos. Ademais, o art. 127, § 2°, da CF assegura ao Ministério Público autonomia funcional e administrativa. Todavia, nem sempre são legítimas alterações de outra ordem ou em outros segmentos. É indispensável o exame de cada caso, em face do art. 60, § 4°, III, da CF. Ademais, as atribuições da Defensoria Pública não têm vinculação direta com a essência da atividade executiva. Por fim, o Colegiado apontou a ausência de "periculum in mora", tendo em vista o ajuizamento da ação decorrido mais de um ano da promulgação da EC 74/2013. Além disso, o apontado risco de lesão aos cofres públicos não teria relação direta com a emenda, isso porque a Constituição, ao atribuir autonomia, não trata de autonomia financeira, mas sim administrativa e funcional. Nesse sentido, iniciativa de proposta orçamentária — a ser submetida a posterior controle do Legislativo — não implica autonomia orçamentária. Vencidos os Ministros Gilmar Mendes e Marco Aurélio, que deferiram a medida acauteladora. ADI 5296 MC/DF, rel. Min. Rosa Weber, 18.5.2016. (ADI-5296)

(Informativo 826)

▶ Defensoria Pública: autonomia funcional, administrativa e orçamentária - 4

O Plenário concluiu o julgamento conjunto de ações diretas de inconstitucionalidade e de arguição de descumprimento de preceito fundamental em que se discutia a autonomia de Defensorias Públicas estaduais – v. Informativo 802. Na ADI 5.286/AP, debatia-se a constitucionalidade de dispositivos da LC 86/2014 do Estado do Amapá, que atribuem ao chefe do Executivo estadual competências administrativas, como as de prover cargos e de aplicar penalidades no âmbito da Defensoria Pública local. O

Colegiado, por maioria, conheceu parcialmente da ação e julgou o pedido procedente, em parte, para declarar a inconstitucionalidade de expressões que submetem a Defensoria Pública a atos do governador, por ofensa aos artigos 24, XIII e § 1º; e 134, ambos da CF. Reputou que o conhecimento parcial da ação se impõe pelo fato de a via eleita se prestar, no caso, somente à apreciação da referida lei complementar, mas não à análise de atos normativos secundários, atos de efeitos concretos ou, ainda, atos administrativos. No mérito, assinalou que a garantia constitucional do acesso à justiça exige a disponibilidade de instrumentos processuais idôneos à tutela dos bens jurídicos protegidos pelo direito positivo. Nesse sentido, a Constituição atribui ao Estado o dever de prestar assistência jurídica integral aos necessitados. Assim, a Defensoria Pública, instituição essencial à função jurisdicional do Estado, representa verdadeira essencialidade do Estado de Direito. Quanto às Defensorias Públicas estaduais, a EC 45/2004 conferira-lhes autonomia funcional e administrativa, além de iniciativa própria para a elaboração de suas propostas orçamentárias. Além disso, o art. 24 da CF estabelece competências concorrentes entre União e Estados-Membros para legislar sobre certos temas, determinando a edição de norma de caráter genérico na primeira e de caráter específico na segunda hipótese. Consectariamente, as leis estaduais que, no exercício da competência legislativa concorrente, disponham sobre as Defensorias Públicas estaduais devem atender às disposições já constantes das definições de regras gerais realizadas pela LC 80/1994. Na situação dos autos, atribui-se ao governador a incumbência de nomear membros da carreira para diversos cargos elevados dentro da instituição, o que é incompatível com a referida lei complementar e com o texto constitucional. No que se refere à autonomia financeira, as Defensorias Públicas estaduais têm a prerrogativa de formular sua própria proposta orçamentária. Assim, a elas deve ser assegurada a iniciativa de lei para a fixação do subsídio de seus membros (CF, art. 96, II). Vencido o Ministro Marco Aurélio, que julgava o pedido improcedente.

ADI 5286/AP, rel. Min. Luiz Fux, 18.5.2016. (ADI-5286)

ADI 5287/PB, rel. Min. Luiz Fux, 18.5.2016. (ADI-5287)

ADPF 339/PI, rel. Min. Luiz Fux, 18.5.2016. (ADPF-339)

(Informativo 826)

► Defensoria Pública: autonomia funcional, administrativa e orçamentária - 5

Por sua vez, na ADI 5.287/PB, discutia-se a constitucionalidade de ato mediante o qual o governador, por meio da Lei 10.437/2015 do Estado da Paraíba, reduzira unilateralmente valores previstos na LOA destinados à Defensoria Pública, em relação ao que inicialmente proposto pela instituição quando da consolidação da proposta orçamentária enviada ao Legislativo. Nesse caso, o Plenário conheceu parcialmente do pleito e, por maioria, julgou-o procedente para declarar a inconstitucionalidade da lei, sem pronúncia de nulidade, apenas quanto à parte em que fixada a dotação orçamentária à Defensoria Pública estadual, em razão da prévia redução unilateral. Ademais, assentou o entendimento de que é inconstitucional a redução unilateral pelo Poder Executivo dos orçamentos propostos pelos outros Poderes e por órgãos constitucionalmente autônomos, como o Ministério Público e a Defensoria Pública, na fase de consolidação do projeto de lei orçamentária anual, quando tenham sido elaborados em obediência às leis de diretrizes orçamentárias e enviados conforme o art. 99, § 2º, da CF, cabendo-lhe apenas pleitear ao Poder Legislativo a redução pretendida, visto que a fase de apreciação legislativa é o momento constitucionalmente correto para o debate de possíveis alterações no projeto de lei orçamentária. Preliminarmente, por decisão majoritária, o Tribunal afastou questão atinente à eventual prejudicialidade do pedido, tendo em conta o exaurimento da eficácia da LOA para o exercício financeiro de 2015. Entendeu que a impugnação fora feita em tempo adequado, a ação fora incluída em pauta e o julgamento fora iniciado antes do aludido exaurimento de eficácia. Além disso, é necessário pacificar a controvérsia para fins de fixação de precedente, mesmo porque toda LOA possui eficácia exígua. Portanto, condicionar o enfrentamento do tema à eficácia da norma, nessas hipóteses, pode implicar o esvaziamento da possibilidade de controle de constitucionalidade. Vencidos, no tocante à preliminar, os Ministros Edson Fachin, Cármen Lúcia, Marco Aurélio e Ricardo Lewandowski (Presidente), que julgavam o pedido prejudicado, tendo em conta a perda superveniente de objeto. No mérito, o Colegiado, inicialmente, reportou-se aos fundamentos do caso anterior. Acrescentou que as Defensorias Públicas têm a prerrogativa de elaborar e apresentar suas propostas orçamentárias, as quais devem, posteriormente, ser encaminhadas ao Executivo. Há apenas dois requisitos para tanto: a) a proposta orçamentária deve ser elaborada em consonância com o que previsto na respectiva LDO; e b) a proposta deve ser encaminhada em conformidade com a previsão do art. 99, § 2°, da CF. A apreciação das leis orçamentárias deve se dar perante o órgão legislativo correspondente, ao qual cabe deliberar sobre a proposta apresentada, fazendo-lhe as modificações que julgue necessárias. Ressaltou, no ponto, o art. 166 da CF. Na espécie, assinalou que, no momento da consolidação da proposta orçamentária a ser encaminhada à assembleia estadual, o governador reduzira unilateralmente os valores das propostas apresentadas pelo Judiciário, Legislativo, Ministério Público, Tribunal de Contas e Defensoria Pública, apesar de as propostas estarem em conformidade com a LDO, o que afronta a Constituição. Vencido o Ministro Marco Aurélio, que julgava improcedente o pedido.

ADI 5286/AP, rel. Min. Luiz Fux, 18.5.2016. (ADI-5286)

ADI 5287/PB, rel. Min. Luiz Fux, 18.5.2016. (ADI-5287)

ADPF 339/PI, rel. Min. Luiz Fux, 18.5.2016. (ADPF-339)

(Informativo 826)

► **Defensoria Pública: autonomia funcional, administrativa e orçamentária - 6**

No que se refere à ADPF 339/PI, fora ajuizada em face de suposta omissão do governador do Estado do Piauí, consistente na ausência de repasse de duodécimos orçamentários à Defensoria Pública estadual, na forma da proposta originária. O Colegiado, por maioria, julgou procedente o pedido para, diante de lesão aos artigos 134, § 2°; e 168, ambos da CF, determinar ao governador que proceda ao repasse, sob a forma de duodécimos e até o dia 20 de cada mês, da integralidade dos recursos orçamentários destinados à Defensoria Pública estadual pela LOA para o exercício financeiro de 2015, inclusive quanto às parcelas já vencidas, assim também em relação a eventuais créditos adicionais destinados à instituição. Sublinhou serem asseguradas às Defensorias Públicas a autonomia funcional e administrativa, bem como a prerrogativa de formulação de sua proposta orçamentária, por força da Constituição. O repasse de recursos correspondentes, destinados à Defensoria Pública, ao Judiciário, ao Legislativo e ao Ministério Público, sob a forma de duodécimos, é imposição constitucional. O repasse de duodécimos destinados ao Poder Público, quando retidos pelo governo, constitui prática indevida de flagrante violação aos preceitos fundamentais da Constituição. Ademais, o princípio da subsidiariedade, ínsito ao cabimento da arguição, é atendido diante da inexistência, para a autora, de outro instrumento igualmente eficaz ao atendimento célere da tutela constitucional pretendida. Vencido o Ministro Marco Aurélio, que julgava o pedido improcedente.

ADI 5286/AP, rel. Min. Luiz Fux, 18.5.2016. (ADI-5286)

ADI 5287/PB, rel. Min. Luiz Fux, 18.5.2016. (ADI-5287)

ADPF 339/PI, rel. Min. Luiz Fux, 18.5.2016. (ADPF-339)

(Informativo 826)

► Distribuição de medicamento e necessidade de registro sanitário - 1

O Plenário, por decisão majoritária, deferiu medida liminar em ação direta de inconstitucionalidade para suspender a eficácia da Lei 13.269/2016, que autoriza o uso do medicamento fosfoetanolamina sintética por pacientes diagnosticados com neoplasia maligna, a despeito da inexistência de estudos conclusivos no tocante aos efeitos colaterais em seres humanos, bem assim de ausência de registro sanitário da substância perante o órgão competente. O Colegiado entendeu que, ao suspender a exigibilidade de registro sanitário do medicamento, a lei impugnada discrepa da Constituição (art. 196) no tocante ao dever estatal de reduzir o risco de doença e outros agravos à saúde dos cidadãos. O STF, em atendimento ao preceito constitucional, tem proferido decisões a garantir o acesso a medicamentos e tratamentos médicos, cabendo aos entes federados, em responsabilidade solidária, fornecê-los. O caso, entretanto, não se amolda a esses parâmetros. Sucede que, ao dever de fornecer medicamento à população contrapõe-se a responsabilidade constitucional de zelar pela qualidade e segurança dos produtos em circulação no território nacional, ou seja, a atuação proibitiva do Poder Público, no sentido de impedir o acesso a determinadas substâncias. Isso porque a busca pela cura de enfermidades não pode se desvincular do correspondente cuidado com a qualidade das drogas distribuídas aos indivíduos mediante rigoroso crivo científico. Na elaboração do ato impugnado, fora permitida a distribuição do remédio sem o controle prévio de viabilidade sanitária. Entretanto, a aprovação do produto no órgão do Ministério da Saúde é condição para industrialização, comercialização e importação com fins comerciais (Lei 6.360/1976, art. 12). O registro é condição para o monitoramento da segurança, eficácia e qualidade terapêutica do produto, sem o qual a inadequação é presumida. A lei em debate é casuística ao dispensar o registro do medicamento como requisito para sua comercialização, e esvazia, por via transversa, o conteúdo do direito fundamental à saúde. ADI 5501 MC/DF, rel. Min. Marco Aurélio, 19.5.2016. (ADI-5501)

(Informativo 826)

► Distribuição de medicamento e necessidade de registro sanitário - 2

O Tribunal vislumbrou, na publicação do diploma impugnado, ofensa à separação de Poderes. Ocorre que incumbe ao Estado, de modo geral, o dever de zelar pela saúde da população. Entretanto, fora criado órgão técnico, autarquia vinculada ao Ministério da Saúde (Anvisa), à qual incumbe o dever de autorizar e controlar a distribuição de substâncias químicas segundo protocolos cientificamente validados. A atividade fiscalizatória (CF, art. 174) é realizada mediante atos administrativos concretos devidamente precedidos de estudos técnicos. Não cabe ao Congresso, portanto, viabilizar, por ato abstrato e genérico, a distribuição de qualquer medicamento. Assim, é temerária a liberação da substância em discussão sem os estudos clínicos correspondentes, em razão da ausência, até o momento, de elementos técnicos assertivos da viabilidade do medicamento para o bem-estar do organismo humano. Vencidos os Ministros Edson Fachin, Rosa Weber, Dias Toffoli e Gilmar Mendes, que concediam a medida liminar para dar interpretação conforme à Constituição ao preceito impugnado. Reputavam que o uso do medicamento, nos termos da lei, deveria ser autorizado a pacientes em estágio terminal. ADI 5501 MC/DF, rel. Min. Marco Aurélio, 19.5.2016. (ADI-5501)

(Informativo 826)

► Contas de prefeito e competência para julgar - 2

A competência para apreciação das contas dos prefeitos, tanto as de governo quanto as de gestão, para os fins da causa de inelegibilidade prevista no art. 1º, I, "g", da Lei Complementar 64/1990, é das câmaras municipais com o auxílio dos tribunais de contas competentes, cujo parecer prévio somente deixará de prevalecer por decisão de 2/3 dos vereadores, nos termos do art. 31, § 2º, da CF. Essa a conclusão do Plenário ao dar provimento, por maioria, ao RE 848.826/DF. No recurso extraordinário em questão, discutia-se a definição do órgão competente para julgar as contas do chefe do Poder Executivo que age na qualidade de ordenador de despesas: se do Poder Legislativo ou do tribunal de contas.

O Colegiado considerou legítima a candidatura de deputado que tivera o registro indeferido pela justiça eleitoral em razão da rejeição, pelo tribunal de contas, de contas relativas à sua atuação como ordenador de despesas quando era prefeito municipal — v. Informativo 833.

Ponderou que a câmara municipal representaria a soberania popular, o contribuinte e, por isso, teria a legitimidade para o exame. Observou que, nos termos do Decreto-lei 201/1967, que dispõe sobre a responsabilidade dos prefeitos e vereadores, a câmara legislativa teria, inclusive, poder de verificar os crimes de responsabilidade, entre os quais o de malversação do dinheiro público.

Vencidos os Ministros Roberto Barroso (relator), Teori Zavascki, Rosa Weber, Luiz Fux e Dias Toffoli, que negavam provimento ao recurso.

Destacavam que o ato de fiscalizar a Administração Pública compreende o exame da prestação de contas de duas naturezas: contas de governo e contas de gestão. Assentavam que a competência para julgamento seria atribuída à casa legislativa ou ao tribunal de contas em função da natureza das contas prestadas e não do cargo ocupado pelo administrador.

Esclareciam que as contas de governo, também denominadas de desempenho ou de resultado, objetivariam demonstrar o cumprimento do orçamento dos planos e programas de governo. Referir-se-iam, portanto, à atuação do chefe do Poder Executivo como agente político. Pontavam que a Constituição reserva à casa legislativa correspondente a competência para julgá-las em definitivo, mediante parecer prévio do tribunal de contas, conforme determina o art. 71, I, da Constituição.

Por sua vez, as contas de gestão, também conhecidas como contas de ordenação de despesas possibilitariam o exame não dos gastos globais, mas de cada ato administrativo que comporia a gestão contábil, financeira, orçamentária, operacional e patrimonial do ente público quanto à legalidade, à legitimidade e à economicidade. Por isso, a competência para julgá-las em definitivo seria do tribunal de contas, sem a participação da casa legislativa, conforme determina o art. 71, II, da Constituição.

Consignavam que essa sistemática seria aplicável aos estados-membros e municípios por força do art. 75, "caput", da Constituição.

RE 848826/DF, rel. orig. Min. Roberto Barroso, red. p/ o acórdão Min. Ricardo Lewandowski, 10.8.2016. (RE-848826). Informativo 834

► Contas de prefeito e competência para julgar - 3

Ao analisar o RE 729.744/MG, apreciado conjuntamente com o RE 848.826/DF (acima noticiado), a Corte, por decisão majoritária, negou provimento ao recurso extraordinário.

No caso, a controvérsia diz respeito à competência exclusiva da câmara municipal para o julgamento das contas de prefeito, sendo o parecer prévio do tribunal de contas meramente opinativo.

O Plenário manteve o deferimento do pedido de registro de candidato ao cargo de prefeito que tivera suas contas rejeitadas pelo tribunal de contas estadual.

Frisou que, no tocante às contas do chefe do Poder Executivo, a Constituição conferiria ao Poder Legislativo, além do desempenho de funções institucionais legiferantes, a função de controle e fiscalização de contas, em razão de sua condição de órgão de Poder, a qual se desenvolveria por meio de processo político-administrativo, cuja instrução se iniciaria na apreciação técnica do tribunal de contas.

No âmbito municipal, o controle externo das contas do prefeito também constituiria uma das prerrogativas institucionais da câmara dos vereadores, exercida com o auxílio dos tribunais de contas do estado ou do município, nos termos do art. 31 da CF.

Ressaltou que a expressão "só deixará de prevalecer", constante do § 2º do citado artigo, deveria ser interpretada de forma sistêmica, de modo a se referir à necessidade de quórum qualificado para a rejeição do parecer emitido pela corte de contas.

O Tribunal avaliou que, se caberia exclusivamente ao Poder Legislativo o julgamento das contas anuais do chefe do Executivo, com mais razão não se poderia conferir natureza jurídica de decisão, com efeitos imediatos, ao parecer emitido pelo tribunal de contas que opinasse pela desaprovação das contas de prefeito até manifestação expressa da câmara municipal.

O entendimento de que o parecer conclusivo do tribunal de contas produziria efeitos imediatos, que se tornariam permanentes no caso do silêncio da casa legislativa, ofenderia a regra do art. 71, I, da CF. Essa previsão dispõe que, na análise das contas do Chefe do Poder Executivo, os tribunais de contas emitiriam parecer prévio, consubstanciado em pronunciamento técnico, sem conteúdo deliberativo, com o fim de subsidiar as atribuições fiscalizadoras do Poder Legislativo, que não estaria obrigado a se vincular à manifestação opinativa daquele órgão auxiliar.

O ordenamento jurídico pátrio não admitiria o julgamento ficto de contas, por decurso de prazo, sob pena de permitir-se à câmara municipal delegar ao tribunal de contas, órgão auxiliar, competência constitucional que lhe seria própria, além de criar-se sanção ao decurso de prazo, inexistente na Constituição.

Do mesmo modo, não se conformariam com o texto constitucional previsões normativas que considerassem recomendadas as contas do município nos casos em que o parecer técnico não fosse emitido no prazo legal e permitissem às câmaras municipais o seu julgamento independentemente do parecer do tribunal de contas.

Ademais, seria importante sublinhar que, na apreciação das contas anuais do prefeito, não haveria julgamento dele próprio, mas deliberação sobre a exatidão da execução orçamentária do município. A rejeição das contas teria o condão de gerar, como consequência, a caracterização da inelegibilidade do prefeito, nos termos do art. 1º, I, "g", da Lei Complementar 64/1990. Não se poderia admitir, dentro desse sistema, que o parecer opinativo do tribunal de contas tivesse o condão de gerar tais consequências ao chefe de Poder local.

Ressaltou, entretanto, que, no caso de a câmara municipal aprovar as contas do prefeito, o que se afastaria seria apenas a sua inelegibilidade. Os fatos apurados no processo político-administrativo poderiam dar ensejo à sua responsabilização civil, criminal ou administrativa.

Vencidos os Ministros Luiz Fux e Dias Toffoli, que proviam o recurso. Aduziam que o parecer prévio emitido pelo tribunal de contas apenas deixaria de prevalecer por decisão de dois terços dos membros do Poder Legislativo local. Esse documento, então, passaria a produzir efeitos integralmente a partir de sua edição. A eficácia cessaria, porém, se e quando apreciado e rejeitado por deliberação dos vereadores. Analisou que entendimento contrário teria a consequência prática de tornar o parecer emitido pelo órgão competente um nada jurídico, dado o efeito paralisante de omissão do Poder Legislativo.

Em seguida, o Tribunal suspendeu o julgamento e deliberou fixar a tese da repercussão geral em outra assentada.

RE 848826/DF, rel. orig. Min. Roberto Barroso, red. p/ o acórdão Min. Ricardo Lewandowski, 10.8.2016. (RE-848826). Informativo 834

▶ Cassação de mandato parlamentar e autocontenção do Judiciário

O Plenário, por maioria, denegou a ordem em mandado de segurança impetrado por deputado federal contra atos da Comissão de Constituição, Justiça e Cidadania (CCJC) e do Conselho de Ética (COÉTICA), ambos da Câmara dos Deputados, que culminaram na recomendação ao plenário da Casa Legislativa pela cassação do mandato do impetrante com fundamento em quebra de decoro parlamentar. A impetração sustentava, em síntese, a existência de direito líquido e certo, consubstanciado nos seguintes argumentos: a) suspensão do processo político-parlamentar, inclusive para fins de defesa e obstrução; b) processamento pela autoridade competente, garantia que teria sido violada em razão do impedimento do relator, por identidade com o bloco parlamentar do impetrante; c) devido processo legal, contraditório e ampla defesa como estabilidade da acusação (em referência ao aditamento da representação e da respectiva instrução); d) votação pelo sistema eletrônico, e não nominal, no conselho de ética, o que teria gerado "efeito manada"; e e) observância do quórum de instalação da sessão na CCJC (maioria absoluta), o que teria sido afrontado pelo cômputo de suplentes em duplicata com os respectivos titulares. O Colegiado assentou, de início, que o STF somente deve interferir em procedimentos legislativos para assegurar o cumprimento da Constituição, proteger direitos fundamentais e resguardar os pressupostos de funcionamento da democracia e das instituições republicanas. Exemplo típico da jurisprudência nesse sentido é a preservação dos direitos das minorias. Entretanto, nenhuma das hipóteses ocorre no caso. Além disso, a suspensão do exercício do mandato do impetrante, por decisão do STF em sede cautelar penal, não gera direito à suspensão do processo de cassação do mandato, pois ninguém pode se beneficiar da própria conduta reprovável. Portanto, inexiste direito subjetivo a dilações indevidas ou ofensa à ampla defesa. Destacou que o precedente formado no MS 25.579 MC/DF (DJe de 19.10.2005) não se aplica à espécie, pois se referia a parlamentar afastado para exercer cargo no Executivo e responsabilizado por atos lá praticados. Naquele caso, aliás, a medida liminar fora indeferida, pois se reputara a infração enquadrada no Código de Ética e Decoro Parlamentar. O Tribunal também afirmou que a alegação de que o relator do processo no conselho de ética estaria impedido por integrar o mesmo bloco parlamentar do impetrante, por pressupor debate sobre o momento relevante para aferição da composição dos blocos, não configura situação justificadora de intervenção judicial, conforme decisão proferida nos autos do MS 33.729 MC/DF (DJe de 4.2.2016). Ademais, não há que se falar em transgressão ao contraditório decorrente do aditamento da denúncia, providência admitida até em sede de processo penal. O impetrante tivera todas as possibilidades de se defender, o que fora feito de forma ampla e tecnicamente competente. Sublinhou, de igual modo, a ausência de ilicitude na adoção da votação nominal do parecer no conselho de ética, forma que mais privilegia a transparência e o debate parlamentar, adotada até em hipóteses mais graves do que a ora em discussão. Nesse sentido, cabe deferência para com a interpretação regimental acolhida pelo órgão parlamentar, inclusive à vista das dificuldades para aplicação do art. 187, § 4°, do regimento interno daquela instituição fora do plenário da Câmara dos Deputados. Inexiste vedação expressa a embasar a alegação do impetrante e tampouco ocorrera o denominado "efeito manada". Por fim, a Corte registrou a validade do quórum de instalação da sessão na CCJC. Lembrou que os suplentes a que se refere o regimento interno são dos partidos (ou dos blocos de partidos), e não 10 propriamente dos titulares ausentes. Não haveria um suplente para cada titular. Além disso, o art. 58, § 1°, da CF, alude à representação proporcional dos partidos ou blocos na composição das mesas e de cada comissão, e não ao quórum de instalação das sessões. Vencido o Ministro Marco Aurélio, que concedia a segurança. Entendia impor-se a suspensão do processo tendo em conta o afastamento do impetrante do exercício do mandato. Além disso, considerava procedente a alegação de irregularidade no quórum de votação. Por fim, também deferia o pedido tendo em conta o impedimento do relator na Casa Legislativa. MS 34327/DF, rel. Min. Roberto Barroso, 8.9.2016. (MS-34327) (Informativo 838, Plenário)

► Deliberação negativa do CNJ e competência do STF

Não compete ao Supremo Tribunal Federal (STF) apreciar originariamente pronunciamento do Conselho Nacional de Justiça (CNJ) que tenha julgado improcedente pedido de cassação de ato normativo editado por vara judicial. 6 A Segunda Turma reiterou, assim, jurisprudência firmada no sentido de que não cabe ao STF o controle de deliberações negativas do CNJ, isto é, daquelas que simplesmente tenham mantido decisões de outros órgãos (MS 32.729 AgR/RJ, rel. min. Celso de Mello, 2ª T, DJe de 10-2-2015). MS 33085/DF, rel. min. Teori Zavascki, julgamento em 20-9-2016.(MS-33085) (Informativo 840, 2ª Turma)

► ADI e "vaquejada" - 6

O Plenário, em conclusão e por maioria, julgou procedente ação direta para declarar a inconstitucionalidade da Lei 15.299/2013 do Estado do Ceará, que regulamenta a atividade de "vaquejada", em que uma dupla de vaqueiros montados em cavalos distintos busca derrubar um touro dentro de uma área demarcada — v. Informativos 794 e 828. 4 Na espécie, o requerente sustentava a ocorrência de exposição dos animais a maus-tratos e crueldade, ao passo que o governador do Estado-membro defendia a constitucionalidade da norma, por versar patrimônio cultural do povo nordestino. Haveria, portanto, conflito de normas constitucionais sobre direitos fundamentais — de um lado, o art. 225, § 1º, VII; de outro, o art. 215. O requerente alegava que o art. 225 da CF consagraria a proteção da fauna e da flora como modo de assegurar o direito ao meio ambiente sadio e equilibrado. Seria, portanto, direito fundamental de terceira geração, fundado na solidariedade, de caráter coletivo ou difuso, dotado de altíssimo teor de humanismo e universalidade. Tal manutenção do ecossistema beneficiaria as gerações do presente e do futuro, visto que o indivíduo é considerado titular do direito e, ao mesmo tempo, destinatário dos deveres de proteção ("direito dever" fundamental). Sustentava que o STF, ao constatar conflito entre normas de direitos fundamentais, ainda que presente a manifestação cultural, conferiria interpretação mais favorável à proteção ao meio ambiente, sobretudo quando verificada situação de inequívoca crueldade contra animais. Tudo isso demonstra preocupação maior com a manutenção, em prol dos cidadãos de hoje e de amanhã, das condições ecologicamente equilibradas para uma vida mais saudável e segura. O Tribunal asseverou ter o autor juntado laudos técnicos comprobatórios das consequências nocivas à saúde dos bovinos, tais como fraturas nas patas, ruptura dos ligamentos e dos vasos sanguíneos, traumatismos e deslocamento da articulação do rabo e até seu arrancamento, das quais resultariam comprometimento da medula espinhal e dos nervos espinhais, dores físicas e sofrimento mental. Ante os dados empíricos evidenciados pelas pesquisas, é indiscutível o tratamento cruel dispensado às espécies animais envolvidas, em descompasso com o preconizado no art. 225, § 1º, VII, da CF. À parte das questões morais relacionadas ao entretenimento à custa do sofrimento dos animais, a crueldade intrínseca à "vaquejada" não permite a prevalência do valor cultural como resultado desejado pelo sistema de direitos fundamentais da Constituição. Portanto, o sentido da expressão "crueldade" constante da parte final do inciso VII do § 1º do art. 225 da CF alcança a tortura e os maus-tratos infligidos aos bovinos durante a prática impugnada, de modo a tornar intolerável a conduta humana autorizada pela norma estadual atacada. Vencidos os ministros Edson Fachin, Gilmar Mendes, Teori Zavascki, Luiz Fux e Dias Toffoli, que julgavam o pedido improcedente. ADI 4983/CE, rel. min. Marco Aurélio, julgamento em 6-10-2016. (Informativo 842)

▶ Prejudicialidade e comunicação de revogação de ato normativo após julgamento de ADI

Deve-se afastar a prejudicialidade de ação direta de inconstitucionalidade caso o Supremo Tribunal Federal tenha julgado o mérito da ação sem ter sido comunicado previamente a respeito da revogação da norma atacada. Com base nesse entendimento, o Plenário, por maioria, rejeitou embargos de declaração. No caso, antes do julgamento do feito em 18.11.2004, a Lei Complementar 78/1993 – declarada inconstitucional – havia sido totalmente revogada pela Lei Complementar 255, de 12 de janeiro de 2004, ambas do Estado de Santa Catarina. Entretanto, essa revogação foi informada somente em embargos de declaração e após o Supremo Tribunal Federal ter julgado o mérito da ação e reconhecido a inconstitucionalidade da norma. A jurisprudência do Supremo Tribunal Federal consolidou-se no sentido de que a revogação de norma cuja constitucionalidade é questionada por meio de ação direta enseja a perda superveniente do objeto da ação. Entretanto, devem ser excepcionados desse entendimento os casos em que há indícios de fraude à jurisdição da Corte, como, por exemplo, quando a norma é revogada com o propósito de evitar a declaração da sua inconstitucionalidade. Da mesma forma, é preciso preservar o trabalho já efetuado pelo Tribunal, bem como evitar que a constatação da efetiva violação à ordem constitucional se torne inócua. Portanto, permitir que se pleiteie a desconstituição do julgamento em embargos de declaração depois de decidido o mérito da ação equivaleria a abrir à parte a possibilidade de manipular a decisão do Supremo. Assim, se esta lhe for favorável, bastará não invocar a perda de objeto e usufruir de seus efeitos. Se, ao contrário, lhe for desfavorável, o reconhecimento da prejudicialidade a imunizará contra os efeitos do reconhecimento da inconstitucionalidade. Ademais, como a revogação da lei catarinense não foi alegada antes do julgamento do mérito, não é possível falar em omissão, obscuridade ou contradição nem há também, por esse motivo, fundamento para acolher os embargos de declaração. Além disso, a lei efetivamente vigeu durante um determinado período, de modo que a revogação e a prejudicialidade dessa ação fariam com que fossem produzidos efeitos válidos por um lapso temporal. Vencido o ministro Marco Aurélio, que provia os embargos para declarar insubsistente o acórdão proferido. Afirmava que não se poderia presumir fraude por parte da assembleia legislativa. Pontuava que a revogação da lei antecedeu ao julgamento verificado. Desse modo, à época do julgamento, já não havia mais o ato normativo abstrato autônomo. ADI 951 ED/SC, rel. Min. Roberto Barroso, 27.10.2016. (ADI-951) (Informativo 845, Plenário)

▶ Administração municipal e publicidade de bebidas alcoólicas ou de cigarros - 2

A Segunda Turma, em conclusão de julgamento e por maioria, deu provimento ao recurso extraordinário interposto contra acórdão que declarava a inconstitucionalidade da Lei 12.643/1998 do Município de São Paulo. De iniciativa parlamentar, o normativo veda a realização, em bens imóveis do Município, de eventos patrocinados ou copatrocinados por empresas produtoras, distribuidoras, importadoras ou representantes de bebidas alcoólicas ou de cigarros, com a utilização de propaganda — v. Informativo 381. O recorrente alegava que as hipóteses de iniciativa legislativa do prefeito para deflagrar o processo legislativo no Município deveriam ser interpretadas de forma restritiva e não ampliativa, sob pena de afronta ao princípio da harmonia e independência entre os Poderes. 8 Para o Colegiado, a Lei 12.643/1998 não invadiu a esfera de atribuição própria do Poder Executivo. A competência do prefeito para exercer a administração do patrimônio municipal não impede que o Poder Legislativo estabeleça, mediante lei, limitações à realização, em imóveis do Município, de eventos patrocinados por empresas ligadas ao comércio de cigarros e de bebidas alcoólicas. Além disso, consignou que a realização de eventos não se enquadra nas atividades de mera administração dos bens públicos, sendo legítima sua regulamentação por lei. A Turma decidiu, ainda, que não houve desrespeito ao art. 22, XXIX, da Constituição Federal — que atribui à União a competência privativa para legislar sobre propaganda comercial. A Lei municipal 12.643/1998 não limita a veiculação de propagandas comerciais por distribuidoras de cigarro e de bebidas alcoólicas, mas apenas proíbe a realização, em imóveis do Município, de eventos patrocinados por empresas envolvidas no comércio dessas substâncias. Concluiu, dessa forma, que a restrição imposta pela lei local recai sobre a Administração Pública municipal e não sobre as empresas comercializadoras de cigarros e bebidas alcóolicas, encontrando-se, por conseguinte, no âmbito de competência do Poder Legislativo local. Vencida a ministra Ellen Gracie (relatora), que negava provimento ao recurso. RE 305470/SP, rel. orig. Min. Ellen Gracie, rel. p/ o ac. Min. Teori Zavascki, 18.10.2016. (RE-305470) (Informativo 844, 2ª Turma)

► Ato de efeitos concretos e Enunciado 10 da Súmula Vinculante - 2

A Segunda Turma, em conclusão e por maioria, negou provimento a agravo regimental interposto contra decisão que havia desprovido reclamação em que se discutia se órgão fracionário de tribunal regional federal, ao afastar a aplicação do Decreto Legislativo 006/2010, editado pela Assembleia Legislativa do Estado de Roraima, teria violado o Enunciado 10 da Súmula Vinculante ["Viola a cláusula de reserva de plenário (CF, art. 97) a decisão de órgão fracionário de tribunal que, embora não declare expressamente a inconstitucionalidade de lei ou ato normativo do Poder Público, afasta sua incidência, no todo ou em parte"]. O referido decreto havia sustado o andamento de ação penal movida contra deputado estadual, com fundamento no art. 53, § 3º, da Constituição Federal e no art. 34, §§ 4º e 5º, da Constituição do Estado de Roraima — v. Informativo 788. O agravante sustentava que o ato normativo possuiria grau de abstração, generalidade e impessoalidade suficientes a exigir a observância do art. 97 da CF e do Enunciado 10 da Súmula Vinculante. O Colegiado considerou que, em razão de o mencionado decreto legislativo não constituir lei em sentido formal ou material, nem possuir caráter de ato normativo, não se aplica ao caso a regra do art. 97 da CF, inexistindo, dessa forma, ofensa ao Enunciado 10 da Súmula Vinculante. Ademais, por ter um destinatário específico e referir-se a uma dada situação individual e concreta, exaurindo-se no momento de sua promulgação, o decreto não atende às exigências de abstração, generalidade e impessoalidade, o que caracteriza típico ato estatal de efeitos concretos. Vencidos os ministros Gilmar Mendes e Dias Toffoli, que proviam o agravo. Rcl 18165 AgR/RR, rel. Min. Teori Zavascki, 18.10.2016. (Rcl-18165) (Informativo 844, 2ª Turma)

► Cabimento de reclamação e Enunciado 10 da Súmula Vinculante

Reclamação constitucional fundada em afronta ao Enunciado 10 da Súmula Vinculante do Supremo Tribunal Federal ["Viola a cláusula de reserva de plenário (CF, art. 97) a decisão de órgão fracionário de Tribunal que, embora não declare expressamente a inconstitucionalidade de lei ou ato normativo do poder público, afasta sua incidência, no todo ou em parte"] não pode ser usada como sucedâneo de recurso ou de ação própria que analise a constitucionalidade de normas que foram objeto de interpretação idônea e legítima pelas autoridades jurídicas competentes. Com base nesse entendimento, a Primeira Turma, por maioria, negou provimento a agravo regimental em que se discutia o cabimento de reclamação, por violação ao referido verbete sumular, em razão de o acórdão reclamado ter afastado o art. 25, § 1°, da Lei 8.987/1995 ("§ 1° Sem prejuízo da responsabilidade a que se refere este artigo, a concessionária poderá contratar com terceiros o desenvolvimento de atividades inerentes, acessórias ou complementares ao serviço concedido, bem como a implementação de projetos associados"). No caso, o tribunal de origem – ao interpretar decisão da Corte proferida na ADPF 46 firmando entendimento de persistir o monopólio postal conferido à Empresa Brasileira de Correios e Telégrafos (ECT) – assentou que a reclamante, concessionária de energia elétrica, não poderia efetuar a contratação de empresa terceirizada para a entrega de fatura referente à leitura dos medidores de energia. A Turma, por sua vez, consignou não ser possível analisar na reclamação se a restrição imposta pela decisão reclamada, na qual se afirmava "legal e constitucional a atividade de emitir faturas e fazer com que cheguem no tempo e no prazo nas mãos dos usuários", foi uma declaração de inconstitucionalidade parcial implícita do disposto no art. 25, §1°, da Lei 8.987/1995. Afinal, isso extrapola o objeto daquela ação. Ressaltou que o entendimento prevalecente na Suprema Corte é o de que não afronta o Enunciado 10 da Súmula Vinculante, nem a regra do art. 97 da Constituição Federal, o ato da autoridade judiciária que deixa de aplicar a norma infraconstitucional por entender não haver subsunção aos fatos ou, ainda, que a incidência normativa seja resolvida mediante a sua mesma interpretação, sem potencial ofensa direta à Constituição. No caso da presente reclamação, interpretou-se a legislação infraconstitucional respectiva (Lei 8.987/1995), à luz da decisão proferida pelo Supremo Tribunal Federal na ADPF 46, sem qualquer indício de declaração de inconstitucionalidade da referida norma. Além de a questão posta já se encontrar judicializada em sede de recurso extraordinário com repercussão geral reconhecida, dúvida razoável acerca da interpretação das normas infraconstitucionais não é hipótese de cabimento de reclamação. Vencidos os ministros Roberto Barroso e Marco Aurélio, os quais davam provimento ao agravo regimental. No caso, sublinhavam ter havido vulneração ao referido enunciado sumular e ter a decisão reclamada deixado de aplicar a Lei 8.987/1995, o que negaria vigência a esse dispositivo sem declará-lo inconstitucional. Além disso, o ministro Roberto Barroso acentuava que a terceirização, tanto por força de lei, como pela jurisprudência do Tribunal Superior do Trabalho, seria plenamente admissível. Rcl 24284/SP, rel. Min. Edson Fachin, julgamento em 22.11.2016. (Rcl-24284) (Informativo 848)

► **Direito Constitucional - Conselho Nacional de Justiça. CNJ: interpretação do art. 102, I, "r", da Constituição Federal e não aplicação de lei inconstitucional.**

O Plenário julgou improcedente pedido formulado por sindicato em ação anulatória cujo objetivo era anular decisão administrativa do Conselho Nacional de Justiça (CNJ), que determinou a exoneração de todos os nomeados para os cargos em comissão criados pela Lei 8.223/2007 do Estado da Paraíba.

Considerou válida a atuação do CNJ e declarou incidentalmente a inconstitucionalidade do art. 5° da mencionada lei paraibana. Denegou, ainda, uma série de mandados de segurança, nos quais suscitadas as mesmas questões postas na ação anulatória, com a consequente cassação das liminares deferidas na ação cautelar preparatória da ação anulatória e nas referidas impetrações.

O Tribunal, preliminarmente e por maioria, decidiu manter sua competência para o processamento e o julgamento da ação anulatória.

Prevaleceu o voto da ministra Cármen Lúcia (relatora) no sentido de que deveria ser mitigada, no caso, a interpretação restritiva às ações de natureza mandamental, conferida ao art. 102, I, "r", da Constituição no julgamento da AO 1.814 QO/MG (DJE de 3.12.2014) e da ACO 1.680-AgR/AL (DJE de 1º.12.2014).

A relatora entendeu que a mencionada restrição resultaria em conferir à Justiça Federal de primeira instância a possibilidade de definir os poderes atribuídos ao CNJ para o cumprimento de sua missão, subvertendo, assim, a relação hierárquica constitucionalmente estabelecida.

Ademais, considerou que, se aplicado o entendimento de restrição formal da alínea "r" do permissivo constitucional, a ação ordinária deveria ser submetida ao regime de competência estabelecido pelas normas comuns de direito processual e encaminhada à Justiça Federal de primeira instância, nos termos do art. 109, I, da CF. Entretanto, continuariam no STF os mandados de segurança individuais apensados à ação ordinária. A reunião dessas ações teria sido determinada para garantir, com a tramitação e o julgamento conjuntos, a prolação de decisões harmônicas sobre a legitimidade da situação jurídica afetada pelo CNJ. As dificuldades resultantes do encaminhamento da ação ordinária coletiva ao juízo de primeiro grau seriam evidentes, se considerada a ausência de correlação entre os efeitos do seu julgamento e os mandados de segurança individuais.

Vencido, no ponto, o ministro Marco Aurélio, que mantinha a orientação fixada no julgamento da Ação Originária 1.814 QO/MG e reputava a Corte incompetente para julgar a ação.

No mérito, o Plenário concluiu que o CNJ teria agido com base no art. 103-B, § 4º, II, da CF, nos limites da sua competência, ao afastar a validade dos atos administrativos e a aplicação de lei estadual na qual embasados e reputada contrária ao princípio constitucional de ingresso no serviço público por concurso público, pela ausência dos requisitos caracterizadores do cargo comissionado. Ressaltou o fato de a Corte, no julgamento da ADI 3.233/PB (DJU de 14.9.2007), já ter declarado a inconstitucionalidade, por ofensa ao art. 37, V, da CF, de dispositivos de leis paraibanas anteriores que teriam criado cargos comissionados de agente judiciário de vigilância com as atribuições de prestar serviços de vigilância e segurança.

Salientou entendimento doutrinário segundo o qual as leis inconstitucionais não são normas atendíveis, porque colidem com mandamento de uma lei superior, que é a Constituição. Embora o enfoque desse entendimento se dirija à atuação do chefe do Poder Executivo, as premissas seriam aplicáveis aos órgãos administrativos autônomos, constitucionalmente incumbidos da tarefa de controlar a validade dos atos administrativos, tais como o TCU, o CNMP e o CNJ.

No que se refere ao CNJ, o Plenário mencionou fundamento constante do julgamento da ADI 12 MC/DF (DJE de 1º.9.2006), no sentido de se extrair do núcleo normativo implícito do art. 103-B, § 2º, II, da CF competência do órgão de controle administrativo, financeiro e disciplinar da magistratura nacional para dispor, primariamente, sobre cada qual dos quatro núcleos expressos, na lógica pressuposição de que a competência para zelar pela observância do art. 37 da CF e ainda baixar os atos de sanação de condutas eventualmente contrárias à legalidade é poder que traz consigo a dimensão da normatividade em abstrato, que já é forma de prevenir a irrupção de conflitos.

Asseverou, portanto, ter-se entre as competências constitucionalmente atribuídas ao CNJ a possibilidade de afastar, por inconstitucionalidade, a aplicação de lei aproveitada como base de ato administrativo objeto de controle e determinar aos órgãos submetidos a seu espaço de influência a observância desse entendimento, por ato expresso e formal tomado pela maioria absoluta de seus membros.

Frisou, ademais, não ter havido declaração de inconstitucionalidade da qual resultasse a anulação ou revogação da lei discutida, com exclusão de sua eficácia. Ou seja, houve a nulidade dos atos questionados por ser considerada inaplicável, administrativamente, lei estadual com vício de inconstitucionalidade, com a vinculação apenas da atuação de órgão judicial cujos atos administrativos foram submetidos ao controle do CNJ. Assim, não se haveria de cogitar de usurpação da competência do STF, a qual seria passível de impugnação por meio constitucional próprio, como se dera por meio da ADI 4.867/PB.

O Tribunal reconheceu, também, não ter havido desrespeito ao contraditório dos servidores atingidos pela decisão do CNJ. Explicou que, sendo exoneráveis "ad nutum" e não configurando a exoneração punição por ato a eles imputado, seria prescindível a atuação de cada um dos interessados no processo administrativo, notadamente pela ausência de questão de natureza subjetiva na matéria discutida pelo órgão de controle do Poder Judiciário.

Ressaltou, ainda, que deveria ser examinada a higidez constitucional do dispositivo da lei paraibana, de forma incidental, diante da mera possibilidade de ser julgado improcedente o pedido formulado na ADI 4.867/PB. Isso evitaria o risco de se afastarem desnecessariamente os ocupantes dos cargos criados pelo dispositivo discutido, com a consequente interrupção dos serviços por eles prestados para o Poder Judiciário local e com a supressão do pagamento da remuneração percebida, com grave implicação no orçamento familiar desses servidores. Ademais, o sindicato autor teria sustentado, expressamente, a constitucionalidade do dispositivo afastado pelo CNJ, não sendo possível que o STF se abstivesse do exame dessa matéria, sob pena de negar a prestação jurisdicional requerida.

Concluiu, que, além dos indícios de ofensa ao que decidido na ADI 3.233/PB, a leitura das atribuições conferidas ao cargo criado pelo art. 5° da Lei paraibana 8.223/2007 evidenciaria burla ao art. 37, V, da CF. O dispositivo questionado não explicita as atividades a serem desenvolvidas pelos nomeados para o exercício do cargo comissionado de "assistente de administração". Limita-se a atribuir-lhes o desempenho de "atividades administrativas", expressão de conceito jurídico indeterminado a legitimar a conclusão do CNJ no sentido de que os comissionados não passam de "assistentes para múltiplas funções, ou seja, comandados para execução de operações materiais burocráticas".

Pet 4656/PB, rel. Min. Cármen Lúcia, julgamento em 19.12.2016. (Pet-4656) (informativo 851).

INFORMATIVOS 2017

► Crime ambiental de caráter transnacional e competência

Compete à Justiça Federal processar e julgar o crime ambiental de caráter transnacional que envolva animais silvestres, ameaçados de extinção e espécimes exóticas ou protegidas por compromissos internacionais assumidos pelo Brasil. Com base nesse entendimento, o Plenário deu provimento ao recurso extraordinário em que se discutia a justiça competente para processar e julgar crimes ambientais transnacionais. O Tribunal afirmou que as florestas, a fauna e a flora estão protegidas, no ordenamento jurídico inaugurado pela Constituição de 1988, como poder-dever comum da União, dos Estados, do Distrito Federal e dos Municípios (CF/1988, art. 23, VII). 8 Ressaltou que a Carta Magna dispõe que "todos têm direito ao meio ambiente ecologicamente equilibrado, bem de uso comum do povo e essencial à sadia qualidade de vida, impondo-se ao Poder Público e à coletividade o dever de defendê-lo e preservá-lo para as presentes e futuras gerações" (CF/1988, art. 225, "caput"), incumbindo ao Poder Público "proteger a fauna e a flora, vedadas, na forma da lei, as práticas que coloquem em risco sua função ecológica, provoquem a extinção de espécies ou submetam os animais a crueldade" (CF/1988, art. 225, § 1º, VII). Asseverou que a competência da Justiça estadual é residual, em confronto com a Justiça Federal, à luz da Constituição Federal e da jurisprudência do Supremo Tribunal Federal. Consignou que a competência da Justiça Federal aplica-se aos seguintes crimes ambientais, que também se enquadram nas hipóteses previstas na Constituição, quando: a) atentarem contra bens, serviços ou interesses diretos e específicos da União ou de suas entidades autárquicas; b) previstos tanto no direito interno quanto em tratado ou convenção internacional, tiverem a execução iniciada no País, mas o resultado tenha ou devesse ter ocorrido no estrangeiro, ou na hipótese inversa; c) tiverem sido cometidos a bordo de navios ou aeronaves; d) houver grave violação de direitos humanos; ou ainda e) guardarem conexão ou continência com outro crime de competência federal, ressalvada a competência da Justiça Militar e da Justiça Eleitoral, conforme previsão expressa da Constituição. A razão de ser das normas consagradas no direito interno e no direito convencional conduz à conclusão de que a transnacionalidade do crime ambiental de exportação de animais silvestres atinge interesse direto, específico e imediato da União, voltado à garantia da segurança ambiental no plano internacional, em atuação conjunta com a comunidade das nações. Portanto, o envio clandestino de animais silvestres ao exterior reclama interesse direto da União no controle de entrada e saída de animais do território nacional, bem como na observância dos compromissos do Estado brasileiro com a comunidade internacional, para a garantia conjunta de concretização do que estabelecido nos acordos internacionais de proteção do direito fundamental à segurança ambiental. Assim, a natureza transnacional do delito ambiental de exportação de animais silvestres atrai a competência da Justiça Federal, nos termos do art. 109, IV, da CF/1988. RE 835558/SP, rel. Min. Luiz Fux, julgamento em 9.2.2017. (RE-835558) (Informativo 853, Plenário, Repercussão Geral)

► Direito de greve e carreiras de segurança pública

O exercício do direito de greve, sob qualquer forma ou modalidade, é vedado aos policiais civis e a todos os servidores públicos que atuem diretamente na área de segurança pública. É obrigatória a participação do Poder Público em mediação instaurada pelos órgãos classistas das carreiras de segurança pública, nos termos do art. 165

do Código de Processo Civil (CPC), para vocalização dos interesses da categoria. Com base nessas orientações, o Plenário, por maioria, deu provimento ao recurso extraordinário com agravo interposto contra acórdão que concluiu pela impossibilidade de extensão aos policiais civis da vedação do direito à greve dos policiais militares. Prevaleceu o voto do ministro Alexandre de Moraes. Para ele, a interpretação teleológica dos arts. 9°, 37, VII, e 144 da Constituição Federal (CF) veda a possibilidade do exercício de greve a todas as carreiras policiais previstas no citado art. 144. Não seria necessário, ademais, utilizar de analogia com o art. 142, § 3°, IV, da CF, relativamente à situação dos policiais militares. Esclareceu que a Constituição tratou das carreiras policiais de forma diferenciada ao deixá-las de fora do capítulo específico dos servidores públicos. Segundo o ministro, as carreiras policiais são carreiras de Estado sem paralelo na atividade privada, visto que constituem o braço armado do Estado para a segurança pública, assim como as Forças Armadas são o braço armado para a segurança nacional. Diversamente do que ocorre com a educação e a saúde — que são essenciais para o Estado, mas têm paralelo na iniciativa privada —, não há possibilidade de exercício de segurança pública seja ostensiva pela Polícia Militar, seja de polícia judiciária pela Polícia Civil e pela Polícia Federal, na União. Em outras palavras, não há possibilidade de nenhum outro órgão da iniciativa privada suprir essa atividade, que, por si só, é importantíssima e, se paralisada, afeta ainda o exercício do Ministério Público e do próprio Poder Judiciário. Por isso, considerou que a segurança pública, privativa do Estado, deve ser tratada de maneira diferenciada tanto para o bônus quanto para o ônus. Observou, no ponto, que uma pessoa que opta pela carreira policial sabe que ingressa num regime diferenciado, de hierarquia e disciplina, típico dos ramos policiais. É um trabalho diferenciado, por escala, com aposentadoria especial, diverso das demais atividades do serviço público. Os policiais andam armados 24 horas por dia e têm a obrigação legal de intervenção e realização de toda e qualquer prisão em flagrante delito. Devem cuidar ainda da própria segurança e de sua família, porque estão mais sujeitos à vingança da criminalidade organizada do que qualquer outra autoridade pública. Justamente em razão dessas peculiaridades, o ministro registrou a impossibilidade de os policiais participarem desarmados de reuniões, manifestações ou passeatas. Frisou que, ao analisar os anais da Constituinte relativamente ao art. 144 da CF e às carreiras policiais, verificou uma dupla finalidade nas discussões constituintes: a) atender aos reclamos sociais para uma melhor segurança pública, tendo em vista que no Brasil ocorrem cerca de 58 mil mortes violentas por ano, sendo 52 mil homicídios dolosos; e b) reduzir a possibilidade de intervenção das Forças Armadas em questões internas, a fim de evitar eventuais retornos autoritários à democracia. As carreiras policiais, que representam o braço armado do Estado, são responsáveis por garantir a segurança pública e a democracia. Portanto, não se pode permitir que realizem greve. Entretanto, segundo o ministro, tem-se verificado a necessidade, cada vez maior, da garantia de lei e ordem, ou seja, de utilização das Forças Armadas em defesa da segurança pública, situação que a Constituição buscou evitar com o equacionamento e com a colocação de carreiras policiais como carreiras de Estado permanentes ao exercício democrático. Ponderou não se tratar, no caso, de um conflito entre o direito de greve e o princípio da continuidade do serviço público ou da prestação de serviço público. Há um embate entre o direito de greve, de um lado, e o direito de toda a sociedade à garantia da segurança pública, à garantia da ordem pública e da paz social, de outro. Quanto a esse aspecto das carreiras policiais, deve ser valorada, no atual conflito, de forma muito mais intensa, a questão da segurança pública, da ordem pública e da paz social. Afinal, eventuais movimentos grevistas de carreiras policiais podem levar à ruptura da segurança pública, 10 o que é tão grave a ponto de permitir a decretação do estado de defesa (CF, art. 136) e, se o estado de defesa, em noventa dias, não responder ao anseio necessário à manutenção e à reintegração da ordem, a decretação do estado de sítio (CF, art. 137, I). Portanto, a prevalência do interesse público e do interesse social na manutenção da ordem pública, da segurança pública, da paz social sobre o interesse de determinadas categorias de servidores públicos — o gênero servidores públicos; a espécie carreiras policiais — deve excluir a possibilidade do exercício do direito de greve por parte das carreiras policiais, dada a sua incompatibilidade com a interpretação teleológica do texto constitucional, em especial dos arts. 9º, § 1º; e 37, VII da CF. Ademais, para o ministro, é viável conciliar as previsões constitucionais sem aniquilar o direito de greve dos servidores públicos. Frisou que a CF prevê a possibilidade de greve do gênero servidores públicos. E, mesmo assim, a lei pode estabelecer restrições e limites, sejam parciais ou, para determinadas carreiras que são espécies dos servidores públicos, totais. Não se está, dessa forma, a aniquilar o direito de greve dos servidores públicos, mas a afirmar que, dentro dessa razoabilidade que a própria Constituição trouxe, não é possível o exercício do direito de greve por determinadas carreiras, como as policiais. Concluiu que, apesar de se referir à greve "lato sensu" da atividade privada, o art. 9º da CF aplica-se também na interpretação do art. 37, VII, da CF. A manutenção da segurança pública e a defesa da vida, da incolumidade física, do patrimônio de toda a sociedade, da atividade de polícia judiciária, a alavancar a atividade do Ministério Público e da própria Justiça criminal, são, "prima facie", necessidades inadiáveis da comunidade (CF, art. 9º, § 1º). Da mesma forma, o art. 37, VII, da CF prevê termos e limites ao exercício de greve. Ao compatibilizar o art. 144 da CF às razões já ditas, para colocação de um artigo específico para carreiras policiais – como braço armado do Estado –, percebe-se que a própria Constituição já traz, quanto às carreiras policiais, a relatividade do exercício do direito de greve dos servidores públicos. A CF garante o direito de greve ao gênero servidores públicos, com limites e nos termos que a lei estabelecer, e, em relação à espécie carreiras policiais, não possibilita esse exercício, sob pena de total desrespeito ao atendimento das necessidades inadiáveis da comunidade. O ministro Roberto Barroso acrescentou que, apesar de os policiais civis não poderem exercer o direito de greve, é indispensável que essa categoria – que, no interesse público, sofre a restrição de um direito fundamental – possa vocalizar as suas reivindicações de alguma forma. De "lege ferenda", afirmou ser perfeitamente possível que, ao mesmo passo em que se veda o direito de greve a policiais civis, seja estabelecida uma vinculação a outra categoria para que eles se beneficiem de reivindicações de categorias afins, que não sejam, entretanto, nem de segurança pública nem portem armas. De "lege lata", à luz do direito vigente neste momento, reputou que a alternativa está contida no art. 165 do CPC. Vencidos os ministros Edson Fachin (relator), Rosa Weber e Marco Aurélio, que negavam provimento ao recurso. ARE 654432/GO, rel. orig. Min. Edson Fachin, red. p/ o ac. Min. Alexandre de Moraes, julgamento em 5.4.2017. (ARE-654432) (Informativo 860, Plenário, Repercussão Geral)

► Processamento de governador: autorização prévia da assembleia legislativa e suspensão de funções

Não há necessidade de prévia autorização da assembleia legislativa para o recebimento de denúncia ou queixa e instauração de ação penal contra governador de Estado, por crime comum, cabendo ao Superior Tribunal de Justiça (STJ), no ato de recebimento ou no curso do processo, dispor, fundamentadamente, sobre a aplicação de medidas cautelares penais, inclusive afastamento do cargo. Com base nessa orientação, o Plenário, em conclusão e por maioria, julgou parcialmente procedente pedido formulado em ação direta para: a) dar interpretação conforme ao art. 92, § 1°, I, da Constituição do Estado de Minas Gerais para consignar não haver necessidade de autorização prévia de assembleia legislativa para o recebimento de denúncia e a instauração de ação penal contra governador de Estado, por crime comum, cabendo ao STJ, no ato de recebimento da denúncia ou no curso do processo, dispor, fundamentadamente, sobre a aplicação de medidas cautelares penais, inclusive afastamento do cargo; e b) julgar improcedente o pedido de declaração de inconstitucionalidade da expressão "ou queixa" do art. 92, § 1°, I, da Constituição do Estado de Minas Gerais – ver Informativos 851 e 855. O referido dispositivo prevê que o governador será submetido a processo e julgamento perante o STJ nos crimes comuns e será suspenso de suas funções, na hipótese desses crimes, se recebida a denúncia ou a queixa pelo STJ. Preliminarmente, o Colegiado, por maioria, conheceu da ação. Vencidos os ministros Dias Toffoli, Ricardo Lewandowski, Marco Aurélio e Celso de Mello. No mérito, prevaleceu o voto do ministro Edson Fachin (relator), reajustado nesta sessão com os acréscimos do voto do ministro Roberto Barroso no sentido do afastamento do cargo não se dar de forma automática. O relator afirmou a necessidade de superar os precedentes da Corte na dimensão de uma redenção republicana e cumprir a promessa do art. 1°, caput, da Constituição Federal (CF), diante dos reiterados e vergonhosos casos de negligência deliberada pelas assembleias legislativas estaduais, que têm sistematicamente se negado a deferir o processamento de governadores. Asseverou ser refutável a referida autorização prévia em razão de: a) ausência de previsão expressa e inexistência de simetria; b) ofensa ao princípio republicano (CF, art. 1°, caput); c) ofensa à separação de poderes (CF, art. 2°, caput) e à competência privativa da União (CF, art. 22, I); e d) ofensa à igualdade (CF, art. 5°, caput). Esclareceu não haver na CF previsão expressa da exigência de autorização prévia de assembleia legislativa para o processamento e julgamento de governador por crimes comuns perante o STJ. Dessa forma, inexiste fundamento normativo constitucional expresso que faculte aos Estados-membros fazerem essa exigência em suas Constituições estaduais. Não há, também, simetria a ser observada pelos Estados-membros. No ponto, o relator considerou que, se o princípio democrático que constitui nossa República 11 (CF, art. 1°, caput) se fundamenta e se concretiza no respeito ao voto popular e à eleição direta dos representantes do povo, qualquer previsão de afastamento do presidente da República é medida excepcional e, como tal, é sempre prevista de forma expressa e taxativa, sem exceções. O afastamento do presidente da República é medida excepcional, e, no caso de crime comum, seu processamento e julgamento devem ser precedidos de autorização da Câmara dos Deputados (CF, arts. 51, I; e 86, caput e § 1°, I). Essa exigência foi expressamente prevista apenas para presidente da República, vice-presidente e ministros de Estado. Essa é uma decorrência das características e competências que moldam e constituem o cargo de presidente da República, mas que não se observam no cargo de governador. Diante disso, verifica-se a extensão indevida de uma previsão excepcional válida para o presidente da República, porém inexistente e inaplicável a governador. Sendo a exceção prevista de forma expressa, não pode ser transladada como se fosse regra ou como se estivesse cumprindo a suposta exigência de simetria para governador. As eventuais previsões em Constituições estaduais representam, a despeito de se fundamentarem em suposto respeito à Constituição Federal, ofensa e usurpação das regras constitucionais. Segundo o relator, afastado o argumento de suposta obediência à simetria, a consequência da exigência de autorização prévia de assembleia legislativa para processamento e julgamento de governador por crime comum perante o STJ é o congelamento de qualquer tentativa de apuração judicial das eventuais responsabilizações dos governadores por cometimento de crime comum. Essa previsão afronta a responsividade exigida dos gestores públicos, o que viola o princípio republicano do Estado. A exigência viola, ainda, a separação de poderes, pois estabelece condição não prevista pela CF para o exercício da jurisdição pelo Poder Judiciário. Assim, o STJ fica impedido de exercer suas competências e funções até a autorização prévia do Poder Legislativo estadual. Esse tipo de restrição é sempre excepcional e deve estar expresso na CF. Além disso, a previsão do estabelecimento de condição de procedibilidade para o exercício da jurisdição penal pelo STJ consiste em norma processual, matéria de competência privativa da União (CF, art. 22, I), portanto impossível de ser prevista pelas Constituições estaduais. O relator afirmou que estabelecer essa condição de procedibilidade equivale a alçar um sujeito à condição de desigual, supostamente superior por ocupar relevante cargo de representação. No entanto, tal posição deveria ser, antes de tudo, a de servidor público. A autorização prévia de assembleias estaduais para o processamento e julgamento de governador por crime comum perante o STJ é, portanto, afronta cristalina à cláusula geral de igualdade estabelecida na CF. Destacou que a Emenda Constitucional (EC) 35/2001 alterou a redação do art. 53, § 1º, da CF e aboliu a exigência de autorização prévia das casas legislativas para o processamento e julgamento de deputados federais e estaduais. O mesmo entendimento de valorização da igualdade e accountability dos representantes do povo deve ser aplicado aos governadores, sem as exigências prévias que consubstanciam privilégios e restrições não autorizados pela CF. Por fim, sustentou inexistir inconstitucionalidade na expressão "ou queixa", por considerá-la coerente com o disposto no art. 105, I, "a", da CF. Explicou que a CF não fez nenhuma distinção ao se referir a "crimes comuns", ou seja, não fez 12 diferenciação entre crimes de ação penal pública ou crimes de ação penal privada. Da mesma forma, a Constituição do Estado de Minas Gerais previu o afastamento do governador no caso de recebimento de denúncia ou queixa. Nesta assentada, o ministro Roberto Barroso esclareceu acompanhar o relator, e o ministro Marco Aurélio esclareceu, ultrapassada a preliminar de admissibilidade da ação, também acompanhar o relator. Vencidos os ministros Dias Toffoli e Celso de Mello, que julgaram improcedente a ação, na linha da jurisprudência até então prevalecente na Corte no sentido de considerar legítimas as normas de Constituições estaduais que subordinam a deflagração formal de um processo acusatório contra o governador a um juízo político da assembleia legislativa local. ADI 5540/MG, rel. Min. Edson Fachin, julgamento em 3.5.2017.

► Meio ambiente e poluição: competência municipal

O Município tem competência para legislar sobre meio ambiente e controle da poluição, quando se tratar de interesse local. Com esse entendimento, o Plenário, em conclusão de julgamento e por maioria, negou provimento ao recurso extraordinário em que se debateu a competência dos Municípios para legislar sobre proteção do meio ambiente e controle da poluição. Cuida-se, na espécie, de recurso extraordinário contra acórdão de tribunal estadual que, ao julgar apelação em mandado de segurança, reconheceu a legitimidade de legislação municipal com base na qual se aplicaram multas por poluição do meio ambiente, decorrente da emissão de fumaça por veículos automotores no perímetro urbano (vide Informativos 347, 431 e 807). O Colegiado, preliminarmente e por decisão majoritária, conheceu do recurso. Entendeu viável a utilização de mandado de segurança, uma vez ter sido impugnado, no caso, ato concreto fundado na legislação municipal, cuja alegada não recepção pelo ordenamento constitucional vigente é objeto de controvérsia no recurso. Vencido, no ponto, o ministro Dias Toffoli, que reputou extinto o mandado de segurança e, subsequentemente, prejudicado o recurso. Aduziu não caber mandado de segurança contra lei em tese (1). No mérito, o Plenário considerou que as expressões "interesse local", do art. 30, I, da Constituição Federal (CF), e "peculiar interesse", das Constituições anteriores, se equivalem e não significam interesse exclusivo do Município, mas preponderante. Assim, a matéria é de competência concorrente (CF, art. 24, VI), sobre a qual a União expede normas gerais. Os Estados e o Distrito Federal editam normas suplementares e, na ausência de lei federal sobre normas gerais, editam normas para atender a suas peculiaridades (2). Por sua vez, os Municípios, com base no art. 30, I e II, da CF (3), legislam naquilo que for de interesse local, suplementando a legislação federal e a estadual no que couber. Vencidos os ministros Cezar Peluso, Eros Grau e Gilmar Mendes, que proveram o recurso. Asseveraram que a matéria de fundo diz respeito ao art. 22, XI, da CF (4). (1) Enunciado 266 da Súmula do STF: "Não cabe mandado de segurança contra lei em tese." (2) Constituição Federal/1988: "Art. 24. Compete à União, aos Estados e ao Distrito Federal legislar concorrentemente sobre: (...) VI – florestas, caça, pesca, fauna, conservação da natureza, defesa do solo e dos recursos naturais, proteção do meio ambiente e controle da poluição. § 1° No âmbito da legislação concorrente, a competência da União limitar-se-á a estabelecer normas gerais. § 2° A competência da União para legislar sobre normas gerais não exclui a competência suplementar dos Estados. § 3° Inexistindo lei federal sobre normas gerais, os Estados exercerão a competência legislativa plena, para atender a suas peculiaridades." (3) Constituição Federal/1988: "Art. 30. Compete aos Municípios: I – legislar sobre assuntos de interesse local; II – suplementar a legislação federal e a estadual no que couber." (4) Constituição Federal/1988: "Art. 22. Compete privativamente à União legislar sobre: (...) XI – trânsito e transporte. RE 194704/MG, rel. orig. Min. Carlos Velloso, red. p/ o ac. Min. Edson Fachin, julgamento em 29.6.2017. (Informativo 870, Plenário)

► Interpretação do art. 62, § 6°, da CF e limitação do sobrestamento

O Supremo Tribunal Federal, em conclusão de julgamento e por maioria, denegou a ordem em mandado de segurança impetrado por parlamentares contra decisão do presidente da Câmara dos Deputados em questão de ordem. No ato coator, foi fixada a orientação de que a interpretação adequada do art. 62, § 6° (1), da Constituição Federal (CF) implicaria o sobrestamento apenas dos projetos de lei ordinária, apesar de o dispositivo prever o sobrestamento de todas as deliberações legislativas da Casa em que 14 estiver tramitando medida provisória não seja apreciada em 45 dias (vide Informativos 572 e 778). O Colegiado entendeu que a interpretação emanada do presidente da Câmara dos Deputados reflete, com fidelidade, solução jurídica plenamente compatível com o modelo teórico da separação de poderes. Tal interpretação revela fórmula hermenêutica capaz de assegurar, por meio da preservação de adequada relação de equilíbrio entre instâncias governamentais (o Poder Executivo e o Poder Legislativo), a própria integridade da cláusula pertinente à divisão do poder. Nesse contexto, deu interpretação conforme ao § 6º do art. 62 da CF, na redação resultante da Emenda Constitucional 32/2001, para, sem redução de texto, restringir-lhe a exegese. Assim, afastada qualquer outra possibilidade interpretativa, fixou-se entendimento de que o regime de urgência previsto no referido dispositivo constitucional — que impõe o sobrestamento das deliberações legislativas das Casas do Congresso Nacional — refere-se apenas às matérias passíveis de regramento por medida provisória. Excluem-se do bloqueio, em consequência, as propostas de emenda à Constituição e os projetos de lei complementar, de decreto legislativo, de resolução e, até mesmo, de lei ordinária, desde que veiculem temas pré-excluídos do âmbito de incidência das medidas provisórias [CF, art. 62, § 1º, I, II e IV (2)]. Vencido o ministro Marco Aurélio, que concedeu a ordem. Para ele, o dispositivo constitucional em debate é claro no sentido de que a não aprovação de medida provisória após 45 dias deve paralisar toda a pauta, de modo a compelir a Casa Legislativa a se pronunciar de forma positiva quanto à aprovação, ou de forma negativa, considerado o teor da medida provisória. (1) Constituição Federal/1988: "Art. 62. Em caso de relevância e urgência, o Presidente da República poderá adotar medidas provisórias, com força de lei, devendo submetê-las de imediato ao Congresso Nacional. (...) § 6º Se a medida provisória não for apreciada em até quarenta e cinco dias contados de sua publicação, entrará em regime de urgência, subsequentemente, em cada uma das Casas do Congresso Nacional, ficando sobrestadas, até que se ultime a votação, todas as demais deliberações legislativas da Casa em que estiver tramitando." (2) Constituição Federal/1988: "Art. 62. Em caso de relevância e urgência, o Presidente da República poderá adotar medidas provisórias, com força de lei, devendo submetê-las de imediato ao Congresso Nacional. § 1º É vedada a edição de medidas provisórias sobre matéria: I – relativa a: a) nacionalidade, cidadania, direitos políticos, partidos políticos e direito eleitoral; b) direito penal, processual penal e processual civil; c) organização do Poder Judiciário e do Ministério Público, a carreira e a garantia de seus membros; d) planos plurianuais, diretrizes orçamentárias, orçamento e créditos adicionais e suplementares, ressalvado o previsto no art. 167, § 3º; II – que vise a detenção ou sequestro de bens, de poupança popular ou qualquer outro ativo financeiro; (...) IV – já disciplinada em projeto de lei aprovado pelo Congresso Nacional e pendente de sanção ou veto do Presidente da República." MS 27931/DF, rel. Min. Celso de Mello, julgamento em 29.6.2017

(Informativo 870, Plenário)

► Atividades privativas de nutricionista e livre exercício profissional

É constitucional a expressão "privativas", contida no caput do art. 3º (1) da Lei 8.234/1991, que regulamenta a profissão de nutricionista, respeitado o âmbito de atuação profissional das demais profissões regulamentadas. Com base nessa orientação, o Plenário, por maioria, julgou improcedente pedido formulado em ação direta ajuizada contra o referido dispositivo legal. O Tribunal afirmou que a Constituição, ao admitir que lei restrinja o exercício das profissões, especificando requisitos mínimos ao exercício de atividades técnicas, apresenta-se como exceção à regra geral da liberdade de exercício profissional. Essas restrições legais precisam ser proporcionais e necessárias e estão restritas às "qualificações profissionais" — formação técnico/científica indispensável para o bom desempenho da atividade. O caso da profissão de nutricionista requer conhecimentos técnicos e científicos específicos para o desempenho de suas funções. O Colegiado ressaltou que as atribuições dos profissionais de nível médio são essencialmente diversas daquelas atribuídas com exclusividade aos profissionais de nível superior. A norma impugnada enumerou como privativas dos nutricionistas atividades eminentemente técnicas que não se confundem com aquelas desempenhadas por outros profissionais de nível médio. Portanto, não há inconstitucionalidade na exigência de nível superior em nutrição para atividades eminentemente acadêmicas, a exemplo da direção, coordenação e supervisão de cursos de graduação; planejamento, organização, direção, supervisão e avaliação de estudos dietéticos; ensino das matérias profissionais dos cursos de graduação em nutrição; e ensino das disciplinas de nutrição e alimentação nos cursos de graduação da área de saúde e outras afins. Por outro lado, as atividades de planejamento, organização, direção, supervisão e avaliação de serviços pertinentes à alimentação e nutrição, consultório de nutrição e dietética, e de assistência dietoterápica hospitalar, ambulatorial e em consultório de nutrição não impedem nem prejudicam aquelas pertinentes a outras áreas de nível superior, notadamente referentes a bioquímicos e médicos nutrólogos. Assim, é imperativo destacar que existem ressalvas com relação a outras categorias profissionais, tais como gastroenterologistas, nutrólogos, bioquímicos e demais profissões que, conquanto lidem com atividades correlatas, não têm seu exercício tolhido pela regulamentação da profissão de nutricionista. Vencido o ministro Marco Aurélio, que julgou procedente o pedido formulado para declarar a inconstitucionalidade do vocábulo "privativas", constante do art. 3º da referida lei. Pontuou que o art. 5º, XIII (2) da CF revela a liberdade no exercício de qualquer trabalho, ofício, ou profissão, atendidas as qualificações profissionais que a lei estabelecer. (1) Lei 8.234/1991: "Art. 3º São atividades privativas dos nutricionistas: I - direção, coordenação e supervisão de cursos de graduação em nutrição; II - planejamento, organização, direção, supervisão e avaliação de serviços de alimentação e nutrição; III - planejamento, coordenação, supervisão e avaliação de estudos dietéticos; IV - ensino das 4 matérias profissionais dos cursos de graduação em nutrição; V - ensino das disciplinas de nutrição e alimentação nos cursos de graduação da área de saúde e outras afins; VI - auditoria, consultoria e assessoria em nutrição e dietética; VII - assistência e educação nutricional e coletividades ou indivíduos, sadios ou enfermos, em instituições públicas e privadas e em consultório de nutrição e dietética; VIII - assistência dietoterápica hospitalar, ambulatorial e a nível de consultórios de nutrição e dietética, prescrevendo, planejando, analisando, supervisionando e avaliando dietas para enfermos". (2) Constituição Federal/1988: "Art. 5º Todos são iguais perante a lei, sem distinção de qualquer natureza, garantindo-se aos brasileiros e aos estrangeiros residentes no País a inviolabilidade do direito à vida, à liberdade, à igualdade, à segurança e à propriedade, nos termos seguintes: (...) XIII - é livre o exercício de qualquer trabalho, ofício ou profissão, atendidas as qualificações profissionais que a lei estabelecer". ADI 803/DF, rel. Min. Gilmar Mendes, julgamento em 28.9.2017. (Informativo 879, Plenário)

► ADI: amianto e efeito vinculante de declaração incidental de inconstitucionalidade

O Supremo Tribunal Federal (STF), por maioria, julgou improcedentes pedidos formulados em ações diretas de inconstitucionalidade ajuizadas contra a Lei nº 3.579/2001 do Estado do Rio de Janeiro. O referido diploma legal proíbe a extração do asbesto/amianto em todo território daquela unidade da Federação e prevê a substituição progressiva da produção e da comercialização de produtos que o contenham. A Corte declarou, também por maioria e incidentalmente, a inconstitucionalidade do art. 2º(1) da Lei federal nº 9.055/1995, com efeito vinculante e "erga omnes". O dispositivo já havia sido declarado inconstitucional, incidentalmente, no julgamento da ADI 3.937/

SP (rel. orig. min. Marco Aurélio, red. p/ o ac. min. Dias Toffoli, julgamento em 24.8.2017). A partir da manifestação do ministro Gilmar Mendes, o Colegiado entendeu ser necessário, a fim de evitar anomias e fragmentação da unidade, equalizar a decisão que se toma tanto em sede de controle abstrato quanto em sede de controle incidental. O ministro Gilmar Mendes observou que o art. 535 (2) do Código de Processo Civil reforça esse entendimento. Asseverou se estar fazendo uma releitura do disposto no art. 52, X (3), da CF, no sentido de que a Corte comunica ao Senado a decisão de declaração de inconstitucionalidade, para que ele faça a publicação, intensifique a publicidade. O ministro Celso de Mello considerou se estar diante de verdadeira mutação constitucional que expande os poderes do STF em tema de jurisdição constitucional. Para ele, o que se propõe é uma interpretação que confira ao Senado Federal a possibilidade de simplesmente, mediante publicação, divulgar a decisão do STF. Mas a eficácia vinculante resulta da decisão da Corte. Daí se estaria a reconhecer a inconstitucionalidade da própria matéria que foi objeto deste processo de controle abstrato, prevalecendo o entendimento de que a utilização do amianto, tipo crisólita e outro, ofende postulados constitucionais e, por isso, não pode ser objeto de normas autorizativas. A ministra Cármen Lúcia, na mesma linha, afirmou que a Corte está caminhando para uma inovação da jurisprudência no sentido de não ser mais declarado inconstitucional cada ato normativo, mas a própria matéria que nele se contém. O ministro Edson Fachin concluiu que a declaração de inconstitucionalidade, ainda que incidental, opera uma preclusão consumativa da matéria. Isso evita que se caia numa dimensão semicircular progressiva e sem fim. E essa afirmação não incide em contradição no sentido de reconhecer a constitucionalidade da lei estadual que também é proibitiva, o que significa, por uma simetria, que todas as legislações que são permissivas – dada a preclusão consumativa da matéria, reconhecida a inconstitucionalidade do art. 2º da lei federal – são também inconstitucionais. Em divergência, o ministro Marco Aurélio afirmou que o fenômeno previsto no inciso X do art. 52 da CF – regra que atende a independência e harmonia entre os poderes – é constitutivo e não simplesmente declaratório, visto que diz respeito à suspensão da execução da lei no território nacional. Quanto à improcedência dos pedidos, prevaleceu o voto da ministra Rosa Weber (Relatora). A ministra Rosa Weber entendeu que a competência legislativa dos Estados não é plena, e sim suplementar. Por isso, a norma estadual não pode confrontar a norma 14 federal, de modo a provocar o seu afastamento. No caso, a Lei nº 3.579/2001, ao regular aspectos da exploração do amianto relacionados a produção e consumo, proteção do meio ambiente e controle da poluição e proteção e defesa da saúde, não excede dos limites da competência suplementar dos Estados, no tocante a essas matérias. Reputou que a lei atacada não possui conteúdo normativo que leve ao afastamento da norma geral consubstanciada na Lei nº 9.055/1995. A lei federal é norma geral editada pela União no exercício da limitada competência de conformação normativa conferida pelo art. 24, § 1º, da Constituição da República. No ponto, asseverou que os artigos 3º, 4º e 5º da Lei nº 3.579/2001, que proíbem a utilização, a pulverização (spray) e a venda a granel de qualquer tipo de asbesto contemplam enunciados normativos em tudo congruentes com o art. 1º, I, II e III, da Lei nº 9.055/1995. Por sua vez, os artigos 2º e 6º do diploma estadual impugnado, que vedam no território do Estado do Rio de Janeiro, a extração, a fabricação e a comercialização de produtos que contenham asbesto de qualquer tipo, traduzem o devido exercício, pelo legislador fluminense, da competência concorrente suplementar, a teor do art. 24, V, VI e XII, e § 2º, da Constituição da República. Para a ministra Rosa Weber, a Lei nº 9.055/1995, como norma geral que é, adota uma postura teleológica, frente à exploração econômica do amianto, e reconhece seus riscos e a necessidade de controle. Define as condições mínimas a serem observadas para que a exploração do asbesto da variedade crisólita seja tolerada como lícita. A simples tolerância não vincula a atividade legislativa de Estados e Municípios. De modo algum ostenta eficácia preemptiva de atividade legislativa estadual que, no exercício legítimo da competência concorrente, venha a impor controles mais rígidos ou proibitivos. Portanto, a Lei nº 9.055/1995 e a Lei nº 3.579/2001 estão orientadas na mesma direção, tendo a legislação estadual complementar, no caso, apenas avançado onde o legislador federal preferiu se conter. Ao impor um nível de proteção mínima a ser observado em todos os Estados da Federação, a Lei nº 9.055/1995 não pode ser interpretada como obstáculo à maximização dessa proteção, conforme escolha dos Estados, individualmente considerados. A proibição progressiva encartada na legislação estadual em apreço está alinhada à diretriz norteadora e à teleologia do regime previsto na Lei nº 9.055/1995. A mesma conclusão de ausência de inconstitucionalidade formal conduz ao entendimento de que inconstitucional, e em consequência nulo e ineficaz, o art. 2º da Lei nº 9.055/1995, a atrair, por si só, a incidência do art. 24, § 3º, da Lei Maior, segundo o qual "inexistindo lei federal sobre normas gerais, os Estados exercerão a competência legislativa plena". Por isso, infundada a alegada afronta ao art. 24, V, VI e XII, e §§ 1º a 4º, da Constituição Federal. Também rejeitou a alegada inconstitucionalidade formal, seja ao fundamento da usurpação da competência privativa da União, seja ao fundamento de vício de iniciativa. Observou que o art. 7º do diploma fluminense estabelece limites de tolerância à exposição a fibras de amianto no ambiente de trabalho. Não expressa norma trabalhista em sentido estrito, mas de proteção do meio ambiente. Já os arts. 8º e 9º da lei fluminense disciplinam a rotulagem de produto quando no território do Estado, o que não representa legislar sobre comércio interestadual. Esclareceu que os arts. 7º, XII, XIII e XVII, e 10 da lei estadual, de iniciativa parlamentar, de fato incorriam em vício de iniciativa, a teor do art. 84, II e VI, "a", da Lei Maior, na esteira da jurisprudência do STF, enquanto definiam procedimentos a serem observados pela Secretaria de Saúde do Estado do Rio de Janeiro e assinalavam atribuições a servidores do Poder Executivo. Todavia, reconhecida a constitucionalidade 15 do seu art. 2º, e considerado o prazo de quatro anos, contados da sua publicação, para a fabricação e a comercialização de produtos contendo amianto crisólita em sua composição, já exauridos os efeitos dos seus arts. 7º, 8º, 9º e 10, pelo que não mais sujeitos ao controle de constitucionalidade em sede abstrata. Por fim, afastou a apontada inconstitucionalidade material da lei impugnada, por ofensa aos artigos 1º, IV, 5º, "caput", II, XXII e LIV, e 170, caput, II, IV e parágrafo único, da CF. Explicou que, informada pelo consenso técnico e científico hoje estabelecido, no tocante às premissas fáticas de que (i) todos os tipos de amianto provocam câncer, não tendo sido identificado nenhum limite para o risco carcinogênico do crisólita, e (ii) a sua substituição se mostra absolutamente viável sob o aspecto econômico, a lógica da inconstitucionalidade da proteção insuficiente ampara a conclusão de que não desarrazoadas as iniciativas legislativas relativas à sua regulação, em qualquer nível federativo, ainda que resultem no banimento de todo e qualquer uso do amianto. Vencidos o ministro Marco Aurélio, que votou pela procedência do pedido, reportando-se ao voto por ele proferido na ADI 3.937/SP e, em parte, o ministro Alexandre de Moraes, que, por considerar que o art. 2º da Lei nº 9.055/1995, norma geral, é constitucional e não foi extirpado do ordenamento jurídico, julgou parcialmente procedente os pedidos para dar interpretação conforme ao art. 2º e ao art. 3º, ambos da Lei 3.579/2001 do Estado do Rio de Janeiro, respectivamente, no sentido de que fica proibida, em todo o território do Estado do Rio de Janeiro, a extração de asbesto, excluída a variedade crisólita, e de que fica proibida a utilização de asbesto, excluída a variedade crisólita. (1) Lei nº 9.055/1995: "Art. 2º O asbesto/amianto da variedade crisólita (asbesto branco), do grupo dos minerais das serpentinas, e as demais fibras, naturais e artificiais de qualquer origem, utilizadas para o mesmo fim, serão extraídas, industrializadas, utilizadas e comercializadas em consonância com as disposições desta Lei". (2) CPC: "Art. 535 (...)§ 5º Para efeito do disposto no inciso III do caput deste artigo, considera-se também inexigível a obrigação reconhecida em título executivo judicial fundado em lei ou ato normativo considerado inconstitucional pelo Supremo Tribunal Federal, ou fundado em aplicação ou interpretação da lei ou do ato normativo tido pelo Supremo Tribunal Federal como incompatível com a Constituição Federal, em controle de constitucionalidade concentrado ou difuso". (3) CF: "Art. 52. Compete privativamente ao Senado Federal: (...) X - suspender a execução, no todo ou em parte, de lei declarada inconstitucional por decisão definitiva do Supremo Tribunal Federal". ADI 3406/RJ, rel. Min. Rosa Weber, julgamento em 29.11.2017. ADI 3470/RJ, rel. Min. Rosa Weber, julgamento em 29.11.2017.

(Informativo 886, Plenário)

► Imunidade formal do Presidente da República e aplicabilidade a codenunciados

A imunidade formal prevista no art. 51, I, e no art. 86, caput, da Constituição Federal (1) (2), tem por finalidade tutelar o exercício regular dos cargos de Presidente da República e de Ministro de Estado, razão pela qual não é extensível a codenunciados que não se encontram investidos em tais funções. Essa é a orientação do Plenário ao dar parcial provimento a agravos regimentais interpostos contra decisão, por meio da qual, diante da negativa de autorização por parte da Câmara dos Deputados para instauração de processo penal em face do Presidente da República e de Ministros de Estado, fora determinado o desmembramento dos autos em relação a diversos investigados não detentores de foro por prerrogativa de função no Supremo Tribunal Federal, determinando-se a remessa dos autos ao competente juízo de primeira instância. Nessa medida, a Corte ordenou a remessa dos autos à Seção Judiciária do Distrito Federal, para livre distribuição, vencidos, tão somente quanto à destinação a ser dada aos autos, os Ministros Edson Fachin (relator), Roberto Barroso, Rosa Weber e Cármen Lúcia (Presidente), que os remetiam à 13ª Vara Federal da Subseção Judiciária de Curitiba. A Corte registrou que o regime de imunidades previsto na Constituição Federal, por se tratar de exceção à norma de responsabilização por atos que afrontem regras dispostas no ordenamento jurídico positivo, não admite interpretação extensiva, sendo legítima a incidência apenas nas restritas hipóteses elencadas pelo Poder Constituinte. Assim, assentado o caráter restritivo das imunidades formais previstas no art. 86, caput, e art. 51, I, da Constituição Federal, a negativa de autorização por parte da Câmara dos Deputados impede o processamento da denúncia, exclusivamente, em relação ao Presidente da República e aos Ministros de Estado denunciados, sendo inviável a extensão dos efeitos de tal decisão, de natureza eminentemente política, aos agravantes que não se encontram investidos nos referidos cargos. Por outro lado, na linha de entendimento já sedimentado no Supremo Tribunal Federal, deve-se proceder, como regra, ao desmembramento dos inquéritos e ações penais originárias no tocante a coinvestigados ou a corréus não detentores de foro por prerrogativa de função, admitindo-se, apenas excepcionalmente, a atração da competência originária quando se verifique que a separação seja apta a causar prejuízo relevante, aferível em cada caso concreto. Em acréscimo, observou-se que, considerada a autonomia do delito de organização criminosa, eventuais crimes praticados no âmbito desta não ensejam, necessariamente, o reconhecimento da conexão para processo e julgamento conjuntos. Essa autonomia é extraída da parte final do preceito secundário do tipo previsto no art. 2° da Lei 12.850/2013 (3), na qual o legislador ordinário, após estabelecer a sanção abstrata ao delito de organização criminosa, ressalva as reprimendas correspondentes às infrações penais praticadas pelo grupo organizado. Na espécie, não se verificou qualquer prejuízo no desmembramento dos autos em relação aos não detentores de foro por prerrogativa de função no Supremo Tribunal Federal, sendo incorreto afirmar que tal medida representaria a responsabilização indireta do Presidente da República e dos Ministros de Estado em relação aos quais a 4 denúncia encontra-se suspensa por decisão da Câmara dos Deputados. Isso porque vige no ordenamento jurídico-penal pátrio o princípio da responsabilidade subjetiva, como corolário do Direito Penal do fato, adequado ao plexo de garantias vigente no Estado Democrático de Direito. Tal sistemática impõe ao órgão acusatório o ônus da prova acerca dos elementos constitutivos do tipo penal incriminador, nos termos do art. 156 do CPP (4), a ser exercido no seio do contraditório estabelecido em juízo, em respeito à clausula do devido processo legal. Assim, no que tange à acusação do delito de organização criminosa, caberá ao Ministério Público Federal produzir os elementos de prova capazes de demonstrar, em relação a cada um dos acusados, a perfeita subsunção das condutas que lhes são atribuídas ao tipo penal que tutela o bem jurídico supostamente violado, em especial o seu elemento subjetivo, composto pelo dolo de promover, constituir, financiar ou integrar organização criminosa. No tocante à remessa dos autos ao juízo de primeira instância, prevaleceu o entendimento do Ministro Alexandre de Moraes no sentido de não haver que se falar em prevenção relativamente à 13ª Vara Federal da Subseção Judiciária de Curitiba, dado que os fatos apurados naquele juízo não teriam relação direta com a matéria investigada nos inquéritos ora em julgamento. Na mesma oportunidade, o Plenário rejeitou pedido formulado da tribuna pela defesa de dois dos agravantes para que se transformasse a prisão provisória que lhes fora imposta em prisão domiciliar. Segundo a Corte, o processo específico em que se discute a matéria não estaria em pauta, ausentes elementos mínimos necessários à apreciação do pleito defensivo. Vencido, no ponto, o ministro Marco Aurélio, que deferia o pedido. (1) CF/1988: "Art. 51. Compete privativamente à Câmara dos Deputados: I - autorizar, por dois terços de seus membros, a instauração de processo contra o Presidente e o Vice-Presidente da República e os Ministros de Estado". (2) CF/1988: "Art. 86. Admitida a acusação contra o Presidente da República, por dois terços da Câmara dos Deputados, será ele submetido a julgamento perante o Supremo Tribunal Federal, nas infrações penais comuns, ou perante o Senado Federal, nos crimes de responsabilidade". (3) Lei 12.850/2013: "Art. 2° Promover, constituir, financiar ou integrar, pessoalmente ou por interposta pessoa, organização criminosa: Pena - reclusão, de 3 (três) a 8 (oito) anos, e multa, sem prejuízo das penas correspondentes às demais infrações penais praticadas". (4) Código de Processo Penal de 1941: "Art. 156. A prova da alegação incumbirá a quem a fizer, sendo, porém, facultado ao juiz de ofício: I – ordenar, mesmo antes de iniciada a ação penal, a produção antecipada de provas consideradas urgentes e relevantes, observando a necessidade, adequação e proporcionalidade da medida; II – determinar, no curso da instrução, ou antes de proferir sentença, a realização de diligências para dirimir dúvida sobre ponto relevante". Inq 4483 AgR-segundo/DF e Inq 4327 AgR-segundo/DF, rel. Min. Edson Fachin, julgamento em 14 e 19.12.2017. (Informativo 888, Plenário)

DECISÕES 2018

► Fundo Partidário e recursos destinados às candidaturas de mulheres

O Plenário, por maioria, julgou procedente ação direta em que se discutiu a distribuição de recursos do Fundo Partidário destinados ao financiamento das campanhas eleitorais voltadas a candidaturas de mulheres para: a) declarar a inconstitucionalidade da expressão "três", contida no art. 9° da Lei 13.165/2015 (1), eliminando o limite temporal até agora fixado; b) dar interpretação conforme a Constituição ao art. 9° da Lei 13.165/2015 de modo a equiparar o patamar legal mínimo de candidaturas femininas (hoje o do art. 10, § 3°, da Lei 9.504/1997, isto é, ao menos 30% de cidadãs), ao mínimo de recursos do Fundo Partidário a lhes serem destinados, que deve ser interpretado como também de 30% do montante do Fundo alocado a cada partido, para as eleições majoritárias e proporcionais, e fixar que, havendo percentual mais elevado de candidaturas femininas, o mínimo de recursos globais do partido destinados a campanhas lhe seja alocado na mesma proporção; e c) declarar a inconstitucionalidade, por arrastamento, do § 5°-A e do § 7° do art. 44 da Lei 9.096/1995 (2).

O Colegiado afirmou que, se o princípio da igualdade material admite as ações afirmativas, utilizar para qualquer outro fim a diferença estabelecida com o objetivo de superar a discriminação, ofende o mesmo princípio da igualdade, que veda tratamento discriminatório fundado em circunstâncias que estão fora do controle dos indivíduos, como a raça, o sexo, a cor da pele ou qualquer outra diferenciação arbitrariamente considerada.

Quando da edição da Lei 9.504/1997, os partidos passaram a ser obrigados a preencher, do número de vagas de candidaturas, o mínimo de 30% e o máximo de 70% para candidaturas de cada sexo. Essa desequiparação é compatível com a Constituição. Seja por força do art. 5°, § 2°, da CF, seja pela adoção do princípio "pro homine", o conteúdo do direito à igualdade é muito semelhante ao direito previsto no art. 2° do Pacto Internacional de Direitos Civis e Políticos. Nesse sentido, determinadas diferenciações, se usadas para corrigir a discriminação, são legítimas. Em outras palavras, é próprio do direito à igualdade a possibilidade de uma desequiparação, desde que pontual e tenha por objetivo superar uma desigualdade histórica.

Sintetizou que discriminação contra a mulher significa toda distinção, exclusão ou restrição baseada no sexo e que tenha por objeto ou resultado prejudicar ou anular o reconhecimento, gozo ou exercício pela mulher, independentemente de seu estado civil, com base na igualdade do homem e da mulher, dos direitos humanos e liberdades fundamentais nos campos político, econômico, social, cultural e civil ou em qualquer outro campo.

Especificamente no campo da política, embora as mulheres correspondam a mais da metade da população e do eleitorado brasileiro, elas ocupam menos de 15% das cadeiras do Legislativo federal, sendo que, na Câmara dos Deputados, apenas 9,9% dos parlamentares são mulheres. Além disso, apenas 11% das prefeituras do país são comandadas por mulheres. Não se vislumbra possibilidade de reversão dessa tendência.

Os obstáculos para a efetiva participação política das mulheres são ainda mais graves, caso se tenha em conta que é por meio da participação política que as próprias medidas de desequiparação são definidas. Qualquer razão que seja utilizada para impedir que as mulheres participem da elaboração de leis inviabiliza o principal instrumento pelo qual se reduzem as desigualdades. Em razão dessas barreiras à plena inclusão política das mulheres, são, portanto, constitucionalmente legítimas as cotas fixadas em lei a fim de promover a participação política das mulheres.

O caso em exame não impugna as cotas para as campanhas, mas a distribuição dos recursos partidários posteriormente fixada por meio da Lei 13.165/2015. Questiona-se a fixação de patamares mínimos e máximos para o acesso a recursos públicos do fundo partidário. Quanto a esse ponto, a inconstitucionalidade é manifesta.

O estabelecimento de um piso de 5% significa, na prática, que, na distribuição dos recursos públicos que a agremiação partidária deve destinar às candidaturas, os homens poderão receber no máximo 95%. De outro lado, caso se opte por fixar a distribuição máxima às candidaturas de mulheres, poderão ser destinados do total de recursos do fundo 15%, hipótese em que os recursos destinados às candidaturas masculinas será de 85%.

Não existem justificativas para essa diferenciação. A autonomia partidária não consagra regra que exima o partido do respeito incondicional aos direitos fundamentais. Enquanto pessoas jurídicas de direito privado, aplicam-se às agremiações não só a garantia da plena autonomia, mas também a liberdade de associação, desvinculada da interferência estatal. O respeito à igualdade não é, contudo, obrigação cuja previsão somente se aplica à esfera pública. Incide a ideia de eficácia horizontal dos direitos fundamentais, sendo importante reconhecer que é nessa segmentação entre o público e o privado que reside a principal forma de discriminação das mulheres.

Tampouco se poderia afirmar que os recursos destinados às campanhas de mulheres revelam consenso possível. A não discriminação deve ser compreendida como assentando que qualquer distinção, exclusão, restrição ou preferência por qualquer razão como raça, cor, sexo, língua, religião, opinião, origem, propriedade ou qualquer outro elemento, que tem por propósito ou efeito nulificar ou impedir o reconhecimento, o gozo e o exercício por todas as pessoas, de modo igual, de todos os direitos e liberdades. Nessa perspectiva, a inexistência de consenso revela não um limite à atuação do legislador, mas uma omissão inconstitucional, na medida em que priva as candidaturas de mulheres dos recursos públicos que irão custear suas aspirações políticas de ocupar posição democraticamente representativa, apenas pelo fato de serem mulheres.

Além disso, não cabe sustentar que o percentual de candidaturas para as mulheres limita-se a reconhecer uma igualdade de oportunidades, no sentido de garantir iguais condições a partir de uma posição inicial, nomeadamente as candidaturas. Trata-se de reconhecer que a concepção de igualdade garantida às mulheres não autoriza o tratamento discriminatório por circunstâncias que estão fora de seu controle. Sob essa perspectiva, o caráter público dos recursos a elas destinados é elemento que reforça a obrigação de que sua distribuição não seja discriminatória. A fundamentalidade das normas constitucionais referentes à atividade financeira do Estado na unidade entre obtenção de recursos, orçamento e realização de despesas engloba o regime jurídico das finanças públicas em máxima conformidade com os fins constitucionais.

Conforme dispõe o art. 38 da Lei 9.096/1995, os recursos do Fundo Partidário são constituídos por multas e penalidades pecuniárias aplicadas nos termos do Código Eleitoral e leis conexas; recursos financeiros que lhe forem destinados por lei; doações de pessoas físicas ou jurídicas; e dotações orçamentárias da União. Esses recursos são destinados, nos termos do art. 44 do mesmo diploma, à manutenção das sedes e serviços do partido, à propaganda doutrinária e política, ao alistamento e às campanhas eleitorais, às fundações de pesquisa e de doutrinação política e, mais recentemente, aos programas de promoção e difusão da participação política das mulheres. A consignação desses recursos é feita ao TSE, que distribui aos órgãos nacionais dos partidos, na proporção de sua representação na Câmara. No que tange aos recursos empregados nas campanhas, os partidos possuem autonomia para distribuí-los, desde que não transbordem dos estritos limites constitucionais.

Em virtude do princípio da igualdade, não pode, pois, o partido político criar distinções na distribuição desses recursos exclusivamente baseadas no gênero. Assim, não há como deixar de reconhecer como sendo a única interpretação constitucional admissível aquela que determina aos partidos políticos a distribuição dos recursos públicos destinados à campanha eleitoral na exata proporção das candidaturas de ambos os sexos, sendo, em vista do disposto no art. 10, § 3°, da Lei de Eleições, o patamar mínimo de 30%.

No que tange ao prazo de três eleições fixado pela lei, deve-se ter em conta que o critério de distribuição de recursos oriundos do Fundo Partidário deve obedecer à composição das candidaturas e deflui diretamente da cota de 30%. Assim, é inconstitucional a fixação de um prazo, porquanto a distribuição não discriminatória dos recursos deve perdurar enquanto for justificada a composição mínima das candidaturas. Isso porque a legitimidade das políticas afirmativas depende de seu caráter temporário. A temporariedade incide, no caso em exame, nas cotas das candidaturas, não na distribuição de recursos, que não está sujeita a tratamento discriminatório.

É preciso reconhecer que ao lado do direito a votar e ser votado, como parte substancial do conteúdo democrático, a completude é alcançada quando são levados a efeito os meios à realização da igualdade. Só assim a democracia é plena. A participação das mulheres nos espaços políticos é um imperativo do Estado e produz impactos significativos para o funcionamento do campo político, uma vez que a ampliação da participação política feminina permite equacionar as medidas destinadas ao atendimento das demandas sociais das mulheres. Daí porque a atuação dos partidos políticos não pode, sob pena de ofensa às suas obrigações transformativas, deixar de se dedicar também à promoção e à difusão da participação política das mulheres.

Vencidos, em parte, os ministros Marco Aurélio, Gilmar Mendes e Ricardo Lewandowski. Os ministros Marco Aurélio e Gilmar Mendes julgaram a ação parcialmente procedente, para dar interpretação conforme a Constituição ao art. 9° da Lei 13.165/2015, e assentar a liberdade de os partidos políticos ultrapassarem os limites fixados em lei. O ministro Ricardo Lewandowski, por sua vez, julgou o pedido procedente em maior extensão, para excluir do mesmo dispositivo o trecho que abrange os recursos a que se refere o art. 44, V, da Lei 9.096/1995.

(1) Lei 13.165/2015: "Art. 9° Nas três eleições que se seguirem à publicação desta Lei, os partidos reservarão, em contas bancárias específicas para este fim, no mínimo 5% (cinco por cento) e no máximo 15% (quinze por cento) do montante do Fundo Partidário destinado ao financiamento das campanhas eleitorais para aplicação nas campanhas de suas candidatas, incluídos nesse valor os recursos a que se refere o inciso V do art. 44 da Lei n. 9.096, de 19 de setembro de 1995."

(2) Lei 9.096/1995: "Art. 44. Os recursos oriundos do Fundo Partidário serão aplicados: (...) V - na criação e manutenção de programas de promoção e difusão da participação política das mulheres, criados e mantidos pela secretaria da mulher do respectivo partido político ou, inexistindo a secretaria, pelo instituto ou fundação de pesquisa e de doutrinação e educação política de que trata o inciso IV, conforme percentual que será fixado pelo órgão nacional de direção partidária, observado o mínimo de 5% (cinco por cento) do total; (...) § 5º O partido político que não cumprir o disposto no inciso V do "caput" deverá transferir o saldo para conta específica, sendo vedada sua aplicação para finalidade diversa, de modo que o saldo remanescente deverá ser aplicado dentro do exercício financeiro subsequente, sob pena de acréscimo de 12,5% (doze inteiros e cinco décimos por cento) do valor previsto no inciso V do "caput", a ser aplicado na mesma finalidade. § 5º-A. A critério das agremiações partidárias, os recursos a que se refere o inciso V poderão ser acumulados em diferentes exercícios financeiros, mantidos em contas bancárias específicas, para utilização futura em campanhas eleitorais de candidatas do partido. § 6º No exercício financeiro em que a fundação ou instituto de pesquisa não despender a totalidade dos recursos que lhe forem assinalados, a eventual sobra poderá ser revertida para outras atividades partidárias, conforme previstas no "caput" deste artigo. § 7º A critério da secretaria da mulher ou, inexistindo a secretaria, a critério da fundação de pesquisa e de doutrinação e educação política, os recursos a que se refere o inciso V do "caput" poderão ser acumulados em diferentes exercícios financeiros, mantidos em contas bancárias específicas, para utilização futura em campanhas eleitorais de candidatas do partido, não se aplicando, neste caso, o disposto no § 5º."

ADI 5617/DF, rel. Min. Edson Fachin, julgamento em 15.3.2018. (ADI-5617)

► Prerrogativa de foro e interpretação restritiva

O foro por prerrogativa de função aplica-se apenas aos crimes cometidos durante o exercício do cargo e relacionados às funções desempenhadas.

Após o final da instrução processual, com a publicação do despacho de intimação para apresentação de alegações finais, a competência para processar e julgar ações penais não será mais afetada em razão de o agente público vir a ocupar outro cargo ou deixar o cargo que ocupava, qualquer que seja o motivo.

Esse é o entendimento do Plenário, ao resolver questão de ordem para determinar a baixa de ação penal ao juízo da zona eleitoral para posterior julgamento, tendo em vista que: a) os crimes imputados ao réu não foram cometidos no cargo de deputado federal ou em razão dele; b) o réu renunciou ao cargo para assumir a função de prefeito; e c) a instrução processual se encerrou perante a 1ª instância, antes do deslocamento de competência para o Supremo Tribunal Federal (STF) (Informativos 867 e 885).

Prevaleceu o voto do ministro Roberto Barroso (relator), o qual registrou que a quantidade de pessoas beneficiadas pelo foro e a extensão que se tem dado a ele, a abarcar fatos ocorridos antes de o indivíduo ser investido no cargo beneficiado pelo foro por prerrogativa de função ou atos praticados sem qualquer conexão com o exercício do mandato que se deseja proteger, têm resultado em múltiplas disfuncionalidades.

A primeira delas é atribuir ao STF uma competência para a qual ele não é vocacionado. Nenhuma corte constitucional no mundo tem a quantidade de processos de competência originária, em matéria penal, como tem a do Brasil. E, evidentemente, na medida em que desempenha esse papel de jurisdição penal de primeiro grau, o STF se afasta da sua missão primordial de guardião da Constituição e de equacionamento das grandes questões nacionais.

O procedimento no Supremo é muito mais complexo do que no juízo de primeiro grau, por essa razão leva-se muito mais tempo para apreciar a denúncia, processar e julgar a ação penal. Consequentemente, é comum a ocorrência de prescrição, o que nem sempre acontece por responsabilidade do Tribunal, mas por conta do próprio sistema.

Portanto, o mau funcionamento do sistema traz, além de impunidade, desprestígio para o STF. Como consequência, perde o Direito Penal o seu principal papel, qual seja, o de atuar como prevenção geral.

O relator frisou que a situação atual revela a necessidade de mutação constitucional. Isso ocorre quando a corte constitucional muda um entendimento consolidado, não porque o anterior fosse propriamente errado, mas porque: a) a realidade fática mudou; b) a percepção social do Direito mudou; ou c) as consequências práticas de uma orientação jurisprudencial se revelaram negativas. As três hipóteses que justificam a alteração de uma linha de interpretação constitucional estão presentes na hipótese dos autos.

A nova interpretação prestigia os princípios da igualdade e republicano, além de assegurar às pessoas o desempenho de mandato livre de interferências, que é o fim pretendido pela norma constitucional. Ademais, viola o princípio da igualdade proteger, com foro de prerrogativa, o agente público por atos praticados sem relação com a função para a qual se quer resguardar sua independência, o que constitui a atribuição de um privilégio.

Além disso, o princípio republicano tem como uma das suas dimensões mais importantes a possibilidade de responsabilização dos agentes públicos. A prescrição, o excessivo retardamento e a impunidade, que resultam do modelo de foro por prerrogativa de função, não se amoldam ao referido princípio.

A Corte registrou que essa nova linha interpretativa deve ser aplicada imediatamente aos processos em curso, com a ressalva de todos os atos praticados e decisões proferidas pelo STF e pelos demais juízos com base na jurisprudência anterior, conforme precedente firmado no Inq 687 QO/SP (DJU de 25.8.1999).

Vencidos, em parte, os ministros Alexandre de Moraes e Ricardo Lewandowski, apenas quanto à restrição do foro aos crimes cometidos durante o exercício do cargo e relacionados às funções desempenhadas. Ambos consideraram que a expressão "nas infrações penais comuns", prevista no art. 102, I, "b", da Constituição Federal, alcança todos os tipos de infrações penais, ligadas ou não ao exercício do mandato.

Vencido, em parte, o ministro Marco Aurélio, tão somente quanto à prorrogação da competência para processar e julgar ações penais após a publicação do despacho de intimação para apresentação de alegações finais.

Vencido, em parte, o ministro Dias Toffoli, que, em voto reajustado, resolveu a questão de ordem no sentido de: a) fixar a competência do STF para processar e julgar os membros do Congresso Nacional exclusivamente quanto aos crimes praticados após a diplomação, independentemente de sua relação ou não com a função pública em questão; b) fixar a competência por prerrogativa de foro, prevista na Constituição Federal, quanto aos demais cargos, exclusivamente quanto aos crimes praticados após a diplomação ou a nomeação (conforme o caso), independentemente de sua relação ou não com a função pública em questão; c) serem inaplicáveis as regras constitucionais de prerrogativa de foro quanto aos crimes praticados anteriormente à diplomação ou à nomeação (conforme o caso), hipótese em que os processos deverão ser remetidos ao juízo de primeira instância competente, independentemente da fase em que se encontrem; d) reconhecer a inconstitucionalidade das normas previstas nas Constituições estaduais e na Lei Orgânica do Distrito Federal que contemplem hipóteses de prerrogativa de foro não previstas expressamente na Constituição Federal, vedada a invocação de simetria; e) estabelecer, quando aplicável a competência por prerrogativa de foro, que a renúncia ou a cessação, por qualquer outro motivo, da função pública que atraia a causa penal ao foro especial, após o encerramento da fase do art. 10 da Lei 8.038/1990, com a determinação de abertura de vista às partes para alegações finais, não altera a competência para o julgamento da ação penal.

Por fim, vencido, também parcialmente, o ministro Gilmar Mendes, que assentou que a prerrogativa de foro alcança todos os delitos imputados ao destinatário da prerrogativa, desde que durante a investidura, sendo desnecessária a ligação com o ofício. Ao final, propôs o início de procedimento para a adoção de Enunciado da Súmula Vinculante em que restasse assentada a inconstitucionalidade de normas de Constituições Estaduais que disponham sobre a competência do Tribunal de Justiça para julgar autoridades sem cargo similar contemplado pela Constituição Federal e a declaração incidental de inconstitucionalidade dos incisos II e VII do art. 22 da Lei 13.502/2017; dos incisos II e III e parágrafo único do art. 33 da Lei Complementar 35/1979; dos artigos 40, III, V, e 41, II, parágrafo único, da Lei 8.625/1993; e do art. 18, II, "d", "e", "f", parágrafo único, da Lei Complementar 75/1993.

AP 937 QO/RJ, rel. Min. Roberto Barroso, julgamento em 2 e 3.5.2018.

► Ação de improbidade administrativa: ministro de estado e foro competente

Os agentes políticos, com exceção do Presidente da República, encontram-se sujeitos a duplo regime sancionatório, de modo que se submetem tanto à responsabilização civil pelos atos de improbidade administrativa quanto à responsabilização político-administrativa por crimes de responsabilidade.

O foro especial por prerrogativa de função previsto na Constituição Federal (CF) em relação às infrações penais comuns não é extensível às ações de improbidade administrativa.

Esse o entendimento do Plenário ao negar provimento a agravo regimental em petição no qual se sustentava que os agentes políticos respondem apenas por crimes de responsabilidade, mas não pelos atos de improbidade administrativa previstos na Lei 8.429/1992. O requerente também pleiteava o reconhecimento da competência do STF para processar e julgar ações de improbidade contra réus com prerrogativa de foro nesse Tribunal.

Em relação ao duplo regime sancionatório, a Corte concluiu que não há qualquer impedimento à concorrência de esferas de responsabilização distintas. Assim, carece de fundamento constitucional a tentativa de imunizar os agentes políticos das sanções relativas à ação de improbidade administrativa a pretexto de que essas seriam absorvidas pelo crime de responsabilidade. Em realidade, a única exceção ao referido regime sancionatório em matéria de improbidade se refere aos atos praticados pelo Presidente da República, conforme previsão expressa do art. 85, V (1), da CF.

Já no concernente à extensão do foro especial, o Tribunal afirmou que o foro privilegiado é destinado a abarcar apenas as ações penais. A suposta gravidade das sanções previstas no art. 37, § 4º (2), da CF, não reveste a ação de improbidade administrativa de natureza penal.

O foro especial por prerrogativa de função submete-se a regime de direito estrito, já que representa exceção aos princípios estruturantes da igualdade e da República. Não comporta, portanto, ampliação a hipóteses não expressamente previstas no texto constitucional. Isso especialmente porque, na hipótese, não há lacuna constitucional, mas legítima opção do poder constituinte originário em não instituir foro privilegiado para o processo e o julgamento de agentes políticos pela prática de atos de improbidade na esfera civil.

Ademais, a fixação de competência para julgar a ação de improbidade no primeiro grau de jurisdição, além de constituir fórmula republicana, é atenta às capacidades institucionais dos diferentes graus de jurisdição para a instrução processual.

Vencido o Ministro Teori Zavascki (relator), que deu provimento ao agravo regimental. Reconheceu a existência do duplo regime sancionatório, porém, assegurou a observância do foro por prerrogativa de função em relação às ações de improbidade administrativa.

(1) CF: "Art. 85. São crimes de responsabilidade os atos do Presidente da República que atentem contra a Constituição Federal e, especialmente, contra: (...) V - a probidade na administração".

(2) CF: "Art. 37 (...) § 4º - Os atos de improbidade administrativa importarão a suspensão dos direitos políticos, a perda da função pública, a indisponibilidade dos bens e o ressarcimento ao erário, na forma e gradação previstas em lei, sem prejuízo da ação penal cabível".

Pet 3240 AgR/DF, rel. Min. Teori Zavascki, red. p/ o ac. Min. Roberto Barroso, julgamento em 10.5.2018.

► Partido político recém-criado e justa causa para desfiliação partidária

O Plenário, por maioria, referendou a cautelar deferida em ação direta de inconstitucionalidade ajuizada em face do artigo 22-A da Lei 9.096/1995, acrescentado pela Lei 13.165/2015 (1), que dispõe sobre: (a) a perda do mandato de detentor de cargo eletivo que se desfiliar do partido pelo qual foi eleito; e (b) as hipóteses de justa causa para a desfiliação partidária.

Antes do advento da legislação questionada, o referido procedimento era regulado pelo art. 1º da Resolução 22.610/2007, do Tribunal Superior Eleitoral (TSE) (2), cuja constitucionalidade foi chancelada pelo Supremo Tribunal Federal (STF) (3). Segundo esse normativo, a criação de nova legenda era considerada como justa causa para desfiliação, sem perda do mandato, desde que a nova filiação ocorresse em 30 dias da criação da sigla.

A Lei 13.165/2015, no entanto, não previu essa modalidade de justa causa, de modo que passou a ser considerada como hipótese de infidelidade partidária sujeita à perda do mandato. Houve a alteração do regime jurídico da fidelidade partidária para excluir a possibilidade de adesão a um partido recém-criado sem a perda do mandato.

Inicialmente, o Relator deferiu parcialmente a medida cautelar para determinar a devolução do prazo integral de 30 dias para que detentores de mandatos eletivos pudessem se filiar a novas agremiações que tenham sido registradas no TSE antes da entrada em vigor da lei impugnada.

Ao referendar a cautelar, de um lado, o Tribunal entendeu presente a plausibilidade do direito alegado, ao fundamento de que houve violação à segurança jurídica, na modalidade direito adquirido, tanto das agremiações recém-criadas quanto dos parlamentares que pretendiam se filiar a elas.

Criada a legenda antes da vigência da lei, o partido tem o direito de receber novas filiações. O princípio da segurança jurídica exige uma forma de transição legítima e razoável, vedada a retroação do novo regime às situações já consolidadas.

Ademais, a transferência sem perda de mandato era um direito subjetivo dos congressistas. Não pode uma lei superveniente retirar direito que já havia sido adquirido com base na sistemática anterior.

Por outro lado, quanto ao perigo na demora, considerou caracterizada a urgência. Se a cautelar não fosse deferida, o prazo trintídio iria se expirar sem que os parlamentares que assim desejassem pudessem migrar para os novos partidos.

Vencido o ministro Marco Aurélio, que não referendou a liminar, por entender incabível o implemento de medida cautelar em ação direta por meio de decisão monocrática. Essa vedação somente é excepcionada no período de recesso, conforme o art. 10 da Lei 9.868/1999 (4). No mais, entendeu que os partidos políticos e os parlamentares possuem simples expectativa de direito, não resguardada pela nova lei, a qual está em consonância com a Constituição Federal.

(1) Lei 9.096/1995: "Art. 22-A. Perderá o mandato o detentor de cargo eletivo que se desfiliar, sem justa causa, do partido pelo qual foi eleito. Parágrafo único. Consideram-se justa causa para a desfiliação partidária somente as seguintes hipóteses: I - mudança substancial ou desvio reiterado do programa partidário; II - grave discriminação política pessoal; e III - mudança de partido efetuada durante o período de trinta dias que antecede o prazo de filiação exigido em lei para concorrer à eleição, majoritária ou proporcional, ao término do mandato vigente".

(2) Resolução 22.610/2007: "Art. 1º O partido político interessado pode pedir, perante a Justiça Eleitoral, a decretação da perda de cargo eletivo em decorrência de desfiliação partidária sem justa causa. § 1º Considera-se justa causa: I – incorporação ou fusão do partido; II – criação de novo partido; III – mudança substancial ou desvio reiterado do programa partidário; IV – grave discriminação pessoal".

(3) ADI 3999/DF, DJe de 17.4.2009; e ADI 4086/DF, DJe de 17.4.2009.

(4) Lei 9.868/1999: "Art. 10. Salvo no período de recesso, a medida cautelar na ação direta será concedida por decisão da maioria absoluta dos membros do Tribunal, observado o disposto no art. 22, após a audiência dos órgãos ou autoridades dos quais emanou a lei ou ato normativo impugnado, que deverão pronunciar-se no prazo de cinco dias".

ADI 5398/DF, rel. Min. Roberto Barroso, julgamento em 9.5.2018. (ADI-5398)

► ADI: proselitismo e liberdade de expressão

O Plenário, por maioria, julgou procedente pedido formulado em ação direta para declarar a inconstitucionalidade do § 1º (1) do art. 4º da Lei 9.612/1998. O dispositivo proíbe, no âmbito da programação das emissoras de radiodifusão comunitária, a prática de proselitismo, ou seja, a transmissão de conteúdo tendente a converter pessoas a uma doutrina, sistema, religião, seita ou ideologia.

Prevaleceu o entendimento do ministro Edson Fachin no sentido de que a norma impugnada afronta os artigos 5º, IV, VI e IX (2), e 220 (3), da Constituição Federal (CF).

O Tribunal asseverou que a jurisprudência do Supremo Tribunal Federal tem realçado a primazia que goza o direito à liberdade de expressão na Constituição (ADI 4.451/DF, ADPF 130/DF e ADI 2.404/DF). Observou que esses julgados sublinham, precisamente, que as restrições à ampla liberdade de expressão devem ser interpretadas à luz do que estritamente previsto em lei. Para o ministro, há, nesse sentido, convergência entre os dispositivos constitucionais e o contido em tratados internacionais de direitos humanos, especialmente no art. 134 (4) do Pacto de San Jose da Costa Rica (Convenção Americana sobre Direitos Humanos), segundo o qual o exercício do direito à liberdade de pensamento e de expressão não pode estar sujeito a censura prévia, mas a responsabilidades ulteriores.

Afirmou que a restrição ao proselitismo, tal como disposto na regra atacada, não se amolda a qualquer das cláusulas que legitimam a restrição às liberdades de expressão e de religião. Citou, no ponto, o acórdão proferido no julgamento do RHC 134.682/BA. Naquela oportunidade, no tocante à liberdade de expressão religiosa, o Tribunal reconheceu que, nas hipóteses de religiões que se alçam a universais, o discurso proselitista é da essência de seu integral exercício. Desse modo, a finalidade de alcançar o outro, mediante persuasão, configura comportamento intrínseco dessas religiões. Concluiu que isso seria simplesmente inviável se fosse impedido o discurso que se denomina proselitista.

Dessa forma, a liberdade de pensamento inclui o discurso persuasivo, o uso de argumentos críticos, o consenso e o debate público informado e pressupõe a livre troca de ideias e não apenas a divulgação de informações.

Acrescentou que, não bastasse a manifesta incompatibilidade com o direito assegurado no art. 5º da CF e em tratados de direitos humanos, o art. 220 da CF consigna, expressamente, a liberdade de expressão sob qualquer forma, processo ou veículo. A rádio ou serviço de radiodifusão comunitária se insere nessa hipótese.

Por fim, ponderou o ministro Fachin que, ainda que se verifique uma teleologia compatível com a Constituição, é preciso levar em conta a veiculação em rádio de discurso proselitista sem incitação ao ódio, ou violação à própria Constituição, e, evidentemente, sem discriminações, que venham a ser minimamente invasivas em relação à intimidade, direito a ser potencialmente resguardado.

Vencidos os ministros Alexandre de Moraes (relator) e Luiz Fux que julgaram o pedido improcedente. Reputaram que a norma impugnada não configura censura prévia, apenas reforça a necessidade de se assegurar o respeito recíproco que deve existir entre membros de correntes ideológicas distintas, base necessária para o efetivo exercício das liberdades de expressão, de crenças e de manifestação do pensamento em uma sociedade democrática. A vedação legal, portanto, impede a utilização das emissoras de radiodifusão comunitária como monopólio para divulgação de uma única ideia, com a finalidade de conversão dos ouvintes a uma única doutrina, religião ou ideologia político-partidária.

(1) Lei 9.612/1998: "Art. 4º (...) § 1º - É vedado o proselitismo de qualquer natureza na programação das emissoras de radiodifusão comunitária."

(2) CF: "Art. 5º (...) IV - é livre a manifestação do pensamento, sendo vedado o anonimato; (...) VI - é inviolável a liberdade de consciência e de crença, sendo assegurado o livre exercício dos cultos religiosos e garantida, na forma da lei, a proteção aos locais de culto e a suas liturgias; (...) IX - é livre a expressão da atividade intelectual, artística, científica e de comunicação, independentemente de censura ou licença."

(3) CF: "Art. 220. A manifestação do pensamento, a criação, a expressão e a informação, sob qualquer forma, processo ou veículo não sofrerão qualquer restrição, observado o disposto nesta Constituição."

(4) Pacto de San José: "Artigo 134. Liberdade de pensamento e de expressão 1. Toda pessoa tem direito à liberdade de pensamento e de expressão. Esse direito compreende a liberdade de buscar, receber e difundir informações e ideias de toda natureza, sem consideração de fronteiras, verbalmente ou por escrito, ou em forma impressa ou artística, ou por qualquer outro processo de sua escolha. 2. O exercício do direito previsto no inciso precedente não pode estar sujeito a censura prévia, mas a responsabilidades ulteriores, que devem ser expressamente fixadas pela lei e ser necessárias para assegurar: a. o respeito aos direitos ou à reputação das demais pessoas; ou b. a proteção da segurança nacional, da ordem pública, ou da saúde ou da moral públicas."

ADI 2.566/DF, rel. orig. Min. Alexandre de Moraes, red. p/ o ac. Min. Edson Fachin, julgamento em 16.5.2018.

► ADI e sigilo do voto

O Plenário, por maioria, deferiu medida cautelar em ação direta de inconstitucionalidade para suspender, com eficácia "ex tunc", o art. 59-A (1) da Lei 9.504/1997, incluído pela Lei 13.165/2015 (Lei da Minirreforma Eleitoral), o qual determina que, na votação eletrônica, o registro de cada voto deverá ser impresso e depositado, de forma automática e sem contato manual do eleitor, em local previamente lacrado.

Prevaleceu o voto do ministro Alexandre de Moraes no sentido de que o dispositivo impugnado, em princípio, viola o art. 14(2) e o § 4º do art. 60(3) da Constituição Federal (CF), os quais garantem o voto livre e secreto. Ele foi acompanhado pelos ministros Edson Fachin, Luís Roberto Barroso, Marco Aurélio, Rosa Weber, Ricardo Lewandowski, Celso de Mello e Cármen Lúcia (presidente).

O ministro Alexandre considerou que o art. 59-A e o seu parágrafo único permitem a identificação de quem votou, ou seja, a quebra do sigilo, e, consequentemente, a diminuição da liberdade do voto.

Cabe ao legislador fazer a opção pelo voto impresso, eletrônico ou híbrido, visto que a CF nada dispõe a esse respeito, observadas, entretanto, as características do voto nela previstas.

Ressaltou o sucesso da adoção das urnas eletrônicas no Brasil e a ausência de indícios de fraude generalizada ou de mal funcionamento do sistema a justificar a implantação do voto impresso.

O modelo híbrido trazido pelo dispositivo impugnado constitui efetivo retrocesso aos avanços democráticos conquistados pelo Brasil para garantir eleições realmente livres, em que as pessoas possam escolher os candidatos que preferirem.
Vencidos, em parte, os ministros Gilmar Mendes (relator) e Dias Toffoli, que concederam a liminar, em parte, para que a implementação da regra fosse realizada paulatinamente, de acordo com as possibilidades financeiras e técnicas da Justiça Eleitoral.

O relator concluiu que a implantação do modelo impresso de registro do voto deveria ocorrer de forma gradual, haja vista não ser possível promover uma mudança tão abrupta no processo eleitoral além de colocar em risco a segurança das eleições com gastos de recursos de forma irresponsável.

(1) Lei 9.504/1997: "Art. 59-A. No processo de votação eletrônica, a urna imprimirá o registro de cada voto, que será depositado, de forma automática e sem contato manual do eleitor, em local previamente lacrado. Parágrafo único. O processo de votação não será concluído até que o eleitor confirme a correspondência entre o teor de seu voto e o registro impresso e exibido pela urna eletrônica."

(2) CF: "Art. 14. A soberania popular será exercida pelo sufrágio universal e pelo voto direto e secreto, com valor igual para todos, e, nos termos da lei, mediante (...)."

(3) CF: "Art. 60. A Constituição poderá ser emendada mediante proposta: (...) § 4º Não será objeto de deliberação a proposta de emenda tendente a abolir: (...) II - o voto direto, secreto, universal e periódico;"

ADI 5889/DF, rel. orig. Min. Gilmar Mendes, red. p/ o ac. Min. Alexandre de Moraes, julgamento em 6.6.2018.

► Constituição estadual e constitucionalidade

O Plenário, por maioria, julgou parcialmente procedente o pedido formulado em ação direta de inconstitucionalidade para: 1) julgar prejudicada a ação em relação aos artigos 140, parágrafo único; 141, III; 145; 152, "caput", I, III, IV; 168, § 5º; 176, § 10; 183, parágrafo único; 187, § 2º; 189, § 2º; 335, parágrafo único, todos da Constituição do Estado do Ceará, bem como do art. 37 do seu ADCT; 2) declarar a inconstitucionalidade dos artigos 147, § 1º; 154, § 2º; 167, XII e XIII, e §§ 1º e 2º; 174; 184, §§ 1º a 3º, da Constituição do Estado do Ceará, e dos artigos 27 e 28 do ADCT estadual; 3) declarar a inconstitucionalidade da expressão "procuradorias autárquicas" contida no parágrafo único do art. 152 da Constituição estadual; e 4) declarar a inconstitucionalidade da expressão "das autarquias e das fundações" contida no § 1º do art. 166 da Carta estadual, bem assim a não recepção da parte remanescente do art. 166, § 1º, em face da Emenda Constitucional (EC) 19/1998.

De início, o Tribunal registrou a revogação expressa dos artigos 145; 168, § 5º, e 335, parágrafo único, da Constituição estadual. Houve alteração substancial de conteúdo dos artigos 140, parágrafo único; 141, III; 152, "caput", I, III, IV; 176, § 10; 183, parágrafo único; 187, § 2º; e 189, § 2º, todos da Carta cearense, de forma a descaracterizar o substrato normativo antes confrontado com a Constituição Federal (CF). Outrossim, ocorreu o exaurimento dos efeitos da regra de anistia tributária prevista no art. 37 do ADCT estadual, na medida em que o termo "a quo" de aplicabilidade do benefício fiscal foi atingido ao final do ano de 1989. Essa situação implica na perda parcial de objeto da ação direta de inconstitucionalidade.

Tendo em vista que a ação direta foi ajuizada em 1989, algumas disposições constitucionais apontadas como parâmetro de controle foram alteradas durante o transcurso do seu processamento. No ponto, o Plenário afastou a alegação de prejuízo da ação em virtude dessas alterações, na linha do que decidido na ADI 2.158, ADI 2.189, ADI 94 e ADI 239, no sentido de que a alteração do parâmetro constitucional, quando o processo ainda está em curso, não prejudica a ação.

O Colegiado, por outro lado, reconheceu a constitucionalidade dos artigos 135, "caput" e I, e 136 da Constituição do Estado do Ceará. A falta da expressão "autonomia financeira" no art. 127, § 2°, da CF não invalida a construção interpretativa de sua efetiva existência como garantia do livre exercício das funções institucionais do Ministério Público. Mesmo antes da EC 19/1998, o STF já havia consagrado a competência do Ministério Público para a fixação da política remuneratória de seus membros e serviços auxiliares.

Por outro lado, reputou inconstitucional o art. 147, § 1°, da Carta estadual, que concede aos defensores públicos a aplicação do regime de garantias, vencimentos, vantagens e impedimentos do Ministério Público e da Procuradoria-Geral do Estado. O estatuto jurídico das carreiras do Ministério Público e da Defensoria Pública foram tratadas de forma diversa pelo texto constitucional originário. Ademais, a equivalência remuneratória entre as carreiras encontra óbice no art. 37, XIII, da CF, que veda a equiparação ou vinculação remuneratória.

A previsão original do art. 39, § 1°, da CF, que assegurava isonomia remuneratória aos servidores de atribuições iguais ou assemelhadas, não poderia ter sido invocada em favor dos Defensores Públicos, tampouco adotado como paradigmas os membros do Ministério Público, pois referida entidade goza de autonomia financeira que, à época, ainda não dispunham as Defensorias Públicas Estaduais, o que somente foi-lhes assegurado pela EC 45/2004 (CF, art. 134, § 2°).

Reconheceu, também, a inconstitucionalidade do art. 152, parágrafo único, da Constituição cearense, que impõe ao Governador o dever de encaminhar à Assembleia Legislativa projeto de lei sobre a organização e o funcionamento da Procuradoria-Geral do Estado e das procuradorias autárquicas, além de admitir, de forma geral e para o futuro, a existência de órgãos jurídicos, no âmbito das autarquias e fundações, distintos da Procuradoria-Geral.

Tal regramento afronta o modelo constitucional do art. 132 da Carta Federal. A CF estabeleceu um modelo de exercício exclusivo, pelos Procuradores de Estado e do Distrito Federal, de toda a atividade jurídica, consultiva e contenciosa, das unidades federadas estaduais e distritais, nele incluídas as autarquias e as fundações. Assim, tal previsão constitucional, também conhecida como princípio da unicidade da representação judicial e da consultoria jurídica dos Estados e do Distrito Federal, estabelece competência funcional exclusiva da Procuradoria-Geral do Estado.

A exceção prevista no art. 69 do ADCT da CF deixou evidente que, a partir da Constituição de 1988, não se permite mais a criação de órgãos jurídicos distintos da Procuradoria-Geral do Estado, admite-se apenas a manutenção daquelas consultorias jurídicas já existentes quando da promulgação da Carta. Trata-se de exceção direcionada a situações concretas e do passado e, por essa razão, deve ser interpretada restritivamente, inclusive com atenção à diferenciação entre os termos "consultoria jurídica" e "procuradoria jurídica", uma vez que esta última pode englobar as atividades de consultoria e representação judicial.

É igualmente inconstitucional a expressão "das autarquias e das fundações" contida no § 1º do art. 166 da Carta cearense. Isso porque a equiparação remuneratória entre servidores, a teor da redação originária do art. 39, § 1º, da CF, restringiu-se aos servidores da administração direta, não mencionando os entes da administração indireta, como o faz a norma impugnada.

Além disso, o dispositivo estadual não foi recepcionado, em sua integralidade, pela redação atual do art. 39 da Constituição Federal, na forma EC 19/1998.

A vedação de vinculação ou equiparação de quaisquer espécies remuneratórias de pessoal do serviço público, prevista no art. 37, XIII, da CF torna inconstitucionais o referido § 1º do art. 166 e os parágrafos do art. 184 da Constituição do Ceará, que estabelecem equiparação remuneratória entre a carreira dos delegados de polícia e a de promotores de justiça, além de isonomia e vinculação de remuneração entre os servidores das diferentes carreiras da polícia civil.

Por outro lado, não ofende o art. 37, XIII, da CF, a previsão contida no art. 215, IV, da Constituição cearense, a qual assegura isonomia salarial para docentes em exercício, com titulação idêntica, respeitando-se o grau de ensino em que estiver atuando. Não há, no caso, equiparação salarial de carreiras distintas, pois se trata especificamente da carreira de magistério público.

São inconstitucionais os artigos 154, § 2º; 167, XII e XIII, §§ 1º e 2º; e 174, da Constituição estadual, e os artigos 27 e 28 do seu ADCT. Tais dispositivos tratam de remuneração e direitos de servidores públicos, que, por não encontrarem similares na CF, somente poderiam ser veiculados por meio de lei de iniciativa do Chefe do Poder Executivo. São previsões específicas que não tratam da organização e estruturação do Estado-membro ou de seus órgãos, mas que versam sobre o regime jurídico de servidores públicos.

No mesmo sentido, a fixação de teto de vencimento para os escrivães de entrância especial em valor não excedente a oitenta por cento dos vencimentos dos juízes de entrância inferior, prevista no art. 174 da Constituição do Estado, além de incidir em vinculação de vencimentos de carreiras distintas, afronta a iniciativa legislativa do Poder Judiciário (CF, art. 96, II, "b").

Por fim, o art. 167, XIII e § 2º, da Constituição estadual, ao estabelecer aposentadoria em montante remuneratório superior ao previsto para o cargo desempenhado em atividade e remeter o valor dos proventos aos cargos imediatamente superiores do quadro funcional ou com acréscimo de gratificação, não encontra paradigma na CF.

Essa previsão não era considerada materialmente inconstitucional à época da edição da Carta, uma vez que a superação da remuneração em atividade era tolerada na redação original da CF. Porém, toda a parte previdenciária contida no art. 167 da Constituição estadual não foi agasalhada pela Constituição Federal a partir da EC 20/1998. Com essa emenda, a vedação à superação do patamar remuneratório da atividade e a impossibilidade de incorporação da remuneração do cargo em comissão para fins de aposentadoria foram estabelecidas expressamente pelo art. 40, §§ 2º e 3º, da CF.

Vencido, em parte, o ministro Marco Aurélio, que apontou a necessidade de aditamento à petição inicial na hipótese de modificação na norma de parâmetro.

ADI 145/CE, rel. Min. Dias Toffoli, julgamento em 20.6.2018. (ADI-145)

▶ Idade mínima para ingresso na educação infantil e no ensino fundamental - 3

São constitucionais a exigência de idade mínima de quatro e seis anos para ingresso, respectivamente, na educação infantil e no ensino fundamental, bem como a fixação da data limite de 31 de março para que referidas idades estejam completas.

Com base nesse entendimento, o Plenário, em julgamento conjunto e por maioria, julgou procedente ação declaratória de constitucionalidade (ADC) e improcedente arguição de descumprimento de preceito fundamental (ADPF), que discutiam a validade de exigências previstas na Lei de Diretrizes e Bases da Educação Nacional (Lei 9.394/1996) e em resoluções do Conselho Nacional de Educação (CNE) (Informativos 879, 903 e 904).

Quanto à ADC, o Colegiado concluiu que os artigos 24, II, 31 e 32, "caput" (1), da Lei 9.394/1996 — que estabelece as diretrizes e bases da educação nacional (LDB) — não conflitam com os dispositivos constitucionais que regulam o tema. Fixou a seguinte tese: é constitucional a exigência de seis anos de idade para o ingresso no ensino fundamental, cabendo ao Ministério da Educação a definição do momento em que o aluno deverá preencher o critério etário.

No que se refere à ADPF, o Tribunal também reputou constitucionais os artigos 2° e 3° (2) da Resolução 1/2010 e os artigos 2°, 3° e 4° (3) da Resolução 6/2010, ambas da Câmara de Educação Básica do Conselho Nacional de Educação (CNE), as quais definem as diretrizes operacionais para a implantação do ensino fundamental com duração de nove anos e para a matrícula no ensino fundamental e na educação infantil, respectivamente.

Ademais, entendeu que as resoluções impugnadas não violam os princípios da isonomia, da proporcionalidade e do acesso à educação, ao estabelecerem um critério único e objetivo para o ingresso nas séries iniciais da educação infantil e do ensino fundamental da criança que tenha, respectivamente, quatro e seis anos de idade completos até o dia 31 de março do ano em que ocorrer a matrícula.

A efetividade das normas consagradoras do direito à educação encontra suporte nas alterações promovidas pelo constituinte derivado, por meio das Emendas Constitucionais 53/2006 e 59/2009. Esses regramentos ampliaram a educação obrigatória, a partir dos quatro anos de idade, e substituíram o critério da etapa de ensino pelo da idade.

O importante é que seja assegurado ao aluno entre quatro e dezessete anos o acesso à educação, de acordo com a sua capacidade. A faixa etária não é estabelecida entre as etapas do sistema de ensino. Desse modo, a regulamentação questionada, relativa à transição entre as etapas de ensino, está em conformidade com o art. 208, I e IV (4), da Constituição Federal (CF).

Cabe ao Poder Público desenhar as políticas educacionais, respeitadas as balizas constitucionais. O corte etário, apesar de não ser a única solução constitucionalmente possível, insere-se no espaço de conformação do administrador, sobretudo em razão da "expertise" do CNE e da ampla participação técnica e social no processo de edição das resoluções, em respeito à gestão democrática do ensino público [CF, art. 206, VI (5)].

Por fim, considerou que as regras objetivas relativas a datas e números asseguram notável segurança jurídica, porque a expressão "anos completos" é inerente a qualquer referência etária, sem que o esforço exegético de se complementar o que está semanticamente definido possa desvirtuar a objetivação decorrente do emprego de número. O acesso aos níveis mais elevados de ensino [CF, art. 208, V (6)], segundo a capacidade de cada um, pode justificar, eventualmente, o afastamento de regras em casos bastante excepcionais, a critério exclusivo da equipe pedagógica diretamente responsável pelo aluno, o que se mostra consentâneo com a valorização dos profissionais da educação escolar e o apreço à pluralidade de níveis cognitivos e comportamentais em sala de aula.

Vencidos, em parte na ADC e integralmente na ADPF, os Ministros Edson Fachin, Alexandre de Moraes, Rosa Weber, Dias Toffoli e Celso de Mello. Para eles, seria constitucional a Lei 9.394/1996, no que fixa a idade de seis anos para o início do ensino fundamental, inadmitida a possibilidade de corte etário obstativo de matrícula da criança no ano em que completa a idade exigida.

(1) Lei 9.394/1996: "Art. 24. A educação básica, nos níveis fundamental e médio, será organizada de acordo com as seguintes regras comuns (...) II - a classificação em qualquer série ou etapa, exceto a primeira do ensino fundamental, pode ser feita: a) por promoção, para alunos que cursaram, com aproveitamento, a série ou fase anterior, na própria escola; b) por transferência, para candidatos procedentes de outras escolas; c) independentemente de escolarização anterior, mediante avaliação feita pela escola, que defina o grau de desenvolvimento e experiência do candidato e permita sua inscrição na série ou etapa adequada, conforme regulamentação do respectivo sistema de ensino"; (...) Art. 31. A educação infantil será organizada de acordo com as seguintes regras comuns: I - avaliação mediante acompanhamento e registro do desenvolvimento das crianças, sem o objetivo de promoção, mesmo para o acesso ao ensino fundamental; II - carga horária mínima anual de 800 (oitocentas) horas, distribuída por um mínimo de 200 (duzentos) dias de trabalho educacional; III - atendimento à criança de, no mínimo, 4 (quatro) horas diárias para o turno parcial e de 7 (sete) horas para a jornada integral; IV - controle de frequência pela instituição de educação pré-escolar, exigida a frequência mínima de 60% (sessenta por cento) do total de horas; V - expedição de documentação que permita atestar os processos de desenvolvimento e aprendizagem da criança; e Art. 32. O ensino fundamental obrigatório, com duração de 9 (nove) anos, gratuito na escola pública, iniciando-se aos 6 (seis) anos de idade, terá por objetivo a formação básica do cidadão, mediante: (...)."

(2) Resolução 1/2010: "Art. 2º Para o ingresso no primeiro ano do Ensino Fundamental, a criança deverá ter 6 (seis) anos de idade completos até o dia 31 de março do ano em que ocorrer a matrícula; e Art. 3º As crianças que completarem 6 (seis) anos de idade após a data definida no artigo 2º deverão ser matriculadas na Pré-Escola."

(3) Resolução 6/2010: "Art. 2º Para o ingresso na Pré-Escola, a criança deverá ter idade de 4 (quatro) anos completos até o dia 31 de março do ano que ocorrer a matrícula; Art. 3º Para o ingresso no primeiro ano do Ensino Fundamental, a criança deverá ter idade de 6 (seis) anos completos até o dia 31 de março do ano em que ocorrer a matrícula; e Art. 4º As crianças que completarem 6 (seis) anos de idade após a data definida no artigo 3º deverão ser matriculadas na Pré-Escola."

(4) CF: "Art. 208. O dever do Estado com a educação será efetivado mediante a garantia de: I - educação básica obrigatória e gratuita dos 4 (quatro) aos 17 (dezessete) anos de idade, assegurada inclusive sua oferta gratuita para todos os que a ela não tiveram acesso na idade própria; (...) IV - educação infantil, em creche e pré-escola, às crianças até 5 (cinco) anos de idade."

(5) CF: "Art. 206. O ensino será ministrado com base nos seguintes princípios: (...) VI - gestão democrática do ensino público, na forma da lei."

(6) CF: "Art. 208. O dever do Estado com a educação será efetivado mediante a garantia de: (...) V - acesso aos níveis mais elevados do ensino, da pesquisa e da criação artística, segundo a capacidade de cada um."

ADPF 292/DF, rel. Min. Luiz Fux, julgamento em 1º.8.2018. (ADPF-292)

ADC 17/DF, rel. Min. Edson Fachin, red. p/ o ac. Min. Roberto Barroso, julgamento em 1º.8.2018. (ADC-17)

► Competência concorrente e construções em Áreas de Proteção Permanente

O Plenário julgou procedente pedido formulado em ação direta para declarar a inconstitucionalidade do art. 3º, III, I (1), da Lei 1.939/2008 do Estado do Tocantins, que permite construções destinadas exclusivamente ao lazer em Áreas de Preservação Permanente (APP), com área máxima de 190 metros quadrados. O Tribunal entendeu configurada a inconstitucionalidade formal do dispositivo. O legislador tocantinense, ao conferir às Áreas de Proteção Ambiental (APP's) proteção deficitária em comparação ao regramento nacional (Código Florestal), extrapolou os limites da competência suplementar, decorrente da competência concorrente entre União e Estados (CF, art. 24, caput, VI, § 2º). O colegiado reconheceu, ainda, a inconstitucionalidade material. Não há proporcionalidade e razoabilidade em expor bens jurídicos de máxima importância sem justificativa plausível, especialmente na construção de área de 190 metros quadrados dentro de APP com a mera finalidade de lazer, sem se importar com o tamanho do terreno do condomínio ou com os efeitos nefastos que podem ser gerados. Em áreas de preservações iguais ou menores a 190 metros quadrados, por exemplo, a construção acabará com a preservação. Além disso, embora a norma estabeleça que a construção não deva conter fossas sépticas ou outras fontes poluidoras, o simples fato de haver tubulações implica alteração do meio ambiente, fato que gera verdadeira lesão ambiental às APP's. (1) Lei 1.939/2008: "Art. 3º. Para fins desta Lei, o órgão ambiental competente somente pode autorizar a intervenção ou supressão de vegetação em APP, devidamente caracterizada e motivada, mediante procedimento administrativo autônomo e prévio, nos casos de: (...) III - ações eventuais e de baixo impacto ambiental para: (...) l) pequenas construções com área máxima de 190 metros quadrados, utilizadas exclusivamente para lazer e que não contenham fossas sépticas ou outras fontes poluidoras; " (2) CF: "Art. 24. Compete à União, aos Estados e ao Distrito Federal legislar concorrentemente sobre: (...) VI - florestas, caça, pesca, fauna, conservação da natureza, defesa do solo e dos recursos naturais, proteção do meio ambiente e controle da poluição;

ADI 4988/TO, rel. Min. Alexandre de Moraes, julgamento em 19.9.2018. (ADI-4988).

► Competência concorrente e omissão de ente federado

O Plenário julgou procedente pedido formulado em ação direta para declarar a inconstitucionalidade da Lei 11.463/2000 (1) do Estado Rio Grande do Sul, que remete o regramento do cultivo comercial e das atividades com organismos geneticamente modificados à regência da legislação federal. O Tribunal entendeu que o ato normativo implica renúncia do ente estadual ao exercício da competência legislativa concorrente prevista no art. 24, V, VIII e XII (2) da Constituição Federal (CF). Ressaltou não caber ao ente federado recusar-se ao implemento das providências pertinentes pelos meios próprios. O descompasso da lei impugnada é ainda maior quando se considera o federalismo cooperativo. A lógica mostra-se intransponível e direciona ao estabelecimento de normas gerais pela União e à atuação dos Estados no atendimento das peculiaridades regionais. O Estado se exime de cumprir o dever constitucional de providenciar a implementação, harmoniosa e atenta aos interesses regionais, de valores consagrados na Lei Fundamental. Subverte-se, consequentemente, até mesmo a elaboração de políticas públicas específicas à realidade local. A ressaltar essa óptica, a própria temática versada nessa ação direta evidencia a indispensabilidade de tratamento particularizado, tendo em vista a diversidade biológica verificada no País. O atendimento às necessidades regionais é condição de viabilidade da Federação. A banalização de normas estaduais remissivas fragiliza a estrutura federativa descentralizada, e consagra o monopólio da União, sem atentar para nuances locais. (1) Lei 11.463/2000 do Estado Rio Grande do Sul: "Art. 1º O cultivo comercial e as atividades com organismos geneticamente modificados (OGMs), inclusive as de pesquisa, testes, experiências, em regime de contenção ou ensino, bem como os aspectos ambientais e fiscalização obedecerão estritamente à legislação federal específica. Parágrafo único. Para os efeitos desta lei, considerar-se-á organismo geneticamente modificado toda entidade biológica cujo material genético (DNA/RNA) tenha sido modificado por qualquer técnica de engenharia genética, assim definida pela Lei federal nº 8.974/95. Art. 2º Esta lei entra em vigor na data de sua publicação. Art. 3º Revogam-se as disposições em contrário, especialmente a Lei estadual nº 9.453, de 10 de dezembro de 1991. " (2) CF: "Art. 24. Compete à União, aos Estados e ao Distrito Federal legislar concorrentemente sobre: (...) V - produção e consumo; VIII - responsabilidade por dano ao meio ambiente, ao consumidor, a bens e direitos de valor artístico, estético, histórico, turístico e paisagístico; XII - previdência social, proteção e defesa da saúde; (...). "

ADI 2303/RS, rel. Min. Marco Aurélio, julgamento em 5.9.2018. (ADI-2303)

► Competência legislativa municipal: interesse local e defesa do consumidor

A Segunda Turma, por maioria, negou provimento a agravo regimental em recurso extraordinário em que se questionava a constitucionalidade da Lei municipal 4.845/2009, que proíbe a conferência de produtos, após o cliente efetuar o pagamento nas caixas registradoras das empresas instaladas na cidade de Campina Grande, e prevê sanções administrativas em caso de descumprimento. O colegiado entendeu que a decisão agravada está de acordo com a jurisprudência do Supremo Tribunal Federal no sentido de que os municípios detêm competência para legislar sobre assuntos de interesse local, ainda que, de modo reflexo, tratem de direito comercial ou do consumidor. Ressaltou ser salutar que a interpretação constitucional de normas dessa natureza seja mais favorável à autonomia legislativa dos municípios, haja vista ter sido essa a intenção do constituinte ao elevá-los ao status de ente federativo em nossa Carta da República. Essa autonomia revela-se primordialmente quando o município exerce, de forma plena, sua competência legislativa em matéria de interesse da municipalidade, como previsto no art. 30, I (1), da Constituição Federal (CF). Por isso, toda interpretação que limite ou mesmo vede a atuação legislativa do município deve considerar a primazia do interesse da matéria regulada, de modo a preservar a essencial autonomia desse ente político no sistema federativo pátrio. A norma local questionada se insere na competência legislativa municipal, porque diz respeito à proteção das relações de consumo dos seus munícipes. Ela tem por objetivo evitar o constrangimento dos particulares e de lhes proporcionar maior conforto, haja vista que impede a dupla conferência das mercadorias e evita o enfrentamento de várias filas.Ressaltou, ainda, que o bem-estar dos consumidores não tem relação com a atividade-fim das instituições, razão pela qual não se constata a violação do art. 22, I, da CF (2). Frisou inexistir, de fato, um critério objetivo que possa balizar de maneira absolutamente segura se a matéria normatizada transcende o interesse local. Nessas circunstâncias, há de se prestigiar a vereança local, que bem conhece a realidade e as necessidades da comunidade. Vencidos os ministros Dias Toffoli e Gilmar Mendes, que deram provimento ao recurso. Consideraram que a Lei municipal 4.845/2009, apesar de ter sido editada com o objetivo de resguardar direito dos consumidores, extrapola esse escopo por tratar de matéria não qualificada pela predominância do interesse local. Para eles, a norma resulta em restrição significativa da atividade comercial nos estabelecimentos atacadistas, o que exige legislação de maior abrangência. (1) CF: "Art. 30. Compete aos Municípios: I - legislar sobre assuntos de interesse local; " (2) CF: "Art. 22. Compete privativamente à União legislar sobre: I - direito civil, comercial, penal, processual, eleitoral, agrário, marítimo, aeronáutico, espacial e do trabalho; "

RE 1.052.719 AgR/PB, rel. Min. Ricardo Lewandowski, julgamento em 25.9.2018. (RE-1052719)

▶ Educação domiciliar

O Plenário, em conclusão de julgamento e por maioria, ao apreciar o Tema 822 da repercussão geral, negou provimento a recurso extraordinário em que se discutia a legitimidade da educação domiciliar (Informativo 914). Prevaleceu o voto do ministro Alexandre de Moraes (redator para o acórdão), no sentido da inexistência de vedação absoluta ao ensino domiciliar, conforme depreendeu da análise dos dispositivos da Constituição Federal (CF) que tratam da família, criança, adolescente e jovem [artigos 226 (1), 227 (2) e 229 (3)] em conjunto com os que cuidam da educação [artigos 205 (4), 206 (5)e 208 (6)]. A CF, apesar de não o prever expressamente, não proíbe o ensino domiciliar. O próprio texto constitucional permite e consagra a coexistência de instituições públicas e privadas como um dos princípios regentes do ensino [art. 206, III (7)]. Estabelece, também, parceria obrigatória entre família e Estado na educação, em seu sentido amplo. Não o faz para criar rivalidade entre eles, e sim a união de esforços para maior efetividade na educação das novas gerações. Em um viés democrático e de proteção à criança, ao adolescente e ao jovem, a solidariedade do dever de educação tem como finalidade precípua a defesa integral dos seus direitos. O Estado não pode abrir mão dessa parceria, nem a família. A Constituição estabelece princípios, preceitos e regras aplicáveis ao ensino, que integra a educação lato sensu. Isso vale para o Estado e para a família. Independentemente do ensino a ser trilhado, o texto exige alguns requisitos inafastáveis: a necessidade de ensino básico obrigatório entre quatro e dezessete anos [art. 208, I (8)]; a existência de núcleo mínimo curricular [art. 210 (9)]; e a observância de convivência familiar e comunitária (art. 227). Aparentemente, a CF veda três das quatro espécies mais conhecidas do ensino domiciliar: a desescolarização radical, a moderada e o ensino domiciliar puro. Isso porque elas afastam completamente o Estado do seu dever de participar da educação, o que não ocorre com a quarta espécie, denominada homeschooling ou ensino domiciliar utilitarista ou por conveniência circunstancial. Essa modalidade pode ser estabelecida pelo Congresso Nacional. Para o redator, o ensino domiciliar carece de regulamentação prévia que firme mecanismos de avaliação e fiscalização, e respeite os mandamentos constitucionais, especialmente o art. 208, § 3º (10). Nesse sentido, é necessário que a lei prescreva o que será a frequência. Diversamente do ensino público regular, essa frequência possui, também, o fim de evitar a evasão, garantir a socialização do indivíduo, além da convivência com a pluralidade de ideias.No entendimento dos ministros Luiz Fux e Ricardo Lewandowski, que negaram provimento ao recurso, a educação domiciliar é incompatível com a Constituição.Para o ministro Luiz Fux, além de inexistir fundamento constitucional, a autonomia da vontade dos pais não pode se sobrepor ao direito da criança de estudar com todas as externalidades positivas que decorrem do ambiente escolar. O ministro Ricardo Lewandowski salientou que o ensino domiciliar não encontra guarida na Constituição, particularmente em face do contido no princípio republicano e no art. 205. Vencidos o ministro Roberto Barroso (relator), que deu provimento ao recurso extraordinário, e, em parte, o ministro Edson Fachin, que o proveu parcialmente. O ministro Roberto Barroso concedeu o direito de a recorrente ser educada em casa, obedecidos os parâmetros fixados em seu voto. O ministro Edson Fachin entendeu legítima a pretensão, mas, em razão de a medida ainda depender do reconhecimento de sua eficácia pelos órgãos oficiais, lançou apelo ao legislador para que discipline sua forma de execução e de fiscalização, no prazo máximo de um ano. (1) CF: "Art. 226 - Art. 226. A família, base da sociedade, tem especial proteção do Estado. [...]". (2) CF: "Art. 227 - É dever da família, da sociedade e do Estado assegurar à criança, ao adolescente e ao jovem, com absoluta prioridade, o direito à vida, à saúde, à alimentação, à educação, ao lazer, à profissionalização, à cultura, à dignidade, ao respeito, à liberdade e à convivência familiar e comunitária, além de colocá-los a salvo de toda forma de negligência, discriminação, exploração, violência, crueldade e opressão. " (3) CF: "Art. 229 - Os pais têm o dever de assistir, criar e educar os filhos menores, e os filhos maiores têm o dever de ajudar e amparar os pais na velhice, carência ou enfermidade.

(4) CF: "Art. 205 - A educação, direito de todos e dever do Estado e da família, será promovida e incentivada com a colaboração da sociedade, visando ao pleno desenvolvimento da pessoa, seu preparo para o exercício da cidadania e sua qualificação para o trabalho. " (5) CF: "Art. 206 - Art. 206. O ensino será ministrado com base nos seguintes princípios: [...]" (6) CF: "Art. 208 - Art. 208. O dever do Estado com a educação será efetivado mediante a garantia de: [...]" (7) CF: "Art. 206, [...] III - pluralismo de ideias e de concepções pedagógicas, e coexistência de instituições públicas e privadas de ensino; " (8) CF: "Art. [...] 208, I - educação básica obrigatória e gratuita dos 4 (quatro) aos 17 (dezessete) anos de idade, assegurada inclusive sua oferta gratuita para todos os que a ela não tiveram acesso na idade própria" (9) CF: "Art. 210 – Art. 210. Serão fixados conteúdos mínimos para o ensino fundamental, de maneira a assegurar formação básica comum e respeito aos valores culturais e artísticos, nacionais e regionais. " (10) CF: "Art. [...] 208, §3º Compete ao Poder Público recensear os educandos no ensino fundamental, fazer-lhes a chamada e zelar, junto aos pais ou responsáveis, pela frequência à escola. "

RE 888815/RS, rel. orig. Min. Roberto Barroso, red. p/ o acórdão Min. Alexandre de Moraes, julgamento em 12.9.2018. (RE-888815)

▶ Cabimento de reclamação e nepotismo

A nomeação do cônjuge de prefeito para o cargo de secretário municipal, por se tratar de cargo público de natureza política, por si só, não caracteriza ato de improbidade administrativa. É cabível o ajuizamento de reclamação para impugnar acórdão do Superior Tribunal de Justiça (STJ) que manteve decisão condenatória por ato de improbidade administrativa em desacordo com o Enunciado 13 (1) da Súmula Vinculante do Supremo Tribunal Federal (STF). Com base nessa orientação, a Segunda Turma, por maioria, deu provimento a agravo regimental para julgar procedente reclamação. A reclamação seria cabível desde que a decisão condenatória proferida em primeira instância, ou mesmo diante da mera iniciativa postulatória do Ministério Público, porquanto o STF tem afastado a aplicação do referido enunciado a cargos públicos de natureza política, ressalvados os casos de inequívoca falta de razoabilidade por manifesta ausência de qualificação técnica ou de inidoneidade moral.

Vencido o ministro Edson Fachin, que negou provimento ao agravo regimental por entender que o controle jurisdicional da decisão reclamada deveria ser realizado pelas vias recursais ordinárias. (1) Enunciado 13 da Súmula Vinculante do STF: "A nomeação de cônjuge, companheiro ou parente em linha reta, colateral ou por afinidade, até o terceiro grau, inclusive, da autoridade nomeante ou de servidor da mesma pessoa jurídica investido em cargo de direção, chefia ou assessoramento, para o exercício de cargo em comissão ou de confiança ou, ainda, de função gratificada na administração pública direta e indireta em qualquer dos Poderes da União, dos Estados, do Distrito Federal e dos Municípios, compreendido o ajuste mediante designações recíprocas, viola a Constituição Federal."

Rcl 22339 AgR/SP, rel. Min. Edson Fachin, red. p/ o ac. Min. Gilmar Mendes, julgamento em4.9.2018. (Rcl-22339)

▶ Proteção do meio ambiente: instrumentos de cooperação e competência do Poder Executivo

O Plenário julgou procedente pedido formulado em ação direta para declarar a inconstitucionalidade dos arts. 26 e 28, caput e parágrafo único, da Lei Complementar estadual 149 do estado de Roraima. Esses dispositivos condicionam à aprovação prévia pela Assembleia Legislativa os termos de cooperação e similares firmados naquele estado entre os componentes do Sistema Nacional do Meio Ambiente (SISNAMA). O Tribunal entendeu ser inconstitucional, por violar o princípio da separação dos poderes, a aprovação prévia pelo Poder Legislativo estadual dos instrumentos de cooperação firmados pelos órgãos componentes do Sisnama. A proteção ambiental é matéria de índole administrativa por envolver a execução de política pública, cuja competência é privativa do Poder Executivo, no nosso federalismo cooperativo, em que há o entrelaçamento entre as ações dos órgãos federais, estaduais e municipais para a proteção do meio ambiente. Do mesmo modo, a transferência de responsabilidades ou atribuições de órgãos componentes do Sisnama é, igualmente, competência privativa do Executivo. Dessa forma, não pode ficar condicionada à aprovação prévia da casa legislativa local.

Por fim, o Colegiado asseverou que o Legislativo estadual poderá exercer a fiscalização dos atos praticados pelo Executivo, inclusive com o auxílio do Tribunal de Contas local, a posteriori, se houver alguma irregularidade.

ADI 4348/RR, rel. Min. Ricardo Lewandowski, julgamento em 10.10.2018. (ADI-4348)

► Obrigatoriedade de empacotamento de compras e competência legislativa

São inconstitucionais as leis que obrigam supermercados ou similares à prestação de serviços de acondicionamento ou embalagem das compras, por violação ao princípio da livre iniciativa (arts. 1º, IV (1), e 170 (2) da Constituição). Essa foi a tese fixada pelo Plenário ao negar provimento, por maioria, a recurso extraordinário, com repercussão geral reconhecida (Tema 525), e manter acórdão que declarou a inconstitucionalidade da Lei 5.690/2010 do município de Pelotas. A norma estabelece a obrigatoriedade de prestação de serviços de acondicionamento ou embalagem das compras por supermercados ou similares e prevê a contratação de um funcionário específico para esse fim (Informativo 920). O Colegiado asseverou que o princípio da livre iniciativa, descrito no art. 1º, IV, da CF como fundamento da República e reiterado no art. 170 do texto constitucional, veda a adoção de medidas que se destinem direta ou indiretamente à manutenção artificial de postos de trabalho, em detrimento das reconfigurações de mercado necessárias à inovação e ao desenvolvimento. Isso porque essa providência não é capaz de gerar riqueza para trabalhadores ou consumidores. A obrigação de fornecer serviço de empacotamento em conjunto com a oferta de bens de varejo representa violação à garantia constitucional da proteção aos interesses dos consumidores (CF, art. 5º, XXXII (3)), mercê de constituir verdadeira venda casada, prática vedada pelo art. 39, I, do Código de Defesa do Consumidor (CDC). A medida ocasionará aumento de preços para a totalidade dos consumidores, ainda que não necessitem do serviço ou não possuam recursos para custeá-lo. Considerou, ainda, que a lei municipal, ao exigir, no § 1º do art. 1º, a contratação de funcionário para cumprir determinada tarefa em estabelecimento empresarial, usurpa a competência privativa da União para legislar sobre direito do trabalho e comercial (CF, art. 22, I (4)). Citou a orientação firmada no julgamento das ADIs 669 MC e 907 no sentido de reputar inconstitucional norma estadual que obrigava supermercados a manter funcionários para o acondicionamento de compras. A ministra Rosa Weber acompanhou o voto do relator apenas quanto à inconstitucionalidade material da norma. Vencidos, em parte, os ministros Alexandre de Moraes, Ricardo Lewandowski e Celso de Mello, que deram parcial provimento ao recurso. Para eles, apenas o § 1º do art. 1º da lei municipal fere a competência privativa da União para legislar sobre direito do trabalho. Relativamente ao caput do art. 1º da norma, na linha dos votos vencidos no julgamento da ADI 907, entenderam que os municípios podem legislar, de forma suplementar, para melhor atendimento do consumidor. Disponibilizar o serviço de empacotamento ao consumidor, em hipermercados e supermercados, sem que haja contratação de empregados, mas adoção de tecnologia de autoatendimento moderno, como, por exemplo, por meio de máquinas de self check-out, traz benefício ao fluxo da saída do estabelecimento, não interfere em relações trabalhistas e suplementa a proteção ao consumidor que é devida a todos. Nesse sentido, registraram a tramitação, na Câmara dos Deputados, dos Projetos de Lei 2.139/2011 e 353/2011, que, em nível nacional, estabelecem esse melhor atendimento, com proteção ao consumidor e sem aumento de postos de trabalho. (1) CF: "Art. 1º A República Federativa do Brasil, formada pela união indissolúvel dos Estados e Municípios e do Distrito Federal, constitui-se em Estado Democrático de Direito e tem como fundamentos: (...) IV – os valores sociais do trabalho e da livre iniciativa; " (2) CF: "Art. 170. A ordem econômica, fundada na valorização do trabalho humano e na livre iniciativa, tem por fim assegurar a todos existência digna, conforme os ditames da justiça social, observados os seguintes princípios: I – soberania nacional; II – propriedade privada; III – função social da propriedade; IV – livre concorrência; V – defesa do consumidor; VI – defesa do meio ambiente, inclusive mediante tratamento diferenciado conforme o impacto ambiental dos produtos e serviços e de seus processos de elaboração e prestação; VII – redução das desigualdades regionais e sociais; VIII – busca do pleno emprego; IX – tratamento favorecido para as empresas de pequeno porte constituídas sob as leis brasileiras e que tenham sua sede e administração no País. Parágrafo único. É assegurado a todos o livre exercício de qualquer atividade econômica, independentemente de autorização de órgãos públicos, salvo nos casos previstos em lei. " (3) CF: "Art. 5º Todos são iguais perante a lei, sem distinção de qualquer natureza, garantindo-se aos brasileiros e aos estrangeiros residentes no País a inviolabilidade do direito à vida, à liberdade, à igualdade, à segurança e à propriedade, nos termos seguintes: (...) XXXII – o Estado promoverá, na forma da lei, a defesa do consumidor; " (4) CF: "Art. 22. Compete privativamente à União legislar sobre: I – direito civil, comercial, penal, processual, eleitoral, agrário, marítimo, aeronáutico, espacial e do trabalho; "

RE 839950/RS, rel. Min. Luiz Fux, julgamento em 24.10.2018. (RE-839950)

► Representação estudantil: competência privativa da União e autonomia universitária

O Plenário, por maioria, ao julgar procedente, em parte, pedido formulado em ação direta, declarou a inconstitucionalidade do art. 5º da Lei paranaense 14.808/2005 e conferiu interpretação conforme à Constituição Federal (CF) aos arts. 1º a 4º da mencionada norma, excluindo do seu âmbito de incidência as instituições federais e particulares de ensino superior (Informativo 774). A Lei 14.808/2005, em seu art. 1º, assegura a livre organização dos centros e diretórios acadêmicos nos estabelecimentos de ensino superior, públicos e privados. No art. 2º, dispõe ser de competência exclusiva dos estudantes a definição das formas, dos critérios, dos estatutos e demais questões referentes a sua organização. Esses dois artigos são constitucionais, não dispõem sobre matéria atinente a direito civil e versam apenas sobre liberdade de associação. Dessa maneira, ausente violação à competência da União (CF, art. 22, I (1)). O art. 3º preceitua que os estabelecimentos de ensino devem ceder espaço para instalações dos centros e diretórios acadêmicos e garantir: livre divulgação dos jornais e outras publicações (inciso I); participação nos conselhos universitários (inciso II); acesso à metodologia da elaboração das planilhas de custos (inciso III); e acesso dos representantes das entidades estudantis às salas de aula (inciso IV). O art. 4º preconiza que os espaços cedidos devem ser preferencialmente nos prédios correspondentes aos cursos. Ambos os dispositivos não invadem a autonomia universitária (CF, art. 207). Ao contrário, concretizam os valores constitucionais de liberdade de expressão, associação e reunião, asseguram a gestão democrática das universidades públicas e, por conseguinte, permitem a construção de tais universidades como um espaço de reflexão, de exercício da cidadania e de fortalecimento democrático. O ministro Dias Toffoli (relator), ao reajustar seu voto na linha do proferido pelo ministro Roberto Barroso, esclareceu que a participação dos centros acadêmicos e diretórios nos conselhos fiscais e consultivos das instituições de ensino pode ser lida de várias formas, não no sentido de ter direito a voto. Por sua vez, o ministro Edson Fachin assinalou que a autonomia da universidade delimitará a densidade da participação. O art. 209 da CF – que garante o ensino, a livre iniciativa – determina o atendimento de algumas condições, entre as quais o cumprimento de normas gerais da educação. Nessas normas, está, precisamente, a gestão democrática (art. 206, VI), que se concilia com a autonomia didático-científica, administrativa e de gestão financeira e patrimonial (CF, art. 207). No tocante à metodologia, ressaltou não se tratar de interferir na gestão. O Colegiado deu interpretação conforme à Constituição aos arts. 1º a 4º para excluir do seu âmbito de incidência as instituições federais e particulares de ensino superior, haja vista integrarem o sistema federal de que tratam os arts. 209 e 211 (2) da CF combinados com os arts. 16 e 17 (3) da Lei 9.394/1996 (Lei de Diretrizes e Bases da Educação Nacional). Além disso, assentou a inconstitucionalidade do art. 5º da lei paranaense, no qual se prevê a aplicação de multa às instituições particulares que não observem as regras contidas nos artigos anteriores. A norma viola a competência legislativa da União para dispor sobre o sistema federal, bem como a isonomia, uma vez que estabelece multa exclusivamente em desfavor das universidades privadas. Vencidos, parcialmente, o ministro Alexandre de Moraes, que julgou formalmente inconstitucionais também os incisos II e III do art. 3º da citada lei, e o ministro Marco Aurélio, que concluiu pela inconstitucionalidade formal de toda a legislação. O ministro Alexandre de Moraes vislumbrou clara intervenção estatal na autonomia universitária, da qual faz parte a estruturação interna da universidade. A participação nos conselhos fiscais e consultivos das instituições de ensino e o acesso à metodologia são possíveis dentro da discussão universitária não por imposição legislativa do estado à revelia da universidade. Para o ministro Marco Aurélio, o tema deve ter tratamento linear no País. A normatização paranaense, em geral, implica avanços, considerado o que previsto no art. 206 (4) da CF. (1) CF: "Art. 22. Compete privativamente à União legislar sobre: I – direito civil, comercial, penal, processual, eleitoral, agrário, marítimo, aeronáutico, espacial e do trabalho; " (2) CF: "Art. 209. O ensino é livre à iniciativa privada, atendidas as seguintes condições: I – cumprimento das normas gerais da educação nacional; II – autorização e avaliação de qualidade pelo Poder Público. (...) Art. 211. A União, os Estados, o Distrito Federal e os Municípios organizarão em regime de colaboração seus sistemas de ensino. § 1º A União organizará o sistema federal de ensino e o dos Territórios, financiará as instituições de ensino públicas federais e exercerá, em matéria educacional, função redistributiva e supletiva, de forma a garantir equalização de oportunidades educacionais e padrão mínimo de qualidade do ensino mediante assistência técnica e financeira aos Estados, ao Distrito Federal e aos Municípios. (...)"3) Lei 9.394/1996: "Art. 16. O sistema federal de ensino compreende: I – as instituições de ensino mantidas pela União; II – as instituições de educação superior criadas e mantidas pela iniciativa privada; III – os órgãos federais de educação. Art. 17. Os sistemas de ensino dos Estados e do Distrito Federal compreendem: I – as instituições de ensino mantidas, respectivamente, pelo Poder Público estadual e pelo Distrito Federal; II – as instituições de educação superior mantidas pelo Poder Público municipal; III – as instituições de ensino fundamental e médio criadas e mantidas pela iniciativa privada; IV – os órgãos de educação estaduais e do Distrito Federal, respectivamente. Parágrafo único. No Distrito Federal, as instituições de educação infantil, criadas e mantidas pela iniciativa privada, integram seu sistema de ensino. " (4) CF: "Art. 206. O ensino será ministrado com base nos seguintes princípios: I – igualdade de condições para o acesso e permanência na escola; II – liberdade de aprender, ensinar, pesquisar e divulgar o pensamento, a arte e o saber; III – pluralismo de ideias e de concepções pedagógicas, e coexistência de instituições públicas e privadas de ensino; IV – gratuidade do ensino público em estabelecimentos oficiais; V – valorização dos profissionais da educação escolar, garantidos, na forma da lei, planos de carreira, com ingresso exclusivamente por concurso público de provas e títulos, aos das redes públicas; (Redação dada pela Emenda Constitucional 53, de 2006) VI – gestão democrática do ensino público, na forma da lei; VII – garantia de padrão de qualidade. VIII – piso salarial profissional nacional para os profissionais da educação escolar pública, nos termos de lei federal. Parágrafo único. A lei disporá sobre as categorias de trabalhadores considerados profissionais da educação básica e sobre a fixação de prazo para a elaboração ou adequação de seus planos de carreira, no âmbito da União, dos Estados, do Distrito Federal e dos Municípios."

ADI 3757/PR, rel. Min. Dias Toffoli, julgamento em 17.10.2018. (ADI-3757)

► Fundo Partidário e recursos destinados às candidaturas de mulheres

O Plenário, por maioria, modulou os efeitos temporais da decisão proferida em ação direta de inconstitucionalidade em que se discutiu sobre a distribuição de recursos do Fundo Partidário destinados ao financiamento das campanhas eleitorais voltadas a candidaturas de mulheres para: exclusivamente em relação à declaração de inconstitucionalidade por arrastamento dos §§ 5°-A e 7° do art. 44 (1) da Lei 9.096/1995, acrescidos pela Lei 13.165/2015, assegurar que os recursos financeiros de anos anteriores acumulados nas contas específicas de que cuidam esses dispositivos sejam adicionalmente transferidos para as contas individuais das candidatas no financiamento de suas campanhas eleitorais no pleito geral de 2018, sem que haja a redução de 30% do montante do fundo alocado a cada partido para as candidaturas femininas.A referida ação direta de inconstitucionalidade foi julgada procedente, por maioria, para: a) declarar a inconstitucionalidade da expressão "três", contida no art. 9° da Lei 13.165/2015 (2), eliminando o limite temporal até agora fixado; b) dar interpretação conforme a Constituição ao art. 9° da Lei 13.165/2015 de modo a equiparar o patamar legal mínimo de candidaturas femininas (hoje o do art. 10, § 3°, da Lei 9.504/1997, isto é, ao menos 30% de cidadãs), ao mínimo de recursos do Fundo Partidário a lhes serem destinados, que deve ser interpretado como também de 30% do montante do Fundo alocado a cada partido, para as eleições majoritárias e proporcionais, e fixar que, havendo percentual mais elevado de candidaturas femininas, o mínimo de recursos globais do partido destinados a campanhas lhe seja alocado na mesma proporção; e c) declarar a inconstitucionalidade, por arrastamento, dos §§ 5°-A e 7° do art. 44 da Lei 9.096/1995 (Informativo 894). A Mesa da Câmara dos Deputados opôs embargos de declaração contra esse acórdão. Buscou a modulação dos seus efeitos na parte relativa à declaração de inconstitucionalidade dos §§ 5°-A e 7° do art. 44 da Lei 9.096/1995. O Plenário, por maioria, não conheceu dos embargos de declaração, por extemporaneidade, mas admitiu, tendo em vista o disposto no art. 27 (3) da Lei 9.868/1999, a análise da modulação de efeitos (Informativo 917). Considerou que a modulação permite a mais ampla participação das mulheres nas campanhas eleitorais, com destinação integral dos recursos para as campanhas femininas. Vencidos o ministro Ricardo Lewandowski, que rejeitou a modulação de efeitos, mas propôs uma explicitação, e o ministro Marco Aurélio, que votou em sentido contrário à deliberação da modulação dos efeitos.(1) Lei 9.096/1995: "Art. 44. Os recursos oriundos do Fundo Partidário serão aplicados: (...) V – na criação e manutenção de programas de promoção e difusão da participação política das mulheres, criados e mantidos pela secretaria da mulher do respectivo partido político ou, inexistindo a secretaria, pelo instituto ou fundação de pesquisa e de doutrinação e educação política de que trata o inciso IV, conforme percentual que será fixado pelo órgão nacional de direção partidária, observado o mínimo de 5% (cinco por cento) do total; (...) § 5º O partido político que não cumprir o disposto no inciso V do 'caput' deverá transferir o saldo para conta específica, sendo vedada sua aplicação para finalidade diversa, de modo que o saldo remanescente deverá ser aplicado dentro do exercício financeiro subsequente, sob pena de acréscimo de 12,5% (doze inteiros e cinco décimos por cento) do valor previsto no inciso V do 'caput', a ser aplicado na mesma finalidade. § 5º-A. A critério das agremiações partidárias, os recursos a que se refere o inciso V poderão ser acumulados em diferentes exercícios financeiros, mantidos em contas bancárias específicas, para utilização futura em campanhas eleitorais de candidatas do partido. § 6º No exercício financeiro em que a fundação ou instituto de pesquisa não despender a totalidade dos recursos que lhe forem assinalados, a eventual sobra poderá ser revertida para outras atividades partidárias, conforme previstas no 'caput' deste artigo. § 7º A critério da secretaria da mulher ou, inexistindo a secretaria, a critério da fundação de pesquisa e de doutrinação e educação política, os recursos a que se refere o inciso V do 'caput' poderão ser acumulados em diferentes exercícios financeiros, mantidos em contas bancárias específicas, para utilização futura em campanhas eleitorais de candidatas do partido, não se aplicando, neste caso, o disposto no § 5º." (2) Lei 13.165/2015: "Art. 9º Nas três eleições que se seguirem à publicação desta Lei, os partidos reservarão, em contas bancárias específicas para este fim, no mínimo 5% (cinco por cento) e no máximo 15% (quinze por cento) do montante do Fundo Partidário destinado ao financiamento das campanhas eleitorais para aplicação nas campanhas de suas candidatas, incluídos nesse valor os recursos a que se refere o inciso V do art. 44 da Lei n. 9.096, de 19 de setembro de 1995." (3) Lei 9.868/1999: "Art. 27. Ao declarar a inconstitucionalidade de lei ou ato normativo, e tendo em vista razões de segurança jurídica ou de excepcional interesse social, poderá o Supremo Tribunal Federal, por maioria de dois terços de seus membros, restringir os efeitos daquela declaração ou decidir que ela só tenha eficácia a partir de seu trânsito em julgado ou de outro momento que venha a ser fixado. "

ADI 5617 ED/DF, rel. Min. Edson Fachin, julgamento em 2.10.2018. (ADI-5617)

► Proibição de transporte de animais vivos e competência legislativa

O Plenário referendou medida liminar concedida em arguições de descumprimento de preceito fundamental e converteu o julgamento da cautelar em decisão final de mérito para julgar procedentes as ações e declarar a inconstitucionalidade dos arts. 1º e 3º da Lei Complementar 996/2018 do município de Santos, os quais proíbem o trânsito de veículos, motorizados ou não, que transportem cargas vivas nas áreas urbanas e de expansão urbana do referido município. O Colegiado entendeu que a vedação prevista afronta a competência da União para legislar sobre a matéria [CF, art. 22, VIII, IX, X, XI (1)], a qual já estabeleceu, à exaustão, diretrizes para a política agropecuária, o que inclui o transporte de animais vivos e sua fiscalização (Lei 8.171/1991, e o Decreto 5.741/2006, que a regulamenta; Leis 1.283/1950 e 7.889/1989, e o Decreto 9.013/2017, que as regulamenta). Asseverou ainda que, sob a justificativa de criar mecanismo legislativo de proteção aos animais, o legislador municipal impôs restrição desproporcional ao direito dos empresários do agronegócio de realizarem sua atividade.(1) CF: "Art. 22. Compete privativamente à União legislar sobre: (...) VIII – comércio exterior e interestadual; IX – diretrizes da política nacional de transportes; X – regime dos portos, navegação lacustre, fluvial, marítima, aérea e aeroespacial; XI – trânsito e transporte; "

ADPF 514 MC-REF/SP, rel. Min. Edson Fachin, julgamento em 11.10.2018. (ADPF-514). ADPF 516 MC-REF/SP, rel. Min. Edson Fachin, julgamento em 11.10.2018. (ADPF-516)

► Fotografia de morto: Enunciado 279 da Súmula do STF e liberdade de imprensa

A Segunda Turma, por maioria, desproveu agravo regimental interposto contra decisão proferida pela ministra Cármen Lúcia (relatora), que deu provimento a agravo e, de pronto, ao recurso extraordinário, para julgar improcedente pedido de indenização por danos morais formulado por familiares de pessoa morta em tiroteio ocorrido em via pública. Os familiares, agravantes, ajuizaram ação de indenização contra a empresa jornalística por ter divulgado a fotografia do local da cena do crime com a imagem da vítima ensanguentada em seu veículo, sem os devidos cuidados de edição. Sustentaram violação do direito à intimidade, à privacidade e à imagem do falecido e de sua família (CF, art. 5º, V e X (1)). O tribunal de origem julgou procedente a pretensão indenizatória, ao fundamento de estar caracterizada a situação geradora de dano moral, haja vista que a publicação da foto do rosto desfigurado do falecido, sem o cuidado de sombrear a imagem, configuraria extrapolação da liberdade de imprensa e violação aos direitos de personalidade da vítima e de seus familiares. A empresa ré interpôs recurso extraordinário contra esse acórdão e alegou ofensa ao exercício da liberdade de expressão, de informação e de imprensa (CF, artigos 5º, IV, IX e XIV (2), e 220 (3)). O apelo extremo foi inadmitido com base no Enunciado 279 (4) da Súmula do Supremo Tribunal Federal (STF), tendo sido agravada a decisão. Prevaleceu o voto da ministra Cármen Lúcia que superou a aplicação do referido verbete sumular por considerar que a resolução da controvérsia é eminentemente de direito e independe do reexame do conjunto fático-probatório. Desde a sentença de primeira instância, ficou assentado que o feito comportava julgamento antecipado, sem dilação probatória, por serem os fatos incontroversos. Quanto ao mérito, o Colegiado entendeu que o juiz se substituiu ao jornalista e ao jornal para impor o que considerava desnecessário. Realizou, dessa forma, inequivocamente, restrição censória ao agir da imprensa. Reputou inexistir qualquer comprovação da inocorrência do fato. O que se discutiu foi apenas o não sombreamento que teria sido necessário na análise subjetiva do julgador. Concluiu não haver qualquer dado no processo a revelar irregular ou abusivo exercício da liberdade de imprensa, a qual, assegurada pela Constituição Federal, foi interpretada e aplicada nos termos da consolidada jurisprudência da Corte, no sentido da liberdade de informação jornalística e da proibição à censura. Citou, no ponto, o que decidido na ADPF 130, entre outros julgados. Vencidos os ministros Gilmar Mendes e Ricardo Lewandowski, que, por reputarem estar-se diante de situação a demandar revolvimento do acervo fático-probatório, inviável no âmbito do recurso extraordinário, deram provimento ao agravo regimental para restabelecer o acórdão do tribunal a quo. Ressaltaram que, em nenhum momento, o acórdão do tribunal de justiça limitou o exercício da liberdade de imprensa, mas, sim, concluiu, com base na prova dos autos e na legislação infraconstitucional aplicável à espécie, pela ocorrência de dano moral em razão de indevida exposição da imagem da pessoa. Afastaram, ainda, qualquer violação ao que decidido na ADPF 130, na qual a Corte reafirmou a plena liberdade de imprensa como categoria jurídica proibitiva de qualquer censura prévia, mas não imune a posterior responsabilização por eventual desrespeito a direitos alheios. (1) CF: "Art. 5º Todos são iguais perante a lei, sem distinção de qualquer natureza, garantindo-se aos brasileiros e aos estrangeiros residentes no País a inviolabilidade do direito à vida, à liberdade, à igualdade, à segurança e à propriedade, nos termos seguintes: (...) V – é assegurado o direito de resposta, proporcional ao agravo, além da indenização por dano material, moral ou à imagem; (...) X – são invioláveis a intimidade, a vida privada, a honra e a imagem das pessoas, assegurado o direito a indenização pelo dano material ou moral decorrente de sua violação;"

(2) CF: "Art. 5° Todos são iguais perante a lei, sem distinção de qualquer natureza, garantindo-se aos brasileiros e aos estrangeiros residentes no País a inviolabilidade do direito à vida, à liberdade, à igualdade, à segurança e à propriedade, nos termos seguintes: (...) IV – é livre a manifestação do pensamento, sendo vedado o anonimato; (...) IX –é livre a expressão da atividade intelectual, artística, científica e de comunicação, independentemente de censura ou licença; (...) XIV – é assegurado a todos o acesso à informação e resguardado o sigilo da fonte, quando necessário ao exercício profissional;" (3) CF: "Art. 220. A manifestação do pensamento, a criação, a expressão e a informação, sob qualquer forma, processo ou veículo, não sofrerão qualquer restrição, observado o disposto nesta Constituição. " (4) Enunciado 279 da Súmula do STF: "Para simples reexame de prova não cabe recurso extraordinário. "

ARE 892127 AgR/SP, rel. Min. Cármen Lúcia, julgamento em 23.10.2018. (ARE-892127)

► Mandatos consecutivos de prefeito e inelegibilidade

A vedação ao exercício de três mandatos consecutivos de prefeito pelo mesmo núcleo familiar aplica-se na hipótese em que tenha havido a convocação do segundo colocado nas eleições para o exercício de mandato-tampão. Com base nessa orientação, a Segunda Turma negou provimento a agravo regimental para manter acórdão do Tribunal Superior Eleitoral que reconhecera a inelegibilidade de candidato ao cargo de prefeito ante a impossibilidade de exercício do terceiro mandato consecutivo pelo mesmo núcleo familiar. No caso, o cunhado do ora recorrente obteve o segundo lugar nas eleições municipais de 2008 para o cargo de prefeito, mas acabou assumindo a função de forma definitiva em 2009, em decorrência de decisão da Justiça Eleitoral que cassou o mandato do primeiro colocado. Posteriormente, o recorrente disputou as eleições municipais em 2012, ocasião em que foi eleito, pela primeira vez, para o mandato deprefeito. Entretanto, ao se candidatar à eleição seguinte para o mesmo cargo, sua candidatura foi impugnada ante o reconhecimento do exercício, pela terceira vez consecutiva, por integrante do mesmo núcleo familiar, da chefia do Poder Executivo local, em ofensa ao que disposto no art. 14, §§ 5° e 7° (1), da Constituição Federal. A Turma afirmou que o Poder Constituinte se revelou hostil a práticas ilegítimas que denotem o abuso de poder econômico ou que caracterizem o exercício distorcido do poder político-administrativo. Com o objetivo de proteger a normalidade e a legitimidade das eleições contra a influência do poder econômico ou o abuso do exercício de função pública, foram definidas situações de inelegibilidade destinadas a obstar, entre outras hipóteses, a formação de grupos hegemônicos que, ao monopolizarem o acesso aos mandatos eletivos, virtualmente patrimonializam o poder governamental, convertendo-o em verdadeira res doméstica. As formações oligárquicas constituem grave deformação do processo democrático. Nessa medida, a busca do poder não pode limitar-se à esfera reservada de grupos privados, sob pena de frustrar-se o princípio do acesso universal às instâncias governamentais. Legitimar o controle monopolístico do poder por núcleos de pessoas unidas por vínculos de ordem familiar equivale a ensejar, em última análise, o domínio do próprio Estado por grupos privados. A patrimonialização do poder revela inquestionável anomalia a que o Supremo Tribunal Federal não pode permanecer indiferente, pois a consagração de práticas hegemônicas na esfera institucional do poder político conduzirá o processo de governo a verdadeiro retrocesso histórico, o que constituirá situação inaceitável. (1) CF: "Art. 14. (...) § 5° O Presidente da República, os Governadores de Estado e do Distrito Federal, os Prefeitos e quem os houver sucedido, ou substituído no curso dos mandatos poderão ser reeleitos para um único período subsequente. (...) § 7° São inelegíveis, no território de jurisdição do titular, o cônjuge e os parentes consanguíneos ou afins, até o segundo grau ou por adoção, do Presidente da República, de Governador de Estado ou Território, do Distrito Federal, de Prefeito ou de quem os haja substituído dentro dos seis meses anteriores ao pleito, salvo se já titular de mandato eletivo e candidato à reeleição."

RE 1128439/RN, rel. Min. Celso de Mello, julgamento em 23.10.2018. (RE-1128439)

► ADPF: manifestações em universidades e normas eleitorais

O Plenário referendou, com efeito vinculante e eficácia contra todos, decisão monocrática que, em arguição de descumprimento de preceito fundamental (ADPF), suspendeu os efeitos de atos judiciais ou administrativos emanados de autoridade pública que possibilitem, determinem ou promovam o ingresso de agentes públicos em universidades públicas e privadas, o recolhimento de documentos, a interrupção de aulas, debates ou manifestações de docentes e discentes universitários, a atividade disciplinar docente e discente e a coleta irregular de depoimentos desses cidadãos pela prática de manifestação livre de ideias e divulgação do pensamento em ambientes universitários ou em equipamentos sob a administração de universidades públicas e privadas e serventes a seus fins e desempenhos. A arguição impugnava decisões proferidas por juízes eleitorais que determinaram a busca e apreensão do que seriam "panfletos" e materiais de campanha eleitoral em universidades e nas dependências das sedes de associações de docentes e que proibiram aulas com temática eleitoral e reuniões e assembleias de natureza política, impondo a interrupção de manifestações públicas de apreço ou reprovação a candidatos nas eleições gerais de 2018, em ambiente virtual ou físico de universidades federais e estaduais. Em alguns casos, policiais executaram essas ações sem comprovação de ato judicial que o respaldasse. As medidas tiveram como fundamento jurídico o art. 37 da Lei 9.504/1997 (1), que estabelece normas para as eleições. Preliminarmente, o Colegiado reconheceu adequada a utilização da ADPF, haja vista o respeito ao princípio da subsidiariedade e a viabilidade da impugnação, por meio desse instrumento processual, de decisões judiciais ou de interpretações judiciais de textos normativos. Citou, no ponto, a orientação jurisprudencial fixada no julgamento da ADPF 405 e da ADPF 147 no sentido de que um conjunto de reiteradas decisões sobre determinada matéria deve ser considerado ato do poder público passível de controle pela ADPF e de que esta é a via correta para questionar interpretação judicial de normas constitucionais e legais. Registrou, também, o posicionamento firmado na ADPF 33, quanto à plausibilidade do conhecimento da ADPF quando o princípio da segurança jurídica seja seriamente ameaçado, sobretudo em razão de conflitos de interpretação ou de incongruências hermenêuticas causadas pelo modelo pluralista de jurisdição constitucional, desde que presentes os demais pressupostos de admissibilidade. No mérito, o Plenário entendeu que os atos questionados violam os princípios constitucionais assecuratórios da liberdade de manifestação do pensamento e desobedecem às garantias inerentes à autonomia universitária (CF, artigos 5°, IV, IX e XVI; 206, II e III; e 207 (2)). Observou que, às vésperas do pleito eleitoral de 2018, denso e tenso, as providências judiciais e os comportamentos administrativos interrompem atos pelos quais se expressam ideias e ideologias, preferências, propostas e percepções do que se quer no processo político. Asseverou, ainda, que as normas jurídicas impeditivas de práticas durante o processo eleitoral devem ser interpretadas de acordo com sua finalidade e nos limites por elas contemplados, sem transgredir princípios constitucionais. Caso se extrapole o limite necessário ao resguardo de todas as formas de manifestação livre de pensar e do espaço livre de cada um agir segundo seu pensamento político, ocorre abuso não por parte de quem se expressa, mas de quem limita a expressão. A finalidade do art. 37 da Lei 9.504/1997, que regulamenta a propaganda eleitoral e impõe proibição de alguns comportamentos em períodos que especifica, é a de impedir o abuso do poder econômico e político e de preservar a igualdade entre os candidatos no processo. A norma visa resguardar a liberdade do cidadão, o amplo acesso às informações, para que ele decida conforme sua livre convicção, sem cerceamento direto ou indireto a seu direito de escolha. A vedação por ela estabelecida possui a finalidade específica de lisura do processo eleitoral. O que não estiver dentro dos limites dessa finalidade e, diversamente, atingir a livre manifestação do cidadão não se afina com a teleologia da norma eleitoral nem com os princípios constitucionais garantidores da liberdade de pensamento, manifestação, informação, ensino e aprendizagem. Portanto, as providências judiciais e administrativas impugnadas na ADPF, além de ferir o princípio garantidor de todas as formas de manifestação da liberdade, desrespeitam a autonomia das universidades e a liberdade dos docentes e discentes. As condutas limitadas pelos atos questionados restringem não os direitos dos candidatos, mas o livre pensar dos cidadãos. O Colegiado esclareceu que os dispositivos da Lei 9.504/1997 somente têm interpretação válida em sua adequação e compatibilidade com os princípios previstos no art. 5º, IV, IX e XVI, da CF, por meio dos quais são asseguradas todas as formas de manifestação da liberdade de pensamento, de divulgação de ideias e de reunião dos cidadãos. As autoridades judiciais e policiais, ao impor comportamentos restritivos ou impeditivos do exercício desses direitos, proferiram decisões com eles incompatíveis e em afronta, ainda, ao princípio democrático e ao modelo de Estado de Direito erigido e vigente no Brasil. Por sua vez, as normas previstas nos artigos 206, II e III, e 207 da CF se harmonizam com os direitos às liberdades de expressão do pensamento, de informar e de ser informado. Esses direitos são constitucionalmente assegurados, para o que o ensino e a aprendizagem se conjugam, de modo a garantir espaços de libertação da pessoa, a partir de ideias e compreensões do mundo convindas ou não e expostas para convencer ou simplesmente expressar o entendimento de cada qual. A autonomia é o espaço de discricionariedade conferido constitucionalmente à atuação normativa infralegal de cada universidade para o excelente desempenho de suas funções. As universidades são espaços de liberdade e de libertação pessoal e política. Seu título indica a pluralidade e o respeito às diferenças, às divergências para se formarem consensos, legítimos apenas quando decorrentes de manifestações livres. Por isso, a Constituição ali garante, de modo expresso, a liberdade de aprender e ensinar e, ainda, de divulgar livremente o pensamento. Também o pluralismo de ideias está na base da autonomia universitária como extensão do princípio fundante da democracia brasileira, previsto no art. 1º, V, da CF (3). Dessa forma, os atos impugnados, ao se contrapor a esses direitos fundamentais e determinar providências incompatíveis com seu pleno exercício e eficaz garantia, interpretam a referida norma eleitoral de forma incompatível com sua dicção e traidora dos fins a que se destina, que são os de acesso igual e justo a todos os cidadãos, garantindo-lhes o direito de informar-se e projetar suas ideias, ideologias e entendimentos, sobretudo em espaços afetos diretamente à atividade do livre pensar e divulgar pensamentos plurais. O ministro Gilmar Mendes, que também referendou a decisão, propôs, sem adesão dos demais ministros, outras medidas, no sentido de que seja preservada a liberdade de cátedra e as liberdades universitárias também no âmbito das relações privadas, tanto individuais quanto institucionais. (1) Lei 9.504/1997: "Art. 37. Nos bens cujo uso dependa de cessão ou permissão do poder público, ou que a ele pertençam, e nos bens de uso comum, inclusive postes de iluminação pública, sinalização de tráfego, viadutos, passarelas, pontes, paradas de ônibus e outros equipamentos urbanos, é vedada a veiculação de propaganda de qualquer natureza, inclusive pichação, inscrição a tinta e exposição de placas, estandartes, faixas, cavaletes, bonecos e assemelhados. " (2) CF: "Art. 5° Todos são iguais perante a lei, sem distinção de qualquer natureza, garantindo-se aos brasileiros e aos estrangeiros residentes no País a inviolabilidade do direito à vida, à liberdade, à igualdade, à segurança e à propriedade, nos termos seguintes: (...) IV – é livre a manifestação do pensamento, sendo vedado o anonimato; (...) IX – é livre a expressão da atividade intelectual, artística, científica e de comunicação, independentemente de censura ou licença; (...) XVI – todos podem reunir-se pacificamente, sem armas, em locais abertos ao público, independentemente de autorização, desde que não frustrem outra reunião anteriormente convocada para o mesmo local, sendo apenas exigido prévio aviso à autoridade competente;" (3) CF: "Art. 206. O ensino será ministrado com base nos seguintes princípios: (...) II – liberdade de aprender, ensinar, pesquisar e divulgar o pensamento, a arte e o saber; III – pluralismo de ideias e de concepções pedagógicas, e coexistência de instituições públicas e privadas de ensino; " (4) CF: "Art. 207. As universidades gozam de autonomia didático-científica, administrativa e de gestão financeira e patrimonial, e obedecerão ao princípio de indissociabilidade entre ensino, pesquisa e extensão. " (5) CF: "Art. 1° A República Federativa do Brasil, formada pela união indissolúvel dos Estados e Municípios e do Distrito Federal, constitui-se em Estado Democrático de Direito e tem como fundamentos: (...) V – o pluralismo político."

ADPF 548 MC-Ref/DF, rel. Min. Cármen Lúcia, julgamento em 31.10.2018. (ADPF-548)

► Reclamação: liminar em ADPF e proibição de transporte de amianto

A Primeira Turma deu provimento a agravo interno para julgar improcedente reclamação ajuizada contra acórdão do Tribunal Superior do Trabalho (TST) em que se alegava afronta à autoridade da decisão do Supremo Tribunal Federal (STF) que deferiu parcialmente liminar na Arguição de Descumprimento de Preceito Fundamental (ADPF) 234. O acórdão do TST confirmou decisão proferida em ação civil pública que proibiu, com base no art. 1° da Lei 12.684/2007 (1) do Estado de São Paulo, o uso de quaisquer tipos de amianto e determinou à empresa reclamante que se abstivesse de transportar cargas contendo amianto in natura e reparasse os danos morais coletivos. Na ADPF, o Plenário, em liminar, suspendeu a eficácia das interdições ao transporte interestadual e internacional de cargas, inclusive as de amianto da variedade crisotila, quando fundamentadas em descumprimento da mencionada norma estadual, haja vista que, à época, a Lei federal 9.055/1995 admitia a comercialização do mineral. A Turma reconheceu, inicialmente, ter havido perda de objeto, porque, antes do trânsito em julgado da decisão liminar na ADPF – suspensa para aguardar o julgamento definitivo da ADI 3.937 –, o STF teria concluído, nesta ação direta, pela constitucionalidade da referida lei estadual. Portanto, o parâmetro de controle que levaria a conclusão diversa na reclamação estaria prejudicado. Ainda que se superasse a perda do objeto, o Colegiado reconheceu não haver aderência estrita entre a decisão reclamada e a decisão cautelar proferida na ADPF 234. No caso, o TST enfrentou o tema, em exame de agravo de instrumento, exclusivamente pela aplicação do enunciado 126 de sua Súmula (2), que diz respeito à impossibilidade de revolvimento de fatos e provas e corresponde ao enunciado 7 da Súmula do Superior Tribunal de Justiça (STJ). Vencido o ministro Alexandre de Moraes (relator), o qual negou provimento ao recurso para manter sua decisão monocrática que reputou desrespeitada a liminar deferida na ADPF 234, ressalvada a superveniente conclusão resultante do julgamento da ADI 3.937. Para ele, antes dessa situação consolidada, houve condenação não somente no sentido da abstenção do transporte de amianto, mas também em indenização por danos morais coletivos. Por isso, não haveria prejuízo da reclamação. (1) Lei 12.684/2007: "Art. 1º Fica proibido, a partir de 1º de janeiro de 2008, o uso, no Estado de São Paulo, de produtos, materiais ou artefatos que contenham quaisquer tipos de amianto ou asbesto." (2) Enunciado 126 da Súmula do TST: "Incabível o recurso de revista ou de embargos (arts. 896 e 894, b, da CLT) para reexame de fatos e provas." (3) Enunciado 7 da Súmula do STJ: "A pretensão de simples reexame de prova não enseja recurso especial."

RCL 26.003/SP, rel. Min. Alexandre de Moraes, red. p/ o ac. Min. Rosa weber, julgamento em 13.11.2018. (RCL-26003)

► ADI e representação de inconstitucionalidade

Coexistindo duas ações diretas de inconstitucionalidade, uma ajuizada perante o tribunal de justiça local e outra perante o Supremo Tribunal Federal (STF), o julgamento da primeira – estadual – somente prejudica o da segunda – do STF – se preenchidas duas condições cumulativas: 1) se a decisão do tribunal de justiça for pela procedência da ação e 2) se a inconstitucionalidade for por incompatibilidade com preceito da Constituição do Estado sem correspondência na Constituição Federal. Caso o parâmetro do controle de constitucionalidade tenha correspondência na Constituição Federal, subsiste a jurisdição do STF para o controle abstrato de constitucionalidade. Com esse entendimento, em conclusão, o Plenário, por maioria, rejeitou a prejudicialidade da ação direta. Afastada essa preliminar, por votação unânime, julgou procedente o pedido formulado para declarar a inconstitucionalidade da expressão "e Graduação em Curso de Administração Pública mantido por Instituição Pública de Ensino Superior, credenciada no Estado do Amazonas" contida no caput do art. 3º, bem assim do § 1º do art. 3º e do § 4º do art. 5º da Lei amazonense 2.778/2002 (1). Na espécie, houve o ajuizamento de representação de inconstitucionalidade perante o Tribunal de Justiça estadual contra os preceitos também impugnados nesta ação direta. A Corte local julgou procedente o pleito, tendo a manifestação transitado em julgado. Prevaleceu o voto do ministro Alexandre de Moraes (relator), que, ao negar o prejuízo da ação, compreendeu que a decisão do tribunal amazonense não compromete o exercício do controle de constitucionalidade pelo STF. Como regra, o trâmite de demanda estadual simultânea deve ser suspenso para aguardar-se o pronunciamento do STF, conforme jurisprudência desta Corte, o que não ocorreu. O relator compreendeu subsistir a jurisdição do Supremo para o controle abstrato, presente declaração de inconstitucionalidade, de eficácia limitada, com base em norma da Constituição do Estado que constitua reprodução, obrigatória ou não, de dispositivo da Constituição Federal. Caso contrário, seria possível que um tribunal de justiça, por não suspender o trâmite de representação de inconstitucionalidade, desse interpretação à norma de repetição obrigatória que valeria apenas para o respectivo estado-membro. Isso, porque o STF poderia conferir interpretação diversa à norma de repetição obrigatória para os demais entes da Federação. O ministro Roberto Barroso salientou que é prerrogativa do STF dar a última palavra sobre a compatibilidade de uma lei com a Constituição Federal. Vencidos os ministros Marco Aurélio e Dias Toffoli (presidente) quanto ao prejuízo. Ambos consideraram que, tendo o tribunal de justiça assentado a inconstitucionalidade e a decisão transitado em julgado, não subsiste o objeto da ação direta, por não figurar mais no cenário jurídico e o controle concentrado de constitucionalidade pressupor ato normativo autônomo abstrato em plena vigência. No mérito, o colegiado declarou a inconstitucionalidade dos dispositivos impugnados, por ofensa ao princípio constitucional da igualdade no acesso a cargos públicos e por ofensa à vedação federativa de criar-se distinções entre brasileiros. (1) Lei 2.778/2002 do Estado do Amazonas: "Art. 3° O provimento dos cargos na classe inicial da carreira dar-se-á por aprovação em concurso público de provas e títulos, e Graduação em Curso de Administração Pública mantido por Instituição Pública de Ensino Superior, credenciada no Estado do Amazonas. § 1° A classificação final dos candidatos será feita pela média ponderada da nota global do concurso, as provas e títulos com peso 1, e o coeficiente final de rendimento em Curso de Administração Pública, mantido por Instituição Pública de Ensino Superior credenciada no Estado do Amazonas, com peso 2. (...) Art. 5° (...) § 4° As notas obtidas no estágio profissional servirão, se for o caso e pela média aritmética correspondente, como critério prioritário de desempate para efeito de nomeação."

ADI 3659/AM, rel. Min. Alexandre de Moraes, julgamento em 13.12.2018. (ADI-3659)

JURISPRUDÊNCIA DE 2019

► Competência concorrente e proteção ao consumidor

O Plenário, por maioria, julgou improcedente o pedido formulado em ação direta de inconstitucionalidade ajuizada em face do art. 2°, I, da Lei 7.574/2017 do estado do Rio de Janeiro. O dispositivo em questão obriga as empresas prestadoras de serviços de televisão a cabo, por satélite ou digital, a fornecerem previamente ao consumidor informações sobre a identificação dos profissionais que prestarão serviços na sua residência. A Corte afirmou não ser a Federação apenas um mecanismo de distribuição de competências e rendas, mas também de desconcentração do poder político e, como tal, um instrumento para estimular a democracia. Antes de ter-se como inconstitucional determinada norma que, aparentemente, se insere na competência normativa de outro ente, deve-se proceder a uma leitura sistemática e teleológica da Constituição Federal (CF). No caso, o valor constitucional tutelado primariamente pela norma impugnada não é o serviço de telecomunicações em si, mas a própria segurança do consumidor. O ato normativo impugnado estabelece uma obrigação de fazer, ou seja, uma obrigação de prestação positiva, que é informar ao consumidor. Tratando-se de matéria sujeita à competência concorrente (CF, art. 24, V (1)), mostra-se legítima a atividade legislativa do estado-membro ao ampliar as garantias dos consumidores. Assim, não há que se falar em invasão da competência privativa da União para legislar sobre telecomunicações. Vencidos os ministros Alexandre de Moraes (relator), Gilmar Mendes e Dias Toffoli (presidente), que julgaram procedente o pedido formulado na ação direta para declarar a inconstitucionalidade da norma impugnada, por ofensa à competência privativa da União para legislar sobre telecomunicações. (1) CF: "Art.

24. Compete à União, aos Estados e ao Distrito Federal legislar concorrentemente sobre: (...) V – produção e consumo;"

ADI 5745/RJ, rel. Min. Alexandre de Moraes, red. p/ o ac. Min. Edson Fachin, julgamento em 7.2.2019. (ADI-5745)

► Custódia de menor em cela ocupada por presos do sexo masculino e desídia de magistrada

A Primeira Turma, por maioria, denegou mandado de segurança impetrado por magistrada contra acórdão formalizado em processo administrativo disciplinar (PAD), por meio do qual o Conselho Nacional de Justiça (CNJ) lhe impôs a pena de disponibilidade, prevista no art. 42, IV, da Lei Complementar (LC) 35/1979 (Lei Orgânica da Magistratura – LOMAN) (1). A impetrante afirmava que sua condenação estaria respaldada em fato analisado e reputado insubsistente pelo Supremo Tribunal Federal (STF), em mandado de segurança por ela impetrado anteriormente (MS 28.816), e consubstanciado no encarceramento de adolescente menor de idade em cela ocupada por presos do sexo masculino. Alegava, ademais, ter sido punida por acontecimentos diversos daqueles constantes da portaria de instauração do PAD – inércia, ou desídia, na solução da prisão ilegal da menor. Ao julgar o MS 28.816, o Plenário, por maioria, concedeu parcialmente a ordem para cassar a decisão do CNJ, considerada a imputação referente à custódia da menor em cela comum sem distinção dos gêneros, tendo em conta que o auto da prisão em flagrante não esclarecia essa circunstância. Determinou, ainda, que outra decisão fosse proferida, afastada a aposentadoria compulsória da impetrante e a possibilidade de essa sanção vir a ser novamente implementada. Na espécie, a Turma reputou ausente o direito líquido e certo da impetrante, revogou a liminar anteriormente deferida e julgou prejudicado, em virtude disso, o agravo regimental. Entendeu que o ato impugnado não extrapolou os limites fixados pelo STF no julgamento do MS 28.816, por ser a nova sanção de disponibilidade aplicada pelo CNJ mais branda e diversa daquela vedada pela Corte. Além disso, o CNJ não imputou à magistrada a responsabilidade pela homologação do auto de prisão em flagrante. Fundou-se na desídia da juíza em tomar as providências cabíveis para transferir a adolescente do estabelecimento em que se encontrava, logo após ter conhecimento da situação lesiva mediante ofício de autoridade policial, pelo qual expressamente foi requerida essa transferência. Ressaltou que o CNJ considerou, ainda, o fato de a magistrada procurar se eximir de sua responsabilidade ao produzir documento ideologicamente falso, com data retroativa, na tentativa de comprovar a adoção imediata das referidas providências. Frisou a possibilidade de o CNJ analisar a conduta da magistrada em relação ao aludido ofício a ela encaminhado pela autoridade policial, uma vez que o STF, ao julgar o MS 28.816, não afastou esse fundamento. E concluiu que, ao fazê-lo, o CNJ não examinou o mérito da função judicante, mas atuou no controle do cumprimento dos deveres funcionais da juíza (LC 35/1979, art. 35, I e III) (2), com fundamento no art. 103-B, § 4°, da Constituição Federal (CF) (3). Vencido o ministro Marco Aurélio (relator), que concedia a ordem para anular o ato coator, ao fundamento de que o CNJ desbordou das balizas estabelecidas no MS 28.816, ao ressuscitar o móvel da punição anterior. Para o relator, o fato afastado, que seria a responsabilidade da magistrada, foi empolgado pelo CNJ para chegar à indisponibilidade que implementou. (1) LC 35/1979: "Art. 42. São penas disciplinares: (...) IV – disponibilidade com vencimentos proporcionais ao tempo de serviço;" (2) LC 35/1979: "Art. 35. São deveres do magistrado: I – Cumprir e fazer cumprir, com independência, serenidade e exatidão, as disposições legais e os atos de ofício; (...) III – determinar as providências necessárias para que os atos processuais se realizem nos prazos legais;" (3) CF/1988: "Art. 103-B. O Conselho Nacional de Justiça compõe-se de 15 (quinze) membros com mandato de 2 (dois) anos, admitida 1 (uma) recondução, sendo: (...) § 4° Compete ao Conselho o controle da atuação administrativa e financeira do Poder Judiciário e do cumprimento dos deveres funcionais dos juízes, cabendo-lhe, além de outras atribuições que lhe forem conferidas pelo Estatuto da Magistratura: (...)"

MS 34490/DF, rel. orig. Min. Marco Aurélio, red. p/ o ac. Min. Roberto Barroso, julgamento em 5.2.2019. (MS-34490)

► Corte de serviço público de água e luz e direito do consumidor

O Tribunal, por maioria, julgou improcedente pedido formulado em ação direta para declarar a constitucionalidade da Lei 14.040/2003 do estado do Paraná (1), que veda o corte do fornecimento de água e luz, em determinados dias, pelas empresas concessionárias, por falta de pagamento. O Plenário entendeu que a referida lei dispõe sobre direito do consumidor, de modo que não há vício formal. Vencidos os ministros Alexandre Moraes e Dias Toffoli, que julgaram o pedido procedente. Pontuaram que a norma questionada padece de inconstitucionalidade formal por regulamentar questão de direito civil de contratos na prestação de serviços públicos. (1) Lei 14.040/2003 do estado do Paraná: "Art. 1° Ficam, as empresas de concessão de serviços públicos de água e luz, proibidas de cortar o fornecimento residencial de seus serviços, por falta de pagamento de suas respectivas contas, às sextas-feiras, sábados, domingos, feriados e no último dia útil anterior a feriado. Art. 2° Ao consumidor que tiver suspenso o fornecimento nos dias específicos no artigo anterior, fica assegurado o direito de acionar juridicamente a empresa concessionária por perdas e danos, além de ficar desobrigado do pagamento do débito que originou o referido corte."

ADI 5961/PR, rel. Min. Alexandre de Moraes, red. p/ o ac. Min. Marco Aurélio, julgamento em 19.12.2018. (ADI-5961)

► Exploração de serviços de distribuição de gás natural

A Segunda Turma julgou procedente pedido formulado em reclamação em que se discute a competência da exploração local dos serviços de distribuição de gás natural para julgar extinta ação ordinária ajuizada na origem e avocar o feito para ser processado e julgado nesta Corte. No caso, a Petrobras, por meio de sua controlada, fornece gás natural a empresa privada, mediante ramal do gasoduto Brasil–Bolívia. Após o fornecimento, essa empresa, mediante processo de liquefação, transforma o gás natural em gás natural liquefeito (GNL). A planta de liquefação está localizada em município dentro da área do contrato de concessão de distribuição de gás natural obtido pela Companhia de Gás de São Paulo (Comgás). A Turma reconheceu a existência de conflito federativo. Salientou que o conflito federativo estabelecido entre a União e o estado-membro atrai a competência do Supremo Tribunal Federal, na hipótese em que está em causa o pacto federativo, fundamentado no art. 102, I, "f", da Constituição Federal (CF) (1). Afirmou que compete "aos Estados explorar, diretamente, ou mediante concessão, os serviços locais de gás canalizado", que corresponde, exatamente, à situação fática revelada nos autos (CF, art. 25, § 2°) (2). Salientou que a situação fática disciplinada por ato normativo emanado de agência reguladora controlada pelo estado de São Paulo não conflita com o monopólio da União, revelado no art. 177, IV, da CF (3) como "transporte, por meio de conduto, de petróleo bruto, seus derivados e gás natural de qualquer origem". (1) CF/1998: "Art. 102. Compete ao Supremo Tribunal Federal, precipuamente, a guarda da Constituição, cabendo-lhe: I – processar e julgar, originariamente: (...) f) as causas e os conflitos entre a União e os Estados, a União e o Distrito Federal, ou entre uns e outros, inclusive as respectivas entidades da administração indireta;" (2) CF/1988: "Art. 25. (...) § 2° Cabe aos Estados explorar diretamente, ou mediante concessão, os serviços locais de gás canalizado, na forma da lei, vedada a edição de medida provisória para a sua regulamentação." (3) CF/1998. "Art. 177. Constituem monopólio da União: (...) IV – o transporte marítimo do petróleo bruto de origem nacional ou de derivados básicos de petróleo produzidos no País, bem assim o transporte, por meio de conduto, de petróleo bruto, seus derivados e gás natural de qualquer origem."

Rcl 4.210/SP, rel. Min. Ricardo Lewandowski, julgamento em 26.3.2019. (Rcl-4210)

► Seguro de veículos e competência privativa da União

Por violar a competência privativa da União para legislar sobre direito civil, seguros, trânsito e transporte [Constituição Federal (CF), art. 22, I, VII e XI (1)], o colegiado julgou procedente o pedido formulado em ação direta de inconstitucionalidade ajuizada em face dos arts. 1°, 2°, 6°, 8°, 10, 11 e 12 da Lei 15.171/2010 do Estado de Santa Catarina, que disciplina as obrigações contratuais relativas a seguros de veículos e regras de registro, desmonte e comercialização de veículos sinistrados. O colegiado salientou ter a lei usurpado a iniciativa do chefe do Poder Executivo para a elaboração de normas que estabeleçam as atribuições dos órgãos pertencentes à estrutura administrativa da unidade federativa (arts. 61, § 1°, II (2), e 84, VI, "a", da CF (3). (1) CF/1988: "Art. 22. Compete privativamente à União legislar sobre: I – direito civil, comercial, penal, processual, eleitoral, agrário, marítimo, aeronáutico, espacial e do trabalho; (...) VII – política de crédito, câmbio, seguros e transferência de valores; (...) XI - trânsito e transporte.;" 8 (2) CF/1988: "Art. 61. A iniciativa das leis complementares e ordinárias cabe a qualquer membro ou Comissão da Câmara dos Deputados, do Senado Federal ou do Congresso Nacional, ao Presidente da República, ao Supremo Tribunal Federal, aos Tribunais Superiores, ao Procurador-Geral da República e aos cidadãos, na forma e nos casos previstos nesta Constituição. § 1° São de iniciativa privativa do Presidente da República as leis que: (...) II – disponham sobre: a) criação de cargos, funções ou empregos públicos na administração direta e autárquica ou aumento de sua remuneração; b) organização administrativa e judiciária, matéria tributária e orçamentária, serviços públicos e pessoal da administração dos Territórios; c) servidores públicos da União e Territórios, seu regime jurídico, provimento de cargos, estabilidade e aposentadoria; d) organização do Ministério Público e da Defensoria Pública da União, bem como normas gerais para a organização do Ministério Público e da Defensoria Pública dos Estados, do Distrito Federal e dos Territórios; e) criação e extinção de Ministérios e órgãos da administração pública, observado o disposto no art. 84, VI; f) militares das Forças Armadas, seu regime jurídico, provimento de cargos, promoções, estabilidade, remuneração, reforma e transferência para a reserva." (3) CF/1988: "Art. 84. Compete privativamente ao Presidente da República: (...) VI – dispor, mediante decreto, sobre: a) organização e funcionamento da administração federal, quando não implicar aumento de despesa nem criação ou extinção de órgãos públicos;"

ADI 4704/DF, rel. Min. Luiz Fux, julgamento em 21.3.2019. (ADI-4704)

► Lei estadual e sacrifício de animais em rituais – 2

É constitucional a lei de proteção animal que, a fim de resguardar a liberdade religiosa, permite o sacrifício ritual de animais em cultos de religiões de matriz africana. Com base nessa orientação, o Plenário, por maioria, negou provimento a recurso extraordinário em que discutida a constitucionalidade da Lei estadual 12.131/2004, que acrescentou o parágrafo único (1) ao art. 2° da Lei 11.915/2003 do estado do Rio Grande do Sul (Código Estadual de Proteção aos Animais). Para a Corte, a legislação local está em consonância com a Constituição Federal (CF). Sob o prisma formal, improcede a alegação de inconstitucionalidade ao argumento de a legislação versar sobre matéria penal. O ato normativo impugnado acrescentou ao código estadual situação de exclusão de responsabilidade administrativa na hipótese de abate de animais em cultos religiosos, que em nada se relaciona com a excludente de ilicitude penal. O caráter penal da legislação, por sua vez, exigiria a definição de fatos puníveis e suas respectivas sanções. O mencionado código estabelece regras de proteção à fauna, define conceitos e afasta a prática de determinadas condutas. Inexiste, portanto, descrição de infrações, tampouco de penas a serem impostas. Dessa forma, a natureza do diploma não é penal, mostrando-se impróprio falar em usurpação de competência da União. Igualmente não se pode considerar ofensa à competência da União para editar normas gerais de proteção do meio ambiente, sobretudo ante o silêncio da legislação federal acerca do sacrifício de animais com finalidade religiosa. Os dispositivos apontados pelo recorrente (arts. 29 e 37 (2) da Lei 9.605/1988) cuidam tão somente do abate de animais silvestres, sem abranger os domésticos, utilizados nos rituais. A par disso, as regras federais foram editadas em contexto alheio aos cultos religiosos, voltando-se à tutela da fauna silvestre, especialmente em atividades de caça. O quadro impõe o reconhecimento de que a União não legislou sobre a imolação de animais. A omissão na edição de normas gerais sobre meio ambiente outorga ao estado liberdade para estabelecer regras a respeito, observado o § 3° (3) do art. 24 da CF. Sob o prisma material, o colegiado asseverou que a temática envolve a exegese de normas fundamentais, alcançando a conformação do exercício da liberdade de culto e de liturgia. A religião desempenha papel importante em vários aspectos da vida da comunidade, e essa centralidade está consagrada no art. 5°, VI (4), da CF. Pontuou que o Estado brasileiro tem o dever de proteger as "manifestações das culturas populares, indígenas e afro-brasileiras, e das de outros grupos participantes do processo civilizatório nacional" (art. 215, § 1° (5), da CF). Nessa perspectiva, o modo de ser e viver das comunidades, bem como a experiência da liberdade religiosa são vivenciadas com base em práticas não institucionais. Ademais, entendeu não ter havido violação aos princípios da laicidade e da igualdade. A proteção legal às religiões de matriz africana não representa um privilégio, mas sim um mecanismo de assegurar a liberdade religiosa, mantida a laicidade do Estado. De fato, o Estado não pode estar associado a nenhuma religião, nem sob a forma de proteção nem de perseguição, numa separação formal entre Igreja e Estado. A laicidade do Estado veda o menosprezo ou a supressão de rituais, principalmente no tocante a religiões minoritárias ou revestidas de profundo sentido histórico e social. A CF promete uma sociedade livre de preconceitos, entre os quais o religioso. A cultura afro-brasileira merece maior atenção do Estado, por conta de sua estigmatização, fruto de preconceito estrutural. A proibição do sacrifício negaria a própria essência da pluralidade cultural, com a consequente imposição de determinada visão de mundo. Essa designação de especial proteção aos cultos de culturas historicamente estigmatizadas não ofende o princípio da igualdade, sendo válida a permissão do sacrifício de animais a determinado segmento religioso, como previsto na norma questionada. Por fim, a Corte entendeu que admitir a prática de imolação não significa afastar o amparo aos animais estampado no art. 225, § 1°, VII (6), da CF. Deve-se evitar que a tutela de um valor constitucional relevante aniquile o exercício de um direito fundamental, revelando-se desproporcional impedir todo e qualquer sacrifício religioso quando diariamente a população consome carnes de várias espécies. Vencidos, em parte, os ministros Marco Aurélio (relator), Alexandre de Moraes e Gilmar Mendes, que admitiram a constitucionalidade da lei, porém para dar interpretação conforme à Constituição no sentido de ser estendida a excludente de responsabilidade a cultos de quaisquer religiões que realizem a sacralização com abates de animais, afastando maus-tratos e tortura. O relator ainda condicionou o abate ao consumo da carne. (1) Lei 11.915/2003 do estado do Rio Grande do Sul: "Art. 2° É vedado: I – ofender ou agredir fisicamente os animais, sujeitando-os a qualquer tipo de experiência capaz de causar sofrimento ou dano, bem como as que criem condições inaceitáveis de existência; II – manter animais em local completamente desprovido de asseio ou que lhes impeçam a movimentação, o descanso ou os privem de ar e luminosidade; III – obrigar animais a trabalhos exorbitantes ou que ultrapassem sua força; IV – não dar morte rápida e indolor a todo animal cujo extermínio seja necessário para consumo; V – exercer a venda ambulante de animais para menores desacompanhados por responsável legal; VI – enclausurar animais com outros que os molestem ou aterrorizem; VII – sacrificar animais com venenos ou outros métodos não preconizados pela Organização Mundial da Saúde – OMS –, nos programas de profilaxia da raiva. Parágrafo único. Não se enquadra nessa vedação o livre exercício dos cultos e liturgias das religiões de matriz africana." (2) Lei 9.605/1988: "Art. 29. Matar, perseguir, caçar, apanhar, utilizar espécimes da fauna silvestre, nativos ou em rota migratória, sem a devida permissão, licença ou autorização da autoridade competente, ou em desacordo com a obtida: (...) Art. 37. Não é crime o abate de animal, quando realizado: I – em estado de necessidade, para saciar a fome do agente ou de sua família; II – para proteger lavouras, pomares e rebanhos da ação predatória ou destruidora de animais, desde que legal e expressamente autorizado pela autoridade competente; (...) IV – por ser nocivo o animal, desde que assim caracterizado pelo órgão competente." (3) CF/1988: "Art. 24. Compete à União, aos Estados e ao Distrito Federal legislar concorrentemente sobre: (...) § 3° Inexistindo lei federal sobre normas gerais, os Estados exercerão a competência legislativa plena, para atender a suas peculiaridades." (4) CF/1988: "Art. 5° (...) VI – é inviolável a liberdade de consciência e de crença, sendo assegurado o livre exercício dos cultos religiosos e garantida, na forma da lei, a proteção aos locais de culto e a suas liturgias." (5) CF/1988: "Art. 215. O Estado garantirá a todos o pleno exercício dos direitos culturais e acesso às fontes da cultura nacional, e apoiará e incentivará a valorização e a difusão das manifestações culturais. § 1° O Estado protegerá as manifestações das culturas populares, indígenas e afro-brasileiras, e das de outros grupos participantes do processo civilizatório nacional." (6) CF/1988: "Art. 225. Todos têm direito ao meio ambiente ecologicamente equilibrado, bem de uso comum do povo e essencial à sadia qualidade de vida, impondo-se ao Poder Público e à coletividade o dever de defendê-lo e preservá-lo para as presentes e futuras gerações. § 1° Para assegurar a efetividade desse direito, incumbe ao Poder Público: (...) VII – proteger a fauna e a flora, vedadas, na forma da lei, as práticas que coloquem em risco sua função ecológica, provoquem a extinção de espécies ou submetam os animais a crueldade."

RE 494601/RS, rel. orig. Min. Marco Aurélio, red. p/ o ac. Min. Edson Fachin, julgamento em 28.3.2019. (RE-494601)

► Medida provisória: revogação e reedição

É inconstitucional medida provisória ou lei decorrente de conversão de medida provisória cujo conteúdo normativo caracterize a reedição, na mesma sessão legislativa, de medida provisória anterior rejeitada, de eficácia exaurida por decurso do prazo ou que ainda não tenha sido apreciada pelo Congresso Nacional dentro do prazo estabelecido pela Constituição Federal (CF). Ao fixar essa tese, o Plenário julgou procedente pedido formulado em ações diretas apreciadas em conjunto, para declarar a inconstitucionalidade do inteiro teor da Lei 13.502/2017, que tinha como objeto estabelecer a organização básica dos órgãos da Presidência da República e dos ministérios. Na assentada, o exame foi orientado segundo os argumentos trazidos pela ADI 5727, que possui o objeto mais amplo e contém as razões e os fundamentos das demais ações. O colegiado registrou que a Medida Provisória (MP) 782/2017, impugnada a princípio, foi convertida na Lei 13.502/2017 e que os autores promoveram o necessário aditamento às petições iniciais, com o objetivo de impedir o prejuízo das ações. Ato contínuo, o Supremo Tribunal Federal (STF), por maioria, resolveu questão de ordem no sentido de afastar a prejudicialidade das ações diretas. A questão de ordem foi suscitada em face da edição, em 2019, da MP 870, que também cuidou da organização básica daqueles órgãos e dos ministérios e, expressamente, dispôs revogar a Lei 13.502/2017. A Corte observou ter havido apenas a suspensão dos efeitos da eficácia da Lei 13.502/2017. Isso, porque a edição de medida provisória posterior não tem eficácia normativa imediata de revogação da legislação anterior com ela incompatível, mas apenas de suspensão, paralisação, das leis antecedentes até o término do prazo do processo legislativo de sua conversão. Embora seja espécie normativa com força de lei, a medida provisória precisa ser confirmada e, no caso, a de 2019 ainda está em tramitação. A medida provisória é lei sob condição resolutiva. Se for aprovada, a lei de conversão resultará na revogação da norma. Dessa maneira, não se pode falar em perda de interesse. No ponto, o ministro Dias Toffoli (presidente) acentuou a importância de o Tribunal enfrentar o tema. Por seu turno, o ministro Roberto Barroso acompanhou a conclusão da maioria, tendo em conta a matéria de fundo a ser decidida, e aduziu que, se não fosse pela relevância da tese, talvez se pudesse esperar a conversão, ou não, da MP 870/2019 em lei, como proposto, em primeiro passo, pelo ministro Marco Aurélio. Vencidos, na questão de ordem, os ministros Marco Aurélio e Ricardo Lewandowski, que reputaram prejudicadas as ações ante a medida provisória editada na legislatura iniciada em janeiro de 2019. O ministro Ricardo Lewandowski aduziu ainda estar prejudicada a matéria quanto ao desvio de finalidade. Por unanimidade, o Tribunal converteu o exame dos pedidos das medidas cautelares no julgamento de mérito das ações diretas, haja vista os autos estarem aparelhados para tanto. Além disso, as medidas cautelares pautadas, essas sim, perderam o objeto, porquanto se destinavam única e exclusivamente à suspensão dos efeitos da espécie normativa inquirida nas ações enquanto estas tramitassem. Os efeitos da legislação foram suspensos com a edição da MP 870/2019. No mérito, explicitou que, em fevereiro de 2017, foi publicada a MP 768, que criou a Secretaria Geral da Presidência da República, o cargo de ministro de Estado chefe dessa secretaria e o Ministério dos Direitos Humanos e tratou ainda da organização da Presidência da República e dos ministérios. Em decorrência dessa nova estrutura, certa pessoa foi nomeada, por decreto presidencial, ao referido cargo de ministro de Estado chefe. O prazo da vigência da MP 768/2017 foi prorrogado, mas não houve sua devida apreciação e votação pelo Congresso Nacional. À vista do cenário, o presidente da República editou, em maio de 2017, a MP 782, questionada nas ações diretas e posteriormente convertida na Lei 13.502/2017. A regulamentação formalizada na MP 768/2017 – revogada pelo ato normativo posterior – foi mantida e, por conseguinte, a perda da eficácia daquela estrutura organizacional foi afastada. De um lado, o Plenário entendeu não estar configurado desvio de finalidade na edição da MP 782/2017, invocado por um dos requerentes sob a alegação de que seu propósito seria de influenciar a condução de investigações iniciadas, ao assegurar a determinada pessoa prerrogativa de foro com sua nomeação ao cargo de ministro de Estado. Assinalou que a norma, convertida em lei, promove reestruturação organizacional no âmbito da Administração Pública Federal, com o intuito de imprimir maior eficiência e melhoria na prestação das políticas públicas nacionais. A leitura de seu texto revela o cumprimento do objeto proposto, estabelecer a organização básica daqueles órgãos, que está no âmbito decisório do chefe do Poder Executivo da União, pois versa disciplina político-administrativa de seu interesse e competência. Por não ser matéria vedada a medida provisória, não há falar em ilegitimidade na escolha decisória. Ademais, não se sustenta, do ponto de vista jurídico, o argumento de que a criação da Secretaria Geral com status de ministério de Estado implicaria burla aos postulados constitucionais de moralidade e probidade na Administração, porque a criação ou extinção de ministérios e órgãos da Presidência também está no campo de decisão do chefe do Poder Executivo. A espécie encerra hipótese abstrata de criação de órgão, que não está relacionado com o favorecimento de pessoa específica. A adversada nomeação para ministro de Estado foi objeto de impugnações judiciais, notadamente o MS 34.069, e está na alçada político-administrativa do presidente (CF, art. 84), desde que presentes os requisitos do art. 87 da CF (1). Portanto, a objeção de invalidade constitucional da medida provisória, fundada no desvio de finalidade, não tem sustentação jurídica, uma vez que se trata de ato normativo geral e abstrato, motivo que justificou o cabimento de ação direta de controle concentrado. Por outro lado, o colegiado asseverou que a revogação da MP 768/2017 e sua imediata reedição na mesma sessão legislativa, por meio da MP 782/2017, configura opção vedada pela ordem constitucional. Salientou que o vício não é convalidado com a conversão da medida provisória em lei. O problema jurídico posto está circunscrito à observância do § 10 do art. 62 da CF, que veicula proibição de reedição de medida provisória na mesma sessão legislativa em que ocorrida sua rejeição ou perda de eficácia, como mecanismo procedimental de limitação do abuso no exercício excepcional da função legiferante pelo Poder Executivo da União. O alcance do § 10 do art. 62, instituído com a Emenda Constitucional (EC) 32/2001, foi definido na apreciação da ADI 2.984 MC e da ADI 3.964 MC, que norteiam o julgamento, haja vista a ausência de circunstâncias aptas a justificar o afastamento dos precedentes. Desse modo, o presidente da República, embora não tenha disponibilidade sobre medida provisória já editada, tem legitimidade para editar outra com efeito ab-rogante. Não existe, na Constituição, proibição explícita a respeito. O efeito primeiro da medida provisória é o de suspender a eficácia jurídica da medida revogada, de modo a permanecer com o Congresso Nacional a função de deliberar sobre sua validade legislativa (ADI 2.984 MC). Entretanto, o chefe do Poder Executivo da União, ao revogar determinada medida provisória, abre mão do poder de disposição sobre aquela matéria, com o caráter de urgência que justificava a edição do ato normativo. A hipótese corresponderia à figura da rejeição. A reedição, ainda que parcial, de medida provisória revogada é causa necessária e suficiente para sua incidência na vedação prescrita no

§ 10 do art. 62 da CF (ADI 3.964 MC). O STF considerou a finalidade da reforma constitucional ocorrida por meio da EC 32/2001 e a realidade do processo legislativo levada a cabo nos anos precedentes. Atentou para o fato de que, muitas vezes, quando se busca fraudar o dispositivo constitucional, faz-se uma maquiagem na medida provisória para não repetir o teor da outra pura e simplesmente. Por fim, assentou que o conteúdo da primeira medida provisória (MP 768/2017) foi absorvido no texto da segunda (MP 782/2017), ambas editadas na mesma sessão legislativa. Nesse tocante, compreendeu que, ao trazer novamente a matéria como forma de burla à Constituição, houve a contaminação da medida provisória impugnada em sua totalidade, porque a vedação resulta de vício de origem e, assim, abrange todo o ato normativo. O ministro Alexandre de Moraes avaliou ser preciso ter cuidado com a abrangência do pronunciamento. A seu ver, não é cabível a limitação do assunto de forma genérica. Segundo o ministro, é possível a edição de medidas provisórias sequenciais sobre reorganização, desde que sem copiar da outra o conteúdo específico. Por exemplo, editar-se medida para reorganizar os ministérios da área social e, depois, outra para os da área econômica. O ministro Roberto Barroso acrescentou que a escolha de ministro de Estado é decisão política discricionária do presidente da República, insuscetível de exame no mérito. Concluir que dar foro privilegiado é desvio de finalidade ou obstrução de justiça é entender que a jurisdição do STF não funciona. (1) CF/1988: "Art. 87. Os Ministros de Estado serão escolhidos dentre brasileiros maiores de vinte e um anos e no exercício dos direitos políticos."

ADI 5717/DF, rel. Min. Rosa Weber, julgamento em 27.3.2019. (ADI-5717) ADI 5709/DF, rel. Min. Rosa Weber, julgamento em 27.3.2019. (ADI-5709) ADI 5716/DF, rel. Min. Rosa Weber, julgamento em 27.3.2019. (ADI-5716) ADI 5727/DF, rel. Min. Rosa Weber, julgamento em 27.3.2019. (ADI-5727)

► Reclamação e ato ilegal posterior – 7

O Plenário, em conclusão de julgamento e por maioria, julgou procedente o pedido formulado em reclamação para cassar a decisão do Tribunal Regional Federal da 4ª Região (TRF4) nos autos da Apelação Cível 96.04.58585-1/PR e determinar que nova decisão seja proferida por aquele Tribunal (Informativos 261, 264, 312, 327, 425 e 909). A Corte afirmou que o TRF4, ao julgar procedente pedido formulado em ação expropriatória proposta pelo Incra em face de particulares, violou o acórdão do Supremo Tribunal Federal (STF) proferido na AC 9.621, que declarou os imóveis em exame como de domínio da União. Salientou, ainda, que o Decreto-Lei 1.942/1982, que dispõe sobre terras situadas em área indispensável à segurança nacional no estado do Paraná, apenas estabelecera condições para a regularização das glebas rurais e que, nos autos, não há como reconhecer a existência de posse dos interessados sobre as terras das quais pretendem ser indenizados. Vencidos os ministros Sepúlveda Pertence (relator), Ilmar Galvão, Marco Aurélio e Cármen Lúcia, que julgaram improcedente o pedido formulado na reclamação, ante a ausência de confronto direito entre a decisão do STF e o acórdão questionado, além da impossibilidade de potencializar o alcance da decisão proferida de modo a abarcar partes que não compuseram a relação processual formada no acórdão paradigma.

Rcl 1074/PR, rel. Min. Sepúlveda Pertence, red. p/ o ac. Min. Gilmar Mendes, julgamento em 28.2.2019. (Rcl-1074)

► Cumulação de cargos e profissionais da área de saúde

A Primeira Turma negou provimento a agravo interno em recurso extraordinário no qual se discutia a viabilidade de cumulação de cargos de profissional da saúde quando a jornada de trabalho ultrapassar 60 horas semanais. O colegiado reafirmou a jurisprudência consolidada da Corte no sentido da possibilidade da cumulação se comprovado o cumprimento de ambas as jornadas. Ou seja, quando houver compatibilidade de horários, a existência de norma infraconstitucional limitadora de jornada semanal de trabalho não constitui óbice ao reconhecimento da cumulação de cargos prevista no art. 37, XVI (1), da Constituição Federal (CF). (1) CF/1988: "Art. 37. A administração pública direta e indireta de qualquer dos Poderes da União, dos Estados, do Distrito Federal e dos Municípios obedecerá aos princípios de legalidade, impessoalidade, moralidade, publicidade e eficiência e, também, ao seguinte: (...) XVI – é vedada a acumulação remunerada de cargos públicos, exceto, quando houver compatibilidade de horários, observado em qualquer caso o disposto no inciso XI: a) a de dois cargos de professor; b) a de um cargo de professor com outro técnico ou científico; c) a de dois cargos ou empregos privativos de profissionais de saúde, com profissões regulamentadas;"

RE 1176440/DF, rel. Min. Alexandre de Moraes, julgamento em 9.4.2019. (RE-1176440)

► ADI: competência suplementar e pesca semiprofissional ou esportiva

O Plenário confirmou medida cautelar deferida pelo ministro Alexandre de Moraes (relator) em decisão monocrática e julgou parcialmente procedente pedido formulado em ação direta para declarar a inconstitucionalidade do art. 2º, caput e parágrafo único, e do art. 3º, caput e parágrafo único, da Lei gaúcha 12.557/2006 (1). A legislação impugnada dispõe sobre a pesca semiprofissional ou esportiva. O colegiado esclareceu que se trata de hipótese de competência legislativa concorrente e, portanto, cabem à União as normas gerais; e ao estado-membro, as normas complementares. No entanto, a unidade federativa desrespeitou a distribuição de competência e usurpou competência geral. Em seu art. 2º, o ato normativo determina o cadastro e a habilitação anual para o exercício da atividade na Federação de Pescadores do Estado do Rio Grande do Sul, sem obrigatoriedade de filiação. No ponto, a Corte registrou existir legislação federal que regulamenta todo o procedimento de habilitação de pesca com requisitos nacionais (Lei 10.683/2003). No diploma federal, entendeu-se necessária a centralização de regras uniformes de habilitação, licenciamento e credenciamento de pescadores. Cuida-se de norma geral para o controle dos procedimentos. Além disso, a Corte reputou inconstitucional a estipulação de cadastramento em federação, entidade de direito privado, com previsão do recebimento de valor de taxa, a ser criada, de cadastro e fornecimento da habilitação para o exercício da atividade (art. 3º). Ao acompanhar o relator, o ministro Marco Aurélio ressalvou que não se examina conflito de lei estadual com lei federal e que o fato de vir à balha lei geral federal não torna insubsistente legislação estadual. (1) Lei 12.557/2006 do Estado do Rio Grande do Sul: "Art. 2º O pescador semiprofissional ou esportivo deverá, anualmente, cadastrar-se e habilitar-se para o exercício da atividade na Federação de Pescadores do Estado do Rio Grande do Sul, sem obrigatoriedade de filiação a esse órgão, na forma definida na regulamentação desta Lei. Parágrafo único. O cadastro a que se refere o "caput" deverá ser mantido atualizado pela Federação de Pescadores do Estado do Rio Grande do Sul, bem como remetido, anualmente, aos órgãos federais responsáveis pela pesca e pelo meio ambiente. Art. 3° A taxa de cadastro e o fornecimento da habilitação para exercer a atividade de pescador semiprofissional ou esportivo será definida em Assembleia Geral da Federação de Pescadores do Estado do Rio Grande do Sul. Parágrafo único. Reverterão ao Batalhão Ambiental da Brigada Militar 15% (quinze por cento) dos valores arrecadados com as taxas, com a finalidade de auxiliar o custeio das ações de fiscalização da pesca no Estado."

ADI 3829/RS, rel. Min. Alexandre de Moraes, julgamento em 11.4.2019. (ADI-3829)

▶ Organização de tribunal de contas e Constituição estadual

O Tribunal julgou parcialmente procedente pedido formulado em ação direta para declarar a inconstitucionalidade formal e material dos arts. 53, §§6° (1) e 7°, e 55, §1° (2), da Constituição do Estado do Rio Grande do Norte, por ofensa aos arts. 73 (3), 75 (4) e 96, II (5), da Constituição Federal (CF). Decidiu que se estende aos tribunais de contas, como corolário das prerrogativas de independência e autonomia asseguradas às cortes de contas pela lei fundamental, a reserva de iniciativa para deflagrar o processo legislativo cujo objeto seja alterar a sua organização ou o seu funcionamento. A promulgação de emenda à Constituição estadual não constitui meio apto para contornar a cláusula de iniciativa reservada, que se impõe, seja diante do texto original, seja diante do resultante de emenda. A inobservância da regra constitucional de iniciativa legislativa reservada acarreta a inconstitucionalidade formal das normas resultantes. Por fim, também foi declarada a inconstitucionalidade material da expressão "e com o reconhecimento da boa-fé, a liquidação tempestiva do débito ou multa atualizado monetariamente sanará o processo, se não houver sido observada outra irregularidade na apreciação das contas", contida no art. 53, § 3° (6), da Carta estadual, por afronta ao art. 75 da CF, uma vez que diverge do modelo federal de controle externo de contas. (1) Constituição do Estado do Rio Grande do Norte: "Art. 53. O controle externo, a cargo da Assembleia Legislativa, é exercido com o auxílio do Tribunal de Contas do Estado, ao qual compete: (...) §6°. As decisões do Tribunal de Contas do Estado, relativas à legalidade dos atos referentes às atribuições de que tratam os incisos II, III, IV, V, VI e VII, deste artigo, inclusive no tocante aos Municípios, são tomadas no prazo de sessenta (60) dias, contados da data em que for concluído o trabalho da sua secretaria, o qual não pode ultrapassar noventa (90) dias; §7°. O Tribunal de Contas, até o dia cinco de julho do ano em que houver eleição no Estado, encaminhará à Justiça Eleitoral e ao Ministério Público Eleitoral relação dos que tiveram suas contas rejeitadas por irregularidade insanável, a qual configure ato doloso de improbidade administrativa, assim declarado na respectiva decisão irrecorrível." (2) Constituição do Estado do Rio Grande do Norte: "Art. 55. Os Poderes do Estado mantêm, de forma integrada, sistema do controle interno, com a finalidade de: (...); §1° O controle interno do Tribunal de Contas do Estado fica sujeito aos sistemas normativos do Poder Legislativo." (3) CF/1988: "Art. 73. O Tribunal de Contas da União, integrado por nove Ministros, tem sede no Distrito Federal, quadro próprio de pessoal e jurisdição em todo o território nacional, exercendo, no que couber, as atribuições previstas no art. 96." (4) CF/1988: "Art. 75. As normas estabelecidas nesta seção aplicam-se, no que couber, à organização, composição e fiscalização dos Tribunais de Contas dos Estados e do Distrito Federal, bem como dos Tribunais e Conselhos de Contas dos Municípios." (5) CF/1988: "Art. 96. Compete privativamente: (...) II – ao Supremo Tribunal Federal, aos Tribunais Superiores e aos Tribunais de Justiça propor ao Poder Legislativo respectivo, observado o disposto no art. 169: (...)." (6) Constituição do Estado do

Rio Grande do Norte: "Art. 53. O controle externo, a cargo da Assembleia Legislativa, é exercido com o auxílio do Tribunal de Contas do Estado, ao qual compete: (...) § 3º As decisões do Tribunal de Contas, de que resulte imputação de débitos ou multa, têm eficácia de título executivo."

ADI 5323/RN, rel. Min. Rosa Weber, julgamento em 11.4.2019. (ADI-5323)

► Competência da Justiça estadual e homicídio praticado por brasileiro nato no exterior

A Primeira Turma, por maioria, desproveu agravo interposto contra decisão que deu provimento a recurso extraordinário e fixou a competência de tribunal do júri estadual para julgar ação penal movida contra brasileiro nato, denunciado pela prática de homicídio de cidadão paraguaio, ocorrido no Paraguai. O pedido de extradição do brasileiro foi indeferido pelo Supremo Tribunal Federal (STF), em razão de sua condição de nacional [Constituição Federal de 1988 (CF/1988), art. 5, LI] (1). O colegiado entendeu que a prática do crime de homicídio por brasileiro nato no exterior não ofende bens, serviços ou interesses da União, sendo da Justiça estadual a competência para processar e julgar a respectiva ação penal. Asseverou, também, que o Decreto 4.975/2004 (2), que promulgou o Acordo de Extradição entre os Estados-Partes do Mercosul, por si só não atrai a competência da Justiça Federal (CF/1988, art. 109, III, IV, e X)] (3). Isso porque a persecução penal não é fundada no acordo de extradição, mas no Código Penal brasileiro. Citou o entendimento fixado pela Primeira Turma no HC 105.461. Vencido o ministro Alexandre de Moraes, que deu provimento ao agravo ao fundamento de ser competente a Justiça Federal para julgar o feito, com base no art. 11.3 do referido decreto, combinado com o art. 109, III, IV e X, da CF/1988. (1) CF/1988: "Art. 5º Todos são iguais perante a lei, sem distinção de qualquer natureza, garantindo-se aos brasileiros e aos estrangeiros residentes no País a inviolabilidade do direito à vida, à liberdade, à igualdade, à segurança e à propriedade, nos termos seguintes: (...) LI – nenhum brasileiro será extraditado, salvo o naturalizado, em caso de crime comum, praticado antes da naturalização, ou de comprovado envolvimento em tráfico ilícito de entorpecentes e drogas afins, na forma da lei;" (2) Decreto 4.975/2004: "Artigo 11. Da Nacionalidade. 1. A nacionalidade da pessoa reclamada não poderá ser invocada para denegar a extradição, salvo disposição constitucional em contrário. 2. Os Estados-Partes que não contemplem disposição de natureza igual à prevista no parágrafo anterior poderão denegar-lhe a extradição de seus nacionais. 3. Nas hipóteses dos parágrafos anteriores, o Estado-Parte que denegar a extradição deverá promover o julgamento do indivíduo, mantendo o outro Estado-Parte informado do andamento do processo, devendo ainda remeter, finalizado o juízo, cópia da sentença." (3) CF/1988: "Art. 109. Aos juízes federais compete processar e julgar: (...) III – as causas fundadas em tratado ou contrato da União com Estado estrangeiro ou organismo internacional; IV – os crimes políticos e as infrações penais praticadas em detrimento de bens, serviços ou interesse da União ou de suas entidades autárquicas ou empresas públicas, excluídas as contravenções e ressalvada a competência da Justiça Militar e da Justiça Eleitoral; (...) X – os crimes de ingresso ou permanência irregular de estrangeiro, a execução de carta rogatória, após o exequatur, e de sentença estrangeira, após a homologação, as causas referentes à nacionalidade, inclusive a respectiva opção, e à naturalização;"

RE 1.175.638 AgR/PR, rel. Min. Marco Aurélio, julgamento em 2.4.2019. (RE-1175638)

▶ Competência dos municípios para legislar e tempo máximo de espera em fila

A Primeira Turma, por maioria, negou provimento a agravo regimental em recurso extraordinário e manteve decisão monocrática que aplicou a sistemática da repercussão geral, por considerar que a matéria discutida nos autos foi submetida ao Plenário Virtual no RE 610.221 (Tema 272). Ao apreciar aquele tema, a Corte reconheceu a existência de repercussão geral e ratificou a jurisprudência firmada pelo Tribunal. Posteriormente, fixou a tese de que compete aos municípios legislar sobre assuntos de interesse local, notadamente sobre a definição do tempo máximo de espera de clientes em filas de instituições bancárias. De início, o colegiado esclareceu que a lei municipal objeto da presente ação estabelece, em seu art. 1º, que os supermercados e hipermercados do município ficam obrigados a colocar à disposição dos consumidores pessoal suficiente no setor de caixas, de forma que a espera na fila para o atendimento seja de, no máximo, quinze minutos. Em seguida, consignou que a norma atacada não obriga a contratação de pessoal, e sim sua colocação suficiente no setor de caixas para o atendimento aos consumidores. Entendeu que a ratio legis é beneficiar o usuário, que não pode ficar em fila por tempo maior. Assim, irrelevante ser a fila de banco ou de supermercado. Isso sempre sob a ótica da inconstitucionalidade formal, ou seja, se a municipalidade pode ou não legislar a respeito. Vencido o ministro Alexandre de Moraes, que deu provimento ao agravo para o regular prosseguimento do recurso extraordinário. A seu ver, não se aplica à espécie o precedente da repercussão geral relativo à fila de banco. Justificou que, no caso dos bancos, a lei vale para todos. Na questão do supermercado, há desvirtuamento da livre concorrência, porque abrange os supermercados e os hipermercados, e não os minimercados locais. Dessa forma, os minimercados seriam favorecidos.

ARE 809489 AgR/SP, rel. Min. Rosa Weber, julgamento em 28.5.2019. (ARE-809489)

▶ CPI e comparecimento compulsório

A Segunda Turma, diante de empate na votação, concedeu a ordem de habeas corpus para convolar a compulsoriedade de comparecimento em facultatividade e deixar a cargo do paciente a decisão de comparecer, ou não, à Câmara dos Deputados, perante comissão parlamentar de inquérito (CPI), para ser ouvido na condição de investigado. Além disso, a Turma assegurou ao paciente, caso queira comparecer ao ato: a) o direito ao silêncio, ou seja, a não responder perguntas a ele direcionadas; b) o direito à assistência por advogado durante o ato; c) o direito de não ser submetido ao compromisso de dizer a verdade ou de subscrever termos com esse conteúdo; e d) o direito de não sofrer constrangimentos físicos ou morais decorrentes do exercício dos direitos anteriores. No caso, o paciente foi convocado para comparecer à Câmara dos Deputados, perante CPI que está investigando as causas do rompimento de barragem da empresa de mineração da qual foi presidente. O colegiado rememorou que o Supremo Tribunal Federal (STF) tem entendido que, tal como ocorre em depoimentos prestados perante órgãos do Poder Judiciário, é assegurado o direito de o investigado não se incriminar perante as CPI (HC 79.812). O direito ao silêncio, que assegura a não produção de prova contra si mesmo, constitui pedra angular do sistema de proteção dos direitos individuais e materializa uma das expressões do princípio da dignidade da pessoa humana. Esse princípio proíbe a utilização ou a transformação do homem em objeto dos processos e ações estatais. O Estado está vinculado ao dever de respeito e proteção do indivíduo contra exposição a ofensas ou humilhações. O direito à não autoincriminação tem fundamento mais amplo do que o expressamente previsto no art. 5º, LXIII, da Constituição Federal. Em verdade, ele é derivado da união de diversos enunciados constitucionais, entre os quais os dos arts. 1º, III (dignidade humana), e 5º, LIV (devido processo legal), LV (ampla defesa) e LVII (presunção de inocência). Ademais, o direito ao silêncio foi consagrado em tratados internacionais de direitos humanos dos quais o Brasil é signatário, que enunciam o direito do acusado de não depor contra si mesmo (Pacto Internacional sobre Direitos Civis e Políticos, art. 14, 3, g, em execução por força do Decreto 592/1992; e Pacto de São José da Costa Rica, art. 8.2, g, em execução por força do Decreto 678/1992). O ministro Gilmar Mendes (relator) entendeu que, por sua qualidade de investigado, o paciente não pode ser convocado a comparecimento compulsório, menos ainda sob ameaça de responsabilização penal, no que foi acompanhado pelo ministro Celso de Mello. Para o relator, se o paciente não é obrigado a falar, não faz qualquer sentido que seja obrigado a comparecer ao ato, a menos que a finalidade seja de registrar as perguntas que, de antemão, todos já sabem que não serão respondidas, apenas como instrumento de constrangimento e intimidação. O ministro Celso de Mello acompanhou o relator. Os ministros Edson Fachin e Cármen Lúcia deferiram o habeas corpus em menor extensão, pois tão somente não convolaram a compulsoriedade do comparecimento em faculdade. Desse modo, mantiveram a necessidade de comparecimento do paciente à CPI.

HC 171438/DF, rel. Min. Gilmar Mendes, julgamento 28.5.2019. (HC-171438)

▶ Suspensão de direitos políticos e substituição da pena privativa de liberdade pela restritiva de direitos

A suspensão de direitos políticos prevista no art. 15, III (1), da Constituição Federal (CF), aplica-se no caso de substituição da pena privativa de liberdade pela restritiva de direitos. Com base nesse entendimento, o Plenário, ao apreciar o Tema 370 da repercussão geral, deu provimento a recurso extraordinário em que se discutia a suspensão dos direitos políticos de condenado por sentença criminal transitada em julgado, cuja pena privativa de liberdade foi substituída por pena restritiva de direitos. O Plenário afirmou que, de acordo com a jurisprudência firmada antes e depois de 1988, o art. 15, III, da CF é norma autoaplicável. Observou que, das constituições brasileiras, somente a Constituição de 1824 restringia a aplicabilidade da suspensão dos direitos políticos às hipóteses de sentença condenatória a pena privativa de liberdade (Constituição de 1824, art. 8, II) (2). A partir da Constituição republicana de 1891, até a atual, não há mais essa diferenciação. A razão de ser da norma atual (CF, art. 15, III) é impedir aos condenados — após o devido processo legal e com sentença transitada em julgado — o exercício dos direitos políticos enquanto cumprirem pena. Não há nenhuma arbitrariedade no fato de a própria Constituição estabelecer, de forma excepcional, a possibilidade, seja temporária – no caso de suspensão –, seja permanente – no caso de perda –, do afastamento do exercício dos direitos políticos. Isso porque o exercício dos direitos políticos, assim como o exercício de qualquer outro direito fundamental, não é absoluto. Ressaltou que, ainda que em casos mais leves do que a condenação penal, a legislação reclamada pelos arts. 37, § 4º (3), e 14, § 9º, da CF (4) também permite a parcial suspensão do exercício de direitos políticos. Até porque, na inelegibilidade, os efeitos nada mais são do que uma parcial suspensão da capacidade eleitoral passiva, ou seja, de poder ser votado. E, para isso, não se exige, no campo civil, sequer o trânsito em julgado. Entretanto, nos casos mais graves, em que se aplica o Direito Penal, a CF determina que, enquanto durar o cumprimento da pena aplicada, ficam suspensos os direitos políticos. Vencidos os ministros Marco Aurélio e Rosa Weber, que negaram provimento ao recurso extraordinário. Assentaram que, vindo a pena inicial a ser convertida em restritiva de direitos, tem-se quadro decisório que não atrai a suspensão dos direitos políticos prevista no art. 15, III, da CF. (1) CF/1988: "Art. 15. É vedada a cassação de direitos políticos, cuja perda ou suspensão só se dará nos casos de: (...) III – condenação criminal transitada em julgado, enquanto durarem seus efeitos;" (2) Constituição de 1824: "Art. 8. Suspende-se o exercício dos Direitos Políticos (...) Por Sentença condenatória a prisão, ou degredo, enquanto durarem os seus efeitos." (3) CF/1988: "Art. 37. A administração pública direta e indireta de qualquer dos Poderes da União, dos Estados, do Distrito Federal e dos Municípios obedecerá aos princípios de legalidade, impessoalidade, moralidade, publicidade e eficiência e, também, ao seguinte: (...) § 4° Os atos de improbidade administrativa importarão a suspensão dos direitos políticos, a perda da função pública, a indisponibilidade dos bens e o ressarcimento ao erário, na forma e gradação previstas em lei, sem prejuízo da ação penal cabível." (4) CF/1988: "Art. 14. A soberania popular será exercida pelo sufrágio universal e pelo voto direto e secreto, com valor igual para todos, e, nos termos da lei, mediante: (...) § 9° Lei complementar estabelecerá outros casos de inelegibilidade e os prazos de sua cessação, a fim de proteger a probidade administrativa, a moralidade para exercício de mandato considerada vida pregressa do candidato, e a normalidade e legitimidade das eleições contra a influência do poder econômico ou o abuso do exercício de função, cargo ou emprego na administração direta ou indireta."

RE 601182/MG, rel. Min. Marco Aurélio, red. p/ o ac. Min. Alexandre de Moraes, julgamento em 8.5.2019. (RE-601182)

► Direito à saúde: demanda judicial e responsabilidade solidária dos entes federados

Os entes da Federação, em decorrência da competência comum, são solidariamente responsáveis nas demandas prestacionais na área da saúde e, diante dos critérios constitucionais de descentralização e hierarquização, compete à autoridade judicial direcionar o cumprimento conforme as regras de repartição de competências e determinar o ressarcimento a quem suportou o ônus financeiro. Ao fixar essa tese de repercussão geral (Tema 793), o Plenário, por maioria e em conclusão de julgamento, rejeitou embargos de declaração em recurso extraordinário, opostos a decisão tomada por meio eletrônico que reafirmara jurisprudência da Corte no sentido da responsabilidade solidária dos entes federados pela promoção dos atos necessários à concretização do direito à saúde, tais como o fornecimento de medicamentos e o custeio de tratamento médico adequado aos necessitados (Informativo 793). Preliminarmente, o colegiado conheceu dos embargos declaratórios apresentados contra o pronunciamento no Plenário Virtual (PV). No mérito, o Tribunal, por maioria, rejeitou os embargos ante a inexistência de defeito ou vício a justificar seu acolhimento. Em seguida, reiterou o entendimento no sentido da responsabilidade solidária das unidades federativas na matéria. O ministro Edson Fachin ponderou ser a presente tese coerente com aquela aprovada no exame do Tema 500 da repercussão geral (RE 655.718), segundo a qual: "As ações que demandem fornecimento de medicamentos sem registro na Anvisa deverão necessariamente ser propostas em face da União".

A seu ver, na enunciação do Tema 500, consta a obrigatoriedade de a União figurar no polo passivo, e não a sua exclusividade. Na tese do tema em análise, tem-se que o cumprimento será dirigido conforme a repartição de competência. Esse segmento foi extraído do Enunciado 60, aprovado na II Jornada de Direito da Saúde do Conselho Nacional de Justiça (1), cujo teor é mais elastecido. Também salientou que a orientação estabelecida para o Tema 500 estaria agasalhada na formulação da repartição de competência. Noutro ponto, o ministro Edson Fachin observou que o texto, em sua primeira parte, reafirma a solidariedade e, ao mesmo tempo, atribui poder-dever à autoridade judicial para direcionar o cumprimento. A tese não trata da formação do polo passivo. Caso se direcione e depois se alegue que, por alguma circunstância, o atendimento da demanda da cidadania possa ter levado um ente da Federação a eventual ônus excessivo, a autoridade judicial determinará o ressarcimento a quem suportou o ônus financeiro. Quanto à fixação da tese, ficou vencido o ministro Marco Aurélio, por ser contrário à sua aprovação, haja vista o pronunciamento do Tribunal pela improcedência dos embargos. Além disso, pontuou que o ministro Luiz Fux (relator), de certa forma, lançou uma tese quando da apreciação do feito no PV, que está na ementa confeccionada pelo relator. Vencidos, no mérito, o ministro relator, que, nesta assentada, reformulou seu voto, e os ministros Alexandre de Moraes, Roberto Barroso e Dias Toffoli (presidente). Segundo eles, a demanda que veicular pedido de medicamento, material, procedimento ou tratamento, constante das políticas públicas, deve ser proposta em face da pessoa política com competência administrativa para o fornecimento, dispensação daquele medicamento, tratamento ou material, ressalvada, em todos os casos, a responsabilidade subsidiária da União. (1) Enunciado 60 da II Jornada de Direito da Saúde/CNJ: "Saúde Pública – A responsabilidade solidária dos entes da Federação não impede que o Juízo, ao deferir medida liminar ou definitiva, direcione inicialmente o seu cumprimento a um determinado ente, conforme as regras administrativas de repartição de competências, sem prejuízo do redirecionamento em caso de descumprimento."

RE 855178 ED/SE, rel. orig. Min. Luiz Fux, red. p/ o ac. Min. Edson Fachin, julgamento em 23.5.2019. (RE-855178)

► Direito à saúde e medicamento sem registro na Anvisa – 3

1. O Estado não pode ser obrigado a fornecer medicamentos experimentais. 2. A ausência de registro na Agência Nacional de Vigilância Sanitária (Anvisa) impede, como regra geral, o fornecimento de medicamento por decisão judicial. 3. É possível, excepcionalmente, a concessão judicial de medicamento sem registro sanitário, em caso de mora irrazoável da Anvisa em apreciar o pedido (prazo superior ao previsto na Lei 13.411/2016), quando preenchidos três requisitos: (i) a existência de pedido de registro do medicamento no Brasil (salvo no caso de medicamentos órfãos para doenças raras e ultrarraras);(ii) a existência de registro do medicamento em renomadas agências de regulação no exterior; e (iii) a inexistência de substituto terapêutico com registro no Brasil. 4. As ações que demandem fornecimento de medicamentos sem registro na Anvisa deverão necessariamente ser propostas em face da União. Com base nessa orientação, o Plenário, por maioria e em conclusão de julgamento, ao apreciar o Tema 500 da repercussão geral, deu parcial provimento a recurso extraordinário em que se discutia a possibilidade de o Estado ser obrigado a fornecer medicamento não registrado na Anvisa (Informativos 839 e 841). O Tribunal afirmou que, como regra geral, o Estado não pode ser obrigado a fornecer, por decisão judicial, medicamentos não

registrados na Anvisa. O registro é meio para garantir proteção à saúde pública, atestado de eficácia, segurança e qualidade dos fármacos comercializados no País, além de assegurar o devido controle de preços. No caso de medicamentos experimentais, sem comprovação científica de eficácia e segurança, e ainda em fase de pesquisas e testes, não há nenhuma hipótese em que o Poder Judiciário possa obrigar o Estado a fornecê-los. Isso não interfere com a dispensação desses fármacos no âmbito de programas de testes clínicos, acesso expandido ou de uso compassivo, sempre nos termos da regulamentação aplicável. No caso de medicamentos com eficácia e segurança comprovadas e testes concluídos, mas ainda sem registro na Anvisa, seu fornecimento por decisão judicial assume caráter absolutamente excepcional e somente poderá ocorrer na hipótese de irrazoável mora da Anvisa em apreciar o pedido (prazo superior ao previsto na Lei 13.411/2016). Ainda nessa situação, porém, será preciso que haja prova do preenchimento cumulativo de três requisitos: i) pedido de registro do medicamento no Brasil; ii) registro do medicamento pleiteado em renomadas agências de regulação no exterior; e iii) inexistência de substituto terapêutico registrado na Anvisa. Ademais, haja vista que o pressuposto básico da obrigação estatal é a mora da agência, as ações que demandem fornecimento de medicamentos sem registro na Anvisa deverão necessariamente ser propostas em face da União. No caso de doenças raras e ultrarraras, é possível, excepcionalmente, que o Estado forneça o medicamento independentemente do registro. Isso porque, nesses casos, muitas vezes o laboratório não tem interesse comercial em pedir o registro. O ministro Edson Fachin reajustou o voto proferido na assentada anterior para dar parcial provimento ao recurso extraordinário. Vencidos os ministros Marco Aurélio e Dias Toffoli (presidente), que negaram provimento ao recurso. Afirmaram que o registro do medicamento na Anvisa é condição inafastável para se concluir pela obrigação do Estado ao fornecimento.

RE 657718/MG, rel. orig. Min. Marco Aurélio, red. p/ o ac. Min. Roberto Barroso, julgamento em 22.5.2019. (RE-657718)

► Direitos autorais e competência legislativa da União

A competência legislativa concorrente sobre produção e consumo e responsabilidade por dano ao consumidor, prevista no art. 24, V e VIII, da Constituição Federal (CF) (1), não autoriza os Estados-membros e o Distrito Federal a disporem sobre direitos autorais. Compete privativamente à União legislar sobre direito civil, direito de propriedade e estabelecer regras substantivas de intervenção no domínio econômico (CF, art. 22, I) (2). Com base nesse entendimento, o Plenário julgou procedente pedido formulado em ação direta para declarar a inconstitucionalidade da Lei 92/2010 do Estado do Amazonas. O diploma impugnado estabelece a gratuidade para a execução pública de obras musicais e literomusicais e de fonogramas por associações, fundações ou instituições filantrópicas e aquelas oficialmente declaradas de utilidade pública estadual, sem fins lucrativos. O colegiado considerou que o diploma amazonense, ao prever hipóteses de não recolhimento dos valores pertinentes aos direitos autorais fora do rol da Lei federal 9.610/1998, usurpa a mencionada competência privativa da União e retira dos autores das obras musicais o seu direito exclusivo de utilização, publicação ou reprodução das obras ou do reconhecimento por sua criação (CF, art. 5º, XXII e XXVII) (3). (1) CF/1988: "Art. 24. Compete à União, aos Estados e ao Distrito Federal legislar concorrentemente sobre: (...) V – produção e consumo; (...) VIII – responsabilidade por dano ao meio ambiente, ao consumidor, a bens e direitos de valor artístico, estético, histórico, turístico e paisagístico;" (2) CF/1988: "Art. 22. Compete privativamente à União legislar sobre: I – direito civil, comercial, penal, processual, eleitoral, agrário, marítimo, aeronáutico, espacial e do trabalho;" (3) CF/1988: "Art. 5º Todos são iguais perante a lei, sem distinção de qualquer natureza, garantindo-se aos brasileiros e aos estrangeiros residentes no País a inviolabilidade do direito à vida, à liberdade, à igualdade, à segurança e à propriedade, nos termos seguintes: (...) XXII – é garantido o direito de propriedade; (...) XXVII – aos autores pertence o direito exclusivo de utilização, publicação ou reprodução de suas obras, transmissível aos herdeiros pelo tempo que a lei fixar;"

ADI 5800/AM, rel. Min. Luiz Fux, julgamento em 8.5.2019. (ADI-5800)

► ADI e imunidade parlamentar – 2

O Plenário, por maioria, indeferiu medidas cautelares em ações diretas de inconstitucionalidade ajuizadas contra os arts. 33, § 3º, e 38, §§ 1º, 2º e 3º, da Constituição do Estado do Rio Grande do Norte, os §§ 2º ao 5º do art. 102 da Constituição do Estado do Rio de Janeiro e a Resolução 577/2017 da respectiva Assembleia Legislativa, bem como contra os §§ 2º ao 5º do art. 29 da Constituição do Estado do Mato Grosso e a Resolução 5.221/2017 da respectiva Assembleia Legislativa. Os dispositivos constitucionais impugnados estendem aos deputados estaduais as imunidades formais previstas no art. 53 da Constituição Federal (CF) (1) para deputados federais e senadores. Já as Resoluções revogam prisões cautelares, preventivas e provisórias de deputados estaduais e determinam o pleno retorno aos mandatos parlamentares, com todos os seus consectários. O Colegiado entendeu que a leitura da Constituição da República revela que, sob os ângulos literal e sistemático, os deputados estaduais têm direito às imunidades formal e material e à inviolabilidade conferidas pelo constituinte aos congressistas, no que estendidas, expressamente, pelo § 1º do art. 27 da CF (2). Asseverou que o dispositivo não abre campo a controvérsias semânticas em torno de quais imunidades são abrangidas pela norma extensora. A referência no plural, de cunho genérico, evidencia haver-se conferido a parlamentares estaduais proteção sob os campos material e formal. Se o constituinte quisesse estabelecer estatuto com menor amplitude para os deputados estaduais, o teria feito expressamente, como fez, no inciso VIII do art. 29 (3), em relação aos vereadores. A extensão do estatuto dos congressistas federais aos parlamentares estaduais traduz dado significante do pacto federativo. O reconhecimento da importância do Legislativo estadual viabiliza a reprodução, no âmbito regional, da harmonia entre os Poderes da República. É inadequado, portanto, extrair da Constituição Federal proteção reduzida da atividade do Legislativo nos entes federados, como se fosse menor a relevância dos órgãos locais para o robustecimento do Estado Democrático de Direito. Acrescentou que reconhecer a prerrogativa de o Legislativo sustar decisões judiciais de natureza criminal, precárias e efêmeras, cujo teor resulte em afastamento ou limitação da função parlamentar não implica dar-lhe carta branca. Prestigia-se, ao invés, a Carta Magna, impondo-se a cada qual o desempenho do papel por ela conferido. Vencidos os ministros Edson Fachin, Rosa Weber, Luiz Fux, Cármen Lúcia e Roberto Barroso, que deferiram as medidas cautelares para suspender as normas impugnadas e a eficácia das resoluções. Prevaleceu, na corrente minoritária, o voto do ministro Edson Fachin. Para ele, as regras constitucionais não conferem ao Poder Legislativo e, no caso, ao Legislativo estadual, a competência de rever atos emanados em sede de prisão preventiva pelo Poder Judiciário. Isso porque a decretação da prisão preventiva e das medidas cautelares alternativas envolve um juízo técnico-jurídico que não pode ser substituído pelo juízo político emitido pelo Legislativo a respeito de prisão em flagrante. Dessa forma, conferiu interpretação conforme à Constituição, no sentido de que as normas estaduais não vedam ao Poder Judiciário decretar medidas cautelares de natureza penal em desfavor de deputados estaduais, nem conferem poderes às assembleias legislativas para sustar ou revogar os atos judiciais respectivos. O ministro Dias Toffoli retificou o voto proferido anteriormente para acompanhar a corrente vencedora. (1) CF/1988: "Art. 53. Os Deputados e Senadores são invioláveis, civil e penalmente, por quaisquer de suas opiniões, palavras e votos. § 1° Os Deputados e Senadores, desde a expedição do diploma, serão submetidos a julgamento perante o Supremo Tribunal Federal. § 2° Desde a expedição do diploma, os membros do Congresso Nacional não poderão ser presos, salvo em flagrante de crime inafiançável. Nesse caso, os autos serão remetidos dentro de vinte e quatro horas à Casa respectiva, para que, pelo voto da maioria de seus membros, resolva sobre a prisão. § 3° Recebida a denúncia contra o Senador ou Deputado, por crime ocorrido após a diplomação, o Supremo Tribunal Federal dará ciência à Casa respectiva, que, por iniciativa de partido político nela representado e pelo voto da maioria de seus membros, poderá, até a decisão final, sustar o andamento da ação. § 4° O pedido de sustação será apreciado pela Casa respectiva no prazo improrrogável de quarenta e cinco dias do seu recebimento pela Mesa Diretora. § 5° A sustação do processo suspende a prescrição, enquanto durar o mandato. (...)" (2) CF/1988: "Art. 27. O número de Deputados à Assembleia Legislativa corresponderá ao triplo da representação do Estado na Câmara dos Deputados e, atingido o número de trinta e seis, será acrescido de tantos quantos forem os Deputados Federais acima de doze. § 1° Será de quatro anos o mandato dos Deputados Estaduais, aplicando-sê-lhes as regras desta Constituição sobre sistema eleitoral, inviolabilidade, imunidades, remuneração, perda de mandato, licença, impedimentos e incorporação às Forças Armadas." (3) CF/1988: "Art. 29. O Município reger-se-á por lei orgânica, votada em dois turnos, com o interstício mínimo de dez dias, e aprovada por dois terços dos membros da Câmara Municipal, que a promulgará, atendidos os princípios estabelecidos nesta Constituição, na Constituição do respectivo Estado e os seguintes preceitos: (...) VIII – inviolabilidade dos Vereadores por suas opiniões, palavras e votos no exercício do mandato e na circunscrição do Município;"

ADI 5823 MC/RN, rel. Min. Marco Aurélio, julgamento em 8.5.2019. (ADI-5823) (Informativo 939, Plenário) ADI 5824 MC/RJ, rel. orig. Min. Edson Fachin, red. p/ o ac. Min. Marco Aurélio, julgamento em 8.5.2019. (ADI-5824) (Informativo 939, Plenário) ADI 5825 MC/MT, rel. orig. Min. Edson Fachin, red. p/ o ac. Min. Marco Aurélio, julgamento em 8.5.2019. (ADI-5825) (Informativo 939, Plenário)

► Prerrogativa de foro e autoridades estaduais

O Plenário, por maioria, julgou procedente pedido formulado em ação direta para declarar a inconstitucionalidade do art. 81, IV, da Constituição do Estado do Maranhão, acrescentado pela Emenda Constitucional 34/2001. O dispositivo impugnado inclui, entre as autoridades com foro criminal originário perante o tribunal de justiça, os procuradores de Estado, os procuradores da assembleia legislativa, os defensores públicos e os delegados de polícia. Prevaleceu o voto do ministro Alexandre de Moraes, redator para o acórdão. Para ele, ao dispor sobre os órgãos do Poder Judiciário, o art. 92 da Constituição Federal (CF) (1) previu como regra que a primeira e a segunda instâncias constituem juízo natural com cognição plena para a questão criminal. Apenas excepcionalmente a CF conferiu prerrogativas de foro para as autoridades federais, estaduais e municipais. No ponto, citou, como exemplo, a competência do Supremo Tribunal Federal (STF) para processar e julgar o presidente da República, o vice-presidente, membros do Congresso Nacional, seus próprios ministros e o procurador-geral da República; a competência do Superior Tribunal de Justiça (STJ) para processar e julgar os desembargadores; e a competência dos tribunais de justiça para processar e julgar os membros do ministério público estadual, os próprios magistrados e os prefeitos municipais. Sublinhou a inviabilidade de se aplicar, nesse caso, o princípio da simetria, uma vez que a CF estabelece prerrogativa de foro nos três níveis: federal, estadual e municipal. Ressaltou que interpretação que conferisse às constituições estaduais a possibilidade de definir foro, considerando o princípio federativo e com esteio no art. 125, § 1º, da CF (2), permitiria aos Estados dispor, livremente, sobre essas prerrogativas, o que seria equivalente a assinar um cheque em branco. Por fim, esclareceu que o vice-governador, os secretários de Estado e o comandante dos militares estaduais, por determinação expressa do art. 28 da CF (3), também possuem prerrogativa de foro, independentemente de a constituição estadual fixá-la ou não. Vencidos, em parte, os ministros Gilmar Mendes e Celso de Mello, que julgaram o pleito procedente apenas para declarar a inconstitucionalidade da expressão "delegados de polícia", incluída no art. 81, IV, da Constituição estadual. Consideraram que a competência dos tribunais de justiça é estabelecida pela constituição estadual (CF, art. 125, § 1º). Portanto, eventualmente, a competência originária do tribunal de justiça pode ser estendida mesmo para autoridades para as quais a Constituição Federal não resguarda paralelo. Ademais, reputaram não violado o art. 22, I, da CF (4), visto que a questão relativa à prerrogativa possui mais natureza constitucional e política do que processual. Quantos aos delegados de polícia, a despeito da relevância de suas atribuições, a jurisprudência do STF impede que seja conferida essa prerrogativa. (1) CF/1988: "Art. 92. São órgãos do Poder Judiciário: I – o Supremo Tribunal Federal; I-A – o Conselho Nacional de Justiça II – o Superior Tribunal de Justiça; II-A – o Tribunal Superior do Trabalho; III – os Tribunais Regionais Federais e Juízes Federais; IV – os Tribunais e Juízes do Trabalho; V – os Tribunais e Juízes Eleitorais; VI – os Tribunais e Juízes Militares; VII – os Tribunais e Juízes dos Estados e do Distrito Federal e Territórios." (2) CF/1988: "Art. 125. Os Estados organizarão sua Justiça, observados os princípios estabelecidos nesta Constituição. § 1º A competência dos tribunais será definida na Constituição do Estado, sendo a lei de organização judiciária de iniciativa do Tribunal de Justiça." (3) CF/1988: "Art. 28. A eleição do Governador e do Vice-Governador de Estado, para mandato de quatro anos, realizar-se-á no primeiro domingo de outubro, em primeiro turno, e no último domingo de outubro, em segundo turno, se houver, do ano anterior ao do término do mandato de seus antecessores, e a posse ocorrerá em primeiro de janeiro do ano subsequente, observado, quanto ao mais, o disposto no art. 77." (4) CF/1988: "Art. 22. Compete privativamente à União legislar sobre: I – direito civil, comercial, penal, processual, eleitoral, agrário, marítimo, aeronáutico, espacial e do trabalho;"

ADI 2553/MA, rel. Min. Gilmar Mendes, red. p/ o ac. Min. Alexandre de Moraes, 15.5.2019. (ADI-2553)

► Lei municipal e proibição de transporte remunerado individual de pessoas – 2

A proibição ou restrição da atividade de transporte privado individual por motorista cadastrado em aplicativo é inconstitucional, por violação aos princípios da livre iniciativa e da livre concorrência. No exercício de sua competência para regulamentação e fiscalização do transporte privado individual de passageiros, os municípios e o Distrito Federal não podem contrariar os parâmetros fixados pelo legislador federal [Constituição Federal de 1988 (CF/1988), art. 22, XI (1)]. Ao fixar essa tese de repercussão geral (Tema 967), o Plenário concluiu julgamento conjunto de arguição de descumprimento de preceito fundamental (ADPF) e de recurso extraordinário (RE) nos quais questionados atos normativos que proíbem o uso de carros particulares para o transporte remunerado individual de pessoas (Informativo 926). O Colegiado julgou procedente o pedido formulado na ADPF, para assentar a inconstitucionalidade, in totum, da Lei 10.553/2016 do município de Fortaleza, que vedou a utilização de carros cadastrados ou não em aplicativos. Além disso, a Corte negou provimento ao RE, para manter o acórdão que declarou a inconstitucionalidade da Lei 16.279/2015 do município de São Paulo, que proibiu o uso de veículos cadastrados em aplicativos. Preliminarmente, o Tribunal, por maioria, conheceu da ADPF. Considerou que a revogação da Lei 10.553/2016 por outra lei local não retira o interesse de agir no feito. Isso porque persiste a utilidade da prestação jurisdicional com o intuito de estabelecer, com caráter erga omnes e vinculante, o regime aplicável às relações jurídicas estabelecidas durante a vigência da norma impugnada, bem como no que diz respeito a leis de idêntico teor aprovadas em outros municípios. Trata-se da solução mais consentânea com o princípio da eficiência processual e o imperativo aproveitamento dos atos já praticados de maneira socialmente proveitosa. Vencidos, no ponto, a ministra Rosa Weber e o ministro Marco Aurélio, que declararam o prejuízo da ação por perda de objeto. No mérito, prevaleceram os votos do ministro Luiz Fux, relator da ADPF, e do ministro Roberto Barroso, relator do RE. O ministro Luiz Fux entendeu que o motorista particular, em sua atividade laboral, é protegido pela liberdade fundamental prevista no art. 5°, XIII, da CF (2) e se submete apenas à regulação proporcionalmente definida em lei federal. O art. 3°, VIII, da Lei 12.965/2014 (Marco Civil da Internet) (3) e a Lei 12.587/2012 garantem a operação, por aplicativo, de serviços remunerados de transporte de passageiros. A liberdade de iniciativa, garantida pelos arts. 1°, IV, e 170 (4) da CF, consubstancia cláusula de proteção destacada, no ordenamento pátrio, como fundamento da República. Por isso, não pode ser amesquinhada para afastar ou restringir injustificadamente o controle judicial dos atos normativos que afrontem as liberdades econômicas básicas. Nessa linha, o constitucionalismo moderno se fundamenta na necessidade de restrição do poder estatal sobre o funcionamento da economia de mercado. Sobrepõe o rule of law a iniciativas autoritárias destinadas a concentrar privilégios, a impor o monopólio dos meios de produção ou a estabelecer salários, preços e padrões arbitrários de qualidade, todos a gerar ambiente hostil à competição, à inovação, ao progresso e à distribuição de riquezas. O processo político por meio do qual as regulações são editadas é frequentemente capturado por grupos de poder interessados em obter proveitos superiores aos que seriam possíveis em um ambiente de livre competição. Um recurso político comumente utilizado por esses grupos é o poder estatal de controle de entrada de novos competidores em um dado mercado, a fim de concentrar benefícios em prol de poucos e dispensar prejuízos por toda sociedade. Assim, o exercício de atividades econômicas e profissionais por particulares deve ser protegido da coerção arbitrária por parte do Estado. Compete ao Poder Judiciário, à luz do sistema de freios e contrapesos, invalidar atos normativos que estabeleçam restrições desproporcionais à livre iniciativa e à liberdade profissional, na linha do que decidido no RE 414.426 e no RE 411.961. Eventuais restrições devem ser informadas por parâmetros constitucionalmente legítimos e adequar-se ao teste da proporcionalidade, com o ônus de justificação regulatória baseada em elementos empíricos que demonstrem os requisitos dessa intervenção estatal no domínio econômico. As normas que proíbem o uso de carros particulares, cadastrados ou não em aplicativos, para o transporte remunerado individual de pessoas, configuram limitação desproporcional às liberdades de iniciativa e de profissão, o que provoca restrição oligopolista do mercado em benefício de certo grupo e em detrimento da coletividade. A proibição legal do livre exercício profissional do transporte individual remunerado afronta ainda o princípio da busca pelo pleno emprego, que está consagrado como princípio setorial no art. 170, VIII, da CF, na medida em que impede a abertura do mercado a novos entrantes eventualmente interessados em migrar para a atividade. A Constituição impõe ao regulador, mesmo na tarefa de ordenação das cidades, a opção pela medida sem restrições injustificáveis às liberdades fundamentais de iniciativa e de exercício profissional. A necessidade de aperfeiçoar o uso das vias públicas não autoriza a criação de oligopólio prejudicial a consumidores e a potenciais prestadores de serviço do setor, notadamente quando há alternativas conhecidas para o atingimento da mesma finalidade. Igualmente, haja vista a evidente fluidez do trânsito gerada pelos aplicativos de transporte, torna-se patente que essa proibição também nega ao cidadão o direito à mobilidade urbana eficiente. Por sua vez, o ministro Roberto Barroso asseverou que vivemos um ciclo próprio do desenvolvimento capitalista, em que há a substituição de velhas tecnologias e velhos modos de produção por novas formas de produção, num processo chamado de inovação disruptiva, por designar ideias capazes de enfraquecer ou substituir indústrias, empresas ou produtos estabelecidos no mercado. Nesse cenário, é muito fácil perceber o tipo de conflito entre os detentores dessas novas tecnologias disruptivas e os agentes tradicionais do mercado: players já estabelecidos em seus mercados, por vezes monopolistas, são ameaçados por atores que se aproveitam das lacunas de regulamentação de novas atividades para a obtenção de vantagens competitivas, sejam elas regulatórias ou tributárias. A melhor forma de o Estado lidar com essas inovações e, eventualmente, com a destruição criativa da velha ordem, não é impedir o progresso, mas, sim, tentar produzir as vias conciliatórias possíveis. O ministro Roberto Barroso destacou os três fundamentos pelos quais considerou inconstitucionais os atos normativos impugnados. Em primeiro lugar, a Constituição estabelece, como princípio, a livre iniciativa. A lei não pode arbitrariamente retirar determinada atividade econômica da liberdade de empreender das pessoas, salvo se fundamento constitucional autorizar a restrição imposta. A edição de leis ou atos normativos proibitivos, pautada na exclusividade do modelo de exploração por táxis, não se amolda ao regime constitucional da livre iniciativa. Em segundo lugar, a livre iniciativa significa livre concorrência. A opção pela economia de mercado baseia-se na crença de que a competição entre os agentes econômicos e a liberdade de escolha dos consumidores produzirão os melhores resultados sociais. Por fim, é legítima a intervenção do Estado, mesmo em um regime de livre iniciativa, para coibir falhas de mercado e para proteger o consumidor. Entretanto, são inconstitucionais a edição de regulamentos e o exercício de fiscalização que, na prática, inviabilizem determinada atividade. A competência autorizada por lei para os municípios regulamentarem e fiscalizarem essa atividade não pode ser uma competência para, de maneira sub-reptícia ou implícita, interditar, na prática, a prestação desse serviço. O ministro observou ainda que, posteriormente ao ajuizamento da arguição de descumprimento de preceito fundamental e à interposição do recurso extraordinário, houve o advento da Lei 13.640/2018, que alterou a Lei de Mobilidade Urbana. A nova norma prevê a existência de duas situações distintas e de maneira expressa: i) o transporte público individual oferecido pelo sistema tradicional de táxis; e ii) o transporte remunerado individual privado. Ela atribui expressamente aos municípios e ao Distrito Federal a competência para a fiscalização e a regulamentação desses serviços. Estabelece, também, os parâmetros para a prestação do serviço privado de transporte de pessoas: i) a cobrança de tributos pela prestação de serviços; ii) a contratação de seguro de acidentes pessoais a passageiros e do seguro obrigatório; iii) a inscrição do motorista como contribuinte individual do INSS; iv) a exigência de habilitação para dirigir; v) o atendimento dos requisitos de idade e características do veículo; vi) a manutenção do Certificado de Registro e Licenciamento do Veículo; e vii) a apresentação de certidão negativa de antecedentes criminais dos motoristas. Como se vê, a legislação federal cuida exclusivamente de regulação da qualidade e da informação. Por essa razão, a partir da opção regulatória estabelecida para o setor, extrai-se a impossibilidade de se criarem barreiras de entrada e controle de preços para o transporte individual privado por aplicativos. Ao acompanhar o ministro Luiz Fux, o ministro Ricardo Lewandowski julgou procedente a ADPF com a interpretação de que o ato normativo impugnado não se aplica aos chamados "carros de aplicativos", conceituados na lei de regência como transporte remunerado privado individual de passageiros (Lei 12.587/2012). Observou que, no art. 1º, a norma questionada diz ser "vedado no município de Fortaleza o transporte público individual de passageiro sem a devida permissão legal". Para o ministro Lewandowski, a expressão "transporte público individual de passageiro" é equívoca. Em sua dicção, o ato impugnado é compatível com o texto constitucional e encontra-se na competência legislativa do ente federativo. Os táxis inserem-se na definição de transporte público individual da Lei 12.587/2012. Em sua natureza, são carros particulares utilizados para prestar serviço de utilidade pública. Diante dos conceitos dispostos na lei de regência (5) — transporte público individual (art. 4º, VIII) e transporte remunerado privado individual de passageiros (art. 4º, X) —, compreendeu que a lei municipal se refere apenas aos táxis, sem abranger os "carros de aplicativos". (1) CF/1988: "Art. 22. Compete privativamente à União legislar sobre: (...) XI – trânsito e transporte;" (2) CF/1988: "Art. 5º Todos são iguais perante a lei, sem distinção de qualquer natureza, garantindo-se aos brasileiros e aos estrangeiros residentes no País a inviolabilidade do direito à vida, à liberdade, à igualdade, à segurança e à propriedade, nos termos seguintes: (...) XIII – é livre o exercício de qualquer trabalho, ofício ou profissão, atendidas as qualificações profissionais que a lei estabelecer;" (3) Lei 12.965/2014: "Art. 3º A disciplina do uso da internet no Brasil tem os seguintes princípios: (...) VIII – liberdade dos modelos de negócios promovidos na internet, desde que não conflitem com os demais princípios estabelecidos nesta Lei." (4) CF/1988: "Art. 1º A República Federativa do Brasil, formada pela união indissolúvel dos Estados e Municípios e do Distrito Federal, constitui-se em Estado Democrático de Direito e tem como fundamentos: (...) IV – os valores sociais do trabalho e da livre iniciativa; (...) Art. 170. A ordem econômica, fundada na valorização do trabalho humano e na livre iniciativa, tem por fim assegurar a todos existência digna, conforme os ditames da justiça social, observados os seguintes princípios:" (5) Lei 12.587/2012: "Art. 4º Para os fins desta Lei, considera-se: (...) VIII – transporte público individual: serviço remunerado de transporte de passageiros aberto ao público, por intermédio de veículos de aluguel, para a realização de viagens individualizadas; (...) X – transporte remunerado privado individual de passageiros: serviço remunerado de transporte de passageiros, não aberto ao público, para a realização de viagens individualizadas ou compartilhadas solicitadas exclusivamente por usuários previamente cadastrados em aplicativos ou outras plataformas de comunicação em rede."

ADPF 449/DF, rel. Min. Luiz Fux, julgamento em 8 e 9.5.2019. (ADPF-449) (Informativo 939, Plenário) RE 1054110/SP, rel. Min. Roberto Barroso, julgamento em 8 e 9.5.2019. (RE-1054110) (Informativo 939, Plenário)

► Lei de iniciativa parlamentar e organização e funcionamento de tribunal de contas

O Plenário julgou procedente pedido formulado em ação direita para declarar a inconstitucionalidade da Lei Complementar 142/2011 do Estado do Rio de Janeiro, que disciplina a organização e o funcionamento do tribunal de contas estadual. O Tribunal afirmou que a lei complementar fluminense, de origem parlamentar, contrariou o disposto nos arts. 73, 75 e 96, II, d (1), da Constituição Federal (CF). Ao alterar diversos dispositivos da Lei Orgânica do Tribunal de Contas do Estado do Rio de Janeiro, dispondo sobre sua forma de atuação e suas competências, bem como sobre suas garantias, deveres e organização, a referida norma invadiu matéria de iniciativa legislativa privativa da própria corte de contas. Os tribunais de contas, conforme reconhecido pela Constituição de 1988 e pelo Supremo Tribunal Federal (STF), gozam das prerrogativas da autonomia e do autogoverno, o que inclui, essencialmente, a iniciativa privativa para instaurar processo legislativo que pretenda alterar sua organização e funcionamento. O ultraje à prerrogativa de instaurar o processo legislativo privativo traduz vício jurídico de gravidade inquestionável, cuja ocorrência reflete hipótese de inconstitucionalidade formal, apta a infirmar, de modo irremissível, a própria integridade do ato legislativo eventualmente concretizado. 1) CF/1988: "Art. 73. O Tribunal de Contas da União, integrado por nove Ministros, tem sede no Distrito Federal, quadro próprio de pessoal e jurisdição em todo o território nacional, exercendo, no que couber, as atribuições previstas no art. 96. (...) Art. 75. As normas estabelecidas nesta seção aplicam-se, no que couber, à organização, composição e fiscalização dos Tribunais de Contas dos Estados e do Distrito Federal, bem como dos Tribunais e Conselhos de Contas dos Municípios. (...) Art. 96. Compete privativamente: (...)II - ao Supremo Tribunal Federal, aos Tribunais Superiores e aos Tribunais de Justiça propor ao Poder Legislativo respectivo, observado o disposto no art. 169: (...) d) a alteração da organização e da divisão judiciárias;"

ADI 4643/RJ, rel. Min. Luiz Fux, julgamento em 15.5.2019. (ADI-4643)

▶ Homofobia e omissão legislativa – 4

Em conclusão de julgamento, o Plenário, por maioria, julgou procedentes os pedidos formulados em ação direta de inconstitucionalidade por omissão (ADO) e em mandado de injunção (MI) para reconhecer a mora do Congresso Nacional em editar lei que criminalize os atos de homofobia e transfobia. Determinou, também, até que seja colmatada essa lacuna legislativa, a aplicação da Lei 7.716/1989 (que define os crimes resultantes de preconceito de raça ou de cor) às condutas de discriminação por orientação sexual ou identidade de gênero, com efeitos prospectivos e mediante subsunção. Prevaleceram os votos dos ministros Celso de Mello e Edson Fachin, relatores da ADO e do MI, respectivamente (Informativo 931). A corrente majoritária reconheceu, em suma, que a omissão do Congresso Nacional atenta contra a Constituição Federal (CF), a qual impõe, nos termos do seu art. 5º, XLI e XLII (1), inquestionável mandado de incriminação. Entendeu que as práticas homotransfóbicas se qualificam como espécies do gênero racismo, na dimensão de racismo social consagrada pelo Supremo Tribunal Federal (STF) no julgamento do HC 82.424/RS (caso Ellwanger). Isso porque essas condutas importam em atos de segregação que inferiorizam os integrantes do grupo de Lésbicas, Gays, Bissexuais e Transexuais (LGBT), em razão de sua orientação sexual ou de sua identidade de gênero. Considerou, ademais, que referidos comportamentos se ajustam ao conceito de atos de discriminação e de ofensa aos direitos e liberdades fundamentais dessas pessoas. Na ADO, o colegiado, por maioria, fixou a seguinte tese: "1. Até que sobrevenha lei emanada do Congresso Nacional destinada a implementar os mandados de criminalização definidos nos incisos XLI e XLII do art. 5º da Constituição da República, as condutas homofóbicas e transfóbicas, reais ou supostas, que envolvem aversão odiosa à orientação sexual ou à identidade de gênero de alguém, por traduzirem expressões de racismo, compreendido este em sua dimensão social, ajustam-se, por identidade de razão e mediante adequação típica, aos preceitos primários de incriminação definidos na Lei nº 7.716, de 08.01.1989, constituindo, também, na hipótese de homicídio doloso, circunstância que o qualifica, por configurar motivo torpe (Código Penal, art. 121, § 2º, I, "in fine"); 2. A repressão penal à prática da homotransfobia não alcança nem restringe ou limita o exercício da liberdade religiosa, qualquer que seja a denominação confessional professada, a cujos fiéis e ministros (sacerdotes, pastores, rabinos, mulás ou clérigos muçulmanos e líderes ou celebrantes das religiões afro-brasileiras, entre outros) é assegurado o direito de pregar e de divulgar, livremente, pela palavra, pela imagem ou por qualquer outro meio, o seu pensamento e de externar suas convicções de acordo com o que se contiver em seus livros e códigos sagrados, bem assim o de ensinar segundo sua orientação doutrinária e/ou teológica, podendo buscar e conquistar prosélitos e praticar os atos de culto e respectiva liturgia, independentemente do espaço, público ou privado, de sua atuação individual ou coletiva, desde que tais manifestações não configurem discurso de ódio, assim entendidas aquelas exteriorizações que incitem a discriminação, a hostilidade ou a violência contra pessoas em razão de sua orientação sexual ou de sua identidade de gênero; 3. O conceito de racismo, compreendido em sua dimensão social, projeta-se para além de aspectos estritamente biológicos ou fenotípicos, pois resulta, enquanto manifestação de poder, de uma construção de índole histórico-cultural motivada pelo objetivo de justificar a desigualdade e destinada ao controle ideológico, à dominação política, à subjugação social e à negação da alteridade, da dignidade e da humanidade daqueles que, por integrarem grupo vulnerável (LGBTI+) e por não pertencerem ao estamento que detém posição de hegemonia em uma dada estrutura social, são considerados estranhos e diferentes, degradados à condição de marginais do ordenamento jurídico, expostos, em consequência de odiosa inferiorização e de perversa estigmatização, a uma injusta e lesiva situação de exclusão do sistema geral de proteção do direito". Ficaram vencidos, em ambas as ações, os ministros Ricardo Lewandowski, Dias Toffoli e Marco Aurélio. Os dois primeiros conheceram em parte das ações e as julgaram parcialmente procedentes apenas para reconhecer a mora legislativa e dar ciência ao Congresso Nacional para a adoção das providências necessárias. Para eles, não obstante a repugnância que provocam as condutas preconceituosas de qualquer tipo, somente o Poder Legislativo pode criminalizar condutas, sendo imprescindível lei em sentido formal. Portanto, a extensão do tipo penal para abarcar situações não especificamente tipificadas pela norma penal incriminadora atenta contra o princípio da reserva legal (2). O ministro Marco Aurélio inadmitiu o MI, diante dos limites impostos ao exercício, pelo STF, da jurisdição constitucional. Admitiu, em parte, a ADO, para julgar, nessa extensão, improcedente o pedido, por não assentar, peremptoriamente, que se tenha "criminalizar" no vocábulo "punirá", contido no inciso XLI do art. 5º da CF. Em decorrência disso, não reconheceu a omissão legislativa quanto à criminalização específica da homofobia e da transfobia. Concluiu que, respeitada a liberdade legiferante franqueada ao legislador ordinário, espera-se que a sinalização do STF quanto à necessária proteção das minorias e dos grupos socialmente vulneráveis contribua para a formação de uma cultura livre de todo e qualquer preconceito e discriminação, preservados os limites da separação dos Poderes e da reserva legal em termos penais. (1) CF/1988: "Art. 5º Todos são iguais perante a lei, sem distinção de qualquer natureza, garantindo-se aos brasileiros e aos estrangeiros residentes no País a inviolabilidade do direito à vida, à liberdade, à igualdade, à segurança e à propriedade, nos termos seguintes: (...) XLI – a lei punirá qualquer discriminação atentatória dos direitos e liberdades fundamentais; XLII – a prática do racismo constitui crime inafiançável e imprescritível, sujeito à pena de reclusão, nos termos da lei;" (2) CF/1988: "Art. 5º (...) XXXIX – não há crime sem lei anterior que o defina, nem pena sem prévia cominação legal;"

ADO 26/DF, rel. Min. Celso de Mello, julgamento em 13.6.2019. (ADO-26) (Informativo 944, Plenário) MI 4733/DF, rel. Min. Edson Fachin, julgamento em 13.6.2019. (MI-4733) (Informativo 944, Plenário)

INFORMATIVOS 2020

► Quórum e modulação dos efeitos de decisão sem declaração de inconstitucionalidade de ato normativo

O Plenário, por maioria, resolveu questão de ordem suscitada pelo ministro Dias Toffoli (Presidente) e fixou o quórum de maioria absoluta dos membros da Corte para modular os efeitos de decisão em julgamento de recursos extraordinários repetitivos, com repercussão geral, nos quais não tenha havido declaração de inconstitucionalidade de ato normativo. Vencido, o ministro Marco Aurélio, que divergiu da formulação e do mérito da questão. Entendeu não ser possível a mesclagem de julgamento da sessão virtual com a presencial. Além disso, não admitiu a reabertura de julgamento concluído. 13 Em seguida, o ministro Dias Toffoli proclamou o resultado do julgamento dos embargos de declaração, ocorrido na sessão virtual de 11.10.2019 a 17.10.2019: "O Tribunal, por maioria, acolheu parcialmente os embargos de declaração, com efeitos infringentes, para reconhecer indevida a cessação imediata do pagamento dos quintos quando fundado em decisão judicial transitada em julgado, vencida a Ministra Rosa Weber, que rejeitava os embargos. No ponto relativo ao recebimento dos quintos em virtude de decisões administrativas, o Tribunal, em razão de voto médio, rejeitou os embargos e, reconhecendo a ilegitimidade do pagamento dos quintos, modulou os efeitos da decisão de modo que aqueles que continuam recebendo até a presente data em razão de decisão administrativa tenham o pagamento mantido até sua absorção integral por quaisquer reajustes futuros concedidos aos servidores. Os Ministros Ricardo Lewandowski e Celso de Mello proviam os embargos de declaração e modulavam os efeitos da decisão em maior extensão. Ficaram vencidos, nesse ponto, os Ministros Marco Aurélio e Rosa Weber. Por fim, o Tribunal, por maioria, também modulou os efeitos da decisão de mérito do recurso, de modo a garantir que aqueles que continuam recebendo os quintos até a presente data por força de decisão judicial sem trânsito em julgado tenham o pagamento mantido até sua absorção integral por quaisquer reajustes futuros concedidos aos servidores, vencidos os Ministros Marco Aurélio e Rosa Weber. Tudo nos termos do voto do Relator. Afirmaram suspeição os Ministros Luiz Fux e Roberto Barroso". RE 638115 ED-ED/CE, rel. Min. Gilmar Mendes, julgamento em 18.12.2019. (RE-638115) (Informativo 964, Plenário).

► Legitimidade de procuradores para interposição de recurso em ADI

A Segunda Turma, por maioria, deu provimento a agravo regimental para, ao dar seguimento a recurso extraordinário, reconhecer a legitimidade de procuradores para interposição de recursos em ação direta de inconstitucionalidade (ADI). O colegiado entendeu que, por ser uma decisão política, somente os legitimados no art. 103 da Constituição Federal (CF) (1), ou, por simetria, os que previstos em constituição estadual, podem propor ações diretas de inconstitucionalidade. Ressaltou, entretanto, que os atos de natureza técnica, subsequentes ao ajuizamento da ação, devem ser empreendidos pelos procuradores da parte legitimada. Citou precedente do Supremo Tribunal Federal (STF), no sentido de que recursos em ação direta de inconstitucionalidade podem até vir assinados pelo legitimado conjuntamente com o procurador, mas que seria essencial a presença de advogado. Vencido o ministro Edson Fachin (relator), que votou pelo não provimento do agravo por considerar que se afigura inadmissível petição recursal assinada apenas por procuradores, sem que tenha sido subscrita pela parte constitucionalmente legitimada. (1) CF: "Art. 103. Podem propor a ação direta de inconstitucionalidade e a ação declaratória de constitucionalidade: I – o Presidente da República; II – a Mesa do Senado Federal; III – a Mesa da Câmara dos Deputados; IV – a Mesa de Assembleia Legislativa ou da Câmara Legislativa do Distrito Federal; V – o Governador de Estado ou do Distrito Federal; VI – o Procurador-Geral da República; VII – o Conselho Federal da Ordem dos Advogados do Brasil; VIII – partido político com representação no Congresso Nacional; IX – confederação sindical ou entidade de classe de âmbito nacional." RE 1126828 AgR/SP, rel. orig. Min. Edson Fachin, red. p/ o ac. Min. Cármen **Lúcia, julgamento em 4.2.2020. (RE-1126828) (Informativo 965, Segunda Turma).**

► Ampliação de pedido formulado por amicus curie

O Plenário, preliminarmente, afastou a legitimidade de terceiro interessado e, por maioria, não referendou medida cautelar implementada pelo ministro Marco Aurélio (relator) no sentido de conclamar os juízos de execução a analisarem, ante o quadro de pandemia causado pelo coronavírus (COVID-19) e tendo em conta orientação expedida pelo Ministério da Saúde (no sentido de segregação por 14 dias), a possibilidade de aplicação das seguintes medidas processuais: (a) liberdade condicional a encarcerados com idade igual ou superior a sessenta anos, nos termos do art. 1º da Lei 10.741/2003; (b) regime domiciliar aos soropositivos para HIV, diabéticos, portadores de tuberculose, câncer, doenças respiratórias, cardíacas, imunodepressoras ou outras suscetíveis de agravamento a partir do contágio pelo COVID-19; (c) regime domiciliar às gestantes e lactantes, na forma da Lei 13.257/2016; (d) regime domiciliar a presos por crimes cometidos sem violência ou grave ameaça; (e) substituição da prisão provisória por medida alternativa em razão de delitos praticados sem violência ou grave ameaça; (f) medidas alternativas a presos em flagrante ante o cometimento de crimes sem violência ou grave ameaça; (g) progressão de pena a quem, atendido o critério temporal, aguarda exame criminológico; e (h) progressão antecipada de pena a submetidos ao regime semiaberto. O Tribunal afirmou que o amicus curie, por não ter legitimidade para propositura de ação direta, também não tem para pleitear medida cautelar. Entendeu que houve, de ofício, ampliação do pedido da presente Arguição de Descumprimento de Preceito Fundamental (ADPF). Explicou que, no controle abstrato de constitucionalidade, a causa de pedir é aberta, mas o pedido é específico. Salientou que o Supremo Tribunal Federal (STF) analisou detalhadamente, em sessão ocorrida em 9.9.2015, todos os pedidos formulados na petição inicial e que as questões agora discutidas não estariam relacionadas com aqueles pedidos. Explicitou não ser possível a ampliação do pedido cautelar já apreciado anteriormente. A Corte está limitada ao pedido. Aceitar a sua ampliação equivale a agir de ofício, sem observar a legitimidade constitucional para propositura da ação. Ademais, em que pese a preocupação de todos em relação ao Covid-19 nas penitenciárias, a medida cautelar, ao conclamar os juízes de execução, determina, fora do objeto da ADPF, a realização de megaoperação para analisar detalhadamente, em um único momento, todas essas possibilidades e não caso a caso, como recomenda o Conselho Nacional de Justiça (CNJ). Vencidos os ministros Marco Aurélio (relator) e Gilmar Mendes, que referendaram a medida cautelar. O ministro Gilmar Mendes pontuou que a decisão do relator se enquadra no pedido da inicial, na declaração de estado de coisa inconstitucional. ADPF 347 TPI-Ref/DF, rel. orig. Min. Marco Aurélio, red. p/ o ac. Min. Alexandre de Moraes, julgamento em 18.3.2020. (ADPF-347) (Plenário, Informativo 970).

► Direito à saúde e dever de o Estado fornecer medicamento

O Plenário, em conclusão e por maioria, ao apreciar o Tema 6 da repercussão geral, negou provimento a recurso extraordinário em que se discutia o dever de o Estado fornecer medicamento de alto custo a portador de doença grave sem condições financeiras para comprá-lo (Informativos 839 e 841). No caso, estado-membro havia sido condenado a fornecer medicação para tratamento de doença grave. Na decisão judicial atacada, o ente havia alegado que privilegiar o atendimento de um único indivíduo comprometeria políticas de universalização do serviço de fornecimento de fármacos, em prejuízo dos cidadãos em geral. Dessa forma, debilitaria investimentos nos demais serviços de saúde e em outras áreas, como segurança e educação. Além disso, violaria a reserva do possível e a legalidade orçamentária. 11 O Tribunal entendeu que, em regra, o Estado não está obrigado a dispensar medicamento não constante de lista do Sistema Único de Saúde (SUS). Porém, no caso concreto, o medicamento foi posteriormente incorporado à referida lista, o que atrai a negativa de provimento do recurso. O ministro Marco Aurélio (relator) salientou que o reconhecimento do direito individual ao fornecimento, pelo Estado, de medicamento de alto custo, não incluído em política nacional de medicamentos ou em programa de medicamentos de dispensação em caráter excepcional, constante de rol dos aprovados, depende da demonstração da imprescindibilidade (adequação e necessidade), da impossibilidade de substituição e da incapacidade financeira do enfermo e dos membros da família solidária, respeitadas as disposições sobre alimentos dos arts. 1.649 a 1.710 do Código Civil (CC) e assegurado o direito de regresso. De acordo com o ministro Roberto Barroso, para que seja, excepcionalmente, admitido o fornecimento de medicamento não constante da lista do SUS, devem ser observados cinco requisitos cumulativos: (a) incapacidade financeira de arcar com o custo correspondente; (b) demonstração de que a não incorporação do medicamento não resultou de decisão expressa dos órgãos competentes; (c) inexistência de substituto terapêutico incorporado pelo SUS; (d) comprovação de eficácia do medicamento pleiteado à luz da medicina baseada em evidências; e (e) a propositura da demanda necessariamente em face da União, responsável por decisão final sobre a incorporação ou não de medicamentos ao SUS. Para o ministro Alexandre de Moraes, na hipótese de pleito judicial de medicamentos, não previsto em listas oficiais e/ou Protocolos Clínicos e Diretrizes Terapêuticas (PCDTs), independentemente do seu alto custo, a tutela judicial será excepcional e exigirá, previamente, inclusive para a análise de medida cautelar, os seguintes requisitos: (a) comprovação de hipossuficiência financeira do requerente para o custeio; (b) existência de laudo médico comprovando a necessidade do medicamento e elaborado pelo perito de confiança do magistrado e fundamentado na medicina de evidências; (c) certificação pela Comissão Nacional de Incorporação de Tecnologias no Sistema Único de Saúde (Conitec) tanto da existência de indeferimento da incorporação do medicamento pleiteado quanto da inexistência de substituto terapêutico incorporado pelo SUS; e (d) atestado emitido pela Conitec no sentido da eficácia, segurança e efetividade do medicamento para as diferentes fases evolutivas da doença ou do agravo à saúde do requerente, no prazo máximo de 180 dias. A ministra Rosa Weber salientou que, no caso de litígio judicial por medicamentos não incorporado pelo SUS, inclusive os de alto custo, o Estado terá a obrigação de fornecê-los, em caráter excepcional, desde que comprovados, cumulativamente, os seguintes requisitos: (a) prévio requerimento administrativo, que pode ser suprido pela oitiva do ofício do agente público por parte do julgador; (b) comprovação por meio de laudo médico fundamentado e circunstanciado, expedido por médico integrante da rede pública, da imprescindibilidade ou da necessidade do medicamento, assim como da ineficácia para o tratamento da moléstia dos fármacos fornecidos pelo SUS; (c) indicação do medicamento por meio da Denominação Comum Brasileira (DCB) ou da Denominação Comum Internacional (DCI); (d) incapacidade financeira do cidadão de arcar com o custo do medicamento prescrito; (e) existência de registro na Agência Nacional de Vigilância Sanitária (Anvisa) do medicamento; e (f) veiculação da demanda, preferencialmente, por processo coletivo estrutural, de forma a conferir máxima eficácia ao comando de universalidade que rege o direito à saúde e ao diálogo interinstitucional. A ministra Cármen **Lúcia e o ministro Luiz** Fux reservaram-se a estabelecer requisitos para o fornecimento excepcional de medicamentos no momento em que o colegiado debater a tese de repercussão geral. O ministro Ricardo Lewandowski enfatizou que, para que se possa fornecer medicamento que não conste do rol da Anvisa, seria preciso: (a) confirmação do alto custo do fornecimento do tratamento requerido pelo interessado, bem como da impossibilidade financeira do paciente e da sua família para custeá-lo; (b) comprovação robusta da necessidade do fornecimento do medicamento por meio de laudo técnico oficial para evitar o agravamento do quadro clínico do interessado; (c) indicação de inexistência de tratamento oferecido no âmbito do SUS ou de que o tratamento oferecido não surtiu os efeitos esperados, de modo que a medicação sem registro na Anvisa seja a única forma viável de evitar o agravamento da doença; (d) prévio indeferimento de requerimento administrativo ou ausência de análise em tempo razoável pelos entes políticos demandados para o início ou continuidade do tratamento de saúde; (e) que o medicamento tenha sua eficácia aprovada por entidade governamental congênere à Anvisa; (f) ausência de solicitação de registro do medicamento na Anvisa ou demora não razoável do procedimento de análise pela agência reguladora federal. No entanto, não poderiam ser autorizados o custeio de medicamentos expressamente reprovados pela Anvisa ou de produtos legalmente proibidos; e (g) determinação de que o interessado informe, periodicamente, por meio de relatórios médicos e exames 12 comprobatórios de controle da doença, a evolução do tratamento de modo a comprovar sua eficácia e justificar sua manutenção. Para o ministro Gilmar Mendes, nos casos excepcionais é imprescindível que haja instrução processual, com ampla produção de provas, para que não ocorra a produção padronizada de iniciais, contestações e sentenças – peças processuais que, muitas vezes, não contemplam as especificidades do caso concreto, impedindo que o julgador concilie a dimensão subjetiva (individual e coletiva) com a dimensão objetiva do direito à saúde –, privilegiando, na medida do possível, as políticas públicas existentes e o acionamento prévio da Administração Pública, via pedido administrativo. Quanto à necessidade financeira, o juiz deverá verificar o caso, segundo a prova dos autos, levando em consideração as condições de vida do autor da ação e os custos do tratamento almejado. Vencido, em parte, o ministro Edson Fachin, que deu parcial provimento ao recurso. Acolheu a alegação de que o estado-Membro recorrente não poderia ser condenado a custear sozinho o medicamento, por tratar-se de dispensação excepcional. Ressaltou a necessidade de a União compor o polo passivo da ação. Segundo o ministro, as tutelas condenatórias visando à dispensa de medicamento ou tratamento ainda não incorporado à rede pública devem ser, preferencialmente, pleiteadas em ações coletivas ou coletivizáveis, de forma a conferir-se máxima eficácia ao comando de universalidade que rege o direito à saúde. A tutela de prestação individual não coletivizável deve ser excepcional. Desse modo, para seu implemento, é necessário demonstrar não apenas que a opção diversa daquela disponibilizada pela rede pública decorre de comprovada ineficácia ou impropriedade da política de saúde existente para o seu caso, mas também que há medicamento ou tratamento eficaz e seguro, com base nos critérios da medicina baseada em evidências. Para aferir tais circunstâncias na via judicial, propôs os seguintes parâmetros: (a) prévio requerimento administrativo, que pode ser suprido pela oitiva de ofício do agente público por parte do julgador; (b) subscrição realizada por médico da rede pública ou justificada impossibilidade; (c) indicação do medicamento por meio da DCB ou DCI; (d) justificativa da inadequação ou da inexistência de medicamento ou tratamento dispensado na rede pública; e (e) laudo, formulário ou documento subscrito pelo médico responsável pela prescrição, em que se indique a necessidade do tratamento, seus efeitos e os estudos da medicina baseada em evidências, além das vantagens para o paciente, comparando-o, se houver, com eventuais fármacos ou tratamentos fornecidos pelo SUS para a mesma moléstia. Em seguida, o Tribunal deliberou fixar a tese de repercussão geral em assentada posterior. RE 566471/RN, rel. min. Marco Aurélio, julgamento em 11.3.2020. (RE-566471) (Plenário, Informativo 969).

► Covid -19: acordos individuais e participação sindical

O Plenário, por maioria, não referendou medida cautelar concedida em ação direta de inconstitucionalidade e manteve a eficácia da Medida Provisória 936/2020, que autoriza a redução da jornada de trabalho e do salário ou a suspensão temporária do contrato de trabalho por meio de acordos individuais em razão da pandemia do novo coronavírus, independentemente de anuência sindical. Prevaleceu o voto do ministro Alexandre de Moraes. Entendeu ser necessário definir se, durante o estado de calamidade pública, o acordo de redução proporcional tanto da jornada de trabalho quanto do salário, escrito entre empregado e empregador, é um ato jurídico perfeito e acabado; ou se a comunicação ao sindicato, no prazo de dez dias, transfere à organização sindical a possibilidade, tal qual uma verdadeira condição resolutiva, de corroborar o acordo individual, afastá-lo ou alterá-lo, mediante uma negociação coletiva. Anotou que, nos termos da medida provisória, uma vez assinado o acordo escrito de redução proporcional de salário e de jornada de trabalho, há uma complementação por parte do Poder Público. Um cálculo é feito à semelhança do seguro-desemprego. Assim, se o sindicato tiver o poder de alterar os termos desse acordo, pode haver um descompasso entre essa alteração e o abono pago pelos cofres públicos. A medida provisória em análise tem o intuito de equilibrar as desigualdades sociais provocadas pela pandemia, e deve ser interpretada de acordo com diversos vetores constitucionais: a dignidade da pessoa humana, o trabalho, a livre iniciativa, o desenvolvimento nacional, a erradicação da pobreza e marginalização e a redução das desigualdades. Nesse sentido, a garantia de irredutibilidade salarial apenas faz sentido se existir o direito ao trabalho em primeiro lugar. A situação de pandemia vem trazendo de forma crescente efeitos econômicos e sociais, como o desemprego e a falta de renda. Nesse contexto, a finalidade da medida provisória é a manutenção do emprego. Diversas empresas, como consequência do panorama atual, provocaram demissões em massa, e a medida provisória procura oferecer uma opção garantidora do trabalho, proporcional entre empregado e empregador. Salientou que a medida provisória é específica ao definir sua eficácia durante o estado de calamidade (90 dias), período no qual o empregado terá a garantia de manutenção do seu emprego (um total de 24,5 milhões de postos de trabalho), mesmo que com uma redução salarial proporcional à redução de horas trabalhadas. Além disso, haverá complementação de renda por parte do Estado, no valor estimado de 51,2 bilhões de reais. Por outro lado, a medida provisória também permite a manutenção de diversas empresas, que permanecerão com empregados durante o período e continuarão funcionando futuramente. Ademais, o empregado tem a opção de não aceitar essa redução, juntamente como auxílio emergencial proporcional. Nesse caso, se houver demissão, ele receberá o auxílio-desemprego. Assim, a medida provisória não tem o objetivo simples de legalizar a redução salarial, mas sim de estabelecer mecanismos emergenciais de preservação de emprego e de renda. Não se trata de conflito entre empregado e empregador e da definição salarial como resultado desse embate, que é a situação normal na qual se exige a participação sindical para equilibrar as forças. A situação atual não exige conflito, mas convergência para a sobrevivência da empresa (especialmente a micro e a pequena), do empregador e do empregado, com o auxílio do governo. Se não houver pacto entre empregadores e empregados, o resultado da pandemia pode ser o dobro de desempregados no país, situação inadmissível que gerará enorme conflito social. Nesse quadro, possibilitar aos sindicatos que "referendem" os acordos traz três desfechos possíveis: a discordância total, parcial, ou a concordância. E a última hipótese é a única que não afetará a segurança jurídica e a boa-fé dos acordos. Isso não significa, entretanto, que os sindicatos ficarão totalmente alheios a esses acordos. Nos termos da medida provisória, eles serão comunicados, para verificar a necessidade de estender os termos de determinado acordo a outros trabalhadores da categoria, ou para indicar a anulação dos acordos, se 4 houver algum vício. O que o texto legal não fez foi exigir a anuência sindical para que o acordo se torne ato jurídico perfeito, o que diminuiria sensivelmente a eficácia da medida emergencial. Vencidos os ministros Ricardo Lewandowski (relator), que deferiu a medida cautelar em parte, no sentido de dar interpretação conforme à Constituição à medida provisória, de maneira a assentar que os acordos deverão ser comunicados pelos empregadores ao respectivo sindicato no prazo de até dez dias, para que este inicie a negociação coletiva se desejar; e os ministros Edson Fachin e Rosa Weber, que a deferiram integralmente, para afastar o uso de acordo individual para dispor sobre as medidas tratadas no texto impugnado. ADI 6363 MC-Ref/DF, rel. orig. Min. Ricardo Lewandowski, red. p/ o ac. Min. Alexandre de Moraes, julgamento em 16 e 17.4.2020. (ADI-6363) (Informativo 973) Parte 1 - Parte 2 - Covid-19 e pedidos de acesso à informação O Plenário referendou medida cautelar em ações diretas de inconstitucionalidade para suspender a eficácia do art. 6º-B da Lei 13.979/2020 (1), incluído pelo art. 1º da Medida Provisória (MP) 928/2020, atos normativos que dispõem sobre as medidas para enfrentamento da emergência de saúde pública de importância internacional decorrente do novo coronavírus (Covid-19). O colegiado esclareceu que a Constituição Federal de 1988 (CF) consagrou expressamente o princípio da publicidade como um dos vetores imprescindíveis à Administração Pública no âmbito dos três Poderes. À consagração constitucional de publicidade e transparência corresponde a obrigatoriedade do Estado em fornecer as informações solicitadas, sob pena de responsabilização política, civil e criminal. Observou que o princípio da transparência e o da publicidade são corolários da participação política dos cidadãos em uma democracia representativa. Essa participação somente se fortalece em um ambiente de total visibilidade e possibilidade de exposição crítica das diversas opiniões sobre as políticas públicas adotadas pelos governantes. A publicidade e a transparência são absolutamente necessárias para a fiscalização dos órgãos governamentais. O Tribunal entreviu ser obrigação dos gestores prestar melhor ainda as informações num momento em que as licitações não são exigidas para a compra de inúmeros materiais, em virtude do estado de calamidade. Realçou que o acesso a informações consubstancia verdadeira garantia instrumental ao pleno exercício do princípio democrático, que abrange debater assuntos públicos de forma irrestrita, robusta e aberta. Dessa maneira, a publicidade específica de determinada informação somente poderá ser excepcionada quando o interesse público assim determinar. Salvo situações excepcionais, a Administração Pública tem o dever de absoluta transparência na condução dos negócios públicos, sob pena de desrespeito aos arts. 5°, XXXIII e LXXII, e 37, caput, da CF (2). Em sede de cognição sumária, o Plenário concluiu que o dispositivo em debate transformou a regra constitucional de publicidade e transparência em exceção, invertendo a finalidade da proteção constitucional ao livre acesso de informações a toda sociedade. Pretendeu-se restringir o livre acesso do cidadão a informações que a CF consagra. O ministro Roberto Barroso acrescentou que, na Lei 12.527/2011 (Lei de Acesso à Informação), existem válvulas de escape para situações emergenciais. Estão descritas no art. 11, notadamente no inciso II, que permite, na hipótese de impossibilidade fática, justificativa pela qual a informação não foi prestada. (1) Lei 13.979/2020: "Art. 6°-B. Serão atendidos prioritariamente os pedidos de acesso à informação, de que trata a Lei 12.527, de 2011, relacionados com medidas de enfrentamento da emergência de saúde pública de que trata esta Lei. § 1° Ficarão suspensos os prazos de resposta a pedidos de acesso à informação nos órgãos ou nas entidades da administração pública cujos servidores estejam sujeitos a regime de quarentena, teletrabalho ou equivalentes e que, necessariamente, dependam de: I – acesso presencial de agentes públicos encarregados da resposta; ou II – agente público ou setor prioritariamente envolvido com as medidas de enfrentamento da situação de emergência de que trata esta Lei. § 2° Os pedidos de acesso à informação pendentes de resposta com fundamento no disposto no § 1° deverão ser reiterados no prazo de dez dias, contado da data em que for encerrado o prazo de reconhecimento de calamidade pública a que se refere o Decreto Legislativo 6, de 20 de março de 2020. § 3° Não serão conhecidos os recursos interpostos contra negativa de resposta a pedido de informação negados com fundamento no disposto no § 1°. § 4° Durante a vigência desta Lei, o meio legítimo de apresentação de pedido de acesso a informações de que trata o art. 10 da Lei 5 12.527, de 2011, será exclusivamente o sistema disponível na internet. § 5° Fica suspenso o atendimento presencial a requerentes relativos aos pedidos de acesso à informação de que trata a Lei 12.527, de 2011." (2) CF: "Art. 5° (...) XXXIII – todos têm direito a receber dos órgãos públicos informações de seu interesse particular, ou de interesse coletivo ou geral, que serão prestadas no prazo da lei, sob pena de responsabilidade, ressalvadas aquelas cujo sigilo seja imprescindível à segurança da sociedade e do Estado; (...) LXXII – conceder-se-á habeas data: a) para assegurar o conhecimento de informações relativas à pessoa do impetrante, constantes de registros ou bancos de dados de entidades governamentais ou de caráter público; b) para a retificação de dados, quando não se prefira fazê-lo por processo sigiloso, judicial ou administrativo; (...) Art. 37. A administração pública direta e indireta de qualquer dos Poderes da União, dos Estados, do Distrito Federal e dos Municípios obedecerá aos princípios de legalidade, impessoalidade, moralidade, publicidade e eficiência e, também, ao seguinte: (...)" ADI 6351 MC-Ref/DF, rel. Min. Alexandre de Moraes, julgamento em 30.4.2020. (ADI-6351) ADI 6347 MC-Ref/DF, rel. Min. Alexandre de Moraes, julgamento em 30.4.2020. (ADI-6347) ADI 6353 MC-Ref/DF, rel. Min. Alexandre de Moraes, julgamento em 30.4.2020. (ADI-6353) (Informativo 975) Organização do Estado Covid-19: saúde pública e competência concorrente O Plenário, por maioria, referendou medida cautelar em ação direta, deferida pelo ministro Marco Aurélio (Relator), acrescida de interpretação conforme à Constituição ao § 9º do art. 3º da Lei 13.979/2020, a fim de explicitar que, preservada a atribuição de cada esfera de governo, nos termos do inciso I do art. 198 da Constituição Federal (CF) (1), o Presidente da República poderá dispor, mediante decreto, sobre os serviços públicos e atividades essenciais. A ação foi ajuizada em face da Medida Provisória 926/2020, que alterou o art. 3º, caput, incisos I, II e VI, e parágrafos 8º, 9º, 10 e 11, da Lei federal 13.979/2020 (2). O relator deferiu, em parte, a medida acauteladora, para tornar explícita, no campo pedagógico, a competência concorrente. Afirmou que o caput do art. 3º sinaliza a quadra vivenciada, ao referir-se ao enfrentamento da emergência de saúde pública, de importância internacional, decorrente do coronavírus. Mais do que isso, revela o endosso a atos de autoridades, no âmbito das respectivas competências, visando o isolamento, a quarentena, a restrição excepcional e temporária, conforme recomendação técnica e fundamentada da Agência Nacional de Vigilância Sanitária (Anvisa), por rodovias, portos ou aeroportos de entrada e saída do País, bem como locomoção interestadual e intermunicipal. Sobre os dispositivos impugnados, frisou que o § 8º versa a preservação do exercício e funcionamento dos serviços públicos e atividades essenciais; o § 9º atribui ao Presidente da República, mediante decreto, a definição dos serviços e atividades enquadráveis, o § 10 prevê que somente poderão ser adotadas as medidas em ato específico, em articulação prévia com o órgão regulador ou o poder concedente ou autorizador; e, por último, o § 11 veda restrição à circulação de trabalhadores que possa afetar o funcionamento de serviços púbicos e atividades essenciais. Assinalou que, ante o quadro revelador de urgência e necessidade de disciplina, foi editada medida provisória com a finalidade de mitigar-se a crise internacional que chegou ao Brasil. O art. 3º, caput, remete às atribuições, das autoridades, quanto às medidas a serem implementadas. Não vislumbrou transgressão a preceito da Constituição. Ressaltou que as providências não afastam atos a serem praticados por estados, o Distrito Federal e municípios considerada a competência concorrente na forma do art. 23, inciso II, da CF (3). E, por fim, rejeitou a alegação de necessidade de reserva de lei complementar. O Tribunal conferiu interpretação conforme à Constituição ao § 9º do art. 3º da Lei 13.979/2020, vencidos, quanto ao ponto, o ministro relator e o ministro Dias Toffoli. A Corte enfatizou que a emergência internacional, reconhecida pela Organização Mundial da Saúde (OMS), não implica, nem menos autoriza, a outorga de discricionariedade sem controle ou sem contrapesos típicos do estado de direito democrático. As regras constitucionais não servem apenas para proteger a liberdade individual e, sim, também, para o exercício da racionalidade coletiva, isto é, da capacidade de coordenar as ações de forma eficiente. O estado de direito democrático garante também o direito de examinar as razões governamentais e o direito da cidadania de criticá-las. Os agentes públicos agem melhor, mesmo durante as emergências, quando são obrigados a justificar suas ações. 6 O exercício da competência constitucional para as ações na área da saúde deve seguir parâmetros materiais a serem observados pelas autoridades políticas. Esses agentes públicos devem sempre justificar as suas ações, e é à luz dessas ações que o controle dessas próprias ações pode ser exercido pelos demais Poderes e, evidentemente, por toda sociedade. Sublinhou que o pior erro na formulação das políticas públicas é a omissão, sobretudo a omissão em relação às ações essenciais exigidas pelo art. 23 da CF. É grave do ponto de vista constitucional, quer sob o manto de competência exclusiva ou privativa, que sejam premiadas as inações do Governo Federal, impedindo que estados e municípios, no âmbito de suas respectivas competências, implementem as políticas públicas essenciais. O Estado garantidor dos direitos fundamentais não é apenas a União, mas também os estados-membros e os municípios. Asseverou que o Congresso Nacional pode regular, de forma harmonizada e nacional, determinado tema ou política pública. No entanto, no seu silêncio, na ausência de manifestação legislativa, quer por iniciativa do Congresso Nacional, quer da chefia do Poder Executivo federal, não se pode tolher o exercício da competência dos demais entes federativos na promoção dos direitos fundamentais. Assentou que o caminho mais seguro para identificação do fundamento constitucional, no exercício da competência dos entes federados, é o que se depreende da própria legislação. A Lei 8.080/1990, a chamada Lei do SUS - Sistema Único de Saúde, dispõe sobre as condições para a promoção, proteção e recuperação da saúde e assegura esse direito por meio da municipalização dos serviços. A diretriz constitucional da hierarquização, que está no caput do art. 198 da CF, não significou e nem significa hierarquia entre os entes federados, mas comando único dentro de cada uma dessas esferas respectivas de governo. Entendeu ser necessário ler as normas da Lei 13.979/2020 como decorrendo da competência própria da União para legislar sobre vigilância epidemiológica. Nos termos da Lei do SUS, o exercício dessa competência da União não diminui a competência própria dos demais entes da Federação na realização dos serviços de saúde; afinal de contas a diretriz constitucional é a municipalização desse serviço. O colegiado rejeitou a atribuição de interpretação conforme à Constituição ao art. 3º, VI, "b", da Lei 13.979/2020, vencidos, no ponto, os ministros Alexandre de Moraes e Luiz Fux. Para eles, desde que a restrição excepcional e temporária de rodovia intermunicipal seja de interesse nacional, a competência é da autoridade federal. Porém, isso não impede, eventualmente, que o governo estadual possa determinar restrição excepcional entre rodovias estaduais e intermunicipais quando não afetar o interesse nacional, mas sim o interesse local. (1) CF: "Art. 198. As ações e serviços públicos de saúde integram uma rede regionalizada e hierarquizada e constituem um sistema único, organizado de acordo com as seguintes diretrizes: I - descentralização, com direção única em cada esfera de governo;" (2) Lei 13.979/2020: "Art. 3º Para enfrentamento da emergência de saúde pública de importância internacional decorrente do coronavírus, as autoridades poderão adotar, no âmbito de suas competências, dentre outras, as seguintes medidas: I – isolamento; II – quarentena (...) VI - restrição excepcional e temporária, conforme recomendação técnica e fundamentada da Agência Nacional de Vigilância Sanitária, por rodovias, portos ou aeroportos de: a) entrada e saída do País; b) locomoção interestadual e intermunicipal; (...) § 8º As medidas previstas neste artigo, quando adotadas, deverão resguardar o exercício e o funcionamento de serviços públicos e atividades essenciais. 9º O Presidente da República disporá, mediante decreto, sobre os serviços públicos e atividades essenciais a que se referem o § 8º. § 10. As medidas a que se referem os incisos I, II e VI do caput, quando afetarem a execução de serviços públicos e atividades essenciais, inclusive as reguladas, concedidas ou autorizadas, somente poderão ser adotadas em ato específico e desde que em articulação prévia com o órgão regulador ou o Poder concedente ou autorizador. § 11. É vedada a restrição à circulação de trabalhadores que possa afetar o funcionamento de serviços públicos e atividades essenciais, definidas nos termos do disposto no § 9º, e cargas de qualquer espécie que possam acarretar desabastecimento de gêneros necessários à população." (3) CF: "Art. 23. É competência comum da União, dos Estados, do Distrito Federal e dos Municípios: (...) II - cuidar da saúde e assistência pública, da proteção e garantia das pessoas portadoras de deficiência;" ADI 6341 MC-Ref/DF, rel. Min. Marco Aurélio, red. p/ o ac. Min. Edson Fachin, julgamento em 15.4.2020. (ADI-6341) (Informativo 973).

► Covid-19: saúde pública e competência concorrente

O Plenário, por maioria, referendou medida cautelar em ação direta, deferida pelo ministro Marco Aurélio (Relator), acrescida de interpretação conforme à Constituição ao § 9° do art. 3° da Lei 13.979/2020, a fim de explicitar que, preservada a atribuição de cada esfera de governo, nos termos do inciso I do art. 198 da Constituição Federal (CF) (1), o Presidente da República poderá dispor, mediante decreto, sobre os serviços públicos e atividades essenciais. A ação foi ajuizada em face da Medida Provisória 926/2020, que alterou o art. 3°, caput, incisos I, II e VI, e parágrafos 8°, 9°, 10 e 11, da Lei federal 13.979/2020 (2). O relator deferiu, em parte, a medida acauteladora, para tornar explícita, no campo pedagógico, a competência concorrente. Afirmou que o caput do art. 3° sinaliza a quadra vivenciada, ao referir-se ao enfrentamento da emergência de saúde pública, de importância internacional, decorrente do coronavírus. Mais do que isso, revela o endosso a atos de autoridades, no âmbito das respectivas competências, visando o isolamento, a quarentena, a restrição excepcional e temporária, conforme recomendação técnica e fundamentada da Agência Nacional de Vigilância Sanitária (Anvisa), por rodovias, portos ou aeroportos de entrada e saída do País, bem como locomoção interestadual e intermunicipal. Sobre os dispositivos impugnados, frisou que o § 8° versa a preservação do exercício e funcionamento dos serviços públicos e atividades essenciais; o § 9° atribui ao Presidente da República, mediante decreto, a definição dos serviços e atividades enquadráveis, o § 10 prevê que somente poderão ser adotadas as medidas em ato específico, em articulação prévia com o órgão regulador ou o poder concedente ou autorizador; e, por último, o § 11 veda restrição à circulação de trabalhadores que possa afetar o funcionamento de serviços púbicos e atividades essenciais. Assinalou que, ante o quadro revelador de urgência e necessidade de disciplina, foi editada medida provisória com a finalidade de mitigar-se a crise internacional que chegou ao Brasil. O art. 3°, caput, remete às atribuições, das autoridades, quanto às medidas a serem implementadas. Não vislumbrou transgressão a preceito da Constituição. Ressaltou que as providências não afastam atos a serem praticados por estados, o Distrito Federal e municípios considerada a competência concorrente na forma do art. 23, inciso II, da CF (3). E, por fim, rejeitou a alegação de necessidade de reserva de lei complementar. O Tribunal conferiu interpretação conforme à Constituição ao § 9° do art. 3° da Lei 13.979/2020, vencidos, quanto ao ponto, o ministro relator e o ministro Dias Toffoli. A Corte enfatizou que a emergência internacional, reconhecida pela Organização Mundial da Saúde (OMS), não implica, nem menos autoriza, a outorga de discricionariedade sem controle ou sem contrapesos típicos do estado de direito democrático. As regras constitucionais não servem apenas para proteger a liberdade individual e, sim, também, para o exercício da racionalidade coletiva, isto é, da capacidade de coordenar as ações de forma eficiente. O estado de direito democrático garante também o direito de examinar as razões governamentais e o direito da cidadania de criticá-las. Os agentes públicos agem melhor, mesmo durante as emergências, quando são obrigados a justificar suas ações.O exercício da competência constitucional para as ações na área da saúde deve seguir parâmetros materiais a serem observados pelas autoridades políticas. Esses agentes públicos devem sempre justificar as suas ações, e é à luz dessas ações que o controle dessas próprias ações pode ser exercido pelos demais Poderes e, evidentemente, por toda sociedade. Sublinhou que o pior erro na formulação das políticas públicas é a omissão, sobretudo a omissão em relação às ações essenciais exigidas pelo art. 23 da CF. É grave do ponto de vista constitucional, quer sob o manto de competência exclusiva ou privativa, que sejam premiadas as inações do Governo Federal, impedindo que estados e municípios, no âmbito de suas respectivas competências, implementem as políticas públicas essenciais. O Estado garantidor dos direitos fundamentais não é apenas a União, mas também os estados-membros e os municípios. Asseverou que o Congresso Nacional pode regular, de forma harmonizada e nacional, determinado tema ou política pública. No entanto, no seu silêncio, na ausência de manifestação legislativa, quer por iniciativa do Congresso Nacional, quer da chefia do Poder Executivo federal, não se pode tolher o exercício da competência dos demais entes federativos na promoção dos direitos fundamentais. Assentou que o caminho mais seguro para identificação do fundamento constitucional, no exercício da competência dos entes federados, é o que se depreende da própria legislação. A Lei 8.080/1990, a chamada Lei do SUS - Sistema Único de Saúde, dispõe sobre as condições para a promoção, proteção e recuperação da saúde e assegura esse direito por meio da municipalização dos serviços. A diretriz constitucional da hierarquização, que está no caput do art. 198 da CF, não significou e nem significa hierarquia entre os entes federados, mas comando único dentro de cada uma dessas esferas respectivas de governo. Entendeu ser necessário ler as normas da Lei 13.979/2020 como decorrendo da competência própria da União para legislar sobre vigilância epidemiológica. Nos termos da Lei do SUS, o exercício dessa competência da União não diminui a competência própria dos demais entes da Federação na realização dos serviços de saúde; afinal de contas a diretriz constitucional é a municipalização desse serviço. O colegiado rejeitou a atribuição de interpretação conforme à Constituição ao art. 3°, VI, "b", da Lei 13.979/2020, vencidos, no ponto, os ministros Alexandre de Moraes e Luiz Fux. Para eles, desde que a restrição excepcional e temporária de rodovia intermunicipal seja de interesse nacional, a competência é da autoridade federal. Porém, isso não impede, eventualmente, que o governo estadual possa determinar restrição excepcional entre rodovias estaduais e intermunicipais quando não afetar o interesse nacional, mas sim o interesse local. (1) CF: "Art. 198. As ações e serviços públicos de saúde integram uma rede regionalizada e hierarquizada e constituem um sistema único, organizado de acordo com as seguintes diretrizes: I - descentralização, com direção única em cada esfera de governo;"(2) Lei 13.979/2020: "Art. 3° Para enfrentamento da emergência de saúde pública de importância internacional decorrente do coronavírus, as autoridades poderão adotar, no âmbito de suas competências, dentre outras, as seguintes medidas: I – isolamento; II – quarentena (...) VI - restrição excepcional e temporária, conforme recomendação técnica e fundamentada da Agência Nacional de Vigilância Sanitária, por rodovias, portos ou aeroportos de: a) entrada e saída do País; b) locomoção interestadual e intermunicipal; (...) § 8° As medidas previstas neste artigo, quando adotadas, deverão resguardar o exercício e o funcionamento de serviços públicos e atividades essenciais. 9° O Presidente da República disporá, mediante decreto, sobre os serviços públicos e atividades essenciais a que se referem o § 8°. § 10. As medidas a que se referem os incisos I, II e VI do caput, quando afetarem a execução de serviços públicos e atividades essenciais, inclusive as reguladas, concedidas ou autorizadas, somente poderão ser adotadas em ato específico e desde que em articulação prévia com o órgão regulador ou o Poder concedente ou autorizador. § 11. É vedada a restrição à circulação de trabalhadores que possa afetar o funcionamento de serviços públicos e atividades essenciais, definidas nos termos do disposto no § 9º, e cargas de qualquer espécie que possam acarretar desabastecimento de gêneros necessários à população."(3) CF: "Art. 23. É competência comum da União, dos Estados, do Distrito Federal e dos Municípios: (...) II - cuidar da saúde e assistência pública, da proteção e garantia das pessoas portadoras de deficiência."ADI 6341 MC-Ref/DF, rel. Min. Marco Aurélio, red. p/ o ac. Min. Edson Fachin, julgamento em 15.4.2020. (ADI-6341)

► Covid-19: empresas de telefonia e compartilhamento de informações com o IBGE

O Plenário, por maioria, referendou medida cautelar em ações diretas de inconstitucionalidade para suspender a eficácia da Medida Provisória 954/2020 (1), que dispõe sobre o compartilhamento de dados por empresas de telecomunicações prestadoras de Serviço Telefônico Fixo Comutado (STFC) e de Serviço Móvel Pessoal (SMP) com a Fundação Instituto Brasileiro de Geografia e Estatística (IBGE), para fins de suporte à produção estatística oficial durante a situação de emergência de saúde pública de importância internacional decorrente do Coronavírus (Covid-19). O Tribunal esclareceu que as condições em que se dá a manipulação de dados pessoais digitalizados, por agentes públicos ou privados, consiste em um dos maiores desafios contemporâneos do direito à privacidade. A Constituição Federal (CF) confere especial proteção à intimidade, à vida privada, à honra e à imagem das pessoas ao qualificá-las como invioláveis, enquanto direitos fundamentais da personalidade, assegurando indenização pelo dano material ou moral decorrente de sua violação (art. 5º, X). O assim chamado direito à privacidade e os seus consectários direitos à intimidade, à honra e à imagem emanam do reconhecimento de que a personalidade individual merece ser protegida em todas as suas manifestações. A fim de instrumentalizar tais direitos, a CF prevê, no art. 5º, XII, a inviolabilidade do sigilo da correspondência e das comunicações telegráficas, de dados e das comunicações telefônicas, salvo, no último caso, por ordem judicial, nas hipóteses e na forma que a lei estabelecer para fins de investigação criminal ou instrução penal. O art. 2º da MP 954/2020 impõe às empresas prestadoras do STFC e do SMP o compartilhamento, com o IBGE, da relação de nomes, números de telefone e endereços de seus consumidores, pessoas físicas ou jurídicas. Tais informações, relacionadas à identificação – efetiva ou potencial – de pessoa natural, configuram dados pessoais e integram o âmbito de proteção das cláusulas constitucionais assecuratórias da liberdade individual (art. 5º, caput), da privacidade e do livre desenvolvimento da personalidade (art. 5º, X e XII). Sua manipulação e seu tratamento, desse modo, devem observar, sob pena de lesão a esses direitos, os limites delineados pela proteção constitucional. Decorrências dos direitos da personalidade, o respeito à privacidade e à autodeterminação informativa foram positivados, no art. 2º, I e II, da Lei 13.709/2018 (Lei Geral de Proteção de Dados Pessoais), como fundamentos específicos da disciplina da proteção de dados pessoais. O colegiado observou que o único dispositivo da MP 954/2020 a dispor sobre a finalidade e o modo de utilização dos dados objeto da norma é o § 1º do seu art. 2º. E esse limita-se a enunciar que os dados em questão serão utilizados exclusivamente pelo IBGE para a produção estatística oficial, com o objetivo de realizar entrevistas em caráter não presencial no âmbito de pesquisas domiciliares. Não delimita o objeto da estatística a ser produzida, nem a finalidade específica, tampouco sua amplitude. Igualmente não esclarece a necessidade de disponibilização dos dados nem como serão efetivamente utilizados. O art. 1º, parágrafo único, da MP 954/2020 apenas dispõe que o ato normativo terá aplicação durante a situação de emergência de saúde pública decorrente do Covid-19. Ainda que se possa associar, por inferência, que a estatística a ser produzida tenha relação com a pandemia invocada como justificativa da edição da MP, tal ilação não se extrai de seu texto. Assim, não emerge da MP 954/2020, nos termos em que posta, interesse público legítimo no compartilhamento dos dados pessoais dos usuários dos serviços de telefonia, consideradas a necessidade, a adequação e a proporcionalidade da medida. Ao não definir apropriadamente como e para que serão utilizados os dados coletados, a MP 954/2020 não oferece condições para avaliação da sua adequação e necessidade, assim entendidas como a compatibilidade do tratamento com as finalidades informadas e sua limitação ao mínimo necessário para alcançar suas finalidades. Desatende, assim, a garantia do devido processo legal (CF, art. 5º, LIV), em sua dimensão substantiva. 6 De outra parte, o art. 3º, I e II, da MP 954/2020 dispõe que os dados compartilhados "terão caráter sigiloso" e "serão utilizados exclusivamente para a finalidade prevista no § 1º do art. 2º", e o art. 3º, § 1º, veda ao IBGE compartilhar os dados disponibilizados com outros entes, públicos ou privados. Nada obstante, a MP 954/2020 não apresenta mecanismo técnico ou administrativo apto a proteger os dados pessoais de acessos não autorizados, vazamentos acidentais ou utilização indevida, seja na sua transmissão, seja no seu tratamento. Limita-se a delegar a ato do presidente do IBGE o procedimento para compartilhamento dos dados, sem oferecer proteção suficiente aos relevantes direitos fundamentais em jogo. Ao não prever exigência alguma quanto a mecanismos e procedimentos para assegurar o sigilo, a higidez e, quando o caso, o anonimato dos dados compartilhados, a MP 954/2020 não satisfaz as exigências que exsurgem do texto constitucional no tocante à efetiva proteção de direitos fundamentais dos brasileiros. A ausência de garantias de tratamento adequado e seguro dos dados compartilhados é agravada pela circunstância de que, embora aprovada, ainda não está em vigor a Lei Geral de Proteção de Dados Pessoais (Lei 13.709/2018), definidora dos critérios para a responsabilização dos agentes por eventuais danos ocorridos em virtude do tratamento de dados pessoais. Ademais, o IBGE noticiou em seu sítio eletrônico ter dado início, em parceria com o Ministério da Saúde, à "PNAD Covid", versão da Pesquisa Nacional por Amostra de Domicílios Contínua (PNAD Contínua) voltada à quantificação do alastramento da pandemia da Covid-19 e seus impactos no mercado de trabalho brasileiro. Para definir a amostra da nova pesquisa, o IBGE utilizou a base de 211 mil domicílios que participaram da PNAD Contínua no primeiro trimestre de 2019 e selecionou aqueles com número de telefone cadastrado. Esse fato seria suficiente por si só para evidenciar a desnecessidade e o excesso do compartilhamento de dados tal como disciplinado na MP 954/2020. Nesse contexto, não bastasse a coleta de dados se revelar excessiva, ao permitir que, pelo prazo de trinta dias após a decretação do fim da situação de emergência de saúde pública, os dados coletados ainda sejam utilizados para a produção estatística oficial, o art. 4º, parágrafo único, da MP 954/2020 permite a conservação dos dados pessoais, pelo ente público, por tempo manifestamente excedente ao estritamente necessário para o atendimento da sua finalidade declarada, que é a de dar suporte à produção estatística oficial durante a situação de emergência de saúde pública decorrente do Covid-19. Vencido o ministro Marco Aurélio, que não referendou a medida cautelar e manteve hígida a medida provisória. Pontuou que a medida provisória surgiu diante da dificuldade de se colher dados, devido à impossibilidade de ter-se pessoas circulando, visitando os domicílios e residências. A sociedade perde com o isolamento do IBGE, pois o levantamento de dados é necessário ao implemento de políticas públicas. Afirmou que a ação direta de inconstitucionalidade foi ajuizada contra ato precário e efêmero, que fica, uma vez formalizado pelo Executivo, submetido a condição resolutiva do Congresso Nacional, que tem prazo para pronunciar-se a respeito. Ao analisar a medida provisória, o Congresso Nacional aprecia sua harmonia ou não com a CF, bem como a conveniência e a oportunidade da normatização da matéria. Afastou a concepção segundo a qual existiria verdadeira conspiração por trás dessa medida provisória. Destacou que não se pode presumir o excepcional ou extravagante. (1) MP 954/2020: "Art. 1º Esta Medida Provisória dispõe sobre o compartilhamento de dados por empresas de telecomunicações prestadoras do Serviço Telefônico Fixo Comutado - STFC e do Serviço Móvel Pessoal - SMP com a Fundação Instituto Brasileiro de Geografia e Estatística - IBGE. Parágrafo único. O disposto nesta Medida Provisória se aplica durante a situação de emergência de saúde pública de importância internacional decorrente do coronavírus (covid-19), de que trata a Lei nº 13.979, de 6 de fevereiro de 2020. Art. 2º As empresas de telecomunicação prestadoras do STFC e do SMP deverão disponibilizar à Fundação IBGE, em meio eletrônico, a relação dos nomes, dos números de telefone e dos endereços de seus consumidores, pessoas físicas ou jurídicas. § 1º Os dados de que trata o caput serão utilizados direta e exclusivamente pela Fundação IBGE para a produção estatística oficial, com o objetivo de realizar entrevistas em caráter não presencial no âmbito de pesquisas domiciliares. § 2º Ato do Presidente da Fundação IBGE, ouvida a Agência Nacional de Telecomunicações, disporá, no prazo de três dias, contado da data de publicação desta Medida Provisória, sobre o procedimento para a disponibilização dos dados de que trata o caput. § 3º Os dados deverão ser disponibilizados no prazo de: I – sete dias, contado da data de publicação do ato de que trata o § 2º; e II – quatorze dias, contado da data da solicitação, para as solicitações subsequentes. Art. 3º Os dados compartilhados: I - terão caráter sigiloso; II – serão usados exclusivamente para a finalidade prevista no § 1º do art. 2º; e III – não serão utilizados como objeto de certidão ou meio de prova em processo administrativo, fiscal ou judicial, nos termos do disposto na Lei nº 5.534, de 14 de novembro de 1968. § 1º É vedado à Fundação IBGE disponibilizar os dados a que se refere o caput do art. 2º a quaisquer empresas públicas ou privadas ou a órgãos ou entidades da administração pública direta ou indireta de quaisquer dos entes federativos. § 2º A Fundação IBGE informará, em seu sítio eletrônico, as situações em que os dados referidos no caput do art. 2º foram utilizados e divulgará relatório de impacto à proteção de dados pessoais, nos termos do disposto na Lei nº 13.709, de 14 de agosto de 2018. Art. 4º Superada a 7 situação de emergência de saúde pública de importância internacional decorrente do coronavírus (covid-19), nos termos do disposto na Lei nº 13.979, de 2020, as informações compartilhadas na forma prevista no caput do art. 2º ou no art. 3º serão eliminadas das bases de dados da Fundação IBGE. Parágrafo único. Na hipótese de necessidade de conclusão de produção estatística oficial, a Fundação IBGE poderá utilizar os dados pelo prazo de trinta dias, contado do fim da situação de emergência de saúde pública de importância in-

ternacional. Art. 5º Esta Medida Provisória entra em vigor na data de sua publicação."
ADI 6387 MC-Ref/DF, rel. Min. Rosa Weber, julgamento em 6 e 7.5.2020. (ADI-6387)
ADI 6388 MC-Ref/DF, rel. Min. Rosa Weber, julgamento em 6 e 7.5.2020. (ADI-6388)
ADI 6389 MC-Ref/DF, rel. Min. Rosa Weber, julgamento em 6 e 7.5.2020. (ADI-6389)
ADI 6390 MC-Ref/DF, rel. Min. Rosa Weber, julgamento em 6 e 7.5.2020. (ADI-6390)
ADI 6393 MC-Ref/DF, rel. Min. Rosa Weber, julgamento em 6 e 7.5.2020. (ADI-6393)
(Informativo 976).

► Covid-19: transporte intermunicipal e interestadual e competência

O Plenário, em conclusão de julgamento e por maioria, concedeu parcialmente medida cautelar em ação direta de inconstitucionalidade para: i) suspender parcialmente, sem redução de texto, o disposto no art. 3º, VI, b, e §§ 6º e 7º, II, da Lei 13.979/2020 (1), a fim de excluir estados e municípios da necessidade de autorização ou de observância ao ente federal; e ii) conferir interpretação conforme aos referidos dispositivos no sentido de que as medidas neles previstas devem ser precedidas de recomendação técnica e fundamentada, devendo ainda ser resguardada a locomoção dos produtos e serviços essenciais definidos por decreto da respectiva autoridade federativa, sempre respeitadas as definições no âmbito da competência constitucional de cada ente federativo. A ação direta de inconstitucionalidade foi ajuizada contra dispositivos da Lei 13.979/2020, que dispõe sobre as medidas para enfrentamento da emergência de saúde pública de importância internacional decorrente do novo coronavírus (Covid-19) (Informativo 975). O colegiado entendeu que a União não deve ter o monopólio de regulamentar todas as medidas que devem ser tomadas para o combate à pandemia. Ela tem o papel primordial de coordenação entre os entes federados, mas a autonomia deles deve ser respeitada. É impossível que o poder central conheça todas as particularidades regionais. Assim, a exclusividade da União quanto às regras de transporte intermunicipal durante a pandemia é danosa. Não se excluiu a possibilidade de a União atuar na questão do transporte e das rodovias intermunicipais, desde que haja interesse geral. Por exemplo, determinar a eventual interdição de rodovias para garantir o abastecimento mais rápido de medicamentos, sob a perspectiva de um interesse nacional. Todavia, os estados também devem ter o poder de regulamentar o transporte intermunicipal para realizar barreiras sanitárias nas rodovias, por exemplo, se o interesse for regional. De igual modo, o município precisa ter sua autonomia respeitada. Cada unidade a atuar no âmbito de sua competência. O Tribunal alertou que municípios e estados não podem fechar fronteiras, pois sairiam de suas competências constitucionais. Além disso, firmou que os Poderes, nos três níveis da Federação, devem se unir e se coordenar para tentar diminuir os efeitos nefastos da pandemia. Em seguida, salientou não ser possível exigir que estados-membros e municípios se vinculem a autorizações e decisões de órgãos federais para tomar atitudes de combate à pandemia. Contudo, no enfrentamento da emergência de saúde, há critérios mínimos baseados em evidências científicas para serem impostas medidas restritivas, especialmente as mais graves, como a restrição de locomoção. A competência dos estados e municípios, assim como a da União, não lhes confere carta branca para limitar a circulação de pessoas e mercadorias com base unicamente na conveniência e na oportunidade do ato. A emergência internacional não implica nem muito menos autoriza a outorga de discricionariedade sem controle ou sem contrapesos típicos do Estado Democrático de Direito. O colegiado compreendeu que o inciso VI do art. 3º da mencionada lei precisa ser lido em conjunto com o Decreto 10.282/2020. Assim, as medidas de restrição devem ser precedidas de recomendação técnica e fundamentada do respectivo órgão de vigilância sanitária ou equivalente. Ao final, consignou que se impende resguardar a locomoção dos produtos e serviços essenciais definidos pelos entes federados no âmbito do exercício das correspondentes competências constitucionais. Vencido o ministro Marco Aurélio (relator), que referendou o indeferimento da medida liminar. Para o relator, as alterações adversadas promovidas pelas Medidas Provisórias 926/2020 e 927/2020 devem ser mantidas até o crivo do Congresso Nacional. Salientou que o tratamento da locomoção de pessoas tinha de se dar de forma linear. Quanto ao § 1º do art. 3º da referida lei (2), entendeu que tudo recomenda a tomada de providências a partir de dados científicos, e não conforme critério que se eleja para a situação. Sobre o art. 3º, § 7º, II, o ministro Marco Aurélio avaliou inexistir situação suficiente à glosa precária e efêmera, no que esta poderia provocar consequências danosas, nefastas em relação ao interesse coletivo. Vencidos, em parte, os ministros Edson Fachin e Rosa Weber, que deferiram parcialmente a medida cautelar, para conferir interpretação conforme ao inciso II do § 7º do art. 3º da Lei 13.979/2020, que condiciona a atuação dos gestores locais à autorização do Ministério da Saúde, a fim de explicitar que, nos termos da regra constitucional que preconiza a descentralização do Sistema Único de Saúde, e desde que amparados em evidências científicas e nas recomendações da Organização Mundial da Saúde, estados, municípios e DF podem determinar as medidas sanitárias de isolamento, quarentena, exumação, necropsia, cremação e manejo de cadáveres. (1) Lei 13.979/2020: "Art. 3º Para enfrentamento da emergência de saúde pública de importância internacional decorrente do coronavírus, as autoridades poderão adotar, no âmbito de suas competências, dentre outras, as seguintes medidas: (...) VI – restrição excepcional e temporária, conforme recomendação técnica e fundamentada da Agência Nacional de Vigilância Sanitária, por rodovias, portos ou aeroportos de: (...) b) locomoção interestadual e intermunicipal; (...) § 6º Ato conjunto dos Ministros de Estado da Saúde, da Justiça e Segurança Pública e da Infraestrutura disporá sobre a medida prevista no inciso VI do caput. (...) § 7º As medidas previstas neste artigo poderão ser adotadas: (...) II – pelos gestores locais de saúde, desde que autorizados pelo Ministério da Saúde, nas hipóteses dos incisos I, II, V, VI e VIII do caput deste artigo; ou (...)" (2) Lei 13.979/2020: "Art. 3º (...) § 1º As medidas previstas neste artigo somente poderão ser determinadas com base em evidências científicas e em análises sobre as informações estratégicas em saúde e deverão ser limitadas no tempo e no espaço ao mínimo indispensável à promoção e à preservação da saúde pública." 11 ADI 6343 MC-Ref/DF, rel. orig. Min. Marco Aurélio, red. p/ o ac. Min. Alexandre de Moraes, julgamento em 6.5.2020. (ADI-6343) (Informativo 976).

► Estrangeiro e filho brasileiro nascido posteriormente à expulsão

O § 1º do art. 75 da Lei 6.815/1980 (1) não foi recepcionado pela Constituição Federal de 1988 (CF), sendo vedada a expulsão de estrangeiro cujo filho brasileiro foi reconhecido ou adotado posteriormente ao fato ensejador do ato expulsório, uma vez comprovado estar a criança sob a guarda do estrangeiro e deste depender economicamente. Com essa tese de repercussão geral (Tema 373), o Plenário, em conclusão de julgamento, negou provimento a recurso extraordinário interposto de acórdão do Superior Tribunal de Justiça (STJ) proferido em sede de habeas corpus (Informativo

924). Na decisão recorrida, o STJ assentou que a proibição de expulsão de estrangeiro quando tiver prole brasileira objetiva proteger os interesses da criança à assistência material, à garantia dos direitos à identidade, à convivência familiar e à assistência pelos pais. A União sustentava que, coexistentes a proteção dos direitos da família e da criança e a defesa da soberania e do território nacional, a Lei 6.815/1980 previa a impossibilidade de expulsão somente quando a prole brasileira fosse anterior ao fato motivador da expulsão. Aludia ao poder discricionário, conferido ao chefe do Poder Executivo pelo art. 66 do referido diploma legal (2), de expulsar estrangeiro com conduta nociva aos interesses nacionais. O colegiado, por maioria, rejeitou a preliminar de ilegitimidade da recorrente. Entendeu ser caso de superação da preliminar ante a relevância da tese e o fato de estar-se em discussão não só o direito de ir e vir do paciente, mas também prerrogativa do chefe do Poder Executivo. Ademais, esta seria a única possibilidade de a União contestar a decisão do STJ e discutir a matéria. Vencido, no ponto, o ministro Marco Aurélio (relator). O ministro salientou que a União não foi parte na ação apreciada no STJ. Ademais, por ser o habeas corpus via impugnativa exclusiva da defesa, descabe a sua utilização para tutela de interesse da acusação ou de terceiros. No mérito, prevaleceu o voto do relator, segundo o qual o § 1º do art. 75 da Lei 6.815/1980 não foi recepcionado pela CF, sendo vedada a expulsão, uma vez comprovado estar a criança sob a guarda do estrangeiro e deste depender economicamente. O ministro registrou a presença de valores constitucionais como a soberania nacional, com a manutenção de estrangeiro no País, e a proteção à família, ante a existência de filho brasileiro. Lembrou que o Supremo Tribunal Federal (STF), diversas vezes, decidiu no sentido de que a existência de filhos nascidos após o fato criminoso não seria oponível à expulsão. No entanto, as questões relativas aos requisitos para expulsão foram reiteradamente examinadas somente com fulcro na interpretação isolada do art. 75 da Lei 6.815/1980. Assim, compreendeu ser necessário aprofundar a evolução no tratamento da matéria, atentando para a CF, que define a família como base da sociedade e estabelece o direito da criança à convivência familiar [arts. 226, caput, e 227, caput, (3)]. Esclareceu que a CF de 1988 inaugurou nova quadra no tocante ao patamar e à intensidade da tutela da família e da criança, assegurando-lhes cuidado especial, concretizado, pelo legislador, na edição do Estatuto da Criança e do Adolescente. O sistema foi direcionado para a absoluta prioridade dos menores e adolescentes, como pressuposto inafastável de sociedade livre, justa e solidária. 18 Por isso, é impróprio articular com a noção de interesse nacional inerente à expulsão de estrangeiro quando essa atuação estatal alcança a situação da criança, sob os ângulos econômico e psicossocial. O § 1º do art. 75 da Lei 6.815/1980 encerra a quebra da relação familiar, independentemente da situação econômica do menor e dos vínculos socioafetivos desenvolvidos. A família, respaldo maior da sociedade e da criança, é colocada em segundo plano, superada pelo interesse coletivo em retirar do convívio nacional estrangeiro nocivo, embora muitas vezes ressocializado. A seu ver, priva-se perpetuamente a criança do convívio familiar, da conformação da identidade. Dificulta-se o acesso aos meios necessários à subsistência, haja vista os obstáculos que decorrem da cobrança de pensão alimentícia de indivíduo domiciliado ou residente em outro País. Dessa maneira, impõe-se à criança ruptura e desamparo, cujos efeitos repercutem nos mais diversos planos da existência, em colisão não apenas com a proteção especial conferida a ela, mas também com o âmago do princípio da proteção à dignidade da pessoa humana. Além disso, o preceito da Lei 6.815/1980 afronta o princípio da isonomia, ao estabelecer tratamento discriminatório entre filhos havidos antes e após o fato ensejador da expulsão. O relator ressaltou que os prejuízos associados à expulsão de genitor independem da data do nascimento ou da adoção, muito menos do marco aleatório representado pela prática da conduta motivadora da expulsão. Se o interesse da criança deve ser priorizado, é de menor importância o momento da adoção ou da concepção. Esse entendimento não esvazia a soberania nacional. O estrangeiro continua obrigado a comprovar ter filho brasileiro sob a própria guarda e dependente economicamente. Ou seja, exige-se do estrangeiro a demonstração de vínculo qualificado com o País, apto a autorizar, dentro das balizas legais, a sua permanência em território nacional. Por fim, o ministro observou que a Lei 6.815/1980, regedora da espécie, foi suplantada pela nova Lei de Migração (Lei 13.445/2017), que não repetiu o contido no preceito em debate. (1) Lei 6.815/1980: "Art. 75. Não se procederá à expulsão: (...) § 1º Não constituem impedimento à expulsão a adoção ou o reconhecimento de filho brasileiro supervenientes ao fato que o motivar." (2) Lei 6.815/1980: "Art. 66. Caberá exclusivamente ao Presidente da República resolver sobre a conveniência e a oportunidade da expulsão ou de sua revogação. Parágrafo único. A medida expulsória ou a sua revogação far-se-á por decreto." (3) CF: "Art. 226. A família, base da sociedade, tem especial proteção do Estado. (...) Art. 227. É dever da família, da sociedade e do Estado assegurar à criança, ao adolescente e ao jovem, com absoluta prioridade, o direito à vida, à saúde, à alimentação, à educação, ao lazer, à profissionalização, à cultura, à dignidade, ao respeito, à liberdade e à convivência familiar e comunitária, além de colocá-los a salvo de toda forma de negligência, discriminação, exploração, violência, crueldade e opressão." RE 608898/DF, rel. Min. Marco Aurélio, julgamento em 25.6.2020. (RE-608898) (Informativo 983, Plenário).

► Covid-19 e povos indígenas

O Plenário, por maioria, referendou cautelar deferida parcialmente em ação de descumprimento de preceito fundamental na qual se questiona um conjunto de atos comissivos e omissivos do Poder Público, relacionados ao combate à pandemia por Covid-19, que implicariam alto risco de contágio e de extermínio de diversos povos indígenas. A cautelar foi deferida pelo Min. Roberto Barroso (relator) nos seguintes termos: "III. SÍNTESE DAS CAUTELARES DEFERIDAS 62. Diante do exposto, são as seguintes as medidas cautelares deferidas por este Relator: III.1. QUANTO AOS POVOS INDÍGENAS EM ISOLAMENTO OU POVOS INDÍGENAS DE RECENTE CONTATO: 1. Criação de barreiras sanitárias, que impeçam o ingresso de terceiros em seus territórios, conforme plano a ser apresentado pela União, ouvidos os membros da Sala de Situação (infra), no prazo de 10 dias, contados da ciência desta decisão. 2. Criação de Sala de Situação, para gestão de ações de combate à pandemia quanto aos Povos Indígenas em Isolamento e de Contato Recente, nos seguintes termos: (i) composição pelas autoridades que a União entender pertinentes, bem como por membro da Procuradoria-Geral da República, da Defensoria Pública da União e por representantes indígenas indicados pela APIB; (ii) indicação de membros pelas respectivas entidades, no prazo de 72 horas a contar da ciência desta decisão, apontando-se seus respectivos nomes, qualificações, correios eletrônicos e telefones de contato, por meio de petição ao presente juízo; (iii) convocação da primeira reunião da Sala de Situação, pela União, no prazo de 72 horas, a contar da indicação de todos os representantes, por correio eletrônico com aviso de recebimento encaminhado a todos eles, bem como por petição ao presente juízo; (iv) designação e realização da primeira reunião, no prazo de até 72 horas da convocação, anexada a respectiva ata ao processo, para ciência do juízo. III.2. QUANTO A POVOS INDÍGENAS EM GERAL 1. Inclusão, no Plano de Enfrentamento e Monitoramento da Covid-19 para os Povos Indígenas (infra), de medida emergencial de contenção e isolamento dos invasores em relação às comunidades indígenas ou providência alternativa, apta a evitar o contato. 2. Imediata extensão dos serviços do Subsistema Indígena de Saúde aos povos aldeados situados em terras não homologadas. 3. Extensão dos serviços do Subsistema Indígena de Saúde aos povos indígenas não aldeados, exclusivamente, por ora, quando verificada barreira de acesso ao SUS geral. 4. Elaboração e monitoramento de um Plano de Enfrentamento da COVID-19 para os Povos Indígenas Brasileiros pela União, no prazo de 30 dias contados da ciência desta decisão, com a participação do Conselho Nacional de Direitos Humanos e dos representantes das comunidades indígenas, nas seguintes condições: (i) indicação dos representantes das comunidades indígenas, tal como postulado pelos requerentes, no prazo de 72 horas, contados da ciência dessa decisão, com respectivos nomes, qualificações, correios eletrônicos e telefones de contatos, por meio de petição ao presente juízo; (ii) apoio técnico da Fundação Oswaldo Cruz e do Grupo de Trabalho de Saúde Indígena da Associação Brasileira de Saúde Coletiva – ABRASCO, cujos representantes deverão ser indicados pelos requerentes, no prazo de 72 horas a contar da ciência desta decisão, com respectivos nomes, qualificações, correios eletrônicos e telefones de contato; (iii) indicação pela União das demais autoridades e órgãos que julgar conveniente envolver na tarefa, com indicação dos mesmos elementos. 63. Observa-se, por fim, que todos os prazos acima devem ser contados em dias corridos e correrão durante o recesso. O término do recesso coincidirá aproximadamente com a conclusão da elaboração dos planos e seu exame pelo juízo, de modo que não há risco de concretização de medidas irreversíveis antes do retorno do Supremo Tribunal Federal a pleno funcionamento, ressalvadas novas situações emergenciais que possam ocorrer no período e que demandem interferência imediata. 64. A implementação das cautelares não prejudica que se dê continuidade a todas as ações de saúde já em curso e planejadas em favor das comunidades indígenas, que não devem ser interrompidas. CONCLUSÃO 65. Por todo o exposto, defiro parcialmente as cautelares postuladas pelos requerentes, nos termos e condições previstos acima (item III)".Reconheceu-se a presença dos requisitos autorizadores da concessão parcial da cautelar, ressaltando-se a existência de indícios de expansão acelerada do contágio pelo Covid-19 nas comunidades indígenas e a insuficiência das ações promovidas pela União para sua contenção. O relator salientou, inicialmente, as três diretrizes que embasaram sua decisão: 1) os princípios da precaução e da prevenção, no que respeita à proteção à vida e à saúde; 2) a necessidade de diálogo institucional entre o Judiciário e o Poder Executivo, em matéria de políticas públicas decorrentes da Constituição Federal (CF); e 3) a imprescindibilidade de diálogo intercultural, em toda questão que envolva os direitos de povos indígenas. Quanto à primeira diretriz, asseverou a preocupação concernente ao risco de extinção de etnias se a doença se espalhar de forma descontrolada. O objetivo é o de salvar o maior número de vidas possível e de preservar essas etnias. No que se refere à segunda, afirmou que a concretização das políticas públicas necessárias depende diretamente da atuação do Ministério da Saúde e das Forças Armadas. Registrou, no ponto, que as

Forças Armadas já vêm atuando nesse sentido, mediante a entrega de cestas básicas e suprimentos e materiais de saúde a diversas comunidades indígenas, e, em parceria com o Ministério da Saúde, por meio de atenção médica a tais povos. As medidas requeridas implicam a mobilização de múltiplas instituições e agentes, com expertise técnica e experiência em suas respectivas áreas de atuação. Demandam a tomada de posição sobre temas a respeito dos quais as capacidades institucionais do Supremo Tribunal Federal podem ser limitadas. Portanto, é imprescindível que se estabeleça uma interlocução entre os distintos órgãos do Poder Executivo e o Poder Judiciário, para que se busque, tanto quanto possível, uma solução consensual para o problema sob exame. Relativamente à terceira, observou que cada comunidade possui particularidades, circunstâncias e cultura próprias. É preciso permitir que esses povos expressem suas necessidades e auxiliar o Estado na busca de soluções cabíveis. Por essa razão, toda e qualquer decisão que envolva povos indígenas deve assegurar também um diálogo intercultural. Existe, inclusive, tratado de direito internacional ratificado e internalizado pelo Brasil que determina que decisões acerca da proteção da vida, da saúde e do meio ambiente que envolvam povos indígenas devem necessariamente ser tomadas com a sua participação (Convenção 169, da Organização Internacional do Trabalho - OIT). Esclareceu terem sido formulados, na ação, pedidos específicos em relação aos povos indígenas em isolamento ou de contato recente, bem como pedidos que se destinam aos povos indígenas em geral. Não obstante tenha reputado todos os pedidos relevantes e pertinentes, entendeu que nem todos poderiam ser integralmente acolhidos no âmbito precário de uma decisão cautelar ou satisfeitos por simples ato de vontade, por exigirem planejamento adequado e diálogo institucional entre os Poderes. No que respeita ao pedido de criação de barreiras sanitárias formulado em favor dos povos indígenas em isolamento ou de contato recente, considerou que a opção pelo não contato decorre de direito desses povos à autodeterminação e constitui uma forma de preservar a sua identidade cultural e as suas próprias organizações, usos, costumes e tradições. Por isso, o ingresso de qualquer membro exógeno à comunidade, sem a sua autorização, constitui um ilícito. Tais povos têm direito ao isolamento e o Estado tem o dever de assegurá-lo. Ademais, na atual situação, com uma pandemia em curso, os povos em isolamento e de contato recente são os mais expostos ao risco de contágio e de extinção. Isso decorre das condições de vulnerabilidade imunológica e sociocultural. De acordo com diretrizes internacionais da Organização das Nações Unidas (ONU) e da Comissão Interamericana de Direitos Humanos (CIDH), a medida protetiva mais eficaz a ser tomada em favor de tais povos é assegurar-lhes o isolamento da sociedade envolvente, por meio de barreiras ou cordões sanitários que impeçam — inclusive com o uso da força, se necessário — o acesso de estranhos às suas terras. No ponto, reconheceu a presença de perigo na demora, dado que há risco iminente de contágio, caso não se criem mecanismos de contenção do ingresso nessas terras. Afirmou que os recursos materiais e de pessoal a serem utilizados nas barreiras, sua localização, os protocolos sanitários a serem empregados pelos agentes do Estado e demais especificações devem ser determinados pela União, por meio da elaboração de um plano, ouvidos os membros integrantes da Sala de Situação. Com base nos princípios da precaução e da prevenção, o relator reconheceu, também, a verossimilhança do direito à criação de uma Sala de Situação e perigo na demora. A criação dessa Sala de Situação para a gestão da epidemia, no que respeita a povos indígenas e de recente contato, é prevista em norma federal expedida pelo Ministério da Saúde (Portaria Conjunta 4.094/2018, do Ministério da Saúde e da Fundação Nacional do Índio - FUNAI). Portanto, não há que se falar em interferência do Judiciário sobre Políticas Públicas, mas em mera implementação judicial de norma federal que não está sendo observada pelo Poder Executivo. Deferiu, nessa mesma linha, o pleito de participação indígena na Sala de Situação, haja vista o seu respaldo pela Convenção 169 da OIT. A Convenção prevê, ainda, que o Poder Público deve assegurar os meios necessários para que as instituições responsáveis pela administração de programas no interesse dessas comunidades funcionem adequadamente. Essa norma acolhe o pleito de participação da Defensoria Pública da União e do Ministério Público Federal, que poderão apoiar os representantes dos povos indígenas. A Defensoria por seu papel na defesa dos necessitados (CF, art. 134) e o Ministério Público por seu papel de defesa dos direitos e interesses das populações indígenas (CF, art. 129, V). No que tange ao pedido, dirigido aos povos indígenas em geral, de retirada de invasores das terras indígenas indicadas, julgou presente a verossimilhança do direito alegado. A presença desses grupos em terras indígenas constitui violação do direito de tais povos ao seu território, à sua cultura e ameaça à sua vida e saúde. Observou que essas invasões se deram para o cometimento de crimes, como o desmatamento, a extração ilegal de madeira e o garimpo ilegal. A remoção, portanto, é medida imperativa, imprescindível e dever da União, sendo inaceitável a inação do governo federal em relação a esse fato. No entanto, admitiu que a situação não é nova e não guarda relação com a pandemia. Trata-se de problema social gravíssimo, que ocorre em diversas terras indígenas e unidades de conservação, de difícil resolução, dado o grande contingente de pessoas (mais de 20.000 invasores em apenas uma das áreas) e o elevado risco de conflito armado. Não há como equacionar e solucionar esse problema nos limites de uma medida cautelar. Porém, a União deve se organizar para enfrentar o problema, que só faz crescer, e formular um plano de desintrusão. Acrescentou que cria risco de contágio o ingresso de pessoas estranhas às comunidades indígenas, inclusive de equipes médicas do Ministério da Saúde e das Forças Armadas. Há, portanto, considerável periculum in mora inverso na determinação da retirada como postulada, já que implicaria o ingresso de forças militares e policiais em terra indígena, com risco de conflito armado durante a pandemia e, por conseguinte, poderia agravar a ameaça já existente à vida de tais povos. Assim, julgou recomendável que se considere, por ora, medida emergencial de contenção e isolamento dos invasores em relação às comunidades indígenas ou providência alternativa apta a evitar o contato. O relator também vislumbrou verossimilhança do direito alegado e perigo da demora, relativamente ao pleito de extensão do Subsistema de Saúde Indígena também aos indígenas urbanos (não aldeados) e aos indígenas aldeados, residentes em terras indígenas, cuja demarcação e homologação ainda não foram concluídas pelo Poder Público. Salientou que a Secretaria Especial de Saúde Indígena - SESAI e da FUNAI limitaram o atendimento por esse subsistema apenas aos indígenas aldeados, residentes em terras indígenas homologadas. Esclareceu que, no tocante aos indígenas aldeados residentes em terras não homologadas, a alegação de que podem recorrer ao SUS geral é de viabilidade duvidosa, já que se trata de povos situados em locais de difícil acesso, sem capilaridade de postos de saúde e hospitais, e com práticas culturais, idioma e eventuais particularidades que o SUS geral não está habilitado a atender. Portanto, o acesso ao citado subsistema deve ser imediato. Quanto aos indígenas urbanos não aldeados, observou que são remetidos ao SUS normal, o qual, no entanto, é desconhecedor das suas necessidades específicas e peculiaridades culturais. Entretanto, tendo em conta que o subsistema precisará passar por uma considerável readequação, que tende a absorver parte significativa da sua capacidade institucional ao passar a atender, de imediato, os indígenas aldeados localizados em terras não homologadas, que não eram alcançados por seus serviços, o relator entendeu haver perigo na demora inverso no deferimento imediato da cautelar em face da eventual sobrecarga do subsistema. Por essa razão, determinou a extensão dos serviços do subsistema aos povos indígenas não aldeados, por ora, quando verificada barreira de acesso ao SUS geral. O ministro Roberto Barroso concluiu pela necessidade da elaboração e do monitoramento de um plano de enfrentamento da pandemia para os povos indígenas brasileiros com a participação dos representantes dessas comunidades. Salientou que, a fim de assegurar o diálogo institucional e intercultural, por um lado, e de observar os princípios da precaução e da prevenção de outro, cabe à União a formulação do referido plano, com a participação do Conselho de Direitos Humanos, dos representantes dos povos indígenas e demais consultores ad hoc. Vencidos, parcialmente, o ministro Edson Fachin, que deferia a liminar em maior amplitude, e o ministro Ricardo Lewandowski, que acompanhava o relator, mas estabelecia prazos. ADPF 709 Ref-MC/DF, rel. Min. Roberto Barroso, julgamento em 3 e 5.8.2020. (ADPF-709). (Informativo 985, STF).

▶ Indeferimento de ingresso de "amicus curiae" e recorribilidade – 4

Em conclusão de julgamento, o Plenário negou provimento a agravo regimental interposto de decisão que indeferira o pedido de ingresso do agravante — procurador da fazenda nacional —, como amicus curiae, nos autos de ação direta de inconstitucionalidade (Informativos 665 e 827). Preliminarmente, o colegiado, por maioria, conheceu do recurso com fundamento em decisões desta Corte que permitem a impugnação recursal por parte de terceiro, quando denegada sua participação na qualidade de amicus curiae (ADI 3.105 ED, ADI 3.934 ED-AgR e ADI 3.615 ED). Nesta assentada, a ministra Rosa Weber reformulou o voto. Entendeu ser irrecorrível a decisão do relator que defere o ingresso de amicus curiae, mas recorrível a que indefere. O ministro Celso de Mello (relator) esclareceu ter se posicionado pelo conhecimento do recurso, pois, na época, havia precedentes que assim orientavam. Alertou que, atualmente, o Plenário do Supremo Tribunal Federal (STF) tem compreendido ser irrecorrível a decisão do relator que admite, ou não, o ingresso de amicus curiae em processos de controle concentrado (ADI 5.774 ED, ADI 5.591 ED-AgR, ADI 3.460 ED). De igual modo, que o colegiado tem considerado inaplicável o art. 138 do Código de Processo Civil de 2015 (CPC/2015) (1) aos processos do controle concentrado de constitucionalidade (ADI 4.389 ED-AgR, ADI 3.931 ED). Vencidos os ministros Luiz Fux, Dias Toffoli, Ayres Britto, Edson Fachin e Cármen Lúcia, que não conheceram do agravo, por entenderem ser irrecorrível o pronunciamento. No mérito, o Plenário se reportou à jurisprudência do STF no sentido de que a pessoa física não tem representatividade adequada para intervir na qualidade de amigo da Corte em ação direta. ADI 3396 AgR/DF, rel. Min. Celso de Mello, julgamento em 6.8.2020. (ADI-3396). (Informativo 985, STF).

► Controle concentrado de constitucionalidade: suspeição e impedimento

Não há impedimento, nem suspeição de ministro, nos julgamentos de ações de controle concentrado, exceto se o próprio ministro firmar, por razões de foro íntimo, a sua não participação. Essa foi a orientação fixada pela maioria do Plenário, ao resolver questão de ordem suscitada pelo presidente, em ação direta de inconstitucionalidade, acerca da não aplicabilidade da regra, após o ministro Marco Aurélio arguir a impossibilidade de sua participação no julgamento, considerado o Código de Processo Civil (CPC) [art. 144, III, VIII e § 3° (1)]. O colegiado ratificou o posicionamento firmado em questão de ordem quando da apreciação da ADI 2.238, para que seja aplicado em todas as hipóteses de controle concentrado, nas quais se discute a validade de normas ou de atos, como na ADPF, que dizem respeito ao controle em abstrato na via concentrada. De igual modo, assegurou a possibilidade de ministro, por motivo de foro íntimo, não participar de julgamento. O Tribunal observou que os institutos do impedimento e da suspeição se restringem ao plano dos processos subjetivos, em cujo âmbito discutem-se situações individuais e interesses concretos, não se estendendo, nem se aplicando, ordinariamente, no processo de fiscalização concreta de constitucionalidade, que se define como típico processo de caráter objetivo destinado a viabilizar o exame não de uma situação concreta, mas da constitucionalidade, ou não, in abstracto, de determinado ato normativo editado pelo Poder Público. A questão foi apresentada para fins, inclusive, de coordenação dos trabalhos. A forma de composição do Supremo Tribunal Federal (STF) está escrita na Constituição Federal (CF). Levados em conta os dispositivos do CPC, que ampliaram casos de impedimento e suspeição, poder-se-ia chegar à situação da inexistência de quórum necessário para o pregão de processo do controle concentrado e objetivo, bem assim para a modulações de efeitos, por exemplo. Por oportuno, o ministro Marco Aurélio externou compreensão no sentido da impossibilidade de haver, pelo CPC, o afastamento de integrante do STF dos processos objetivos. Vencido o ministro Edson Fachin, que não acolheu a proposição. Relembrou ter sido questionada a constitucionalidade do art. 144, VIII, do Código de Processo Civil, na ADI 5.953, cujo julgamento não foi concluído. Avaliou não ser possível que os magistrados do STF se coloquem à parte do dispositivo legal, diante da presunção de constitucionalidade da regra. ADI 6362/DF, rel. Min. Ricardo Lewandowski, julgamento em 2.9.2020. (ADI-6362). (Informativo 989, STF).

► Covid-19: requisições administrativas de bens e serviços e federalismo cooperativo

No mérito, o Plenário julgou improcedente o pedido formulado na ação direta de inconstitucionalidade contra o art. 3°, caput, VII, e § 7°, III, da Lei 13.979/2020 (1), que dispõe sobre as medidas para enfrentamento da emergência de saúde pública de importância internacional decorrente do coronavírus responsável pelo surto de 2019 (Covid-19). A Confederação requerente pleiteava que fosse conferida interpretação conforme à CF aos dispositivos impugnados. Pretendia, em síntese, que o Ministério da Saúde coordenasse as medidas de requisições administrativas, que não poderiam ser levadas a efeito pelos entes subnacionais antes de estudos e do consentimento do órgão federal. Requeria a consignação pelo STF de que, para ter-se a constitucionalidade do preceito, seria preciso a prévia audiência do atingido pela requisição, sempre acompanhada de motivação, tendo em conta o princípio da proporcionalidade e a inexistência de outra alternativa menos gravosa. A Corte registrou que o federalismo fortalece a democracia, pois promove a desconcentração do poder e facilita a aproximação do povo com os governantes. Ele gravita em torno do princípio da autonomia e da participação política. É natural que os municípios e os estados-membros sejam os primeiros a serem instados a reagir numa emergência de saúde, sobretudo quando se trata de pandemia. Ademais, frisou que o Estado federal repousa sobre dois valores importantes. O primeiro refere-se à inexistência de hierarquia entre os seus integrantes, de modo a não permitir que se cogite da prevalência da União sobre os estados-membros ou, destes, sobre os municípios, consideradas as competências que lhe são próprias. Já o segundo, consubstanciado no princípio da subsidiariedade, significa, em palavras simples, o seguinte: tudo aquilo que o ente menor puder fazer de forma mais célere, econômica e eficaz não deve ser empreendido pelo ente maior. Dentro dos quadros do "federalismo cooperativo" ou "federalismo de integração", compete concorrentemente à União, aos estados-membros e ao Distrito Federal legislar sobre a "proteção e defesa da saúde" [CF, art. 24, XII, § 1º (2)]. Constitui competência comum a todos eles, inclusive aos municípios, "cuidar da saúde e assistência pública" [CF, art. 23, II (3)]. Vale lembrar que a Constituição prevê, ao lado do direito subjetivo público à saúde, o dever estatal de dar-lhe efetiva concreção, mediante "políticas sociais e econômicas que visem à redução do risco de doença e de outros agravos e ao acesso universal e igualitário às ações e serviços para a sua promoção, proteção e recuperação" [art. 196 (4)]. Trata-se da dimensão objetiva ou institucional do direito fundamental à saúde. O colegiado assinalou, portanto, que a defesa da saúde compete a qualquer das unidades federadas, sem que dependam da autorização de outros níveis governamentais para levá-las a efeito, cumprindo-lhes, apenas, consultar o interesse público que têm o dever de preservar. A competência comum de cuidar da saúde compreende a adoção de quaisquer medidas que se mostrem necessárias para salvar vidas e restabelecer a saúde das pessoas acometidas pelo novo coronavírus, incluindo-se nelas o manejo da requisição administrativa. Recordou que, ao analisar a ADI 6.341 MC-Ref, ficou assentado que os entes federados possuem competência concorrente para adotar as providências normativas e administrativas necessárias ao combate da pandemia em curso, dentre as quais se inclui a requisição administrativa de bens e serviços constante do art. 3º, VII, da Lei 13.979/2020. Ficou registrado que o pior erro na formulação das políticas públicas é a omissão, sobretudo para as ações essenciais exigidas pelo art. 23 da CF. Igualmente, externou que a diretriz constitucional da hierarquização, constante do caput do art. 198 (5), não significou hierarquização entre os entes federados, mas comando único, dentro de cada um deles. Ademais, o exercício da competência específica da União para legislar sobre vigilância epidemiológica, que ensejou a elaboração da Lei 13.979/2020, não restringiu a competência própria dos demais entes da Federação para a implementação de ações no campo da saúde. O Plenário observou que o citado diploma normativo incluiu, expressamente, aquelas unidades federativas. Na hipótese de qualquer uma delas lançar mão da referida requisição, será garantido o pagamento posterior de indenização justa. Salientou que o ordenamento jurídico brasileiro já era pródigo em prever a possibilidade de acionamento da requisição administrativa antes mesmo do advento da legislação contestada. O instituto possui fundamento nos arts. 5º, XXIII e XXV, e 170, III, da CF (6). Mais especificamente, "no caso de iminente perigo público, a autoridade competente poderá usar de propriedade particular, assegurada ao proprietário indenização ulterior, se houver dano" (art. 5°, XXV). Com base no art. 23, II, da CF, a medida pode ser desencadeada por qualquer dos entes. Isso significa que a requisição, embora constitua ato discricionário, é também, de certa maneira, vinculada, pois o administrador não pode dela lançar mão se ausente o pressuposto do perigo público iminente. Ela foi concebida para arrostar situações urgentes e inadiáveis. Distingue-se claramente da desapropriação, em que a indenização, como regra, é prévia. Dessa forma, a própria indenização, acaso devida, será sempre posterior. Conforme atesta a doutrina, a medida também abrange bens e serviços médico-hospitalares. Por isso, o ato de requisição não dispensa sua apropriada motivação. A comprovação do atendimento do interesse coletivo, consubstanciado na necessidade inadiável do uso do bem ou do serviço do particular em decorrência de perigo público iminente, será contemporânea à execução do ato, possibilitando, assim, o seu posterior questionamento na justiça, se for o caso. Quanto ao papel da União no combate à pandemia, o art. 21, XVIII, da CF defere-lhe a atribuição de "planejar e promover a defesa contra as calamidades públicas, especialmente as secas e inundações". Lido em conjunto com o art. 198 da CF — o qual dispõe que o Sistema Único de Saúde (SUS) é organizado de maneira hierarquizada —, percebe-se que a ela compete assumir coordenação das atividades desse setor. Consideradas as consequências práticas da aplicação literal da Lei Orgânica da Saúde (Lei 8.080/1990), não há evidências de que o Ministério da Saúde, embora competente para coordenar, em âmbito nacional, as ações de vigilância epidemiológica e sanitária, tenha a capacidade de analisar e solucionar tempestivamente as multifacetadas situações emergenciais que eclodem em cada uma das regiões ou localidades do País [Lei de Introdução às Normas do Direito Brasileiro (LINDB), art. 20 (7)]. Avalizar todas as requisições administrativas de bens e serviços de saúde privados, levadas a efeito por gestores estaduais e municipais, retiraria dos governos locais o poder de gestão autônoma que lhes é inerente e acarretaria a absoluta ineficiência das medidas emergenciais previstas pela Lei 13.979/2020, indispensáveis ao pronto atendimento da sociedade. A atuação da União é na linha de prover, amparar e auxiliar os demais entes sem substituí-los em suas competências derivadas da CF. Nessa esteira, as requisições levadas a efeito pelos entes subnacionais não podem ser limitadas ou frustradas pela falta de consentimento do Ministério da Saúde, sob pena de indevida invasão de competências que são comuns à União e aos entes federados, bem como diante do risco de se revelarem ineficazes ou extemporâneas. Dado esse contexto, o Tribunal reputou ser incabível a exigência de autorização do Ministério da Saúde no concernente às requisições administrativas decretadas pelos estados-membros, Distrito Federal e municípios no exercício das respectivas competências constitucionais. Nesse sentido, a deliberação da Corte na ADI 6.343 MC-Ref. O colegiado registrou que a exigência de fundamentação adequada se encontra prevista no art. 3°, § 1°, da Lei 13.979/2020 (8), cuja apreciação é atribuição exclusiva de cada uma das autoridades públicas integrantes dos três níveis político-administrativos da Federação brasileira. Isso, tendo em conta as situações concretas com as quais são defrontadas, sempre com a observância dos princípios da razoabilidade e proporcionalidade. Ademais, como todas as ações estatais, além de serem balizadas pelos critérios da razoabilidade e da proporcionalidade, as requisições somente podem ser levadas a cabo após a constatação de que inexistem outras alternativas menos gravosas. Consoante informações recebidas do Senado Federal, a Corte ressaltou que o Ministério da Saúde, autor da legislação, intencionalmente preferiu não condicionar as requisições a seu crivo prévio, tendo em vista a autonomia administrativa dos entes da Federação para promover requisições e a dinâmica de cada um deles, em função da realidade e de suas particularidades. Essa escolha que foi referendada pela Presidência da República, ao enviar o projeto de lei para debate, e pelo Congresso Nacional, ao aprová-lo. Dito isso, a Corte compreendeu que vulneraria frontalmente o princípio da separação dos Poderes a incursão do Judiciário em seara de atuação privativa do Legislativo e do Executivo, substituindo-os na tomada de decisões de cunho eminentemente normativo e político-administrativo. Portanto, não cabe ao STF suprir ou complementar a vontade conjugada dos demais Poderes, que deu origem aos dispositivos legais contestados — claramente unívocos, porquanto despidos de qualquer ambiguidade —, de maneira a criar, por meio da técnica de interpretação conforme à Constituição, obrigação não cogitada por seus legítimos criadores. Após mencionar projetos de lei que estão em trâmite no Congresso Nacional, o Tribunal sublinhou que a pretensão da requerente está sendo debatida na seara adequada para contemplar aquilo que ela pretende nesta ação. Por mais esse motivo, cumpre ao STF aguardar a solução da questão pelos representantes da soberania popular e exercer a autocontenção que lhe convém nessas situações. De resto, considerou que, agasalhar o pleito da requerente, tornaria "inexequível a estratégia de combate ao vírus, inviabilizando qualquer solução de logística adotada pelas autoridades de saúde em qualquer âmbito de atuação". Logo, a criação de novos requisitos para a implementação do instituto, por meio da técnica de interpretação conforme, não se coaduna com sua natureza expedita, para cujo acionamento o texto constitucional exige apenas a configuração de iminente perigo público. Em reforço, o Plenário salientou que a CF, ao tratar da Ordem Econômica, albergou o postulado da função social da propriedade, significando que esta, por vezes, pode revelar um interesse não coincidente com o do próprio titular do direito, ensejando o seu uso pela coletividade, independentemente da vontade deste. Ante o quadro da reconhecida pandemia, entendeu demonstrado que, no conflito entre os princípios da proporcionalidade, do livre exercício de atividade privada e da transparência com o direito universal à saúde, este deve prevalecer na medida exata para evitar mortes. Por fim, assinalou que, em matéria de cunho semelhante, foi sufragada, por unanimidade, conclusão idêntica a aqui revelada (ADPF 671 AgR). Improcedente a pretensão, mostra-se inexequível o pedido de suspensão imediata de todas as requisições administrativas realizadas. O ministro Roberto Barroso adotou, como fundamento, que as requisições administrativas realizadas por estados, municípios e Distrito Federal, no contexto da pandemia causada pelo Covid-19, independem da oitiva do atingido ou de prévia autorização do Ministério da Saúde, mas pressupõem, nos termos da lei, evidências científicas e motivação, observado o princípio da proporcionalidade. Por sua vez, o ministro Gilmar Mendes declarou que seu voto, além de estar fundamentado no princípio da proporcionalidade, observa a inexistência da primazia ou hierarquia de poder de requisição entre os entes federativos. Enfatizou que parte dos problemas detectados têm a ver com a conduta de desvio na execução do modelo SUS como preconiza o texto constitucional. ADI 6362/DF, rel. Min. Ricardo Lewandowski, julgamento em 2.9.2020. (ADI-6362). (Informativo 989, STF).

► Concurso público: prazo de validade esgotado e direito à nomeação

O Plenário, ao apreciar o Tema 683 da repercussão geral, deu provimento a recurso extraordinário, com julgamento iniciado em ambiente virtual, para restabelecer sentença que julgou improcedente pedido de nomeação da recorrida para o cargo de professora da rede pública para o qual aprovada em concurso público, cujo prazo de validade expirara antes do ajuizamento da ação. Na espécie, a recorrida ficou em 10° lugar na classificação final do concurso. No período de validade do certame, foi nomeado um professor e outros sete foram contratados a título precário. Após o encerramento do prazo de validade, mais 24 profissionais foram contratados em regime temporário. O acórdão recorrido reformou a sentença por concluir, tendo em vista a nomeação e as contratações temporárias, haver 32 vagas disponíveis para o cargo, alcançada a colocação da recorrida e configurada preterição, presente o princípio da razoabilidade. Aduziu que as contratações precárias implementadas depois de esgotado o prazo de validade do concurso revelaram a necessidade de prorrogação, sendo irrelevante o surgimento da 10ª vaga após decorridos os 2 anos de vigência previstos no edital. Prevaleceu o voto do ministro Marco Aurélio (relator). Considerou que a ação foi ajuizada quando já cessada a relação jurídica decorrente do concurso e da inscrição efetivada. Segundo o ministro, a nomeação deve ser buscada, judicialmente, no prazo de validade do concurso público. Ademais, ainda que se pudesse desprezar a decadência do direito de insurgir-se contra ato praticado pelo Estado, presente o fato de haver expirado a validade do certame, não ocorreu, no período no qual este último estava em vigor, preterição. Esclareceu que, embora substancial o número de vagas ofertadas, o ente federado nomeou um único professor para a área de ensino fundamental, observando a ordem de classificação. Registrou que o fenômeno bem revelou a crise existente no Estado e que necessidade imperiosa conduziu à nomeação temporária, após o fim da validade do concurso, de sete professores para o município, tendo sido a própria recorrida uma das contratadas mediante ajuste balizado no tempo, com prazo determinado. Frisou que o reconhecimento do direito da recorrida à nomeação, determinada pelo juízo a quo, implicaria desrespeito à ordem de classificação. Isso porque, antes da recorrida, havia outros oito candidatos em situação preferencial. Em seguida, o Tribunal deliberou fixar a tese em assentada posterior. RE 766304/RS, rel. Min. Marco Aurélio, julgamento em 17.9.2020. (RE-766304). (Informativo 991, STF).

► Uso da Força Nacional de Segurança Pública por requerimento de Ministro de Estado e autonomia estadual

É plausível a alegação de que a norma inscrita no art. 4° do Decreto 5.289/2004 (1), naquilo em que dispensa a anuência do governador de estado no emprego da Força Nacional de Segurança Pública, viole o princípio da autonomia estadual. Trata-se de referendo de decisão que concedeu medida cautelar em ação cível originária para ordenar à União que retire dos municípios de Prado e Mucuri o contingente da Força Nacional de Segurança Pública mobilizado pela Portaria 493/2020. A citada Portaria, expedida pelo Ministro de Estado da Justiça e Segurança Pública, autorizou o emprego da Força Nacional naquelas localidades, em apoio ao Ministério da Agricultura, Pecuária e Abastecimento, sem que houvesse formal e expressa solicitação do governador do estado da Bahia. Há plausibilidade jurídica do direito evocado, porque pesam legítimas dúvidas sobre a constitucionalidade do art. 4º do Decreto 5.289/2004, que, alterado pelo Decreto 7.957/2013, estendeu o conteúdo semântico da norma e criou uma regra adicional ampliadora do rol dos legitimados a requerer o emprego da Força Nacional. A autorização unilateral do emprego da Força Nacional, parece, em juízo de delibação, contrariar as normas de escalão superior das quais deveria retirar sua validade. Nesse sentido, o art. 241 da Constituição Federal (CF) se refere expressamente à celebração de convênios de cooperação ou consórcios públicos entre os entes federados para assegurar a continuidade de serviços públicos. Além disso, com exceção das hipóteses de intervenção federal, previstas no art. 34 da CF, não se identificam dispositivos hábeis a contornar a autonomia dos estados, em sua integridade administrativa e territorial, sem que se obedeça à exigência de exteriorização de vontade apta a ser elemento de suporte de fato jurídico. Em análise típica de controle de legalidade, a validade do art. 4º do Decreto 5.289/2004 deve ser contrastada com a Lei 11.473/2007, que dispõe sobre cooperação federativa no âmbito da segurança pública. Presente, também, o requisito do perigo da demora. Em primeiro lugar, em razão da gravidade do objeto em litígio, uma vez que o pacto federativo é essencial para o correto funcionamento das instituições republicanas. A jurisprudência da Corte confere significativo peso argumentativo à autonomia dos Estados-membros. Dessa forma, a mobilização de força de segurança pública em território estadual, ressalvado ulterior juízo de mérito, implica grave ameaça ao equilíbrio da Federação. Em segundo lugar, a citada gravidade é exacerbada por se tratar, justamente, de tópico referente à segurança pública. O horizonte possível de emprego do uso da força apresenta risco que é da essência da própria atividade. Existe fundado temor de que, ao final do curso natural do processo, o uso da violência monopolística do Estado se revele, a um só tempo, ilegítimo e irreversível. Havendo vidas envolvidas, tanto da população local quanto dos membros das forças de segurança, é razoável assumir que existe um risco elevado na demora do julgado. Por fim, o objeto da demanda não ocorre em um vácuo histórico, mas durante a mais severa crise sanitária dos últimos cem anos (decorrente da pandemia do Covid-19). Em razão disso, a mobilização do contingente exógeno de forças de segurança inegavelmente apresenta riscos de contaminação para a população local. O Plenário, por maioria, referendou a decisão concessiva da cautelar. Vencido o ministro Roberto Barroso. ACO 3427 Ref-MC/BA, rel. Min. Edson Fachin, julgamento em 24.9.2020. (ACO-3427). (Informativo 992, STF).

▶ Loterias e competência administrativa dos estados-membros

Os estados-membros detêm competência administrativa para explorar loterias. A competência da União para legislar exclusivamente sobre sistemas de consórcios e sorteios, inclusive loterias, não obsta a competência material para a exploração dessas atividades pelos entes estaduais ou municipais. Nesses termos, os arts. 1º e 32, caput e § 1º, do Decreto-Lei (DL) 204/1967 (1), ao estabelecerem a exclusividade da União sobre a prestação dos serviços de loteria, não foram recepcionados pela Constituição Federal de 1988 (CF/1988). Além disso, os dispositivos colidem frontalmente com o art. 25, § 1º, da CF (2), ao esvaziarem a competência constitucional subsidiária dos estados-membros para a prestação de serviços públicos não expressamente reservados pelo texto constitucional à exploração pela União. A exploração de loterias ostenta natureza jurídica de serviço público. Quando quis atribuir a prestação de determinado serviço público com exclusividade à União, o constituinte o fez de forma expressa. A CF não atribui à União a exclusividade sobre o serviço de loterias, tampouco proíbe expressa ou implicitamente o funcionamento de loterias estaduais. Esse cenário atrai a competência residual dos estados-membros, estabelecida em seu art. 25, § 1º, pedra de toque do constitucionalismo republicano brasileiro. A legislação federal não pode impor a qualquer ente federativo restrição à exploração de serviço público para além daquelas previstas constitucionalmente. Não se pode inferir do texto constitucional a possibilidade de a União, mediante legislação infraconstitucional, excluir outros entes federados da exploração de atividade autorizada pela própria CF. Isso se dá porque tal realidade cria um desequilíbrio em seu próprio benefício, não autorizado constitucionalmente [art. 19, III (3)], além de a CF não lhe ter atribuído essa autoridade. Viola a autonomia dos estados-membros restringir a esfera de competência material residual, sem amparo na Constituição. Ademais, configura abuso da competência de legislar quando a União se vale do art. 22, XX, da CF (4) para excluir todos os demais entes federados da arrecadação que deles provém, ou para restringi-la de forma irrazoável e anti-isonômica. A situação anti-isonômica se torna ainda mais patente quando, compulsado o DL 204/1967 que a sustenta, verifica-se a possibilidade de exploração dos serviços lotéricos por alguns estados, ao passo que são de prestação proibida a outros. As distinções entre as unidades da federação são toleradas desde que previstas no texto constitucional, mas nunca em norma infraconstitucional. A competência privativa da União para legislar exclusivamente sobre sistemas de consórcios e sorteios (CF, art. 22, XX), inclusive loterias, não obsta a competência material, administrativa, para a exploração dessas atividades pelos entes estaduais ou municipais, nem a competência regulamentar dessa exploração. A competência legislativa acerca de determinado assunto não se confunde com a competência material, executiva, de exploração de serviço a ele correlato. Não se pode conferir interpretação estendida para também gerar competência material exclusiva da União, que não consta do rol taxativo previsto no art. 21 da CF. As legislações estaduais instituidoras de loterias, por meio de lei estadual ou decreto, em seus territórios, devem simplesmente viabilizar o exercício de sua competência material de instituição do serviço público. Somente a União pode definir modalidades de atividades lotéricas passíveis de exploração. Tais normas ofenderiam a CF se instituíssem disciplina ou modalidade de loteria não prevista pelo própria União para si mesma. Nesta hipótese, a legislação local afastar-se-ia de seu caráter materializador do serviço público de que é titular e seria incompatível com o art. 22, XX, da CF/1988. Consoante o Enunciado 2 da Súmula Vinculante (5) do Supremo Tribunal Federal (STF) e os precedentes que a fundamentaram, a disposição legal ou normativa vedada aos estados-membros e ao Distrito Federal é a que inova. O aludido verbete e o art. 22, XX, da CF não tratam da competência material de instituir loterias dentro das balizas federais, ainda que a materialização tenha expressão mediante decretos ou leis estaduais, distritais ou municipais. Não se pode extrair da Lei de Contravenções Penais interpretação que torne toda e qualquer norma sobre loterias uma legislação penal. Esse raciocínio equivaleria a interpretar de forma ampla a competência privativa da União para legislar sobre Direito Penal porque a exploração de loteria foi considerada contravenção. Estar-se-ia a interpretar a CF conforme a lei. Considerar o exercício de atividade pública uma contravenção penal significaria dizer que um serviço público constitui crime. Na espécie, trata-se de apreciação conjunta de Arguições de Descumprimento de Preceito Fundamental (ADPFs) e de Ação Direta de Inconstitucionalidade (ADI). Em suma, os autores das ADPFs sustentavam a não recepção de preceitos do mencionado decreto pela CF/1988. Na ADI, buscava-se infirmar legislação do estado de Mato Grosso sobre a reativação dos serviços lotéricos em âmbito estadual. Em conclusão de julgamento, o Plenário reputou procedentes os pedidos formulados nas ADPFs para declarar não recepcionados pela CF/1988 os arts. 1º e 32, caput e § 1º, do DL 204/1967. Além disso, julgou improcedentes as pretensões deduzidas na ADI. ADPF 492/RJ, rel. Min. Gilmar Mendes, julgamento em 30.9.2020. (ADPF-492)ADPF 493/DF, rel. Min. Gilmar Mendes, julgamento em 30.9.2020. (ADPF-493)ADI 4986/MT, rel. Min. Gilmar Mendes, julgamento em 30.9.2020. (ADI-4986). (Informativo 993, STF).

► Energia nuclear e competência legislativa dos entes federados

É inconstitucional norma estadual que dispõe sobre a implantação de instalações industriais destinadas à produção de energia nuclear no âmbito espacial do território estadual. Ao dispor sobre a partilha de competências estatais, a Constituição Federal (CF) outorgou à União, em caráter privativo, a prerrogativa de legislar sobre "atividades nucleares de qualquer natureza" (CF, art. 22, XXVI) (1). Não obstante a indiscutível repercussão ambiental da utilização da energia nuclear, a própria CF excepcionou — dentre os diversos aspectos relacionados à competência comum partilhada entre ela e os Estados-membros e o Distrito Federal referentes à proteção ao meio ambiente e ao combate à poluição — a disciplina normativa pertinente às atividades e instalações nucleares, cuja regulamentação está inserida no domínio legislativo privativo da União. Com esse entendimento, o Plenário, por maioria, declarou a inconstitucionalidade dos arts. 256 e 257 da Constituição do Estado do Rio Grande do Sul (2). ADI 330/RS, rel. min. Celso de Mello, julgamento virtual em 9.10.2020. (ADI-3030). (Informativo 994, STF).

► Rotulagem de produtos transgênicos e competência legislativa dos entes federados

É constitucional norma estadual que dispõe sobre a obrigatoriedade de rotulagem em produtos de gêneros alimentícios destinados ao consumo humano e animal, que sejam constituídos ou produzidos a partir de organismos geneticamente modificados, no percentual igual ou superior a 1%, no âmbito do Estado federado (Lei 14.274/2010 do Estado de São Paulo) (1). No modelo federativo brasileiro, estabelecidas pela União as normas gerais para disciplinar sobre direito à informação em matéria de rotulagem de produtos transgênicos [Lei 11.105/2005, art. 40 (2); Decreto 5.591/2005, art. 91 (3); e Decreto 4.680/2003, art. 2º (4)], compete aos Estados [Constituição Federal (CF), art. 24, V, XII e §§1º a 4º] (5), além da supressão de eventuais lacunas, a previsão de normas destinadas a complementar a norma geral e a atender suas peculiaridades locais, respeitados os critérios: (i) da preponderância do interesse local, (ii) do exaurimento dos efeitos dentro dos respectivos limites territoriais — até mesmo para se prevenir conflitos entre legislações estaduais potencialmente díspares — e (iii) da vedação da proteção insuficiente. Nesse contexto, a regulamentação dos critérios para a obrigatoriedade do dever de rotulagem dos produtos derivados ou de origem transgênica, como o limite de percentual igual ou superior a 1%, não excede os limites da competência suplementar dos estados, no tocante a essa matéria. Isso porque, em primeiro lugar, o diploma estadual não afeta diretamente relações comerciais e consumeristas que transcendam os limites territoriais do ente federado. Exaurem-se os efeitos diretos da incidência das suas normas no território estadual e traduzem escolhas legítimas do legislador adequadamente amparadas nos interesses do consumidor, de densificação do direito à informação clara e adequada, e da proteção e defesa da saúde, atendidos, assim, os critérios do exaurimento dentro dos limites territoriais e da preponderância do interesse local. Em segundo lugar, não há nada na lei que represente relaxamento das condições mínimas (normas gerais) de segurança exigidas na legislação federal para o dever de informação nos rótulos dos produtos de origem transgênica. Ao contrário, o que se verifica é a implementação de critério mais protetivo e favorável ao consumidor e à proteção do direito à saúde, não comportando censura sob o prisma da vedação à proteção insuficiente. A possibilidade de o Estado federado instituir regras de proteção efetiva ao consumidor deriva de atribuição legislativa que lhe é conferida pelo arts. 24, V e VIII, combinado com o §2° do mesmo dispositivo da CF (6), e, consequentemente, ao fazê-lo não invadiu área reservada à União, tendo em vista que a esta apenas cabe legislar sobre normas gerais de produção e consumo e responsabilidade por dano ao consumidor, cabendo à unidade federada – vez que existe legislação federal a respeito do assunto – suprir os vácuos normativos. No caso, trata-se de ação direta de inconstitucionalidade, com pedido de medida cautelar, objetivando a declaração de inconstitucionalidade da Lei 14.274/2010 do Estado de São Paulo, que dispõe acerca da rotulagem de produtos transgênicos no Estado de São Paulo e dá outras providências. Com entendimento acima exposto, o Plenário, por maioria, julgou improcedentes os pedidos formulados na ação direta de inconstitucionalidade. ADI 4619/SP, rel. min. Rosa Weber, julgamento virtual em 9.10.2020. (ADI-4619). (Informativo 994, STF).

► Leiloeiro e caução para o exercício da profissão

A exigência de garantia para o exercício da profissão de leiloeiro, prevista nos artigos 6° a 8° do Decreto 21.981/1932, é compatível com o art. 5°, XIII, da Constituição Federal de 1988 (CF) (1). O art. 5°, XIII, da CF é norma constitucional de eficácia contida. Por isso, o legislador ordinário pode restringir o alcance da liberdade de exercício de qualquer trabalho nela prevista, a fim de disciplinar certas atividades cuja prestação possa, por falta de técnica, atingir negativamente a esfera de outros indivíduos ou de valores ou interesses da própria sociedade. Entretanto, a legitimidade da atuação legislativa no campo do exercício do trabalho deve ser limitada ao indispensável para viabilizar a proteção de outros bens jurídicos de interesse público igualmente resguardados pela própria Constituição, como a segurança, a saúde, a ordem pública, a incolumidade das pessoas e do patrimônio, a proteção especial da infância e outros. No caso, o leiloeiro lida diariamente com o patrimônio de terceiros, de forma que a prestação de fiança como condição para o exercício de sua profissão busca reduzir o risco de dano ao proprietário, o que reforça o interesse social da norma protetiva, bem como justifica a limitação para o exercício da profissão. Com esse entendimento, ao apreciar o Tema 455 da repercussão geral, o Plenário, por maioria, negou provimento a recurso extraordinário. RE 1263641/RS, rel. orig. Min. Marco Aurélio, red. p/ o ac. Min. Alexandre de Moraes, julgamento virtual em 9.10.2020. (RE-1263641). (Informativo 994, STF).

► Criação de conselho de representantes e fiscalização de ações do Executivo

Surge constitucional lei de iniciativa parlamentar a criar conselho de representantes da sociedade civil, integrante da estrutura do Poder Legislativo, com atribuição de acompanhar ações do Executivo. Isso porque inexiste criação de cargos, funções ou empregos públicos da Administração direta ou autárquica a ensejar a reserva de iniciativa legislativa prevista no art. 61, § 1º, II, a, da Constituição Federal (CF) (1). O respeito à independência dos Poderes não pode significar exclusividade do Executivo na atividade criativa, considerados arranjos institucionais para melhor desempenho na missão constitucional. Na Carta da República, não são encontrados parâmetros a impedirem a instituição, pelo Legislativo, de novos mecanismos voltados ao exercício da atividade de controle. Muito menos blindagem destinada a proteger, do escrutínio do povo, os administradores da coisa pública. Envolvida participação da sociedade no acompanhamento da gestão pública, com densidade democrática elevada, o Supremo há de adotar postura de deferência à solução jurídica encontrada pelos formuladores. Em jogo faz-se a legitimação institucional, por parte do Legislativo, para a tomada de decisão. O Parlamento é a arena preferencial de deliberação na democracia representativa, de modo que, ao prever, em âmbito local, a existência de determinado colegiado enquanto mecanismo de atuação direta da sociedade civil, no acompanhamento da gestão da coisa pública, acaba por dar, mediante a institucionalização de espaços de participação social, concretude ao que se pode denominar "espírito de 1988" – a ser levado em conta, linear e indistintamente, por todos os Poderes da República. Cumpre à Casa Legislativa atuar no âmbito da prerrogativa que lhe é própria – discutir, em sede deliberativa, fiscalizatória e legiferante, os grandes temas nacionais e as diretrizes da atividade estatal na condução de políticas públicas. Com esse entendimento, ao apreciar o Tema 1040 da repercussão geral, o Plenário, por maioria, deu provimento parcial a recurso extraordinário para assentar a higidez constitucional dos arts. 54 e 55, caput, da Lei Orgânica do Município de São Paulo. Deu interpretação conforme a todos os incisos do citado art. 55, bem assim, no tocante à Lei municipal 13.881/2004, aos incisos IV, VIII, IX, X, XIII, XIV, XV e XVI do art. 9º, para não ter como vinculativa ou coercitiva a atuação do Conselho, ao § 1º do art. 12 e ao art. 23, assentando caber ao Legislativo firmar convênios e organizar curso de capacitação. Ainda quanto à Lei 13.881/2004, concluiu pela inconstitucionalidade das expressões "complementar", contida no inciso VI do art. 2º; "através da Subprefeitura", constante do § 2º do art. 20; dos parágrafos 3º do art. 12 e 2º do art. 15; do título do Capítulo VII — "Da Responsabilidade do Poder Executivo" —; dos arts. 22 e 25, declarando compatíveis com a Lei Maior os demais. RE 626946/SP, rel. Min. Marco Aurélio, julgamento virtual em 9.10.2020. (RE-626946). (Informativo 994, STF).

► Legitimidade para o ajuizamento das ações de controle concentrado de constitucionalidade

A entidade que não representa a totalidade de sua categoria profissional não possui legitimidade ativa para ajuizamento de ações de controle concentrado de constitucionalidade. A Constituição Federal (CF) estabelece, em seu art. 103, o rol de legitimados para a propositura de ações de controle concentrado de constitucionalidade, dentre os quais estão as confederações sindicais e entidades de classe [CF, art. 103, IX].

O Supremo Tribunal Federal consolidou entendimento de que a legitimidade para o ajuizamento das ações de controle concentrado de constitucionalidade por parte de confederações sindicais e entidades de classe pressupõe: (a) a caracterização como entidade de classe ou sindical, decorrente da representação de categoria empresarial ou profissional; (b) a abrangência ampla desse vínculo de representação, exigindo-se que a entidade represente toda a respectiva categoria, e não apenas fração dela; (c) o caráter nacional da representatividade, aferida pela demonstração da presença da entidade em pelo menos 9 (nove) estados brasileiros; e (d) a pertinência temática entre as finalidades institucionais da entidade e o objeto da impugnação. À vista disso, o Plenário, por maioria, conheceu do agravo regimental e negou-lhe provimento por entender que a entidade não representa toda a respectiva categoria profissional e, dessa forma, carece de legitimidade ativa para propositura da ação. ADI 6465 AgR/DF, rel. Min. Alexandre de Moraes, julgamento virtual finalizado em 19.10.2020. (ADI-6465). (Informativo 995, STF).

► ADI: medicamento, autorização por lei e ausência de registro sanitário

Ante o postulado da separação de Poderes, o Congresso Nacional não pode autorizar, atuando de forma abstrata e genérica, a distribuição de medicamento. Compete à Agência Nacional de Vigilância Sanitária (Anvisa) permitir a distribuição de substâncias químicas, segundo protocolos cientificamente validados. O controle dos medicamentos fornecidos à população leva em conta a imprescindibilidade de aparato técnico especializado, supervisionado pelo Poder Executivo. A Constituição Federal (CF) reservou aos parlamentares instrumentos adequados à averiguação do correto funcionamento das instituições pátrias, quais sejam, convocação de autoridade a fim de prestar esclarecimentos e instauração de comissão parlamentar de inquérito. Porém, surge impróprio aos parlamentares substituírem agência subordinada ao Poder Executivo. O direito à saúde não será plenamente concretizado se o Estado deixar de cumprir a obrigação de assegurar a qualidade de droga mediante rigoroso crivo científico, apto a afastar desengano, charlatanismo e efeito prejudicial. Ao elaborar a Lei 13.269/2016, o Congresso Nacional, permitindo a distribuição de remédio sem controle prévio da viabilidade sanitária, omitiu-se no dever constitucional de tutelar a saúde da população. A aprovação do produto no órgão do Ministério da Saúde é exigência para industrialização, comercialização e importação com fins comerciais (Lei 6.360/1976, art. 12). O diploma impugnado suprime, casuisticamente, o requisito de registro sanitário. Isso evidencia que o legislador deixou em segundo plano a obrigação de implementar políticas públicas voltadas à garantia da saúde. A oferta de medicamento, embora essencial à concretização do Estado Social de Direito, não pode ser conduzida à margem do figurino constitucional, com atropelo dos pressupostos mínimos de segurança visando o consumo, sob pena de esvaziar-se, por via transversa, o próprio conteúdo do direito fundamental à saúde [CF, art. 196 (1)]. É no mínimo temerária e potencialmente danosa a liberação genérica do tratamento sem realização dos estudos clínicos correspondentes, em razão da ausência de elementos técnicos assertivos da viabilidade da substância para o bem-estar. Trata-se, na espécie, de ação direta de inconstitucionalidade apresentada pela Associação Médica Brasileira em face da Lei 13.269/2016, que autorizava o uso da fosfoetanolamina sintética por pacientes diagnosticados com neoplasia maligna. O Plenário, por maioria, confirmou medida cautelar (Informativo 826) e julgou procedente o pedido formulado para declarar a inconstitucionalidade da aludida lei. Vencidos os ministros Edson Fachin, Dias Toffoli e Gilmar Mendes, que conferiram interpretação conforme à CF ao art. 2º da referida norma. ADI 5501/DF, rel. Min. Marco Aurélio, julgamento virtual finalizado em 23.10.2020. (ADI-5501). (Informativo 996, STF).

► Medida provisória e controle judicial

Inexistindo comprovação da ausência de urgência, não há espaço para atuação do Poder Judiciário no controle dos requisitos de edição de medida provisória pelo chefe do Poder Executivo. Apesar de a jurisprudência do Supremo Tribunal Federal (STF) ter se consolidado no sentido da possibilidade de controle judicial dos pressupostos de relevância e urgência para a edição de medidas provisórias, "o escrutínio a ser feito pelo Judiciário neste particular é de domínio estrito, justificando-se a invalidação da iniciativa presidencial apenas quando atestada a inexistência cabal desses requisitos" (RE 592.377). A forma de se realizar esse controle deve depender da motivação apresentada pelo chefe do Poder Executivo. "A motivação, embora não seja requisito constitucional expresso, facilita o controle da legitimidade e dos requisitos constitucionais autorizadores, seja pelo Legislativo, seja pelo Judiciário". Existindo motivação, ainda que a parte não concorde com os motivos explicitados pelo Presidente da República para justificar a urgência da medida provisória, não se pode dizer que eles não foram apresentados e defendidos pelo órgão competente. Ressalte-se que, na hipótese, não se está a proceder juízo de mérito quanto aos argumentos utilizados para justificar a urgência na edição da medida provisória, mas tão somente verificar a legitimidade de tais argumentos, para assim realizar ou não a intervenção judicial almejada pela parte. No caso, trata-se de ação direta de inconstitucionalidade com pedido de medida cautelar, em face da Medida Provisória 746/2016. Com esse entendimento, o Plenário, por unanimidade, julgou improcedente o pedido formulado na ação direta de inconstitucionalidade. ADI 5599/DF, rel. min. Edson Fachin, julgamento virtual finalizado em 23.10.2020. (ADI-5599). (Informativo 996, STF).

► Imposição de obrigações às concessionárias de telefonia e competência privativa da União

São inconstitucionais normas estaduais que imponham obrigações de compartilhamento de dados com órgãos de segurança pública às concessionárias de telefonia, por configurar ofensa à competência privativa da União para legislar sobre telecomunicações [Constituição Federal (CF), arts. 21, XI, e 22, IV (1)]. Consagrado, na Carta de 1988, o monopólio da União sobre os serviços públicos de telecomunicações — ainda que a atividade seja delegada a particulares mediante autorização, concessão ou permissão — somente a ela cabe dispor acerca do seu regime de exploração. A matéria foi disciplinada pela União nos arts. 3º, V, VI, IX e XII, e 72 da Lei 9.472/1997. No caso, mesmo sendo necessária e importante a devida instrumentação dos órgãos de segurança pública para viabilizarem a repressão de atos ilícitos, a definição de obrigações e procedimentos, no âmbito da prestação de serviços públicos, não se pode dar de forma não integrada, desvinculada do sistema como um todo. Nesses termos, inclusive medidas bem-intencionadas, ao desconsiderarem o funcionamento do sistema no nível mais amplo, se revelam ineficazes e, também, verdadeiramente contraproducentes na consecução dos fins a que se propõem. Trata-se de ação direta de inconstitucionalidade ajuizada contra a Lei 6.336/2013, do estado do Piauí, que impõe às operadoras de telefonia móvel que operam naquela unidade federativa a obrigação de fornecer aos órgãos de segurança pública os dados necessários para a localização de telefones celulares e cartões "SIM" que tenham sido furtados, roubados, obtidos por latrocínio ou utilizados em atividades criminosas. Com esse entendimento, o Plenário, por maioria, julgou procedente o pedido formulado na ação. ADI 5040/PI, rel. Min. Rosa Weber, julgamento virtual finalizado em 3.11.2020. (ADI-5040). (Informativo 997, STF).

► Direito do Consumidor e normas sobre a exposição de produtos orgânicos

É constitucional norma estadual que disponha sobre a exposição de produtos orgânicos em estabelecimentos comerciais. A regulamentação da matéria está relacionada ao Direito do Consumidor, o que atrai a competência concorrente da União, dos estados e do Distrito Federal [Constituição Federal (CF), art. 24, V (1)]. Além disso, não caracterizada, na espécie, violação à livre iniciativa. Verifica-se, ao contrário, o efetivo cumprimento do dever de informar o consumidor, princípio igualmente essencial para garantia da ordem econômica. À vista disso, o Plenário julgou improcedente a ação direta de inconstitucionalidade. ADI 5166/SP, rel. Min. Gilmar Mendes, julgamento virtual finalizado em 3.11.2020 (ADI-5166). (Informativo 997, STF).

► Compra de votos de parlamentares e inconstitucionalidade formal de EC

Em tese, é possível o reconhecimento de inconstitucionalidade formal no processo constituinte reformador quando eivada de vício a manifestação de vontade do parlamentar no curso do devido processo constituinte derivado, pela prática de ilícitos que infirmam a moralidade, a probidade administrativa e fragilizam a democracia representativa. O devido processo constituinte reformador não tem apenas aquelas restrições expressas no art. 60 da Constituição Federal (CF) (1), submetendo-se também aos princípios que legitimam a atuação das casas congressuais brasileiras. Inclui-se, no devido processo legislativo, a observância dos princípios da moralidade e da probidade, voltados a "impedir que os dispositivos constitucionais sejam objeto de alteração através do exercício de um poder constituinte derivado distanciado das fontes de legitimidade situadas nos fóruns de uma esfera pública que não se reduz ao Estado". Nesse sentido, o vício de corrupção da vontade do parlamentar e de seu compromisso com o interesse público subverte o regime democrático e deliberativo adotado pela CF e ofende o devido processo legislativo por contrariar o princípio da representação democrática que deve, obrigatoriamente, nortear a produção de normas jurídicas. Demonstrada a interferência ilícita na fase de votação pela prevalência de interesses individuais do parlamentar, admite-se o reconhecimento de inconstitucionalidade formal de emenda constitucional ou norma infraconstitucional. Entretanto, de acordo com o princípio da presunção de inocência e da legitimidade dos atos legislativos, há de se comprovar que a norma tida por inconstitucional não teria sido aprovada, se não houvesse o grave vício a corromper o regime democrático pela "compra de votos". Sem a demonstração inequívoca de que sem os votos viciados pela ilicitude o resultado do processo constituinte reformador ou legislativo teria sido outro, com a não aprovação da proposta de emenda constitucional ou com a rejeição do projeto de lei, não se há declarar a inconstitucionalidade de emenda constitucional ou de lei promulgada. Diante desses argumentos, não há inconstitucionalidade formal por vício de decoro parlamentar a ser declarada, por não estar evidenciado que as Emendas Constitucionais 41/2003 e 47/2005 foram aprovadas apenas em razão do ilícito "esquema de compra de votos" de alguns parlamentares no curso do processo de reforma constitucional. ADI 4887/DF, rel. Min. Cármen Lúcia, julgamento virtual finalizado em 10.11.2020. (ADI-4887)ADI 4888/DF, rel. Min. Cármen Lúcia, julgamento virtual finalizado em 10.11.2020. (ADI-4888)ADI 4889/DF, rel. Min. Cármen Lúcia, julgamento virtual finalizado em 10.11.2020. (ADI-4889). (Informativo 998, STF).

► Liberdade de expressão e restrição à difusão de produto audiovisual em plataforma de "streaming"

Retirar de circulação produto audiovisual disponibilizado em plataforma de "streaming" apenas porque seu conteúdo desagrada parcela da população, ainda que majoritária, não encontra fundamento em uma sociedade democrática e pluralista como a brasileira. Por se tratar de conteúdo veiculado em plataforma de transmissão particular, na qual o acesso é voluntário e controlado pelo próprio usuário, é possível optar-se por não assistir ao conteúdo disponibilizado, bem como é viável decidir-se pelo cancelamento da assinatura contratada. Além disso, é de se destacar a importância da liberdade de circulação de ideias e o fato de que deve ser assegurada à sociedade brasileira, na medida do possível, o livre debate sobre todas as temáticas, permitindo-se que cada indivíduo forme suas próprias convicções, a partir de informações que escolha obter. Há diversas formas de indicar descontentamento com determinada opinião e de manifestar-se contra ideais com os quais não se concorda — o que, em verdade, nada mais é do que a dinâmica do chamado "mercado livre de ideias". A censura, com a definição de qual conteúdo pode ou não ser divulgado, deve-se dar em situações excepcionais, para que seja evitada, inclusive, a ocorrência de verdadeira imposição de determinada visão de mundo. Nesse contexto, atos estatais de quaisquer de suas esferas de Poder praticados sob o manto da moral e dos bons costumes ou do politicamente correto apenas servem para inflamar o sentimento de dissenso, de ódio ou de preconceito, afastando-se da aproximação e da convivência harmônica. No caso, trata-se de reclamação constitucional contra julgados do Tribunal de Justiça do Rio de Janeiro que, ao restringirem a difusão de conteúdo audiovisual em que formuladas sátiras a elementos religiosos inerentes ao Cristianismo, teriam ofendido o decidido por esta Corte na ADPF 130 e na ADI 2.404. Com esse o entendimento, a Turma julgou procedente a reclamação para cassar as decisões reclamadas. Rcl 38782/RJ, rel. Min. Gilmar Mendes, julgamento em 3.11.2020. (Rcl-38782). (Informativo 998, STF).

► COVID-19: direito de acesso à informação e dever estatal de transparência na divulgação dos dados referentes à pandemia

ODSs 3 e 16

RESUMO

A redução da transparência dos dados referentes à pandemia de COVID-19 representa violação a preceitos fundamentais da Constituição Federal (CF), nomeadamente o acesso à informação, os princípios da publicidade e transparência da Administração Pública e o direito à saúde. A CF consagrou expressamente o princípio da publicidade como um dos vetores imprescindíveis à Administração Pública, conferindo-lhe absoluta prioridade na gestão administrativa e garantindo pleno acesso às informações a toda a sociedade. À consagração constitucional de publicidade e transparência corresponde a obrigatoriedade do Estado em fornecer as informações necessárias à sociedade. O acesso às informações consubstancia-se em verdadeira garantia instrumental ao pleno exercício do princípio democrático. Assim, salvo situações excepcionais, a Administração Pública tem o dever de absoluta transparência na condução dos negócios públicos, sob pena de desrespeito aos arts. 37, caput (1), e 5°, XXXIII e LXXII, da CF (1), pois "o modelo político-jurídico, plasmado na nova ordem constitucional, rejeita o poder que oculta e o poder que se oculta". Ademais, cumpre ressaltar que a República Federativa do Brasil é signatária de tratados e regras internacionais relacionados à divulgação de dados epidemiológicos, tais como o Regulamento Sanitário Internacional aprovado pela 58ª Assembleia Geral da Organização Mundial de Saúde (OMS), em 23 de maio de 2005, promulgado no Brasil pelo Decreto Legislativo 395/2009 (3). No caso, trata-se de três Arguições de Descumprimento de Preceito Fundamental, tendo por objeto atos do Poder Executivo que teriam restringido a publicidade de dados relacionados à pandemia de Covid-19. Com esse entendimento, o Plenário referendou a medida cautelar concedida, para determinar que: (a) o Ministério da Saúde mantenha, em sua integralidade, a divulgação diária dos dados epidemiológicos relativos à pandemia (COVID-19), inclusive no sítio do Ministério da Saúde e com os números acumulados de ocorrências, exatamente conforme realizado até o último dia 4 de junho de 2020; e (b) o Governo do Distrito Federal se abstenha de utilizar nova metodologia de contabilidade dos casos e óbitos decorrentes da pandemia da COVID-19, retomando, imediatamente, a divulgação dos dados na forma como veiculada até o dia 18 de agosto de 2020. ADPF 690 MC-Ref/DF, rel. Min. Alexandre de Moraes, julgamento virtual finalizado em 20.11.2020. (ADPF-690)ADPF 691 MC-Ref/DF, rel. Min. Alexandre de Moraes, julgamento virtual finalizado em 20.11.2020. (ADPF-691)ADPF 692 MC-Ref/DF, rel. Min. Alexandre de Moraes, julgamento virtual finalizado em 20.11.2020. (ADPF-692). (Informativo 1000, STF).

► Escusa de consciência por motivo de crença religiosa e fixação de horários alternativos para realização de certame público ou para o exercício de deveres funcionais inerentes ao cargo público

TESE FIXADA

Nos termos do artigo 5°, VIII (1), da Constituição Federal é possível a realização de etapas de concurso público em datas e horários distintos dos previstos em edital, por candidato que invoca escusa de consciência por motivo de crença religiosa, desde que presentes a razoabilidade da alteração, a preservação da igualdade entre todos os candidatos e que não acarrete ônus desproporcional à Administração Pública, que deverá decidir de maneira fundamentada (Tema 386). Nos termos do artigo 5°, VIII, da Constituição Federal é possível à Administração Pública, inclusive durante o estágio probatório, estabelecer critérios alternativos para o regular exercício dos deveres funcionais inerentes aos cargos públicos, em face de servidores que invocam escusa de consciência por motivos de crença religiosa, desde que presentes a razoabilidade da alteração, não se caracterize o desvirtuamento do exercício de suas funções e não acarrete ônus desproporcional à Administração Pública, que deverá decidir de maneira fundamentada (Tema 1.021).

RESUMO

É possível a fixação de obrigações alternativas a candidatos em concursos públicos e a servidores em estágio probatório, que se escusem de cumprir as obrigações legais originalmente fixadas por motivos de crença religiosa, desde que presentes a razoabilidade da alteração, a preservação da igualdade entre todos os candidatos e que não acarrete ônus desproporcional à Administração Pública, que deverá decidir de maneira fundamentada. A fixação de obrigações alternativas para a realização de certame público ou para aprovação em estágio probatório, em razão de convicções religiosas, não significa privilégio, mas sim permissão ao exercício da liberdade de crença sem indevida interferência estatal nos cultos e nos ritos [CF, art. 5º, VI (2)]. O fato de o Estado ser laico [CF, art. 19, I (3)] não lhe impõe uma conduta negativa diante da proteção religiosa. A separação entre o Estado brasileiro e a religião não é absoluta. O Estado deve proteger a diversidade em sua mais ampla dimensão, dentre as quais se inclua a liberdade religiosa e o direito de culto. Nesse sentido, o papel da autoridade estatal não é o de remover a tensão por meio da exclusão ou limitação do pluralismo, mas sim assegurar que os grupos se tolerem mutuamente, principalmente quando em jogo interesses individuais ou coletivos de um grupo minoritário. A separação entre religião e Estado, portanto, não pode implicar o isolamento daqueles que guardam uma religião à sua esfera privada. O princípio da laicidade não se confunde com laicismo. O princípio da laicidade, em verdade, veda que o Estado assuma como válida apenas uma crença religiosa. Nessa medida, ninguém deve ser privado de seus direitos em razão de sua crença ou descrença religiosa, salvo se a invocar para se eximir de obrigação legal a todos imposta e recusar-se a cumprir prestação alternativa (CF, art. 5º, VIII). No caso, trata-se de dois temas de repercussão geral, apregoados em conjunto e que se referem às relações entre Estado e religião. No RE 611.874 (Tema 386 da repercussão geral), discute-se a possibilidade de realização de etapas de concurso em datas e locais diferentes dos previstos em edital por motivo de crença religiosa do candidato. Já no ARE 1.099.099 (Tema 1.021 da repercussão geral), discute-se o dever, ou não, de o administrador público disponibilizar obrigação alternativa para servidora, em estágio probatório, cumprir deveres funcionais, a que está impossibilitada em virtude de sua crença religiosa. Com base nesse entendimento, o Plenário, por maioria, ao apreciar o RE 611.874 (Tema 386 da repercussão geral), negou provimento ao recurso extraordinário, nos termos do voto do min. Edson Fachin, redator para o acórdão. Na mesma sessão de julgamento, ao julgar o ARE 1.099.099 (Tema 1.021 da repercussão geral), o Plenário, por maioria, deu provimento ao recurso extraordinário, nos termos do voto do relator. RE 611874/DF, rel. orig. Min. Dias Toffoli, red. p/ o ac. Min. Edson Fachin, julgamento em 19.11, 25.11 e 26.11.2020. (RE-611874)ARE 1099099/SP, rel. Min. Edson Fachin, julgamento em 19.11, 25.11 e 26.11.2020. (ARE-1099099). (Informativo 1000, STF).

CAPÍTULO 26

SIMULADOS

SIMULADO 1

Observação: Em todos os espelhos de peças dos simulados em que constar a informação do valor da causa como sendo de mil reais, admite-se, também, que tal valor seja fundamentado com base no art. 291 ou art. 319 do CPC.

► Peça Processual – Valor 5,0

Um relatório da CGU (Controladoria Geral da União) a que Caio teve acesso apontou um superfaturamento de nove milhões em um contrato do Ministério do Esporte com a Fundação Econômica X para apoio à Olimpíada do Rio-2016. Um dos objetivos da contratação da Fundação, que foi realizada sem licitação, desrespeitando a Constituição e a Lei 8.666/93, era justamente obter economia nos gastos com as obras dos Jogos.

Em consulta a advogado especialista, e após meses de análise do contrato e até mesmo de alguns aditivos, o mesmo esclareceu a Caio que não houve nenhum evento imprevisível que justificasse o montante a ser pago pelo Dr. Paulo, Ministro do Esporte, e destacou que restou comprovado o superfaturamento apontado no relatório, o que gerou dano aos cofres públicos.

Caio lhe procura afirmando que, na qualidade de cidadão, se sente no dever de tomar as devidas providências a fim de invalidar o contrato celebrado pelo Ministério do Esporte.

Em face dessa situação hipotética, na qualidade de advogado(a) contratado(a) por Caio, redija a petição inicial da ação cabível, atentando, necessariamente, para os seguintes aspectos: a) competência do órgão julgador; b) legitimidade ativa e passiva; c) argumentos de mérito; d) requisitos formais da peça judicial proposta; e) tutela de urgência.

► Questão 1

Em um município paulista está em vigor determinada lei, de iniciativa parlamentar, que estendeu a gratuidade no transporte público municipal aos idosos a partir dos sessenta anos de idade.

Essa lei é material e formalmente constitucional? Explique e fundamente. (Valor: 1,25)

► Questão 2

O Conselho Federal da OAB ajuizou perante o STF uma Ação Direta de Inconstitucionalidade, tendo por objeto um artigo de uma lei federal em vigor desde 2014, sendo manifesta a pertinência temática do dispositivo impugnado com o exercício da advocacia. A Corte entende que o referido dispositivo legal é inconstitucional, mas por fundamento distinto do que fora apresentado na inicial, tendo o STF, inclusive, declarado a inconstitucionalidade desse mesmo dispositivo no julgamento de um caso concreto, em sede de Recurso Extraordinário.

Com base nas informações acima, responda:

a) A Corte pode julgar a ADI procedente a partir de fundamento diverso do que fora apresentado pelo Conselho Federal da OAB? Justifique. (Valor: 0,65)

b) A Corte pode julgar a ADI procedente em relação também a outro dispositivo da mesma lei, mesmo não tendo este dispositivo sido objeto da ADI? Justifique. (Valor: 0,60)

► Questão 3

O Supremo Tribunal Federal, ao julgar um recurso extraordinário, declarou a inconstitucionalidade, em sede de controle incidental, de uma lei estadual. Rafael, interessado em ser alcançado pelos efeitos da decisão de inconstitucionalidade, impetrou mandado de segurança perante o Supremo Tribunal Federal objetivando a fixação de prazo para que o Senado Federal edite resolução para suspender a execução da mencionada lei estadual.

Com base no relatado, responda aos itens a seguir:

a) Quais são os efeitos subjetivos produzidos pela declaração de inconstitucionalidade da lei em questão e qual é a função reservada ao Senado Federal pela norma do artigo 52, inciso X, da CRFB? Explique. (Valor: 0,65)

b) De acordo com a tradição constitucional brasileira, é cabível o pretendido controle jurisdicional da atuação do Senado Federal em tal hipótese? (Valor: 0,60)

► Questão 4

Marcelo, necessitando obter certidão de tempo de serviço trabalhado como médico no Hospital Municipal TTT, a ser utilizada para subsequente averbação junto à Secretaria de Saúde Pública JJJ, protocolou o seu pedido administrativo tendo o mesmo sido negado por escrito sem qualquer justificativa da autoridade.

Passados trinta dias da negativa, Marcelo lhe contrata. Na qualidade de advogado (a) do mesmo, responda aos seguintes questionamentos:

a) Qual ação será cabível para garantir a Marcelo o direito de obter a certidão? Justifique e fundamente. (Valor: 0,65)

b) Há prazo específico para propositura da referida ação? Explique e fundamente. (Valor: 0,60)

► Espelho

Quesito avaliado	Valores possíveis	Atendimento ao quesito
Endereçamento: Exmo. Sr. Dr. Juiz Federal da ... Vara Federal da Seção Judiciária do Estado...	0 a 0,50	
Identificação da peça: Ação Popular – art. 5°, LXXIII da CRFB/88 e Lei 4.717/65.	0 a 0,50	

Quesito avaliado	Valores possíveis	Atendimento ao quesito
Legitimidade ativa: Caio (0,20) Legitimidade Passiva: Paulo (Ministro do Esporte), União Federal e Fundação Econômica X (0,30)	0 a 0,50	
Fundamentação: – Art. 5°, LXXIII, da CRFB/88; – Art. 37, *caput* da CRFB/88 (princípios da legalidade, impessoalidade e da moralidade); – Art. 37, XXI – Art. 2°, "b", "c" e "e" da Lei 4.717/65. – Lei 8.666/93	0 a 1,50	
Tutela de Urgência: Concessão de medida cautelar/ liminar – Art. 5°, § 4° da Lei 4.717/65 e art. 300 do CPC: Probabilidade do direito e o perigo de dano ou o risco ao resultado útil do processo.	0 a 0,50	
Pedidos: Concessão de medida cautelar/liminar para suspender o contrato; Procedência do pedido para invalidar o contrato celebrado pelo Ministro do Esporte; Citação dos Réus; Intimação do Representante do Ministério Público; Condenação dos Réus em custas e em honorários advocatícios; Produção de todos os meios de provas em direito admitidas; Juntada de documentos. – Em cumprimento ao art. 319, VII do CPC, o autor opta pela realização da audiência de conciliação ou mediação.	0 a 1,00	
Valor da causa: R$ 9.000.000,00 (nove milhões de reais).	0,50	
	Valor Total: ___	

Questão 1		
Quesito avaliado	**Valores possíveis**	**Atendimento ao quesito**
Sim. Não há qualquer inconstitucionalidade na referida lei. A autonomia constitucional inerente aos Municípios (CRFB/88, art. 30, I), justifica a constitucionalidade da mesma. Não há óbice, na Constituição Federal para o exercício, pelo Município, da típica atribuição institucional que lhe pertence, para legislar, por autoridade própria, sobre tal matéria, pois se trata de competência material reservada pela própria Constituição, cuja prática autoriza a dispor, em sede legal, sobre tema que reflete assunto de interesse eminentemente local.	0 a 1,25	
	Valor Total: ___	

Questão 2		
Quesito avaliado	**Valores possíveis**	**Atendimento ao quesito**
a) Segundo a jurisprudência do STF, o Tribunal, ao julgar ação direta de inconstitucionalidade, está limitado em relação ao pedido, mas não à causa de pedir, que é aberta. Ou seja, o STF pode considerar a lei impugnada inconstitucional por motivos diversos daqueles apresentados pelo proponente da ADI.	0 a 0,65	
b) O pedido, a princípio, é limitado ao que foi questionado pelo proponente da ação. O STF, no entanto, admite em caráter excepcional que dispositivos legais não impugnados na ação sejam declarados inconstitucionais, mas somente se forem dependentes dos dispositivos impugnados. A este fenômeno dá-se o nome de inconstitucionalidade por "arrastamento" ou "atração" ou "consequente".	0 a 0,60	
	Valor Total: ___	

Questão 3		
Quesito avaliado	**Valores possíveis**	**Atendimento ao quesito**
a) A declaração de inconstitucionalidade, em tal hipótese, configura-se questão prejudicial e como tal é apreciada pelo Tribunal. Subjetivamente, a decisão produz efeitos *apenas inter partes*. A função que a	0 a 0,65	

Quesito avaliado	Valores possíveis	Atendimento ao quesito
Constituição reserva ao Senado Federal, prevista no artigo 52, inciso X, da CRFB, é a de conferir efeitos *erga omnes* à decisão proferida na via difusa do controle de normas.	0 a 0,65	
b) Não, pois de acordo com a tradição constitucional brasileira, a competência outorgada ao Senado Federal pela norma do artigo 52, X, retrata atuação política e discricionária, não cabendo controle jurisdicional.	0 a 0,60	
	Valor Total: ___	

Questão 4		
Quesito avaliado	**Valores possíveis**	**Atendimento ao quesito**
a) Caberá Mandado de Segurança, de acordo com o art. 5°, LXIX da CRFB/88 e da Lei 12.016/09, para defender o direito líquido e certo de obtenção da certidão. (art. 5°, XXXIV)	0 a 0,65	
b) Em se tratando de MS repressivo, como é o caso, o mesmo deve ser impetrado no prazo de cento e vinte dias, contados da ciência do ato, de acordo com o art. 23 da Lei 12.016/09.	0 a 0,60	
	Valor Total: ___	

SIMULADO 2

► Peça Processual – Valor 5,0 (cinco pontos)

Catarina Bastos é portadora de "hiperinsulinismo congênito", rara patologia que gera a liberação exacerbada de insulina pelas células beta do pâncreas, cujo tratamento necessita da utilização do medicamento Diazóxido, fabricado no Canadá, conforme comprovado por laudos médicos. Como o produto não é produzido no Brasil e não possui recursos para adquiri-lo, Catarina solicitou à Secretaria de Saúde do Estado M o referido medicamento e o Secretário de Saúde se manifestou por escrito acerca da ausência do mesmo por não fazer parte do Programa de Medicamentos Excepcionais do SUS. Ademais, nesse documento, a referida autoridade alegou que o ente federativo em referência tem envidado esforços no sentido de prover a população dos serviços de saúde de forma ampla e eficiente, inclusive o fornecimento de medicamentos em geral; todavia, os recursos públicos são limitados, o que impele o gestor público a adotar uma política que atente aos princípios da economicidade das ações e do custo-benefício dos tratamentos. Catarina, que depende desse medicamento para manter a taxa de glicemia em níveis controlados e levar uma vida sadia, procura o seu escritório de advocacia, objetivando ingressar com ação para obter com urgência o referido medicamento. Em face dessa situação hipotética, na qualidade de advogado contratado, redija a petição inicial da ação cabível, de procedimento célere, para a defesa dos interesses de sua cliente, atentando, necessariamente, para os seguintes aspectos: a) pedido de assistência judiciária gratuita; b) competência do órgão julgador; c) legitimidade ativa e passiva; d) argumentos de mérito; e) tutela de urgência.

► Questão 1

Trata-se de arguição de descumprimento de preceito fundamental promovida contra veto, que, emanado do Senhor Presidente da República, incidiu sobre o § 2º do art. 55 de proposição legislativa que se converteu na Lei nº. 20457/2009 (LDO), destinada a fixar as diretrizes pertinentes à elaboração da lei orçamentária de 2010. O dispositivo vetado possui o seguinte conteúdo material:

"§ 2º *Para efeito do inciso II do caput deste artigo, consideram-se ações e serviços públicos de saúde a totalidade das dotações do Ministério da Saúde, deduzidos os encargos previdenciários da União, os serviços da dívida e a parcela das despesas do Ministério financiada com recursos do Fundo de Combate à Erradicação da Pobreza.*"

O autor da presente ação constitucional sustenta que o veto presidencial importou em desrespeito a preceito fundamental decorrente da EC 29/2000, que foi promulgada para garantir recursos financeiros mínimos a serem aplicados nas ações e serviços públicos de saúde. Diante do caso exposto, responda:

A) Segundo a orientação atual do STF, o veto do Presidente da República pode ser objeto de ADPF? E as súmulas da Corte, vinculantes ou não, podem ser objeto de ADPF? Explique. (0,65)

B) Admite-se desistência em sede de ADPF? E a participação do *amicus curiae* é permitida? Explique. (0,60).

▶ Questão 2

O Partido Político JKLM, com representação no Congresso Nacional, ajuizou Ação Direta de Inconstitucionalidade perante o Supremo Tribunal Federal para questionar a íntegra de uma lei estadual.

Responda aos questionamentos a seguir, levando em conta o relatado acima:

a) O que ocorrerá caso a lei estadual impugnada seja revogada? Explique. (Valor: 0,65)

b) Se Partido Político JKLM deixar de ter representação no Congresso Nacional, o que acontecerá com a ADI? (Valor: 0,60)

▶ Questão 3

Em sede de apelação penal, órgão fracionário do Tribunal de Justiça constatou de ofício uma inconstitucionalidade sobre a qual não havia qualquer precedente dos plenários do Tribunal ou do STF. Defensor e Ministério Público não haviam suscitado esta questão. O feito foi julgado pelo referido órgão fracionário, que em face da inconstitucionalidade absolveu o réu. Questiona-se:

a) Poderia o órgão fracionário ter suscitado a inconstitucionalidade de ofício e julgado o mérito da apelação? Explique. (0,45)

b) Caso houvesse precedente dos plenários do Tribunal ou do STF sobre a inconstitucionalidade, poderia o órgão fracionário levá-lo em consideração para o julgamento do mérito? Explique e fundamente. (0,40)

c) Turmas Recursais de Juizados Especiais devem respeitar o Princípio da Reserva de Plenário do art. 97, da CRFB/88? Explique. (0,40)

▶ Questão 4

João (brasileiro) e Joana (canadense) são casados e estão na Bulgária em razão de João ter sido convocado para trabalhar em tal país a serviço oficial da Marinha do Brasil. Durante a viagem nasceu Luli, filha do casal, que foi registrada em Consulado brasileiro competente. Pergunta-se:

a) Luli será reconhecida brasileira? Em caso positivo, será considerada nata ou naturalizada? Justifique e fundamente. (0,65)

b) Qual o critério adotado pela República Federativa do Brasil quanto à atribuição de nacionalidade originária? Poderia uma lei estadual ampliar as hipóteses de aquisição de tal nacionalidade? Explique e fundamente. (0,60)

▶ Espelho

Quesito avaliado	Valores possíveis	Atendimento ao quesito
Endereçamento: Exmo. Sr. Desembargador Presidente do Tribunal de Justiça do Estado M	0 a 0,50	
Identificação da peça: Mandado de Segurança – art. 5°, LXIX e Lei 12.016/09	0 a 0,50	
Impetrante: Catarina Bastos Impetrados: Secretário de Saúde do Estado M e Estado M	0 a 0,50	
Tempestividade – art. 23, da Lei 12.016/09	0 a 0,30	
Pedido de gratuidade de justiça – preenchimento dos requisitos contidos – no art. 99, § 3°, do CPC e art. 5°, LXXIV, da CRFB/88.	0 a 0,40	
Tutela de Urgência (cautelar/liminar) – art. 7°, III, da Lei 12.016/09 e art. 300 do CPC. *Fumus boni iuris* e *Periculum in mora* ou probabilidade do direito e o perigo de dano ou o risco ao resultado útil do processo.	0 a 0,30	
Fundamentação: – Existência de prova pré-constituída (art. 6°, da Lei 12.016/09); – Direito ao mandado de segurança – art. 5°, LXIX da CRFB/88 e Lei 12.016/09; – Direito líquido e certo ao medicamento; – Princípio da Dignidade da Pessoa Humana (art. 1°, III da CRFB/88); – Direito à vida; – Direito à saúde (arts. 6° e 196 da CRFB/88).	0 a 1,30	
Pedidos: – Concessão da cautelar/liminar; – Notificação da autoridade coatora para que preste as informações que entender pertinentes ao caso; – Que seja dada ciência à pessoa jurídica; – A intimação do Representante do Ministério Público; – A condenação do Impetrado em custas processuais; – A juntada dos documentos; – Que ao final seja julgado procedente o pedido para que a impetrante receba o medicamento necessário ao seu tratamento.	0 a 0,80	
Valor da causa de acordo com o art. 291 do CPC/15 ou art. 319, V, do CPC/15, ou art. 319 do CPC/15.	0 a 0,40	
	Valor Total: ___	

Questão 1		
Quesito avaliado	**Valores possíveis**	**Atendimento ao quesito**
a) De acordo com a atual orientação do STF, o veto do Presidente da República não pode ser objeto de ADPF em nome do princípio da separação dos poderes (ADPF 73). – Segundo jurisprudência clássica da Corte, as súmulas, vinculantes ou não vinculantes, também não podem ser objeto de ADPF (ADPFs 80 e 147).	0 a 0,65	
b) Não poderá haver desistência, tendo em vista se tratar de matéria de ordem pública e interesse não disponível, conforme dispõe a Lei 9.868/99, em seu art. 5°, que deve ser observada em conjunto com a Lei 9.882/99, em defesa da supremacia da Constituição Federal. – A participação do *amicus curiae* é permitida, de acordo com o art. 6°, §§ 1° e 2° da Lei 9.882/99 e art. 138 do CPC, pois é um importante instrumento de democratização da Jurisdição Constitucional.	0 a 0,60	
	Valor Total: ___	

Questão 2		
Quesito avaliado	**Valores possíveis**	**Atendimento ao quesito**
a) A jurisprudência do STF é firme no sentido de que a revogação superveniente da norma impugnada em ADI conduz à extinção anômala do processo, ficando o exame do mérito prejudicado, por perda superveniente do objeto da ação.	0 a 0,65	
b) O STF entende que a perda superveniente de representação do Partido Político não repercute sobre o julgamento da ADI, pois a aferição da legitimidade ativa do Partido Político deve ser realizada à época do ajuizamento da ADI em razão da objetividade do processo e da indisponibilidade da ação.	0 a 0,60	
	Valor Total: ___	

Questão 3		
Quesito avaliado	Valores possíveis	Atendimento ao quesito
a) O órgão fracionário poderia ter suscitado a inconstitucionalidade de ofício. – O órgão fracionário não poderia ter julgado o mérito da apelação tendo em vista o Princípio da reserva de plenário estabelecido no art. 97 da CRFB/88. – O órgão fracionário deveria ter promovido uma "cisão funcional" de competência, submetendo ao pleno, ou órgão especial, a análise da inconstitucionalidade da norma (arts. 948 a 950 do CPC).	0 a 0,45	
b) Sim. O órgão fracionário poderia aplicar um dos precedentes e resolver, de plano, o mérito. Trata-se de exceção ao princípio da reserva de plenário, estabelecida no art. 949, parágrafo único do CPC.	0 a 0,40	
c) As turmas recursais não são consideradas Tribunais, portanto, não precisam observar o princípio da reserva de plenário.	0 a 0,40	
	Valor Total: ___	

Questão 4		
Quesito avaliado	**Valores possíveis**	**Atendimento ao quesito**
a) Sim. Luli será considerada brasileira nata, de acordo com o art. 12, I, "b" da CRFB/88. – Trata-se de concessão de nacionalidade originária que leva em conta os critérios sanguíneo e funcional.	0 a 0,65	
b) O Brasil adotou o critério misto (ou territorial/*ius soli* relativo), numa combinação entre o territorial e o sanguíneo, apesar de o critério territorial predominar. Art. 12, I, alíneas a, b e c, da CRFB/88. – Não, pois a CRFB/88 traz as únicas formas de aquisição de nacionalidade originária brasileira, não podendo a legislação infraconstitucional ampliá-las.	0 a 0,60	
	Valor Total: ___	

SIMULADO 3

► Peça Processual – Valor: 5,0

Máximo de Oliveira, Governador do Estado X e no segundo mandato consecutivo é casado com Maria das Graças há 10 anos. Na iminência de ocorrer as eleições do Município Y, situado no referido Estado, sua esposa tenta realizar o registro da candidatura para Prefeita, entretanto a Justiça Eleitoral não permite tendo em vista o disposto no art. 14, § 7°, da CRFB/88. Sabendo da intenção de Maria das Graças de se candidatar e da possibilidade de manutenção do poder familiar depois de findo o seu mandato, Máximo propõe a ela que se divorciem para afastar o vínculo conjugal, permitindo assim a sua candidatura. Com o novo pedido de candidatura, recém– divorciada, a Justiça Eleitoral concede o registro requerido por Maria. João da Silva, também candidato ao cargo de Prefeito do Município Y apresenta uma Ação de Impugnação de Registro de Candidatura, mas não obtém êxito, nem na instância inferior, nem perante o Tribunal Superior Eleitoral. Sabendo da existência da Súmula Vinculante 18 e que a decisão ainda não transitou em julgado, na qualidade de advogado de João redija a peça judicial cabível diretamente ao STF para fins de manutenção dos efeitos vinculantes da referida súmula, com pedido imediato de tutela de urgência.

► Questão 1

Suponha que o Procurador-Geral da República tenha ajuizado uma ADI contra a Lei Estadual 2.222/16 e uma ADC tendo por objeto a Lei Federal 4.444/15, ambas com pedido de medida cautelar. Responda:

a) Diante da ambivalência das ações de constitucionalidade e inconstitucionalidade, se o STF indeferir a cautelar na ADI, pode um juiz, ao julgar um caso concreto, em controle difuso, declarar a inconstitucionalidade da Lei Estadual 2.222/16? (Valor: 0,65)

b) Se o STF deferir a cautelar na ADC pode um juiz, no exame de um caso concreto, declarar a inconstitucionalidade da Lei Federal 4.444/15, mas por outros fundamentos, que não aqueles que deram causa à ação? (Valor: 0,60)

► Questão 2

Determinado Prefeito, cumprindo promessas eleitorais, apresentou projeto de lei outorgando reajustes a determinadas categorias de servidores públicos. Tal projeto sofreu diversas emendas pelos parlamentares ampliando os benefícios para outras categorias não acolhidas no projeto inicialmente apresentado pelo Prefeito, inclusive com aumento de despesas. A Constituição Estadual estabelece que nessa matéria a iniciativa é exclusiva do Chefe do Executivo, repetindo normas da Constituição Federal. A lei foi votada por maioria e sancionada pelo Prefeito. Responda fundamentadamente:

a) A emenda parlamentar ao projeto de lei seria possível? (Valor: 0,65)

b) Existiria algum meio de controle de constitucionalidade da lei votada pela Câmara? (Valor: 0,60)

► Questão 3

Ashanti, africana de nascimento, reside no Brasil há (26) vinte e seis anos e decide fazer um concurso público para auditora da Receita Federal, função reservada a brasileiros. Como já possui tempo suficiente no país para adquirir a nacionalidade derivada e não sofreu nenhuma condenação penal na vida, apresenta toda a documentação necessária ao Ministério da Justiça e pleiteia a naturalização brasileira. Ashanti estuda muito para o concurso, abdicando durante alguns meses da vida social e é aprovada em primeiro lugar no critério de classificação da banca. Entretanto, é impedida de tomar posse, pois o procedimento administrativo de naturalização ainda não está concluído. Em face do exposto, responda:

a) A estrangeira residente no Brasil, neste caso específico, pode tomar posse no cargo? Explique. (Valor: 0,65)

b) Brasileiro nato pode perder a nacionalidade brasileira? Se afirmativo, em qual situação? (Valor: 0,60).

► Questão 4

O Deputado Federal Florisberto Silva foi preso em flagrante por crime inafiançável. Os responsáveis por sua prisão comunicaram regularmente o fato ao Poder Judiciário, que manteve a prisão.

a) Diante do fato descrito, pode ser tomada alguma medida para que Florisberto seja posto em liberdade? Fundamente. (Valor: 0,65)

b) Se Florisberto exercesse cargo de Vereador, como seria o tratamento jurídico? (Valor: 0,60)

► Espelho

Quesito avaliado	Valores possíveis	Atendimento ao quesito
Endereçamento: Exmo. Sr. Ministro Presidente do Supremo Tribunal Federal.	0 a 0,50	
Identificação da peça: Reclamação Constitucional – art. 103-A, § 3°, da CRFB/88; art. 988, III do CPC e art. 7° da Lei 11.417/06.	0 a 1,00	
Pedido de Tutela de Urgência – Art. 989, II e art. 300 do CPC.	0 a 0,50	

Quesito avaliado	Valores possíveis	Atendimento ao quesito
Fundamentação: – Decisão do Tribunal Superior Eleitoral que contrariou o enunciado da súmula vinculante 18 do STF; – Efeitos vinculantes da súmula em relação ao Poder Judiciário, de acordo com o art. 103-A, *caput*, da CRFB/88; – Art. 988, III do CPC; – Inelegibilidade reflexa, art. 14, § 7° da CRFB/88; – Princípio Democrático.	0 a 1,50	
Pedidos: – Concessão da tutela de urgência para suspender a decisão impugnada; – Citação do beneficiário da decisão impugnada para apresentar a sua contestação; – Oitiva/requisição da autoridade Reclamada; – Oitiva do Procurador-Geral da República; – Juntada de documentos; – Procedência do pedido para que seja cassada a decisão judicial e proferida nova decisão.	0 a 1,00	
Valor da Causa: R$ 1.000,00	0 a 0,50	
Valor da causa de acordo com o art. 291 do CPC/15 ou art. 319, V, do CPC/15, ou art. 319 do CPC/15.	Valor Total: ___	

Questão 1		
Quesito avaliado	**Valores possíveis**	**Atendimento ao quesito**
a) Sim, pois a medida cautelar nas ações de constitucionalidade e inconstitucionalidade não tem caráter ambivalente, de modo que o indeferimento de medida cautelar em ADI não implica a declaração de constitucionalidade da norma.	0 a 0,65	
b) Não, pois de acordo com o art. 21 da Lei 9.868/99, uma vez deferida a medida cautelar em ADC todos os processos em que a lei objeto da ação estiver sendo discutida devem ser suspensos, razão pela qual a juíza não poderia, depois de deferida a cautelar em ADC, declarar a inconstitucionalidade da lei.	0 a 0,60	
	Valor Total: ___	

Questão 2		
Quesito avaliado	**Valores possíveis**	**Atendimento ao quesito**
a) Não, pois nas leis de iniciativa exclusiva ou privativa do Chefe do Poder Executivo (art. 61, § 1º, II, "a", da CRFB) não pode ocorrer emenda parlamentar que gere aumento de despesas (art. 63, I, da CRFB).	0 a 0,65	
b) Sim, no caso de ofensa à Constituição Estadual, é cabível a ação direta de inconstitucionalidade em face de lei municipal de competência do Tribunal de Justiça estadual. A norma também pode ser impugnada no controle difuso e, no plano federal, por meio de uma ADPF.	0 a 0,60	
	Valor Total: ___	

Questão 3		
Quesito avaliado	**Valores possíveis**	**Atendimento ao quesito**
a) Sim, pois como há o direito público subjetivo do estrangeiro de se naturalizar brasileiro, conforme prevê o art. 12, II, "b" da CRFB/88, o simples pedido de naturalização já é instrumento suficiente para que seja dada a posse no concurso. Vale ressaltar que, sendo um ato vinculado do Ministério da Justiça, nem mesmo se poderia negar a nacionalidade pretendida, desde que cumpridos os requisitos exigidos.	0 a 0,65	
b) Sim. De acordo com o art. 12, § 4°, inciso II da CRFB/88, haverá a perda da nacionalidade se o brasileiro nato optar pela aquisição voluntária de outra nacionalidade. Entretanto, não haverá perda de nacionalidade nos casos previstos nas alíneas "a" e "b" do citado dispositivo, caso em que se consagra a possibilidade de dupla-nacionalidade.	0 a 0,60	
	Valor Total: ___	

Questão 4		
Quesito avaliado	**Valores possíveis**	**Atendimento ao quesito**
a) Sim. É impossível a manutenção da prisão por decisão judicial, uma vez que, em função da imunidade formal prevista no art. 53, § 2º, da CRFB/88, cabe à Casa a que pertence o parlamentar deliberar sobre a manutenção da prisão nos casos de crimes inafiançáveis. Poderia ser impetrado um *Habeas Corpus*.	0 a 0,65	
b) Seria possível manter a prisão, pois vereadores não gozam de imunidade formal quanto à prisão e nem mesmo quanto ao processo.	0 a 0,60	
	Valor Total: ___	

SIMULADO 4

► Peça Processual – Valor 5,0

O Governador do Estado U, Sr. Márcio Marcelo, pressionado pela oposição, sancionou a Lei Estadual 171/16, que promoveu a investidura de profissionais da área de educação em cargos públicos efetivos sem a realização de concurso público. O Presidente do partido político "Zero Corrupção", com representação no Congresso Nacional, indignado, destacou que na atual ordem constitucional, a investidura em cargo ou emprego público depende da prévia aprovação em concurso e que as exceções a essa regra estão taxativamente previstas na Constituição Federal – e não se justificam no caso da Lei em questão –, como ocorre nas nomeações para cargos em comissão declarados em lei de livre nomeação e exoneração ou no recrutamento de servidores temporários. Dessa forma, o Partido sustenta que a Lei Estadual 171/16 violou dispositivos constitucionais basilares e, então, já anunciou na imprensa nacional que questionará a qualidade da Lei Estadual em questão.

Na qualidade de advogado(a) do partido político, elabore a peça cabível, observando: a) competência do juízo; b) legitimidade ativa e passiva; c) fundamentos de mérito constitucionais e legais vinculados; d) requisitos formais da peça; e) tutela de urgência.

► Questão 1

O controle de constitucionalidade no Brasil ganhou inegável reforço na CRFB/88. O sistema difuso foi associado a um sistema de controle concentrado de constitucionalidade que recebeu nesse texto constitucional mais três importantes ações: ADO, ADC e ADPF, que, em conjunto com a ADI, presente no ordenamento jurídico desde a EC 16/1965, formam o arcabouço principal de proteção constitucional no controle abstrato das leis e asseguram a supremacia da Constituição. Sobre o tema, responda aos seguintes questionamentos:

a) Explique o que vem a ser a inconstitucionalidade parcial sem redução de texto e a interpretação conforme a Constituição. Há necessidade de se respeitar o princípio da reserva de plenário nas duas hipóteses? (0,65)

b) O que significa a modulação temporal dos efeitos da decisão? Essa técnica pode ser adotada em todas as ações do controle concentrado? Explique. (0,60)

► Questão 2

Ana, advogada com longos anos de carreira, resolveu concorrer a vaga de magistrados surgida no Tribunal de Justiça ABC, tendo apresentado o seu currículo para a Ordem dos Advogados do Brasil, que a incluiu na lista de advogados. Mesma situação ocorreu com a lista escolhida pelo Tribunal de Justiça.

Com base no acima relatado, responda aos itens a seguir:

A) Qual é o percentual de vagas destinada aos advogados nos Tribunais de Justiça? Fundamente. (Valor: 0,65)

B) Quais são os ritos de escolha realizados pela OAB e pelo Tribunal de Justiça? De quem é a competência para nomeação? Fundamente. (Valor: 0,60)

► Questão 3

O Conselho Federal da OAB ajuizou ação direta de inconstitucionalidade contra o art. 125 da lei federal H, de 2015. Essa lei tem sido declarada totalmente inconstitucional pelo STF em reiteradas decisões, todas em sede de controle difuso.

Com base nesse cenário e à luz da jurisprudência do STF, responda aos itens a seguir:

a) O Advogado-Geral da União está obrigado a defender a constitucionalidade da lei federal H? Explique. (Valor: 0,65)

b) Ao julgar essa ADI, pode o STF declarar a inconstitucionalidade de outro(s) dispositivo(s) da lei H, além do art. 125? Explique. (Valor: 0,60)

► Questão 4

No mês de abril de 2016, uma proposta de emenda constitucional foi rejeitada logo no primeiro turno de votação, realizado na Câmara dos Deputados. Em setembro do mesmo ano, essa proposta foi novamente posta em votação na Câmara dos Deputados. Na sequência, determinado Deputado Federal, contrário à referida proposta e decidido a impedir sua tramitação, afirmou que iria acessar o Poder Judiciário.

Pergunta-se: há possibilidade de o Poder Judiciário exercer controle sobre a tramitação da emenda? Em caso positivo, qual a possível medida cabível no caso em tela? (Valor: 1,25)

► Espelho

Quesito avaliado	Valores possíveis	Atendimento ao quesito
Endereçamento: Exmo. Sr. Ministro Presidente do Supremo Tribunal Federal	0 a 0,50	
Identificação da peça: Ação Direta de Inconstitucionalidade – art. 102, I, "a", da CRFB/88 e Lei 9.868/99	0 a 0,50	
Legitimidade ativa: Partido Político Zero Corrupção – legitimado universal (0,25) Demonstração da representação do Partido no Congresso Nacional (0,25)	0 a 0,50	

Quesito avaliado	Valores possíveis	Atendimento ao quesito
Representação do Partido Político por seu Diretório Nacional	0 a 0,50	
Medida Cautelar – arts. 10 a 12 da Lei 9.868/99. *Fumus boni iuris* e *Periculum in mora.*	0 a 0,50	
Fundamentação: – Art. 102, I, "a", da CRFB/88; – Lei 9.868/99; – Violação ao art. 37, II da CRFB/88; – Violação aos princípios da impessoalidade e moralidade (art. 37, *caput*, da CRFB/88).	0 a 1,50	
Pedidos: – Concessão da medida cautelar para suspender a norma impugnada e, ao final, a procedência do pedido, para que seja declarada a sua inconstitucionalidade; – Juntada de documentos; – Que sejam solicitadas informações ao Governador do Estado e à Assembleia Legislativa Estadual; – Citação do Advogado Geral da União; – Oitiva do Procurador-Geral da República.	0 a 0,70	
Valor da causa de acordo com o art. 291 do CPC/15 ou art. 319, V, do CPC/15, ou art. 319 do CPC/15.	0 a 0,30	
	Valor Total: ___	

Questão 1		
Quesito avaliado	**Valores possíveis**	**Atendimento ao quesito**
a) A inconstitucionalidade parcial sem redução de texto é uma modalidade de decisão no controle concentrado prevista no art. 28, p. único, da Lei 9.868/99 que tem como consequência a declaração de inconstitucionalidade de uma determinada interpretação, sem afetar o texto da norma. É dizer, o texto da norma permanece inalterado, mas determinada interpretação que a princípio poderia ser feita da norma é considerada inconstitucional. Como há uma declaração de inconstitucionalidade, ainda que sem redução de texto, deve haver observância ao princípio. Na interpretação conforme, se o texto comportar plúrimas interpretações, e dentre elas houver pelo menos uma que esteja em conformidade com a CRFB/88, o STF afastará as interpretações que não se compatibilizam com a Constituição e declarará qual a correta interpretação da norma. A decisão da Corte aproveita a lei e o seu texto não é afetado, sendo a interpretação do texto vinculado ao entendimento dos ministros, por isso não precisa observar o princípio da reserva de plenário.	0 a 0,65	
b) A modulação temporal é a possibilidade, de acordo com o art. 27 da Lei 9.868/99, de a Corte decidir que a norma deixará de produzir efeitos jurídicos a partir do trânsito em julgado da decisão (*ex nunc*) ou posteriormente ao acórdão (eficácia para o futuro ou prospectivos), em nome do interesse público e segurança jurídica. Essa técnica pode ser adotada em todas as ações do controle concentrado.	0 a 0,60	
	Valor Total: ___	

Questão 2		
Quesito avaliado	**Valores possíveis**	**Atendimento ao quesito**
a) De acordo com o art. 94 da CRFB/88, que trata do denominado "quinto constitucional", o percentual é de dez por cento para advogados.	0 a 0,65	

Quesito avaliado	Valores possíveis	Atendimento ao quesito
b) A escolha da lista sêxtupla pela OAB local, dentre advogados com mais de dez anos. Cabe ao Governador do Estado.	0 a 0,60	
	Valor Total: ___	

Questão 3		
Quesito avaliado	**Valores possíveis**	**Atendimento ao quesito**
a) Não, pois embora a Constituição determine que o AGU deva defender a constitucionalidade das leis impugnadas através de ADI, de acordo com o que já foi decidido pelo STF, o AGU está dispensado desta obrigação se a lei em questão já tiver sido declarada inconstitucional pelo STF através de controle difuso.	0 a 0,65	
b) Sim, caso haja interdependência do art. 125 com outro dispositivo legal. É a chamada inconstitucionalidade por arrastamento.	0 a 0,60	
	Valor Total: ___	

Questão 4		
Quesito avaliado	**Valores possíveis**	**Atendimento ao quesito**
Sim, há possibilidade de o Poder Judiciário controlar a constitucionalidade do processo legislativo da proposta de emenda constitucional. No caso em tela, o controle mostra-se viável em função da violação da limitação procedimental/formal constante no art. 60, parágrafo 5° da CRFB/88. A única medida cabível ao caso é a impetração do mandado de segurança perante o Supremo Tribunal Federal.	0 a 1,25	
	Valor Total: ___	

SIMULADO 5

▶ Peça Processual – VALOR 5,0

Roberto Vieira foi aprovado no concurso público que prestou no Estado PPP para ocupar o cargo de enfermeiro no Hospital Estadual X. Em razão de sua aprovação dentro do número de vagas estabelecidas no edital, começou a se preparar para assumir o cargo que tanto almejou, tendo comparecido ao local indicado para levar documentação exigida no edital do concurso.

Algumas semanas após ter levado pessoalmente os documentos indicados, recebeu telegrama do Governo do Estado PPP que comunicava a sua desclassificação no concurso em razão de uma tatuagem classificada como "de pequeno tamanho", mas incompatível com o cargo pretendido.

Diante disso, Roberto contratou um advogado que ajuizou uma ação de procedimento comum contra o Estado, pretendendo a sua nomeação bem como indenização por danos morais. Em sentença, o juiz de primeiro grau sustentou que não havia, no caso, direito à nomeação em razão da tatuagem.

Na qualidade de advogado (a) de Roberto, prepare o recurso cabível da decisão de mérito que julgou improcedente a ação, abordando toda a matéria de direito processual e substancial pertinente ao caso apresentado.

▶ Questão 1

O Poder Reformador é o responsável pelas alterações formais que a Constituição poderá sofrer ao longo de sua existência. Para substituir, revogar, adicionar ou renumerar dispositivo no texto constitucional será necessária a atuação dessa manifestação derivada de poder.

Sobre o tema, responda aos seguintes questionamentos:

a) Há alguma limitação de ordem temporal e/ou circunstancial enfrentada pela Constituição de 1988, em seu processo de alteração em nome da proteção da rigidez constitucional? Em caso positivo, explique. (Valor: 0,65)

b) Explique o que seria a mutação constitucional e aponte eventuais limitações ao fenômeno. (Valor: 0,60)

▶ Questão 2

O Governador do Estado K sancionou a Lei Estadual n° 888/16 que estabelece a gratuidade em estacionamentos de veículos automotores no Estado-Membro, em estabelecimentos privados como *shoppings*, farmácias, supermercados, dentre outros. Pergunta-se:

a) A Lei Estadual nº 888/16 é constitucional? Explique fundamentadamente. (Valor: 0,65)

b) Qual seria o instrumento jurídico adequado para questionar a constitucionalidade da referida lei? O Governador do Estado W teria legitimidade ativa para a sua propositura? Explique. (Valor: 0,60)

► Questão 3

Sabemos que com a EC 45/04 houve a constitucionalização formal dos tratados internacionais sobre Direitos Humanos, de acordo com o art. 5º, § 3º, da CRFB/88 que assim estabelece:

"Os tratados e convenções internacionais sobre direitos humanos que forem aprovados, em cada Casa do Congresso Nacional, em dois turnos, por três quintos dos votos dos respectivos membros, serão equivalentes às emendas constitucionais."

Responda aos seguintes questionamentos sobre o tema:

a) Os tratados internacionais sobre Direitos Humanos que não passarem pelo procedimento estabelecido no art. 5º, § 3º, da CRFB/88, terão *status* de norma federal? E os tratados que versam sobre direito comercial, ingressam no ordenamento jurídico brasileiro com que status? Explique. (Valor: 0,65)

b) Explique a Teoria do Bloco de Constitucionalidade na seara dos Direitos Humanos e aponte a posição do STF em relação ao tema. (Valor: 0,60)

► Questão 4

Com a chegada de uma nova Constituição, inaugura-se um momento também novo na vida de um país. No Brasil, entre um ordenamento constitucional novo e as normas constitucionais anteriores sempre se operou o fenômeno da revogação global, que significa dizer que a Constituição nova revoga a Constituição que a antecedeu, deixando esta última de produzir seus efeitos jurídicos.

Sobre a nova Constituição e o direito anterior, responda:

a) O que seria a Teoria da repristinação? Explique. (Valor: 0,65)

b) Apesar de a CRFB/88 ter revogado toda a Constituição que a precedeu, não poderia jamais ter revogado todas as normas infraconstitucionais elaboradas antes da sua existência. O que ocorre com as normas ordinárias preexistentes com a chegada da nova Constituição? Explique. (Valor: 0,60)

► Espelho

Quesito avaliado	Valores possíveis	Atendimento ao quesito
Endereçamento da petição de interposição: Exmo. Sr. Dr. Juiz de Direito da ... Vara de Fazenda Pública da Comarca... (0,30) Endereçamento da petição de razões: Ao Tribunal de Justiça do Estado PPP (0,20)	0 a 0,50	
Identificação da peça: Recurso de Apelação – art. 1.009, do CPC.	0 a 0,50	
Recorrente: Roberto Vieira (0,20) Recorrido: Governador e Estado PPP (0,30)	0 a 0,50	
Tempestividade – art. 1.003, § 5°, do CPC (0,30). Cabimento do Recurso: art. 1.009 do CPC. (0,40). Preparo: art. 1.007, do CPC (0,30)	0 a 1,00	
Fundamentação: – Direito à nomeação, art. 37, IV, da CRFB/88 – Princípio do concurso público, art. 37, II, da CRFB/88; – Princípio da igualdade, Art. 5°, I; – Princípio da legalidade, art. 37, caput da CRFB/88; – Direito à indenização. Art. 37, §6°	0 a 1,50	
Pedidos: Postulação de reforma da sentença para garantir o direito à nomeação, bem como à indenização; Condenação nos ônus sucumbenciais.	0 a 1,00	
	Valor Total: ___	

Questão 1		
Quesito avaliado	**Valores possíveis**	**Atendimento ao quesito**
a) Inexiste limitação de ordem temporal ao Poder Reformador, o que permite a alteração do atual texto constitucional desde a sua promulgação. De acordo com o art. 60, § 1º, da CRFB/88, não pode haver emenda ao texto na vigência de intervenção federal, de estado de defesa ou de estado de sítio, que configuram a proteção constitucional às situações de crise. Como nessas circunstâncias o Estado está vivendo um momento de exceção, protege-se a Carta Constitucional de eventuais golpes que poderiam ser a ela deflagrados com reformas constitucionais descabidas.	0 a 0,65	
b) Ao lado do processo formal de mudança da Constituição, que hoje consiste na elaboração das emendas constitucionais, a mutação constitucional vai dar oxigênio ao texto constitucional, permitindo a sua releitura à luz da sociedade atual, dos fatos econômicos, históricos e políticos, existentes no momento da interpretação da Constituição. A mutação não realiza mudanças formais na Constituição, por isso se diz que seria uma reanálise do sentido e alcance das normas constitucionais, sem mudança de texto. Além de respeitar a própria essência da Constituição, a mutação não poderá contrariar as cláusulas pétreas do art. 60, § 4º, da CRFB/88.	0 a 0,60	
	Valor Total: ___	

Questão 2		
Quesito avaliado	**Valores possíveis**	**Atendimento ao quesito**
a) A lei é inconstitucional, pois viola a competência privativa da União para legislar sobre direito civil, de acordo com o art. 22, I da CRFB/88. Trata-se de inconstitucionalidade formal subjetiva (ou orgânica). Também podemos destacar a inconstitucionalidade material por violação ao princípio da livre iniciativa. Art. 1º, IV da CRFB/88.	0 a 0,65	

Quesito avaliado	Valores possíveis	Atendimento ao quesito
b) A ADI seria o instrumento jurídico adequado para questionar a constitucionalidade da referida lei no controle concentrado de constitucionalidade. De acordo com o art. 103, V da CRFB/88, e com a jurisprudência do STF, os Governadores de Estado são legitimados especiais, ou seja, devem demonstrar a pertinência temática quando da propositura da referida ação. Logo, para que o Governador do Estado W tivesse legitimidade para propositura da ADI, teria que comprovar que a norma impugnada interfere de alguma forma nos interesses do seu Estado, sob pena de a ação não ser conhecida.	0 a 0,60	
	Valor Total: ___	

Questão 3		
Quesito avaliado	**Valores possíveis**	**Atendimento ao quesito**
a) Os tratados internacionais sobre direitos humanos que ingressarem no ordenamento jurídico brasileiro sem observar o citado dispositivo terão status de norma supra legal, pois estarão abaixo da Constituição, mas acima das normas infraconstitucionais. Os demais tratados, que não versam sobre direitos humanos, ingressam no ordenamento jurídico brasileiro como lei ordinária federal.	0 a 0,65	
b) A teoria do bloco de constitucionalidade parte de uma visão monista, ou seja, a de que o ordenamento jurídico é um só. Dessa forma, sustenta que quando o Brasil assina qualquer tratado sobre direitos humanos, independentemente do seu processo de incorporação, o mesmo já teria status de Constituição, em razão da matéria nele tratada. O STF adota o dualismo moderado, fazendo a separação entre o direito nacional e o internacional e só reconhece como constitucional o Tratado que passa pelo crivo do art. 5°, § 3°, da CRFB/88.	0 a 0,60	

Questão 4		
Quesito avaliado	**Valores possíveis**	**Atendimento ao quesito**
a) De acordo com o art. 2º, § 3º, da Lei de introdução às normas do Direito Brasileiro, uma lei validamente revogada não volta a produzir efeitos jurídicos com a revogação da lei que a revogou. Esse é um fenômeno salutar de sucessão legislativa no país. Entretanto, conforme a parte inicial do dispositivo, é possível que mediante disposição expressa, a lei nova, revogadora de outra, que revogou a que a antecedeu, restaure os efeitos jurídicos de uma norma já revogada, realizando o fenômeno da repristinação.	0 a 0,65	
b) Segundo teoria dominante no Brasil, se houver compatibilidade de conteúdo, assunto, com a nova Constituição, as normas do direito ordinário anterior serão bem-vindas e recebidas perante a nova ordem constitucional e continuarão a produzir completamente seus efeitos jurídicos. Se, por sua vez, não existir harmonia de matéria, as normas não serão recebidas e, em consequência, revogadas. É o que tratam os fenômenos da recepção e não recepção.	0 a 0,60	
	Valor Total: ___	

SIMULADO 6

► Peça Processual – Valor 5,0

A Sociedade Empresária TTT, do ramo de suprimentos de materiais de escritório, participou de licitação pública realizada pelo Estado da Esperança e foi declarada como vencedora por ter apresentado o melhor preço e a melhor proposta. Mesmo com toda documentação devidamente apresentada e tendo sido cumpridas todas as exigências do instrumento editalício, o Sr. Décio TTT, sócio-diretor da empresa, recebeu notificação assinada pelo Governador do Estado, informando a exclusão de sua empresa do procedimento licitatório já concluído – sem especificar as razões para tanto – com a notícia de que a empresa que havia ficado em segundo lugar na ordem de classificação fora declarada vencedora.

Indignado, então, Décio procurou um escritório de advocacia para que fosse apresentada ação adequada na defesa do direito da sociedade empresária TTT de permanecer como primeira classificada e vencedora do procedimento licitatório, tendo o advogado impetrado um Mandado de Segurança, de competência originária do Tribunal de Justiça do Estado da Esperança.

O remédio fora denegado, no mérito, sob o argumento da inexistência do referido direito líquido e certo mencionado pela impetrante. Na qualidade de advogado (a), elabore a peça cabível, contra a decisão que denegou a segurança, observando: a) competência do Juízo; b) legitimidade ativa e passiva; c) fundamentos de mérito constitucionais e legais vinculados; d) os requisitos formais da peça; e) adequação do recurso.

► Questão 1

As mudanças ocorridas no controle de constitucionalidade brasileiro com o advento da nova Constituição não conseguiram suprir algumas lacunas ainda existentes quanto à análise do direito pré-constitucional, da controvérsia constitucional sobre as normas revogadas e ainda, sobre o controle de constitucionalidade do direito municipal em face à Constituição Federal. Foi nesse panorama que nasceu a arguição de descumprimento de preceito fundamental – ADPF –, prevista na Constituição Federal.

Sobre o tema, responda aos questionamentos abaixo:

a) Explique o que seria o caráter subsidiário da ação. Caso uma lei municipal X viole ao mesmo tempo norma da Constituição Federal e da Constituição do Estado – norma de observância obrigatória –, tal lei deverá ser objeto de ADPF? Explique. (Valor: 0,65)

b) Quais seriam os preceitos fundamentais protegidos pela ação? O rol de tais preceitos seria exaustivo? (Valor: 0,60)

► Questão 2

O Estado é uma grande organização política da modernidade, surgido da evolução das primitivas *polis, imperium, civitas, landers* e não se confunde com o governo, que é um de seus elementos. Governos passam e o Estado se mantém firme no propósito de singularizar a forma peculiar de divisão política de um país.

Sobre a organização do Estado brasileiro, responda:

a) Sabendo-se que uma das características da Federação é a repartição de competências que exterioriza justamente qual é a parcela de poder interno que possui cada ente para tomada das decisões políticas, explique o princípio da predominância de interesses. (Valor: 0,65)

b) Pode-se afirmar que os Territórios federais são entes federativos? Explique. Os mesmos podem ser divididos em municípios? Fundamente. (Valor: 0,60)

► Questão 3

O Poder Legislativo realiza como uma de suas atividades típicas a função de fiscalização contábil, orçamentária, operacional e patrimonial da União e das entidades da administração direta e indireta, quanto à legalidade, legitimidade, economicidade, aplicação das subvenções e renúncias de receitas, mediante controle externo, auxiliado pelo Tribunal de Contas. Sobre o tema, responda aos seguintes questionamentos:

a) É obrigatória a criação da Corte de Contas nos Estados? Explique. Poderia uma Constituição de Estado outorgar competência para que a Assembleia Legislativa julgue as próprias contas sem o auxílio da Corte de Contas Estadual? Justifique. (Valor: 0,65)

b) Qual o órgão judicial competente para processar e julgar os conselheiros dos Tribunais de Contas Estaduais quando cometem crimes comuns e de responsabilidade? (Valor: 0,60)

► Questão 4

O art. 5º da CRFB/88 ressalta o núcleo principal dos direitos fundamentais e os seus destinatários. O direito à vida, à igualdade, à liberdade, à segurança e à propriedade são desdobrados nos setenta e oito incisos e nos quatro parágrafos que com ele se relacionam e ainda em uma série de dispositivos constitucionais e infraconstitucionais que reforçam a proteção ao núcleo.

a) No que tange ao direito à liberdade, explique a liberdade interna/subjetiva e a liberdade externa/objetiva. (Valor: 0,65)

b) Em relação ao direito à igualdade, explique a isonomia formal e a isonomia material. Explique. (Valor: 0,60)

▶ Espelho

Quesito avaliado	Valores possíveis	Atendimento ao quesito
Endereçamento da petição de interposição ao Tribunal de Justiça do Estado da Esperança	0 a 0,50	
Identificação da peça: Recurso Ordinário em Mandado de Segurança – art. 105, II, "b" da CRFB/88 e arts. 1.027 e 1.028 do CPC. Competência do STJ	0 a 0,50	
Recorrente: Sociedade Empresária TTT (0,20) Recorrido: Governador do Estado (0,30)	0 a 0,50	
Tempestividade: 15 dias (art. 1.003, parágrafo 5º do CPC). Preparo: art. 1.007 do CPC.	0 a 0,50	
Fundamentação: – Cabimento do Recurso: art. 105, II, "b", da CRFB/88; – Direito líquido e certo; – Direito ao mandado de segurança: art. 5º, LXIX da CRFB/88 e Lei 12.016/09. – Princípio da licitação, art. 37, XXI da CRFB/88; – Princípio da vinculação ao edital; – Princípios da legalidade, moralidade e impessoalidade.	0 a 1,50	
Pedidos: Postulação de reforma da decisão para garantir o direito líquido de ser declarada vencedora; Condenação do Recorrido nos ônus de sucumbência.	0 a 1,50	
	Valor Total: ___	

Questão 1		
Quesito avaliado	**Valores possíveis**	**Atendimento ao quesito**
a) De acordo com o art. 4º, parágrafo 1º da Lei 9.882/99, que trata do caráter residual da ação, a ADPF só será admitida quando inexistir outro meio eficaz para sanar a lesão a preceito fundamental. Logo, quando couber alguma das ações do controle concentrado federal para afastar a lesividade, não caberá ADPF. O STF já decidiu que no caso de lei municipal violar ao mesmo tempo norma da CRFB/88 e de Constituição Estadual, a mesma deverá ser objeto de uma Representação de Inconstitucionalidade, com base no art. 125, parágrafo 2º da CRFB/88, e não da ADPF, em razão do princípio da subsidiariedade.	0 a 0,65	
b) Embora a Constituição Federal e a Lei 9.882/99 não tenham definido exatamente o conceito de preceito fundamental, de acordo com a jurisprudência do STF, configuraria rol não exaustivo de preceitos fundamentais os princípios fundamentais, os direitos e garantias fundamentais, as cláusulas pétreas, os princípios que regem a Administração Pública e os princípios constitucionais sensíveis.	0 a 0,60	
	Valor Total: ___	

Questão 2		
Quesito avaliado	**Valores possíveis**	**Atendimento ao quesito**
a) Tal princípio quer dizer que as matérias que sejam de interesse nacional, ou geral, devem ser tratadas pela União Federal, os assuntos relativos às regiões, aos Estados e, de predominância local, aos Municípios.	0 a 0,65	
b) Não, pois na forma do art. 33 da CRFB/88, os Territórios não são pessoas políticas, possuindo mera capacidade administrativa, configurando simples descentralização administrativo-territorial da União Federal, com natureza de autarquia. Segundo o art. 33, parágrafo 1º da CRFB/88, os mesmos poderão ser, entretanto, divididos em Municípios.	0 a 0,60	
	Valor Total: ___	

Questão 3		
Quesito avaliado	**Valores possíveis**	**Atendimento ao quesito**
a) O art. 75 da CRFB/88 fundamenta a obrigatoriedade da criação de Corte de Contas nos Estados, a qual, em nome do princípio da simetria, deverá ter atribuições similares às do Tribunal de Contas da União, sob pena da declaração de inconstitucionalidade das normas estaduais. Dessa forma, não pode a Constituição do Estado outorgar competência para que a assembleia legislativa julgue as contas referidas sem o auxílio da Corte de Contas Estadual.	0 a 0,65	
b) São julgados perante o STJ, na forma do art. 105, I, a, da CRFB/88 quando cometem crimes comuns e de responsabilidade.	0 a 0,60	
	Valor Total: ___	

Questão 4		
Quesito avaliado	**Valores possíveis**	**Atendimento ao quesito**
a) A liberdade interna é o próprio livre-arbítrio, a liberdade de escolher entre as opções existentes, enquanto a liberdade externa é a expressão externa do querer individual, que deve ser limitada, sob pena de gerar um desequilíbrio social.	0 a 0,65	
b) Na isonomia formal fica proibida a discriminação arbitrária, é a igualdade perante a lei, enquanto que na isonomia material é exigido do Poder Público que tome providências concretas que diminuam a desigualdade em busca de uma igualdade real.	0 a 0,60	
	Valor Total: ___	

SIMULADO 7

► Peça Processual – VALOR 5,0

Getúlio, brasileiro, médico, trabalha em diversos hospitais públicos do Estado M, teve sua apelação julgada improcedente pelo Tribunal de Justiça do Estado M, tendo sido analisada pelo órgão julgador a sua alegação, devidamente comprovada, de violação ao ato jurídico perfeito pela Lei Estadual 1111/16, sancionada pelo Governador do Estado, réu na ação ordinária ajuizada pelo autor. Importante destacar que tal decisão afetará um considerável número de médicos também atingidos pela referida lei, que prevê, dentre outras violações, o desfazimento de contratos temporários sem pagamento de salários atrasados, em razão da crise econômica que assola o referido Estado.

Sabendo-se que o acórdão do Tribunal de Justiça do Estado M violou diretamente o art. 5º, XXXVI da Constituição Federal, e que não há obscuridade, omissão ou contradição na mesma, na qualidade de advogado de Getúlio, apresente a peça judicial cabível para impugnar a decisão judicial citada.

► Questão 1

Sobre a eficácia e aplicabilidade das normas constitucionais, responda:

a) Explique o que são as normas de eficácia plena, contida e limitada de acordo com a Teoria Tripartida Clássica brasileira de José Afonso da Silva. Cite um exemplo de cada. (Valor: 0,65)

b) O que seria a denominada "eficácia negativa das normas constitucionais"? Explique. (Valor: 0,60).

► Questão 2

Para cumprir promessa feita em sua propaganda eleitoral, a atual Presidente da República convocou plebiscito sobre a legalização de algumas substâncias entorpecentes através de lei delegada. Sobre tal fato, responda:

a) Agiu corretamente a Presidente? A matéria poderia ser veiculada por tal espécie normativa? Explique. (Valor: 0,65)

b) Há alguma forma de controle de tal ato normativo pelo Congresso Nacional? Explique. (Valor: 0,60)

▶ Questão 3

A forma de governo pretende analisar de que maneira se dá a instituição do exercício do poder na sociedade e a verdadeira relação entre governantes e governados. O sistema de governo, por sua vez, busca analisar como se opera o relacionamento entre os Poderes, especialmente o Legislativo e o Executivo, no exercício das funções governamentais.

Sobre o tema, responda aos seguintes questionamentos:

a) Qual é a forma e o sistema de governo adotado pelo Brasil? Explique. (Valor: 0,65)

b) Quais requisitos devem ser preenchidos para que um cidadão comum possa vir a ser eleito para o cargo de Presidente da República? Explique e fundamente. (Valor: 0,60)

▶ Questão 4

A Constituição Federal prevê a criação do controle de constitucionalidade tendo por parâmetro a Constituição Estadual, ocasião em que será competente para exercê-lo o Tribunal de Justiça Estadual. Sobre o tema, responda aos seguintes questionamentos:

a) A lei orgânica municipal pode ser parâmetro do controle no âmbito municipal? Explique. (Valor: 0,65)

b) O que seria a denominada "inconstitucionalidade progressiva"? Explique. (Valor: 0,60)

▶ Espelho

Quesito avaliado	Valores possíveis	Atendimento ao quesito
Endereçamento da petição de interposição: Exmo. Sr. Desembargador Presidente do Tribunal de Justiça do Estado M	0 a 0,40	
Identificação da peça: Recurso Extraordinário – art. 102, III, "a" da CRFB/88 e arts. 1.029 e ss do CPC Competência do Supremo Tribunal Federal.	0 a 0,60	
Recorrente: Getúlio (0,20) Recorrido: Governador do Estado M. (0,30)	0 a 0,50	
Cabimento do Recurso: art. 102, III, "a" da CRFB/88. Tempestividade – art. 1.003, parágrafo 5° do CPC.	0 a 0,60	
Preparo – art. 1.007 do CPC (0,20) Prequestionamento – Súmula 282 do STF (0,20)	0 a 0,40	
Repercussão geral – Art. 102, § 3°, CRFB/88 e art. 1.035 do CPC	0 a 0,50	

Quesito avaliado	Valores possíveis	Atendimento ao quesito
Fundamentação: – Direito ao Recurso Extraordinário – art. 102, III, "a" da CRFB/88; – Princípio da segurança das relações jurídicas. Art. 5º, XXXVI, da CRFB/88; – O ato jurídico perfeito como aquele que foi validamente praticado sob a égide da legislação que vigia no momento da sua realização; – Do ato jurídico perfeito irradiam efeitos que se incorporam à esfera jurídica do agente, nascendo direitos adquiridos.	0 a 1,00	
Pedidos: – Provimento ao recurso para que seja reformada a decisão do Tribunal de Justiça do Estado M e a manutenção dos contratos temporários e declaração de inconstitucionalidade da Lei Federal 1111/16; – Intimação do Procurador Geral da República; – Condenação do Recorrido nos ônus sucumbenciais.	0 a 1,00	
	Valor Total: ___	

Questão 1		
Quesito avaliado	**Valores possíveis**	**Atendimento ao quesito**
a) As normas de eficácia plena são aquelas que desde o momento de sua entrada em vigor na Constituição estariam plenamente aptas a produzir todos os seus efeitos jurídicos essenciais. São autoaplicáveis e têm incidência direta, imediata e integral. O art. 1º da CRFB/88 é um exemplo. As normas de eficácia contida também estão plenamente aptas a realizar todos os seus efeitos jurídicos essenciais desde a sua entrada em vigor, produzindo, igualmente, incidência direta, imediata, mas não integral, pois podem sofrer restrições ou ampliações futuras por parte do Poder Público. O art. 5º, XIII da CRFB/88 é um exemplo. As normas constitucionais limitadas produzem efeitos jurídicos reduzidos, tendo em vista que dependem da atuação futura por parte do Poder Público. Dividem-se em programáticas e institutivas (ou organizatórias). As primeiras traçam objetivos, metas ou ideais que deverão ser delineados pelo Poder Público para que produzam seus efeitos jurídicos essenciais (o art. 196 da CRFB/88 é um exemplo). As últimas criam novos institutos, serviços, órgãos ou entidades que precisam de legislação futura para que ganhem vida real (o art. 93, *caput*, da CRFB/88 é um exemplo).	0 a 0,65	
b) Toda e qualquer norma constitucional está plenamente apta a produzir três efeitos jurídicos essenciais, que representam a sua eficácia negativa. São eles: todas as normas servem como parâmetro no controle de constitucionalidade; como fonte de interpretação constitucional e também como parâmetro para a recepção ou não recepção das normas do direito ordinário anterior.	0 a 0,60	
	Valor Total: ___	

Questão 2		
Quesito avaliado	**Valores possíveis**	**Atendimento ao quesito**
a) Não agiu corretamente o Presidente da República, pois de acordo com o art. 68, § 1º e art. 49, XV da CRFB/88, lei delegada não pode tratar de tal matéria, pois é de competência exclusiva do Congresso Nacional.	0 a 0,65	
b) Sim. Há possibilidade de sustação, pelo Congresso Nacional, dos atos normativos do Poder Executivo nas hipóteses previstas no art. 49, V da CRFB/88.	0 a 0,60	
	Valor Total:	

Questão 3		
Quesito avaliado	**Valores possíveis**	**Atendimento ao quesito**
a) O Brasil adotou a República como forma de governo, em que a instituição do poder se dá por meio de eleições e por um período certo de tempo. O Governo representa seu povo e tem o dever de prestar contas. O nosso sistema de governo é o Presidencialista, em que o Presidente exerce o Poder Executivo em toda sua inteireza, acumulando as funções de Chefe de Estado e de Chefe de Governo. Nesse sistema, o órgão do Legislativo não está sujeito à dissolução, eis que os seus membros são eleitos pelo povo para um mandato fixo.	0 a 0,65	
b) Devem ser preenchidos os requisitos de elegibilidade do art. 14, § 3º, da CRFB/88: nacionalidade brasileira originária (art. 12, § 3º, da CRFB/88), o pleno exercício dos direitos políticos, o alistamento eleitoral, o domicílio eleitoral na circunscrição, a filiação partidária e a idade mínima de trinta e cinco anos.	0 a 0,60	
	Valor Total: ___	

Questão 4		
Quesito avaliado	**Valores possíveis**	**Atendimento ao quesito**
a) No que tange ao município, não existe controle de constitucionalidade em face de Lei Orgânica Municipal. Entende a doutrina que a mesma não tem natureza de Constituição, admitindo apenas o controle de legalidade, realizado no sistema difuso.	0 a 0,65	
b) Os ministros do STF já citaram tal expressão para se referir a um estágio transitório entre a constitucionalidade e a inconstitucionalidade de uma lei.	0 a 0,60	
	Valor Total: ___	

SIMULADO 8

► Peça Processual – Valor 5,0

Gustavo Borges, brasileiro, divorciado, é servidor público e ocupa o cargo de operador de pesquisas em determinada secretaria federal, onde recebe como remuneração mensal o valor correspondente a um salário mínimo. Apesar de todo o esforço e empenho em criar seus dois filhos e manter a casa, ele constata, mês a mês, que o seu salário não é capaz de atender a suas necessidades vitais básicas e às de sua família com moradia, alimentação, saúde, lazer, vestuário, higiene, transporte e previdência social, o que fica evidente se consideradas as condições em que vive.

Em consulta a um advogado especializado em Direito Público, Gustavo descobriu que está diante de uma omissão legislativa parcial do poder público, na medida em que há lei regulamentadora do art. 7º, IV c/c art. 39, § 3º da CRFB/88, porém, tal legislação não consegue atender a todo o elencado no dispositivo, estando impossibilitado de exercer o seu direito fundamental plenamente, em razão da falta de um piso geral de remuneração digna e, mesmo após tentativa administrativa, o seu pedido foi negado pelo Poder Público sob a alegação de inexistência de omissão legislativa parcial.

Em face dessa situação hipotética, considerando que a insuficiência do valor correspondente ao salário mínimo configura um claro descumprimento, ainda que parcial, do disposto no art. 7º, IV, da CRFB/88, na qualidade de advogado contratado por Gustavo Borges, redija a petição inicial da ação cabível para a defesa dos interesses de seu cliente, atentando, necessariamente, para os seguintes aspectos: a) competência do órgão julgador; b) legitimidade ativa e passiva; c) argumentos de mérito; d) requisitos formais da peça judicial proposta.

► Questão 1

A Lei Distrital 6060/2011, assim estabelece: "Art. 1º Fica vedada a realização de manifestações públicas, com a utilização de carros aparelhos e objetos sonoros na Praça dos Três Poderes, Esplanada dos Ministérios e Praça do Buriti e vias adjacentes". O Partido Político X, por meio do seu Diretório Nacional, apresenta perante o STF uma Ação Direta de Inconstitucionalidade (ADI) em face da lei, alegando violação ao texto da Constituição. Em face do exposto, responda:

a) A lei objeto de análise é constitucional? (Valor: 0,65).

b) Se o Partido X mudar de opinião durante o trâmite da ação pode requerer a desistência? (0,30)

c) Diretório Regional de partido político pode ser autor de ADI? (Valor: 0,30).

► Questão 2

Ana Beatriz, servidora pública estadual, ingressou no serviço público antes da edição da Constituição da República de 1988, e é regida pela Lei 111/86, estatuto dos servidores públicos do Estado-membro. Sobre a situação funcional de Ana Beatriz, responda justificadamente:

A) O que ocorrerá coma Lei 111 caso ela não tenha sido editada conforme os trâmites do processo legislativo previstos pela atual Constituição (de 1988)? (Valor: 0,65)

B) É possível que Ana Beatriz questione, em ação individual, por meio de controle difuso, a inconstitucionalidade formal da referida lei perante a constituição revogada? (Valor: 0,60)

► Questão 3

Dino Silvestre dos Santos, após vinte e três anos de serviço militar, já sendo Tenente Coronel da aeronáutica, veio a sofrer sua primeira punição disciplinar: a pena de perda de patente.

a) Com base no caso hipoteticamente apresentado acima, responda: o *habeas corpus* é o remédio jurídico adequado ao caso? Explique. (Valor: 0,65)

b) Explique o princípio da universalidade no que tange à legitimidade ativa na ação de *habeas corpus*. (Valor: 0,60)

► Questão 4

O Governador do Estado da Saudade, extremamente populista e visando sua reeleição, sancionou lei que ficou conhecida como "Lei do Café com Leite e Pãozinho" que determina que os empregadores sejam obrigados a fornecer aos seus funcionários um café da manhã, caso estes consigam chegar ao local de trabalho até quinze minutos antes do horário marcado para início das tarefas. A lei é objeto de Ação Direta de Inconstitucionalidade proposta por uma entidade de âmbito nacional que representa os interesses dos empregadores. Com base no exposto, responda os itens a seguir:

a) A referida lei social é compatível com a Constituição Federal? (Valor: 0,65);

b) No julgamento da ação o STF pode adotar efeitos prospectivos ou pro futuro? Se afirmativo, com base em qual dispositivo legal? (Valor: 0,60)

► Espelho

Quesito avaliado	Valores possíveis	Atendimento ao quesito
Endereçamento: Exmo. Sr. Ministro Presidente do Supremo Tribunal Federal	0 a 0,10	

Legitimidade ativa: Gustavo Borges, brasileiro, divorciado, servidor público, portador do RG nº... e do CPF nº ..., endereço eletrônico ..., residente e domiciliado..., nesta cidade,	0 a 0,20	
Legitimidade passiva: Presidente da República e União - Art. 61, § 1º, II, "a" da CRFB/88 e art. 4º da Lei 13.300/16	0 a 0,20	
Identificação da peça: Mandado de Injunção - Art. 5º, LXXI da CRFB/88 e Lei 13.300/16	0 a 0,30	
Competência: Competência do Supremo Tribunal Federal - Art. 102, I, "q", da CRFB/88	0 a 0,30	
Fundamentos: - Cabimento da ação – omissão parcial - Art. 7º, IV c/c art. 39, § 3º da CRFB/88; - Regulamentação parcial em razão das normas serem insuficientes - Art. 2º, parágrafo único da Lei 13.300/16; - Direito fundamental ao salário mínimo capaz de atender a necessidades vitais básicas do trabalhador e às de sua família - Art. 7º, IV da CRFB/88; - Dignidade da Pessoa Humana - Art. 1º, III da CRFB/88; - Ato omissivo parcial do Presidente da República - Art. 61, § 1º, II, "a" da CRFB/88; - Omissão inconstitucional - Jurisprudência do STF sobre o tema.	0 a 2,25	
Pedidos: - Notificação da autoridade omissa; - Ciência do ajuizamento da ação ao órgão de representação judicial da pessoa jurídica interessada; - Intimação do Representante do Ministério Público; - Condenação dos Impetrados em custas processuais; - Que seja reconhecido o estado de mora da autoridade omissa; - Procedência do pedido para que o Tribunal estabeleça o prazo razoável para que o impetrado promova a edição de norma regulamentadora capaz de atender a todo o elencado no art. 7º, IV da CRFB/88; - Juntada de documentos.	0 a 1,35	
Valor da causa de acordo com o art. 291 do CPC/15 ou art. 319, V, do CPC/15, ou art. 319 do CPC/15.	0 a 0,20	
Finalização da peça: Data, nome do advogado, OAB.	0 a 0,10	
	Valor Total: ___	

Questão 1		
Quesito avaliado	**Valores possíveis**	**Atendimento ao quesito**
a) Não, a lei é inconstitucional por vício material, tendo em vista que viola a liberdade de manifestação de pensamento (art. 5°, IV, da CRFB/88) e a liberdade de reunião (art. 5°, XVI, da CRFB/88).	0 a 0,65	
b) Não há desistência na ADI. Art. 5°, da Lei 9868/99.	0 a 0,30	
c) Não. Segundo a jurisprudência do STF, somente o Diretório Nacional.	0 a 0,30	
	Valor Total: ___	

Questão 2		
Quesito avaliado	**Valores possíveis**	**Atendimento ao quesito**
a) Ana Beatriz continuará sendo regida pela lei 111/86, que não é formalmente inconstitucional, pois quando nova constituição é editada, somente são consideradas não recepcionadas as normas que contenham incompatibilidade material com a mesma. Ou seja, a incompatibilidade analisada é a de conteúdo e não de forma, que é regida pelo princípio do *tempus regit actum*.	0 a 0,65	
b) É possível que se questione perante qualquer órgão jurisdicional, em um caso concreto, incidentalmente, a invalidade formal de ato legislativo que foi editado em desacordo com os requisitos exigidos para a sua formação.	0 a 0,60	
	Valor Total: ___	

Questão 3		
Quesito avaliado	**Valores possíveis**	**Atendimento ao quesito**
a) Não, pois de acordo com a súmula 694 do STF não é cabível o HC contra a imposição de pena de exclusão de militar ou de perda de patente ou de função pública. Não há risco à liberdade de locomoção.	0 a 0,65	
b) Tal princípio traduz que qualquer pessoa natural, nacional ou estrangeira, em favor de si ou de outra pessoa, ou pessoa jurídica, em favor de pessoa natural, poderá ajuizar a ação. Também não há necessidade de advogado para impetrar o HC.	0 a 0,60	
	Valor Total: ___	

Questão 4		
Quesito avaliado	**Valores possíveis**	**Atendimento ao quesito**
a) Não, pois a lei versa sobre direito do trabalho, matéria de competência privativa da União, de acordo com o art. 22, I da CRFB/88. Logo, não pode o estado-membro legislar sobre tal matéria, sendo a referida lei inconstitucional por vício formal subjetivo ou orgânico.	0 a 0,65	
b) Sim. De acordo com o art. 27 da Lei 9868/99. É a técnica da modulação temporal dos efeitos da decisão e depende do voto de 2/3 dos Ministros para ser adotada.	0 a 0,60	
	Valor Total: ___	

SIMULADO 9

► Peça Processual – Valor: 5,0

Ivanilda Cardoso, brasileira, divorciada, enfermeira, é portadora de hemoglobinúria paroxística noturna (HPN), rara patologia que causa a destruição dos glóbulos vermelhos no sangue, cujo tratamento necessita da utilização do medicamento Eculizumab, conforme comprovado por laudos médicos. Como o produto não é produzido no Brasil e não possui recursos para adquiri-lo, Ivanilda solicitou à Secretaria de Saúde do Estado TUV o referido medicamento, mas a mesma, por meio do Secretário de Saúde, manifestou-se por escrito acerca da ausência do Eculizumab, por não fazer parte do Programa de Medicamentos Excepcionais do SUS. Ademais, nesse documento, o Secretário de Saúde do Estado alegou que o ente federativo em referência tem envidado esforços no sentido de prover a população dos serviços de saúde de forma ampla e eficiente, inclusive o fornecimento de medicamentos em geral; todavia, os recursos públicos são limitados, o que impele o gestor público a adotar uma política que atente aos princípios da economicidade das ações e do custo-benefício dos tratamentos. Ivanilda, que depende desse medicamento para manter-se viva, procura o seu escritório de advocacia, objetivando ingressar com ação para obter com urgência o referido medicamento, tendo em vista que o documento denegando o remédio foi recebido ontem. Em face dessa situação hipotética, na qualidade de advogado contratado por Ivanilda, redija a petição inicial da ação cabível com procedimento especial para a defesa dos interesses de sua cliente, atentando, necessariamente, para os seguintes aspectos: a) pedido de assistência judiciária gratuita; b) competência do órgão julgador; c) legitimidade ativa e passiva; d) argumentos de mérito; e) tutela de urgência.

► Questão 1

Lei produzida no Distrito Federal determina a submissão das desapropriações à aprovação prévia da Câmara Legislativa do Distrito Federal. Sobre o assunto, responda:

a) A referida norma é constitucional? Justifique. (Valor: 0,60)

b) Lei do Distrito Federal pode ser objeto de Ação Direta de Inconstitucionalidade? A lei Orgânica do Distrito Federal é parâmetro do controle de constitucionalidade? (Valor: 0,65)

► Questão 2

Mévio, cidadão residente e eleitor do Estado C, viveu sua infância no Estado D. Por entender que certo Deputado Federal, no exercício de sua função, e no âmbito territorial do Estado D, praticou ato lesivo ao patrimônio público do ente ao qual está vinculado, Mévio propôs ação popular em vara federal da seção judiciária de D. O Deputado Federal, em sua contestação, alega a incompetência do juízo de 1º grau, com o fundamento de que possui foro privilegiado, e a ilegitimidade ativa de Mévio.

Responda aos seguintes questionamentos:

a) Qual o órgão competente para conhecer a ação popular ajuizada em face do Deputado Federal? Justifique. (Valor: 0,65)

b) Mévio teria legitimidade ativa para ajuizar a ação popular na seção judiciária de F? (Valor: 0,60)

► Questão 3

Está disposto na Constituição do Estado do Pará que:

"Vagando os cargos de Governador e de Vice-Governador do Estado, far-se-á eleição noventa dias depois de aberta a última vaga.

§ 1º Ocorrendo a vacância no último ano do período governamental, a eleição para ambos os cargos será feita trinta dias depois da última vaga, pela Assembleia Legislativa, na forma da lei.

§ 2º Em qualquer dos casos, os eleitos deverão completar o período de seus antecessores."

À luz da jurisprudência do STF, responda os questionamentos a seguir:

a) A referida norma estadual é compatível com a Constituição Federal? Justifique. (Valor: 0,65).

b) As normas de observância obrigatórias presentes na Constituição do Estado podem ser parâmetro do controle estadual? (Valor: 0,60).

► Questão 4

Marco é Deputado Estadual pelo Estado X, em exercício do segundo mandato consecutivo no cargo. Em face do exposto, responda:

a) Sua filha, Lara, poderá concorrer ao cargo de Prefeita pelo Município P, localizado no Estado X? Seu cunhado, Francisco, poderá concorrer ao cargo de vereador pelo Município K, localizado no mesmo Estado? (Valor: 0,65)

b) Para concorrer à reeleição, Marco deverá se desincompatibilizar? (Valor: 0,60)

▶ Espelho

Quesito avaliado	Valores possíveis	Atendimento ao quesito
Endereçamento: Exmo. Sr. Desembargador Presidente do Tribunal de Justiça do Estado TUV	0 a 0,50	
Identificação da peça: Mandado de Segurança – art. 5°, LXIX e Lei 12.016/09	0 a 0,50	
Impetrante: Ivanilda Cardoso (0,20) Impetrado: Secretário de Saúde do Estado TUV (0,15) e Estado TUV (0,15)	0 a 0,50	
Tempestividade – art. 23, da Lei 12.016/09	0 a 0,30	
Pedido de gratuidade de justiça – preenchimento dos requisitos contidos – no art. 99, § 3°, do CPC (0,20) – e art. 5°, LXXIV, da CRFB/88. (0,20)	0 a 0,40	
Tutela de Urgência (cautelar/liminar) – art. 7°, III, da Lei 12.016/09 e art. 300 do CPC. *Fumus boni iuris* e *Periculum in mora* ou probabilidade do direito e o perigo de dano ou o risco ao resultado útil do processo.	0 a 0,40	
Fundamentação: – Existência de prova pré constituída; (0,20) – Direito ao mandado de segurança – art. 5°, LXIX da CRFB/88 e Lei 12.016/09; (0,20) – Direito líquido e certo ao medicamento; (0,20) – Princípio da Dignidade da Pessoa Humana (art. 1°, III da CRFB/88); (0,20) – Direito à vida; (0,20) – Direito à saúde (arts. 6° e 196 da CRFB/88) (0,30)	0 a 1,30	
Pedidos: – Concessão da cautelar/liminar; (0,10) – Notificação da autoridade coatora para que preste as informações que entender pertinentes ao caso; (0,10) – Que seja dada ciência à pessoa jurídica; (0,10) – A intimação do Representante do Ministério Público; (0,10) – A condenação do Impetrado em custas processuais; (0,10) – A juntada dos documentos; (0,10) – Que ao final seja julgado procedente o pedido para que a impetrante receba o medicamento necessário ao seu tratamento. (0,10)	0 a 0,70	
Valor da causa de acordo com o art. 291 do CPC/15 ou art. 319, V, do CPC/15, ou art. 319 do CPC/15.	0 a 0,40	
	Valor Total: ___	

Questão 1		
Quesito avaliado	**Valores possíveis**	**Atendimento ao quesito**
a) Não. A norma é inconstitucional, pois invade a competência legislativa privativa da União estabelecida no art. 22, II da CRFB/88.	0 a 0,60	
b) Tendo em vista a competência legislativa híbrida do DF, só podem ser objeto de ADI os atos normativos editados no exercício de competência estadual. Os editados no exercício de competência municipal não poderão ser objeto da referida ação. A lei orgânica do DF tem natureza de Constituição Estadual, sendo, portanto, parâmetro para o controle de constitucionalidade abstrato de normas distritais.	0 a 0,65	
	Valor Total: ___	

Questão 2		
Quesito avaliado	**Valores possíveis**	**Atendimento ao quesito**
a) A ação foi proposta no órgão competente, ou seja, em órgão de 1º grau da Justiça Federal, em virtude do disposto no art. 5º da Lei n. 4.717/65 e no art. 102 da CRFB/88. O STF já decidiu reiteradamente que o rol de competências originárias fixadas na CRFB/88 é taxativo, e que a prerrogativa de foro, unicamente invocável em procedimentos de caráter penal, não se estende às causas de natureza civil. Logo, não são de sua competência originária as ações populares, ainda que o réu seja autoridade que tenha foro por prerrogativa de função no STF.	0 a 0,65	
b) Sim, pois conforme jurisprudência do STJ, o fato de o cidadão ser eleitor em Município diverso daquele onde ocorreram as irregularidades não o impede de ajuizar ação popular, o que poderá ser feito em qualquer seção judiciária, pois a legitimidade ativa da ação é deferida ao cidadão. A condição de eleitor configura meio de prova documental da cidadania.	0 a 0,60	
	Valor Total: ___	

Questão 3		
Quesito avaliado	**Valores possíveis**	**Atendimento ao quesito**
a) Sim, pois segundo orientação do STF, em nome da autonomia e auto-organização do Estado o art. 81, § 1º, da CRFB/88 não é de observância obrigatória no plano estadual.	0 a 0,65	
b) Segundo a orientação do STF todas as normas da Constituição do Estado servem como parâmetro do controle estadual.	0 a 0,60	
	Valor Total: ___	

Questão 4		
Quesito avaliado	**Valores possíveis**	**Atendimento ao quesito**
a) Sua filha e seu cunhado poderão concorrer aos cargos apontados, tendo em vista que a inelegibilidade reflexa, estabelecida no art. 14, § 7º, da CRFB/88, refere-se à família dos membros do Poder Executivo apenas, não se estendendo aos membros do legislativo.	0 a 0,65	
b) Não, pois a desincompatibilização, estabelecida no art. 14, § 6º da CRFB/88 não é exigida para os cargos do legislativo, estando associada aos chefes do Poder Executivo.	0 a 0,60	
	Valor Total: ___	

SIMULADO 10

► Peça Processual – Valor: 5,0

Em decisão em sede de ADI publicada no dia 29 de outubro de 2013, o Plenário do STF assentou o entendimento de que o art. 78 do ADCT, incluído pela Emenda Constitucional nº 30, de 13/09/00, ao admitir a liquidação "em prestações anuais, iguais e sucessivas, no prazo máximo de dez anos" dos "precatórios pendentes na data de promulgação" da emenda, violou o direito adquirido do beneficiário do precatório, o ato jurídico perfeito e a coisa julgada e atentou, ainda, contra a independência do Poder Judiciário, razão por que suspendeu a eficácia do art. 2º da Emenda Constitucional n. 30/2000, que introduziu o art. 78 no Ato das Disposições Constitucionais Transitórias.

O Tribunal de Justiça do Estado do Rio de Janeiro, em sede de Apelação cível, no dia 1º de agosto de 2016, com fundamento na aplicação do referido dispositivo negou provimento ao recurso impetrado por Mévio, beneficiário de precatório atingido pela referida emenda.

Diante da clara violação à decisão do STF na ADI mencionada, redija o instrumento processual constitucional adequado para levar o caso de Mévio diretamente perante a Corte Constitucional.

► Questão 1

Conforme preceitua o art. 62, *caput*, da CRFB/88: "Em caso de relevância e urgência, o Presidente da República poderá adotar medidas provisórias, com força de lei, devendo submetê-las de imediato ao Congresso Nacional."

Sobre a temática, responda aos seguintes questionamentos:

a) Quais os limites para edição de Medidas Provisórias? (Valor: 0,65)

b) É possível Constituição Estadual prever edição de medida provisória pelo Governador do Estado? Nesse caso, a norma constitucional estadual poderia estabelecer limites diferentes daqueles previstos na Constituição da República Federativa do Brasil? Seria possível o controle jurisdicional dos requisitos de relevância e urgência da medida provisória? (Valor: 0,60)

► Questão 2

Ricardo, viciado em jogos de azar, contraiu dívidas com Bruno a fim de pagar seu adversário, a quem devia cinquenta mil reais em razão de vultosas apostas em moeda corrente. Ricardo sabe que tem direito constitucional a liberdade, já que a Constituição Federal de 1988 não admite a prisão civil por dívida de tal espécie. Ocorre que na última semana foi publicada a Lei 899/15, que veio a restringir o direito de liberdade do cidadão, autorizando a prisão em tal caso, em afronta à Constituição.

Ricardo encontra-se na iminência de sofrer violação de direito seu assegurado constitucionalmente, podendo se socorrer do Poder Judiciário para evitar a incidência dessa norma violadora de seu direito.

Diante do caso hipoteticamente apresentado, responda fundamentadamente:

a) Explique as diferenças entre o sistema de controle de constitucionalidade que poderá ser suscitado em juízo por Ricardo, e o controle de constitucionalidade que poderá vir ser realizado pela OAB, considerando que esta, no caso, não é lesada. (Valor: 0,65)

b) O objeto principal das duas ações será o pedido de declaração de inconstitucionalidade da lei? Explique. (Valor: 0,60)

► Questão 3

A atual redação da Constituição da República pode ser alterada, conforme previsto em seu texto. Trata-se de reforma constitucional, que pode ser realizada pelo chamado Poder reformador, espécie do Poder Constituinte derivado. Com base no exposto, responda aos quesitos a seguir:

a) O texto da Constituição pode ser modificado como bem entenda o órgão reformador? Caso negativo: existem limitações para a reforma do seu conteúdo? Quais seriam? (Valor: 0,65)

b) Sabemos que o voto hoje é obrigatório. Seria possível que após uma reforma política se pretendesse instituir o voto facultativo por meio de emenda constitucional? (Valor: 0,60)

► Questão 4

Antônio foi condenado pela Justiça Federal de primeiro grau pela prática de crimes que colocaram em risco a própria estrutura institucional do país, conhecidos como crimes políticos. Contratado como advogado de Antônio para defendê-lo na fase recursal, responda os questionamentos a seguir:

a) Qual é o recurso a ser interposto em face da referida decisão? (Valor: 0,45)

b) É possível que lei ordinária ou complementar federal amplie as competências do STF? (Valor: 0,40)

c) Que significa o instituto da Repercussão Geral em recurso extraordinário, criado pela EC 45/04? (Valor: 0,40)

▶ Espelho

Quesito avaliado	Valores possíveis	Atendimento ao quesito
Endereçamento: Exmo. Sr. Ministro Presidente do Supremo Tribunal Federal.	0 a 0,50	
Identificação da peça: Reclamação Constitucional – art. 102, I, "l" da CRFB/88 e art. 988, II do CPC.	0 a 1,00	
Fundamentação: – Decisão do Tribunal de Justiça do Estado do Rio de Janeiro que descumpriu decisão proferida pelo STF. – Art. 102, § 2° da CRFB/88 e art. 28, parágrafo único da Lei 9868/99; – Art. 988, II do CPC; – Direito adquirido, ato jurídico perfeito e coisa julgada – art. 5°, XXXVI da CRFB/88; – Princípio da separação de poderes.	0 a 2,00	
Pedidos: – Concessão da tutela de urgência para suspender a decisão impugnada; – Citação do beneficiário da decisão impugnada para apresentar a sua contestação; – Oitiva/requisição da autoridade Reclamada; – Oitiva do Procurador-Geral da República; – Juntada de documentos; – Procedência do pedido para que seja cassada a decisão judicial e proferida nova decisão.	0 a 1,00	
Valor da causa de acordo com o art. 291 do CPC/15 ou art. 319, V, do CPC/15, ou art. 319 do CPC/15.	0 a 0,50	
	Valor Total: ___	

Questão 1		
Quesito avaliado	**Valores possíveis**	**Atendimento ao quesito**
a) A medida provisória encontra limites materiais (§ 1º, do art. 62, da CRFB/88), limites temporais (§§ 2º e 7º do referido artigo) e limites circunstanciais (§ 10 do mesmo dispositivo).	0 a 0,65	
b) Sim, pois a Constituição Estadual poderá criar Medidas Provisórias. Por outro lado, a norma constitucional estadual deverá guardar os mesmos requisitos e limites da norma da Constituição Federal, face ao mandamento da simetria das normas. O STF admite o exame jurisdicional do mérito dos requisitos de relevância e urgência na edição de medida provisória em casos excepcionais, em que a ausência desses pressupostos seja evidente.	0 a 0,60	
	Valor Total: ___	

Questão 2		
Quesito avaliado	**Valores possíveis**	**Atendimento ao quesito**
a) O controle de constitucionalidade realizado por Ricardo, próprio lesado, segue a via difusa, como defesa de direito assegurado constitucionalmente. O controle de constitucionalidade realizado pela OAB segue a via concentrada, sendo cabível a ação direta de inconstitucionalidade.	0 a 0,65	
b) A declaração de inconstitucionalidade é o pedido específico da ação direta de inconstitucionalidade promovida pela OAB. No caso do controle difuso, o pedido é a proteção do direito assegurado constitucionalmente e violado pela Lei 899/15, dessa forma, o Poder Judiciário analisará incidentalmente a constitucionalidade da lei que é necessária para solucionar o litígio, não sendo o objeto principal da ação.	0 a 0,60	
	Valor Total: ___	

Questão 3		
Quesito avaliado	**Valores possíveis**	**Atendimento ao quesito**
a) Sim, existem. O conteúdo da CRFB/88 encontra-se protegido de forma expressa pelas chamadas "cláusulas pétreas", previstas no art. 60, § 4º. Segundo parte da doutrina, além dos limites expressos, as emendas enfrentam limitações materiais implícitas, tais como: a forma republicana de Governo; o sistema presidencialista de governo, a titularidade do poder constituinte e a impossibilidade de alteração do próprio artigo 60, da CRFB/88 visando facilitar o processo legislativo referente às emendas;	0 a 0,65	
b) Sim, pois a obrigatoriedade do voto não está prevista expressamente no art. 60, § 4º, II, da CRFB/88. Logo, o voto obrigatório não é cláusula pétrea, podendo vir a ser objeto de emenda constitucional que pretenda transformá-lo em facultativo.	0 a 0,60	
	Valor Total: ___	

Questão 4		
Quesito avaliado	**Valores possíveis**	**Atendimento ao quesito**
a) Recurso Ordinário dirigido ao STF, de acordo com o art. 102, II, "b" da CRFB/88.	0 a 0,45	
b) Não. As competências dos Tribunais Superiores e do STF só podem ser alteradas por emendas constitucionais, e não por norma infraconstitucional.	0 a 0,40	
c) Trata-se de um requisito de admissibilidade do recurso, instrumento de filtragem recursal. O recorrente deverá comprovar a relevância da matéria, em um de seus aspetos (social, cultural, econômico ou político) e, também, a transcendência dos interesses subjetivos das partes na causa, conforme art. 102, § 3º da CRFB/88 e art. 1.035 do CPC.	0 a 0,40	
	Valor Total: ___	

SIMULADO 11

► Peça Processual – Valor 5,0

O Partido Político da Alegria, interessado nas discussões relacionadas aos planos de saúde, pretende questionar a qualidade da Lei Estadual 777/16, que fixou prazos máximos, segundo a faixa etária dos usuários, para a autorização de exames pelas operadoras de plano de saúde.

Um dos líderes do Partido, advogado estudioso, sustenta que a referida lei pretendeu regulamentar relações contratuais, o que não seria possível.

Na qualidade de advogado (a) do partido político, elabore a peça cabível, observando: a) competência do juízo; b) legitimidade ativa e passiva; c) fundamentos de mérito constitucionais e legais vinculados; d) requisitos formais da peça; e) tutela de urgência.

► Questão 1

Em razão de investigações promovidas por Comissões Parlamentares de Inquérito e pelo Ministério Público Federal, empresários do ramo imobiliário e da construção civil estão na iminência de serem denunciados por terem, juntamente com Deputados Federais, promovido esquema de compra de votos. Na qualidade de advogado(a) contratado(a) pelos empresários envolvidos no caso apresentado, responda aos seguintes questionamentos:

a) O STF será competente para processar e julgar os acusados que não são parlamentares? (Valor: 0,65)

b) Caso o STF decida pela condenação dos parlamentares, como deverão ser interpretados os dispositivos do art. 55, VI, c/c § 2°, da CRFB/88? (Valor: 0,60)

► Questão 2

A Emenda Constitucional 26/2015, que alterou a Constituição do Estado da Surpresa, instituiu a possibilidade de que a Corte de Contas Estadual sustasse diretamente contratos administrativos irregulares e que também anulasse procedimentos licitatórios. Sobre o enunciado responda aos quesitos abaixo fundamentadamente:

a) A Emenda acima anunciada é compatível com a Constituição Federal? (0,45)

b) Como é feita a nomeação dos membros do Tribunal de Contas Estadual? (0,40)

c) A vedação prevista no art. 31, § 4°, da CRFB/88 se estende aos Estados? É possível a criação de Cortes de Contas Municipais? (0,40)

► Questão 3

Sabe-se que a violação de normas constitucionais pelo poder público pode ocorrer não só por ação, mas também por omissão. A Constituição da República traz instrumentos que garantem a sua própria supremacia diante de omissões. Tais instrumentos, apesar de aparentemente semelhantes, possuem características distintas.

Identifique tais instrumentos e faça uma análise comparativa dos mesmos, apontando as principais diferenças entre eles. (Valor: 1,25)

► Questão 4

A Empresa Imaginação Ltda. impetrou mandado de segurança em face da Caixa Econômica Federal visando anular ato do Presidente da Comissão de Licitação que, nos autos do contrato para prestação de serviços de reforma nas agências bancárias, aplicou a penalidade de multa por atraso da obra. Diante da narrativa, responda:

a) O mandado de segurança é o mecanismo adequado para impugnar a multa imposta pela Caixa Econômica? (Valor: 0,65)

b) É cabível mandado de segurança contra lei em tese? (Valor: 0,60)

► Espelho

Quesito avaliado	Valores possíveis	Atendimento ao quesito
Endereçamento: Exmo. Sr. Ministro Presidente do Supremo Tribunal Federal	0 a 0,50	
Identificação da peça: Ação Direta de Inconstitucionalidade – art. 102, I, "a", da CRFB/88 e Lei 9.868/99	0 a 0,50	
Legitimidade ativa: Partido Político da Alegria – legitimado universal (0,25) Demonstração da representação do Partido no Congresso Nacional (0,25)	0 a 0,50	
Representação do Partido Político por seu Diretório Nacional	0 a 0,50	
Medida Cautelar – arts. 10 a 12 da Lei 9.868/99. *Fumus boni iuris* e *Periculum in mora*	0 a 0,50	
Fundamentação: – Art. 102, I, "a", CRFB/88; – Lei 9.868/99; – Violação de competência federativa – violação formal; – Competência da União para legislar sobre direito civil, art. 22, I, da CRFB/88; – A repartição de competências e o princípio da predominância de interesses.	0 a 1,50	

Quesito avaliado	Valores possíveis	Atendimento ao quesito
Pedidos: – Concessão da medida cautelar para suspender a norma impugnada e, ao final, a procedência do pedido, para que seja declarada a inconstitucionalidade da Lei 777/16; – Juntada de documentos; – Que sejam solicitadas informações ao Governador do Estado e à Assembleia Legislativa Estadual; – Citação do Advogado Geral da União; – Oitiva do Procurador– Geral da República.	0 a 0,70	
Valor da causa de acordo com o art. 291 do CPC/15 ou art. 319, V, do CPC/15, ou art. 319 do CPC/15.	0 a 0,30	
	Valor Total: ___	

Questão 1		
Quesito avaliado	**Valores possíveis**	**Atendimento ao quesito**
a) Sim, conforme a súmula 704, STF.	0 a 0,65	
b) De acordo com o entendimento do STF, a Casa Legislativa não poderá deixar de cumprir a decisão judicial.	0 a 0,60	
	Valor Total: ___	

Questão 2		
Quesito avaliado	**Valores possíveis**	**Atendimento ao quesito**
a) Não. A Constituição Estadual deve estabelecer atribuições similares às previstas na Constituição Federal em nome do princípio da simetria, de acordo com o art. 75 da CRFB/88. Não há dispositivo semelhante ao criado pela EC 26/2015 na CRFB/88.	0 a 0,45	
b) A nomeação é feita de acordo com o art. 75, parágrafo único da CRFB/88 e súmula 653 do STF.	0 a 0,40	
c) Não. A vedação é dirigida exclusivamente aos municípios. Desde a promulgação da CRFB/88 não podem ser criados tais órgãos no âmbito municipal.	0 a 0,40	
	Valor Total: ___	

Questão 3		
Quesito avaliado	**Valores possíveis**	**Atendimento ao quesito**
O MI é remédio constitucional que inaugura um processo subjetivo, enquanto a ADO é ação do controle concentrado de constitucionalidade, instaurando um processo objetivo; A finalidade do MI é a defesa de normas constitucionais relacionadas a direitos fundamentais dependentes de regulamentação, enquanto a ADO visa defender as normas constitucionais dependentes de regulamentação; Os efeitos da decisão no MI são, via de regra, *inter partes*, enquanto na ADO são *erga omnes*; No MI não se admite cautelar, enquanto na ADO é admitida; A competência do MI é do STF, STJ e TJs dos Estados, já na ADO a competência é do STF; Quanto à legitimidade ativa, no MI dependerá da modalidade da ação, já na ADO os legitimados são os elencados no art. 103, I a IX da CRFB/88.	0 a 1,25	
	Valor Total: ___	

Questão 4		
Quesito avaliado	**Valores possíveis**	**Atendimento ao quesito**
a) Não, por se tratar de ato de gestão comercial, que não se submete às normas de direito público, de acordo com o art. 1°, § 2° da Lei 12.016/09.	0 a 0,65	
b) Não, de acordo com a Súmula n° 266 do STF. No MS é possível se discutir a constitucionalidade da lei apenas de forma incidental.	0 a 0,60	
	Valor Total:	

SIMULADO 12

► Peça Processual – Valor 5,0

Tícia, brasileira, casada, é hipertensa, cardiopata, portadora de marca-passo, e necessita, sob risco de vida, de diversos medicamentos de uso contínuo, conforme indicado, documentalmente, pelo médico do hospital municipal LMN que a acompanha. Em razão dos altos custos dos medicamentos, Tícia tentou junto ao Sistema Único de Saúde (SUS) e farmácias populares obter os mesmos, sem êxito. Após diversos contatos com a Prefeitura bem como requerimentos formais, em razão do seu péssimo estado de saúde, a mesma recebeu resposta administrativa do Prefeito do Município da Fé, capital do Estado da Perseverança, afirmando que os medicamentos estariam em falta, não sendo possível atender seu pleito.

Indignada, então, Tícia procurou um escritório de advocacia para que fosse apresentada ação adequada na defesa de seu direito, tendo o advogado impetrado um Mandado de Segurança, de competência originária do Tribunal de Justiça do Estado da Perseverança.

O remédio fora denegado, no mérito, sob o argumento da inexistência do referido direito líquido e certo mencionado pela Impetrante. Na qualidade de advogado(a), elabore a peça cabível, contra a decisão que denegou a segurança, observando: a) competência do Juízo; b) legitimidade ativa e passiva; c) fundamentos de mérito constitucionais e legais vinculados; d) os requisitos formais da peça; e) adequação do recurso.

► Questão 1

O Presidente da República, diante da grave perturbação da ordem pública no Estado de Alagoas, decretou estado de defesa, com fundamento nos artigos 84, X e 136, ambos da Constituição Federal. Dispensando a consulta prévia ao Conselho da República e ao Conselho de Defesa Nacional, determinou a medida de exceção pelo prazo de 60 (sessenta) dias, prorrogáveis, por uma única vez, por igual período. O Decreto ainda determinou possibilidade de violação domiciliar durante a noite, desde que com mandado judicial, restrições à liberdade de pensamento e de manifestação artística, bem como suspensão da liberdade de reunião, além de possibilitar a incomunicabilidade de presos, quando necessária à execução das medidas. O ato foi apresentado ao Congresso Nacional em 48 (quarenta e oito) horas para que o apreciasse.

Face ao exposto, analise os requisitos e as medidas determinadas pelo Decreto, à luz da doutrina e da Constituição. (Valor: 1,25)

► Questão 2

Os artigos 34, § 1°, e 170, I, da Consolidação do Regimento Interno da Assembleia Legislativa do Estado de São Paulo dispõem que o pedido assinado por um terço dos Deputados Estaduais para a criação de Comissão Parlamentar de Inquérito será submetido à deliberação em plenário da casa legislativa estadual. Entendendo que houve ofensa ao modelo federal de criação e instauração das Comissões Parlamentares de Inquérito, a Mesa do referido órgão legislativo ajuíza Ação Direta de Inconstitucionalidade perante o STF em face dos dispositivos legais. Com base no exposto, responda os itens a seguir:

a) A ação merece prosperar? Se afirmativo, sob quais argumentos? (Valor: 0,45)

b) A CPI federal pode convocar Ministro de Estado ou quaisquer titulares de órgãos diretamente subordinados à Presidência da República para prestarem, pessoalmente, informações? (Valor: 0,40)

c) A CPI federal pode determinar a constrição de bens dos investigados? E determinar a violação do sigilo telefônico? (Valor: 0,40)

► Questão 3

A EC 45/04 criou o Conselho Nacional de Justiça (CNJ), órgão voltado à reformulação de quadros e meios no Judiciário, sobretudo no que diz respeito ao controle e à transparência administrativa e processual. É órgão interno de controle administrativo, financeiro e disciplinar da magistratura cuja base constitucional se encontra no art. 103-B da CRFB/88. Sobre o assunto, responda:

a) As resoluções do CNJ podem ser objeto de Ação Declaratória de Constitucionalidade? Qual é o órgão responsável para apreciar as ilegalidades cometidas pelo Conselho? (Valor: 0,65)

b) A criação do CNJ violou o pacto federativo, pois teria trazido a supervisão de órgãos judiciários estaduais por um órgão federal? (Valor: 0,60)

► Questão 4

Frederico é prefeito do Município da Luz, cuja população foi submetida a um recente plebiscito para fins de desmembramento do novo Município da Paz, na forma do art. 18, parágrafo 4° da CRFB/88. O povo aprovou a criação do novo Município, que foi instituído pela Lei do Estado PQR, em 10 de maio de 2012. Ricardo, irmão de Frederico, resolve então se candidatar ao cargo de Prefeito pelo Município recém-criado. Com base no exposto, responda aos quesitos abaixo:

a) A candidatura de Ricardo é válida à luz da jurisprudência do STF? (Valor: 0,65)

b) Avalie a constitucionalidade da lei estadual PQR que criou o Município da Paz. (Valor: 0,60)

► Espelho

Quesito avaliado	Valores possíveis	Atendimento ao quesito
Endereçamento da petição de interposição ao Tribunal de Justiça do Estado da Perseverança	0 a 0,50	
Identificação da peça: Recurso Ordinário em Mandado de Segurança – art. 105, II, "b" da CRFB/88 e arts. 1.027 e 1.028 do CPC. Competência do STJ	0 a 0,50	
Recorrente: Tícia (0,20) Recorrido: Prefeito do Município da Fé (0,30)	0 a 0,50	
Tempestividade: 15 dias (art. 1.003, parágrafo 5º do CPC). Preparo: art. 1.007 do CPC.	0 a 0,50	
Fundamentação: – Cabimento do Recurso: art. 105, II, "b", da CRFB/88; – Direito à saúde como um direito social – art. 6º da CRFB/88; – Princípio da dignidade da pessoa humana – art. 1º, III da CRFB/88; – Princípio do mínimo existencial; – Direito líquido e certo; – Direito ao mandado de segurança: art. 5º, LXIX da CRFB/88 e Lei 12.016/09.	0 a 1,50	
Pedidos: Postulação de reforma da decisão para garantir o direito líquido e certo aos medicamentos; Condenação do Recorrido nos ônus de sucumbência.	0 a 1,50	
	Valor Total: ___	

Questão 1		
Quesito avaliado	**Valores possíveis**	**Atendimento ao quesito**
a) Um dos fundamentos para decretação encontra-se equivocado, sendo o correto, o art. 84, IX da CRFB/88, que dispõe sobre o estado de defesa; No que tange à consulta prévia ao Conselho da República e ao Conselho de Defesa Nacional, esta não poderia ter sido dispensada, tendo sido violados os arts. 90, I, 91, § 1°, II e 136 da CRFB/88; Quanto à medida de exceção, de acordo com o art. 136, § 2° da CRFB/88, não pode ser superior a 30 dias, podendo haver apenas uma prorrogação, o que também não foi observado pelo Presidente da República; Em relação às determinações de suspensão da liberdade de reunião, restrições à liberdade de pensamentos e todas as demais apontadas, elas não encontram respaldo constitucional, pois não são admitidas, conforme art. 136, § 1°, da CRFB/88; A apresentação do ato ao Congresso Nacional deve se dar em até 24 hs, conforme preceitua o art. 136, § 4° da CRFB/88, o que também não foi respeitado pelo Presidente da República.	0 a 1,25	
	Valor Total: ___	

Questão 2		
Quesito avaliado	**Valores possíveis**	**Atendimento ao quesito**
a) Sim, pois houve violação da norma estadual ao art. 58, § 3° da CRFB/88, tendo sido também violado o princípio da simetria, bem como o direito das minorias parlamentares.	0 a 0,45	
b) Sim, de acordo com o art. 50 da CRFB/88.	0 a 0,40	
c) Segundo entendimento do STF, a CPI não pode determinar a constrição de bens do investigado, tendo em vista os princípios da reserva de jurisdição e da separação de poderes. Em contrapartida, pode determinar a quebra do sigilo telefônico, ou seja, dos dados telefônicos dos investigados.	0 a 0,40	
	Valor Total: ___	

Questão 3		
Quesito avaliado	**Valores possíveis**	**Atendimento ao quesito**
a) Segundo a orientação do STF, as resoluções do CNJ são consideradas normas primárias, extraídas diretamente da Constituição (art. 103-B) e, por isso, podem ser objeto de ação declaratória de constitucionalidade. O STF, na forma do art. 102, I, "r" da CRFB/88.	0 a 0,65	
b) De acordo com o STF o CNJ não é órgão da União, mas sim do Poder Judiciário nacional, não havendo que se falar, assim, em supervisão administrativa, orçamentária, financeira e disciplinar dos órgãos judiciários estaduais por órgão da União. Ademais, a composição do Conselho reverencia e contempla as duas esferas federativas dotadas de "Justiças", a União e os Estados-membros, os quais contam com representantes das respectivas magistraturas (art. 103-B, I a IX da CRFB/88). Conclui-se que o Conselho não anula, mas reafirma o princípio federativo.	0 a 0,60	
	Valor Total: ___	

Questão 4		
Quesito avaliado	**Valores possíveis**	**Atendimento ao quesito**
a) Não, pois segundo o STF é inelegível para o cargo de prefeito de Município resultante de desmembramento territorial o irmão do atual chefe do Poder Executivo do município-mãe. Inelegibilidade reflexa/relativa, art. 14, parágrafo 7º da CRFB/88.	0 a 0,65	
b) A lei é inconstitucional por violar o art. 18, parágrafo 4º da CRFB/88. Ademais, a EC 57/08, ao acrescentar o art. 96 ao ADCT, regularizou apenas os Municípios criados até 31/12/2006.	0 a 0,60	
	Valor Total: ___	

SIMULADO 13

▶ Peça Processual – Valor 5,0

Caio, brasileiro, farmacêutico, precisa realizar uma artroplastia a fim de sanar grave problema na coluna cervical. Nesse procedimento, o disco lesionado é retirado e substituído por uma prótese articulada, que estabiliza e tenta reproduzir o movimento normal da coluna. Apesar de já ter conseguido agendar o procedimento pelo Sistema Único de Saúde – SUS, Caio dependia da prótese modelo TTT, de alto custo, para realização da mesma. Entretanto, não obteve êxito, pois o Estado HHH sustentou que não forneceria tal objeto.

A fim de solucionar seu problema, contratou um advogado que, com base na Lei Federal 111/13, que garante a liberação ao SUS de inúmeras próteses gratuitamente, inclusive a referida, atribuindo a responsabilidade a todos os entes federados, propôs ação de obrigação de fazer contra o Estado TTT, tendo obtido procedência na sentença. Entretanto, o Estado apresentou apelação questionando, de forma incidental, a constitucionalidade da referida Lei, pugnando pela reforma da sentença. A 2ª Turma do Tribunal de Justiça do Estado declarou a inconstitucionalidade da mesma, reformando a sentença para julgar improcedente o pedido do autor.

Sabendo-se que a decisão do referido órgão violou o art. 97 da Constituição Federal, e que não há obscuridade, omissão ou contradição na mesma, na qualidade de advogado de Caio, apresente a peça cabível para impugnar a decisão judicial citada.

▶ Questão 1

Conforme o art. 58, § 3º, da Constituição da República, as comissões parlamentares de inquérito (CPIs) "terão poderes de investigação próprios das autoridades judiciais". Tendo em vista a jurisprudência predominante do Supremo Tribunal Federal a respeito da interpretação do texto constitucional destacado, explicite as possibilidades e limites da atuação das CPIs em relação às seguintes medidas:

a) Demonstrado, em sede de Comissão Parlamentar de Inquérito, que é indispensável a interceptação das comunicações telefônicas de um dos investigados, a Comissão pode decretar, por ato próprio, a referida interceptação? As decisões da CPI podem ser tomadas pelo Relator da comissão? (0,65)

b) A CPI pode impedir a participação do advogado acompanhando o seu cliente, seja ele investigado ou testemunha? (0,60)

▶ Questão 2

Adelaine logrou êxito no vestibular de Medicina da Universidade Federal do Estado JJJ, autarquia federal, em abril de 2015. Quando foi apresentar a documentação necessária à matrícula na referida instituição, foi surpreendida com a cobrança de uma suposta "taxa de matrícula", instituída como "ajuda de custo" para compra de materiais de limpeza, higiene e demais utensílios de escritório, como papéis, canetas e lápis, em que pese se tratar de um estabelecimento oficial, mantido pela União Federal. Na iminência do início das aulas, Adelaine então procurou um advogado que informou que há, inclusive, súmula vinculante do Supremo Tribunal Federal indicando que a cobrança de taxa de matrícula nas universidades públicas viola o disposto no art. 206, IV, da Constituição Federal. Diante da situação hipotética apresentada, responda:

a) Na qualidade de advogado contratado por Adelaine, qual é a peça judicial aplicável ao caso? (0,65)

b) Súmula Vinculante pode ser objeto de ADPF? (0,60)

▶ Questão 3

Como há muitas farmácias no Município da Saudade, lei local proibiu a instalação de nova farmácia a menos de 400 (quatrocentos) metros de estabelecimento da mesma natureza. À luz da jurisprudência do STF, responda os quesitos abaixo:

A) Pode-se considerar que a lei municipal é constitucional? Se negativo, quais são os princípios pela lei violados? (0,65)

B) Quais são as formas de impugnação de uma lei municipal no controle de constitucionalidade brasileiro? (0,60)

▶ Questão 4

"Nenhum órgão fracionário de qualquer Tribunal dispõe de competência, no sistema jurídico brasileiro, para declarar a inconstitucionalidade de leis ou atos emanados do Poder Público. Essa magna prerrogativa jurisdicional foi atribuída, em grau de absoluta exclusividade, ao Plenário dos Tribunais ou, onde houver, ao respectivo Órgão Especial. Essa extraordinária competência dos Tribunais é regida pelo princípio da reserva de Plenário, inscrito no artigo 97 da Constituição da República. (...)." (RTJ 150/223-224, Rel. Min. Celso de Mello). Em face do exposto, responda:

a) Qual é o princípio que a reserva de plenário visa defender? O art. 97, da CRFB/88 se aplica ao controle difuso e ao concentrado? (0,65)

b) As Turmas Recursais de Juizados Especiais precisam observar o princípio da reserva de plenário? Quando a decisão declara a revogação da norma pré constitucional, há necessidade de se respeitar o referido princípio? (0,60)

▶ Espelho

Quesito avaliado	Valores possíveis	Atendimento ao quesito
Endereçamento da petição de interposição: Exmo. Sr. Desembargador Presidente do Tribunal de Justiça do Estado TTT	0 a 0,40	
Identificação da peça: Recurso Extraordinário – art. 102, III, "a" da CRFB/88 e arts. 1.029 e ss do CPC. Competência do Supremo Tribunal Federal.	0 a 0,60	
Recorrente: Caio (0,20) Recorrido: Estado TTT (0,30)	0 a 0,50	
Cabimento do Recurso: art. 102, III, "a" da CRFB/88. Tempestividade – art. 1.003, parágrafo 5º do CPC.	0 a 0,60	
Preparo – art. 1.007 do CPC (0,20) Prequestionamento – súmula 282 do STF (0,20)	0 a 0,40	
Repercussão geral – Art. 102, § 3º, da CRFB/88 e art. 1.035 do CPC	0 a 0,50	
Fundamentação: – Direito ao Recurso Extraordinário – art. 102, III, "a" da CRFB/88; – Direito à saúde – art. 196 da CRFB/88; – Princípio da Dignidade da Pessoa Humana; – Violação ao Princípio da Reserva de Plenário – art. 97 da CRFB/88.	0 a 1,00	
Pedidos: – Provimento ao recurso para que seja reformada a decisão do Tribunal de Justiça do Estado TTT; – Intimação do Procurador Geral da República; – Condenação do Recorrido nos ônus sucumbenciais.	0 a 1,00	
	Valor Total: ___	

Questão 1		
Quesito avaliado	**Valores possíveis**	**Atendimento ao quesito**
a) Segundo a jurisprudência do STF a Comissão Parlamentar de Inquérito não pode decretar a interceptação telefônica na forma do art. 5°, XII da CRFB/88, vez que tal ato só pode ser determinado por autoridade judiciária, tendo em vista os princípios da reserva de jurisdição, do poder de cautela do juiz e da separação de poderes. As decisões em sede de CPI não podem ser tomadas pelo Relator, pois devem observar o princípio da colegialidade.	0 a 0,65	
b) A CPI não pode impedir a presença de advogado, diante do art. 133, da CRFB/88.	0 a 0,60	
	Valor Total: ___	

Questão 2		
Quesito avaliado	**Valores possíveis**	**Atendimento ao quesito**
a) A peça judicial adequada ao caso é o Mandado de Segurança, previsto no art. 5°, LXIX da CRFB/88, com base no art. 103-A, § 3° da CRFB/88 c/c art. 7°, § 1° da Lei 11.417/06.	0 a 0,65	
b) Segundo jurisprudência clássica do STF as súmulas, vinculantes ou não vinculantes, não podem ser objeto de ADPF.	0 a 0,60	
	Valor Total: ___	

Questão 3		
Quesito avaliado	**Valores possíveis**	**Atendimento ao quesito**
a) A lei municipal é inconstitucional por violar os princípios da livre concorrência, da defesa do consumidor e da liberdade do exercício das atividades econômicas, que informam o modelo de ordem econômica consagrado pela Constituição da República (art. 170). Houve ofensa à Súmula 646 do STF e também à Súmula Vinculante 49.	0 a 0,65	
b) No controle concentrado federal de constitucionalidade brasileiro, a única ação que pode ter como objeto uma lei municipal é a ADPF. Também é possível impugnar lei municipal em sede de controle difuso de constitucionalidade. No plano estadual, também pode ser objeto de RI (art. 125, § 2°, da CRFB/88).	0 a 0,60	
	Valor Total: ___	

Questão 4		
Quesito avaliado	**Valores possíveis**	**Atendimento ao quesito**
a) Visa defender o princípio da presunção de constitucionalidade das leis. O art. 97 da CRFB/88 deve ser observado no controle difuso e também no concentrado.	0 a 0,65	
b) As turmas recursais não se configuram como tribunais. Portanto, não precisam observar o princípio da reserva de plenário. Também não é necessária a observância ao princípio no caso de não recepção de normas anteriores à Constituição Federal, pois nesse caso não há declaração de inconstitucionalidade da norma.	0 a 0,60	
	Valor Total: ___	

SIMULADO 14

▶ Peça Processual – Valor 5,0

Em abril de 2015, o Ministério Público abriu inquérito civil para checar atos de improbidade administrativa realizados pelo Prefeito de Cachoeira Bonita, município situado no interior do Estado AAA. Os atos de improbidade consistiriam na realização de diversas compras para o município com burla ao procedimento licitatório estabelecido pela Lei 8.666/93 e que envolveriam atuações do próprio Prefeito, Sr. Autran, e do chefe do gabinete civil, Sr. Gilberto. Ficou comprovado, no curso das investigações, que o chefe do gabinete civil recebeu vantagem econômica, em dinheiro, de várias empresas que contratavam com o poder público. Ficou comprovado, também, o aumento patrimonial do chefe do gabinete civil, desproporcional aos seus ganhos, mas não o do Prefeito. Com isso, já agora em fevereiro de 2016, o Ministério Público ajuíza ação civil pública em face do Prefeito, do Município e de seu chefe de gabinete, fazendo menção a todos os atos de improbidade realizados por esse último, perante o Tribunal de Justiça do Estado AAA. Transtornado com a ação proposta o Prefeito procura você para apresentar a sua defesa.

▶ Questão 1

Sabe-se que a saúde pública no país está bem aquém do que determina a Constituição de 1988. Diante de inúmeras ações judiciais sobre medicamentos e no intuito de desenvolver um debate com a sociedade sobre o tema, o Presidente do STF convocou uma audiência pública. Sobre o tema, responda:

a) Quem será ouvido em audiência pública? Quais dispositivos regulam a matéria? (Valor: 0,65)

b) Entidades já admitidas no processo na qualidade de *amicus curiae* precisam se inscrever para participar da audiência? (Valor: 0,60)

▶ Questão 2

Considere a seguinte situação hipotética:

A Constituição do Estado do Rio de Janeiro estabeleceu prerrogativa de foro funcional para julgamento dos Vereadores por crimes comuns, bem como imunidade material no âmbito territorial de cada Município, em harmonia com o art. 29, VIII, da CRFB/88.

Sobre o assunto, responda:

a) Qual é o órgão competente para julgar vereadores por crimes dolosos contra a vida no Rio de Janeiro? (Valor: 0,65)

b) A prerrogativa de foro e a imunidade material podem ser objeto de renúncia? (Valor: 0,60)

► Questão 3

O Estado da Fé aprovou a lei 222/16 que incluiu a disciplina de formação para o trânsito nos currículos do 1° e do 2° graus de ensino da rede pública estadual.

A esse respeito, responda aos itens a seguir:

A) A referida lei estadual é constitucional? (Valor: 0,65)

B) Um Governador de outro Estado pode ajuizar ADI ou ADPF contra esta lei? Explique. (Valor: 0,60)

► Questão 4

O Conselho Nacional de Justiça (CNJ) editou uma resolução proibindo o nepotismo no âmbito do Poder Judiciário. Diante de muitas decisões judiciais controvertidas sobre a aplicação da resolução, o Conselho Federal da OAB propôs uma Ação Declaratória de Constitucionalidade (ADC) perante o STF para defender a constitucionalidade da norma.

A respeito da situação acima, responda aos itens a seguir, utilizando os argumentos jurídicos apropriados e a fundamentação legal pertinente ao caso.

a) É possível a propositura da ADC para defender a constitucionalidade da referida resolução? (Valor: 0,45)

b) O Conselho Federal da OAB tem legitimidade para a propositura daquela ADC? (Valor: 0,40)

c) Pode um Estado instituir uma ADC no plano estadual? Nesse caso, qual o instrumento jurídico apto à criação do instituto? (Valor: 0,40)

▶ Espelho

Quesito avaliado	Valores possíveis	Atendimento ao quesito
Endereçamento: Exmo. Sr. Desembargador Presidente do Tribunal de Justiça do Estado AAA	0 a 0,50	
Identificação da peça: Contestação à ação civil pública – art. 335 e ss. do CPC	0 a 0,50	
Tempestividade – art. 335 do CPC	0 a 0,50	
Preliminar: – Incompetência absoluta do Tribunal de Justiça do Estado AAA (1,50).	0 a 1,50	
Fundamentação: – Princípio da presunção de inocência (art. 5°, LVII, da CRFB/88); – Ausência de provas; – Má-fé; -Não há violação aos princípios que norteiam a Administração Pública (art. 37, *caput* da CRFB/88).	0 a 1,00	
Pedidos: – Preliminarmente, seja reconhecida a preliminar de incompetência absoluta do Tribunal; – No mérito, que julgue improcedente os pedidos formulados na inicial, condenando o Autor nos ônus da sucumbência; – Provar o alegado por todos os meios de prova previstos em lei, especialmente pelos documentos ora juntados aos autos.	0 a 1,00	
	Valor Total: ___	

Questão 1		
Quesito avaliado	**Valores possíveis**	**Atendimento ao quesito**
a) Serão ouvidos especialistas em questões técnicas, científicas, administrativas, políticas, econômicas e jurídicas. Pessoas com experiência e autoridade na matéria submetida ao Tribunal, de acordo com os arts. 13, XVII, e 21, XVII, do RISTF. A matéria é regulada pelos seguintes dispositivos: art. 9°, § 1°, da Lei 9.868/99; art. 6°, § 1°, da Lei 9.882/99.	0 a 0,65	
b) Sim. A entidade, se entender conveniente, poderá indicar especialista e solicitar participação na audiência.	0 a 0,60	
	Valor Total: ___	

Questão 2		
Quesito avaliado	**Valores possíveis**	**Atendimento ao quesito**
a) Será competente o Tribunal do Júri, de acordo com a Súmula 721 do STF e a Súmula Vinculante 45.	0 a 0,65	
b) Não, pois pertencem ao cargo, e não ao parlamentar, já que funcionam como garantias de independência de exercício funcional.	0 a 0,60	
	Valor Total: ___	

Questão 3		
Quesito avaliado	**Valores possíveis**	**Atendimento ao quesito**
a) A lei é constitucional, pois o art. 24, IX, da CRFB/88 atribui competência concorrente à União, aos Estados e ao Distrito Federal para legislar sobre educação, cultura, ensino e desporto. Esta lei trata de educação no trânsito e não sobre trânsito e transporte, que seria de competência privativa da União Federal (Art. 22, XI, CRFB/88).	0 a 0,65	
b) Não, uma vez que, de acordo com a jurisprudência do STF, o Governador do Estado é legitimado especial, o que significa que só pode ajuizar a ação se demonstrar a existência de pertinência temática entre o interesse do Estado e o objeto da ação, o que não ocorre no caso concreto.	0 a 0,60	
	Valor Total: ___	

Questão 4		
Quesito avaliado	**Valores possíveis**	**Atendimento ao quesito**
a) Sim. De acordo com a jurisprudência do STF, as resoluções do CNJ são consideradas normas primárias, extraídas diretamente da Constituição (art. 103-B da CRFB/88) e por isso podem ser objeto de ação declaratória de constitucionalidade.	0 a 0,45	
b) Sim. De acordo com o art. 103, VII da CRFB/88.	0 a 0,40	
c) Sim. O instrumento jurídico apto para sua criação é a Constituição Estadual ou uma emenda à Constituição do Estado.	0 a 0,40	
	Valor Total: ___	

SIMULADO 15

▶ Peça Processual – Valor: 5,0

Antônio Paulo, professor, casado, cidadão brasileiro em dia com suas obrigações tributárias, tentou obter acesso aos dados concernentes ao pagamento de seus tributos, constantes no Sistema de Conta Corrente de Pessoa Jurídica (Sincor), mantido pela Secretaria da Receita Federal. Tais dados são de seu interesse e necessários para serem utilizados como prova em futura ação judicial.

Tendo em vista a negativa da referida informação em todas as instâncias administrativas, por escrito e fundamentada no sigilo, em razão do último ato praticado pelo Ministro da Fazenda, na qualidade de advogado (a) de Antônio, redija a petição inicial da ação a ser proposta para acessar os dados observando: Competência do juízo; Legitimidade ativa e passiva; Fundamentos de mérito constitucionais e legais vinculados; Os requisitos formais da peça inaugural.

▶ Questão 1

Lei do Município da Aprovação, de iniciativa da Câmara de Vereadores, estipulou novo plano de carreira para determinada categoria de servidores municipais, impondo remunerações escalonadas, fixando pisos mínimos e vinculando a remuneração global ao percebido por servidores do Poder Legislativo local.

Com base no relatado, responda aos itens a seguir:

a) Observadas as regras constitucionais, há vício na referida lei? (Valor: 0,65)

b) A vinculação de remunerações entre Poderes é acolhida no texto constitucional? (Valor: 0,60)

▶ Questão 2

Considere a seguinte situação hipotética:

A Assembleia Legislativa do Rio de Janeiro aprovou projeto lei criando a obrigatoriedade de uso do cinto de segurança nos transportes coletivos como ônibus e trem. O Governador do Estado vetou o projeto e o veto foi posteriormente derrubado pelo órgão legislativo. A norma foi promulgada no dia 30 de março de 2016, mas só entrará em vigor no dia 15 de setembro do mesmo ano. Pergunta-se:

a) A referida lei pode ser objeto de uma Ação Direta de Inconstitucionalidade antes da publicação? No caso de ajuizamento simultâneo da ação direta no plano federal e estadual, o que deverá acontecer? (Valor: 0,65)

b) O quórum para derrubada do veto do Governador pode ser de maioria simples dos membros da Assembleia Legislativa? (Valor: 0,60)

► Questão 3

Após reiteradas decisões sobre determinada matéria, o Supremo Tribunal Federal (STF) aprovou enunciado de Súmula Vinculante determinando que "a cobrança de taxa de matrícula nas universidades públicas viola o disposto no art. 206, IV da Constituição". O Estado do Rio de Janeiro, contudo, não concordando com a posição do Supremo Tribunal Federal (STF), edita lei dispondo exatamente sobre a possibilidade de cobrança de matrícula nas universidades públicas do Estado.

De acordo com o acima narrado, responda:

a) É cabível o ajuizamento de uma Reclamação Constitucional em face da lei do Estado do Rio de Janeiro? (Valor: 0,65)

b) Marco Antônio, cidadão engajado na luta pela melhoria do sistema educacional do país, pode ajuizar uma ação popular diretamente em face da Lei estadual? (Valor: 0,60)

► Questão 4

O Governador do Estado de Alagoas ajuíza uma Ação Direta de Inconstitucionalidade em face da primeira parte do art. 7º da Lei 9.709/98 ("Nas consultas plebiscitárias previstas nos artigos 4º e 5º, entende-se por população diretamente interessada tanto a do território que se pretende desmembrar, quanto a do que sofrerá desmembramento; em caso de fusão ou anexação, tanto a população da área que se quer anexar quanto a da que receberá o acréscimo; e a vontade popular se aferirá pelo percentual que se manifestar em relação ao total da população consultada") por entender que somente a população do Estado a ser desmembrado que dever ser consultada. Com base no exposto, responda:

a) Qual é o conceito de "população diretamente interessada" segundo o STF? (0,65)

b) O plebiscito previsto no art. 18, § 3º, da CRFB/88 é convocado por qual órgão? (0,60)

▶ Espelho

Quesito avaliado	Valores possíveis	Atendimento ao quesito
Endereçamento: Exmo. Sr. Ministro Presidente do Superior Tribunal de Justiça	0 a 0,50	
Identificação da peça: Habeas Data – art. 5°, LXXII, "a" da CRFB/88 e Lei 9.507/97	0 a 0,50	
Legitimidade ativa: Antônio Paulo (0,20) Legitimidade Passiva: Ministro da Fazenda (0,30)	0 a 0,50	
Fundamentação: - Art. 5°, LXXII, "a" da CRFB/88; - Art. 5°, XXXIII da CRFB/88 (direito à informação como direito fundamental); - Competência para julgamento do STJ – art. 105, I, "b" da CRFB/88; - O Impetrante é o titular do dado pessoal que se pretende conhecer; - Da prova da recusa à informação – art. 8°, I da Lei 9.507/97.	0 a 2,00	
Pedidos: Notificação da autoridade coatora; Procedência do pedido para que seja assegurado o acesso às informações de interesse da Impetrante; Intimação do Representante do Ministério Público; Juntada de documentos.	0 a 1,00	
Valor da causa de acordo com o art. 291 do CPC/15 ou art. 319, V, do CPC/15, ou art. 319 do CPC/15.	0,50	
	Valor Total: ___	

Questão 1		
Quesito avaliado	**Valores possíveis**	**Atendimento ao quesito**
a) Sim, há vício de iniciativa. De acordo com o art. 61, § 1º, II, "a" e "c", a CRFB/88 atribui ao Chefe do Poder Executivo a iniciativa quanto ao tema servidores públicos, norma que, por simetria, deve ser observada pelos Estados e Municípios.	0 a 0,65	
b) Não, pois do art. 37, XIII, da CRFB/88 veda a equiparação ou vinculação remuneratória de qualquer espécie.	0 a 0,60	
	Valor Total: ___	

Questão 2		
Quesito avaliado	**Valores possíveis**	**Atendimento ao quesito**
a) Sim, poderá ser objeto de ADI desde a promulgação, pois esta já recai sobre a lei, servindo para atestar sua validade e executoriedade. No caso de ajuizamento simultâneo, a representação de inconstitucionalidade estadual ficará suspensa até o julgamento final da ADI proposta perante o STF, a fim de evitar decisões contraditórias.	0 a 0,65	
b) Não, pois o art. 66, parágrafo 4° da CRFB/88 é norma de observância obrigatória pelos Estados-membros, de acordo com a jurisprudência do STF. O quórum no plano estadual deverá seguir o modelo federal: maioria absoluta.	0 a 0,60	
	Valor Total: ___	

Questão 3		
Quesito avaliado	**Valores possíveis**	**Atendimento ao quesito**
a) Não, pois as súmulas vinculantes não vinculam o Poder Legislativo em sua função legiferante, de acordo com o art. 103-A, *caput*, da CRFB/88.	0 a 0,65	
b) Não. Marco Antônio poderia questionar a constitucionalidade da referida lei de forma incidental, mas não diretamente.	0 a 0,60	
	Valor Total: ___	

Questão 4		
Quesito avaliado	**Valores possíveis**	**Atendimento ao quesito**
a) De acordo com a jurisprudência do STF, "população diretamente interessada" significa que é necessária a consulta a toda a população afetada pela modificação territorial. Dessa forma, no caso de desmembramento, a consulta deve envolver tanto a população do território a ser desmembrado, quanto a do território remanescente.	0 a 0,65	
b) O plebiscito é convocado pelo Congresso Nacional, na forma do art. 3° da Lei 9.709/98, c/c art. 49, XV, da CRFB/88.	0 a 0,60	
	Valor Total: ___	

SIMULADO 16

► Peça Processual – Valor 5,0

Foi divulgada em diário oficial a decisão do Governador do Estado X, lastreada por laudo do Instituto de Defesa do Meio Ambiente do Estado, determinando a demolição do Estádio de Futebol Pelé para a construção de um novo estádio para sediar evento esportivo mundial em 2018.

João das Neves, deputado estadual, é contra a referida medida por entender que a demolição é danosa ao meio ambiente e ao patrimônio artístico do Estado. Além do mais, defende que haja uma adaptação do Estádio Pelé às exigências da Federação Internacional de Futebol (FIFA), em vez da derrubada do Estádio para a construção de outro, orçada, a princípio, em 400 milhões de reais, o que acarretará irreversível desperdício de dinheiro público.

Em face dessa situação hipotética, na qualidade de advogado contratado por João, redija a petição inicial da ação cabível, atentando, necessariamente, para os seguintes aspectos:

A) competência do órgão julgador;

B) legitimidade ativa e passiva;

C) argumentos de mérito;

D) requisitos formais da peça judicial proposta;

E) tutela de urgência.

► Questão 1

Suponha que determinado Estado da federação esteja diante da grave perturbação da ordem pública. E que, diante disso o Presidente da República pretenda decretar estado de defesa com fundamento nos artigos art. 84, IX e 136 da Constituição Federal. Pergunta-se:

a) O Presidente da República poderá dispensar a consulta prévia ao Conselho da República e ao Conselho de Defesa Nacional? Explique. (Valor: 0,65)

b) É possível que se determine a medida de exceção pelo prazo de 45 (quarenta e cinco) dias, prorrogáveis, por uma única vez, por igual período? E, ainda, que se estabeleçam restrições à liberdade de pensamento e de manifestação artística, bem como suspensão da liberdade de reunião, além de possibilitar a incomunicabilidade de presos, quando necessária à execução das medidas? Fundamente. (Valor: 0,60)

► Questão 2

Determinado Estado-membro aprovou uma lei que dispõe sobre a emissão de certificado de conclusão do curso e que autoriza o fornecimento de histórico escolar para alunos da terceira série do ensino médio que comprovarem aprovação em vestibular para ingresso em curso de nível superior, independentemente da frequência em sala de aula. Sabendo que essa lei viola a norma geral da União sobre a educação, responda aos itens a seguir, utilizando os argumentos jurídicos apropriados e a fundamentação legal pertinente ao caso.

A) Analise a constitucionalidade dessa lei estadual. (0,65)

B) Sabe-se que o Governador do Estado sancionou a referida norma. Ainda assim, ele poderá ser o autor de uma ADI em face dessa lei? (0,60)

► Questão 3

Felisberto de Tal é convocado como testemunha para depor na Comissão Parlamentar de Inquérito Mista aberta pelas Casas do Congresso Nacional para apurar irregularidades envolvendo o desvio de verbas federais referente à compra de ambulâncias para os hospitais vinculados ao Sistema Único de Saúde. Com base no art. 58, § 3º, da CRFB/88 e na jurisprudência do STF sobre a CPI, responda os questionamentos abaixo:

a) Qual é o remédio constitucional adequado e o órgão competente para defender o direito de Felisberto de ser assistido por seu Advogado e de com este comunicar-se durante o curso de seu depoimento perante a referida Comissão Parlamentar de Inquérito? (0,65).

b) A CPI pode determinar a interceptação telefônica de Felisberto ou a penhora de seus bens? (0,60).

► Questão 4

Tício, Deputado Federal, proferiu, em sessão realizada na Câmara dos Deputados, pesado discurso contra o reconhecimento legal do direito de diversas minorias. Sentindo-se lesados, representantes de diversas minorias vão a público para manifestar sua indignação.

Com base no acima relatado, responda aos seguintes questionamentos:

A) Tício pode ser condenado, civil ou penalmente, pelo discurso ofensivo que proferiu no plenário? E se proferir tal discurso durante entrevista televisiva, fora do ambiente da Câmara dos Deputados? Responda fundamentadamente. (Valor: 0,65)

B) Os vereadores possuem a chamada imunidade material? Em que condições territoriais? (Valor: 0,60)

▶ Espelho

Quesito avaliado	Valores possíveis	Atendimento ao quesito
Endereçamento: Exmo. Sr. Dr. Juiz de Direito da ... Vara da Fazenda Pública da Comarca ... do Estado X.	0 a 0,50	
Identificação da peça: Ação Popular – art. 5º, LXXIII da CRFB/88 e Lei 4.717/65.	0 a 0,50	
Legitimidade ativa: João das Neves (0,20) Legitimidade Passiva: Governador do Estado X, Estado X e Instituto de Defesa do Meio Ambiente do Estado X. (0,30)	0 a 0,50	
Fundamentação: Art. 5º, LXXIII, da CRFB/88; Art. 37, *caput* (princípio da moralidade); Art. 2º, "d" da Lei 4.717/65; Art. 225, da CRFB/88. Defesa do meio ambiente. Defesa do patrimônio artístico do Estado.	0 a 1,50	
Tutela de Urgência: Concessão de medida cautelar/liminar – Art. 5º, § 4º da Lei 4.717/65 e art. 300 do CPC: Probabilidade do direito e o perigo de dano ou o risco ao resultado útil do processo.	0 a 0,50	
Pedidos: Concessão de medida cautelar/liminar para suspender o contrato; Procedência do pedido para invalidar a decisão do Governador do Estado X; Citação dos Réus; Intimação do Representante do Ministério Público; Condenação dos Réus em custas e em honorários advocatícios; Produção de todos os meios de provas em direito admitidas; Juntada de documentos. – Em cumprimento ao art. 319, VII do CPC, o autor opta pela realização da audiência de conciliação ou mediação.	0 a 1,00	
Valor da causa: R$ 400.000.000,00 (quatrocentos milhões de reais).	0 a 0,50	
	Valor Total: ___	

Questão 1		
Quesito avaliado	**Valores possíveis**	**Atendimento ao quesito**
a) Não, pois a consulta prévia ao Conselho da República e ao Conselho de Defesa Nacional não pode ser dispensada, sob pena de violação aos arts. 90, I, 91, § 1°, II e 136 da CRFB/88. Importante destacar que o parecer dos Conselhos não é vinculante.	0 a 0,65	
b) Não, pois a medida de exceção, de acordo com o art. 136, § 2° da CRFB/88, não pode ser superior a 30 dias, podendo haver uma prorrogação. Em relação às determinações de suspensão da liberdade de reunião, restrições à liberdade de pensamentos e todas as demais apontadas, elas não encontram respaldo constitucional, pois não são admitidas, conforme art. 136, § 1° da CRFB/88. A incomunicabilidade do preso é expressamente vedada pelo art. 136, § 3°, IV da CRFB/88.	0 a 0,60	
	Valor Total: ___	

Questão 2		
Quesito avaliado	**Valores possíveis**	**Atendimento ao quesito**
a) A lei é inconstitucional, pois usurpa competência legislativa outorgada à União pela Constituição Federal. De acordo com o art. 24, IX da CRFB/88, educação é matéria de competência concorrente. Logo, cabe a União estabelecer normas gerais e o Distrito Federal deverá suplementar a lei (§§ 1° e 2° do art. 24 da CRFB/88). Violação ao direito à educação.	0 a 0,65	
b) Sim. O Governador do Estado pode ajuizar a ADI, pois é legitimado ativo, conforme o art. 103, V da CRFB/88 e a pertinência temática foi comprovada.	0 a 0,60	
	Valor Total: ___	

Questão 3		
Quesito avaliado	**Valores possíveis**	**Atendimento ao quesito**
a) O remédio adequado é o Habeas Corpus, tendo em vista que as peças de informação coletadas ao longo da investigação poderão ser apresentadas posteriormente ao MP com o objetivo de lastrear eventual ação penal que poderá cominar numa condenação com pena privativa de liberdade. O órgão competente é o STF, por força do art. 102, I, i, da CRFB/88.	0 a 0,65	
b) Segundo a jurisprudência do STF a Comissão Parlamentar de Inquérito não pode decretar a interceptação telefônica na forma do art. 5°, XII da CRFB/88, e nem mesmo a penhora de bens, vez que tais atos só podem ser determinados por autoridade judiciária, tendo em vista o princípio da reserva de jurisdição.	0 a 0,60	
	Valor Total: ___	

Questão 4		
Quesito avaliado	**Valores possíveis**	**Atendimento ao quesito**
a) Não, por força da imunidade material prevista no art. 53, *caput* da CRFB/88. Como a matéria tem conteúdo político, também não haverá responsabilidade.	0 a 0,65	
b) Sim, na forma do art. 29, VIII da CRFB/88, mas a imunidade material está limitada ao próprio Município.		
	Valor Total: ___	

SIMULADO 17

Joaquim Alves, portador de doença celíaca que causa prejuízo na absorção dos nutrientes, vitaminas, sais minerais e água, ingressou com uma ação ordinária com obrigação de fazer em face do Secretário de Saúde do Município Y para entrega do medicamento Glúten Free, inserido na lista do Sistema Único de Saúde – SUS, mas em falta nos postos de saúde do referido Município. A tutela antecipada pretendida foi denegada pelo Juiz de Direito competente, sob a alegação de que não foi feita prova suficiente do estado de saúde de Joaquim para justificar a pretensão de urgência. Ressalte-se que ele apresentou na petição inicial laudos médicos e documentos suficientes para comprovar o alegado. Prepare o recurso cabível da decisão que rejeitou a concessão da medida de urgência, registrando toda a matéria de direito processual e material pertinente ao caso apresentado. É indispensável o pedido de antecipação de tutela recursal.

▶ Questão 1

Estevão, candidato à Presidência da República, prepara-se para os debates a serem realizados nos próximos meses pela imprensa. Desejando um discurso impactante, promete dar resposta à sociedade no que tange aos últimos escândalos envolvendo o Poder Legislativo brasileiro. Para tanto, pretende anunciar uma Proposta de Emenda Constitucional prevendo a extinção do "Estatuto dos Congressistas" da Carta Constitucional de 1988.

a) Caso Estevão venha a ser eleito, será legitimado a apresentar a PEC? A referida alteração pretendida é constitucional? Explique. (Valor: 0,65)

b) Suponha que, tendo em vista tal situação, 2/3 dos membros da Câmara dos Deputados se mobilizem no sentido de apresentar PEC que ponha fim as imunidades do Presidente da República. Tal proposta prosperaria? Explique. (Valor: 0,60)

▶ Questão 2

O Estado da Esperança, por meio do Governador, apresentou um projeto de lei dispondo sobre a possibilidade de acúmulo das franquias de minutos mensais ofertados pelas operadoras de telefonia, determinando a transferência dos minutos não utilizados no mês de sua aquisição, enquanto não forem utilizados, para os meses subsequentes. Ao receber tal projeto, a Comissão de Constituição e Justiça emitiu parecer pela sua inconstitucionalidade.

a) O parecer da CCJ está correto? Caso positivo, aponte o(s) vício(s) presente(s) no projeto. (Valor: 0,65)

b) O que ocorre com o projeto de lei diante do parecer da Comissão pela sua inconstitucionalidade? (Valor: 0,60)

► Questão 3

No Estado FGH foram divulgadas denúncias de irregularidades praticadas em compras de medicamentos, com indícios de desvio de dinheiro público. Diante da situação apontada, Deputados Estaduais, em número suficiente, pretendem instalar Comissão Parlamentar de Inquérito para apurar denúncias.

a) É possível a criação de CPI no plano estadual? Pode a CPI estadual apurar irregularidades ocorridas no âmbito municipal? Explique. (Valor: 0,65)

b) Diante da possibilidade de esgotamento do prazo para conclusão dos trabalhos, pergunta-se: é possível que haja prorrogação do mesmo? Explique. (Valor: 0,60)

► Questão 4

Sabe-se que o controle de constitucionalidade brasileiro é pautado em alguns princípios constitucionais. Com base em tais princípios, responda fundamentadamente:

a) Pode-se dizer que a lei goza de presunção relativa ou absoluta de constitucionalidade? Há alguma norma no ordenamento jurídico pátrio que goze de presunção absoluta de constitucionalidade? (Valor: 0,65)

b) O princípio da reserva de plenário, estabelecido pelo art. 97 da CRFB/88, deve ser observado para que seja declarada a inconstitucionalidade de uma norma. Aponte duas situações em que não será necessária a observância ao princípio. (Valor: 0,60)

▶ Espelho

Quesito avaliado	Valores possíveis	Atendimento ao quesito
Endereçamento: Exmo. Sr. Desembargador Presidente do Tribunal de Justiça do Estado...	0 a 0,50	
Identificação da peça: Agravo de Instrumento – Art. 1.015, I, do CPC	0 a 0,50	
Agravante: Joaquim Alves (0,20) Agravado: Secretário de Saúde do Município Y (0,30)	0 a 0,50	
Tempestividade – art. 1.003, parágrafo 5° do CPC (0,25) Preparo – art. 1.007 e art. 1.017, parágrafo 1° do CPC (0,25)	0 a 0,50	
Antecipação da tutela recursal – art. 1.019, I e art. 300 do CPC.	0 a 0,50	
Juntada de peças obrigatórias – art. 1.017, I, do CPC.	0 a 0,50	
Fundamentação: – Princípio da Dignidade da Pessoa Humana (art. 1°, III da CRFB/88); – Direito à vida; – Direito à saúde (arts. 6° e 196 da CRFB/88).	0 a 1,00	
Pedidos: – Concessão da antecipação da tutela recursal; – A juntada dos documentos; – Intimação do Agravado; – Postulação de reforma da decisão para garantir o direito ao medicamento em sede de medida de urgência.	0 a 1,00	
	Valor Total: ___	

Questão 1		
Quesito avaliado	**Valores possíveis**	**Atendimento ao quesito**
a) Caso seja eleito será legitimado a apresentar a PEC, conforme art. 60, II da CRFB/88. A alteração pretendida é inconstitucional, tendo em vista que afronta a limitação material explícita no texto constitucional, prevista no art. 60, § 4°, III da CRFB/88, pois o fim do "Estatuto dos Congressistas" abalaria a separação dos Poderes, que é cláusula pétrea.	0 a 0,65	
b) A proposta não prosperaria, pois seria também inconstitucional, já que o fim das imunidades do Presidente da República enfraqueceria a separação dos Poderes, que é cláusula pétrea, de acordo com o art. 60, § 4°, III da CRFB/88.	0 a 0,60	
	Valor Total: ___	

Questão 2		
Quesito avaliado	**Valores possíveis**	**Atendimento ao quesito**
a) Sim, o parecer está correto. O projeto de lei viola o disposto no art. 22, IV da CRFB/88, pois legislar sobre telecomunicações é competência privativa da União, não podendo o Governador do Estado legislar sobre a matéria. Trata-se de inconstitucionalidade formal subjetiva/orgânica.	0 a 0,65	
b) Na forma do Regimento Interno das casas do Congresso Nacional, o parecer da CCJ pela inconstitucionalidade da lei gera o arquivamento do projeto, salvo se houver manifestação dos membros da Casa em defesa do projeto que será levado ao Plenário. Art. 58, § 2°, I, da CRFB/88.	0 a 0,60	
	Valor Total: ___	

Questão 3		
Quesito avaliado	**Valores possíveis**	**Atendimento ao quesito**
a) É possível a criação de CPI nos estados, desde que siga os requisitos estabelecidos pela Constituição Federal (art. 58, § 3°) Em nome do Princípio Federativo a CPI estadual não poderá ser aberta para investigar questões locais.	0 a 0,65	
b) Sim. A jurisprudência do STF permite que haja sucessivas prorrogações do prazo inicialmente fixado para o término dos trabalhos, desde que não ultrapasse o da legislatura na qual a CPI foi instaurada.	0 a 0,60	
	Valor Total: ___	

Questão 4		
Quesito avaliado	**Valores possíveis**	**Atendimento ao quesito**
a) As leis gozam de presunção relativa de constitucionalidade. Segundo a jurisprudência do STF, as normas constitucionais originárias são as únicas que gozam de presunção absoluta de constitucionalidade, não podendo ser declaradas inconstitucionais.	0 a 0,65	
b) Não será necessária a observância ao referido princípio no caso previsto no art. 949, p. único do CPC. Também não é necessária sua observância pelas Turmas Recursais dos Juizados Especiais, pois não se configuram como sendo "Tribunais".	0 a 0,60	
	Valor Total: ___	

SIMULADO 18

▶ Peça Processual – Valor 5,0 (cinco pontos)

Irineu da Silva, brasileiro, casado, aprovado no concurso público para o cargo de Procurador do Estado da Bahia, apresentou um requerimento administrativo ao Governador do referido Estado, autoridade responsável pelo concurso, tendo em vista a alegação de violação ao art. 37, IV, da CRFB/88 ("IV – durante o prazo improrrogável previsto no edital de convocação, aquele aprovado em concurso público de provas ou de provas e títulos será convocado com prioridade sobre novos concursados para assumir cargo ou emprego, na carreira;"), uma vez que a autoridade reputada coatora não o nomeara para o cargo pleiteado, embora tivesse sido aprovado dentro do número de vagas anunciadas pelo edital do concurso. Em resposta administrativa publicada ontem, o Governador alegou que não há direito líquido e certo de nomeação em concurso público e sim uma mera expectativa de direito. Irineu, então, procura seu escritório de advocacia para que seja apresentada ação adequada na defesa do seu direito. Há necessidade de tutela de urgência.

▶ Questão 1

Determinado estado editou lei que dispõe sobre o fornecimento de informações por concessionária de telefonia móvel para fins de segurança pública, impondo obrigação diretamente relacionada ao objeto da concessão, ao determinar que as empresas forneçam à polícia judiciária informações sobre a localização de aparelhos, estabelecendo prazos, dispondo acerca do uso dos números de emergência e impondo o pagamento de multa, em caso de descumprimento. Responda fundamentadamente:

a) A referida lei é constitucional? Explique e aponte eventuais vícios. (Valor: 0,65)

b) Qual o princípio basilar que fundamenta todo o controle de constitucionalidade brasileiro? Discorra sobre ele. (Valor: 0,60)

▶ Questão 2

Caio da Silva, estudante dedicado já aprovado em duas etapas do concurso público pretendido, foi surpreendido com sua eliminação em razão de ter sido reprovado em exame psicotécnico. Tendo requerido o acesso ao resultado do mesmo, foi surpreendido com resposta administrativa negativa. Diante do caso apresentado, responda:

a) Aponte o instrumento jurídico apto à obtenção do acesso ao resultado do exame. Fundamente. Há possibilidade de pleitear tutela de urgência? Justifique. (Valor: 0,65)

b) Florinda, mãe de Caio, poderá se valer desse instrumento jurídico para defesa do direito de seu filho? Explique. (Valor: 0,60)

► Questão 3

O Poder Legislativo realiza como uma de suas atividades típicas a função de fiscalização contábil, orçamentária, operacional e patrimonial da União e das entidades da administração direta e indireta, quanto à legalidade, legitimidade, economicidade, aplicação das subvenções e renúncia de receitas, mediante controle externo, auxiliado pelo Tribunal de Contas.

De acordo com o art. 73 da CRFB/88:

"O Tribunal de Contas da União, integrado por nove Ministros, tem sede no Distrito Federal, quadro próprio de pessoal e jurisdição em todo o território nacional, exercendo, no que couber, as atribuições previstas no art. 96."

Sobre o tema, responda aos questionamentos abaixo:

a) É correto afirmar que o Tribunal de Contas da União não pode, no desempenho de suas atribuições, realizar controle de constitucionalidade, sob pena de estar usurpando competência do STF? Fundamente. (Valor: 0,65)

b) Explique a expressão "jurisdição" mencionada no art. 73 da CRFB/88. O TCU exerce atividade jurisdicional típica? (Valor: 0,60)

► Questão 4

Com a chegada de uma nova Constituição, inaugura-se um momento também novo na vida de um país e, por isso, faz-se imperiosa a análise sobre o que acontece com as normas preexistentes, constitucionais e infraconstitucionais.

Sobre o tema, responda fundamentadamente:

a) Explique a Teoria da revogação global e da Recepção. (Valor: 0,65)

b) Quais são as diferenças entre Repristinação e Efeitos Repristinatórios? (Valor: 0,60)

► Espelho

Quesito avaliado	Valores possíveis	Atendimento ao quesito
Endereçamento: Exmo. Sr. Desembargador Presidente do Tribunal de Justiça do Estado da Bahia	0 a 0,50	
Identificação da peça: Mandado de Segurança – art. 5°, LXIX e Lei 12.016/09	0 a 0,50	
Impetrante: Irineu da Silva (0,20) Impetrado: Governador do Estado da Bahia e Estado da Bahia (0,30)	0 a 0,25	
Tempestividade – art. 23, da Lei 12.016/09	0 a 0,25	
Tutela de Urgência (cautelar/liminar) – art. 7°, III, da Lei 12.016/09 e art. 300 do CPC. *Fumus boni iuris* e *Periculum in mora* ou probabilidade do direito e o perigo de dano ou o risco ao resultado útil do processo.	0 a 0,50	
Fundamentação: Existência de prova pré constituída. Direito ao mandado de segurança – art. 5°, LXIX da CRFB/88 e Lei 12.016/09; Direito líquido e certo à nomeação; Princípio do concurso público, art. 37, II e IV, da CRFB/88. Princípios da legalidade impessoalidade e moralidade (37, *caput*)	0 a 1,50	
Pedidos: – Concessão da cautelar/liminar; – Notificação da autoridade coatora para que preste as informações que entender pertinentes ao caso; – Que seja dada ciência à pessoa jurídica; – A intimação do Representante do Ministério Público; – A condenação do Impetrado em custas processuais; – A juntada dos documentos; – Que ao final seja julgado procedente o pedido para que o impetrante seja nomeado ao cargo de Procurador do Estado da Bahia.	0 a 1,00	
Valor da causa de acordo com o art. 291 do CPC/15 ou art. 319, V, do CPC/15, ou art. 319 do CPC/15.	0 a 0,50	
	Valor Total: ___	

Questão 1		
Quesito avaliado	**Valores possíveis**	**Atendimento ao quesito**
a) A lei é inconstitucional, pois a competência para legislar sobre telecomunicações é da União, de acordo com o art. 22, IV da CRFB/88, não podendo o estado dispor sobre a matéria. Trata-se de inconstitucionalidade formal subjetiva, por vício de competência (ou inconstitucionalidade formal orgânica).	0 a 0,65	
b) O Princípio da Supremacia da Constituição, pois é o que permite que os atos estatais, que hierarquicamente estão abaixo da Carta Maior, sejam controlados caso contrariem direta ou indiretamente os dispositivos constitucionais.	0 a 0,60	
	Valor Total: ___	

Questão 2		
Quesito avaliado	**Valores possíveis**	**Atendimento ao quesito**
a) Poderá ser impetrado um *habeas data*, de acordo com o art. 5°, LXXII, "a" da CRFB/88. É possível a concessão de tutela de urgência, apesar da ausência de previsão expressa na Lei 9507/97, aplica-se, subsidiariamente o art. 300 do CPC, segundo doutrina majoritária.	0 a 0,65	
b) Não, pois trata-se de remédio constitucional personalíssimo, só podendo se impetrado, em regra, pelo titular do dado.	0 a 0,60	
	Valor Total: ___	

Questão 3		
Quesito avaliado	**Valores possíveis**	**Atendimento ao quesito**
a) Não é correta tal afirmação, pois de acordo com a Súmula 347 do STF, o TCU pode apreciar a constitucionalidade das leis e dos atos do poder público no exercício de suas atribuições, e, assim sendo, pode rejeitar a prestação de contas fundada em lei inconstitucional. Ao realizar tal controle, não usurpa competência do STF, pois trata-se de um controle incidental, realizado diante dos casos concretos submetidos à sua apreciação.	0 a 0,65	
b) A expressão "jurisdição" é utilizada em seu sentido administrativo, tendo em vista que o referido tribunal não exerce atividade jurisdicional típica. Seus atos são de natureza técnica e administrativa e não integra o Poder Judiciário, pois é órgão auxiliar do Congresso Nacional.	0 a 0,60	
	Valor Total: ___	

Questão 4		
Quesito avaliado	**Valores possíveis**	**Atendimento ao quesito**
a) A Teoria da revogação global afirma que a Constituição nova revoga a Constituição que a antecedeu, deixando esta última de produzir seus efeitos jurídicos. Por serem normas de mesma hierarquia e versarem igualmente sobre matéria constitucional, aplica-se o princípio geral do direito no sentido de que a lei nova revoga completamente a anterior. No Brasil, entre um ordenamento constitucional novo e as normas constitucionais anteriores sempre se operou o fenômeno da revogação global. Segundo a teoria da recepção, se houver compatibilidade de conteúdo, assunto, com a nova Constituição, as normas do direito ordinário anterior serão bem-vindas e recebidas perante a nova ordem constitucional e continuarão a produzir completamente seus efeitos jurídicos. Se, por sua vez, não existir harmonia de matéria, as normas não serão recebidas. É o que tratam os fenômenos da recepção e da não recepção.	0 a 0,65	

Quesito avaliado	Valores possíveis	Atendimento ao quesito
Importante ressaltar que a recepção é um fenômeno de natureza material porque não analisa o processo legislativo que fundamentou a elaboração das normas, fixando- se na análise de seu conteúdo. É fenômeno automático.		
b) Pela teoria da repristinação, de acordo com o art. 2°, parágrafo 3° da LINDB, é possível que mediante disposição expressa, a lei nova, revogadora de outra, que revogou a que antecedeu repristine, ou seja, restaure os efeitos jurídicos, de uma norma já revogada, realizando o fenômeno da repristinação. Já no "efeito repristinatório", que ocorre em sede de controle concentrado de constitucionalidade, se a lei cuja suspensão se pede em caráter liminar for revogadora de outra, a concessão da cautelar opera a retomada da eficácia daquela que, em tese, havia sido revogada. Tal fenômeno acontece automaticamente, exceto se o tribunal quiser excluir o efeito repristinatório da lei revogada pela suspensão liminar da norma revogadora, de acordo com o art. 11, parágrafo 2°, da Lei 9.868/99.	0 a 0,60	
	Valor Total: ___	

SIMULADO 19

► Peça Processual – Valor 5,0 (cinco) pontos

Mévio Santos, portador de HIV (vírus da imunodeficiência humana), em posse de laudo médico comprovando a doença, ingressou com um mandado de segurança em face do Diretor de logística do SUS do Estado Y, autoridade estadual, para entrega dos medicamentos antirretrovirais, inseridos na lista do Sistema Único de Saúde – SUS, mas em falta nos postos de saúde do referido Estado. O mandado foi improvido pelo juiz de primeiro grau, que entendeu que não é obrigação do Estado a entrega do referido medicamento e que tendo em vista o princípio da reserva do possível, não há medicamento disponível para todos os cidadãos por falta de recursos públicos. Prepare o recurso cabível da decisão de mérito que negou provimento ao referido remédio, abordando toda a matéria de direito processual e substancial pertinente ao caso apresentado.

► Questão 1

De acordo com o art. 5º, LXXIII da CRFB/88: "qualquer cidadão é parte legítima para propor ação popular que vise a anular ato lesivo ao patrimônio público ou de entidade de que o Estado participe, à moralidade administrativa, ao meio ambiente e ao patrimônio histórico e cultural, ficando o autor, salvo comprovada má-fé, isento de custas judiciais e do ônus da sucumbência."

A ação popular é um remédio constitucional sob procedimento comum com previsão constitucional e infraconstitucional de acordo com a Lei 4.717/1965. Sobre o tema, responda fundamentadamente:

a) É possível o controle de constitucionalidade incidental em sede de Ação Popular? O cidadão do Estado A pode ajuizar uma Ação Popular em face de um contrato irregular assinado pelo Governador do Estado B? Justifique. (Valor: 0,65)

b) Existe prazo para a propositura da Ação? Explique. (Valor: 0,60)

► Questão 2

O processo legislativo é composto por um conjunto de atos preordenados que visam à criação de uma norma legal, de acordo com a Constituição. Funciona como uma grande orquestra, onde os instrumentos devem estar bem afinados e os cantores com vozes harmoniosas.

Sobre o tema:

a) Em que consiste o procedimento legislativo sumário? Fundamente. (Valor: 0,65)

b) Explique a iniciativa popular a projetos de lei. Tal iniciativa também pode se dar em âmbito estadual e municipal? Fundamente. (Valor: 0,60)

► Questão 3

Determinado Estado-membro publicou lei que dispõe sobre o regime jurídico a que os policiais militares estariam sujeitos no caso de eleição para cargo público, acabando por tratar, de certa forma, da elegibilidade do Policial Militar. Determinada associação afirma que tal lei é inconstitucional. Responda de maneira fundamentada:

a) A associação está correta? A referida lei é inconstitucional? Em caso positivo, qual(is) o(s) vício(s) que a mesma apresenta? (Valor: 0,65)

b) Explique o que vem a ser a "declaração parcial de inconstitucionalidade sem redução de texto". (Valor: 0,60)

► Questão 4

A Confederação Nacional dos Trabalhadores da Saúde ajuizou uma arguição de descumprimento de preceito fundamental (ADPF) perante o STF, na qual se indicava como ato lesivo a preceito fundamental um determinado projeto de lei:

a) De acordo com a jurisprudência do STF, projetos de leis podem ser objeto de ADPF? (Valor: 0,65)

b) É possível a modulação temporal dos efeitos da decisão em sede de ADPF? (Valor: 0,60).

▶ Espelho

Quesito avaliado	Valores possíveis	Atendimento ao quesito
Endereçamento da petição de interposição: Exmo. Sr. Dr. Juiz de Direito da ... vara ... da Comarca Y (0,30) Endereçamento da petição de razões: Ao Tribunal de Justiça do Estado Y (0,20)	0 a 0,50	
Identificação da peça: Recurso de Apelação – art. 14 da Lei 12.016/09, art., 1.009, do CPC.	0 a 0,50	
Recorrente: Mévio Santos (0,20) Recorrido: Diretor de logística do SUS do Estado Y (0,30)	0 a 0,50	
Pedido de gratuidade de justiça – preenchimento dos requisitos contidos – no art. 99, § 3°, do CPC (0,20) – e art. 5°, LXXIV, da CRFB/88. (0,20)	0 a 0,50	
Cabimento do Recurso: art. 1.009 do CPC e art. 14 da Lei 12.016/09 Tempestividade – art. 1.003, § 5°, do CPC	0 a 1,00	
Fundamentação: Direito ao mandado de segurança – art. 5°, LXIX da CRFB/88 e Lei 12.016/09; Direito fundamental à saúde – arts. 6° e 196 da CRFB/88; Princípio da Dignidade da Pessoa Humana – art. 1°, III da CRFB/88; Direito à vida – art. 5°, *caput* da CRFB/88; Princípio do mínimo existencial;	0 a 1,00	
Pedidos: Postulação de reforma da sentença para garantir o direito líquido e certo ao medicamento; Condenação nos ônus sucumbenciais.	0 a 1,00	
	Valor Total: ___	

Questão 1		
Quesito avaliado	**Valores possíveis**	**Atendimento ao quesito**
a) Sim. Atualmente a posição jurisprudencial e doutrinária dominantes é favorável ao referido controle desde que a ação não seja apresentada com a finalidade única de declarar a inconstitucionalidade da lei, pois a lei em tese só pode ser analisada nas ações do controle concentrado de constitucionalidade. Sim, pois conforme jurisprudência, o fato de o cidadão ser eleitor em Estado diverso daquele onde ocorreu as irregularidades não o impede de ajuizar ação popular. Afinal, a legitimidade ativa da ação é deferida ao cidadão. A condição de eleitor configura meio de prova documental da cidadania.	0 a 0,65	
b) Na ação popular preventiva, aquela que é proposta antes de consumada a lesão, não há prazo. Na ação popular repressiva, após a consumação do dano, a mesma deverá ser proposta no prazo de cinco anos, na forma do art. 21 da Lei 4.717/1965.	0 a 0,60	
	Valor Total: ___	

Questão 2		
Quesito avaliado	**Valores possíveis**	**Atendimento ao quesito**
a) De acordo com o art. 64, § 1º da CRFB/88, consiste na discussão e votação de projetos de lei de iniciativa apenas do Presidente da República quando este solicitar urgência na aprovação dos mesmos.	0 a 0,65	
b) A iniciativa popular permite ao povo a apresentação de projeto de lei complementar ou ordinária, desde que cumpridos os requisitos estabelecidos no art. 61, § 2º da CRFB/88. Tal iniciativa pode se dar em âmbito estadual e municipal, de acordo, respectivamente, com os arts. 27, § 4º e 29, XIII da CRFB/88.	0 a 0,60	
	Valor Total: ___	

Questão 3		
Quesito avaliado	**Valores possíveis**	**Atendimento ao quesito**
a) Sim, a lei é inconstitucional, pois viola a competência privativa da União para legislar sobre Direito Eleitoral, de acordo com o art. 22, I da CRFB/88. Trata-se de inconstitucionalidade formal subjetiva (ou orgânica).	0 a 0,65	
b) Trata-se de modalidade de decisão que pode ser adotada pelo STF em sede de ADI e ADC, pois pode acontecer de uma lei ser incompatível com a Constituição se aplicada a uma determinada hipótese, mas fora desta, a mesma é válida. O STF analisa as diversas hipóteses em que a lei admite aplicação e declara a sua nulidade se aplicada naquela onde ocorra a violação da Constituição. Art. 28, p. único da Lei 9.868/99.	0 a 0,60	
	Valor Total: ___	

Questão 4		
Quesito avaliado	**Valores possíveis**	**Atendimento ao quesito**
a) Segundo jurisprudência do STF, projetos de lei não podem ser objeto de ADPF, que é ação do controle repressivo de constitucionalidade.	0 a 0,65	
b) Sim. A modulação temporal dos efeitos da decisão é possível, de acordo com o art. 11 da Lei 9.882/99.	0 a 0,60	
	Valor Total: ___	

SIMULADO 20

► Peça Processual – Valor 5,0

Kátia Helena, funcionária da Autarquia Federal ABC, foi demitida em março de 2016, depois de ter sido submetida a diversos exames psiquiátricos pela Presidência da mesma. Lúcia, sua amiga de longos anos, integrante da Diretoria da mesma, disse à Kátia que soube dos resultados de seus exames, afirmando que um deles havia apontado o seu perfil como sendo "prejudicial à empresa", o que motivou a decisão de demissão.

Inconformada com a notícia, Kátia Helena buscou acesso a sua pasta funcional, a fim de verificar os resultados dos exames para atestar a veracidade da informação, já que nunca apresentou doenças psiquiátricas e deseja buscar a reintegração ao quadro da empresa. Entretanto, lhe foi negado o acesso às informações pessoais em todas as instâncias administrativas. A última decisão foi do próprio Presidente da referida autarquia.

Na qualidade de advogado (a) contratado (a) por Kátia Helena, redija a peça cabível ao tema, observando: a) competência do juízo; b) legitimidade ativa e passiva; c) fundamentos de mérito constitucionais; d) requisitos formais da peça inaugural.

► Questão 1

Foi elaborada uma Proposta de Emenda à Constituição que visa acabar com a licença maternidade para as mulheres brasileiras. Sabe-se que a licença maternidade (ou licença-gestante) é benefício de caráter previdenciário, introduzido pela CF de 1988 (art. 7°, XVIII), que consiste em conceder, à mulher que deu à luz, licença remunerada de 120 dias.

Considerando a situação hipotética, responda aos questionamentos:

a) A referida PEC é constitucional? Explique. (Valor: 0,65)

b) Qual o Poder legitima a reforma formal do texto constitucional? É possível que haja a "mudança informal" do texto constitucional? Explique. Em caso positivo, aponte as limitações a essa "reforma informal". (Valor: 0,60)

► Questão 2

"Nós, representantes do povo brasileiro, reunidos em Assembleia Nacional Constituinte para instituir um Estado Democrático, destinado a assegurar o exercício dos direitos sociais e individuais, a liberdade, a segurança, o bem-estar, o desenvolvimento, a igualdade e a justiça como valores supremos de uma sociedade fraterna, pluralista e sem preconceitos, fundada na harmonia social e comprometida, na ordem interna e internacional, com a solução pacífica das controvérsias, promulgamos, sob a proteção de Deus, a seguinte CONSTITUIÇÃO DA REPÚBLICA FEDERATIVA DO BRASIL."

O texto acima reproduzido, preâmbulo da Constituição, apresenta ao País uma Carta Constitucional compromissória, motivada pela esperança necessária ao povo brasileiro depois de vinte e um anos de ditadura militar.

Sobre o tema, responda fundamentadamente:

a) O preâmbulo da Constituição é provido de eficácia jurídica? (Valor: 0,65)

b) Trata-se de norma de reprodução obrigatória pelos Estados-Membros? Ele serve como paradigma valorativo para a declaração de inconstitucionalidade das leis? (Valor: 0,60)

► Questão 3

João, português residente no Brasil desde o ano de 2000 já se considera um "cidadão" brasileiro, pois é apaixonado pelo país do futebol e sequer pensa em voltar a residir em Portugal.

Diante da situação hipoteticamente apresentada, na qualidade de advogado(a) contratado(a) por João, responda aos seus questionamentos.

a) João ouviu dizer que poderá recorrer a algum procedimento para que seja "equiparado" a um brasileiro. Tal informação procede? Em caso positivo, explique qual medida João deveria adotar. (Valor: 0,65)

b) Há hipótese(s) na Constituição Federal de inalistabilidade? Fundamente. (Valor: 0,60)

► Questão 4

Os partidos políticos são associações de pessoas com ideologias ou interesses comuns, que mediante uma organização estável, influenciam a orientação política de um país. A Constituição Federal assegura aos partidos autonomia para definir sua estrutura interna, organização e funcionamento, devendo seus estatutos estabelecer normas de fidelidade e disciplina partidárias, sendo vedada a utilização pelos partidos políticos de organização paramilitar.

Sobre o tema, responda aos questionamentos abaixo:

a) Qual(is) o(s) limite(s) a tal liberdade de organização partidária? Explique. (Valor: 0,65)

b) Como se dá a criação dos partidos políticos? Fundamente. (Valor: 0,60)

▶ Espelho

Quesito avaliado	Valores possíveis	Atendimento ao quesito
Endereçamento: Exmo. Sr. Dr. Juiz Federal da ... Vara Federal ... da Seção Judiciária do Estado ...	0 a 0,40	
Identificação da peça: *Habeas Data* – art. 5°, LXXII, "a" da CRFB/88 e Lei 9.507/97. Competência do Juiz Federal – art. 20, I, "d" da Lei 9.507/97.	0 a 0,40	
Legitimidade ativa: Kátia Helena (0,20) Legitimidade passiva: Presidente da Autarquia Federal ABC (0,20)	0 a 0,40	
Comprovação de recusa de informação por parte da autoridade administrativa – Súmula 2 do STJ e art. 8°, parágrafo único da Lei 9.507/97.	0 a 0,30	
Fundamentação: Cabimento da ação – art. 5°, LXXII, "a" da CRFB/88; Lei 9507/97. Direito à intimidade e vida privada, art. 5°, X, da CRFB/88. Direito à informação – art. 5°, XXXIII, da CRFB/88. Remédio Personalíssimo.	0 a 2,00	
Pedidos: Notificação da autoridade coatora (Presidente da autarquia ABC); Intimação do Representante do MP; Procedência do pedido para que a Impetrante tenha acesso ao dado pretendido; Juntada de documentos.	0 a 1,00	
Valor da causa de acordo com o art. 291 do CPC/15 ou art. 319, V, do CPC/15, ou art. 319 do CPC/15.	0 a 0,50	
	Valor Total: ___	

Questão 1		
Quesito avaliado	**Valores possíveis**	**Atendimento ao quesito**
a) A PEC é inconstitucional, pois esbarra em limitação material expressa prevista no art. 60, § 4°, IV da CRFB/88. Segundo a doutrina majoritária, tal limitação deve ser interpretada de forma a proteger não só os direitos de primeira geração, mas também os de segunda e terceira gerações, pois são uma expressão da dignidade da pessoa humana. O STF já entendeu que a licença maternidade é uma cláusula pétrea, reforçando, portanto, a tendência da doutrina.	0 a 0,65	
b) O Poder Constituinte Derivado Reformador, que no texto constitucional é exteriorizado por meio das emendas constitucionais e das emendas revisionais. Ao lado do processo formal de mudança da Constituição está a possibilidade de mutação constitucional, que seria uma reanálise do sentido e alcance das normas constitucionais sem mudança de texto. Além de dever o respeito à própria essência da Constituição, a mutação não poderá contrariar as cláusulas pétreas do art. 60, § 4° da CRFB/88, sob pena de se transformar numa verdadeira "mutação inconstitucional".	0 a 0,60	
	Valor Total: ___	

Questão 2		
Quesito avaliado	**Valores possíveis**	**Atendimento ao quesito**
a) Segundo orientação jurisprudencial do STF, o preâmbulo situa-se no campo da política, como reflexo da posição ideológica do constituinte no momento de sua elaboração, sendo desprovido de eficácia jurídica.	0 a 0,65	
b) Não é norma de reprodução obrigatória para as Constituições Estaduais, tampouco serve de parâmetro para o controle de constitucionalidade das leis, ainda que seja fonte de interpretação constitucional.	0 a 0,60	
	Valor Total: ___	

Questão 3		
Quesito avaliado	**Valores possíveis**	**Atendimento ao quesito**
a) Sim. João poderá requerer a sua equiparação em direitos e deveres civis, se dirigindo ao Ministério da Justiça, que é o órgão competente para cuidar de tal processo de equiparação, de acordo com o art. 12, § 1º da CRFB/88 e o Tratado de Amizade, Cooperação e Consulta entre a República Federativa do Brasil e a República Portuguesa. (Decreto 3.927/01)	0 a 0,65	
b) Sim. De acordo com o art. 14, § 2º da CRFB/88, há vedação aos estrangeiros, salvo o caso do português equiparado, e, durante o período do serviço militar obrigatório, aos conscritos.	0 a 0,60	
	Valor Total: ___	

Questão 4		
Quesito avaliado	**Valores possíveis**	**Atendimento ao quesito**
a) Tal liberdade não é absoluta, pois devem ser resguardados a soberania nacional, o regime democrático, o pluripartidarismo, os direitos fundamentais da pessoa humana e observados os preceitos contidos no art. 17, I a IV da CRFB/88.	0 a 0,65	
b) De acordo com o art. 8º da Lei 9.096/1995, deve ser apresentado o requerimento do registro de partido político ao cartório competente do Registro Civil das Pessoas Jurídicas do local de sua sede. O mesmo deve ser subscrito pelos seus fundadores, em número nunca inferior a cento um, com domicílio eleitoral em, no mínimo, um terço dos Estados, e deverá ser acompanhado de diversos documentos elencados no referido artigo. Após adquirida a personalidade jurídica, o partido promove a obtenção de apoiamento mínimo de eleitores (art. 7º, § 1º da Lei 9.096/1.995) e realiza os atos necessários para a constituição definitiva de seus órgãos e designação dos dirigentes. Feita a constituição e designação dos mesmos, estes promoverão o registro do estatuto do partido junto ao TSE.	0 a 0,60	
	Valor Total: ___	

SIMULADO 21

► PEÇA PROCESSUAL – VALOR 5,0

Andressa Soares, brasileira, casada, servidora pública estadual que deseja se aposentar pelo regime especial previsto no art. 40, § 4º-A, da CRFB/88, constatou em sua certidão nº. 124 que há uma informação incorreta quanto ao período laborado como bibliotecária na Universidade do Estado U, o que prejudica o seu pleito no que tange à aposentadoria. Para sanar a incorreção referida, requereu administrativamente ao Secretário estadual da Educação a retificação de seus dados, tendo o mesmo denegado o pedido administrativo sob o argumento de que não há nenhum prejuízo que justifique a necessidade de retificar os dados de Andressa.

Tendo em vista o acima narrado, em razão do último ato praticado pelo Secretário, na qualidade de advogado (a) de Andressa, redija a petição inicial da ação a ser proposta para retificação dos dados pessoais indicados, observando: a) competência do juízo; b) legitimidade ativa e passiva; c) fundamentos de mérito constitucionais e legais vinculados; d) os requisitos formais da peça inaugural.

► Questão 1

O Presidente da República se envolveu em diversos escândalos recentes que retratam o cometimento de alguns crimes. Todas as condutas foram praticadas enquanto desempenhava a função presidencial, o que chocou a mídia em todo o mundo. Alguns crimes cometidos não tem qualquer relação com o exercício das suas funções e outros se enquadram como sendo crimes comuns associados ao exercício da função Presidencial.

Sobre o caso hipoteticamente relatado, responda aos seguintes questionamentos:

a) Em relação às condutas criminosas sem relação com o exercício das funções, pode o Presidente vir a sofrer prisão preventiva, sendo processado no curso do mandato? Explique. (Valor: 0,65)

b) Narra um dos delatores envolvidos no escândalo que o Presidente teria cometido diversos crimes contra a própria administração pública. Caso venha a ser denunciado por tal conduta, poderá o Presidente vir a ser processado criminalmente? Mesmo que esteja ainda na Presidência da República? Em caso positivo, qual o procedimento e órgão competente para julgá-lo? (Valor: 0,60)

► Questão 2

Ao prever pela primeira vez que nas relações internacionais o Brasil deverá observar a prevalência dos direitos humanos (art. 4°, II da CRFB/88), o país fortalece a sua inserção na comunidade jurídica internacional na proteção aos direitos das pessoas e se mostra engajado na luta pela sua defesa, reconhecendo que esses direitos fazem parte de uma ordem jurídica supranacional e supraconstitucional de aplicação direta e imediata por juízes e demais órgãos nacionais do Estado.

Sobre o tema, responda fundamentadamente:

a) Em razão do caráter da "supralegalidade" atribuída ao Pacto de São José da Costa Rica pelo Supremo Tribunal Federal, atualmente é possível levar ao cárcere os depositários infiéis? Explique de forma fundamentada. (Valor 0,65)

b) É possível que se dê o controle de constitucionalidade na hipótese de uma norma violar uma norma supralegal? Explique. (Valor 0,60)

► Questão 3

Do mesmo modo que é importante analisar as diversas concepções da Constituição, a sua classificação ou tipologia também é assunto de destaque na Teoria Geral do Direito Constitucional, onde se adota, com apoio na doutrina prestigiada, vários parâmetros classificatórios.

Sobre o tema, responda as seguintes indagações:

a) O que vem a ser a Constituição formal e a Constituição material? Explique. A CRFB/88 se enquadra em qual das duas classificações? (Valor 0,65)

b) Podemos sustentar a existência de normas constitucionais inconstitucionais na Constituição Federal de 1988? Explique. (Valor 0,60)

► Questão 4

Um futuro candidato à Presidência da República prometeu que se vencer nas eleições, aprovará, com a ajuda de seus aliados, uma Proposta de Emenda Constitucional (PEC) que instituirá o direito de secessão dos entes federados em nosso país. Em resposta, a oposição afirma que a sua promessa é mentirosa, por impossibilidade jurídica de se realizar tal feito.

Pergunta-se:

a) A quem assiste razão? É possível se instituir por PEC tal direito? Explique de forma fundamentada. (Valor: 0,65)

b) A matéria constante em determinada PEC rejeitada pode ser objeto de nova proposta na mesma legislatura? Explique e fundamente. (Valor: 0,60)

► Espelho

Quesito avaliado	Valores possíveis	Atendimento ao quesito
Endereçamento: Exmo. Sr. Desembargador Presidente do Tribunal de Justiça do Estado U.	0 a 0,40	
Legitimidade ativa: Andressa Soares; Legitimidade passiva: Secretário da Educação.	0 a 0,50	
Identificação da peça: *Habeas Data* – Art. 5°, LXXII, "b" da CRFB/88 e art. 7°, II da Lei 9.507/97.	0 a 0,30	
Competência: Tribunal de Justiça do Estado U.	0 a 0,30	
Fundamentos: – Cabimento da ação - Art. 5°, LXXII, "b" da CRFB/88 e art. 7°, II da Lei 9.507/97; – Direito à intimidade e à vida privada - Art. 5°, X da CRFB/88; – Direito à informação sobre dados pessoais - Art. 5°, XXXIII da CRFB/88; – Da prova da recusa à retificação - Art. 8°, II da Lei 9.507/97.	0 a 2,50	
Pedidos: – Notificação da autoridade coatora; – Procedência do pedido para que seja assegurada a retificação da informação de interesse da Impetrante; – Intimação do Representante do MP; – Juntada de documentos.	0 a 0,60	
Valor da causa de acordo com o art. 291 do CPC/15 ou art. 319, V, do CPC/15, ou art. 319 do CPC/15.	0 a 0,20	
Finalização da peça: Data, nome do advogado, OAB.	0 a 0,20	
	Valor Total: ___	

Questão 1		
Quesito avaliado	**Valores possíveis**	**Atendimento ao quesito**
a) Não, pois a única prisão que poderá recair sobre o PR é a prisão definitiva, fruto de sentença condenatória transitada em julgado no caso de ter praticado crime associado ao exercício das suas funções. Na vigência do seu mandato não pode ser processado por atos estranhos ao exercício de suas funções, conforme art. 86, § 4º da CRFB/88.	0 a 0,65	
b) Sim, e mesmo que ainda esteja na Presidência da República, pois se trata de prática de crime comum associado ao exercício das suas funções. Depois de realizado o juízo de admissibilidade das acusações, por dois terços da Câmara dos Deputados (art. 51, I), será ele submetido a julgamento perante o Supremo Tribunal Federal, conforme art. 86, caput da CRFB/88.	0 a 0,60	
	Valor Total: ___	

Questão 2		
Quesito avaliado	**Valores possíveis**	**Atendimento ao quesito**
a) Não, pois o status de supralegalidade atribuído ao Pacto de São José da Costa Rica fez com que o mesmo pudesse revogar a legislação infraconstitucional que versava sobre a prisão civil do depositário infiel, sendo, portanto, impossível levar ao cárcere os depositários infiéis. De acordo com a súmula vinculante 25, é ilícita a prisão civil de depositário infiel, qualquer que seja a modalidade de depósito.	0 a 0,65	
b) Se uma norma ofende uma norma supralegal, mas não viola diretamente a Constituição, não é possível a realização do controle de constitucionalidade. O STF tem posição firme nesse sentido.	0 a 0,60	
	Valor Total: ___	

Questão 3		
Quesito avaliado	**Valores possíveis**	**Atendimento ao quesito**
a) Constituição material é aquela que consagra como norma constitucional todas as leis, tratados e convenções desde que tratem de assunto essencialmente constitucional (ou materialmente constitucional), estejam ou não consagradas em um documento escrito. Constituição formal é aquela que não traz divisão entre as suas normas, privilegiando a forma, o estereótipo, em relação ao conteúdo de seus dispositivos. É claro que se analisa a essência das normas, mas não há distinção hierárquica entre elas, pois a Constituição é um todo harmônico e não possibilita verdadeiras antinomias entre os seus dispositivos. A CRFB/88 é uma constituição formal, que privilegia a forma.	0 a 0,65	
b) Sim, mas no Brasil somente se admite a inconstitucionalidade de normas constitucionais derivadas, ou seja, daquelas decorrentes de emendas constitucionais.	0 a 0,60	
	Valor Total: ___	

Questão 4		
Quesito avaliado	**Valores possíveis**	**Atendimento ao quesito**
a) Tem razão a oposição, pois o direito de secessão não pode vir a ser instituído no país por PEC, em razão da forma federativa do Estado (art. 1º, caput, da CRFB/88). Tal forma federativa é cláusula pétrea, conforme art. 60, § 4º, I da CRFB/88, e não pode ser abolida.	0 a 0,65	
b) Sim, pois o que é vedado é que ela seja objeto de nova proposta na mesma sessão legislativa (e não na mesma legislatura), conforme disposto no art. 60, § 5º da CRFB/88.	0 a 0,60	
	Valor Total: ___	

SIMULADO 22

▶ PEÇA PROCESSUAL – VALOR 5,0

A imprensa nacional tem divulgado nas últimas semanas, documentos, vídeos e registros fotográficos que comprovam, junto com relatórios do Tribunal de Contas, que o Sr. Caio Silva, Governador do Estado da Aprovação, envolvido com as empresas Comida na Mesa LTDA. e Entregas Conferidas LTDA. é um dos responsáveis pelo funcionamento de um grande esquema de compras de produtos sem observância ao procedimento licitatório exigido pela lei, em que os envolvidos praticam o superfaturamento dos preços de merendas escolares e cestas básicas compradas pelo Estado da Aprovação para serem distribuídas às escolas públicas estaduais, orfanatos e abrigos públicos, causando um prejuízo ao erário que soma três bilhões de reais. Indignada com os fatos, Ana, estudante de sociologia e engajada na defesa do patrimônio público, decide procurar um escritório de advocacia com o objetivo de invalidar os contratos administrativos de fornecimento de produtos assinados com as duas empresas.

Na qualidade de advogado de Ana, elabore a peça cabível, observando: a) competência do juízo; b) legitimidade ativa e passiva; c) fundamentos de mérito constitucionais e legais vinculados; d) os requisitos formais da peça; e) tutela de urgência.

▶ Questão 1

O processo legislativo é composto por um conjunto de atos preordenados que visam à criação de uma norma legal, de acordo com a Constituição. Dessa forma, as leis complementares e ordinárias complementam a Carta Constitucional, realizando no ordenamento infraconstitucional disposições do comando do próprio texto constitucional.

Considerando o fragmento acima, apresentado em caráter meramente motivador, responda as seguintes indagações:

a) Aponte e explique as diferenças entre as leis ordinárias e as leis complementares. (Valor 0,65)

b) Podemos afirmar a existência de hierarquia entre elas? Explique. (Valor 0,30)

c) Seria possível a modificação de uma lei complementar por uma lei ordinária posterior? Explique. (Valor 0,30)

▶ Questão 2

A Assembleia Legislativa do Estado da Prosperidade instaurou uma Comissão Parlamentar de Inquérito (CPI) visando apurar irregularidades que envolvem contratos de concessão de linhas de transporte intermunicipais. A Assembleia determinou, por ato próprio, a quebra do sigilo de dados bancários e fiscais de todos os envolvidos, tendo restado claro que Fábio, Deputado Federal, patrocinava de forma ilícita os interesses de uma das concessionárias junto ao Estado da Prosperidade.

Considerando tais fatos, responda fundamentadamente:

a) É legítima a quebra de sigilo bancário e fiscal realizada pela CPI? Explique. (Valor 0,65)

b) Pode a CPI do Estado da Prosperidade investigar e convocar Fábio, Deputado Federal, para depor como investigado, apurando irregularidades envolvendo a União? Explique. (Valor 0,60)

► Questão 3

A perda ou suspensão dos direitos políticos constituem exceções à plenitude do exercício dos direitos. A perda é a privação definitiva dos direitos políticos positivos e a suspensão é a privação temporária dos mesmos direitos. Vale ressaltar que a cassação, como ato arbitrário de retirada de direitos políticos, é vedada pela Carta Constitucional.

Sobre o tema, responda as seguintes indagações:

a) A prática de atos de improbidade administrativa leva a perda dos direitos políticos? Explique. Há outras consequências a serem suportadas nessa hipótese? Fundamente. (Valor 0,65)

b) O cancelamento de determinada naturalização por sentença transitada em julgado em razão da prática de atividade nociva ao interesse nacional leva a perda ou suspensão dos direitos políticos? A quem compete decidir sobre eventual perda ou suspensão? (Valor 0,60)

► Questão 4

A Constituição do Estado da Paz assim preceitua em seu art. 78: "Admitida a acusação contra o Governador do Estado, por dois terços da Assembleia Legislativa, será ele submetido a julgamento perante o Superior Tribunal de Justiça nas infrações penais comuns."

Sobre a temática envolvendo as imunidades e prerrogativas do Chefe do Poder Executivo estadual, responda justificadamente as seguintes indagações:

a) Qual o atual entendimento da Corte Constitucional (STF) sobre o tema acima tratado pelo art. 78 da referida Constituição Estadual? Deve haver uma autorização da Assembleia Legislativa para que o STJ receba a denúncia ou queixa-crime e instaure a ação penal contra o Governador de estado, por crime comum? (Valor: 0,65)

b) A Carta Constitucional Estadual poderia estabelecer, ainda, uma cláusula de irresponsabilidade penal relativa em favor do Governador do Estado, sustentando a sua não responsabilização, na vigência do mandato, por atos estranhos ao exercício de suas funções? Explique. (Valor: 0,60)

► Espelho

Quesito avaliado	Valores possíveis	Atendimento ao quesito
Endereçamento: Exmo. Sr. Dr. Juiz de Direito da ...Vara da Fazenda Pública da Comarca ...	0 a 0,40	
Legitimidade ativa: Ana (Também é preciso mencionar que a autora possui título de eleitor); Legitimidade passiva: Caio Silva, Governador do Estado da Aprovação; Estado da Aprovação; Comida na Mesa LTDA.; Entregas Conferidas LTDA.	0 a 0,60	
Identificação da peça: Ação Popular - Art. 5°, LXXIII da CRFB/88 e Lei 4.717/65.	0 a 0,50	
Fundamentos: – Cabimento da ação - Art. 5°, LXXIII, da CRFB/88; – Princípio da legalidade - Art. 37, caput, da CRFB/88; – Princípio da moralidade - Art. 37, caput, da CRFB/88; – Princípio da impessoalidade - Art. 37, caput, da CRFB/88; – Burla ao procedimento licitatório - Art. 37, XXI, da CRFB/88; – Vício de forma - Art. 2°, "b", da Lei 4717/65; – Ilegalidade do objeto - Art. 2°, "c", da Lei 4717/65.	0 a 1,50	
Tutela de urgência: Concessão de medida cautelar/liminar – Fumus boni iuris/periculum in mora OU probabilidade do direito e o perigo de dano ou o risco ao resultado útil do processo.	0 a 0,50	
Pedidos: – Concessão de medida cautelar/liminar para suspender o contrato; – Procedência do pedido para invalidar os contratos celebrados pelo Governador do Estado e a condenação dos responsáveis ao ressarcimento dos danos causados; – Citação dos Réus; – Intimação do Representante do Ministério Público; – Condenação dos Réus em custas e em honorários advocatícios; – Produção de todos os meios de provas em direito admitidas; – Juntada de documentos; – Em cumprimento ao art. 319, VII do CPC, o autor opta pela realização da audiência de conciliação ou mediação.	0 a 1,00	

Quesito avaliado	Valores possíveis	Atendimento ao quesito
Valor da causa: Três bilhões de reais.	0 a 0,25	
Finalização da peça: Data, nome do advogado, OAB.	0 a 0,25	
	Valor Total: ___	

Questão 1		
Quesito avaliado	**Valores possíveis**	**Atendimento ao quesito**
a) São basicamente duas as diferenças entre a lei complementar e a lei ordinária: (i) enquanto a primeira demanda um quórum de aprovação de maioria absoluta, a segunda pode ser aprovada por maioria simples (presente à sessão a maioria absoluta dos membros da casa legislativa); (ii) há determinadas matérias que só podem ser reguladas por meio de lei complementar e estas matérias estão definidas expressamente no texto constitucional.	0 a 0,65	
b) Não existe hierarquia entre lei complementar e lei ordinária, uma vez que esta não decorre daquela. Ambas decorrem da Constituição. Este é o entendimento da maioria dos doutrinadores e do próprio STF.	0 a 0,30	
c) Sim, na hipótese de uma lei complementar que disponha sobre matéria para a qual a Constituição não exige maioria absoluta (típica de lei complementar) poderá ser modificada por lei ordinária. Seria a hipótese de uma lei complementar com status de lei ordinária.	0 a 0,30	
	Valor Total: ___	

Questão 2		
Quesito avaliado	**Valores possíveis**	**Atendimento ao quesito**
a) Sim, pois de acordo com a jurisprudência do STF é legítima a quebra de sigilo fiscal, bancário e telefônico por CPI, mesmo que estadual, desde que façam de modo fundamentado, pois gozam dos poderes próprios das autoridades judiciais, de acordo com o art. 58, § 3º da CRFB/88.	0 a 0,65	
b) Não, tendo em vista que seria uma violação ao próprio pacto federativo.	0 a 0,60	
	Valor Total: ___	

Questão 3		
Quesito avaliado	**Valores possíveis**	**Atendimento ao quesito**
a) -Não. Os atos de improbidade administrativa importarão a suspensão (e não perda) dos direitos políticos, na forma do art. 37, § 4° da CRFB/88, sendo indispensável a existência de sentença judicial transitada em julgado reconhecendo a ocorrência de tais atos. -Sim, pois além da suspensão dos direitos políticos, também haverá a perda da função pública, a indisponibilidade dos bens e o ressarcimento ao erário, na forma do art. 37, § 4° da CRFB/88.	0 a 0,65	
b) Trata-se de hipótese de perda dos direitos políticos, em razão da prática de atividade nociva ao interesse nacional, de acordo com o art. 15, I, c/c art. 12, § 4°, I da CRFB/88. Nesse caso, a decretação de perda é feita pela Justiça Federal, de acordo com o art. 109, X da CRFB/88.	0 a 0,60	
	Valor Total: ___	

Questão 4		
Quesito avaliado	**Valores possíveis**	**Atendimento ao quesito**
a) Houve uma virada jurisprudencial recente e o STF passou a sustentar que não há possibilidade de autorização da Assembleia Legislativa para o recebimento de denúncia ou queixa-crime e instauração de ação penal contra o governador de estado, por crime comum, cabendo ao STJ, no ato de recebimento da denúncia ou no curso do processo, dispor fundamentadamente sobre a aplicação de medidas cautelares penais, inclusive afastamento do cargo. A matéria deve ser tratada pela União (art. 22, I, da CRFB/88).	0 a 0,65	
b) Não, pois trata-se de cláusula exclusiva do Presidente da República enquanto chefe de Estado. Governadores são apenas chefes de Governo, não devendo gozar das mesmas imunidades/prerrogativas que o Chefe de Estado, em razão do princípio Republicano. Não aplicação da simetria. Jurisprudência do STF.	0 a 0,60	
	Valor Total: ___	

SIMULADO 23

► PEÇA PROCESSUAL – VALOR 5,0

Saulo foi diagnosticado com doença renal há alguns anos. Hoje, com sessenta anos de idade e sem condições financeiras de arcar com os custos do tratamento adequado, se trata na clínica da família e, quando necessário, vai ao Hospital Federal G. Na semana passada Saulo foi internado após ter se sentido mal e está, até a presente data, aguardando um leito adequado para iniciar a hemodiálise (único procedimento eficaz para o seu caso, segundo laudos médicos). Diante da falta de leito, permanece no corredor do hospital federal referido, deitado em um banco de madeira, com roupa de cama levada por sua família.

Ao solicitar à assistência social do hospital um leito apropriado para iniciar seu tratamento, que foi prescrito pelos médicos em caráter de urgência, Saulo foi surpreendido com a negativa verbal injustificada do Diretor do Hospital, além de ter sido humilhado por ele.

Diante de tal situação, apresente a medida judicial adequada à tutela dos direitos de Saulo, levando em consideração o tratamento hostil e humilhante recebido por ele no hospital, bem como seu desejo de pleitear danos morais em razão do ocorrido. A tutela de urgência e o pedido de gratuidade de justiça são indispensáveis.

► Questão 1

Frailto Francisco já foi Senador da República e depois de anos afastado da vida política, pretende se candidatar a Deputado Federal pelo Estado da Luz em 2018. Em consulta jurídica formulada pelo pretenso candidato, na qualidade de advogado contratado, responda aos seguintes questionamentos formulados a fim de sanar dúvidas de seu cliente:

a) Quanto à ação penal que está em tramitação na justiça comum estadual, onde Frailto responde por suposto crime de estelionato praticado, caso venha a ser eleito e diplomado, o que acontecerá com o seu processo? Quando findo o mandato, se não reeleito, o que acontecerá com o mesmo processo? Justifique e fundamente. (Valor 0,65)

b) Caso venha a ser eleito, poderá haver a sustação do andamento da ação penal pela Câmara dos Deputados? Justifique e fundamente. (Valor 0,60)

► Questão 2

Valéria, brasileira naturalizada, é casada com Carlos, libanês. O casal se mudou do Brasil para a Lituânia em razão de trabalho oficial que Carlos precisa cumprir, a pedido do Líbano. Valéria, que trabalha em empresa privada em tal país, grávida de gêmeas, deu a luz a Ana e Janaína na última semana.

Com base no caso hipoteticamente apresentado acima, responda aos seguintes questionamentos:

a) Carlos pode, invocando o disposto no art. 12, I, "b" da CRFB/88, afirmar que as filhas são brasileiras natas, em razão de ter mudado do Brasil para a Lituânia para cumprimento de trabalho oficial? Justifique. (Valor 0,65)

b) Em alguma (s) hipótese (s) as meninas poderiam vir a ter a nacionalidade originária brasileira? Explique e fundamente. (Valor 0,60)

► Questão 3

Rafael, Deputado Federal, inconformado com a PEC 567/17, que está tramitando na Câmara dos Deputados com diversos vícios formais e até mesmo materiais, posto que violadora de determinada cláusula pétrea, pretende recorrer ao Poder Judiciário.

Seu advogado sugeriu impetrar um mandado de segurança preventivo. Na qualidade de advogado de Rafael, responda aos seguintes questionamentos:

a) O parlamentar poderá impetrar o referido remédio constitucional? Em caso positivo, no mandado de segurança poderão ser analisados os vícios formais e materiais apontados por ele? Explique. (Valor: 0,65)

b) No curso do mandado de segurança impetrado pelo Deputado, o processo legislativo findou-se e a proposta tornou-se uma emenda constitucional. O que acontecerá com a referida ação constitucional? (Valor: 0,60)

► Questão 4

Maria de Lourdes, inconformada com a forma cruel como a sua filha Lara fora morta, no exercício de seu trabalho como delegada do Estado X, o contrata como advogado (a) para que apresente a medida cabível para que a investigação, processamento e o julgamento dos executores do assassinato de Lara sejam deslocados para o âmbito da Polícia e da Justiça Federal, pois ela deseja garantir que a justiça seja feita no caso. Afirma que a Polícia Civil do Estado X não evoluiu nas investigações e que há suspeita de que um dos envolvidos no referido assassinato seja da área de segurança pública.

Com base no caso hipotético narrado acima, responda aos seguintes questionamentos:

a) Qual o instrumento jurídico hábil a promover tal deslocamento? Fundamente. Na qualidade de advogado de Maria de Lourdes, você poderá apresentar o pedido diretamente ao órgão competente? Justifique. (Valor: 0,65)

b) Quais os requisitos devem ser preenchidos para que haja a possibilidade do deslocamento? (Valor: 0,60)

▶ Espelho

Quesito avaliado	Valores possíveis	Atendimento ao quesito
Endereçamento: Exmo. Sr. Dr. Juiz Federal da... Vara Federal da Seção Judiciária do Estado...	0 a 0,50	
Legitimidade ativa: Saulo; Legitimidade passiva: União.	0 a 0,60	
Identificação da peça: Ação de Procedimento Comum ou Ação Ordinária - Art. 319, do CPC.	0 a 0,30	
Fundamentos: -Cabimento da ação - Art. 319, do CPC; -Princípio da Dignidade da Pessoa Humana - Art. 1°, III, da CRFB/88; -Direito à vida - Art. 5°, caput, da CRFB/88; -Direito à saúde - Arts. 6° e 196 da CRFB/88; -Responsabilidade do Estado pelos danos - Art. 37, § 6° da CRFB/88.	0 a 1,15	
Pedido de gratuidade de justiça - Art. 99, do CPC.	0 a 0,30	
Tutela de urgência: Concessão da tutela antecipada - Demonstração da probabilidade do direito e o perigo de dano ou o risco ao resultado útil do processo.	0 a 0,20	
Pedidos: – Concessão da tutela antecipada para que seja disponibilizado o leito apropriado para iniciar o seu tratamento; – Procedência do pedido para condenar o Réu a disponibilizar o leito apropriado para iniciar o seu tratamento, confirmando a tutela antecipada; – Citação do Réu; – Condenação do Réu em custas e em honorários advocatícios; – Produção de todos os meios de provas em direito admitidas; – Condenação do Réu à reparação dos danos morais sofridos pelo autor; – Juntada de documentos; – Em cumprimento ao art. 319, VII do CPC, o autor opta pela realização da audiência de conciliação ou mediação.	0 a 1,20	
Valor da causa de acordo com o art. 291 do CPC/15 ou art. 319, V, do CPC/15, ou art. 319 do CPC/15.	0 a 0,50	
Finalização da peça: Data, nome do advogado, OAB.	0 a 0,25	
	Valor Total: ___	

Questão 1		
Quesito avaliado	**Valores possíveis**	**Atendimento ao quesito**
a) Em recente decisão, na Ação Penal 937, o Supremo Tribunal Federal, por maioria de votos, decidiu que o foro por prerrogativa de função conferido aos deputados federais e senadores pelo art. 53, § 1º da CRFB/88 se aplica apenas aos crimes cometidos durante o exercício do cargo e em razão das funções a ele relacionadas. Portanto, o processo deverá permanecer no mesmo juízo.	0 a 0,65	
b) Não, pois o crime foi praticado antes da diplomação. Portanto, não há que se falar em imunidade formal processual nessa hipótese, de acordo com o art. 53, § 3º da CRFB/88.	0 a 0,60	
	Valor Total: ___	

Questão 2		
Quesito avaliado	**Valores possíveis**	**Atendimento ao quesito**
a) Não, pois o trabalho oficial desempenhado por Carlos foi a pedido do Líbano, seu país de origem, e não do Brasil. Nem Carlos e nem mesmo Valéria estão no exterior a serviço da República Federativa do Brasil, o que seria necessário para invocarem o disposto no art. 12, I, "b" da CRFB/88.	0 a 0,65	
b) Sim. Os pais poderão registrar suas filhas em Consulado ou nas seções consulares das Embaixadas, de acordo com o art. 12, I, c, da CRFB/88, garantindo que elas tenham a nacionalidade brasileira originária. Ademais, podem optar por não adotarem tal procedimento, aguardando que as gêmeas atinjam a maioridade para decidir. Nesse caso, quando vierem a residir no Brasil a qualquer tempo, desde que já maiores, poderão, elas próprias, optar pela nacionalidade brasileira, de acordo com o art. 12, I, c, parte final da CRFB/88.	0 a 0,60	
	Valor Total: ___	

Questão 3		
Quesito avaliado	**Valores possíveis**	**Atendimento ao quesito**
a) - Sim, pois defenderá o seu direito líquido e certo de somente participar de um processo legislativo que esteja em harmonia com o texto constitucional. - Sim. As propostas de emenda podem ser analisadas sob o ângulo formal e material, no que tange às cláusulas pétreas.	0 a 0,65	
b) O mandado de segurança será julgado extinto sem decisão de mérito, em razão da perda do objeto.	0 a 0,60	
	Valor Total: ___	

Questão 4		
Quesito avaliado	**Valores possíveis**	**Atendimento ao quesito**
a) - O deslocamento é feito através de apresentação de incidente de deslocamento de competência (IDC) para a justiça federal, conforme art. 109, § 5º da CRFB/88. - Não, o único legitimado a apresentar o pedido é o PGR, conforme art. 109, § 5º da CRFB/88.	0 a 0,65	
b) Todos os requisitos estão no próprio art. 109, § 5º da CRFB/88. Requisito 1: Existência de grave violação de direitos humanos no caso. Requisito 2: Risco de sanção internacional. Requisito 3: Comprovação da omissão/ negligência. Requisito 4: Pedido apresentado pelo PGR ao STJ.	0 a 0,60	
	Valor Total: ___	

SIMULADO 24

▶ PEÇA PROCESSUAL – Valor: 5,0

Em decisão de mérito em sede de ADI, publicada em maio deste ano, o Plenário do STF assentou o entendimento de que a Lei 888/17, do Estado do Amor, que impôs a prestação de serviço de segurança em estacionamento a toda pessoa física ou jurídica que disponibilize local para estacionamento no âmbito do Estado é inconstitucional, por tal matéria ser de direito civil, de competência privativa da União, conforme art. 22, I da CRFB/88 e, ainda, por violar a livre iniciativa, fundamento do Estado brasileiro, de acordo com o art. 1º, IV, da CRFB/88.

O Tribunal de Justiça do Estado do Amor, ontem, em sede de recurso, proferiu decisão aplicando expressamente a Lei 888/17, já declarada inconstitucional pelo STF, conforme narrado acima, condenando a loja Enfeites LTDA., ao pagamento de indenização por danos morais e materiais a determinada cliente, fundamentando a decisão exclusivamente na citada lei.

Diante da clara violação à decisão do STF na ADI mencionada, redija o instrumento processual constitucional adequado para levar o caso da sua cliente, loja Enfeites LTDA., representada por Aline, sócia-diretora, diretamente perante a Corte Constitucional.

▶ Questão 1

João e Maria são irmãos. O primeiro é Prefeito do Município X, localizado no Estado Z. A segunda é Vereadora pelo mesmo Município. Os gêmeos foram eleitos simultaneamente no ano de 2016 e assumiram os respectivos cargos no início de 2017. Seus filhos (que possuem os mesmos nomes dos ascendentes), Joãozinho e Mariazinha, pretendem concorrer nas próximas eleições, respectivamente, aos cargos de Deputado Estadual pelo Estado Z e Deputada Federal também pelo Estado Z.

Com base na situação hipoteticamente apresentada acima, responda aos seguintes questionamentos fundamentadamente:

a) João e Maria poderiam ter concorrido aos referidos cargos de Prefeito e Vereadora pelo mesmo Município na mesma eleição? Justifique. (Valor: 0,45)

b) Com os seus ascendentes ocupando os respectivos cargos no Município X, poderão Joãozinho e Mariazinha concorrer aos cargos pretendidos pelo Estado Z? Justifique. (Valor: 0,40)

c) Explique a diferença entre a renúncia, para fins de afastar a inelegibilidade reflexa no primeiro e no segundo mandato. Justifique. (Valor: 0,40)

► Questão 2

O Poder Constituinte pode ser conceituado, em síntese, como o poder que fundamenta a criação de uma nova Constituição, a reforma desse texto constitucional e, nos Estados federativos, o poder que legitima a auto-organização dos Estados-membros por meio de suas próprias Constituições, bem como as respectivas reformas dos textos estaduais.

Sobre o tema, responda aos seguintes questionamentos:

a) O que seria o denominado "Poder Constituinte Difuso"? Explique. (Valor: 0,65)

b) Aponte e explique três características do Poder Constituinte Derivado. (Valor: 0,60)

► Questão 3

O Governador do Estado da Felicidade, atendendo ao clamor de consumidores de serviços de saúde, sancionou a Lei 2520/2017 responsável por fixar os prazos máximos, segundo a faixa etária dos usuários, para a autorização de exames pelas operadoras de plano de saúde. Com base no caso hipoteticamente apresentado acima, responda aos seguintes questionamentos:

a) De acordo com a jurisprudência do Supremo Tribunal Federal, a referida lei estadual é constitucional? É correto afirmar que se trata de matéria de competência municipal? Explique. (Valor: 0,65)

b) Suponha que o Governador ainda não tivesse sancionado o projeto, encontrando-se o mesmo em trâmite. Nesse caso, poderia ser proposta uma Ação Direta de Inconstitucionalidade perante o STF? Explique. (Valor: 0,60)

► Questão 4

Afirma-se, em sede de controle de controle de constitucionalidade brasileiro, que "apesar de o controle repressivo ser normalmente judicial e realizado por meio dos sistemas difuso e concentrado, a própria Constituição e a jurisprudência nos trazem exemplos de controle repressivo político de constitucionalidade".

Sobre o tema, responda aos seguintes questionamentos:

a) O trecho apresenta algum erro? Em caso positivo, aponte e explique. Em caso negativo, aponte pelo menos dois exemplos do mencionado controle repressivo político de constitucionalidade. (Valor: 0,65)

b) Uma determinada Portaria viola a lei na qual se fundamentou e também fere a Constituição da República. A Portaria poderá ser declarada inconstitucional via ADI? Explique. De que forma ela poderá será extirpada do ordenamento jurídico pátrio por meio do controle concentrado de constitucionalidade? (Valor: 0,60)

▶ Espelho

Quesito avaliado	Valores possíveis	Atendimento ao quesito
Endereçamento: Exmo. Sr. Ministro Presidente do Supremo Tribunal Federal.	0 a 0,40	
Legitimidade ativa: Enfeites LTDA., pessoa jurídica de direito privado, inscrita no CNPJ sob o n°..., com sede funcional..., representada por Aline, sócia-diretora, por seu advogado infra-assinado...	0 a 0,35	
Decisão objeto da Reclamação: Decisão do Tribunal de Justiça do Estado do Amor, que descumpriu a decisão proferida pelo STF em sede de ADI.	0 a 0,35	
Identificação da peça: Reclamação Constitucional ou Reclamação - Art. 102, I, "l" da CRFB/88 e art. 988, inciso II ou III do CPC.	0 a 0,30	
Competência: Competência do Supremo Tribunal Federal - Art. 102, I, "l" da CRFB/88.	0 a 0,30	
Fundamentos: – Cabimento da ação - Art. 988, inciso II ou III, do CPC e art. 102, I, "l" da CRFB/88; – Afirmar o efeito vinculante das decisões definitivas de mérito proferidas pelo STF em sede de ADI - Art. 102, § 2° da CRFB/88 e/ou art. 28, parágrafo único da Lei 9.868/99; – Federalismo brasileiro e respeito à repartição constitucional de competências/esfera de poder interno de cada um dos entes - Art. 1° da CRFB/88; – A livre iniciativa - Art. 1°, IV da CRFB/88 e/ou art. 170, caput da CRFB/88.	0 a 2,40	
Pedidos: – Procedência do pedido para que ao final seja cassada a decisão judicial; – Citação do beneficiário da decisão impugnada para apresentar a sua contestação; – Oitiva/requisição da autoridade reclamada; – Oitiva do Procurador Geral da República; – Juntada de documentos.	0 a 0,50	
Valor da causa de acordo com o art. 291 do CPC/15 ou art. 319, V, do CPC/15, ou art. 319 do CPC/15.	0 a 0,20	
Finalização da peça: Data, nome do advogado, OAB.	0 a 0,20	
	Valor Total: ___	

Questão 1		
Quesito avaliado	**Valores possíveis**	**Atendimento ao quesito**
a) Sim, tendo em vista que concorreram aos cargos originariamente, não incidindo, nesse caso, a inelegibilidade reflexa, estabelecida no art. 14, § 7º da CRFB/88.	0 a 0,45	
b) Sim, pois também não se aplica o instituto da inelegibilidade reflexa. Joãozinho pode concorrer ao cargo de Deputado Estadual, pois o seu pai é Prefeito, portanto, o cargo pretendido está fora da circunscrição do Município. Mariazinha também pode concorrer ao cargo de Deputada Federal, pois o sua mãe é vereadora e a inelegibilidade reflexa não alcança a família dos membros do Legislativo.	0 a 0,40	
c) A renúncia no 1º mandato afasta por completo a inelegibilidade reflexa, e a família pode concorrer a qualquer cargo eletivo, inclusive ao antes ocupado pelo renunciante. A renúncia no 2º mandato afasta a inelegibilidade reflexa, salvo para o cargo antes ocupado pelo renunciante.	0 a 0,40	
	Valor Total: ___	

Questão 2		
Quesito avaliado	**Valores possíveis**	**Atendimento ao quesito**
a) Seria a mutação constitucional. Trata-se de processo informal de mudança da constituição, permitindo a sua releitura à luz da sociedade atual, dos fatos econômicos, históricos e políticos, existentes no momento da interpretação da Constituição. A mutação não realiza mudanças formais na Constituição, por isso se diz que promove uma reanálise do sentido e alcance das normas constitucionais, sem mudança de texto.	0 a 0,65	
b) Ele é subordinado, pois as suas manifestações (reformadora e decorrente) encontram fundamento de validade na CRFB/88 e devem respeitá-la, sob pena de declaração de inconstitucionalidade. É condicionado, pois a exteriorização das espécies normativas baseadas nesse poder (emendas e normas constitucionais estaduais) deve ser realizada de acordo com a CRFB/88. É limitado, em razão das cláusulas pétreas que devem ser obedecidas.	0 a 0,60	
	Valor Total: ___	

Questão 3		
Quesito avaliado	**Valores possíveis**	**Atendimento ao quesito**
a) -De acordo com a jurisprudência do STF a lei é inconstitucional, pois compete privativamente à União legislar sobre seguros, conforme art. 22, VII da CRFB/88. -Não, pois em razão do disposto no art. 22, VII da CRFB/88, trata-se de matéria de competência privativa da União.	0 a 0,65	
b) Não poderia ser proposta uma ADI, pois a ação não é cabível contra projetos de lei, tendo em vista que não há no Brasil controle preventivo abstrato judicial de constitucionalidade.	0 a 0,60	
	Valor Total: ___	

Questão 4		
Quesito avaliado	**Valores possíveis**	**Atendimento ao quesito**
a) Não há nenhum erro no trecho apresentado, pois a própria CRFB/88 e a jurisprudência apontam a existência do controle repressivo político de constitucionalidade. Seriam dois exemplos principais: – Art. 49, V da CRFB/88, que permite ao CN sustar os atos normativos do Poder Executivo que exorbitem do poder regulamentar ou dos limites de delegação legislativa; E/OU – Art. 62, § 5º e § 9º da CRFB/88, que determina a análise dos pressupostos constitucionais da MP por uma comissão mista de deputados e senadores, antes que se inicie o processo de sua conversão em lei ordinária. E/OU – Art. 52, X, da CRFB/88. A sustação de lei inconstitucional pelo Senado Federal. E/OU – Súmula 473 do STF.	0 a 0,65	

Questão 4		
Quesito avaliado	**Valores possíveis**	**Atendimento ao quesito**
b) -Não, pois sendo um ato normativo secundário, não pode, em regra, ser objeto de ADI. -Por meio de uma ADPF, tendo em vista o caráter subsidiário da ação. Art. 4º, §1º, da Lei 9882/99.	0 a 0,60	
	Valor Total:	___

SIMULADO 25

▶ PEÇA PROCESSUAL – Valor: 5,0

O Governador do Estado da Positividade, Sr. Gustavo, sancionou a Lei Estadual 456/2017, que tornou obrigatória a prestação de serviços de empacotamento nos supermercados localizados no estado, exigindo, ainda, que o serviço seja prestado por funcionário do próprio estabelecimento. O Presidente do partido político "JJJ", com representação no Congresso Nacional, indignado, destacou que na atual ordem constitucional, o princípio da livre iniciativa deve ser considerado em primeiro plano. E, também, que os entes devem respeitar as regras de repartição de competências. Dessa forma, o Partido sustenta que a Lei Estadual 456/2017 violou dispositivos constitucionais basilares e, então, já anunciou na imprensa nacional que questionará a qualidade da referida legislação.

Na qualidade de advogado (a) do partido político, elabore a peça cabível, observando: a) competência do juízo; b) legitimidade ativa e passiva; c) fundamentos de mérito constitucionais e legais vinculados; d) requisitos formais da peça; e) tutela de urgência.

▶ Questão 1

Sobre o controle concentrado de constitucionalidade brasileiro, sabe-se que após a promulgação da CRFB/88, o Supremo Tribunal Federal passou a fazer interpretação restritiva da legitimação para agir, procedendo a uma classificação dos autores das ações do referido controle em dois grupos, o dos legitimados universais e o dos especiais, exigindo do último grupo a demonstração de pertinência temática.

Responda aos seguintes questionamentos sobre o tema:

a) Em que consiste a pertinência temática? Explique detalhadamente. O Governador do Estado da Luz pode ajuizar ADI em face de Lei do Estado da Saudade? Justifique. (Valor: 0,65)

b) Sindicatos e federações sindicais podem ajuizar ações do controle concentrado? E as associações de segundo grau? Justifique. (Valor: 0,60)

▶ Questão 2

Deputados Federais e Senadores dos Partidos Políticos TT, UU e ZZ estão sendo investigados por uma Comissão Parlamentar Mista de Inquérito (CPMI), aberta para apurar possíveis irregularidades praticadas, tendo em vista que seus nomes foram citados por alguns delatores em uma grande operação realizada no país. Se comprovados os fatos, suas condutas podem se configurar nos crimes de corrupção passiva, corrupção ativa, lavagem de dinheiro, falsidade ideológica, além de outros ilícitos.

Com base na situação hipoteticamente apresentada acima, responda aos seguintes questionamentos:

a) Tendo em vista o farto e consistente conjunto probatório já organizado pela CPMI, esta pode vir a decretar a prisão preventiva, presentes todos os requisitos, de alguns dos parlamentares investigados? Explique e fundamente. Qual (ais) espécie (s) de prisão pode (m) ser decretada (s) pela referida comissão? (Valor: 0,65)

b) Luiza, principal testemunha dos fatos, não compareceu espontaneamente para prestar depoimento, nem mesmo justificou a sua ausência. O Presidente da CPMI determinou a sua condução coercitiva. Agiu corretamente? Fundamente. (Valor: 0,60)

▶ Questão 3

Fabiana, servidora pública, respondeu a processo administrativo disciplinar que culminou em sua suspensão. Indignada, propôs ação em face do Estado alegando que durante o Processo Administrativo Disciplinar (PAD) não contou com a presença de advogado, tendo sido prejudicada por tal fato. O juiz de primeiro grau julgou procedente a ação entendendo que Fabiana sofreu efetivo prejuízo. Responda fundamentadamente aos questionamentos abaixo:

a) O juiz agiu de forma acertada? Explique. Há algum instrumento jurídico apto a levar a questão diretamente ao Supremo Tribunal Federal? Fundamente. (Valor: 0,65)

b) É possível impetrar Habeas Data para acessar a autoria do denunciante em um PAD? Justifique. (Valor: 0,60)

▶ Questão 4

A Ação Direta Interventiva Federal é a mais antiga das ações do controle concentrado de constitucionalidade, tendo em vista que faz parte do ordenamento jurídico pátrio desde 1934. É um exemplo de ação que visa manter a proteção do pacto federativo adotado pelo país. Sobre o tema, responda os questionamentos abaixo:

a) Qual é a natureza jurídica da ação segundo posição do STF? É admitida a concessão de medida cautelar? Explique e fundamente. (Valor: 0,65)

b) Aponte os requisitos para o seu ajuizamento. Qual (is) o (s) legitimado (s) para a propositura da ação? (Valor: 0,60)

▶ Espelho

Quesito avaliado	Valores possíveis	Atendimento ao quesito
Endereçamento: Exmo. Sr. Ministro Presidente do Supremo Tribunal Federal.	0 a 0,40	
Legitimidade ativa: Partido Político JJJ, pessoa jurídica de direito privado, inscrita no CNPJ sob o nº..., inscrição no TSE sob o nº..., com sede funcional..., por seu diretório nacional...	0 a 0,35	
Identificação da peça: Ação Direta de Inconstitucionalidade – ADI - Art. 102, I, "a", da CRFB/88 e Lei 9.868/99.	0 a 0,35	
Tutela de urgência: Medida Cautelar: demonstrar o *Fumus boni iuris* e *Periculum in mora*.	0 a 0,30	
Competência: Competência do Supremo Tribunal Federal - Art. 102, I, "a" da CRFB/88.	0 a 0,20	
Fundamentos: – Demonstrar que o partido político é legitimado universal - Jurisprudência do STF e art. 17 da CRFB/88; – Demonstrar a representação do partido político no Congresso Nacional e criação conforme a Lei 9.096/95; – Cabimento da ação - Art. 102, I, "a" da CRFB/88 e Lei 9.868/99; – Violação do princípio constitucional da livre iniciativa - Art. 1º, IV e/ou art. 170, caput da CRFB/88; – Ofensa à competência privativa da União para legislar sobre Direito do Trabalho - Art. 22, I da CRFB/88.	0 a 1,80	
Pedidos: – Concessão da medida cautelar para suspender a norma impugnada; – Ao final, que o pedido seja julgado procedente para que seja declarada a inconstitucionalidade da Lei estadual 456/2017; – Juntada de documentos; – Que sejam solicitadas informações ao Governador do Estado e à Assembleia Legislativa Estadual; – A oitiva (ou citação) do Advogado Geral da União; – A oitiva (ou intimação) do Procurador-Geral da República.	0 a 1,20	
Valor da causa de acordo com o art. 291 do CPC/15 ou art. 319, V, do CPC/15, ou art. 319 do CPC/15.	0 a 0,20	
Finalização da peça: Data, nome do advogado, OAB.	0 a 0,20	
	Valor Total: ___	

Questão 1		
Quesito avaliado	**Valores possíveis**	**Atendimento ao quesito**
a) -Pertinência temática é a relação de congruência que necessariamente deve existir entre os objetivos estatutários ou as finalidades institucionais do legitimado ativo e o conteúdo material da norma questionada em sede de controle abstrato. -É pressuposto qualificador da própria legitimidade ativa ad causam para efeito de instauração do processo objetivo de fiscalização concentrada de constitucionalidade. - Sim, desde que haja pertinência temática. Ou seja, a lei do estado da Saudade deve interferir de alguma maneira no estado da Luz. Se não houver pertinência temática, não será possível.	0 a 0,65	
b) -Não, pois no âmbito sindical apenas as confederações sindicais possuem legitimidade para o controle concentrado federal. - Sim, desde que os interesses dos seus membros sejam homogêneos.	0 a 0,60	
	Valor Total: ___	

Questão 2		
Quesito avaliado	**Valores possíveis**	**Atendimento ao quesito**
a) Não, a CPMI não pode expedir mandado de prisão, tendo em vista o disposto no art. 5º, LXI da CRFB/88. Apenas a prisão em flagrante pode ocorrer em sede de CPI.	0 a 0,65	
b) Não, pois em caso de não comparecimento da testemunha sem motivo justificado, a sua intimação deverá ser solicitada ao juiz criminal da localidade em que resida ou se encontre, conforme disposto no art. 3º, § 1º da Lei 1.579/1952.	0 a 0,60	
	Valor Total: ___	

Questão 3		
Quesito avaliado	**Valores possíveis**	**Atendimento ao quesito**
a) -Não, pois sua decisão contrariou o disposto na súmula vinculante nº 5 do STF que estabelece que a falta de defesa técnica por advogado em PAD não ofende a Constituição. De acordo com o art. 103-A, caput da CRFB/88, as súmulas vinculantes aprovadas pela Corte e publicadas pela imprensa oficial vinculam os demais órgãos do Poder Judiciário, logo, não poderia o juiz ter decidido contrariamente ao enunciado. - Sim. De acordo com o art. 103-A, § 3°da CRFB/88, art. 7° da Lei 11.417/06, e art. 988, III do CPC, caberá Reclamação Constitucional dirigida ao STF, tendo em vista que a decisão judicial contrariou a súmula vinculante nº 5.	0 a 0,65	
b) Não, pois o Habeas Data tutela apenas o acesso a dados pessoais do impetrante (art. 5°, LXXII, "a", da CRFB/88) e a autoria do denunciante em PAD não se configura como sendo dado pessoal.	0 a 0,60	
	Valor Total: ___	

Questão 4		
Quesito avaliado	**Valores possíveis**	**Atendimento ao quesito**
a) -É ação do controle concentrado concreto de constitucionalidade. - Sim. É possível que haja concessão de medida cautelar, de acordo com o art. 5° da Lei 12.562/11.	0 a 0,65	
b) Para que seja ajuizada deve-se observar o art. 34, VI, primeira parte, c/c art. 36, III e o art. 34, VII c/c art. 36, III, todos da CRFB/88, bem como a Lei 12.562/11. A legitimidade ativa para a propositura da ação é exclusiva do PGR, de acordo com o art. 36, III da CRFB/88.	0 a 0,60	
	Valor Total: ___	

SIMULADO 26

► PEÇA PROCESSUAL – Valor 5,0

O Partido Político Unidos Pelo Brasil, através de seu departamento jurídico, tomou conhecimento de inúmeras decisões judiciais sobre determinada matéria, proferidas por juízes e tribunais federais em sentidos opostos. Apesar de todas as decisões serem bem fundamentadas, o Diretório Nacional do Partido Político mencionado, pretende adotar medida visando afastar a insegurança jurídica relacionada ao tema, e ver a matéria elencada na Lei ordinária federal n° 123/19, - que trata da reserva de vinte por cento das vagas oferecidas a candidatos negros nos concursos públicos para provimento de cargos efetivos e empregos públicos no âmbito da administração pública federal, das autarquias, das fundações públicas, das empresas públicas e das sociedades de economia mista controladas pela União -, definitivamente enfrentada pelo Supremo Tribunal Federal, evitando decisões conflitantes sobre o tema, assim como o próprio assoberbamento dos Tribunais com inúmeros recursos a serem julgados sobre a matéria.

Na qualidade de advogado do Partido Político Unidos Pelo Brasil, que possui representação no Congresso Nacional, redija a peça cabível, atentando para a necessidade de solução urgente, já que há outras inúmeras ações pendentes de julgamento e, ainda, para os seguintes aspectos: a) competência do órgão julgador; b) legitimidade ativa e passiva; c) argumentos a favor da constitucionalidade da referida lei; d) requisitos formais da peça judicial proposta.

► Questão 1

O Partido Político Brasil para Todos ajuizou a ADPF 987/20 perante o Supremo Tribunal Federal, pretendendo discutir a compatibilidade da Lei Federal 555/1.982 com a Constituição Federal de 1.988. Considerando que: (i) Foi pleiteada, na petição inicial, a modulação dos efeitos da decisão e a Corte não se pronunciou quanto ao pedido em sua decisão final; (ii) O Partido Político perdeu o seu único representante no Congresso Nacional logo após a publicação da referida decisão. Responda, fundamentadamente:

a) Há algum recurso que possa ser apresentado ao Supremo Tribunal Federal visando à modulação dos efeitos da decisão inicialmente pleiteada? Explique. (Valor: 0,65)

b) Tendo em vista a perda da representatividade no Congresso Nacional, o Partido Político Brasil para Todos poderá prosseguir na ação e, eventualmente, recorrer? Explique. (Valor: 0,60)

► Questão 2

Ronaldo Carlos, brasileiro, depois de enfrentar um longo processo de divórcio litigioso, casou-se com Geovana, italiana, e embora a celebração tenha se dado em uma praia na Bahia, logo após o casamento, o casal se mudou para o Japão, em razão de Ronaldo Carlos ter sido transferido pela empresa onde trabalha.

Geovana descobriu que está grávida e terá seu filho em território japonês. Na qualidade de advogado (a) do casal, responda aos seus questionamentos:

a) Será possível que o seu filho, recém-nascido, adquira a nacionalidade brasileira? Caso haja a possibilidade, de que maneira Ronaldo Carlos e Geovana deverão agir? Haverá necessidade de viajar ao Brasil para proceder à opção? Explique fundamentadamente. (Valor: 0,65)

b) É possível que Ronaldo Carlos e Geovana não adotem os procedimentos necessários por entender que caberá ao seu filho, quando maior, decidir acerca de sua nacionalidade e requerê-la? Quais os requisitos e qual o procedimento deverá ser adotado pelo seu filho caso opte por adquirir a nacionalidade brasileira? Explique fundamentadamente. (Valor: 0,60)

► Questão 3

A imprensa nacional, rememorando "viradas jurisprudenciais", divulgou que o Supremo Tribunal Federal, já há algum tempo, considerou cabível o mecanismo da integração analógica para que fossem aplicadas às uniões homoafetivas as prescrições legais relativas às uniões estáveis heterossexuais, até que o Poder Legislativo regulamentasse a questão.

André, jurista renomado, ao comentar tal divulgação, sustentou que as diversas decisões colegiadas do STF nesse sentido, significaram a alteração da Constituição material sem qualquer mudança no texto formal, pois a redação do 226, § 3º, da CRFB/88 continua a mesma.

Sobre o tema, responda aos questionamentos de forma fundamentada:

a) Como é denominado pela doutrina brasileira esse processo não formal que significa a mudança constitucional não produzida pela via legislativa? Explique o que seria, exatamente, tal "técnica". (Valor: 0,65)

b) Esse fenômeno poderia vir a contrariar cláusulas pétreas presentes no texto constitucional? (Valor: 0,60)

► Questão 4

O Poder Executivo no Brasil é exercido pelo Presidente da República, que acumula o exercício das funções de Chefe de Estado e de Governo, sendo auxiliado pelos Ministros de Estado, que dirigem os Ministérios e são escolhidos pelo próprio Presidente da República.

Sobre os Ministros de Estado, responda aos questionamentos abaixo:

a) Qual o juízo competente para processar e julgar os Ministros quando cometem o crime de responsabilidade elencado no art. 50, § 2º, da CRFB/88? E quando do cometimento de crime de responsabilidade conexo, e da mesma natureza, com os crimes de responsabilidade praticados pelo Presidente da República? Explique e fundamente. (Valor: 0,65)

b) Os Ministros poderão, eventualmente, conceder indulto e comutar penas, com audiência, se necessário, dos órgãos instituídos em lei? Em caso positivo, em que hipótese? Explique e fundamente. (Valor: 0,60)

► Espelho

Quesito avaliado	Valores possíveis	Atendimento ao quesito
Endereçamento: Exmo. Sr. Ministro Presidente do Supremo Tribunal Federal	0 a 0,10	
Legitimidade ativa: Partido Político Unidos Pelo Brasil, pessoa jurídica de direito privado, inscrito no CNPJ sob o nº..., inscrição no TSE sob o nº..., com sede funcional..., por seu diretório nacional...	0 a 0,30	
Objeto da ação: Lei Federal nº 123/19	0 a 0,25	
Identificação da peça: Ação Declaratória de Constitucionalidade - Art. 102, I, "a", da CRFB/88 e Lei 9.868/99	0 a 0,30	
Tutela de urgência: Medida Cautelar: demonstrar o *Fumus boni iuris* e *Periculum in mora*	0 a 0,30	
Competência: Competência do Supremo Tribunal Federal - Art. 102, I, "a" da CRFB/88	0 a 0,30	
Fundamentos: - Demonstrar que o partido político é legitimado universal - Jurisprudência do STF e art. 17 da CRFB/88; - Demonstrar a representação do partido político no Congresso Nacional e criação conforme a Lei 9.096/95 - Jurisprudência do STF e Lei 9.096/95; - Demonstrar o cabimento da ação - Art. 102, I, "a" da CRFB/88 e Lei 9.868/99; - Demonstrar a existência de controvérsia judicial relevante a respeito da aplicação da Lei Federal nº 123/19 - Art. 14, III, da Lei 9.868/99; - Princípio da isonomia - Art. 5º, caput, e/ou inciso I, da CRFB/88; - A lei é uma manifestação de ação afirmativa, pois é motivada por um dever de reparação histórica decorrente da escravidão e de um racismo estrutural existente na sociedade brasileira - Jurisprudência do STF.	0 a 1,90	

Quesito avaliado	Valores possíveis	Atendimento ao quesito
Pedidos: - Concessão da medida cautelar para o fim de determinar que os juízes e tribunais suspendam os julgamentos dos processos que envolvam a aplicação da Lei Federal nº 123/19; - Ao final, que seja declarada a constitucionalidade da Lei Federal nº 123/19; - Juntada de documentos; - Que sejam solicitadas informações ao Congresso Nacional e ao Presidente da República; - A oitiva (ou intimação) do Procurador-Geral da República.	0 a 1,25	
Valor da causa de acordo com o art. 291 do CPC/15 ou art. 319, V, do CPC/15, ou art. 319 do CPC/15.	0 a 0,20	
Finalização da peça: Data, nome do advogado, OAB.	0 a 0,10	
	Valor Total: ___	

Questão 1		
Quesito avaliado	**Valores possíveis**	**Atendimento ao quesito**
a) Sim. De acordo com a jurisprudência do STF, podem ser opostos os embargos de declaração para efeito de modulação, pois tal recuso pode ser manejado em sede de controle concentrado de constitucionalidade, na forma do art. 26 da Lei 9.868/99, que aplicamos também na ADPF.	0 a 0,65	
b) Sim, pois a ação prosseguirá normalmente, podendo o partido nela prosseguir e recorrer, pois o momento de averiguação da representação é quando da propositura da ação, segundo jurisprudência do STF.	0 a 0,60	
	Valor Total: ___	

Questão 2:		
Quesito avaliado	**Valores possíveis**	**Atendimento ao quesito**
a) Sim. Ronaldo Carlos e Geovana poderão registrar seu filho em Consulado, ou nas seções consulares das Embaixadas, de acordo com o art. 12, I, c, da CRFB/88. Não há necessidade de vir ao país.	0 a 0,65	
Questão 2:		
Quesito avaliado	**Valores possíveis**	**Atendimento ao quesito**
b) Sim. É possível que Ronaldo Carlos e Geovana não adotem o procedimento aguardando que seu filho atinja a maioridade para decidir. Nesse caso, ele próprio, se vier a residir no Brasil a qualquer tempo, poderá optar, após atingir a maioridade, pela nacionalidade brasileira, de acordo com o art. 12, I, c, parte final da CRFB/88. Deverá se manifestar diretamente perante a Justiça Federal para exercer a opção confirmativa, de acordo com o art. 109, X, da CRFB/88.	0 a 0,60	
	Valor Total: ___	

Questão 3:		
Quesito avaliado	**Valores possíveis**	**Atendimento ao quesito**
a) Trata-se da mutação constitucional. Ao lado do processo formal de mudança da Constituição, que hoje consiste na elaboração das emendas constitucionais, a mutação constitucional vai dar oxigênio ao texto constitucional, permitindo a sua releitura à luz da sociedade atual, dos fatos econômicos, históricos e políticos, existentes no momento da interpretação da Constituição. A mutação não realiza mudanças formais na Constituição, por isso se diz que seria uma reanálise do sentido e alcance das normas constitucionais, sem mudança de texto.	0 a 0,65	
b) Não, pois a mutação constitucional não pode contrariar as cláusulas pétreas do art. 60, § 4º, da CRFB/88.	0 a 0,60	
	Valor Total: ___	

Questão 4:		
Quesito avaliado	**Valores possíveis**	**Atendimento ao quesito**
a) Na primeira hipótese, os Ministros serão processados e julgados perante o STF, nos termos do art. 102, I, "c", da CRFB/88. Entretanto, quando praticam crimes de responsabilidade conexos com os do Presidente da República, e da mesma natureza, o órgão julgador será o Senado Federal, de acordo com o art. 52, I e parágrafo único da CRFB/88.	0 a 0,65	
b) Sim, pois os Ministros poderão receber delegação do Presidente da República em tal hipótese, de acordo com o art. 84, XII e parágrafo único, da CRFB/88, mas deverão observar os limites traçados na respectiva delegação.	0 a 0,60	
	Valor Total: ___	

SIMULADO 27

► PEÇA PROCESSUAL – Valor 5,0

O Ministro da Casa Civil, com base em informações recebidas, preocupou-se com o grande aumento no número de pedidos de informações dirigidos aos órgãos públicos federais por particulares que ora pleiteiam informes de interesse particular, ora buscam acesso a dados de interesse coletivo, assoberbando a Administração Pública e inviabilizando o bom andamento do trabalho administrativo dos órgãos, já que tais informações devem ser prestadas dentro de um determinado prazo que considera exíguo. Em razão do relatado, pleiteou ao departamento jurídico que promovesse uma pesquisa legislativa ampla visando encontrar fundamento legal para restringir o direito ao acesso a informações. Tal departamento, em resposta, informou a possibilidade de utilização do art. 38 da Lei 4.897/1.985, que assim estabelece: "O direito ao acesso a informações poderá ser afastado a critério da autoridade administrativa competente para prestá-las, independentemente de fundamentação."

O Partido Político da Transparência, que possui representação no Congresso Nacional, teve acesso ao resultado da pesquisa e já informou que constatou que a norma federal citada está em dissonância com a Constituição Federal de 1.988 e que pretende uma análise urgente do tema. Na qualidade de advogado (a) do Partido Político, utilizando-se do instrumento constitucional adequado, elabore a medida judicial de controle objetivo cabível, atentando, necessariamente, para a necessidade de tutela de urgência. (Valor: 5,00)

► Questão 1

EBXV Ltda., pessoa jurídica de direito privado, representada por Clarice Tomaz, necessitando obter certidão de regularidade fiscal junto ao órgão competente, a ser utilizada para subsequente participação em determinado processo licitatório, protocolou o seu pedido administrativo tendo o mesmo sido negado por escrito sem qualquer justificativa da autoridade. Passados trinta dias da negativa, Clarice lhe contrata para defender os interesses da EBXV Ltda.

Na qualidade de advogado (a) da referida pessoa jurídica, responda aos seguintes questionamentos:

a) Qual ação será cabível para garantir a EBXV Ltda. o direito de obter a certidão? Justifique e fundamente. (Valor: 0,65)

b) Há prazo específico para propositura da ação? Explique e fundamente. (Valor: 0,60)

► Questão 2

Angélica Torres, depois de trabalhar arduamente em sua campanha eleitoral, conseguiu ser a Deputada Federal mais jovem eleita pelo Estado XXX no último pleito eleitoral, sendo filiada ao Partido Político da Alegria. Desde que assumiu o cargo, entretanto, vem sofrendo graves perseguições do Partido em razão de adotar posições ideológicas não tradicionais, decidindo, então, filiar-se ao Partido do Sucesso. Após essa última filiação, pleiteou ao Tribunal Superior Eleitoral – TSE – o reconhecimento da troca válida de partido político, com base na jurisprudência do órgão, a fim evitar a perda do cargo, tendo o Tribunal reconhecido a validade da troca realizada através de decisão publicada na semana passada. Ocorre que Angélica Torres, que lutava contra um câncer, faleceu ontem.

Com base na situação hipoteticamente narrada, responda fundamentadamente:

a) Qual dos partidos está autorizado, segundo a jurisprudência do Supremo Tribunal Federal, a nomear um sucessor, o Partido da Alegria ou o Partido do Sucesso? (Valor: 0,65)

b) É correto sustentar que as condições de elegibilidade estão dispostas no texto constitucional, somente sendo permitido que a própria Constituição Federal trate sobre a matéria? (Valor: 0,60)

► Questão 3

Aline e Cláudia foram surpreendidas por uma ação policial na comunidade em que moram, onde ocorreram diversas prisões de traficantes. As irmãs narraram que às 23:45h de ontem, durante a citada ação, um policial chutou e derrubou a porta de entrada da residência e, sem qualquer ordem judicial, lá permaneceu por horas, fazendo inúmeras perguntas relacionadas ao tráfico local. Nenhuma delas participa de qualquer atividade criminosa e, portanto, desconhecem qualquer detalhe relacionado àquela, tendo passado por constrangimento e momentos de violência psicológica. Em nota oficial, a polícia sustentou que, durante a ação, cogitou que aquela casa seria objeto de crime, e que tal circunstância, ainda que não houvesse flagrante, justificaria o ocorrido sem qualquer ordem judicial, tendo em vista o direito à segurança que toda a sociedade possui.

Com base no caso hipoteticamente relatado acima, responda fundamentadamente:

a) A ação policial praticada na casa de Aline e Cláudia deve ser considerada constitucional, em razão dos argumentos apresentados em nota oficial pelo órgão de segurança? Explique. (Valor: 0,65)

b) A existência de uma ordem judicial específica para o presente caso justificaria a ação nas mesmas circunstâncias, horário e condições? Justifique. (Valor: 0,60)

► Questão 4

Paula Márcia, estudante de direito no sexto período da faculdade, aprendeu que o Poder Legislativo realiza como uma de suas atividades típicas a função de fiscalização contábil, orçamentária, operacional e patrimonial da União e das entidades da administração direta e indireta. Em conversa com uma colega de turma, ela sustentou que o Tribunal de Contas presta auxílio nessa tarefa, sendo um órgão subordinado ao Poder Legislativo que exerce diversas atividades jurisdicionais típicas.

Com base na situação hipotética acime descrita, responda justificadamente:

a) Paula Márcia discorreu corretamente sobre a natureza jurídica do Tribunal de Contas da União? Explique. E no que tange as atividades jurisdicionais típicas? Em caso positivo, qual (ais) seriam elas? Justifique. (Valor 0,65)

b) O Tribunal de Contas da União pode julgar as contas do Presidente da República? Explique detalhadamente. (Valor 0,60)

► Espelho

Quesito avaliado	Valores possíveis	Atendimento ao quesito
Endereçamento: Exmo. Sr. Ministro Presidente do Supremo Tribunal Federal	0 a 0,10	
Legitimidade ativa: Partido Político da Transparência, pessoa jurídica de direito privado, inscrita no CNPJ sob o nº..., inscrição no TSE sob o nº..., com sede funcional..., por seu diretório nacional...	0 a 0,30	
Identificação da peça: Arguição de Descumprimento de Direito Fundamental - Art. 102, § 1º, da CRFB/88 e Lei 9.882/99	0 a 0,30	
Tutela de urgência: Medida Cautelar: demonstrar o *Fumus boni iuris* e *Periculum in mora*	0 a 0,30	
Competência: Competência do Supremo Tribunal Federal - Art. 102, § 1º, da CRFB/88	0 a 0,30	
Fundamentos: - Demonstrar que o partido político é legitimado universal - Jurisprudência do STF e art. 17 da CRFB/88; - Demonstrar a representação do partido político no Congresso Nacional e criação conforme a Lei 9.096/95 - Jurisprudência do STF e Lei 9.096/95; - Demonstrar o cabimento da ação. Lei Federal pré-constitucional que viola preceito fundamental da CRFB/88 - Art. 102, § 1º, da CRFB/88 e Lei 9.882/99; - Identificação da violação de preceito fundamental – Direito ao acesso a informações - Art. 5º, XXXIII, da CRFB/88; - Identificação da violação de preceito fundamental – Direito ao acesso a registros administrativos e a informações sobre atos de governo - Art. 37, § 3º, II, da CRFB/88; - Na atual ordem constitucional, a Lei 12.527/2011 é a que regula o acesso a informações previsto no art. 5º, XXXIII, da CRFB/88 - Lei 12.527/2011.	0 a 2,15	

Quesito avaliado	Valores possíveis	Atendimento ao quesito
Pedidos: - Concessão da medida cautelar para sustar a eficácia da norma impugnada; - Ao final, que o pedido seja julgado procedente para que seja declarada a incompatibilidade da norma impugnada com a Constituição da República de 1.988; - Juntada de documentos; - Que sejam ouvidos o Presidente da República e o Congresso Nacional; - A oitiva (ou intimação) do Procurador-Geral da República.	0 a 1,25	
Valor da causa de acordo com o art. 291 do CPC/15 ou art. 319, V, do CPC/15, ou art. 319 do CPC/15.	0 a 0,20	
Finalização da peça: Data, nome do advogado, OAB.	0 a 0,10	
	Valor Total: ___	

Questão 1:		
Quesito avaliado	**Valores possíveis**	**Atendimento ao quesito**
a) Caberá Mandado de Segurança, de acordo com o art. 5°, LXIX da CRFB/88, para defender o direito líquido e certo de obtenção da certidão (art. 5°, XXXIV, alínea b, da CRFB/88).	0 a 0,65	
b) Em se tratando de MS repressivo, como é o caso, o mesmo deve ser impetrado no prazo de cento e vinte dias, contados da ciência do ato de acordo com o art. 23 da Lei 12.016/09. De acordo com a súmula 632 do STF, é constitucional lei que fixa o prazo de decadência para a impetração de mandado de segurança.	0 a 0,60	
	Valor Total: ___	

Questão 2:		
Quesito avaliado	**Valores possíveis**	**Atendimento ao quesito**
a) O partido político da Alegria (o de origem) é que está autorizado a nomear o sucessor, tendo em vista que foi o partido escolhido pelo povo quando das eleições, de acordo com a jurisprudência do STF.	0 a 0,65	
b) Não, pois as leis ordinárias podem tratar sobre o tema, dispondo sobre as condições de elegibilidade, de acordo com o próprio art. 14, § 3º, da CRFB/88.	0 a 0,60	
	Valor Total: ___	

Questão 3:		
Quesito avaliado	**Valores possíveis**	**Atendimento ao quesito**
a) Não, pois houve afronta a garantia de inviolabilidade do domicílio durante o período noturno, conforme preceitua o art. 5º, XI, da CRFB/88. Não se pode pretender justificar a ação violando garantias constitucionais dos cidadãos.	0 a 0,65	
b) Não, pois mesmo com determinação judicial a ação não poderia se dar no período da noite, conforme art. 5º, XI, da CRFB/88.	0 a 0,60	
	Valor Total: ___	

Questão 4:		
Quesito avaliado	**Valores possíveis**	**Atendimento ao quesito**
a) Não, pois trata-se de órgão independente e autônomo que presta auxílio ao Poder Legislativo, mas a ele não se subordina. Também não discorreu corretamente, pois o TCU não exerce nenhuma atividade jurisdicional típica, pois suas funções são apenas de natureza administrativa.	0 a 0,65	
b) Não. O TCU apenas pode apreciar as contas do Presidente da República e emitir um parecer pela sua aprovação ou rejeição, de acordo com o art. 71, I, da CRFB/88. As contas do Presidente são julgadas pelo órgão legislativo, na forma do art. 49, IX, da CRFB/88.	0 a 0,60	
	Valor Total: ___	

SIMULADO 28

▶ PEÇA PROCESSUAL – Valor: 5,0

O Governador do Estado REW sancionou ontem a Lei Estadual 567/2019, que criou uma nova obrigação aos empregadores, para além das já estabelecidas na Constituição e nas leis, que passou a determinar o registro obrigatório de acidentes com lesão, ferimento ou morte no âmbito do trabalho – elencando inúmeras exigências documentais e até mesmo periciais –, na delegacia de polícia da respectiva circunscrição. O Presidente do Partido Político da Felicidade, com representação no Congresso Nacional, indignado, destacou que a referida Lei Estadual, ao tratar de tal matéria, violou dispositivo constitucional que pode levar a constatação de vício e, então, já anunciou na imprensa que questionará a qualidade da referida legislação. Como advogado do partido político, elabore a peça cabível, observando: a) competência do juízo; b) legitimidade ativa e passiva; c) fundamentos de mérito constitucionais e legais vinculados; d) requisitos formais da peça; e) tutela de urgência.

▶ Questão 1

O Poder Reformador é o responsável pelas alterações formais que a Constituição poderá sofrer ao longo de sua existência. Para substituir, revogar, adicionar ou renumerar dispositivo no texto constitucional será necessária a atuação dessa manifestação derivada de Poder.

Sobre o tema, responda aos seguintes questionamentos:

a) Determinada PEC foi rejeitada pelo Congresso Nacional no dia vinte de fevereiro deste ano. A partir do próximo semestre, no dia primeiro de agosto, a mesma poderá ser reapresentada? Explique e justifique. (Valor 0,65)

b) É possível que um grupo de cidadãos venha a apresentar Proposta de Emenda à Constituição Federal sobre determinado tema? E seria possível que o mesmo ocorresse no plano estadual, resultando em emenda no texto da Constituição de determinado estado? (Valor 0,60)

▶ Questão 2

Em linhas gerais a extradição é o ato por meio do qual um Estado entrega uma pessoa que está sob os limites de seu território a outro país, que o solicita e é competente para processá-lo e eventualmente condená-lo em razão da prática de crime. Trata-se de uma manifestação de soberania estatal, sendo, portanto, indispensável a existência de um tratado de extradição entre os países.

Analise as hipóteses seguintes e responda aos respectivos questionamentos:

a) Maria, que é brasileira nata e também tem nacionalidade originária espanhola, praticou um crime quando esteve na Espanha, no mês passado, e retornou imediatamente ao Brasil. Será possível que ela venha a ser extraditada, cumpridos os requisitos constitucionais, leis internas e o próprio compromisso de reciprocidade entre os países, em razão do cometimento de tal crime? Explique e fundamente. (Valor: 0,65)

b) Determinados parlamentares federais estão empenhados na aprovação de uma Proposta de Emenda Constitucional que visa extirpar do texto constitucional as hipóteses de vedação à extradição. A referida PEC é constitucional? Caberia uma ação direta de inconstitucionalidade contra a proposta? Explique e fundamente. (Valor: 0,60)

► Questão 3

As Comissões existentes no Congresso Nacional são órgãos auxiliares da atividade parlamentar e podem ser divididas em temporárias, permanentes, representativas, mistas e parlamentares de inquérito. Sobre o tema, responda aos seguintes questionamentos:

a) Qual a atribuição da Comissão de Constituição, Justiça e Cidadania na fase de discussão e emendas aos projetos de lei? Seus pareceres devem prevalecer sempre? Explique e fundamente. (Valor 0,65)

b) Em razão da decretação de intervenção federal no Estado da Luz, o Presidente da Câmara dos Deputados convocou sessão extraordinária, alegando urgência e pretendendo, também, discutir no Congresso Nacional, nessa mesma sessão, sobre o reajuste de determinada categoria de servidores públicos federais. Agiu corretamente o Presidente da Câmara dos Deputados? Explique e fundamente. (Valor 0,60)

► Questão 4

André e Márcio são irmãos gêmeos e pretendem concorrer, respectivamente, aos cargos de Presidente da República e Governador do Estado da Luz no ano que vem. Rebeca, irmã deles, é Deputada Federal e pretende se reeleger na mesma ocasião em que os irmãos estarão concorrendo aos mencionados cargos.

Com base no caso hipotético narrado acima, responda justificadamente aos seguintes questionamentos:

a) Em razão do cargo já ocupado por Rebeca, podem os seus irmãos concorrer aos cargos pretendidos? A Constituição brasileira permite, nessa hipótese narrada, que o Presidente da República e um dos Governadores do Estado sejam da mesma família? Explique. (Valor 0,65)

b) Para tentar a reeleição, Rebeca terá que se afastar do cargo ora ocupado? Explique. (Valor 0,60)

▶ Espelho

Quesito avaliado	Valores possíveis	Atendimento ao quesito
Endereçamento: Exmo. Sr. Ministro Presidente do Supremo Tribunal Federal	0 a 0,10	
Legitimidade ativa: Partido Político da Felicidade, pessoa jurídica de direito privado, inscrita no CNPJ sob o n°..., inscrição no TSE sob o n°..., com sede funcional..., por seu diretório nacional...	0 a 0,30	
Identificação da peça: Ação Direta de Inconstitucionalidade - Art. 102, I, "a", da CRFB/88 e Lei 9.868/99	0 a 0,30	
Tutela de urgência: Medida Cautelar: demonstrar o Fumus boni iuris e Periculum in mora	0 a 0,30	
Competência: Competência do Supremo Tribunal Federal - Art. 102, I, "a" da CRFB/88	0 a 0,30	
Fundamentos: - Demonstrar que o partido político é legitimado universal - Jurisprudência do STF e art. 17 da CRFB/88; - Demonstrar a representação do partido político no Congresso Nacional e criação conforme a Lei 9.096/95 - Jurisprudência do STF e Lei 9.096/95; - Demonstrar o cabimento da ação. Lei estadual que viola a CRFB/88 - Art. 102, I, "a" da CRFB/88 e Lei 9.868/99; - Ofensa à competência privativa da União para legislar sobre Direito do Trabalho - Art. 22, I da CRFB/88.	0 a 1,90	
Pedidos: - Concessão da medida cautelar para suspender a norma impugnada; - Ao final, que o pedido seja julgado procedente para que seja declarada a inconstitucionalidade da Lei Estadual 567/2019; - Juntada de documentos; - Que sejam solicitadas informações ao Governador do Estado e a Assembleia Legislativa; - A oitiva (ou citação) do Advogado Geral da União; - A oitiva (ou intimação) do Procurador-Geral da República.	0 a 1,50	
Valor da causa de acordo com o art. 291 do CPC/15 ou art. 319, V, do CPC/15, ou art. 319 do CPC/15.	0 a 0,20	
Finalização da peça: Data, nome do advogado, OAB.	0 a 0,10	
	Valor Total: ___	

Questão 1:		
Quesito avaliado	**Valores possíveis**	**Atendimento ao quesito**
a) Não, pois a PEC rejeitada só poderá ser reapresentada na próxima sessão legislativa, de acordo com o art. 60, § 5º, da CRFB/88. Dessa forma, somente a partir do dia dois de fevereiro do próximo ano é que poderá haver a reapresentação, pois é quando se inicia outra sessão legislativa, de acordo com o art. 57, caput, da CRFB/88.	0 a 0,65	
b) Não, pois não há no texto constitucional previsão de iniciativa popular para apresentação de PEC, conforme art. 60 da CRFB/88. Sim, pois no âmbito estadual a Constituição do Estado pode prever a iniciativa popular para a apresentação de PEC, já que o rol de legitimados do art. 60 da CRFB/88 não é norma de observância obrigatória.	0 a 0,60	
	Valor Total: ___	

Questão 2:		
Quesito avaliado	**Valores possíveis**	**Atendimento ao quesito**
a) Não, pois Maria é brasileira nata e o Brasil não extradita os brasileiros natos, de acordo com o art. 5º, LI, da CRFB/88. O fato de Maria ter dupla nacionalidade não afasta a regra da impossibilidade da extradição.	0 a 0,65	
b) Não, pois o disposto no art. 5º, LI, da CRFB/88 é cláusula pétrea que não pode ser abolida do texto constitucional, uma vez se tratar de um direito individual, conforme art. 60, § 4º, IV, da CRFB/88. Não, pois a ADI não é cabível contra propostas de emendas constitucionais, já que é ação do controle repressivo de constitucionalidade.	0 a 0,60	
	Valor Total: ___	

Questão 3:		
Quesito avaliado	**Valores possíveis**	**Atendimento ao quesito**
a) A Comissão de Constituição, Justiça e Cidadania tem o papel de emitir pareceres sobre a constitucionalidade ou não de projetos de lei, realizando um controle preventivo político de constitucionalidade. Não, pois os seus pareceres podem ser derrubados por recurso, na forma do art. 58, § 2º, I, da CRFB/88.	0 a 0,65	
b) Não, pois compete ao Presidente do Senado Federal a convocação de sessão extraordinária na hipótese de intervenção federal, na forma do art. 57, § 6º, I, da CRFB/88. Não, pois não será possível discutir, nessa mesma sessão extraordinária, sobre o mencionado reajuste, já que o Congresso apenas irá deliberar sobre a intervenção federal, matéria para a qual foi convocado, de acordo com o art. 57, § 7º, da CRFB/88.	0 a 0,60	
	Valor Total: ___	

Questão 4:		
Quesito avaliado	**Valores possíveis**	**Atendimento ao quesito**
a) Sim, já que Rebeca ocupa cargo do Poder Legislativo, o que não gera a inelegibilidade reflexa para a sua família, que pode vir a concorrer a quaisquer cargos do legislativo e executivo, de acordo com o art. 14, § 7º, da CRFB/88. Sim, pois como estarão concorrendo simultaneamente aos referidos cargos, não haverá inelegibilidade reflexa para nenhum deles.	0 a 0,65	
b) Não, pois sendo Deputada Federal, cargo do Poder Legislativo, não precisa se desincompatibilizar, pois o art. 14, § 6º, da CRFB/88 somente se aplica aos cargos do Poder Executivo que pretendem concorrer a cargo diverso do já ocupado.	0 a 0,60	
	Valor Total: ___	

SIMULADO 29

► PEÇA PROCESSUAL – valor 5,0

O Tribunal de Justiça do Estado MAF julgou improcedente Representação de Inconstitucionalidade Estadual – RI Estadual – proposta pelo Prefeito do Município BBB, tendo o acórdão declarado constitucional o art. 57 da lei orgânica municipal que dispõe que "Será admitido aumento da despesa prevista nos projetos de iniciativa exclusiva do Prefeito, em qualquer hipótese." No prazo recursal foram ofertados embargos declaratórios, improvidos. Contratado como advogado pelo Prefeito do Município BBB, após a decisão proferida nos embargos declaratórios, apresente a peça recursal cabível.

► Questão 1

Ana Paola, brasileira nata, estudante de Direito cursando o segundo período da faculdade, está com dezessete anos de idade e pretende se candidatar ao cargo de vereadora pelo município da Fé, pois deseja seguir os passos de sua mãe, já falecida, que iniciou a vida política como vereadora e encerrou como Governadora do estado TYR.

Na qualidade de advogado de Ana Paola, responda as seguintes indagações formuladas a fim de sanar as suas dúvidas:

a) Qual a idade mínima exigida para que se possa concorrer ao cargo pretendido? A candidata poderá comprovar esse requisito na data da posse? Explique e fundamente. (Valor 0,65)

b) Caso desejasse, futuramente, concorrer ao cargo de Prefeita pelo mesmo município, qual seria o sistema eleitoral aplicável, levando-se em conta que o município da Fé tem menos de duzentos mil eleitores? Explique e fundamente. (Valor 0,60)

► Questão 2

Roberto Silva, Senador da República pelo Estado GG, teve a sua prisão em flagrante decretada ontem à noite, em razão de ter praticado o crime de tráfico ilícito de entorpecentes, e os responsáveis pela sua prisão comunicaram o fato ao Poder Judiciário, que manteve a mesma, em razão de se tratar de crime inafiançável e não comunicou ao Senado Federal. Na qualidade de advogado (a) contratado (a) para responder aos questionamentos da família do Senador, seu cliente, explique:

a) O juiz, ao manter a prisão, agiu de forma acertada? Há alguma medida que possa ser tomada para que o parlamentar seja posto em liberdade? Em caso positivo, aponte qual seria a medida e os seus fundamentos. Em caso negativo, justifique sua resposta. (Valor: 0,65)

b) Caso Roberto Silva venha a ser processado e julgado em razão da prática desse crime, cometido sem qualquer relação com o exercício de suas funções parlamentares, será competente para o julgamento o Supremo Tribunal Federal, com fundamento no art. 53, § 1º, da CRFB/88? Explique. (Valor: 0,60)

▶ Questão 3

O Município MMM, localizado no Estado AAA, deixou de observar e cumprir a Lei 8.963/17, que trata da aplicação de recursos na área da saúde local, causando um caos no que tange aos atendimentos médicos em hospitais e postos de saúde, já que faltam insumos e profissionais qualificados para realizar os atendimentos básicos da população daquele município. O Governador do Estado da AAA pretende adotar medida para solucionar o caso, visando garantir a execução da citada lei. Outras medidas administrativas já foram adotadas sem sucesso.

Com base no acima exposto, responda as seguintes indagações de forma fundamentada:

a) Qual medida constitucional, no âmbito federativo, poderá ser adotada no caso supramencionado e quais são os requisitos para a sua utilização? Justifique. (Valor: 0,65)

b) Há previsão de intervenção federal em Municípios no Brasil? Explique detalhadamente (Valor: 0,60)

▶ Questão 4

A Lei Federal 8.569/19 aumentou a alíquota do tributo PPP, mas não estabeleceu, expressamente, que a nova alíquota só poderia ser cobrada no exercício financeiro seguinte. Ao julgar um recurso em sede de mandado de segurança impetrado por Antônia, contribuinte que se insurgiu contra a cobrança do tributo no mesmo ano em que fora instituído, a 3ª turma do Tribunal Regional Federal da 1ª Região, estabeleceu que a nova alíquota só poderia ser cobrada no ano seguinte e deixou de aplicar a norma por entender que esta violava o texto constitucional.

Diante desse quadro, responda aos itens a seguir:

a) Agiu corretamente a 3ª turma do TRF da 1ª Região, ao julgar o caso, decidindo pela cobrança da nova alíquota apenas no ano seguinte? Explique e fundamente. (Valor: 0,65)

b) Qual é o princípio que fundamenta a cláusula de reserva de plenário? Explique. (Valor: 0,60)

▶ Espelho

Quesito avaliado	Valores possíveis	Atendimento ao quesito
Endereçamento da pet. de interposição: Exmo. Sr. Desembargador Presidente do Tribunal de Justiça do Estado MAF	0 a 0,10	

Quesito avaliado	Valores possíveis	Atendimento ao quesito
Endereçamento da pet. de razões: Ao Supremo Tribunal Federal	0 a 0,10	
Recorrente: Prefeito do Município BBB	0 a 0,30	
Recorrido: Câmara dos Vereadores	0 a 0,30	
Identificação da peça: Recurso Extraordinário - Art. 102, III, "a" e/ou "c" da CRFB/88 e arts. 1.029 e ss do CPC	0 a 0,50	
Tempestividade: Demonstrar que o recurso é tempestivo	0 a 0,25	
Preparo: Demonstrar o preparo	0 a 0,25	
Prequestionamento: Demonstrar que a matéria objeto do recurso foi levada ao Tribunal e expressamente enfrentada na decisão recorrida - Súmula 282 do STF	0 a 0,25	
Repercussão geral: Comprovar que a matéria tem relevância e transcende os interesses subjetivos da parte na causa tendo em vista os efeitos *erga omnes* da decisão - Art. 102, § 3º, da CRFB/88 e art. 1.035 do CPC	0 a 0,25	
Fundamentos: - Cabimento do Recurso. Demonstrar que o recurso é cabível - Art. 102, III, "a" e/ou "c" da CRFB/88 e arts. 1.029 e ss do CPC; - Direito ao Recurso Extraordinário - Art. 102, III, "a" e/ou "c" da CRFB/88; - Tal norma da lei orgânica municipal contraria o disposto na Constituição, pois o art. 63, I da CRFB/88 é norma de observância obrigatória nos planos estadual e municipal, e não pode ser reproduzido de forma diferente da estabelecida pela CRFB/88 - Art. 63, I da CRFB/88; - Violação ao princípio da simetria. Deve existir uma relação de paralelismo entre as disposições constitucionais destinadas à União e os demais entes federativos - Art. 29 da CRFB/88.	0 a 1,40	

Quesito avaliado	Valores possíveis	Atendimento ao quesito
Pedidos: - Provimento ao recurso para que seja reformada a decisão do Tribunal de Justiça do Estado MAF, sendo declarada a inconstitucionalidade do art. 57 da lei orgânica do Município BBB; - Condenação do Recorrido nos ônus sucumbenciais; - Intimação do Procurador Geral da República.	0 a 1,20	
Finalização da peça: Data, nome do advogado, OAB.	0 a 0,10	
	Valor Total: ___	

Questão 1:		
Quesito avaliado	**Valores possíveis**	**Atendimento ao quesito**
a) A idade mínima exigida para o cargo de vereador é de 18 anos de idade completos, de acordo com o art. 14, § 3º, VI, "d", da CRFB/88. Não, pois segundo a jurisprudência, o candidato ao cargo de vereador tem de comprovar que completou essa idade até a data final para o pedido de registro de candidatura, e não apenas na data da posse.	0 a 0,65	
b) Prefeitos de municípios com duzentos mil eleitores ou número inferior são eleitos pelo sistema eleitoral majoritário simples ou comum. Ou seja, se determina o êxito da eleição a quem recebeu o maior número de votos, não havendo segundo turno, o que se extraí do art. 29, II, da CRFB/88.	0 a 0,60	
	Valor Total: ___	

Questão 2:		
Quesito avaliado	**Valores possíveis**	**Atendimento ao quesito**
a) O juiz não agiu corretamente. É impossível a manutenção da prisão por decisão judicial, uma vez que, em função da imunidade formal prevista no art. 53, § 2º, da CRFB/88, cabe à Casa a que pertence o parlamentar deliberar sobre a manutenção da prisão no caso de crimes inafiançáveis. Diante da ilegalidade da manutenção da prisão por autoridade incompetente para tanto, cabe a impetração de habeas corpus perante o Supremo Tribunal Federal, conforme disposição do art. 102, I, "d", da CRFB/88.	0 a 0,65	

Questão 2:		
Quesito avaliado	**Valores possíveis**	**Atendimento ao quesito**
b) Não, pois a Corte decidiu recentemente que o foro por prerrogativa de função conferido aos deputados federais e senadores se aplica apenas aos crimes cometidos durante o exercício do cargo e em razão das funções a ele relacionadas. O parlamentar deverá ser julgado perante a justiça comum/primeiro grau.	0 a 0,60	
	Valor Total: ___	

Questão 3:		
Quesito avaliado	**Valores possíveis**	**Atendimento ao quesito**
a) Poderá ser decretada a intervenção estadual com base no art. 35, IV, da CRFB/88, pois o Estado poderá intervir em seu município para garantir a execução da referida lei. O Tribunal de Justiça do Estado deverá dar provimento a representação interventiva, de acordo com o art. 35, IV, da CRFB/88, que deverá ser apresentada pelo Procurador Geral de Justiça no âmbito estadual.	0 a 0,65	
b) Não, pois não há intervenção federal em municípios de estados-membros, já que a união somente pode intervir no Distrito Federal, nos estados e nos municípios de territórios, o que se extrai do art. 35, caput, da CRFB/88. Cabe ao estado-membro intervir em seus municípios	0 a 0,60	
	Valor Total: ___	

Questão 4:		
Quesito avaliado	**Valores possíveis**	**Atendimento ao quesito**
a) Não, pois ao estabelecer que a nova alíquota só poderá ser cobrada no ano seguinte ao da sua majoração, a Turma entendeu que a sua cobrança imediata seria inconstitucional, por violar o art. 150, III, "b", da CRFB/88. Portanto, trata-se de declaração de inconstitucionalidade, o que impõe a observância da cláusula de reserva de plenário, prevista no art. 97 da CRFB/88. A Turma estaria obrigada a observar a citada cláusula, por estar vinculada ao enunciado da súmula vinculante 10 do STF.	0 a 0,65	
b) O princípio que fundamenta a cláusula de reserva de plenário é o da presunção de constitucionalidade das leis. Por isso, somente pelo voto da maioria absoluta de seus membros ou dos membros do respectivo órgão especial poderão os tribunais declarar a inconstitucionalidade de lei ou ato normativo do Poder Público, conforme dispõe o art. 97 da CRFB/88.	0 a 0,60	
	Valor Total: ___	

SIMULADO 30

► PEÇA PROCESSUAL – Valor 5,0 (cinco pontos)

Em decisão de mérito proferida na ADI 554, publicada no mês passado, o Plenário do STF assentou o entendimento de que a Lei 123/19, do Estado JJJ, – quedispôs sobre a emissão de certificado de conclusão do curso, autorizando o fornecimento de histórico escolar para alunos que estivessem cursando o último ano escolar, desde que comprovassem aprovação em vestibular para ingresso em curso de nível superior – é inconstitucional, por tal matéria tratar sobre diretrizes e bases da educação nacional, de competência privativa da União, conforme art. 22, XXIV da CRFB/88.

O Tribunal de Justiça do Estado JJJ, anteontem, em sede de recurso, proferiu decisão determinando a imediata emissão de certificado de conclusão do curso a aluno aprovado em vestibular, ainda cursando o último ano escolar, aplicando expressamente a Lei 123/19, já declarada inconstitucional pelo STF, em prejuízo do Colégio CGB LTDA., instituição de ensino, pessoa jurídica de direito privado.

Diante da clara violação à decisão do STF na ADI mencionada, redija o instrumento processual constitucional adequado para levar o caso do Colégio CGB LTDA., representado por Felipe, sócio-diretor, diretamente perante a Corte Constitucional.

► Questão 1

Analisando o Constitucionalismo e o próprio Poder Constituinte à luz da Constituição de 1.988, encontramos a sua titularidade e o exercício no art. 1°, parágrafo único, por meio do qual podemos afirmar que o titular do poder não se confunde necessariamente com o seu exercente. A titularidade do poder está nas mãos do povo, mas a exteriorização desse poder pode ser direta ou indiretamente exercida pelo povo.

Sobre os temas, responda aos seguintes questionamentos:

a) Qual espécie de Poder legitima a auto-organização dos Estados-membros por meio de suas próprias Constituições e qual o prazo que cada ente deveria observar para a elaboração de sua respectiva Constituição Estadual? Explique e fundamente. (Valor: 0,65)

b) O que seria o neoconstitucionalismo? Disserte sobre ele. (Valor: 0,60)

► Questão 2

A Constituição da República Federativa do Brasil, promulgada no dia 5 de outubro de 1.988, se divide em três partes: Preâmbulo, corpo fixo (ou parte dogmática) e o Ato das Disposições Constitucionais Transitórias (ADCT).

Sobre a composição do texto constitucional e temas correlatos, responda as seguintes indagações:

a) Pode-se afirmar que todas as normas do corpo fixo da Constituição, sejam elas originárias ou derivadas, gozam de presunção absoluta de constitucionalidade em razão da sua localização no texto constitucional? Explique. (Valor: 0,65)

b) O preâmbulo é dotado de normatividade? Justifique. Ele serve como parâmetro para o controle de constitucionalidade? Explique. (Valor: 0,60)

► Questão 3

Considerando que a assembleia legislativa do Estado da Aprovação promoveu uma emenda ao seu regimento interno, tendo passado a determinar, de forma inédita, que a instalação de Comissões Parlamentares de Inquérito seja aprovada pelo plenário da Casa, responda, de modo fundamentado, aos seguintes questionamentos:

a) É constitucional a emenda em questão? Explique. (Valor: 0,65)

b) As Comissões Parlamentares de Inquérito são obrigadas a enviar as suas conclusões ao Ministério Público, para seja promovida a responsabilidade civil ou criminal dos eventuais infratores? Explique. (Valor: 0,60)

► Questão 4

O Prefeito do município VVV, Sr. Valdo, segundo investigações, teria cometido determinado crime eleitoral e, acreditando que convenceria a população local de sua inocência, sustentou, perante a imprensa, que tal crime teria sido cometido por José, seu inimigo político, imputando a ele o fato criminoso e, afirmando, ainda, que teria imunidade material e, também, que não poderia ser processado por quaisquer crimes praticados enquanto estivesse ocupando o cargo de Prefeito, nem mesmo o crime eleitoral.

Com base na situação hipoteticamente narrada, responda:

a) Está correto o que sustentou Valdo acerca de gozar de imunidade material? Explique se ele poderá ou não responder pelos excessos que cometeu ao imputar fato criminoso a seu inimigo político. (Valor: 0,65)

b) Os Prefeitos podem ser processados e julgados no curso de seus respectivos mandatos? Em caso positivo, na hipótese narrada, de suposto cometimento de crime eleitoral, qual seria o órgão competente para o julgamento de Valdo? Explique. (Valor: 0,60)

► Espelho

Quesito avaliado	Valores possíveis	Atendimento ao quesito
Endereçamento: Exmo. Sr. Ministro Presidente do Supremo Tribunal Federal	0 a 0,10	

Quesito avaliado	Valores possíveis	Atendimento ao quesito
Legitimidade ativa: Colégio CGB LTDA., pessoa jurídica de direito privado, inscrita no CNPJ sob o nº..., com sede funcional..., representado por Felipe, sócio-diretor, por seu advogado infra-assinado,	0 a 0,30	
Decisão objeto da Reclamação: Decisão do Tribunal de Justiça JJJ, que descumpriu a decisão proferida pelo STF na ADI 554	0 a 0,30	
Identificação da peça: Reclamação Constitucional ou Reclamação - Art. 102, I, "l" da CRFB/88 e art. 988, inciso II ou III do CPC	0 a 0,30	
Competência: Competência do Supremo Tribunal Federal - Art. 102, I, "l" da CRFB/88	0 a 0,30	
Fundamentos: - Demonstrar o cabimento da ação - Art. 102, I, "l" da CRFB/88 e Art. 988, inciso II ou III, do CPC; - Afirmar o efeito vinculante das decisões definitivas de mérito proferidas pelo STF em sede de ADI - Art. 102, § 2° da CRFB/88 e/ou art. 28, parágrafo único da Lei 9.868/99; - Federalismo brasileiro e respeito à repartição constitucional de competências/esfera de poder interno de cada um dos entes - Art. 1° da CRFB/88; - Trata-se de matéria de competência privativa da União - inconstitucionalidade formal da Lei - art. 22, XXIV da CRFB/88.	0 a 2,40	
Pedidos: - Procedência do pedido para que ao final seja cassada a decisão judicial; - Citação do beneficiário da decisão impugnada para apresentar a sua contestação; - Oitiva/requisição da autoridade reclamada; - Oitiva do Procurador Geral da República; - Juntada de documentos.	0 a 1,00	
Valor da causa de acordo com o art. 291 do CPC/15 ou art. 319, V, do CPC/15, ou art. 319 do CPC/15.	0 a 0,20	
Finalização da peça: Data, nome do advogado, OAB.	0 a 0,10	
	Valor Total: ___	

Questão 1:		
Quesito avaliado	**Valores possíveis**	**Atendimento ao quesito**
a) O Poder Constituinte Derivado Decorrente é o que legitima a criação das constituições estaduais, na forma do art. 25 da CRFB/88 e art. 11 do ADCT. Deveria observar o prazo de um ano, contado da promulgação da Constituição Federal	0 a 0,65	
b) Trata-se de um movimento que visa refundar o direito constitucional com base em novas premissas, como a difusão e o desenvolvimento da teoria dos direitos fundamentais e a força normativa da constituição, objetivando a transformação de um estado legal em estado constitucional.	0 a 0,60	
	Valor Total: ___	

Questão 2:		
Quesito avaliado	**Valores possíveis**	**Atendimento ao quesito**
a) Não. De acordo com o Supremo Tribunal Federal, apenas as normas constitucionais originárias gozam de presunção absoluta de constitucionalidade. As normas constitucionais derivadas gozam de presunção relativa de constitucionalidade, ainda que estejam localizadas no corpo fixo da CRFB/88, e podem vir a ser, portanto, declaradas inconstitucionais.	0 a 0,65	
b) Não, pois o preâmbulo é fonte de interpretação apenas, não possuindo qualquer normatividade e, por isso, não serve de parâmetro para o controle de constitucionalidade.	0 a 0,60	
	Valor Total: ___	

Questão 3:		
Quesito avaliado	**Valores possíveis**	**Atendimento ao quesito**
a) Não. Os requisitos indispensáveis à criação das comissões parlamentares de inquérito estão dispostos, estritamente, no § 3º do art. 58 da CRFB/88. A emenda seria materialmente inconstitucional, já que se trata de norma constitucional de observância obrigatória por todos os entes federativos. A norma violou o direito das minorias parlamentares.	0 a 0,65	

Questão 3:		
Quesito avaliado	**Valores possíveis**	**Atendimento ao quesito**
b) Não, pois o próprio § 3º do art. 58 da CRFB/88 menciona a facultatividade ("se for o caso") do envio das conclusões da CPI ao MP. Portanto, não há que se falar em obrigatoriedade em tal hipótese.	0 a 0,60	
	Valor Total: ___	

Questão 4:		
Quesito avaliado	**Valores possíveis**	**Atendimento ao quesito**
a) Não. Apenas os parlamentares gozam de imunidade material, ou seja, a imunidade da palavra. Dessa forma, Valdo poderá vir a responder por eventuais crimes contra a honra praticados contra José.	0 a 0,65	
b) Sim. Não há nenhum impedimento quanto ao processo e julgamento dos Prefeitos no curso dos seus mandatos. Deverá o Prefeito ser julgado pelo Tribunal Regional Eleitoral, pois deve ser observado o disposto na súmula 702 do STF.	0 a 0,60	
	Valor Total: ___	

ANOTAÇÕES

ANOTAÇÕES

ANOTAÇÕES

EDITORA JusPODIVM
www.editorajuspodivm.com.br

Impressão e acabamento: BMF Gráfica e Editora